KB041834

日本勞動法入門(新版)

일본 노동법 입문

미즈마치 유우이치로(水町勇一郎) Yuichiro Mizumachi 지음
이승길 옮김

박영사

머리말 일하는 것과 법

(1) 스에히로씨의 고민 – 일보다도…

스에히로(末広)씨는 인생에서 즐거움을 일보다는 취미로 생활하는 것. 특히, 여행을 떠나거나 맛깔난 음식을 먹는 것으로 삶의 보람을 느낀다. 최근에 특별히 열중하고 있는 것은 ‘아시아’(Asia)이다.

다른 사람에게 명령받거나 복잡하게 얽혀서 일하는 것을 좋아하지는 않는다. 하지만 돈이 없으면 여행도 식사도 할 수 없기 때문에 최소한의 생활비와 여행비용을 벌기 위하여 마지못해 일하고 있다. 지금 가장 큰 즐거움은 이번 여름에 3주 휴가를 내어 동남아 각국을 둘러보는 것. 1년 전부터 여러 가지 계획을 세워왔다.

그런데 그 직전에야 직장상사인 나카무라(中村)씨로부터 “스에히로씨, 9월에 새로운 프로젝트를 시작하게 되었네. 그 준비에 조속히 착수해야 하기 때문에 휴가를 연기하는 것이 좋을 듯한데. 프로젝트를 궤도에 올려두고, 우선 정리하고서 휴가를 보내면 되니깐”이라는 말을 들었다.

그러나 동남아 여행에 묘미는 더운 여름 속에서 매운 음식을 먹는 것에 있다. 여행계획도 이미 완벽하게 세웠고, 이후에 출발하기만 하면 되는 상태였다. 프로젝트가 잘 될지도 모르는 일이고, 상사의 말대로라면 언제 여행을 가게 될지도 모른다. 하지만 상사의 말을 거역하면 회사가 무슨 조치를 취할지 모르고, 그야말로 해고되면 그 후에는 여행을 갈 형편이 되지 못한다.

스에히로씨는 어떻게 해야 할지를 고민하고 있다.

(2) 나카무라씨의 고민 – 일이 취미인데…

스에히로씨의 직장상사인 나카무라(中村)씨는 일이 보람이었다. 이 회사에 입사한지 30년간 회사를 위하여 열심히 일하고, 동료나 선후배를 소중하게 생각해왔다. 그리고 55세에 기획개발부장으로 승진하였다. 하지만 최근에 제품을 개발하는 속도가 빨라져서 시장의 동향과 기술의 변화에 따라 적응하기가 점점 어려워졌다. 앞으로 59세에서 정년 60세까지 1년이 남았기 때문에 마지막으로 성공해 보려고 생각한다.[1] 부하 중에도 재미있는 발상을 내놓는 스에히로씨와 함께 팀을 꾸려서 새로운 프로젝트를 진행할 계획이었다.

바로 그 순간 회사의 인사담당인 하마다(浜田) 전무가 호출하였다. "나카무라씨, 이 부서는 히트 상품이 전혀 없군요. 이제 기획개발부장직은 젊은 사람에게 맡길 생각입니다. 나카무라씨는 정년까지 1년 정도 남았기 때문에 우선 인사부 소속으로 하고, 잠시 집에서 휴식하면 어떻겠습니까? 새롭게 적당한 자리가 나게 되면 거기에 배속할 계획이고, 월급은 회사 규정에 따라 지급하려고 합니다."라고 말하였다.

우선 집에서 휴식하라고 한다. 하지만 일 이외에 즐기는 취미도 없고, 집에 있어도 가족에게 방해자로 취급받을 것이라는 생각이 든다. 가능하면 정년까지 회사에서 일하고 싶다. 이것을 회사에 요청하면 회사는 받아줄까?

나카무라씨도 고민에 빠져 있다.[2]

---

1) <역자주> 일본은 2021년 4월부터 '65세'에서 '70세' 정년시대가 열렸다. 한국도 베이비부머(1955–1963년생)의 은퇴와 함께 팔팔한 청년 노인들이 쏟아진다. 현실은 아직 60세 정년규정을 갖고 있다.

2) <역자주> 최근 고령화의 빠른 속도만큼이나 노년기를 새로운 활동력과 행복의 시기로 보는 시각의 변화도 시급하다. 노년기에도 새로운 배움이 필요하다. 전 생애에 걸친 배움과 성장의 욕구가 채워질 수 있는 평생

(3) '노동'관과 '법'

같은 일본에서도 같은 회사에서도 스에히로씨 및 나카무라씨와 같이 일에 대한 생각이 상이한 사람이 있다. 그리고 각자가 고민하고 있다. 이러한 두 사람에게 법은 어떻게 대응해야 하는가? 일과 관련된 '노동법'은 사람들의 '**근로**'[3]에 대한 의식과 사고방식을 반영하면서 형성해 왔다.

노동법이 처음 태어난 곳은 '유럽'이다. 유럽의 역사에서 '일하는 것'을 어떻게 이해해 왔는지. 여기서 '노동법'은 어떤 성격을 가지는 것인가?

교육의 환경 조성도 필수적이다. 생애주기에 맞추어 적절한 교육과 활동, 삶의 보람을 제공하는 커뮤니티 서비스의 개발과 보급도 중요하다. 한편, 노인세대의 높은 빈곤율, 사회적 자본의 부재 등 세대간 구조적 격차의 해소 문제는 남아 있다.

3) <역자주> '노동'과 '근로'의 용어 : 일본에서는 '노동자', '노동계약' 등 '노동'으로 통일되어 있다, 하지만 한국은 '근로'는 정신노동까지 포함하고 순종적인 느낌을 주는데 대하여, '노동'은 육체노동만을 의미하고 저항적 · 전투적 느낌이다. 이것은 어감의 차이에 불과하고 학문상 양자 개념이 구별되지는 않는다. 이러한 '근로'와 '노동'은 동일어지만, 법령상 '근로자', '근로계약', '근로시간', '근로조건', '노동조합', '노동쟁의', '부당노동행위', '노동위원회' 등과 같이 용어를 통일하지 못한 것은 남북분단 상황에서 가급적 '노동'의 용어를 피하려는 정치적 고려가 적용했다(임종률, 노동법(제19판), 박영사, 2021, 3면). 이 책에서는 '노동'보다는 한국의 법률 표현인 '**근로**'를 사용한다. 다만, 일부 노동계는 '노동자'를 사용하자고 주장한다. 근로자(勤勞者)는 '부지런히 일하는 사람'으로, 성실히 일해 주기를 바라는 사용자의 가치관이 투영되어 있으므로 가치중립적인 용어인 노동자가 옳다고 보기 때문이다. '노동'이라는 호칭의 정상화라고 한다(김선수, "노동헌법 개정안 제안", <노동헌법을 논함> 자료집(2017. 9. 20)소 해밀, 33쪽). 2018년 3월에 정부에서 발의한 개헌안에서도 '근로'를 '노동'으로 변경한 적이 있었다. * 오문완, 일의 의미, 울산대학교출판부, 2012 ; 최승노, 노동의 가치, 프리이코노미 스쿨, 2015.

(4) 아담과 이브 - '벌'로 부과된 근로

하나님은 말씀하셨다. "동산의 중앙에 있는 나무의 열매만은 먹어서는 안된다"고.

이브가 보니, 그 열매는 그야말로 먹음직하고 지혜롭게 할 만큼 보였다. 이브는 열매를 정말로 맛있게 따먹고, 이것을 건네받은 아담도 먹었다.

그날 바람이 불 무렵에 하나님이 동산 속을 걷는 소리가 들려왔다.

하나님은 아담을 찾아 말씀하셨다. "내가 먹지 말라 명령한 나무에서 먹은 것인가."

아담은 대답하였다. "당신이 나와 함께 있게 하신 여자가 나무 열매를 주었기 때문에 먹었습니다."

하나님은 이브에게 갔다. "네게 임신하는 고통을 크게 더할 것이다. 네가 수고하고 아이를 낳을 것이다."

하나님은 아담에게 말씀하셨다. "너는 여자의 목소리에 따라 먹지 말라고 한 나무의 열매를 먹었다. 너 때문에 땅은 저주받게 되었다. 너는 생애에 수고해야 소산을 먹을 것이다."(구약성서 '창세기' 제3장부터 [공동번역(개정판)] 참조)

이렇게 하나님은 '선악과'[4]를 먹은 이브와 아담에게 "고통 속에 아이를 낳을 것"과 "음식을 얻기 위하여 고통일 것"이라는 형벌을 내렸다.[5]

---

4) <역자주> 선악과(善惡果) : 먹으면 선악을 알게 된다는 선악과 나무의 열매. 에덴 동산에서 아담과 이브가 하나님의 계명을 어기고 따 먹음으로써 원죄를 범하였다고 한다.

5) <역자주> **일하시는 하나님** : "하나님은 사랑으로 세상을 창조하셨다. 창조하신 세상에 에덴동산을 세우시고 아담과 하와를 살게 하셨다. 그들에게 아름다운 거처와 풍성한 양식을 제공하셨다. 그곳에 함께 거하시며 교제하셨다. 아담과 하와에게 경작하며 지키게 하시고, 하나님의 대리자로 세상을 다스리게 하셨다"(창세기 2장 7－25절). 창조는 피조물을 향한 하나님의 '환대'였다.

영어의 labor라는 단어는 '힘든 일'([고역]骨の折れる仕事, 근로)의 의미뿐만 아니라, 출산의 '**고통**'(진통, 분만)이라는 의미가 있다. 프랑스어로 근로를 의미하는 travail은 동물을 연결하기 위한 세 개의 말뚝으로 만든 철구(변화해 인간에 대한 고문도구)를 가리키는 라틴어 tropalium을 그 어원으로 하고 있다. 영어나 프랑스어에서 '근로'라

인간은 근본적으로 영적 존재이기에 행하는 모든 일이 영적이다. 창조의 기사에서 일하시는 하나님을 만난다. 하나님은 마치 건축가와 같이 세상을 계획하시고 섬세하게 완성해 간다. 최종 인간인 '**아담**'과 그로부터 '**하와**'를 만드셨다(창세기 1:1–31). 에덴동산을 창설하신 하나님은 정원사와 같이 아름답고 좋은 나무가 나게 하셨다. 그 중에는 '**생명나무**'와 '**선악과**'도 있었다.…그리고 하나님은 그곳에 인간을 두어 관리하게 했다(2:8–15). 하나님은 근로를 통해 동물을 지으셨다.…땅의 흙으로 사람을 만드시고 생기를 그 코에 불어 넣어서 생명의 존재가 되었다(창세기 2:7). 하나님은 아담을 깊이 잠들게 한 후, 그의 갈빗대 하나를 취해 여자를 지으셨다(2:21–22). 흙으로 무엇을 만드는 것은 '**근로자**'의 일이다. 그래서 창조의 하나님은 근로자와 같다. 하나님은 일을 통해 완성된 작품을 바라보며 기뻐하셨다. 근로는 하나님의 삶이며 기쁨이다. 하나님이 일하셨다면 일은 신성한 것이다. 하나님은 지금도 창조의 역사를 완성하기 위해 일을 하신다. … 에덴동산에서 편하게 무의도식할 수 있었는데, 아담이 범죄한 후 저주로 일하게 되었다. **하나님은 인간에게 일을 맡기셨다**. 아담을 에덴동산을 경작하며 관리하게 했다(2:15). 하나님은 일하시는 분이며 인간은 하나님의 위임을 받아 일하는 존재다. 그러므로 인간의 일은 축복이며 사명이다. 일은 인간이 하나님의 창조 사역에 동참하는 방식이다. 그런데 타락 이후에 일의 본질이 훼손되고 일은 고단한 것이 되었다. 인간의 죄악으로 모든 관계가 깨어졌고 자연과의 관계도 파괴되었다. "땅은 너로 말미암아 저주를 받고, 너는 네게 수고하여야 그 소산을 먹으리라. 땅이 네게 가시덤불과 엉겅퀴를 낼 것이라. 네가 먹을 것은 밭의 채소인즉, 네가 흙으로 돌아갈 때까지 얼굴에 땀을 흘려야 먹을 것을 먹으리니. 네가 그것에서 취함을 입었음이라. 너는 흙이니, 흙으로 돌아갈 것이니라"(3:17–19). 인간은 생존을 위해 자연과 투쟁하게 되었다. 일은 고단하고 고통스러운 것이 되었다. 원래는 일은 축복이고 거룩한 사명이었다. 그런데 구원이 일의 의미를 회복한다. … 우리는 일상의 평범한 일을 통해 하나님이 일하심에 참여한다. 하나님은 우리의 근로를 통해 세상을 운행하신다. 우리는 맡겨진 일을 통해 하나님의 선교에 참여한다(안건상, "선교적 성경 읽기", 「생명의 말씀사」, 2020, 34~37면[요약]).

는 단어를 **'벌'**(罰)로 보는 기독교(카톨릭)의 정신이 담겨있다.

이러한 사회에서는 근로를 **'고통'**으로 파악해, 여기서 벗어나고 싶다는 강한 의식을 쉽게 볼 수가 있다.

보론 1

• **성경**(창세기)**과 근로**(일)

■ 창세기 2장

하나님은 하늘과 땅과 그 가운데 있는 모든 것을 다 이루셨다. 하나님은 하시던 일을 엿새 날까지 다 마치시고, 이렛날에는 하시던 모든 일에서 손을 떼고 쉬셨다. 이렛날에 하나님이 창조하시던 모든 일에서 손을 떼고 쉬셨으므로, 하나님은 그 날을 복되게 하시고 거룩하게 하셨다. 하늘과 땅을 창조하실 때의 일은 이러하였다.

○ 에덴 동산

주 하나님이 땅 위에 비를 내리지 않으셨고, 땅을 갈 사람도 아직 없었으므로, 땅에는 나무가 없고, 들에는 풀 한 포기도 아직 돋아나지 않았다. 땅에서 물이 솟아서, 온 땅을 적셨다. 주 하나님이 땅의 흙으로 사람을 지으시고, 그의 코에 생명의 기운을 불어넣으시니, 사람이 생명체가 되었다. 주 하나님이 동쪽에 있는 에덴에 동산을 일구시고, 지으신 사람을 거기에 두셨다. 주 하나님은 보기에 아름답고 먹기에 좋은 열매를 맺는 온갖 나무를 땅에서 자라게 하시고, 동산 한가운데는 생명나무와 선과 악을 알게 하는 나무를 자라게 하셨다. 강 하나가 에덴에서 흘러나와서 동산을 적시고, 에덴을 지나서는 네 줄기로 갈라져서 네 강을 이루었다.

첫째 강의 이름은 비손인데, 금이 아는 하윌라 온 땅을 돌아서 흘렀다. 그 땅에서 나는 금은 질이 좋았다. 브구스 온 땅을 돌아서 흘렀다.

셋째 강의 이름은 티그리스인데, 돌라라는 향료와 홍옥수와 같은 보석도 거기에서 나왔다.

둘째 강의 이름은 기혼인데, 앗시리아의 동쪽으로 흘렀다.

넷째 강은 유프라테스이다.

주 하나님이 **사람**을 데려다가 **에덴동산**에 두시고, 그 곳을 맡아서 돌보게 하셨다. <u>주 하나님이 사람에게 명하셨다</u>. "동산에 있는 모든 나무의 열매는, 네가 먹고 싶은 대로 먹어라. 그러나 <u>선과 악</u>

을 알게 하는 나무의 열매만은 먹어서는 안 된다. 그것을 먹는 날에는, 너는 반드시 죽는다."

주 하나님이 말씀하셨다. "남자가 혼자 있는 것이 좋지 않으니, 그를 돕는 사람, 곧 그에게 알맞은 짝을 만들어 주겠다." 주 하나님이 들의 모든 짐승과 공중의 모든 새를 흙으로 빚어서 만드시고, 그 사람에게로 이끌고 오셔서, 그 사람이 그것들을 무엇이라고 하는지를 보셨다. 그 사람이 살아 있는 동물 하나하나를 이르는 것이 그대로 동물들의 이름이 되었다. 그 사람이 모든 집짐승과 공중의 새와 들의 모든 짐승에게 이름을 붙여 주었다. 그러나 그 남자를 돕는 사람 곧 그의 짝이 없었다. 그래서 주 하나님이 그 남자를 깊이 잠들게 하셨다. 그가 잠든 사이에, 주 하나님이 그 남자의 갈빗대 하나를 뽑고, 그 자리는 살로 메우셨다. 주 하나님이 남자에게서 뽑아낸 갈빗대로 여자를 만드시고, 여자를 남자에게로 데리고 오셨다.

그때에 그 남자가 말하였다. "이제야 나타났구나, 이 사람! 뼈도 나의 뼈, 살도 나의 살, 남자에게서 나왔으니 여자라고 부를 것이다." 그러므로 남자는 아버지와 어머니를 떠나, 아내와 결합하여 한 몸을 이루는 것이다. 남자와 그 아내가 둘 다 벌거벗고 있었으나, 부끄러워하지 않았다.

■ 창세기 3장

○ 사람의 불순종

뱀은, 주 하나님이 만드신 모든 들짐승 가운데서 가장 간교하였다. 뱀이 여자에게 물었다. "하나님이 정말로 너희에게, 동산 안에 있는 모든 나무의 열매를 먹지 말라고 말씀하셨느냐?" 여자가 뱀에게 대답하였다. "우리는 동산 안에 있는 나무의 열매를 먹을 수 있다. 그러나 하나님은, 동산 한 가운데 있는 나무의 열매는, 먹지도 말고 만지지도 말라고 하셨다. 어기면 우리가 죽는다고 하셨다." 뱀이 여자에게 말하였다. "너희는 절대로 죽지 않는다. 하나님은, 너희가 그 나무의 열매를 먹으면 너희의 눈이 밝아지고, 하나님처럼 되어서, 선과 악을 알게 된다는 것을 아시고, 그렇게 말씀하신 것이다."

여자가 그 나무의 열매를 보니, 먹음직도 하고, 보암직도 하였다. 그뿐만 아니라, 사람을 슬기롭게 할 만큼 탐스럽기도 한 나무였다. 여자가 그 열매를 따서 먹고, 함께 있는 남편에게도 주니, 그도 그것을 먹었다. 그러자 두 사람의 눈이 밝아져서, 자기들이 벗은 몸인 것을 알고, 무화가나무 잎으로 치마를 엮어서, 몸을 가렸다. 그 남자와 그 아내는, 날이 저물고 바람이 서늘할 때에, 주 하나님이 동산을 거니시는 소리를 들었다. 남자와 그 아내는 주 하나님의 낯을 피하여서, 동산 나무 사이에 숨었다.

주 하나님이 그 남자를 부르시며 물으셨다. "네가 어디에 있느냐?" 그가 대답하였다. "하나님께서 동산을 거니시는 소리를, 제가 들었습니다. 저는 벗은 몸인 것이 두려워서 숨었습니다." 하나님이 물으셨다. "네가 벗은 몸이라고, 누가 일러주더냐? 내가 너더러 먹지 말라고 한 그 나무의 열매를, 네가 먹었느냐?" 그 남자는 핑계를 대었다. "하나님께서 저와 함께 살라고 짝지어 주신 여자, 그 여자가 그 나무의 열매를 저에게 주기에, 제가 그것을 먹었습니다." 주 하나님이 그 여자에게 물으셨다. "너는 어쩌다가 이런 일을 저질렀느냐?" 여자도 핑계를 대었다. "뱀이 저를 꾀어서 먹었습니다."

○ 하나님이 심판을 선언하시다

주 하나님이 뱀에게 말씀하셨다. "네가 이런 일을 저질렀으니, 모든 집짐승과 들짐승 가운데서 네가 저주를 받아, 사는 동안 평생토록 배로 기어다니고, 흙을 먹어야 할 것이다. 내가 너로 여자와 원수가 되게 하고, 너의 자손을 여자의 자손과 원수가 되게 하겠다. 여자의 자손은 너의 머리를 상하게 하고, 너는 여자의 자손과 발꿈치를 상하게 할 것이다."

여자에게는 이렇게 말씀하셨다. "내가 너에게 임신하는 고통을 크게 더할 것이니, 너는 고통을 겪으며 자식을 낳을 것이다. 네가 남편을 지배하려고 해도 남편이 너를 다스릴 것이다."

남자에게는 이렇게 말씀하셨다. "네가 아내의 말을 듣고서, 내가 너에게 먹지 말라고 한 그 나무의 열매를 먹었으니, 이제 땅이 너 때문에 저주를 받을 것이다. 너는, 죽는 날까지 수고를 하여야만, 땅에서 나는 것을 먹을 수 있을 것이다. 땅은 너에게 가시덤불과 엉겅퀴를 낼 것이다. 너는 들에서 자라는 푸성귀를 먹을 것이다. 너는 흙에서 나왔으니, 흙으로 돌아갈 것이다. 그 때까지, 너는 얼굴에 땀을 흘려야 낟알을 먹을 수 있을 것이다. 너는 흙이니, 흙으로 돌아갈 것이다."

아담은 자기 아내의 이름을 하와라고 하였다. 그가 생명이 있는 모든 것의 어머니이기 때문이다. 주 하나님이 가죽옷을 만들어서, 아담과 그 아내에게 입혀 주셨다.

○ 아담과 하와가 동산에서 쫓겨나다

주 하나님이 말씀하셨다. "보아라, 이 사람이 우리 가운데 하나처럼, 선과 악을 알게 되었다. 이제 그가 손을 내밀어서, 생명나무의 열매까지 따서 먹고, 끝없이 살게 하여서는 안 된다." 그래서 주 하나님은 그를 에덴 동산에서 내쫓으시고, 그가 흙에서 나왔으므로, 흙을 갈게 하셨다. 그를 쫓아내신 다음에, 에덴 동산의 동쪽에 그룹들을 세우시고, 빙빙 도는 불칼을 두셔서, 생명나무에 이르는 길을 지키게 하셨다.

(출처 : 대한성공회, 새번역 성경전서, 2005년)

(5) 루터 - '천직'으로 노동

독일 신학자 마르틴 루터[6]는 성경(구약성서 및 신약성서)의 해석

6) <역자주> **마르틴 루터**[Martin Luther, 1483.11.10 ~ 1546.2.18] : 독일의 종교개혁자 · 신학자. 하나님은 인간에게 행위를 요구하지 않고, 예수를 통해 인간에게 접근하고 은혜를 베풀어 구원하는 신임을 재발견했다. 당시 카톨릭 교회의 일탈로서 부패한 관행(참회 기간을 감면받는 일)인 면벌부를 판매하는 것에 반발해 '95개조 논제'를 발표해 교황에 맞섰다(종교개혁의 발단). 신약성서를 독일어로 번역해 독일어 통일에 공헌하며 새로운 교회로 '루터파 교회'를 설립했다. 업적으로 '그리스도인의 자유에 대하여'(1520)는 '로마서 강의'(1515~1516)와 함께 초기의 신학사상을 잘 나타내, 엄격한 은총론에 따른 상황에서 자기를 형성하고 발언하는 신학자였다. 신학의 근거는 예수를 통한 신의 철저한 은혜와 사랑에 두고, 인간은 이에 신앙으로 응답해야 한다고 강조하였다. 인간은 탄생하면서 하나님께 반항하고 자기를 추구하는 죄인이지만, 예수로 인해 죄를 용서받고 '자유로운 군주' · '섬기는 종'이 되며, 신앙의 응답을 통해 자유로운 봉사, 이 세계와 관계가 발생한다고 주장하였다. 특히 모든 직업을 신의 '소명'(召命)이라고 했고, 그 이후의 직업관에 큰 영향을 미쳤다. 이러한 견해는 성서에만 그 바탕을 두고 실천도 중요하다. 당시의 정치적 · 사회적 정세에서 이러한 신앙적 주장을 관철한 것은 예정론 교리(구원이란 신이 내린 은총의 산물)를 주장한 '장 칼뱅'이나 다른 종교개혁자와 함께 '종교개혁'을 르네상스와 함께 근세로의 전환점이 되게

으로 다음과 같이 말하였다.

"하나님은 아담에게 쓸데없이 시간을 보내지 않도록 하는 것, 파라다이스(paradise, 낙원)에서 심고 경작하고 지키는 일을 주셨다. 이것은 완전히 자유로운 것이었고, 오직 하나님의 뜻에 부합하도록 하기 위하여 만들어졌다. … 다만, 하나님의 뜻에 부합하도록 하는 것, 이러한 자유로운 행동을 하는 것을 명령할 수 있다."(『그리스도인의 자유(キリスト者の自由)』, 제22부터[徳善義和 역] 참조)

"만약 그가 자신의 신분이나 직무에 머물러, 요구되는 일을 한다면, 그는 나쁜 나무가 있을 수 없다. … 하나님께서 명하신 행동은 사람들이 결코 악이라고 부를 수 없는 가치를 가지는 것이 틀림없기 때문이다."(『「산상의 가르침」에 의한 설교』(『「山上の教え」による説教』)" 마태 제7장부터 [도쿠젠 · 미우라(徳善義和 · 三浦謙) 역] 참조)

성서의 해석을 개정해 종교개혁을 이끌었던 루터에게 근로는 하나님의 명령을 행하고, 하나님의 뜻에 맞도록 근로에 전념해 남성은 좋은 나무에 머물고, 좋은 열매를 맺게 하는 것이다.

독일어로 '**직업**'을 의미하는 'Beruf'(영어로는 'calling')란 하나님의 부름을 받은 '**사명**'(**천직**[7]))이란 뜻을 가지고 있다. 루터를 개척자로 하는 종교개혁을 진전하면서 신교도(개신교)는 금욕의 삶을 살아가는 것, 즉 하나님이 주신 직업('**소명**'[8]))에 힘쓰는 것에서 하나

도와주었다.

7) <역자주> 천직(天職) : 타고난 직업이나 직분.

8) <역자주> 소명(召命) : 사람이 어떤 특수한 신분으로 신에 봉사하도록 신의 부름을 받음. 모든 사람을 향한 하나님의 부르심이다. 믿음으로 하나님 앞에서 맡겨진 일을 성실하고 정직하게 감당하려는 태도가 바람직하다. 일을 하는 우리의 동기와 태도가 더 중요하다. 우리가 서 있는 삶의 자리에서 하나님의 부르심에 대한 통합적인 반응이다. 하나님은 '가면'을 쓰고 우리가 선 자리에서 일상의 평범한 일을 통해 세상을 다스리시고 움직여 가신다. 이러한 일은 거룩하며 신성하고, 성도의 의무이자 성령의 열매이다. 우리는 일을 통해 하나님의 사랑과 이웃 사랑을 실천

님의 구원을 확증(증표)받는다는 생각을 가졌다. 이에 성실하게 일하는 것 자체에서 도덕적 가치를 찾는 것이다.[9)]

이 새로운 '**근로관**'(노동관)이 사회적으로 침투한 영국과 미국에서 먼저 '**산업혁명**[10)]'이 일어나 **근대 자본주의**가 급속하게 발전했다. 근로를 장려하는 '**프로테스탄티즘**[11)]**의 윤리**'와 '**근대 자본주의**'

한다(안건상, 일상과 일터의 영상, CLC, 2021, 78−81면). 어쩌면 일의 종교화는 일의 정의를 직업(job)에서 커리어(career)를 거쳐 소명(calling)으로 바뀌는 과정을 통해 완성되었다. 이러한 변신을 통해 일은 결국 현대인의 삶의 의미 자체가 되었다.

9) <역자주> 진실성 : 모든 일이 하나님의 일이며 모든 직업이 다 거룩하다. '노동이 기도다', 즉 우리의 근로 그 자체가 기도라는 말이다. 우리 삶 속에서 반복되는 단조롭고 고된 일(drudgery)을 해나가는 것이 믿음의 삶, 영적인 삶이다. 일상의 평범한 일을 어떻게 해 나가는 태도가 영성의 시금석이고, 항상 가치와 원칙에 따라 일관되게 행동하는 자세인 '진실성'(integrity, 정직성, 성실성)이며 '탁월함'(excellence)이다. 하루하루 감사하고 즐겁게 하나님과 동행하며 살기를 소망한다(안건상, 일상과 일터의 영상, 81−85면).

10) <역자주> 산업혁명 : 18세기 후반부터 약 백 년간 유럽에서 발명된 기계 및 증기 기관 등으로 인한 생산 기술의 변혁과 그에 따른 사회 조직의 큰 변화이다. 인클로저(농촌 공동경작자에 울타리를 쳐서 사유화하고 농사짓던 농민들은 쫓아낸 것)와 농촌에서 쫓겨난 농민들을 산업혁명을 통해 공장근로자로 흡수한 것이다.

11) <역자주> 프로테스탄티즘(Protestantism) : 6세기 종교개혁 운동에서 발단한 기독교의 여러 교의(教義) · 교회의 총체. 신교(新教). 칼뱅의 종교개혁에서 발생한 '예정설'을 기본으로 하는 기독교 사상이다. 베버는 프로테스탄티즘에는 자신의 일(직업)은 천직(소명)이라는 교의가 있기에 금욕적으로 근면 성실하게 일하며 자본을 축적하는 것(금욕주의+근면)이 신의 의지에 부합하는 행동이라고 한다. 모든 기독교인은 직업을 갖고 세속적 활동에서 자신의 신앙을 입증해야 한다. 핵심은 '일'이 돈버는 수단보다는 윤리의 최고선에 다가가는 방법이라는 것이다. 금욕적 정신 상태(에토스)가 부의 축적을 통한 '자본주의'를 발흥시켜왔다. 이러한 사고방식이 '자본주의 정신', '직업윤리'이다. 이는 자본주의와 민주주의 근간이다. 상반된 프로테스탄티즘의 금욕적 태도와 근대 자본주의가 역설적으로 연결되었다. 자본주의는 세계 곳곳에서 발생한 현상이었으나, 개신교 문화권인 서구에만 자본주의 바탕에 직업윤리와 소명의식을 도입했다. 여기서 직업윤리는 은총과 능력, 자기 구제 간의 치열한 변증

의 탄생에 상호 관계를 밝힌 학자로서 '근대의 사회학'에 창시자인 '막스 베버'[12]가 있다.

(6) 스에히로(末広)씨가 프랑스에서 근무하였다면…

프랑스에는 기독교, 카톨릭의 영향이 지금도 사회적으로 뿌리 깊게 남아있다. 일하는 것을 고통(형벌)으로 파악하고, 일하는 것에서 해방된 자유시간과 여가(휴가)를 즐기는 사람이 많다. 프랑스 노동법에는 그 정신이 곳곳에 펴져 있다.

프랑스 노동법전은 근로자에게 연간 30일(5주간)의 연차(유급)휴가권을 인정하고 있다. 그중에 12일(2주간) 내지 24일(4주간)의 연차휴가는 "주된 휴가'로 원칙적으로 5월 1일~10월 31일의 시기에 연속해 사용해야 한다(장기휴가의 보장).

연차휴가를 사용하는 시기는 노동조합과 합의한 산물인 단체협약 규정에 따라, 또는 종업원대표와 협의를 통해 사용자(회사)가 결정한다. 사용자가 이 '연차휴가계획표'(연차휴가 캘린더)를 결정하면, 연차휴가를 예정한 대로 이용한다. 프랑스에서는 연차휴가의 '미사용'(未消化) 문제가 아니라, 연차계획은 회사 측의 사정에 따라 변경할 수 없다. 연차휴가는 연차휴가의 일정대로 100% 사용하는

법에서 시작되었다. 돈벌이에 대한 경건한 태도는 오직 서구 근대에서만 발견되는 현상이다. 이젠 다양한 직업과 사회적 역할이 존재하는 자유민주주의 국가에 살고 있다. 반면에 근대 이전에는 동서양 모두가 사람을 직업으로 귀천을 나누었다. 서양의 중세는 성직자와 기사 계급이 상공업자와 농민을 착취하며 지배하는 사회였다. 이때 조선은 사농공상 논리로 작동했다.

12) <역자주> 막스 베버(Max Weber)(1864－1920) : 독일의 경제학자 · 사회학자. 칼막스, 에밀 뒤르켐 등과 함께 현대 사회학을 창시한 사상가이다. 원래 법학도였으나 점차 역사, 경제, 정치, 법제도, 종교, 철학, 예술 등 인문 사회과학적 현상을 사회학 분석에 필요한 이론과 개념 장치를 구축해, '현대 사회학'의 기반을 마련했다. 제1차 세계대전 후 바이마르 헌법 초안의 작성에 참여했다. 저서는 '경제와 사회', '종교사회학 논문집', '과학론 논문집', '프로테스탄티즘의 윤리와 자본주의 정신' 등이 있다.

것이다.

만약 스에히로씨가 프랑스에서 근무를 했다면, 회사 사정에 따라 연차휴가시기를 변경하지 않고, 무사히 동남아 여행을 떠나서 근로에서 해방된 시간을 즐길 수 있었을 것이다.

(7) 나카무라(中村)씨가 독일에서 근무하였다면…

루터 및 웨버의 조국인 독일에서는 기독교 및 개신교의 영향이 크다. 일 자체에 도덕적 가치(덕)를 찾을 생각이 사회적으로 폭넓게 보이며, 그 정신은 노동법에도 반영하고 있다.

독일의 판례에서는 원래 근로자가 회사에서 일하게 해달라고 요청할 수 없는가에 대하여 다음과 같이 판시하였다.

"근로는 근로자에게 정신적 · 신체적인 능력의 발전, 따라서 또한 인격 발전의 중요한 가능성이다. …이러한 인격이 발전할 가능성을 근로자로부터 박탈한다면, 이것은 **'인간의 존엄'**[13](기본적 인권의 존중)을 위협하는 것이다. … 근로관계에 있어 특별한 이익의 상황에서 노무의 급부는 단순한 경제 상품이 아니라, 근로자의 인격의 발로라고 이해할 필요가 있다."

이와 같이 독일의 판례에서는 원칙적으로 모든 근로자는 사용자(회사)에 대하여 일하는 것을 요구할 권리를 인정하고 있다(독일 연방노동법원 1985년 2월 27일 결정). 일 자체에 인간적인 가치를 인정하고, 이것을 법 중의 권리로 받아들이고 있다.

만약 나카무라씨가 독일에서 근무를 하였다면, 집에서 취미도 없는데 쓸데없이 시간을 보낼 것이 아니라, 회사에서 일을 찾고, 일에 몰두해 자기를 실현할 수 있었을 것이다.

---

13) <역자주> 존엄(尊嚴, dignity) : 인물이나 지위 따위가 감히 범할 수 없을 정도로 높고 엄숙함. (인간 특유한) 품위, 위엄. 노예화되지 않는 것, 즉 자유를 박탈당해 타인에게 지배받거나 물건 취급을 받지 않는 것이다. '가치' 내지 '주체성' 지향형 존엄관.

(8) 일본의 '근로'관 – '가업'으로서의 근로

그러면 일본에서는 스에히로씨와 나카무라씨는 어떻게 될까? 우선 일본인의 근로관을 살펴보도록 하자.

유럽의 **'종교개혁'**[14]에서 조금 시간을 거쳐 **'에도시대'**[15]의 일본. 근로는 일본의 특유한 **'이에**(家)**'**(イエ, 집안, 주택)의 이념과 결부된 **'가업'**(家業)을 관념하고 있었다.

이 '가업'의 관념은 가족의 생활수단을 얻기 위한 **'생업'**(生業)과 아울러 사회(세상)에서 부여한 자신의 몫을 맡는 **'직분'**(職分)을 가진다. 양자는 상호 침투 · 병존해 다른 형태로 일본의 고유한 근로관을 형성해왔다. 이 중 '직분'을 수행하는 점에서 **사무라이**(武士)도, 농민(農民)도, 공인(工人, 수공업기술자)도, 상인(商人)도 동일한 관념으로 자리매김을 하였다. 에도시대 중기의 사상가인 **오규 소라이**(荻生徂徠)가 **"전인민관리"**(「全人民役人」)라고 부르고, 그와 거의 동시대에 **석문심학**(石文心學)을 열었던 **이시다 바이간**(石田梅岩)이 **"사민의 직분"**(四民の職分)이라고 부른 **직분관**(職分觀)은 **'사농공상'**(士農工商)이라는 세습적인 신분을 정당화 · 고정화하는 역할을 하였다.

"가족을 위하여 세상을 위하여 일하는 것"을 천직(天職)으로 삼는

---

14) <역자주> 종교개혁(宗教改革) : 16세기에 로마 교회의 부정을 비판하고 이의 개혁을 주장하여 프로테스탄트 교회를 세운 기독교의 개혁운동《루터(M.Luther)에 의해 발단되었음》.

15) <역자주> **에도시대**(江戸時代, Edo)(1603~1867) : 도쿠가와 이에야스(德川家康)가 권력을 장악하여 에도(江戸) 막부(바쿠호)를 설치하여 운영한 시기를 말한다. 일본 역사의 시대 구분 가운데, 1603년 도쿠가와 이에야스(德川家康)가 대장군이 되어 에도(江戸)에 막부(幕府)를 개설한 때부터 15대 쇼군 도쿠가와 요시노부(德川慶喜)가 정권을 일왕에게 반환한 1867년까지의 시기를 말한다. 이 시기에 일본의 봉건사회체제가 확립되었으며, 쇼군(將軍)이 권력을 장악하고 전국을 통일 · 지배하였다. 정권의 본거지가 에도[江戸, 현 도쿄]여서 에도시대라고 부르며, 정권을 차지한 인물의 성을 따서 '도쿠가와 시대'라고도 부른다[네이버 지식백과]

이 근로관은 **메이지**[16] **유신**(明治維新) 이후 일본이 **근대화**를 추진하는데 큰 힘이 된 것으로 알려졌다.[17] 메이지 유신을 통해 세습적인 신분제도의 틀에서 해방된 '**서민층**'[18]이 새롭게 '**이에**'(イエ(家))을 구축하고, 입신 출세해 세상에 공헌하기 위하여 근면한 에너지가 일본의 근대화를 추진하는 원천의 하나가 된 것이다.

이 일본적인 **이에**(家)－여기에는 가족 이외 준(準)집안인 '**기업공동체**'도 포함－와 결합된 근로관은 한편, 나카무라씨와 같이 일을 보람으로, 회사에서의 인간관계를 존중하는 의식으로, 오늘날 일본에는 부분적으로 남아 있다. 다른 한편, 스에히로씨처럼 일보다는 여가와 사생활을 중시하는 의식도 확대되고 있다.

NHK[19]방송문화연구소의 '**일본인의 의식**'조사에 따르면, 1973년에는 여가보다 일을 소중히 하는 사람은 43.9%(일 절대 8.2%, 업무 우선 35.7%), 일보다 여가를 소중히 하는 사람은 32.1%(여가 절대 4.0%, 여가 우선 28.1%)이었다. 그러나 45년 후인 2018년에는 여가보다 일을 소중히 하는 사람은 23.3%(일 절대 3.9%, 업무 우선 19.4%),

---

16) <역자주> 연호(年號) : 특정 군주 즉위 통치 기간을 말한다. 일본은 오늘날까지 천황의 연호를 사용하는 유일한 국가로, 일본 역사상 천황의 기운이 한 번도 바뀐 적이 없기 천 년이 넘게 이어져오는 전통이다. 근대 일본이 만들어진 과정을 '메이지(역성) 혁명'이 아닌 '메이지 유신'이라 부르는 것도 여기에서 비롯된다. 대표적인 연호로는 '메이지'(明治, 1925), '헤이세이'(平成, 1989－), '레이와'(令和, 2019－) 등이 있다.

17) <역자주> 당시 '후쿠자와 유키치'는 서양사정(1866), 학문의 사상(1872) 등의 책을 발간하고, 게이오기주쿠대학(慶應義塾大學)을 설립하고, 네덜란드의 난학, 의학, 주자학, 영어 등 열심히 공부했다. 일본 개혁의 성공 요인으로는 일본 지배층이 개혁을 위해 기득권을 내려놓는 양보를 결단한 점, 정부의 국민교육 장려와 각종 교육기관 설립, 외국 문물 학습, 일반인의 근명성 등이다.

18) <역자주> 일본의 경우 '혈통에 의한 질서'가 천황(天皇), 황족, 화족, 사족(士族), 평민(平民), '신(新)평민'(천민계급＝[피차별]부락), 아이누, 오키나와인의 계열로 파악된다. 특히 천민이 살던 마을이나 지역을 행정부는 복지의 객체로 보고, 피차별 부락의 호칭에서 나온 말이다.

19) <역자주> NHK(Nippon Hoso Kyokai, 1925년 설립) : 일본방송협회

일보다 여가를 소중히 하는 사람은 35.9%(여가 절대 10.2%, 여가 우선 25.7%)로 양쪽의 비율을 역전하고 있다. 동시에 일도 여가도 동일한 수준으로 노력하는 사람(일 · 여가 양립)은 20.9%에서 38.1%로 늘어나고 있다(<도표 1> 참조).[20]

〈도표 1〉 일과 여가의 어디에 삶을 추구하는가(의식조사, 남녀 합계)

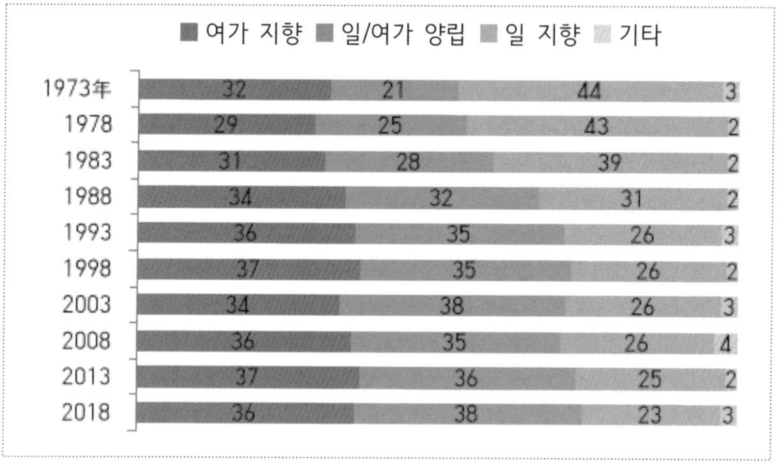

※출처 : NHK방송문화연구소, 「일본인의 의식」, 조사(1973－2018년)

보론 2

• **사무라이**(侍. 무사, 사족(士族, 메이지 이후의 호칭))

일본은 사무라이 나라이다. 일본 봉건시대의 무사계급을 말한다. 중세 봉건시대에 칼로써 자신의 다이묘(영주, 주군(主君))에게 충

20) <역자주> 일본은 직업이 세습되고 계급이 존재하는 전통 사회이다. '좋아하기 때문에', '내가 가장 자신에게 할 수 있는 일', '가업을 잇고 싶기 때문에' 농업, 임업, 축산업, 어업, 전통산업, 중소제조업 및 자영업(스시, 라면, 우동 맛집, 동네 목욕탕, 잡화점) 등에서 부모 직업을 계승하는 사람이 많다. 물론 전문직(의사, 교수, 법조인)과 고위 관료, 정치인 등 지도층(권력층)도 세습하는 경우가 많다. 가업을 전수해 70, 80대까지 일하고 소박하게 사는 게 '행복'이라는 인식도 있다. 일본 사회는 자연재해(지진, 쓰나미 등), 정치사회적 위기에 동요없이, 지식과 자본, 기술이 축적되어 있고, 중산층이 두터운 덕분에 안정되어 있다.

성을 다하는 수직적 인간관계를 전제로 주종관계가 생겨난 무사들(從軍)을 말한다.

이때 '막부'(幕府)는 12세기부터 19세기까지 천황을 신앙적 존재로 두면서 실질적으로 국가를 다스리던 무사 정권을 말한다. 이는 각 지방에 영주를 보내 통솔하게 하는 일본적 봉건제였으며, 막부의 수장인 '장군'(정이대장군)이 실질적인 통치자 역할을 했다. 에도(도쿠가와) 막부를 끝으로 막부 시대는 막을 내리고 메이지 유신이 선포되면서 근대 일본이 열리게 된다. 또한 '번'(藩)은 막부 시대 당시 봉건제의 기반이 되었던 영지를 말한다. 이때 각 지방의 영주를 '번주' 또는 '대명'이라고 한다. 막부의 영향력이 약해질수록 반대로 번의 세력이 강해졌다. 번 중에서도 세력이 강한 번을 '웅번'이라고 하며, 대표적인 웅번인 조슈번과 사쓰마번은 이후 막부를 무너뜨리게 된다.

사무라이의 사상적 지도원리로 대승불교의 은(恩)과 보은(報恩), 연(緣)의 사상적 매체를 통한 연대감, 도덕체계나 삶의 방식이 운명공동체인 '무사도'(武士道 ; 충성, 희생, 신의, 결백, 명예 등)이다. 하급 사무라이들은 일본의 근대화, 산업화를 가져온 메이지 유신의 주역들이다. 도쿠가와 시대 사무라이 모습은 그 이전 시대와 많이 달라진다. 농촌을 떠나 도시에 살게 되었고, 토지를 소유하는 대신 주군에게서 봉록을 받는 존재로 변했다. 메이지 유신 이후 봉건제가 폐지되면서 사무라이 계층은 소멸했다.

그 후 농민 · 직인 · 상인계급이라는 철저한 신분사회로서 계층간의 지배, 복종 및 역할분담의 통치이념과 운명공동체의 의식과 일본인의 직업윤리의 기반형성에 영향을 미쳤다. '직업윤리'는 역할분담을 중심으로 한 운명공동체 의식이 강하다. 일본식 불교 사상과 유교사상을 깔고서 자기 신분에 걸맞는 철저한 사회적 역할분담을 전제로 한 '직분윤리'를 가지고 있다. 이에 직장을 직업의 귀천이 없고, 천직으로 알고 자기 실현과 수행(근로)의 장으로 여기는 경향이 있다. 결국은 모두가 성불한다는 범리(梵理)에 근거하고 있다. 이에 직업윤리는 매사에 솔직하고 부지런하고 성실하며 금욕적인 성격이고, 애사심이 강하다. 직장은 삶의 터전 이상의 의미를 가진다.

한편 일본인의 종교관은 현세적이고 구복적인 성격이 강하다. 또한 일본인의 가치관은 일본 열도라는 지정학적으로 섬나라의 근성과 같이 자연재해(화산, 지진, 태풍)라는 주어진 환경이나 조건을 있는 그대로 긍정하고 수용하는 기질을 갖고 있다. 자기 의사와 관계없이 일어난 사실이나 이미 지나 버린 과거에 별로 집착하지 않는다. 그리고 1946년 미국의 사회학자인 루스 베네딕트의 '국화와 칼'라는 명저에서는 '일본인의 이중성'을 겉으로(다테마에)는 유순해 보이면서도 마음 속(혼네)에는 강인함, 날카로움이 있다고 분석하고 있다. 재일 경제학자인 국중호 교수(요코하마시립대)는 일본인의 특성을 '깊고 좁게', '아날로그 일본', '축적'이라고 제시했다.

보론 3

- **이시다 바이간**(石田梅岩, 1685~1744)

석문심학(石門心學)의 시조. 단파(丹波)의 쿄토 도게(東縣) 산촌 평범한 농가 출신. 교토의 상가에 고용살이를 하면서 독학으로 유교를 공부한 후, 소율료운(小栗了雲)에게 사사받았다. 1729년(45세)부터 무연의 마을사람을 모아서 남녀노소 계급(사농공상)과 관계없이 집 안의 방을 교실로 삼아 무료 강의를 시작해, 일본 사회교육의 시초가 되었다. 문학에 집착하는 학자를 문자예자(文字藝者)라고 매도하고, 살아 있는 학문을 찾아서 '주자학'(유학)을 중심으로 하면서 신도(神道) · 불교 · 노장사상도 도입했다. 당시 세상에서 낮고 천했던 '상인'을 '시장에 있는 신하'라 비유하고, 사회적 직분 수행에는 상인도 사무라이에 뒤지지 않는다고 주장했다. 나아가, 상인의 반성을 촉구하고, 악덕 상인을 비난해 상업도덕을 확립하고, 상거래는 대등한 상태에서 자유로워야 한다고 주장했다. 1개월에 3번, 주로 상인을 모아서 내면에서 키운 사상을 강의하면서 제자 양성에 노력했다. 그 때의 주변 사람들과 실제로 논의한 문답의 발췌본인 『**도비문답**(都鄙問答)』(1739), 검약을 정직의 덕과 관련해 모든 도덕의 근거로 삼은 『**검약제가론**(儉約齊家論)』(1744)에서 그 취지를 주장하고 있다. 심학의 가르침을 체계적으로 정리해 단숨에 일본 전국으로 퍼져나갔는데, 수제자 데지마 도안(手島堵庵)이 설립한 교육시설인 '심학강사'(心學講舍)를 통해 비약적으로 늘어났다[네이버 지식백과] (모리다 겐지(한원 옮김), 정의로운 시장의 조건, 매일경제신문사, 2020. 참조).

보론 4

• **석문심학**(石門心学)

'이시다(石門) 문파(門派)의 심학(心学)'이란 뜻이다. 일본의 에도시대 중기의 사상가 '이시다 바이간'을 시조로 하는 윤리학의 하나로 평민을 위한 '일상 속 모든 행위의 의미를 고찰하게 함으로 각 행위의 가치를 고양해 인간의 존엄성을 부여하는 학문'(검약, 근면, 정직－자신이 종사하는 일의 의미를 이해하기 위한 지혜)으로 쉽고 실천적인 도덕 · 생활철학이다. 다양한 종교, 사상을 혼합해 친숙한 사례를 중심으로 알기 쉽게 '충효신의'를 설명했다. 처음엔 도시(교토, 오사카)를 중심으로, 에도시대 후기에는 농민과 사무라이까지 확산했다. 메이지 시대에 쇠퇴했지만, 오늘날에도 '기업윤리'로 배우는 경우가 종종 있다. 심학으로 가르치는 선악관. 관련한 춤도 만들어졌다. 도쿠가와 요시무네 시대, 조닌들을 위한 도덕의식이 필요했는데 그 사회적 요구에 맞았던 윤리관이 석문심학이었다. 이 사상은 신토 · 유교 · 불교의 합일을 기반으로 하여 천지의 마음으로 돌아가자는 생각을 담고 있다. 사심을 없애고 무심의 경지로 인의를 실천하는 것이 목표이다. '정직'은 최고의 덕이다.

보론 5

• **직 분**

이시다 바이간은 '직분'이란 '어떤 직업에 종사하는 자가 마땅히 해야 하는 일'을 말한다고 했다. 이에 사람들은 주어진 업무에서 필연성을 발견하면 더 열정적으로 일하게 된다. 당시 사농공상의 신분제도라는 시대적 한계가 있어 신분제를 받아들이고 신분에 따라 정해진 일('자신의 처한 상황')을 성실히 해내어, 자신의 일에서 필연성이 깊은 의미를 발견했다. 이것은 인생에 '자신이 처한 상황'에서 최선을 다하는 것, 이러한 삶을 지속함으로써 '사람은 본성'에 가까워질 수 있다('우직하고 충실하게 실행해야만 달성할 수 있음'). 다만 노동문제에 관한 것이라면, 기업측의 양심이 전제되어야 한다. 기업은 직원의 존재와 인생을 소중히 여기고 일을 시켜야 하는 것이다. 나아가 인간은 사회를 필요로 하고 사회에서만 인생의 진정한 의미를 느낄 수 있다. 결국 현대 사회에서 "기업은 직원에게 올바른 역할과 적절한 위치를 제공하고 직원은 '**자신이 처한 상황**'에서 최선을 다하면서 '**자신의 본성**'에 가까워진다"((모리다 겐지(한원 옮김), 정의로운 시장의 조건, 176-177면, 252-254면 참조).

보론 6

- **이에**(家, 집안)

일본의 '**재벌**'(財閥, 자이바츠)과 관련해, 재계(財界)에서 여러 개의 기업을 소유하며 강력한 재력과 거대한 자본을 가지고 있는 자본가 · 기업가의 무리를 말한다. 자본가 · 기업가의 무리. 일본의 경우 부호의 가족, 동족의 폐쇄적인 소유, 지배 아래 성립된 다목적 사업체이다. 일본의 근대사에서 과거의 대부호나 큰 부자, 정상(政商)을 기원한다. 여기서 '정상'은 메이지 시대 산업과 자본주의를 육성해 국가의 근대화를 추진한 정부의 식산흥업(殖産興業) 정책을 사업으로 연결한 정치가, 사업가, 기업 등을 말한다.

재벌의 윤곽은 자신을 제약하는 사회의 틀에 맞추어 성격을 바꾸면서 가족이 다양한 산업의 많은 수의 계열사를 거느리는 기업집단, 즉 총수 일가의 지배력을 강화하며 규모를 키웠다. 미쓰이(三井), 미쓰비시(三菱), 스미토모(住友)와 같은 가족과 동족으로 구성된 '이에'(家)가 폐쇄적으로 소유 · 지배하면서 다양한 사업 분야에서 독점적인 지위를 점하는 계열회사를 총괄하고 각각의 분야에서 전문 관리과 인재를 활용하는 거대한 '**콘체른**'(konzerm)이다. 여기서 '콘체른'은 법적으로는 독립기업이지만 출자 등을 통해 지배-종속관계로 묶인 기업들의 결합체를 말한다.

다만, 일본의 재벌은 제2차 세계대전 후 패전국인 일본이 미군정에서 재벌을 해체했다. 일본경제를 민주화하고 다시는 전쟁을 일으키지 못하게 하려는 의도였다. 일본 내에서 경쟁을 촉진한다는 정책으로 모기업(지배기업)의 주식을 매각하는 정책으로 개별기업이 가족 통제에서 독립시키는 정책을 추진해 부분적으로 성공하였다. 하지만 전후 고도 경제 성장기를 거치면서 주주의 변화만 있었지만 관계사 간의 협력은 이전의 같은 재벌에 속했던 계열사에 국한됨으로써 '재벌해체를 통한 경영강화'라는 목표와는 거리가 멀다. 현재는 대기업의 형태로 남아 있다.

보론 7

- **메이지 유신**(明治維新, 1853－1877)

19세기 후반 메이지 왕[明治王] 때 에도 도쿠가와 막번체제(幕藩體制)를 무너뜨리고 중앙집권 통일국가인 왕정복고(王政復古)를 이룩하면서 정치 · 경제 · 사회 · 군사 전 분야에 걸쳐 서구화에 성공한 광범위한 대변혁 과정을 말한다. 보통 1953년의 개항부터 1868년 메이지 원년까지를 포함하고 있으며, 서양의 아래로부터 시작된 시민혁명과는 달리 지배 계급인 하급 사무라이들의 주도로 이루어진 개혁이다. 이는 선진 자본주의 열강이 제국주의로 이행하기 전인 19세기 중반의 시점에서 일본은 봉건 국가에서 근대 자본주의가 형성되기 시작한 기점이 되었다. 일본의 근대는 19세기 후반의 최선진국으로 국민국가 건설에 착수한 유럽 열강을 선구적 모델로 형성했다.

1853년 미국의 동인도함대 사령관 M.C.페리 제독이 미국 대통령의 문호 개방 요구 국서를 가지고 일본에 왔다. 이때 함선의 선체가 검은색이었기에 '흑선(黑船) 내항'이라고도 한다. 1854년 미 · 일 화친조약으로 이어지면서 에도 막부의 권위가 실추되는 계기가 되었다. 이 사건을 기점으로 막부의 쇄국정책이 끝나고 일본의 근대화가 시작되었다. 미국이 일본에 미친 독자성이 강한 정치적 · 문화적 영향의 역사적 근거가 되었다. 1858년에는 미국 등 영국 · 러시아 · 네덜란드 · 프랑스와 통상조약을 체결하였다. 그러나 이 조약은 칙령(천왕의 명령) 허가 없이 처리한 막부(幕府)의 독단적 처사였으므로 반막부 세력(反幕府勢力)이 일어나 막부와 대립하는 격동을 겪었다. 그러다가 700여 년 내려오던 막부가 1866년에 패배하였고, 1867년에는 대정봉환(大政奉還) 및 왕정복고(王政復古), 존왕양이(尊王攘夷)가 이루어졌다. 참고로 대정봉환은 1867년 에도 막부의 도쿠가와 요시노부가 국가 통치권을 메이지 천황에게 반납한 사건이다. 이전까지 '대정위임론'을 토대로 실질적인 통치자의 역할을 담당하던 장군이 천황에게 권력을 반납하면서, 에도 막부와 막부 시대의 종언을 상징하는 역사적인 사건이 되었다. 곧이어 메이지 유신이 선포되었다. 또한 존왕양이는 천황의 이름을 높이고(존왕), 외세를 배격(양이)하자로 표어로, 에도 막부 말기 메이지 유신의 사상적 토대가 되었다. 실제로 '존왕'과 '양이'는 막부 타도를 위한 프로파간다의 성격이 짙었으며, 메이지 유신

이후 막부를 옹호하는 좌막파들이 정리되면서 존왕양이 또한 유명무실해졌다.

메이지 정부는 근대적 통일(천황제)국가를 위해 공교육 학제(교육정책)의 확립 · 징병제(국민개병) · 지조개정(地租改正, 금납과세), 가록(家祿)제도 개혁, 선진산업기술의 도입, 식산흥업(殖産興業)에 의한 자본주의 육성과 보호, 경찰제도의 수립, 부현(지방)행정에 대한 지도, 부국강병, 국위선양 등 일련의 개혁을 추진하고, 부국강병의 기치 하에 구미 근대국가를 모델로, 국민의 실정을 고려하지 않는 관 주도의 일방적 자본주의 육성과 군사적인 강화에 노력해 새로운 시대를 열었다. 메이지 유신으로 일본의 근대적 통일국가가 형성되었다. 교육적으로는 국민교화의 문제로 '교육칙어'(教育勅語)를 통해 봉건적 유교주의와 근대적 입법주의, 군국주의도 유착, 경제적으로는 자본주의가 성립, 정치적으로는 입헌정치가 개시, 사회 · 문화적으로는 근대화가 추진, 국제적으로는 제국주의 국가가 되어 천황제의 절대주의를 국가구조의 모든 분야에 실현하였다.

메이지 유신은 1870년대가 그 당시 세계 정세를 인식하면서 후발국인 근대 천황제를 모색한 근대 일본의 기점으로서 일대 변혁이었다. 열강의 식민지의 위기에서 독립을 지키고 부르주아 민주주의 혁명운동의 근대화를 성취해 빛나는 역사로 기억한다. 구미(미국, 영국, 프랑스, 러시아)에 대한 굴종적 태도와는 달리 아시아에 대한 강압적 · 침략적 태도로 나왔다. 일본은 국가 통일 문제인 국민적 팽창(탈아론(脫亞論))을 조선에 대한 우월의식과 결부한 제패('정한론')로 일체화해 프러시아형 · 군국주의 · 대국주의(부국강병)로 향하는 사상계의 전환과 지렛대 역할(강화도사건, 조일수호조약 · 임오군란 · 제물포조약 · 갑신정변 등)을 하고, 1894년 청일전쟁을 회전축으로 한 메이지 헌법 체계(교육칙어 포함, 동치헌법(同治憲法)의 확립으로 정착하였다.

그 후 1904년 러일전쟁의 도발, 그후 무력으로 '조선(한국)'을 침탈하였다. 이러한 군국주의의 종말은 시베리아 출병(1918–1924), 만주사변, 1937년 중일전쟁을 유발, 1941년에는 미국의 진주만(眞珠灣)을 공격해 태평양 전쟁을 일으켜, 독일과 이탈리아와 함께 제2차 세계 대전에 참여하였다. 그 결과 1945년 히로시마[廣島]와 나가사키[長崎]에 사상 최초의 원자폭탄(原子爆彈)이 투하되는 비

> 극을 자초하였다. 일본의 패전(1945.8.15) 이후 대국주의는 무너졌고, '미연의 가능성'을 가졌던 민권파의 소국주의 계보가 작성한 헌법초안을 GHQ(연합국총사령부)가 맥아더 초안에 포함함으로 새로운 일본국 헌법의 체계로 결실을 맺었다. 앞으로 일본은 세계 정치 · 경제 · 금융 · 사회 · 문화의 변용에 따른 국제관계의 다극화 및 국제경쟁노선에서 국제공동체를 잘 구성해 글로벌한 규모로 근대화한 노선을 재구축해야 한다. (다나카 아키라(김정희 역), 메이지 유신, AK, 2020 ; 미타니 다이치로(송병권/오미정 역), 일본 근대는 무엇인가, 평사리, 2020).

(9) 두 사람이 일본에서 근무하고 있다면…

두 사람의 문제를 법적으로 생각해 보자.

일본에서는 스에히로씨 문제는 조금 거친 표현을 사용하면, 근로자의 연차휴가의 **시기(時季[21])지정**에 대하여 회사 측의 '**시기변경권**'의 행사가 적법한지 여부가 문제된다.

일본은 연차휴가를 사용할 '**시기**'(時季: 시기와 계절이라는 두 가지 의미를 포함하여 법률상 '시계(時季)'라는 단어로 사용된다)를 지정하는 권리를 기본적으로 근로자에게 주면서 회사 사정이 좋지 않은 경우에는 그 시기를 회사 측이 변경할 수 있다(노동기면 제39조). 이 회사가 연차휴가의 시기를 변경하는 것이 적법한지 여부는 근로자의 연차휴가 시기에 대한 지정이 "사업의 정상운영을 방해"하는지 여부에 달려있다. 회사는 그 근로자가 그때 연차휴가를 사용하면 업무 수행에 지장이 발생해 다른 사람으로 보충하는 것도 어렵다는 사정이 있으면 연차휴가 시기를 변경할 수 있다. 그 때 회사 사정으로 스에히로씨는 여름 휴가를 동남아로 떠날 수 없을지도 모른다.

---

21) <역자주> 한국은 '시기(時期)지정권'이라고, 일본은 '시계(時季)지정권'이라 한다. 시간 및 시계라는 두 가지 의미를 담은 "시계"라는 단어를 사용한다.

나카무라씨 문제도 일본에서는 그렇게 간단하지는 않다. 일본 법원에서는 회사와 근로자간 계약인 근로계약은 원칙적으로 근로자가 일하는 의무를 지고, 회사가 그 대가로 **임금**[22]의 지급을 의무지우는 계약을 말한다. 일하는 것은 근로자의 의무이지만 권리는 없는 것이라고 판단한다. 근로자로서 원칙과 다른 합의, 즉 회사에서 일하는 것을 요구할 수 있다는 특별한 약속의 존재를 증명하지 못하면 회사에서 일하는 것을 요구할 수 없다고 하고 있다. 나카무라씨는 회사로부터 임금을 지급받고 있는 이상 일을 더하게 해달라고 요구하기란 어려울 것이다.

(10) 일본의 노동법 - 그 기반과 역할

근로와 관련된 법인 노동법은 사람의 근로관, 그 배경에 있는 종교관, 사회관 등과 밀접한 관련이 있다. 또한 노동법은 그 나라의 경제 · 사회의 존재 의미도 영향을 미친다.

일본은 유럽과 미국 등의 외래 법기술을 받아들이면서 노동법의 기초와 구조를 형성해 왔다. 일본의 근로조건이 열악한 이유는 무엇일까? 일본은 1870년대 공업화를 시작하면서 서구 자본주의에서 통용되던 지나친 근로시간의 영향을 받았다. 당시 서구의 모든 제도를 모방했다. 1908년 영국의 주당 평균 근로시간이 실제로 64시간일 정도로 가혹한 근로 강요가 일반적이었다. 일본은 1937년 중일전쟁 이전까지는 전형적인 영미식 자본주의 체제에 가까웠다. 이에 고용시장에서 해고는 용이했고, 직장이동도 빈번해 근속연수는 매우 짧았고, 노조의 가입율이 3% 정도였다.

---

22) <역자주> 근로자가 노동의 대가로 사용자에게 보수를 받는 것이 '임금'(賃金)이다. 삯돈. 노임(勞賃). 여기에는 급여(給與), 급료(給料), 봉급(俸給), 수당(手當) 등으로 구분할 수 있다. 급여 · 급료 · 봉급은 비슷한 의미로 고용계약에 따라 사용자가 계속적으로 일하는 직원에 대한 노동의 대가로 정기적으로 지급하는 보수를 말한다. 반면에 수당은 정해진 봉급 이외에 따로 주는 보수를 말한다.

그 후 제2차 세계대전에서 패한 이후 경제총동원이라는 일본호의 배를 딴 노사의 운명공동체는 적은 노사분쟁과 강력한 동기 부여, 높은 생산성으로 고도성장기의 일본식 경영신화였다('고도성장의 엔진). 일본은 1950년대 이후 고도 경제성장시기이고 제조업 시대의 선진국이었다. 이에 맞추어 사회시스템으로 남성은 근면 성실하게 일하면 평생직장이 보장되고, 여성은 전업주부로서 가사와 육아에 전념하면 충분했다. '1억 총 중류사회'의 신화는 집단주의적 가치관을 공유하며 고도경제성장의 과실로 일정한 행복을 누렸다('평등주의').

회사는 일본 노사관계의 전형적인 특징인 일본식 고용관행인 종신고용(정년보장)과 연공서열형 임금, 각종 복지혜택을 제공했다. 당연히 근로자는 회사를 위해 무한에 가까운 헌신과 희생했다('회사주의'). 재벌 해체후 대부분 현장 경험이 많은 젊은 내부 승진자였던 '전문경영자'는 주주의 간섭 없이 동료와 같은 유대감을 가졌다. 이러한 경영자들은 사장과 직원의 임금차이가 적은 이유로 작용했고, 기업내 노조와 노사일체(공동운명체)로 회사를 경영하는 성향이 컸다. 1970년대에는 일본 주식회사론이 유행했다. 1980년대는 신자유주의로 미국 등의 개방 압력과 금리자유화의 진척으로 위기이자 기회였다(예, 1985년 플라자 합의). 사회안전망이 급속히 무너졌다. 결국 1990년대 후반에 정보기술의 변화로 패러다임의 근본적 변화와 거품경제의 붕괴, 장기불황의 시작, 신자유주의 도래를 가졌다. 이것은 노사간 36협정 등의 제도에 기반해 근로자의 '장시간의 과중한 근로'과 서비스잔업의 만연과 '과로사(과로자살)'가 사회문제가 되었다.

일본경제의 잃어버린 30년 속에서 근로시간의 연장근로 상한규제 등이 포함된 2019년 '일하는 방식의 개혁'을 추진해 입법을 마쳤다. 하지만 최근에는 일본적 고용관행에 대한 믿음의 신기루와 같은 환상으로 '블랙기업'(evil company(악마기업), 악덕기업, 혹독한 근무환경과 조직적인 노동착취의 강요)의 출현, 프리터, 격차사회 현상이 나타났다.

하지만 동시에 그 내용은 '**일본의 문화와 정신**'이 반영된 유럽과 미국에는 찾을 수 없는 독특한 것으로 일본 노동법을 형성해 온 측면도 있다. **일본 노동법의 기반과 특징은 무엇인가?** 이 책은 서양 노동법과 비교하면서 **일본 노동법의 '본질'과 '특징'**을 규명해 보고자 한다.

아직 일본에서는 장시간 근로 등과 같이 열악한 상황에서 일하는 것을 강요해 병들어 버린 사람, 회사를 그만두어도 "대신 데려올 때까지 그만두게 할 수 없다"고 위협해 그만둘 수 없는 사람, 중요한 거래처에서 무리한 주문 및 가격 인하의 압력을 받아 임금이 감소해 생활이 곤란해진 사람, 정규직으로 일하고 싶은데 정규직으로 취업하는 것이 어려워 파견이나 기간제 계약으로 일함으로써 저임금과 불안정한 고용에 처한 사람, 회사에서 해고된 실업자가 재취업하지 못한 채 장기간 실업상태에 있는 사람, 수십 개의 회사에서 거절되면서 간신히 '**채용내정**'을 받았는데 회사에서 제대로 된 설명도 없이 채용내정이 취소된 사람 등과 같이 심각한 노동문제에 직면해 있는 사람들이 많이 있다. 이들에게 구제의 손길을 내미는 것이 노동법의 중요한 역할이다. 또한 이러한 상황이 발생하지 않도록 문제를 예방하는 것도 노동법의 중요한 기능이자 과제이다. 이 책에서는 이러한 '**근로**'와 관련된 여러 가지의 '**현실문제**'에 대하여 일본 노동법은 어떻게 대응하고, 대응해야 하는가의 핵심을 강구하고 싶다.

이 책을 통하여 '노동법'이 여러분의 삶과 의식과 친밀하게 결합하고, 여러분의 손과 목소리로 움직이게 하거나 변화시킬 수 있다는 것을 실감하기를 바란다.

보론 8

• 일본형 자본주의와 일본형 고용시스템

일본의 고도 경제성장과 사회안정을 가져온 '일본형 자본주의'와 기업운영 방식인 '일본형 고용시스템'은 일본 사회의 존립 기반이다.

먼저 '**일본형 자본주의란 무엇인가**'는 제2차 세계대전 이후 전쟁 폐허에서 한국전쟁 특수(特需)와 미국의 경제 지원, 협력적 노사관계, 장인정신, 일본인 특유한 부지런하고 절약하는 국민성, 정부의 강력한 수출 드라이브 정책 등에 힘입어 국가 재건을 위해 경제 발전을 추진했기에, 당시의 국가 주도로 기업(자본가), 근로자(노조)가 협력하는 형태로 진행했다. 1953년부터 고도 성장기에 진입한 뒤 10년 만에 선진국에 진입했다. 1980년대 일본이 세계 2위 경제 대국으로 부상하면서 미국과 유럽은 '일본 주식회사'(사회주의적 자본주의)라고 불렀다. 노사가 경쟁 관계가 아니라 '운명공동체'였다. 국가 구성원들이 합심해 경제 발전에 나서면서 국가 전체가 하나의 주식회사처럼 정교하게 움직였다.

또한 '**일본형 고용시스템**(일본식 경영)이란 무엇인가'는 명확한 정의는 없지만, 학자마다 상이하다. 특히, 일본형 고용시스템의 특징은 관점 및 학문 분야에 따라 분석하는 관점이 달라 다양하다. 다만, 일정한 합의도 있다. 일본형 고용시스템의 구성요소는 (ⅰ) **장기 안정고용**(종신고용), (ⅱ) **연공형 처우(연공서열제)**, (ⅲ) **기업별 노조**이다. 이를 삼종의 신기(三種の神器 : 이는 원래 '일본의 왕위 계승에 사용된 세가지 보물'이라는 뜻)라고 불린다.

먼저 '종신고용'과 '연공형 처우'는 사회의 안정을 가져왔다. 당시 1940년 체제의 연속에서 형성된 일본 특유의 구조로서, 근로자를 조직에 정착시키고 생산성을 올리기 위한 구조였다. 당시 경제 상황에서는 근로자가 한 기업에 종사하면서 기능을 더 숙달하는 방식이 생산성 향상에 이바지하기 때문이다. 이것은 제조업 중심 경제의 특징이자 따라잡기형으로 성장하는 경제의 특징이었다. 특히 연공형 처우는 근로자들에게 안정적인 미래를 제시해 애사심을 이끌어낸다. 다만, 조직원의 혁신과 도전의식을 약화시키고 자리 보전에만 집착하게 한다는 비판이 없지 않다.

'기업별 노조'는 노조가 기업별로 조직되면서 단체교섭시 기업 이익을 우선하는 형태로 하는 노사문화가 자리잡는 계기가 된다.

기업의 지속가능성과 고용을 중시하는 경영의 우선순위는 근로자(종업원)－소비자－주주(자본가) 순이다. 고도 경제성장기(1960~1974)에 그 원형이 만들어져 안정된 성장기(1975~1996)에 전면으로 일본 핵심기업의 회사 제일주의의 '정규직'을 폭넓게 볼 수 있다.

하지만, 헤이세이(平成) 고용불황기(1997년~)에 기업의 채산성과 경쟁력이 떨어지면서 일본형 고용시스템도 약점이 부각되어 변화하고 있다. 아울러 그 근간이 흔들리면서도 정규직과 비정규직(간접고용)의 고용 격차가 쟁점이 되었다.[23] 최근에는 연공형 처우가 전근대적이고 비효율적인 성격이 강하다는 이유로 기업들이 '능력급'(성과연봉제)을 도입하는 변화가 있다.

23) 仁田道夫 · 久本軍夫編『日本的雇用システム』(2008年, ナカニシヤ出版)

차 례

부 록

보론 차례

도표 차례

서문 신판 집필에 있어

2018년 6월 '일하는 방식 개혁 관련법'을 제정해, 2019년 4월부터 시행하기 시작하였다. 여기서 '일하는 방식 개혁'은 제2차 세계대전 후 일본 노동3법을 제정한지 "70년만의 대개혁"이라고 부른다. 이것은 일본의 일하는 방식과 일하는 사람의 의식 자체를 바꾸는 것을 목표로 한 개혁이다. 그 주된 내용은 시간외 근로에 법적 처벌과 상한 시간을 함께 설정하고, 회사에 연차휴가를 부여할 의무와 처벌을 함께 부과한 것, 정규직과 비정규직(단시간 · 기간제 · 파견근로자) 사이의 대우 격차를 시정하려는 것이다.

그 밖에도 이 책의 초판[1]을 집필한 이후에 노동기준법, 노동계약법, 파트타임노동법, 근로자파견법, 노동안전위생법, 장애인고용촉진법, 육아개호(돌봄)휴업법, 여성활약추진법 등과 같이 다양한 법률을 개정 · 제정하였다. 근로조건의 변경, 정액 잔업비의 규제, 직장 내(모성, maternity) 괴롭힘, 비정규직의 처우 개선 등의 분야에서 판례의 발전도 주목할 만하다.

이러한 법률의 제개정 및 판례의 전개 상황을 포함해 최근 크게 발전한 노동법의 배경과 그 기반 · 특징을 그려내기 위하여 이 책의 초판을 개정하고, '신판'을 출판하게 되었다. 이번에 출판한 「노동법 입문」(신판)을 통하여 사회의 변화와 결부해 일본 노동법의 발전된 모습을 알게 되면 기쁘겠다.

1) 水町勇一郎, 勞動法入門, 岩波書店 1329(2011.9). 이번 신판이 나오기 전까지 8쇄까지 출판되었다.

역자서문

일본 노동법 입문을 번역하면서

1. 한일간 정치 · 경제 · 사회 배경

(1) 21세기는 제4차 산업혁신 시대이자 정보통신기술(ICT) 시대이다. 급속도로 진전하는 경제 분야에서 국제경쟁력이 떨어지면 한 국가의 경제가 망할 수 있다는 위기감이 팽배해 있다. 21세기의 세계적 도전으로 지정학적 · 지경학적 위기, 사이버 위기, 해로 안전 위기, 기후변화 · 에너지 변화 위기, 전염병 대응 등이 있다. 종전의 산업혁명이나 근대 패러다임의 종언 속에서 21세기에 탈(脫)세계화 현상, 새로운 기후 변화,[1)] 에너지 전환, 급격한 고령화 · 저출산 · 인구

1) '기후 위기'는 2011년 일본 후쿠시마 원전사고 및 태국 홍수로 현지 일본자동차공장의 가동 중지, 지구 온난화, 인도양 쌍극화(Dipole) 현상, 2019년 호주 산불사태, 2020년 미국 텍사스 한파로 인한 정전으로 삼성전자 조업 중단 등 생명체와 자연환경에 대한 대규모 재앙과 연결되었다. '글로벌 그린뉴딜 논쟁'은 2018년 기후변화에 관한 정부간 협의체(IPCC)의 '1.5 특별보고서'에 따르면, 지구 평균기온 상승폭을 산업화 이전 수준 대비 1.5도 이내로 안정화해야 한다. 기후 위기 극복책과 함께 심각한 불평등 위기 극복책이 그린뉴딜의 통합적 목표임을 천명했다. 구체적인 중요 목표로 (ⅰ) 모든 지역사회와 근로자를 위한 공정하고 정의로운 전환을 통해 온실가스 배출 제로 달성, (ⅱ) 수백 만개이 양질의 고임금 일자리 창출과 모두를 위한 번영 및 경제적 안전보장, (ⅲ) 21세기 도전에 지속적으로 대응할 수 있게 인프라와 산업에 투자, (ⅳ) 깨끗한

감소(인구 절벽)와 함께, 중국의 부상에 따른 미국과 중국의 디커플링(탈동조화)에 따른 무역분쟁 등의 전방위적 확산, 미중의 기술패권 경쟁, 중국의 부실채권과 부동산 거품,[2] 유럽 리스크의 심화, 온실가스 배출 감축 방안, 국제협력과 다자주의, 일본의 인구 고령화에 따른 경제 역동성 저하 및 고질적인 부채문제, 북한의 핵개발 문제 등의 뇌관이 놓여 있다. 이러한 시대전환 속에서 지난 2020년 초 이후의 코로나19(신종 코로나 바이러스 감염증) 펜데믹(대유행)의 장기화 영향으로 전 세계에 엄청난 쇼크를 주고, 세계 경제는 스태크플레이션(경기후퇴+물가상승)의 우려도 있으며 동반적 위기로 세상은 종전과 전혀 다른 신세계로 블랙홀처럼 빨려들고 있다.

향후 4차 산업혁명의 급변에 따른 초지능 · 초연결 디지털 시대와, 코로나 펜데믹으로 대처를 위한 양적 완화에 따른 천문학적 유동성의 위험 등이 있다. 이러한 복합적으로 중첩되어 변화하는 대전환기에서 포스트 코로나 시대의 전망은 유동적이고 불확실한 시기이다. 5G 경쟁은 가속화되고 ICT(정보통신기술) 기업은 더욱 발전할 것으로 전망된다. 컴퓨터, 휴대폰, 사물인터넷, 인공지능(AI), 양자컴

공기와 물, 기후와 지역사회 회복력, 건강한 식품, 자연 및 지속가능한 환경에 대한 접근권 보장, (ⅴ) 모든 사회적 약자에 대한 억압 금지와 정의 및 공정성 증진 등이다.

2) 중국은 1990년부터 30년간 국내총생산(GDP)은 39배, 1인당 GDP(1만500달러)는 32배 증가했다. 2019년 미국 GDP의 6%에서 72%(21조4280억달러:14조3430억달러)에 도달했다. 자동차 · 반도체 · 항공기 등 여러 산업에서 세계 최대 시장이다. 시진핑 집권 2기(2018－2022)에 위대한 중화민족의 부흥이라는 '중국몽'(中國夢)을 위해 국가 자본주의를 드러내고, 팍스 시니카(Pax Sinica; 중국이 주도하는 세계질서)를 건설하는 것이다. 있다. 저출산 · 고령화로 생산가능인구의 감소, 투자 수익률 하락, 생산성 증가 정체, 중산층 7억명, 대학진학률 54%, 현지 삼성전자, 금호타이어, 현대자동차, 이랜드, 현대모비스, 기아자동차 등은 경쟁 외국기업으로 줄줄이 하향 추세에 있다. 하지만 중국 경제는 3대 리스크로 막대한 부채, 그림자 금융, 부동산 거품이 있다. 이를 극복하기 위해 고강도의 공기업 개혁과 암호화폐 규제 강화, 중앙은행 디지털화(CDBC) 도입 촉진 등이 놓여있다.

퓨터, 드론 등을 망라해 혁신과 정보기술이 없으면 산업개편과 일상생활도 어려운 세상이다. 생산과 소비패턴의 변화, AI가 전환한 근로 · 교육현장, 정부와 국가의 역할 변화를 이념의 프레임만으로는 극복할 수 없다. 국가는 불확실한 시대에 미래 세계를 이끌 수 있는 생태계를 만들고 위기관리 능력을 마련해야 한다. 2021년 현재 한국과 일본은 작년부터 코로나19 펜데믹 현상은 진행 중에 있다. 이러한 다양한 위기 상황을 상정하면 한일 양국의 안보 · 외교, 경제 · 기술 등의 '동맹'관계가 어떻게 진행될지에 우려도 많다. 협력을 강화해 대응해야 한다.

일본은 2012년 아베 신조[3] 2차 내각이 출범하면서, 경제를 살리기 위해 '세 개의 화살'이 필요하다는 경제 슬로건을 내세웠다. 통화정책, 재정 부양책(바라마키, 선심성 예산 뿌려대기)과 경제체제 개혁(광범위한 규제완화 및 구조 개혁)이다. 특히 일본은 고용관행과 임금체계(종신고용, 어용노조, 샐러리맨 신화), 기업 지배구조, 서비스 분야, 금융시장, 농업, 토지사용권, 유통망, 교육, 여성의 지위 향상 및 각종 분야의 개혁을 추진하였다. 2013년 9월에 선정된 '2020년 도쿄 올림픽'은 2011년 3월의 동일본 대지진으로부터의 부흥이라는 정치적 이슈가 있었다.[4] 하지만 도쿄 올림픽은 코로나 사태의 악화로 1

3) 아베 신조(安倍晋三)(1954–)는 2006–2007년 내각 총리대신 역임 후 사임. 2012년에 다시 내각 총리대신에 취임해 2020년까지 최장수 내각 총리대신을 역임. 국수주의적 우파 사상을 가진 것으로 알려졌다. 외조부인 기시 노부스케의 명예를 회복하고, 1930년대의 역사를 일본에 유리한 시점으로 재해석하려는 시도를 했다. 아베신조 1차 내각은 2006년 총리 취임후 전후 헌법의 개정(제9조의2, 집단적 자위권–자위대 명기), 과거사 사과 없이 오히려 강한 군대 추구, 일본 주권 체제에서 황실의 중심적 위치 선정 등을 추진했다. 하지만 후생노동성 산하의 사회보험청(현 일본연금기구)에서 5000만 명에 이르는 연금기록이 뒤섞이거나 분실되는 사건 등 이후 건강 문제를 이유로 1년이 안되어 사임하였다. 당시 일본 국민의 관심사는 삶의 질과 노후자금의 마련, 자녀의 구직, 노부모 부양 문제였다.

4) 올림픽은 구미의 전유물이었으나, 최초로 아시아 개최는 1964년 일본 '도쿄 올림픽'이었다. 일본은 2차 세계대전의 패전을 극복해 재건의 탈아

년 연기해 2021년 7월에 개최하기로 결정했다. 한편 일본은 확진자 수가 여전히 많아서 (준)긴급사태를 (일부)지역에 연장해 반복해 실시하고 있는 중이다. 2020년 이래 '아베 신조' 정부는 코로나 초기 대응책이 '미즈가와 대책'(水際, 본토의 상륙 저지)과 '3밀(三密, 밀폐된 공간에서 밀집과 밀접을 회피 계몽) 강조', 아베노믹스 효과의 격차 사회, 소비세 인상, 아베 개인 스캔들(모리토모(森友)학원, 가케(加計)학원, 사쿠라), 재정 건전화의 요원 등에 대한 불신으로 지지율이 하락해 결국은 물러났다.[5]

그 후 2020년 8월에 아베 신조 노선을 계승한 **스가 요시히데**[6] 정부로 교체되었다. 하지만 일본은 '도쿄 올림픽' 개최의 연기로 국가적 부담이 커졌고, 아베 내각 이후 일본의 인구 고령화에 따른 경제 역동성 저하 및 고질적인 부채문제 등으로 계속 고전 중이다. 반면에 한국의 2017년 5월 출범한 이후 문재인 정부는 2020년 코로나19 사태에 대하여 초기에 적극적인 3T(Test, Trace, Treat) 및 드라이브 스루(drive through, 승차 검진) 등의 적극적인 대응을 통해 K－방역의 효과가 있었다. 하지만 소득주도 경제정책, 부동산 정책의 실패, 친노동의 급격한 최저임금 인상, 비정규직 제로화 정책 등으로 경제는 코로나 사태에 겹쳐서 악화되고 있다.

(2) 한국과 일본은 다른 외국보다 비슷하다. 양국은 지정학적으로 가깝고, 한자 문화권 속에서 많은 공통점이 있고, 문화적 공통 기반이 양국의 소박하고 진솔하게 소통할 수 있는 공감대를 높이는 토

입구(脫亞入口)의 기회로 삼아 국가의 총력전을 펼쳤다.

5) 아베의 정치 일정은 2020년 4월 시진핑 중국 국가주석의 국빈 방문, 재건과 부흥을 위한 2020년 7월 도쿄 올림픽의 개최 열망(1년 연기됨), 2011년 3월 동일본 대지진 및 후쿠시마 핵발전소 사고 피해의 상흔 극복, 결국 일본헌법의 개정을 염원했지만, 코로나19 범유행이라는 초유의 사태가 발목을 잡았다.

6) 스가 요시히데(菅義偉)(1948－) 아베 신조의 최측근으로 제1차 아베 정권에서 총부장관 역임하였다. 2012년 제2차 아베 장관에서 내각 관방장관 역임하였다.

대가 있다. 하지만 정치와 경제, 과거사, 영토분쟁, 안보문제(비핵화), 지구 온난화와 환경파괴 위기 문제, 자연재해와 원전사고, 에너지문제, 정치 · 경제의 한계, 지리적인 무대 전환 등의 문제로 난맥상이다. 한일간의 상호 대등한 존재로서 반(反)일한 · 배(排)일한보다는 양국을 위해 극(克)일한 · 용(用)일한의 첩경은 깊기에 철저한 '지일'(知)한이 선제적으로 필요하다. 또한 분석 · 비판하는 분(分)일한과 비(批)일한의 단계에서는 양국을 제대로 이해하며, 상호 협력할 것인지는 큰 과제이다. 미래의 동북아시아의 번영 · 평화 · 안녕, 남북한의 화해 · 공존 · 통일에 대한 공존을 위하여 상호 협조와 보조 역할은 막중하다.

일본은 7,000개의 섬으로 구성되고, 면적은 38만㎢로 한반도의 1.7배, 인구는 1억 3,000만 명으로 남한의 약 2.5배다. 일본은 지형은 폭이 좁고 길어 들판보다 산이 많고 가파르며 해안까지 펼쳐져 있다. 2,000m 이상의 산이 500개가 넘는다. 후지산만해도 3,776m이다. 지진과 태풍 등 자연재해가 많고 섬으로 고립된 환경이다. 아직은 2019년 1인당 GDP(국내총생산)는 한국 3만 3천 달러이지만, 일본은 4만 1천 달러로 30%의 차이가 있고, 인구수를 곱한 GDP의 한일 격차는 2019년 3.12배이다. 또한 급격한 고령화 · 저출산 선진국, 인구 감소라는 경험도 10~20년 앞서간 일본의 경제 · 사회 구조변화 및 산업구조, 기업 경영과 문화, 고용형태에 있어 시행착오와 실패의 역사에 관한 정보와 지식도 반면교사로 활용할 필요가 있다. 한일 양국은 빈곤율과 빈부 격차, 세대간 격차, 헬조선과 단카이 주니어(잃어버린 세대)세대의 취업 빙하기의 유사한 과제를 안고 있다. 양국의 사회복지모델도 조세 부담률을 올리기보다는 국채 부채를 통해 유지되는 특징이 있다.

(3) 한편, 한국과 일본은 자유민주주의와 시장경제를 추구하면서 정의, 법치, 인권 등 인류 보편적 가치를 공유하는 국가로서 자국의 이익을 위하여 상호 교류와 협력이 필요하다. 양국의 역사를 파노라마와 같이 되돌아보면, 계속된 정치적 갈등의 소용돌이 중에 있다.

한국(조선) 입장에서는 일제 강점기에 착취와 식민지적 강제와 탄압에 따른 굴욕의 역사였다.[7] 한국은 일본과 불평등한 1876년 '강화도조약'을 체결한 후 일본의 청일전쟁(1895), 일본은 청일전쟁 승리로 중국을 누르고 동아시아 패권국으로 나섰다. 또한 '타이완'을 할양받았다. 러일전쟁(1904~1905), 중일전쟁(1937~1945)의 승리 이후에, 한반도를 일본의 영향력 아래에 직접 두는 '일제 식민지', 그 후 제2차 세계대전(태평양 전쟁)을 거쳐 강제 병합된 전 과정은 '강제징용 및 위안부의 피해자'를 낳은 고통스러운 수난시대의 출발이었다. 역사적으로 일제 강점기는 정치적 · 군사적 목적, 점차 경제적 이익도 추구하면서 최악의 제국주의 시기였다. 창씨개명을 강요받고 한국말(조선어)을 쓰지 못하고 일본말을 쓰도록 강요받는 암흑의 시대였다. 하기사 1945년 8 · 15 해방은 일제의 압제로부터 해방이었지만 국력이 약하여 침탈당했던 수모도 되새기게 된다. 그런데 1950년 6월 25일 한반도에서는 '한국전쟁'이란 동족상잔(同族相殘)이란 최대의 민족적 비극이 발발했고, 3년간 동족간 피아(彼我)가 560만 명이 죽고 다친 '소규모 세계대전'으로 끝났다.

한국전쟁 중이었던 1951년 9월 일본과 연합국간 체결된 '**샌프란시스코 강화조약**'은 소련과의 냉전으로 일본의 전쟁책임을 최소한으로 줄었다. 그리고 동아시아의 질서가 형성되어 한일관계도 만들어지게 되었다. 이는 미국의 강력한 패권과 자유주의의 뒷받침이었다. 하지만 이러한 강화조약을 추진하면서 참가국에서 '한국'이 제외되었다. 그 결과 일본은 한반도 남북의 두 국가와 각각 교섭을 추진해야 했고, 그간 36년의 식민 지배를 청산하는 방법에 문제가 생겼다. 그리고 1953년 7월 27일 한반도의 적대 행위를 멈추기 위한 '정전협정'이 체결된 후 지금도 남북간은 정전 체제로 유지되고 있다.

---

7) 이러한 역사 과정에서는 '후세 다쓰지'(1880~)는 일본인 인권변호사로 조선인을 위해 변호했고, 재일 조선인 선거운동을 지원했고, 대한민국 헌법 작성에 필요한 자료를 전달했다. 그 후 2004년 일본인 최초로 대한민국 '건국훈장 애족장'을 수여했다.

그러나 한국은 1945년 8 · 15 해방 이후에 1950년에 한국전쟁이 있었지만, 고유한 근대성 요소들과 서구 자유주의 근대성이 융합된 특유의 복합적 근대성이 이끄는 '**산업화**'와 '**민주화**'의 진전을 이루었다. 세계에서 한국은 유일하게 기적적인 경제 발전을 달성한 국가이다. 먼저 '산업화'는 공업화와 도시화다. 농촌을 중심으로 형성된 농업경제가 도시를 중심으로 하는 공업경제로 이동한 것이다. 산업화는 미래의 혁신을 위해 그대로 인정해 효율적인 고도의 경제성장을 지향하게 되었다. 또한 '민주화'는 엄청난 갈등을 겪으면서도 급속하게 이루었다. 이에 따르면 광복절에는 반일 감정보다 자국의 국력을 키워 가는데 관심을 가져야 했다. 국내적으로 해방의 공간에서 친일잔재 청산의 조사와 처벌은 **과거사 문제**로 남게 되었다. 그러면서 해방 이후에 미국은 한국에 대하여 경제 지원, 차관, 투자를 외교의 지렛대로 이용했다. 이러한 경제 · 군사 원조와 기술 지원, 자본 투자가 한국의 생존과 발전에 필수적인 디딤돌이 되었다.

우선 미국은 한국에 대한 일본의 지지와 원조를 기대하고서 한일관계의 재구축을 적극적으로 지원했다. 그 후에도 미국은 적극적으로 한 · 미 · 일 공조를 이끌어 박정희 대통령 시절인 1965년 '한일국교 정상화'(수교 협정)를 이루었다. 어쩌면 한국 경제발전을 지원하면서 일본의 영향력 아래 두는 간접통지 전략인지도 모른다. 한국과 일본은 경제 협력 방식(총 8억 달러는 무상 3억 달러, 유상 저리 2억 달러, 민간의 상업차관 3억 달러)을 선택함으로 평행선을 달리는 '한일기본조약' 및 '한일 청구권 협정'[8]을 체결하였다.[9] 한국이 국력 차이를 좁히며 '선진국'으로 도약하는 디딤돌이 되었다. 한국은 1961년

---

8) 이를 '굴욕 외교'라는 비판이 엄청났다. 그 밖에도 양국 간의 (ⅰ) 재산 및 청구권에 관한 문제의 해결과 경제 협력에 관한 협정, (ⅱ) 어업에 관한 협정, (ⅲ) 일본에 거주하는 한국 국민의 법적 지위와 대우에 관한 협정이 있다(4개).

9) 일본은 북한에 대해 아베 정권시 핵, 미사일, 납치문제의 현안이 있었다. 또한 북일 국교정상화가 되면 일본은 물가상승률을 반영해 최소 그에 상당하는 금액을 제공해야 한다는 공감대가 형성되어 있다.

경제개발 5개년 계획을 추진하며 일본의 경제협력을 경제적 도약의 기폭제로 삼았다. 하지만 한국의 경제정책이 일본의 원조와 조응해야 한다는 일본 대표단의 요청은 거절하였다. 하여튼 한국의 입장에서는 대일 무역 적자 규모가 1963년 이래 50년간 60조엔 이상으로 일본은 중요한 수출 상대국이었다.[10)]

한일관계는 한국전쟁을 마친 후 폐허 속에서의 국가 부흥을 위하여 미국과 유럽 원조와 지원으로 전후 복구 작업을 일군 후에 경제성장을 이룩한 역사를 돌아보면, 동서 냉전의 최전선에서 긴장했던 한국은 냉전[11)] 종식과 함께 냉전 체제에서 해방되었다. 이러한 급변하는 국제사회에서 그 당시의 한국은 경제 약소국이자 개발도상국이었다. 전쟁을 겪고 지금도 분단된 국가가 이룬 불가사의한 경제성장과 민주화의 원인은 한국 국민의 우수성, 근면성도 커다란 몫을 하였다. 하지만 한국전쟁 중에는 변변한 산업이 없는 미국 원조에 의존하는 최빈국이었다. 한때 국방예산의 72.4%를 미국에 의존해 원조의 권부 유송(USON, 주한미국경제협조처)에는 수백 명의 미국인이 상주하면서 가난한 신생국의 돈줄을 관리했다. 국민의 민주화 열정과 기업가들의 헌신 덕분이다. 한국은 2차 대전 이후 산업화와 민주화에 모두 성공한 유일한 국가이다.

1960~70년대에는 산업화의 역사적 기억이 있다. 한국의 경제성장을 달성한 '**한강의 기적**'에 원동력이 된 제조업 및 산업화 모델은 큰 역할을 해왔다. 수출을 중시한 결과 대외개방을 적극적으로 수용

---

10) 중일관계에서 1978년 중국의 덩샤오핑은 문화혁명 후 개혁 · 개방을 준비하면서 일본 후쿠다 총리에게 일본의 기술과 자금, 경험을 배우는 입장을 취하기도 했다. 미국의 사회학자인 에즈라 보걸의 '덩샤오핑 평전', '넘버원 재팬', '중국과 일본'(2021, 까치) 참조.

11) '냉전'은 1945년 제2차 세계대전 이후 미국과 소련의 동맹관계가 깨지면서 자본주의의 서유럽 국가와 공산주의의 동유럽 국가간에 국제정치적 대립관계가 형성되었다. 1947년 미국 대통령 고문인 버나드 바르크가 '냉전'이란 용어를 처음 사용한 이후 이 같은 대립을 '냉전구도'라 부른다.

했다. 민간 기업의 성장이나 '잘살아 보세'의 새마을 운동 전개, 외환을 벌기 위한 근로자의 희생, 어머니들의 근면 · 절약정신 · 교육 · 남편과 자식의 성공을 위한 희생정신이 있었다. 동서 냉전을 마치고 세계화가 진전되면서 한국은 고속의 경제성장으로 선진경제를 달성하였다. 그 후 한국의 국제적 지위는 급상승하고 있다. 한국이 성공한 비결은 TV · 조선 · 자동차 등을 수출하는 '수출주도 산업화', 원가 이하로 수출하는 '적자 수출' 전략, 도로 · 교통 등 인프라를 조성하는데 '최저가 낙찰제', '빨리 빨리 문화'라는 이유를 들기도 한다.[12] 하지만 일제강점기 및 근대화 · 경제발전의 과정에서 특히 철강과 조선, 전자 등 주력사업은 일본의 산업정책 · 각종법령 · 시스템을 모방하고 학습했다. 압축적인 근대화 과정에서 발생한 휴유증을 극보하기 위해서는 일본을 통해 자기성찰도 필요하다.

(4) 그리고 **일본**에 있어 1945년 8월 15일 제2차 세계대전(태평양전쟁)을 마친 직후 미국(GHQ)은 패망국 일본의 식민지를 접수하기 위해 나섰다. 일본인은 전시체제에 동원되었고, 극심한 전쟁피해를 입었다. 전사자가 270만 명이었다. 미국 점령 초기에 강력하게 일본에 민주주의 제도를 도입하는데 집중했다. 통치의 편의로 전쟁의 최종 결정권자인 일왕의 전쟁 책임을 묻지 않기로 하면서 군국주의의 뿌리 제거를 위한 많은 정책에 혼선이 잇달았다. 미국은 강력한 후견 역할을 통한 일본의 점령 종료는 '역코스'라는 극적인 방향전환 사태가 일어나 미일 안보체제를 지속적으로 만드는 계기가 되었다. 제2차 세계 대전 이후에 일본은 1949년 중국의 공산화, 한반도에서의 1950년 6 · 25라는 **'한국전쟁의 특수'**(特需)를 얻었다. 미국은 군대에 보급하기 위하여 무기를 제외한 모든 물자를 끝도 없이 발주하기 시작하였다. 그리고 납품을 받으면 '달러'로 대금을 지급했다(35억 2,700만 달러). 전혀 예기치 않았던 이러한 한국전쟁 특수('하늘의 도우심')로 그 당시 일본의 폐허가 되었던 경제상황에서 경제를

12) 김태유, 한국의 시간, 2021. 참조

재건하는데 최상의 경제 환경을 만들어 주었다. 이것은 일본의 경제성장의 기반과 경제성장의 모델을 이루는데 결정적인 역할을 했고, 나아가 아시아 자유주의 경제의 견인차로 극적인 경제발전의 성과를 이루었다. 사실 일본은 전쟁을 일으키고도 지정학적 위치와 냉전, 미국의 일본 우선정책으로 제도적 민주화와 경제적 성장을 이루는 행운과 기회를 얻었다. 일본은 혼만 남기고 다 바꾸는 '화혼양재'(和魂洋才)[13]의 정신에 따라 과학기술과 함께 국가제도를 혁신해 성공했다. 사실 한국전쟁은 일본의 상황을 극적으로 반전시켰다. 도요타는 차량의 대량주문의 특수(신풍)로 설비 근대화 및 경영합리화에 집중 투자해 새 도약의 발판을 마련했다. 철강업과 조선업도 대호황을 누렸다.

일본은 메이지 유신과 탈아입구론(脫亞入口論)[14], 제국주의 과거와 제2차 세계대전의 기억(광기), 계속되는 냉전의 불안을 극복하기 위해 미국을 지렛대로 삼아 경제를 일으켰다. 또한 차별화된 신민주주의, 고도 경제성장의 기적, 거품경제, 군사적인 부담 해소와 다양한 기술 제공, 동남아시아의 원재료 자원과 일본 공업력의 결합, 전쟁 배상 문제의 정치적인 해결은 전후 일본의 경제발전에 이바지하였다. 1968년에는 세계 2위의 자본주의 경제대국이 되었다. 1970년대는 도요타, 혼다, 소니, 교세라, 파나소닉, 캐논 등의 일본 기업이 세계 시장을 장악해 간 시기였다(섬유, 조선, 철강, 라디오, 컬러TV, 토목장비, 영화, 기계 공구, 워크맨, 카메라, 전자계산기, 시계, 필림, 팩스기계, 프린터, 복사기, 피아노, 굴착기, 오토바이, 자동차, 컴퓨터산업, 반도체 등). 1970년 중반 이후 경제대국으로 부상되어 '일본 주식회사'론이

---

13) 일본 근대화의 부국강병을 위한 구호로서 합리적 취사선택으로 서양의 기술만을 선택하는 태도이었다. 이는 압축적 근대화의 휴유증으로 나타나지만, 일본 고유의 전통 · 문화 · 정체성의 핵심이다. 선택적 수용을 통해 후발주자의 이익(시간 · 비용)을 보았다.

14) 일본은 서양 문명국(영국 · 독일 · 미국)과 진퇴를 함께 조선을 지나 중국을 침략 · 병합해 식민지로 지배하겠다는 선민의식의 제국주의 선언이다.

유행했고, 관민일체의 일본선단이었다. 기업은 종신고용, 연공서열, 기업별 노조의 특징이 있었다. 1980년대는 버블의 형성으로 인해 일본의 수출이 더욱 늘어난 시기로, 이는 1990년대 초반까지 계속 유지되어 세계 최강의 경제대국이었다. 중후장대(重厚長大)에서 경박단소(輕薄短小)의 산업체제의 전환, 저출산 · 고령화에 따른 도시화에서 교외화로의 변화까지 나타났다.

한편, 미일 경제전쟁으로 세계적인 금융시스템을 장악한 미국은 1985년 달러화 강세의 시정 조치인 '**플라자 합의**'로 일본 엔화(금융)의 기를 꺾었다. 미국의 강요로 체결한 플라자 합의로 단기간에 환율이 2배로 뛰었다. 이는 일본 경제침체의 결정적인 전환점이자 재앙이었다. 1986년 미일 반도체 협정('제2의 페리 굴욕')으로 반도체(산업)의 덤핑 수출을 막았다. 이러한 일본 제품의 가격경쟁력 하락으로 수출이 감소해 경제성장률이 떨어졌지만, 부동산 및 주가는 상승했다. 1990년 말부터 일본의 '**버블경제**'는 일본 정부의 규제 강화로 인해 부동산과 주식이 폭락하는 결과를 초래했다. 이러한 경제현상은 잃어버린 10년으로 내수가 줄어들고(소비세 3%→5% 인상), 기업의 수익성도 나빠지면서 부실채권의 문제를 야기했다. 그러자 일본은 금융권에서 대출을 줄이고 해외의 자금 등을 환수하기 시작했다. 그 후 기업과 개인의 파산은 늘어났고, 은행의 연쇄 도산까지 있었다.

1990년대 말의 거품경제 붕괴 후부터 '잃어버린 세대'(어정쩡하게 살아가는 불행한 세대)의 출현, 불경기의 장기화, 신자유주의의 도래, 고령화, 디플레이션, 대량의 불량채권 처리, 고용 불안의 확대, 호송선단 방식의 금융시스템의 와해[15], 제조업 중심의 1940년 체제론의

---

15) 미국이 제2차 세계대전 이후 구소련, 중국, 일본에 대한 세계 패권을 장악해 왔다. 그런데 그 후 일본의 경우는 '경제력'으로 미국을 추격했다. 일본은 1980년대 공작기계, 반도체, 가전, 자동차 등 제조업 분야에서 세계 최고 수준에 올라섰다. 이를 바탕으로 막대한 매미 무역 흑자를 내며 전성기를 구가했다. 미국의 입장에서 대일 적자 규모를 감소하기 위해 일본에 대한 무역 전쟁에 돌입했고, 1985년 미국 뉴욕 플라자 합의를 통해 달러화에 대한 엔화의 가치를 대폭 인상하는데 성공했다. 엔고로 일

생산자 우선주의와 경쟁부정 등이 있었다. 2000년 초에는 일본 경기가 좋아지면서 장기 불황 탈출의 기회로 보였지만, 2007년 미국의 서브프라임 모기지 사태로 일본과 한국 등 아시아 지역국가는 다시 경제적 어려움을 겪기 시작했다. 기존 회사시스템이 무너졌다. 성과주의가 대세로 바쁜 각자도생의 저성장시대가 되었다. 2011년 3월 11일 동일본 대지진과 쓰나미의 여파로 일본 원전이 폐쇄되면서 일본경제는 큰 타격을 받았다. 2012년 아베 신조 내각의 아베노믹스 등 다양한 정책으로 2013년부터는 주식 상승 등 일본 경제는 회복기미를 보이면서 2018년까지 성장했다. 2019년 소비세율의 인상(8% →10%)을 단행했다.

(5) 다른 한편 **한국**은 8.15해방 → 정부 수립 → 6.25전쟁 → 산업화 → 한강의 기적 → 그리고 민주화, 1980년대 민주화 운동의 역사 속에서 1987년 6월 민주화 체제의 성취로 권위적 군부정치가 종식되어 대통령 직선제 쟁취, 문민정부로의 전환, 마침내 평화적 정권교체를 이루어졌다. 1987년 체제는 권위적인 군부와 관료 중심의 체제가 해체되고 민주화 정부가 들어섰다. 그 후 냉전 종결(1989), OECD 가입(1996), '경제위기 극복을 위한 사회협약'을 통해 IMF(국제통화기금) 외환위기의 극복(1998), 첫 남북 정상회담(2000), 한일 월드컵 공동개최(2002)등과 같이 대내외 환경변화 요인은 한국 사회에 큰 변화를 일으켰다. 한편, 역사는 반복 중이었다. '산업화'와 '민주화'의 과정에서 필요 이상으로 증폭된 우리 사회의 갈등과 대립이 지속된 측면도 있다. 한국의 국력이 커지면서 한반도에 대한 외국의

본 기업들은 수출 가격 경쟁력이 크게 떨어진 반면, 미국 기업은 상황이 크게 호전됐다. 반면에, 플라자 합의 당시 일본의 GDP(국내총생산)는 미국의 32% 수준이었고, 1995년에는 70%선까지 상승했다. 엔고로 큰 타격을 입은 일본 경제는 1990년대 초반 부동산 거품 붕괴까지 겹치면서 '잃어버린 20년 내지 30년'이라는 장기 침체기에 접어들었다. 2020년 일본 GDP는 4조9000억 달러로 미국 20조9000억 달러의 23% 수준이었다. 여전히 미국의 교육, 과학기술, 군사, 달러 패권 등에 우월함을 넘기는 어렵다.

영향력은 상대적으로 위축되었다.

그 후 한국은 경제 성장에 따라 그 위상이 달라졌다. 지난 2008년 3월 베어스턴스, 9월 리먼 브러더스 등 글로벌 투자회사가 연이어 파산하면서 전대미문의 금융위기가 터지고 국내 경기도 요동쳤다. 하지만 그 해 10월 한미 통화스와프 체결이라는 적극적인 초동 대처로 시국을 전환했다. 이러한 2008년 리먼 쇼크에서 신속히 경제를 회복한 후, 2010년 이명박 대통령이 서울에서 의장국으로 개최했던 G20 정상회의의 역사적 사명, 공적(국제) 개발원조(ODA) 수원국으로서 성공적인 발전을 이루어 공여국(供與國)으로 지구촌 문제 해결에 참여하기 위해 공적 개발원조 사업을 시작했고, 2010년 OECD(경제협력개발기구) 개발원조위원회에 가입해 활동하였다. 문재인 정부는 2019년 10월 WTO(세계무역기구)에서 실리보다 명분을 중시해 개도국에 허용되는 특혜를 받지 않는다고 발표했다. 한국은 국력을 신장시킴에 따라 존재감이 커져서 경제 '선진국'이 되었다.

(6) 한일간의 정치 역사의 흐름을 돌이켜 보면, 일본은 1993년에 일본군 위안부의 동원과정 강제성과 일본 정부의 관여를 인정하고 사죄한 '**고노**[16] **담화**'를, 1995년에 과거 식민지 지배와 침략을 공식 사과와 반성의 뜻을 담은 '**무라야마 담화**'[17]를 각각 발표했다. 또한 1998년 '역사 교과서 왜곡'과 '독도 망언' 속에서도 1998년 10월 8일 한일간 우호적 파트너 쉽을 선언한 **김대중 대통령 · 오부치 게이조 총리**[18]가 '21세기 새로운 한일 파트너십 공동 선언'을 발표하였다.

16) 고노 요헤이(河野洋平)(1937－) 모시 요시로 정권의 외무장관, 미야자와 기이치 정권의 내각 관방장관, 사회당 무라야마 도미이치 연립 정권의 부총리, 2003－2009년 일본 헌정 사상 최장의 중의원 의장을 역임한 자민당의 유명한 정치인.

17) 무라야마 도미이치(村山富市)(1924－) 1948년 이래 일본 사회당이 배출한 처음이자 유일한 (자민당과 연립정부 구성) 내각 총리대신. 8개월 재임기간 중 1930년대 제국주의 일본이 저질렀던 일에 대해 정부를 대변해 공식 사죄하는 '무라야마 담화'를 발표했다. 별도로 '여성을 위한 아시아 평화 국민 기금'(아시아 여성기금)을 설립 · 운영했다.

주된 내용은 양국의 우호협력 결의, 각료 간담회 설치, 대북 햇볕정책 지지, 다자간 경제협력 촉진, 한국내 일본 대중문화 개방, 청소년 교류확대 등 미래 지향적인 한일관계 발전을 모색하자는 것이었다. 특히 일본 대중문화를 해금(解禁)하거나 그에 이른 한류로 한일 관계를 개선했다. 열린 지도자의 리더쉽과 활발한 민간 교류가 핵심이다. 1998년 IMF 외환위기시 일본이 지원한 일, 한일 공동 월드컵 개최(2002) 등 수년간 양국은 '미래 지향'의 매우 좋은 시절이었다. 한일의 전략적 이해와 판단이 일치해 2000년대 한일관계는 황금기가 도래하였다.

그 후 2011년 3월 동일본 대지진 이후 5월 일본에서 한·중·일 정상회담이 개최되기도 했다. 그러나 한일 양국의 불신과 대립이 초래한 역사 인식의 한계가 부상하고 있다. 한일 정부간에는 일본의 역사교과서, 독도 영유권(다케시마(竹島)의 날 조례 제정, 2005),[19] 야스쿠니 신사(靖國神社)[20] 참배, 일본군 위안부,[21] 일제 강제징용 피

---

18) 당시 **오부치 게이조**(小渕惠三)(1937－2000) 총리는 일제의 식민지배로 인해 한국 국민에게 다대한 손해와 고통을 준 역사적 사실을 겸허히 받아들이면서 '통절한 반성과 마음으로부터 사죄'했다. (그는 2년의 총리를 못채우고 격무와 스트레스로 인해 뇌경색을 일으킨 후 총리직을 사임한 몇 주 후 사망했다.).

19) 일본은 영토분쟁으로 한국과 독도(다케시마, 리앙쿠르 암초) 영유권 분쟁, 중국(타이완)과 센카구열도(댜오위다오, 釣魚島), 러시아와 북방영토(쿠릴열도) 문제가 다투어지고 있다.

20) 도쿄 중심에 있는 커다란 신토(神道) 사당으로 국체(전전 천황 중심의 국가체제) 이데올로기를 떠받드는 정신적 중심지의 역할을 했던 곳으로 제2차 세계대전의 전사자들을 포함해 일본을 위해 죽은 사람의 위패(1978년 도조 히데키를 포함해 14명의 A급 전범 위패를 옮겨옴)가 보관되어 있다. 일본인들은 여전히 일본의 문화적 유산(조국과 역사)을 복잡한 심경없이 사랑하고 자랑스러워한다(R. 태가트 머피(윤영수/박경환 옮김), 일본의 굴레, 글항아리, 2021, 481－487면).

21) 그 밖에 재한 피폭자, 재사할린 한국인의 개인청구권을 한국 법원에 제소했다. 또한 조달청은 지적 주권을 위해 일제 강점기 일본인 명의 귀속재산에 대한 창씨개명(1939)한 '4자 성명'을 공적장부에서 지우고, 국유화 사업을 하고 있다(여의도 면적 1.5배).

해자 배상(일본 전범 기업의 자산 강제 매각 절차),[22]반도체 핵심소재의 수출 규제, 해상자위대의 초계기 위협비행 및 한국 해군의 (사격통제) 레이더 조준 사태, 일본발(發) 후쿠시마 원전 오염수의 태평양 방출 문제,[23] 코로나 감염병 협력 등 한일 정치 · 경제 · 사회 문제는 현재 최악의 상태에 놓여있다.

(7) 21세기 현재 한국은 이제 선진국이다. 한때 일본과 관계를 단순하게 선악보다 더 객관적으로 봤고, 일본도 건설적인 관계회복을 환영했다. 하지만 오히려 근자에는 양국의 신뢰관계가 후퇴한 것 같다. 의식적으로 공동 관심사를 공론화하는 진지한 노력이 필요하다. 한국은 일본을 잘 안다는 함정에 빠져있다. 그런데 일본 사회는 과거사를 기본적으로 사과했으며, 전후 세대의 사죄는 지나치다는 의식이 있다. 일본은 전쟁 책임국이지만 원폭의 최대 피해국 의식도 있다. 이러한 양국의 상이한 정치와 경제 · 안보 · 문화 수준에서 양국은 비즈니스 관계가 주류로 활발한 교류가 필요한 상황이 되었다. 양국의 지도자들은 국민과 갈등으로 고통스런 통치는 피하고, 과거사의 협상과정에서 현재와 미래 관계의 파탄보다는 상호 필요한 국익을 교환하는 디테일한 협상이 필요하다. 그렇지만 여전히 양국의 역사적 갈등으로 과거사인 '일본군 위안부 문제'와 '일제 강제징용 피해자 문제'는 양국의 우호적 관계를 만드는 데에 장애물이 되고 있다.

먼저 **'일본군 위안부 문제'이다.** 국제적인 여성인권 문제로 한일의 역사를 인식하는 데에 기반한 난제이다.[24] 해방후 70년이 지난 박근

---

22) 그 전에 일본은 지소미아(한 · 일 군사정보호협정)를 연장하거나, 한국인 비자발급 제한, 금융제재 등 보복조치도 검토했다.

23) 한일 시민단체들은 각각 반대하는 퍼포먼스를 개최했다. 별도로 국제해양법재판소에 일본의 제소는 실효성이 낮고, 국제기구인 IAEA를 통해 정보를 제공받아 감시하는 것이 효과적이라는 견해가 많다.

24) 심규선, 위안부 운동－성역에서 광장으로, 나남, 2021. 참조. ; 최근 마크 램지어 교수(하버드대 로스쿨)의 '태평양 전쟁 중 성(性)계약'의 논문이 국제적 논란을 일으켰다. 쟁점은 '식민지 근대화론'에 의한 일본 국가

혜 정부 시절에 한일간 2014~2015년 치열한 외교 협상을 통해 2015년 12월 28일 ('최종적 · 불가역적으로 해결된 것임을 확인') **'한·일 위안부 합의'**[25)]의 당시에 일본 외무상이 아베 총리의 이름으로 '사죄와 반성의 마음을 표명한다'고 발표하였다(그 후 위안부 지원재단-'화해치유재단'(2016.7.-2018.11)을 설립·운영해 피해자들에게 직접 도움이 되는 10억엔(약 110억원) 출연금(일본 정부예산)이 확보돼 99명이 수령함).[26)] 이러한 위안부 합의를 발표한 이후 한국에서 반일 감정이 커지면서 박근혜 정부의 위기로까지 확산되었다.[27)] 그리고 2017년 12월 28일 문재인 정부는 "이 합의로 위안부 문제가 해결될 수 없다"는 합의 파기를 선언하고, 재협상을 요구하지는 않았다. 평창겨울(평화)올림픽에 막판 참석한 아베 총리와 한일 약식 정상회담(2018.2)에서는 상호 감정의 골만 악화시켰다. 그 후 뉴욕의 한일 정상회담(2018.11)에서 한일 위안부 합의에 이견이 표출되었다. 일본은 여성 인권을 중요하지 않게 생각해, 한국측에 '적절한 조치를 강구해달라'고 요구했다. 역사는 기억의 싸움이고, 기억은 기록을 기초로 한다. **사실**(성착취가 관 주도로 행해진 점)을 기록에 남겨야 한다.[28)] 하지만, 위안부

의 개입, 강제 동원, 인신매매, 성노예 규정에 대한 거부, 특히 "위안부 여성이 강제로 성노예 생활을 한 것이 아니라, 자발적 선택과 동의에 따른 계약으로 높은 임금을 벌려고 매춘하였다"고 주장한다(박명림, 식민지 근대화론 허구 드러낸 램지어 파동, 중앙일보 2021.3.22. 25면).

25) 이것은 한국 헌법재판소가 2011년 8월 "한국 정부가 위안부 문제 해결을 위해 일본과 교섭하지 않는 것은 위헌"이라는 결정을 내리고 장기간 외교 협상을 거친 후의 산물이었다.

26) 일본은 인권문제로서 일본 정부에 의한 정치적 해결의 시도로서 1995년 7월 '아시아 여성기금'(피해자 200만엔 위로금(국민모금으로 충당)과 300만엔의 의료지원금(정부 예산으로 충당)을 건넸다. 한국은 이를 거부하고 대일투쟁에 나섰다. 일본 법원을 통한 소송(3건 모두 패소), 한일 정부간 외교적 타협(2015.12.28. 합의)이 있었다. 그후 한국에서 소송을 제기한 후 30년이 경과한 2021년 국내에서 상반된 하급심 위안부 판결이 있었다.

27) 그 이면에는 '중국의 부상'과 '북한의 핵개발'이라는 지정학적 충격이 몰고 온 동아시아의 '신냉전화'의 기류도 있었다.

문제 해결은 역사적 사실인데, 정치 · 외교상 레토릭으로 전락된 채 양국은 복잡한 실타래 속에서 여전히 답보 상태에 있다.

또한 **'일제 강제징용 피해자 문제'**이다. 드디어 2018년 10월 18일 대법원(전원합의체)은 '(일본 전범기업인) 일본제철(판결 당시 신일철주금)은 일본의 불법적 식민지배로 인한 '반인도적 불법행위'[29]인 강제노동에 대한 손해배상(위자료)으로서 강제징용(동원) 피해자(징용공, 4명)에게 1인당 1억 원씩을 지급해야 한다'고 판결하였다.[30] 일본 정부는 "(한국의 대법원 판결은) 국제법(국교 정상화의 기초가 된 국제조약)에 비추어 볼 때 있을 수 없는 판단"이라 수용할 수 없다는 입장을 밝혔다. 이 판결은 피해 당사자를 구제하고 법원 판단을 존중해야 하지만, 양국의 갈등을 고착화시키는 결정적 계기를 만들어 최대 쟁점이 되었다. 그 후 법원은 피해자들의 일본제철에 대한 한국 자산 압류신청을 승인했다. 이러한 한일간의 파국의 최대 뇌관은 일본 기업의 강제매각한 한국 내 자산의 '현금화 문제'였다. 이것은 일본에서는 사법부가 행정부 정책에 반대하는 판결을 하기가 어렵기에 크

28) 2010년대 이후 한일관계의 영향으로 '일본 남'과 '한국 여'의 커플 수는 감소 추세였다. 정치 · 경제 · 사회 · 문화 등 다양한 요인으로 한국이 일본과 대등할 정도로 성장하면서 일본 남성이 가졌던 선진국 후광이 떨어졌고, 아베 총리가 2010년 이후 장기간 집권해 혐한(嫌韓)문화가 강화되었다. 혐한은 주로 일본 남성이 주도한 영향, 2011년 3월 동일본 대지진의 영향으로 각종 불안감 등의 영향도 있다. 이에 일본인 남편수는 1818건(1995), 3423건(2005), 808건(2015), 135건(2020)의 변동이 컸으나, 일본 며느리는 1193건(2010), 903건(2019)으로 큰 변화가 없었다.

29) 2005년 8월 26일 노무현 정부시 '민간 공동위원회'는 한일간 '반인도적 불법행위'의 범위로 위안부, 사할린 잔류 한국인, 원폭 피해 등의 사실상 3개 과제로 한정했었다.

30) 미국의 경우 1941년 일본의 진주만 공격 직후 미국은 일본에 선전포고를 하고 미국 내에 거주하던 일본인과 일본계 미국인(미국 시민권자 포함) 약 12만 명을 1942년~1946년 강제수용소에 억류했다. 이 사건에 대하여 1988년 레이건 대통령은 공식 사과하고, 1990년 민권자유법(Civil Lieberries Act)에 서명하면서 11만 명 이상의 피해자 후손들에게 대통령의 사과 친서와 1인당 2만 달러 정도의 국가배상을 제공했다(12억 5,000만 달러).

게 충격을 받았다.[31] 이것에 대해 일본의 입장에서는 한국을 미래 담론이 사라진 과거 회귀국가로 보는데 결정적인 영향을 미쳤다고도 평가한다.

위의 대법원 판결에 대하여 경제 보복 차원에서 일본의 외교협의와 중재 요청 등 문제 해결과 관련한 요청을 거부하자, 일본의 '경제산업성'은 2019년 8월 한국을 신뢰관계 훼손, 수출통제제도 미흡 등을 이유로 고순도 불화수소 등 반도체 생산에 필요한 3개 물질의 수출규제를 강화하고, 전략물자에 대한 수출관리 **'화이트국가'**(백색국가, 우대 조치 대상국)에서 제외하는 경제보복(경제전쟁)을 조치하자, 한국도 2019년 9월 맞대응 조치를 취했다.[32] 그리고 양국은 2019년 8월-11월 한미일 지역안보 협력의 상징으로 안보협력환경에 중대한 변화를 줄 수 있는 한일 **'지소미아'**(GSOMIA, 한일 군사비밀정보 포괄보호 협정)의 연장 거부의 논란 중에 연장했다.[33] 협정 기능을 보다 선명하게 강화하는 방안도 있다. 사실 한국은 후속 조치로 딜레마에 빠져 있고, 일본은 한국의 경계에 신경을 별로 안 썼다.

나아가 한국은 일본 제품(자동차, 맥주 등)의 불매운동 및 일본 여행을 반대하는 분위기가 형성되었다. 한일 갈등의 맞보복의 충격파가 연이었다. 이 과정에서 일본의 보도를 보면, 역사적으로 일본의 피해자 의식은 심화되고, 젊은 세대는 이미 사과 피로증과 화해에

---

31) 일본 측은 한국 법원이 진행 중인 일본 기업 자산 현금화 조치는 절대로 피해야 하며 일본도 수용 가능한 해결책을 한국 측이 제시해야 한다고 하면서, 한국 법원의 판단은 국제법 위반이라는 기존 입장을 고수하고 있다. 반면에 한국 측은 삼권분립 원칙을 내세워 사법부 판단에 관여하기 어렵다는 기존 입장을 유지하고 있다.

32) 미국 트럼프 정부는 동아시아의 한일관계에 '최소한의 개입'을 통해 (i) 일본은 한국을 화이트 리스트에서 배제하는 결정을 멈추고, (ii) 한국은 압류된 일본 기업 자산의 현금화 절차를 정지하는 '현상동결 협정'을 제안했다. 하지만 일본(아베)측은 거부했다.

33) 미국은 동아시아(새 글로벌 전략) 정책의 핵심으로 안보위협인 중국·러시아·북한의 견제를 위해 한일 협력에 기초한 한미일 3각 연대가 필요한 입장이었다.

대한 체념으로 신뢰가 크게 떨어졌고, 혐한과 반한이 팽배하며 친한파가 무력화되는 현실에 아쉬움이 크다. 이러한 한국은 반일 감정과 응어리로 일본내 혐한 감정에 편승해 대치하며 타협점이 없는 사태로 악화되었다. 현실적으로 일본은 상대방을 있는 그대로 배려하는 법을 배울 필요가 있다.

(8) 경제적인 측면에서는 한일 기업은 글로벌 공급 네트워크에 공동 참여해 상호 의존하는 관계이다. 이에 양국의 미래 지향으로 수출 의존도가 높은 한국이 생존하려면 기업의 산업 경쟁력[34]과 경제력의 강화가 불가피하며, 경제 협력도 필요하다. 여전히 한국은 일본의 기초산업과 과학기술에서 격차가 있다. 이에 무역 갈등의 상태를 유지하는 것은 상호간에 이익이 되지 않는다. 사안별로 분리해 실질적인 해법을 찾아가는 지속적인 노력이 필요하다. 오로지 아베 총리는 2020년 도쿄올림픽을 발판으로 국민 총생산 600조엔 고지를 향해 질주해갔다.

다른 차원의 미래 대비책으로 2018년 발효된 지역협정으로 '**포괄적 · 점진적 환태평양 경제동반자협정**'(CPTPP)[35]에 '누적원산지 규정' 등의 이유로 가입을 추진할 필요가 있다. 지난 2003년 개시한 한일 FTA(자유무역협정) 협상은 농산물시장 개방에 대한 양국의 입장 차

---

34) 코로나19 내수 확대로 경제 성장률을 방어하는데 어려운 상황이지만, 한국의 경우 제조업 경쟁력을 바탕으로 유엔산업개발기구의 '세계 제조업 경쟁력 지수'(CIP, 2018년 경제지표 분석)에서 한국은 152개국 중에서 독일 · 중국에 이어 3위로 선방하고 수출을 빠르게 늘렸다. 한국 경제의 주력업종 대부분이 글로벌 공급망에 연결되어 있다. 미중 기술 패권경쟁이 격화되면 공급망 재편 가능성을 검토하고 수출시장 다변화, 기업 활력 제고 등이 필요하다(산업연구원, "한국 제조업 경쟁력, 코로나19 경제위기의 버팀목", 2021).

35) 회원국은 일본, 멕시코, 캐나다, 호주, 뉴질랜드, 페루, 칠레, 싱가포르, 베트남, 말레이시아, 브루나이 등 11개국이다(한국과 FTA 미체결국은 일본과 멕시코가 있음). 영국과 중국은 가입 신청 중이고, 미국은 국내 사정을 미가입하고 있다. 주로 디지털 무역, 노동, 환경, 국영기업 등 새로운 통상 관련 분야에 대한 국제규범을 도입했다.

이로 중단되었다. 이를 통해 한일관계 개선에 돌파구가 될 수 있을 것이다.

어째든 역사의 프리즘을 통해 한국 광복 76주년, 한일 국교 정상화 56년이 되었다. 그 동안 양국은 전선을 역사 갈등에서 외교 · 통상 · 경제보복으로 전선을 확대하면서 갈팡질팡하는 모습이다. 2017년 5월에 출범한 문재인 정부는 대일관계의 흐름을 과거 청산과 사죄, 보상 요구로 '강경→출돌→유화→혼돈'으로 요약된다. 지난 2020년 3월 문재인 대통령은 삼일절 연설에서 "함께 (코로나 등) 위기 극복하고 미래지향적 관계를 위해 노력하자"의 화해 제스처에 이어, 2021년 대통령의 신년 기자회견에서 '건설적, 미래 지향적인 관계 복원이 필요'하며, '일본은 역사적, 지리적, 정치 · 경제 · 문화적으로 근접 국가이자 동북아 및 세계 평화와 번영을 위해 공동 협력의 동반자'라고 밝혔다. 이는 종전의 반일 정서를 부추기는 한국 정부 태도와 달라진 자기부정적 입장 내지 화해의 손짓을 보냈다.

(9) 최근 한국 정부는 지나친 대일 자신감으로 한일관계의 악화를 방치하다가 "항상 대화할 준비가 되어 있다"고 했다. 사실 양국 정서는 동전의 양면처럼 움직이는 측면이 강하다. 그런데 '일본군 위안부 피해자'와 '강제징용배상 판결 문제의 해소'는 양국간 합의를 통한 피해자들의 성숙된 협의가 중요하다. 정부는 사법부 판결 존중과 피해자 중심주의 원칙 속에 외교의 영역에서 운신의 폭을 넓혀서 활용방안을 강구해야 한다. 정부로서는 일본 정부 및 기업 자산의 현금화를 유보하겠다는 '정치적 결단'이 필요하다. 한일 기본조약에 대한 양국의 실용적인 대응책을 상호간에 준수하는 것이 필수적이다. 이를 기초로 양국에게 환경 정비도 하면서 끈기 있게 해결해 나가려는 타협 · 협력의 지혜가 필요한 이유이다. 그렇지 않으면 한일관계의 회복은 차기 정부의 몫이 될 공산이 크다.

정말로 양국 간의 점철된 역사를 복원해야 한다면, 큰 틀에서 평상시의 깊은 신뢰관계를 구축해야지만, 국가 차원의 어려운 시기에 상호간에 큰 힘을 줄 수 있다. 이것은 선제적인 최고의 리스크 관리법이다. 양국은 필요할 때만 찾는 관계가 아닌 구체적인 해법을 제시해야 한다. 양국간 '진정성' 있는 메시지를 정확하게 전달하거나, 우선 국내에서 논의해 해법을 도출한 후에 이를 일본에 제안하는 식의 책임감 있는 태도도 필요하다. 정말이지 한일관계의 악화는 비대칭적으로 이득보다는 손실이 더 크다는 사실을 애써 무시해왔다. 양국은 서로 민감한 감정을 건드리지 말아야 하는데, 이를 제대로 이해하지 못한 측면도 있다.[36)]양국의 국민성 대비로 일본인은 조용히 참지만, 한번 화나면 좀처럼 원래대로 돌아오지 않는 반면에, 한국인은 하고 싶은 말을 다 해도 화해가능하다고 생각한다. 일본인은 한번 선을 넘은 인간관계를 포기하고 다시 안보지만, 한국인은 서로 막말한 다음 날에도 술잔으로 화해하는 경향이다. 언뜻 보면 양국은 유사한 부분이 많은 듯하지만, 사고방식이 기본적으로 다르기 때문에 '만나서 한잔하면 된다'는 식으로 간단하게 생각했다면 양국의 관계 개선은 어려울 수밖에 없다.

양국의 원상회복이나 정상화를 위한 '균형점'을 찾는 해법은 어려운 과제이다. 과거사 문제의 해결은 미래의 대응을 위해 반드시 필요하다. 하지만, 그 당위성에도 불구하고 해결할 적절한 타이밍을 놓쳐버리면 해결할 수 있는 방안은 적어진다. 어찌보면 일본도 자학사관에 기초해 과거사를 겸손한 자세로 임하고 적절한 역할을 맡아야 할 필요가 있다. 그 때가 되면 양국은 냉정하게 사실을 분별할 줄 알아야 한다. 양국의 일반 상식이 어떠한지 제대로 이해할 수 있는 신중한 접근이 필요하다. 일찍이 미국의 문화인류학자 루스 베네딕트는 동양 문화의 뿌리는 체면의 상실을 '수치심'(羞恥心)이라고 말했다. 사회 공동체를 형성하는 요체가 아닌가?

집단주의 문화로 한국은 가족형 집단주의 성향(혈연 · 지연 · 학연)이 강하다. 이것은 염치(廉恥), 즉 체면을 차릴 줄 알며 부끄러움(수

---

36) 나리카와 아야, 사랑의 불시착, 니쥬 돌풍에 4차 한류 붐, 한국 선 잘 몰라, 중앙SUNDAY, 2020.12.12.－13, 27면(한국이 일본내 한류 붐을 보다 잘 활용할 수 있다고 평가한다).

치심)을 아는 마음으로 아량을 베풀 줄 아는 '눈치 문화'에 기초했다면, 일본은 조직형 집단주의 성향(회사 · 학교)이 강하다. 이에 지침에 따라 움직이는 '매뉴얼 시스템'과 개인의 잘못으로 전체 집단에 민폐(めいわく, 에이와쿠)를 끼치는 행위를 매우 수치스러워하는 '수치문화'(羞恥文化)에 기초해 세워진 국가이다. 일본의 수치문화는 비슷한 체험과 가치관을 공유하는 동질성이 강한 사회였다. 이에 집단의 방향을 제시하는 정부방침에 대한 신뢰를 전제로하기에, 국민들이 순응적이다. 하지만 이러한 일본의 매뉴얼 문화는 2011년 3월 일본 동북부의 대지진 및 후쿠시마 원전 폭발 후에는 잘 작동하지 않았다. 일본 사회가 변화한다고 전망된다.

또한 2020년 이후 코로나19 펜데믹과 관련해 수치문화는 초기에 의료붕괴를 막는데 기여했다. 하지만, 결국 의료시스템의 붕괴로 이어지며 2020년 7월에 개최하려던 도쿄올림픽을 1년 연기하는 사태가 발생했다. 일본은 경제대국인데 코로나 대처가 왜 엉망일까? 아베 노마스크, 검사 키트와 선별진료소의 부족, 보건소의 부족, 의료체계의 부실, 공공의료 체계의 붕괴가 있었다. 이번 올림픽 개최는 세계 선수들에게 인생과 생존이 달린 문제이다. 반면에 세계가 부러워했던 한국의 K－방역 성공은 대형병원들의 잘 갖춰진 방역시스템, 세계 최고의 의료보험제도와 정보통신망, 우수한 의료진의 헌신 및 자원봉사, 성숙한 시민의식 수준(드라이브 스루, 의료보험카드 번호를 통한 요일별 마스크 판매, 감염병 진단키트)에서 나타난 한국 민주주의 결과물이었다.

(10) 한국은 이젠 포스트 코로나 시대에 위기 속에서 기회를 잡아 선진국으로서 선도국가로 가야만 한다. 글로벌 경제시대에 '가깝고 먼 일본'이 '멀고도 먼 일본'이 됐지만, 옆집 국가가 되었으면 하는 바람이 있다. 한일은 유럽과는 달리 종교, 문화, 정치체계, 경제 수준 등에서 상이하고, 더 나아가 지정학적 입지의 차이에 갈등의 구조적인 원인이 있다. 양국의 외모가 비슷해 깜짝 놀라면서도 편하기도 하지만, 실제로는 한일간 사고방식이나 가치관은 다르다.[37] 결국

양국은 상이한 인식을 전재로 미래를 향해 출발하는 편이 좋다. 일본의 타인에 대한 '민폐'가 되지 않도록 행동을 자제하는 배려심과 공중도덕의 생활화는 일상의 삶을 편안하게 하는 공공선의 출발이다. 하지만 지난 일본의 30년 역사(平成)는 '실패와 충격으로 점철된 역사'였다고 평가한다. 격차사회(2006), 넷카페난민(2007), 무연사회(2010), 블랙기업(2013), 간병살인(2017) 등 신조어가 일본 사회 분위기를 드러냈다. 양국에 문화의 차이나 국민감정의 이해를 반면교사로서 일본 사회도 경제적으로 계층간 격차가 확대되고 있고, 미래 불안도 커지고 있다.

먼저 일본의 중장년층은 옛날의 한국의 이미지를 갖고 있는 세대이다. 이들은 당시 한국이 약소국으로 일본과는 비교해 취약한 존재로서 일본 버블경제의 붕괴 및 장기불황 전까지는 한국의 요구에 정치 · 경제적으로 수용할만한 여유가 있었다. 이것은 양국간 국교정상화 이후에 한미일 협력의 기본 구도를 유지하고, 일본은 한국에 대하여 배려해 왔고, 한국의 경제발전을 도와주었다는 자부심을 가진 사람들이 있다.

또한 일본의 **주택 가격 장기 침체**의 원인은 고령화 · 저출산, 주택 수급의 불일치, 정책 실패 등 복합적 요인이 작용했다. 일본은 공급 폭탄이 가격 회복의 발목을 잡았다. 일본인의 신앙이라고 볼 정도로 '신축'(新築)을 선호하는 것은 지진(地震)이 잦은 특수성에 기인한다. 일본은 제로금리 상황에서 매년 30~40만 가구를 지속적으로 공급해 왔다. 한편, 비자의 발급을 완화하는 등과 같은 정책이 효과를 발휘해, 인구 감소를 외국인 관광객으로 보완하였다. 하지만, 일본은 코로나19 펜데믹에 따른 장기간의 경기 불황 이후 외국인 관광객의 유입이 중단되는 직격탄을 맞았다. 이로 인해 인구의 감소, 빈집의

37) 일본의 문화적 특성으로 자신들의 분수에 맞는 지위를 갖고 그에 어긋나는 행동을 하는 것을 중시한다. 또한 일본인들은 자신이 갖고 있는 본심(혼네, 本音)을 명확하게 내어놓지 않고 자신이 속한 조직이나 단체의 의견을 따르는 경향이 있다(다테마에, 建前).

증가 등 여전히 주택 소유에 부정적인 사람이 많다. 반면에 한국은 주택 재고가 부족한 데다 지나친 부동산 정책의 규제로 일본과 같이 집값이 급락하지는 않는다고 한다.[38]

그리고 일본은 2010년 이후 중장년층 남성의 **'고독사'**(타인과 관계 단절이나 소통 공백으로 홀로 죽음을 맞는 것)와 2010년대 전후 취업 빙하기에 청년층의 **은둔형 외톨이**(히키코모리) 문제가 부각됐다. 특히 2011년 동일본 대지진 이후 피해 지역을 중심으로 고독사는 사회문제가 되었다. 일본은 고독사를 줄이기 위해 유형별, 제공 주체별로 세밀한 돌봄 서비스에 집중하고 있다. 그 후 2021년 2월 내각에 '고독 · 고립 대책 담당실'을 설치했다. 한국도 2000년대 이후 고령사회에 진입해 독거노인 등 고령층, 1인 가구 증가에 따라 우울증 · 무기력을 동반한 심리적 고립 위험에 노출된 은둔형 외톨이의 중장년 · 청년층의 고독사가 사회적 이슈가 되고 있다('고독사예방법' 제정(2021.4)). 결국 고용문제이면서 복지, 교육, 주거, 문화의 문제이다. 최근 일본 대학가에 스타트 업 붐이 일고 있다. 일본 정부는 한국과 마찬가지로 코로나19로 인해 '코로나 패전'의 위기를 겪으면서 교육 · 의료 · 행정 분야의 혁신, 기업 경영층의 디지털화를 위해 스타트업 지원책을 쏟아내고 있다. 즉 '스타트업 생태계 형성을 위한 지원 패키지 프로그램(1조 2,300억원)'을 통해 정부가 직접 스타트업을 발굴하고 육성해 서로 연계시키겠다는 구상을 발표했다.

(11) 한일 양국은 최근 **문화 분야**에서는 선별과 여과의 역사를 가지고 있지만, 선린우호관계를 꾸준히 유지 발전시켜왔다. 특히 한일 청년들은 음악 · 드라마 · 영화 · 만화 · 애니메이션 · 소설 · 관광 등 상대방의 문화를 이해하고 즐기고 있다. 일본에서 한류 흐름은 영화 및 드라마에서는 쉬리, 겨울연가(2003), 대장금, 내 머리속의 지우개, '기생충'(2020, 아카데미상 4관왕, 헬조선, 반지하의 가족) 등이 있다.[39]

---

38) 조선일보 2021.2.25. A34 참조.

39) '겨울연가'의 배용준 열풍(1차 한류, 2003−2004, 冬のソナタ, 배용준(욘사마), 최지우(지우히메), 박용하), 동방신기 · 카라(KARA) · 소녀시대

반면에 한국에서 일본의 영화나 드라마는 '러브레터', '고독한 미식가', '너의 이름은', '어느 가족'(연금 사기사건) 등이 있다.[40)]

4차 한류(사회의 현상화)의 진행으로 한국 드라마 '사랑의 불시착'과 '이태원 클라스', '김비서가 왜 그럴까' 및 소니뮤직과 손잡은 JYP(박진영 프로듀서)의 일본인 글로벌 걸 그룹 '니쥬'(NiziU)가 엄청난 인기란다. '82년생 김지영', '나는 나로 살기로 했다', '한국 · 페미니스트 · 일본', '덕혜옹주(도쿠에 히메(德惠姬))' 등 한국 젊은 여성 작가가 쓴 책도 화제를 모았다. 일본 워킹맘 특파원이 쓴 '한국 아버지' 이중섭(李重燮)에 관한 '돌아오지 않는 강'이 일본의 평단을 달구었다. 최근에는 이병헌 인터뷰, 한류 드라마 소개, 니쥬 표지 사진, JYP(JY Park) 소개 등이 일본 매체에 실렸다. 도쿄의 신쥬쿠의 신오쿠보에 '코리아 타운'이 자리 잡았다.

이와 같이 양국 관계는 부침과 관계없이 남녀노소가 이젠 영화나 드라마 등의 한류가 일상화되고 있다. 양국의 마니아들은 문화적 관점에서 이질성보다는 동질성이 큰 나라로 라이벌보다는 상호보완적 상생관계를 유지하고 있다. 한편 일본은 내수 시장 집중하여 정부주도 프로젝트, 정치적 요소의 보수적 사회 분위기를 띠고 있다. 한국의 대중문화가 일본 영향을 받았지만, 글로벌리즘(세계화 추구)에서 격차가 나고 있다. 양국의 문화는 선린우호 관계를 위한 지속적인 문화교류 속에서도 잘 아는 것 같으면서도 여전히 오해하는 부분도 많다.[41)] 양국은 청소년 등 민간인의 베이스로 교류협력을 통한

(NHK 연말 가요제인 홍백가합전 출연)(2차 한류, 2010－2011), BTS(방탄소년단) · 토와이스(TWICE, 홍백가합전 출연)(3차 한류, 2017)

40) 최근에 다큐멘터리 영화 '동아시아 반일 무장전선'(김미례 감독)은 1970년대 일본 미찌비시중공업 폭파 사건 등 연쇄 기업 폭파 사건을 일으킨 일본 좌익 그룹이다. 일본 제국주의로 인한 식민지배나 노동착취를 비판했다. 하지만, 과격한 행동으로 다수의 사상자가 발생한 사건이다.

41) 역사적으로 문화사절단인 '조선통신사'(1429－1811, 총 20회)는 양국의 문물은 전달하는 창구를 역할을 했다. 또한 양국간에는 상이한 문화가 존재하고 있다. (ⅰ) 한국에만 있는 것[참외(cf. 마쿠와우리), 깻잎, 김치

관계 개선을 위해 노력해야 한다. 열린 문화로 가는 것은 연결사회의 인프라로 볼 수 있다. 코로나19의 뉴노멀 시대에 K콘텐츠가 생환해야 한다. 결국 양국의 대중문화는 정치적 다양성에서 상이함을 존중 · 공존하는 문화와 구조가 필요하다.

(12) 양국은 목전의 짧은 이해관계를 넘어 장기적인 안목으로 상생하는 관계를 설정해야 한다. 2020년 이후 코로나19 펜데믹은 일상화되고, 양국 관계는 해방 이후 최악이라 할 정도의 분위기이다. 양국 모두 코로나 백신 접종을 통한 경제회복이 지연되고 있다. 한국의 K–방역은 건강보험시스템, 행정력, 의료진의 헌신, 국민의 협조와 인내가 합쳐진 결과로 우수성을 띠웠다. 하지만 코로나 일상화는 여전히 진행형이다. 또한 일본은 집단면역을 위한 백신 접종이 일본의 내부 시스템에 발목이 잡혀서 다른 선진국에 비해 훨씬 지체되고 있다. 2021년 도쿄 올림픽 개최 여부는 악화일로인 부정적인 추세이다. 양국은 이러한 혼란 속에서 지정학적 변화와 정치 · 경제적 확실성이 애매한 시기에 특별한 도전 과제들에 대하여 공동인식을 공유하면서 인적 · 제도적 신뢰관계를 정립해야 한다. 그리고 양국은 공통된 생각과 가치를 확인하기 위한 채비를 갖추어야 한다.

최근에 양국의 갈등관계가 누적되면서 회복할 수 없는 '중증 다중복합골절'로 진단하기도 한다. 잦은 정책의 실패로 큰 기대는 큰 실망이 되었다. 향후 한미일의 평화적인 삼각 공조의 복원을 위해서도 한일관계는 매우 중요하기에 여전한 냉각된 관계를 해소해야 한다. 양국간의 잠정적 신뢰조차 없다면 아무 일도 할 수 없기 때문이다. 한편 일본인 스스로는 사회적 질서와 합의를 잘 준수하며 잘 어울리고 있으면서도 왜 이웃국가와 영토분쟁, 역사분쟁 등 계속하는지

냉장고, 과속방지턱, 한복, 온돌, 다락, 쇠로 만든 수저, 고속도로의 버스 전용차로], (ⅱ) 일본에만 있는 것[핫사쿠(八朔, cf. 천혜향), 시소(紫蘇, 차조기), 우메보시(梅干し), 아마도, 기모노, 유카타, 다다미 문화, 고타스, 빙수(팥빙수), 동전지갑, 개인번호카드(2016), 택시의 자동문, 고속도로의 오토바이].

에 대한 아이러니한 측면도 있다. '연대'와 '적대'는 동전의 양면이지만, 지금의 상황을 제대로 관리하면서 진정성 있는 행동을 통해 미래의 좋은 모습을 신뢰해야 한다. 양국이 음식점에서 '주방장 추천'(오마카세)과 같이 상호 소통 · 존중 · 신뢰 · 협력하면서 살아갔으면 좋겠다.

우리나라가 처한 현실에서 폭넓은 관점에서 살펴보면, 어려운 양국 문제에 대한 근거없는 희망적 사고에 기반한 오산과 오판을 해서는 안된다. 역사의 공과와 명암의 재평가는 균형된 역사관을 통해 역사의 과오와 조국에 대한 긍지와 자부심을 보아야 한다. 양국의 복잡한 실타레를 풀면서 개방적이며 과거의 제도와 행동을 현대화할 필요가 있다. 양국의 공통된 과거를 기반으로 소통과 연합을 해야만 미래를 함께 공유할 여지가 많아질 것이다. 현실을 제한적으로 인정하면서 과거에 구속받지 말고 미래 비전을 지향해야 한다. 한국정부는 언제나 치밀한 다양한 전략과 조건을 대비하면서 효력있는 대응책을 마련해야 한다. 한일간 청소년 교류 활성화, 저출산 문제 대응 협력, 한일 국경을 넘는 청년 취업의 제도적 취업 등 공동협력의 노력도 필요하다. 일본의 경영자들은 오랜 가난한 친척처럼 여기며 대했던 '한국'을 바다 건너 서쪽의 국가로 두려움과 경탄의 눈길을 돌리고 있다.[42]

결국 양국의 우호적인 관계 회복 요체는 결국 필요한 순간에 치루어야 할 큰 대가보다는 필요한 말과 타이밍이 중요하다. 각자의 국익을 실현하기 위하여 차이를 인정하고 이웃으로서 살아가는 방법을 찾아야 한다. 양국은 협력과 공존, 존중을 위해 정교한 비전과 철학, 미래 지향적인 대안, 구체적인 액션 플랜을 제시해야 한다. 양국의 정부가 이념, 당파적인 진영논리는 현실 파악을 못해 실책하며, 난제를 미봉책으로 소극적 회피주의에 치우치지 말고 국가 이익을 우선해야 한다. 지도자의 미래를 보는 통찰력과 확고한 역사관이

---

42) R. 태가트 머피, 일본의 굴레, 358면.

필요하다. 상대방의 배려를 파고들며, 때로는 명분을 주장하며 치밀하고 당당한 실리적 리더쉽, 포용력, 대범함의 회복이 필요하다. 매스컴을 통해 양국 정치 현안이 국민의 인식에 영향을 미치기에 제대로 해결하기 위한 의지가 중요하다. 그리고 양국의 역사 인식, 환경 지리적 여건, 사회문화적 배경, 언어습관 등의 다양한 요인이 상이함을 인정하고, 공감 · 존중 · 화해해야 한다.

2. 최근 한국의 노동법 개정 동향[43]

(1) 경 과

제21세기 제4차 산업혁명 시대, 급변하는 시대에 위기감의 발원지는 기후변화(탄소중립), 디지털 전환(데이터 경제), 코로나19 펜데믹(대유행)에 따른 글로벌 경영환경은 급변화 중이다. 세계의 정치 · 경제 · 사회가 다양화 · 복잡화되었다. 펜데믹이 언제 종식될지 모르게 되면서 세계경제를 큰 충격에 빠뜨렸다. 당시 국내는 4차 산업혁명 시대의 도래로 스마트 팩토리 등의 장밋빛 논의가 활발하였던 시기였다. 현재의 경제 상황은 지난 1998년 IMF 외환위기나 2008년 세계금융위기보다 경제활동을 급격히 위축되었다. 우리 경제는 수출무역 의존도가 높기 때문에 글로벌 경기 침체로 위기에 빠지는 것이 우려된다. 뒤처진 국가의 산업 현장은 다양한 문제를 파악해 실태에 따라 적절하게 해결할 능력이나 자원의 한계가 있다.

2017년 5월 정권이 문재인 정부로 교체되면서 노동법 부문에도 많은 변화가 예상되었다. 노동존중사회 실현을 위한 핵심적 과제는 노동기본권을 신장하는 노사관계 법제도를 개선하는 것이었기 때문

43) 이승길, 포스트 코로나시대 노사관계 · 노동법 전환 추진 필요, 키워드 2021, 이데일리, 2020.11, 243－246면 ; 이승길, 노동관계 3법 개정과 ILO 핵심협약 비준에 대한 단상, FOCUS, 한국공인노무사회, 2021년 4월호. ; 이승길, 노동법상의 부당노동행위제도 개선방안, 관악사, 2021 ; 고용노동부, 개정 노동조합 및 노동관계조정법 설명 자료 등.

이다. 먼저 전 정부의 2대 지침(공정인사지침, 취업규칙 해석 및 운영지침) 폐지, 불합리한 단체협약 시정지도 개편 등을 단행했다. 하지만 당장은 여야 정당 사이의 의석수의 비등함으로 노동 입법은 더딘 진척이 있었다. 근로시간 단축과 근로시간 특례업종 축소, 최저임금 산입범위의 조정, 산업안전에서 도급업체의 책임 확대와 유해위험 작업의 도급 제한, 특수형태근로종사자의 산재보험 적용범위 확대, 1년 미만 근로자에 퇴직급여 지급 등의 과제 등이 있었다.

그 후 2018년이 되어서 (i) '근로기준법'에서 1주 총 근로시간이 52시간으로 단축(연장 · 휴일근로 포함),[44] 근로시간 특례업종 축소(26개→5개), 관공서 공휴일 민간 의무 적용휴일 도입, 휴일근로수당 지급기준 명시(2018. 2. 28. 국회 통과)(<표 1> 참조), 직장내 괴롭힘 방지 등이 제개정되었다. (ii) '산재보험법'에서 유족보상연금 수혜범위 확대, 보험급여 수급권 소멸시효 연장, 정신적 스트레스로 인한 질병 도입 등이 있었다. (iii) '산업안전보건법'에서는 적용대상 확대, 고객응대 근로자 건강보호, 근로자의 작업중지권 명시, 유해위험작업의 도급 금지, 법 위반 사업주의 처벌 강화 등이 있었다. (iv) '최저임금법과 그 시행령'에서는 비교대상 임금 산입 범위, 비교대상임금 환상 방법 등이었다. (v) '고용보험법'과 그 시행령에서는 65세 이후 계속 고용자에 대한 실업급여 적용, 건설일용근로자에 대기기간 배제 및 구직급여 수급 요건 완화, 육아휴직 급여 특례의 상한액 인상 등도 개정되었다.

---

44) 장시간 근로관행을 개선하기 위해 주 최대 52시간제 기업 규모 · 업종별 단계적 적용, (i) 2018.7 : 300인 이상(9개월 계도기간 부여)(특례업종에서 제외된 300인 이상은 2019.7.부터), (ii) 2020.1. : 50인－299인(1년 계도기간 부여), (iii) 2021.7. : 5－49인. ; 2022년까지 1,800시간을 실현하기 위한 목표로 임금근로자(상용 5인 이상)의 근로시간이 2017년에는 연간 2,014시간이었으나, 2020년에는 1,952시간으로 감소하였다. 또한 '근로시간단축법'(주52시간제)이 2020년 5월 국회사무처 설문조사에서 '국민이 뽑은 제20대 국회 좋은 입법'의 '사회문화환경 분야'에서 1위로 선정되었다.

〈도표 2〉 장시간 근로의 관행 해소를 위한 근로기준법 정비

근로시간 단축 (주68시간 →52시간)

▸1주를 휴일을 포함한 7일로 명시
▸적용 시기

300인 이상	50~299인	5~49인
2018. 7. 1.	2020. 1 .1.	2021. 7. 1.

휴일근무 시 임금가산율

▸(8시간 이내 휴일근로) 통상임금의 50%
▸(8시간 초과 휴일근로) 통상임금의 100%
※ 현행과 동일

특별연장 근로 허용

▸(적용대상) 30인 미만 사업장
▸(근로한도) 1주 8시간(총 60시간) 한도
▸(시행요건) 근로자대표와의 서면합의
– 사유, 기간, 대상근로자 범위 적시
▸(적용시기) 2021. 7. 1 ~2022. 12. 31
※ 총 1.5년간 한시적 허용, 이후 재연장 여부 검토(소위 속기록)

공휴일 유급휴일화

▸공휴일을 유급휴일로 보장(신설)
▸적용 시기

300인 이상	50~299인	5~49인
2020. 1. 1.	2021. 1 .1.	2022. 1. 1.

▸근로자대표 서면합의시 공휴일 갈음, 별도 유급휴일 지정
※ 공휴일 종류는 시행령 위임(근로기준법)

근로시간 특례업종 축소

▸특례업종 축소(26개 → 5개)
① 육상운송업(노선버스 제외), ② 수상운송업,
③ 항공운송업, ④ 운송관련서비스업, ⑤ 보건업
▸존치된 5개 특례업종은 연속 휴식시간을 최소 11시간 보장
▸시행일 : 2018. 7. 1 (300인 이상 2019. 7. 1)

탄력적 근로시간제

▸고용노동부장관의 준비행위 부칙 명시
– 2022. 12. 31.까지 제도개선방안 검토의무
*근로기준법 개정(2020.12.9.) : 탄력적 근로시간제 단위기간 확대 (3개월→6개월)

연소자근로

▸1주 소정근로 40 → 35시간, 1주 연장근로 6 → 5시간

2019년에는 (i) '남녀고용평등법'에서 배우자 출산휴가의 휴가일수 확대, 육아기 근로시간단축의 사용형태 개선, 가족돌봄휴직의 대상확대, 가졸돌봄휴가의 휴가일수 확대, 육아기 근로시간단축의 사용형태 개선, 가족돌봄휴직의 대상 확대, 가족돌봄휴가와 가족돌봄 등을 위한 근로시간단축 등이 개정되었다. (ii) '산업안전보건법'에서 법의 보호대상에 특수형태근로종사자와 가맹점사업자 등 포함, 근로자의 작업중지권 명시와 실효성 확보수단 마련, 도급작업 등 유해위험한 작업의 도급 금지, 도급인에게 수급인 근로자에 대한 산업재해 예방책임 강화,[45] 벌칙 강화 등이다. (iii) 고용보험법에서는 구직급여 지급액 인상(평균임금 50%→60%), 지급기간 30일 연장(90-240일→120일-270일) 등이다.

하지만 문재인 정부는 대체로 선의로 주도된 소득주도 성장으로 저녁이 있는 삶을 위한 성급한 총량제 주52시간제 도입, 급격한 1만원 달성을 위한 급격한 최저임금 인상, 충분한 사전 준비없는 무리한 비정규직의 정규화, 바람 잘날 없는 공공근로 일자리 등과 같은 고용노동정책을 펼쳤다. 예기치 못하게 불어나는 실업자수를 통한 청년의 취업시장에는 한파가 불어 닥쳤다. 정부가 추진한 제반 정책은 경제적인 파급효과로서 부정적이다. 국회나 정부가 상세한 게임의 룰을 노동법에 규정하지만, 현장의 실태나 급변한 경영환경에 잘 적응하지 못하고, 법과 실태가 딴판으로 작동한다.

지난 2020년 4·15 총선 후에 출범한 제21대 국회는 거대 여당(더불어민주당, 176석)이 탄생했다. 앞선 제20대 국회에 제출했던 법안들은 회기 만료로 자동 폐기되었다. 같은 해 6월 정부는 다시 ILO(국제노동기구)[46] 핵심협약(기본협약, Fundamental Conventions) 중 3개(제

---

45) 2020년 근로기준법 개정에서는 도급인에게 임금지급 연대책임을 명확화해 사용자로서의 공동 책임을 공고화했다.

46) ILO(국제노동기구)는 공산 혁명을 막기 위해 창설(1946년)된 유엔(UN) 산하 최초의 전문기구다. 산업혁명 후 근로자의 인권과 권리가 침해되고, 불평등이 확산됨으로 사회적 갈등이 심화되었다. 이러한 분위기가

87호, 제98호, 제29호) 비준안,[47] 이와 관련된 노동관계법 3개 법안(노조법, 공무원법, 교원노조법)을 국회에 재빨리 제출하였다.

근로3권과 연동된 ILO핵심협약 비준은 2017년 제19대 대통령 선거 당시부터 문재인 대통령의 공약사항이었다. 구체적인 내용을 보면, ILO 핵심협약 중 결사의 자유(제87호, 제98호) 및 강제근로금지(제29호) 협약 세 가지의 비준을 추진했다. 이와 연계된 노동관계법 3개 법안은 근로3권 중에서 '단결권'에 편중해 노동조합 및 노동관계법(노조법)의 정당한 해고자 · 실직자 · 구직자의 모든 노동조합에 가입 '허용', 노동조합 전임자 급여지급금지 규정은 '삭제', 생산시설과 '주요 업무시설' 점거 금지, 단체협약 유효기간 '연장'(2년→3년) 등이 있다. 또한 국민적 합의가 필요한 '공무원노조법'상 5급(행정사무관) 이상 간부 공무원 및 소방공무원의 노조 가입 확대 허용, 그리고 '교원노조법'상 초·중등교원(대학교수 노조 제20대 국회 끝물인 2019년 12월말에 합법화)의 퇴직교원(해고자 포함)의 원노조 가입 인정 등을 담고 있었다.

공산 혁명을 확산시킬 우려가 있었다. 이에 근로조건 개선 등의 방식으로 불평등을 완화하는 것이 세계 평화와 안정 기조를 유지하게 하는 것이라는 국제적인 공감대가 형성됐고, 이것을 기초로 해서 ILO가 설립되었다.

ILO는 전쟁과 혁명의 산물로 세계 전쟁을 예방하고 공산주의 혁명을 억제하려는 보수적인 목적을 갖고 미국, 영국, 프랑스, 이탈리아, 일본과 같은 제국주의 열강들이 만들어낸 합의인 파리강화회의의 베르사유협정에 따라 정부－사용자－노동자의 3자 기구로 등장했다. ILO는 1917년 11월 러시아에서 일어난 볼셰비키혁명에 대하여 공산주의 혁명에 대항해 자본주의 체제를 수호하기 위한 안전판으로 만들어졌다.

'ILO 협약'은 국제노동기준으로 적용되는 (국제)노동법이다. 1919년 가을 워싱턴에서 열린 창립대회에서 공업에서 1일 8시간과 주 48시간을 규정한 '일의 시간(hours of work, Industry)' 제1호 협약을 채택한 이래, ILO는 노사정 3자 합의를 통해 190개의 협약을 만들었다.

47) 한국은 미비준한 핵심협약 4개는 ① 제87호 결사의 자유와 단결권 보장 협약(1948년), ② 제98호 단결권 및 단체교섭권 협약(1949년), ③ 제29호 강제근로 협약(1930년), ④ 제105호 강제근로 철폐 협약(1957년)이다.

정부가 예정된 절차에 따라 노동관계법안을 국회에 제출한 당시의 법안은 이미 2018년말 제20대 국회에 제출한 후 자동폐기되었던 법안과 큰 차이가 없다. 그 당시 노동관계법 3개법은 국회에서 상임위원회의 심의도 제대로 받지 못한 채였다. 정부로서는 국회의 일정상 정책추진 의지를 적시에 드러냈다. 제20대 국회는 정부법안에 대하여 노사단체는 상이한 주장을 하였다. 먼저 '경제계'는 무기 대등원칙을 위한 대체근로의 전면 허용, 노동조합의 부당노동행위 신설 및 부당노동행위 형사벌칙 규정 삭제 등을 요구하였다. 그때도 당·정·청은 ILO 100주년 기념을 위하여 강력하게 추진했다. 하지만 팽팽한 여야는 동상이몽으로 선거법 개정 및 고위공직자수사처('공수처')의 설치와 관련한 커다란 정치적 갈등을 겪었다. 그 당시 정부는 '선(先)입법, 후(後)비준' 전략을 본격 논의할 상황이 아니었지만, 최대한 국회 입법 추진을 노력했다.

그 와중에 교원노조법 개정과 관련해, 현행 헌법은 '근로자'만이 근로조건의 유지·향상을 위하여 자주적으로 일체적 노동3권을 가진다고 명문화하고 있다(제33조 제1항). 이러한 헌법 규정은 ILO와도 구미 국가와도 다른 입법례이다. 헌법의 구체화된 노조법 및 특례로서의 교원노조법에서 헌법 합치적으로 체계적인 법해석이 선결되어야 할 과제이다. 예를 들어 '전교조 사건'과 관련해 대법원 전원합의체에서 다수 의견은 '법외노조 통보'(노조법 시행령 제9조 제2항)와 관련해 법률의 구체적·명시적인 위임 없이 법률이 정하지 않은 법외노조 통보 규정은 헌법이 보장하는 근로자의 노동3권을 본질적으로 제한해 무효라고 판결했다(대법원 2020.9.3. 선고 2016두32992 판결(전원합의체)). 정부는 예언력이 있는 듯 전교조의 재합법화를 위해 '해직교원'도 노조에 가입하도록 교원노조법 개정안은 이미 국회에 제출했다. 당시 정부는 유럽연합(EU)이 자유무역협정(FTA)에 둔 ILO 핵심협약 미비준에 대한 분쟁해결절차에 돌입에 따른 대처라고 했다.

제21대 국회는 집권 여당이 마음만 먹으면 통과시킬 수 있는 엄청난 판세 변화가 있었다. 관련 노동입법 처리시 비판과 견제를 허용치 않는 브레이크 없이 독주 · 폭주하는 자동차로서 벽에 충돌해야만 정지한다. 운전사만이 아닌 승객 모두가 복구할 수 없는 피해를 볼 것으로 예상된다. 2020년 이후 코로나19 일상화로 불황의 경제 패닉상태에서 급한 개혁과제인지는 모르겠다. 한편 정부는 코로나 사태에 전시 경제상황으로 선언하고, '한국형 뉴딜정책' 및 '평등경제'를 주창했다. 언론에 이슈 파이팅으로 여야가 전국민 고용보험제도 도입, 전국민 실업부조제도 도입, 급기야 대책없는 '기본소득'의 논란을 일으키고 있었다. 미래세대 갈등을 불식할 재정 건전성을 담보하면서 필요한 재원 묘책도 없는 듯하다.

(2) 노동관계법 개정

2020년 12월 9일 제21대 국회는 첫 정기국회의 마지막 날에 본회의에서 국제노동기구(ILO) 결사의 자유 핵심협약과 관련된 개정 '노조법', '공무원노조법', '교원노조법' 등 고용노동부 소관 10개 법률안을 통과시켰다.[48)49)] 이 중에 노조법은 노동기본권과 관련한 가장

48) 아울러 (ⅰ) 탄력적 근로시간제 단위기간 확대(3개월→6개월) 및 연구개발(R&D) 업무에 한해선 선택적 근로시간제 정산기간 특례 확대(1개월→3개월)을 개편하는 「근로기준법」(2021.4.6. 시행. 다만 5－49인 사업장의 경우 2021.7.1. 시행), 특별연장근로 인가제도 건강보호 조치를 개정하는 「근로기준법」(2021.4.6. 시행), (ⅱ) 특수형태근로종사자(12개 직종)의 고용보험 당연가입을 내용으로 하는 「고용보험법」 및 「고용보험 및 산업재해보상보험의 보험료징수 등에 관한 법률」(2021.7.1. 시행)(참고로 '예술인'의 고용보험 적용대상 포함, 2020.6. 통과해 2020.12.10. 시행), (ⅲ) 특수형태근로종사자의 산재보험 적용제외 사유를 강화하는 「산업재해보상보험법」 (2021.7.1. 시행. 다만 고위험 · 저소득 특고종사자 직종의 산재보험료 한시적 경감제도 시행(2021.7.1.부터 1년간) 등도 있었다.

49) 노동관계법의 처리와 함께 (ⅰ) 기업규제 3법(상법(사외이사인 감사 선임시 개별적으로 3% 의결권 제한 등) · 공정거래법(공정위원회의 전속고발권 유지) 개정안, 금융복합기업집단법(대기업집단에게 보고 · 공시 · 재무건전성 관련 규제 강화) 제정안, (ⅱ) 세월호 참사 진상규명위원회의 활동 기간 1년 6개월 연장하는 사회적 참사 진실규명법 개정안, (ⅲ) 5.18 광주민주화 운동에 대해 허위사실을 유포하면 최대징역 5년을

보편적 국제기준인 ILO 결사의 자유 협약을 반영함과 아울러 기업별 노사관계의 특성을 고려한 보완 방안을 입법하였다(2021. 1. 5. 공포 후 6개월 후 시행 2021.7.6).[50]

주요한 개정 내용을 정리해 보면, (ⅰ) '노조법'에서는 해고자의 노조 가입 허용, 해고자에 대한 기업별 노조 대의원 · 임원 자격 배제, 전임자 급여 금지 폐지 및 근로시간면제 제도 개선, 개별교섭 시의 노조 차별 금지, 단체협약 최장 유효기간의 연장(3년), 노조 운영비원조 금지의 완화 등이다(<도표 3> 참조). (ⅱ) '교원노조법'에서는 유치원 및 대학 교원으로 노조 가입 범위 확대, 퇴직 교원의 노조 가입 허용 등이다. (ⅲ) '공무원노조법'에서는 노조 가입 범위를 5급 이상 및 소방공무원 등으로 확대, 전직 공무원의 가입 허용 등이다. 교원노조법의 개정은 헌법재판소의 헌법불합치 결정(법외노조 통보에 관한 노조법 시행령 규정의 효력)에 따른 것이었다. 하지만 대부분은 지난 날 비준하지 않았던 ILO핵심협약의 비준과 관련된 국내 노동관계 3법을 크게 정비하려는 것이었다.

가하는 5.18 역사왜곡 처벌법안 등의 1000여 건이 함께 국회를 통과했다. 특히 경제단체들(한국경총, 무역협회, 중소기업중앙회, 한국중견기업연합회, 한국상장회사협의회, 코드닥협회, 한국산업연합포럼, 대한상의 등)이 기자 회견과 성명 등을 통해 재고를 촉구했고, 공청회 등도 개최했다.

기업의 경영활동을 심각하게 옥죄는 내용을 담고 있었다. 특히 개정 상법에 대해서는 기업 경영에 심각한 영향을 미칠 것으로 예상되기에 허망함과 무력감을 토로하기도 했다. 여야가 협상하고 타협하는 협치의 모습보다는 반시장 · 반기업 규제와 친노동정책으로 일괄하면서 제대로 반영되지 않았다. 그 후 국회 의정사에 기록될 만한 필리버스터(무제한 토론)를 시행하다가 (ⅰ) 고위공직자 범죄수사처법 개정안, (ⅱ) 남북관계 발전법 개정안, (ⅲ) 국가정보원법 개정안도 마찬가지로 국회를 통과하였다.

50) 2021.3.17. 고용노동부는 노조법 개정에 따른 후속조치와 함께 제도개선을 위한 시행령 개정에 관한 입법예고를 했다.

〈도표 3〉 노동기본권 강화를 위한 노조법 개정

구 분	개 정 내 용
노조가입 자격	• 해고자 등 해당 기업에 종사하지 않는 사람(비종사자)도 기업별 노조에 가입 가능
비종사자인 노조조합원의 노조활동 원칙	• 비종사자인 조합원은 사업장 내 노조활동시 효율적 사업 운영에 지장을 주지 않아야 함 • 사업장을 단위로 하는 타임오프 한도 결정, 교섭대표노조 결정, 쟁의행위 찬반투표 등은 종사근로자인 조합원을 기준으로 함
노조임원 자격	• 노조의 임원 자격은 노조 자체 규약으로 자유롭게 정할 수 있도록 함 • 기업별 노조의 임원은 회사에 종사하는 조합원 중에서 선출할 수 있음
노조전임자 급여 지급	• 노조전임자 급여 지급 금지규정 삭제 • 근로시간면제제도로 통합(일원화)해 규율 ① 사용자의 급여지급은 여전히 근로시간면제 한도 내에서만 가능 ② 면제 한도를 초과하는 단체협약 · 사용자 동의는 무효 ③ 사용자가 면제 한도를 초과하는 급여 지급시 부당노동행위로 규율
단체교섭 관련 제도 개편	• 사용자 동의로 개별교섭시 성실교섭 및 차별금지 의무 부여 • 다양한 교섭방식 활성화를 위한 국가 · 지자체 노력의무 부여 • 분리된 교섭단위의 통합 근거 신설
단체협약 유효기간	• 노사 합의로 최대 3년의 기간 내에서 자유롭게 정할 수 있음
사업장 점거 형태의 쟁의행위	• 사용자의 점유를 배제해 조업을 방해하는 쟁의행위를 금지하는 원칙 신설

현실 제도와 관행의 조화로서 기업 수준의 노사관계 중심이다. 하여튼 '헌법 개정'보다 어렵다는 핵심 조항이 포함된 노조법을 개정했다. 이를 통해 국제사회에서 한국의 위상 제고와 현장 노사관계 개선 측면에서 의미를 찾을 수 있다. ILO 핵심협약 비준을 위한 국

내법과 충돌이라는 최대 장애요인이 해소되었고, 1991년 ILO에 가입한 이래 지적받아온 국제사회와의 약속을 준수하게 된 것이었다. 여당은 무소불위의 입법권을 행사했다. 개정 노조법에서는 국민의 기본 권리나 의무를 반영하고, 헌법과 법률이 정한 내용과 절차에 맞추어 추진해야 한다. 집권 여당의 입법은 정치권 문제에 그 지지율이나 선거에 도움이 된다고 판단해 실시했다. 여하튼 이번 법개정은 해고자·실업자의 노조 가입 허용, 국내 노동법 국제수준 상향 등 노조법 조항이 ILO원칙(결사의 자유와 교섭할 권리)과 충돌되지 않도록 절충점을 찾은 성과는 의의가 크다. 정부는 개정 노조법에서 노조조합원 자격 등에 대한 자율성은 확대되고, 국가가 노사관계에 개입하는 것이 감소됨과 아울러 산업현장의 노사관계의 실질적인 자율성과 책임성이 강화할 수 있는 기반이 마련될 것으로 기대했다. 이러한 기대와는 달리 노사단체는 상반된 관점에서 비판적인 입장을 표명했다. 개정 노조법은 노사 균형성을 통한 합리적인 노사관계 구축에는 한계가 있는 법체계로 보완 입법문제가 남아 있다고 볼 수 있다.

먼저 '경제계'는 사회적 대화를 통해 충분하게 협의하지 못하고, 노조법의 균형 없는 개정이 아쉽다고 평가했다. 나아가 국제기준인 사용자의 대항권인 부당노동행위에 대한 직접적인 형사처벌 조항 삭제,[51] 파업시 대체근로 허용, 사업장 점거 전면 금지 등을 적극적으로 개진했으나, 노조의 강한 반발로 반영되지 않았다. 정부안인 '시설점거 금지'와 '비종사자(해고자 · 실업자)의 사업장 출입을 제한 규정도 노동계의 요구대로 제외되었다.

나아가 '노동계'는 전면적 내지 추가적인 노조법 개정을 요구했다. 주된 내용은 노동기본권 보장을 위하여 근로자와 사용자 정의의 확장(특수고용근로종사자 및 플랫폼종사자의 노조법 근로자 인정,[52]

51) 정부는 노동기본권을 침해하는 부당노동행위의 근절방안(2017.6), 수사혁신방안(2019.2) 등을 발표해 부당노동행위에 엄정하게 대응하고, 그 예방 · 감독을 지속했다.

원하청 사내하도급 등 간접고용시 원청 사용자에 대한 사용자성 인정 등),[53] 해고자 등의 노조 임원자격 제한 규정 삭제, 노조설립신고제도 폐지, 노조규약 및 결의처분과 단체협약 시정명령제도 폐지, 근로시간면제자 급여지급 금지 폐지, 단체교섭과 쟁의행위 부당한 제한 해소,[54] 공익사업장 쟁의권의 보장, 손해배상 · 가압류의 제한, 교사 · 공무원의 정치기본권(정치활동, 쟁의행위 보장)의 보장 등이다.

(3) ILO 핵심협약 비준

2021년 2월 19일 제21대 국회 외교통일위원회가 ILO 핵심협약(제87호 협약(결사의 자유 및 단결권 보호) 및 제98호 협약(단결권 및 단체교섭권 원칙 적용)－여당 단독 통과, 제29호 협약(강제근로 금지)－여야 합의) 비준안을 통과시켰다.[55][56]야당인 '국민의힘'은 ILO 핵심 협약

---

52) 2000년 정부는 노동시장의 변화를 고려해 특수고용형태종사자의 노동기본권 개선을 적극 지원했다. 유럽이나 북미 선진국보다 선제적인 동향이었다. 이를 테면, 보험설계사, 대리운전기사, 배달라이더 등 8개 특고 노조설립 신고증을 교부했다.

53) 정부는 외주 근로자의 근로환경을 개선하고 복지격차와 사회갈등을 완화하기 위해 파견 · 도급의 구별기준(2019)과 사내하도급 가이드라인(2020)을 개정했다. 개별사업장의 인사노무관리 지원, 원사업주의 위법한 외주근로자의 운용 방지, 사용자로서의 공동 책임 강화 등을 추진했다.

54) 구체적으로 사항을 보면, 단체교섭과 쟁의행위 대상의 확장, 교섭창구 단일화제도 개선 및 노사자율교섭 원칙 확립, 산별교섭 촉진을 위한 제도적 근거 마련(단체협약의 일반적 · 지역적 구속력 확대, 산별교섭 촉진 및 지원 방안 마련), 쟁의행위 관련 형사처벌 제도 폐지 및 형법상 업무방해죄 적용 금지, 노조활동 및 쟁의행위에 대한 형사처벌제도 폐지, 필수공익사업 및 필수유지업무로 인한 부당한 쟁의권 침해 문제 개선 등이다.

55) 다만 ILO 핵심협약 중 제105호 협약(정치적 견해 표명, 파업 참가 등에 대한 처벌로 강제근로 제재 금지)는 분단 상황 및 국가보안법과의 충돌 등의 문제로 비준안 처리가 잠정 중단됐다. 고용노동부는 2020년 7월 "협약 취지를 국내법에 반영하기 위해 국내 형벌체계 자체에 대한 근본적인 검토가 필요한 상황"이라며 **추가 논의**가 필요하다는 입장을 밝혔다(고용노동부, '문화일보, "ILO 협약(제105호) 비준하려 국보법·집시법 손보나" 보도설명자료, 2020. 11. 19). 다만, 경제사회노동위원회에서 "강제근로

의 관련 법안인 노조법 개정안이 2020년 12월 민주당 단독으로 처리된 데 대한 '절차적 흠결'과 '협약 비준으로 인한 노사 불균형'을 주장하며 환노위 회의실에서 퇴장했다. 핵심협약을 비준할 때에 실업자·해고자 등의 노조 가입이 허용되면서 노사 갈등을 유발한다는 주장이었다. 2021년 2월 26일 드디어 ILO핵심협약 비준이 국회 본회의를 통과하였다. 그 후 정부는 2021년 4월 20일 외교부장관 명의로 ILO 사무국에 3개의 핵심협약의 비준서를 기탁하였다(그 후 1년이 지난 2022.4.20. 비준 효력이 발생함).[57]

이러한 ILO 핵심협약 비준은 '노동존중사회 실현'이라는 문재인 대통령의 공약이자 국정과제이었다. 사실 협약 비준의 중요성은 국제경쟁의 조건을 공평하게 만들기 위한 국제적 약속이기 때문이다. 이로서 세계 10위의 경제대국으로 성장한 우리나라는 국제 수준에 부합하는 노동기본권을 보장하고, 대외적으로 ILO핵심협약을 성실히 이행해 노동존중사회를 실현해 나가는 국가로서 국가 이미지가 제고되고, 정부는 한 · EU FTA 전문가 패널이 지적한 문제를 해결해, 한－EU FTA상 분쟁 소지의 감소 등 노조 이행을 통한 통상 리스크를 해소할 것으로 평가했다.

결국 ILO 핵심협약 비준은 노동계의 활동력을 높일 것으로 전망

협약(제29호, 제105호)의 취지와 내용도 고려하면서 업무방해죄, 부당노동행위에 대한 처벌조항을 포함한 노동관계법 처벌규정을 중장기적인 관점에서 전체적으로 정비할 것"을 요구하는 의견을 제시한 바가 있다.

56) 한국의 ILO 핵심협약 미비준은 과거 '외교문제'로 비화했다. EU(유럽연합)는 2019년 한국의 ILO 핵심협약인 국제규범 의무를 미이행하고 있다며 전문가 패널의 소집을 요청했다. 이것은 한－EU FTA(자유무역협정) 제13장에 따른 분쟁해결 절차의 최종 단계다. 야당 반대에도 민주당이 ILO 핵심협약 비준을 강행한 것은 EU와 통상 갈등의 정부 우려를 반영했다.

57) 한국은 ILO 190개 협약 중에서 종전 29개 협약에 3개 핵심협약이 추가해 32개가 되었다(다만, 이 중 2개 협약이 효력이 상실됨). 비준한 핵심협약 이행에 관한 전문가위원회 보고서 제출은 2023년부터 시작되고, 2024년에 이행에 관한 전문가위원회의 첫 번째 입장이 나온다(3년 주기 검토).

된다. 노동계는 자신들의 요구한 내용이 개정 노동관계법 3법에 많이 반영되었다.[58] 반면 경제계는 OECD 회원국과 같이 대체근로의 허용, 부당노동행위의 사용자 처벌 금지를 요청했으나 제외되었다. 이에 향후 노사관계의 대등성이 악화되어 노동계에 유리한 부분을 개선할 필요가 있다.

노사단체는 핵심협약 비준을 원칙적으로 환영했지만, 핵심협약 발효 시점까지의 핵심협약 이행을 위해 노사당사자와 정부 등에 준비할 시간을 활용해 노조법의 전면적 내지 추가 개정이 추진해야 한다고 주장했다. 그런데 핵심협약의 본래 취지와 다른 입장에서 민주노총은 "모든 근로자의 노동기본권 보장을 가로막는 국내외 노동관련법을 모두 재정비하자"고 주장한 반면에, 경제계는 "이익 집단화된 노조로 인해 기업과 일반 국민들이 피해보는 측면도 있다"고

58) ILO 협약이 비준되면 법적 효력을 가진다. 헌법상 체결·공포된 조약과 일반 승인된 국제법규는 국내법과 동일한 효력을 가진다(제6조 제1항). 일찍이 헌법재판소(2001. 9. 27. 선고 2000헌바20, IMF 사건)에서는 "「IMF 협정」과 「전문기구의 특권과 면제에 관한 협약」은 국회의 동의를 얻어 체결된 것이므로 헌법 제6조 제1항에 따라 국내법적 효력을 가지며, 그 효력의 정도는 법률에 준하는 효력이라고 이해된다"고 결정했다. 국회의 비준받은 ILO 핵심협약은 '적어도' 법률과 동일한 효력이 있다.

또한 신법(新法)우선 내지 특별법 원칙에 따라 ILO 협약이 우선한다. 정부와 국회는 2021년 1월 5일 노조법 개정시 개정 이유를 "ILO핵심협약인 「결사의 자유 협약」의 비준을 추진하면서 그 협약에 맞는 내용으로 법률의 개정을 위해"라고 밝혔다. 국회의 입법자 의사, 노조법 개정 경위를 검토해 보아도 ILO핵심협약이 노조법에 우선한다는 점 확인할 수 있다.

이에 노조법 중 ILO협약과 충돌 조항은 협약으로 대체된다. (ⅰ) 개정된 노조3법은 기업별 노조의 임원 자격을 제한한다. 이는 ILO 핵심 협약상 결사의 자유를 방해하는 행위다. 해고자·실업자가 기업별 노조의 간부로 활동할 수 있게 된다는 의미다. (ⅱ) 행정기관의 노조 설립신청 반려도 결사의 자유를 위반할 소지가 크다. (ⅲ) 노조의 활동 범위를 사용자의 효율적인 사업운용에 지장을 주지 않는 범위로 한정한 것도 협약 위반이다. (ⅳ) 비종사자(그 기업의 직원이 아닌 자)의 사업장의 출입 제한도 마찬가지다. 이러한 논란 조항에 대해 ILO 결사자유위원회는 한국 정부에 '폐지'와 '개정'을 여러 차례 권고했다.

경영 애로사항을 토로하였다. 이번에 국회가 비준한 핵심협약 내용 중 일부가 국내 법제도와 충돌한다고 지적한다. 하지만 선행과제로 산업현장의 법과 원칙의 확립과 노사간 힘의 균형, 노사관계의 잘못된 관행의 개선 등을 모색하고, ILO협약을 비준했던 유럽의 산업별 노조와 우리의 기업별노조의 특수성에 따른 차이점을 존중해 조화로운 해결책을 강구할 필요가 있다.

내년 2022년 3월 9일 제19대 대통령 선거 등과 관련해, 경제계는 국회의 환노위 등의 노동계 출신을 고려하면 난처한 상황이 되었다.[59] 하지만 정부가 ILO에 3개 협약 비준서를 기탁해 1년 후 협약이 발효하게 된다. 그 사이에 '노조법 재개정'이 필요하다는 주장과 '강제근로 철폐협약'(제105호)도 비준해야 한다는 주장 등이 대두되고 있다. 문재인 정부가 들어서서 노조법과 관련한 논의 경과는 ILO 협약 비준후 협약과 국내법 상충문제를 해결하기 위한 대응책을 마련하기 위한 것이었다. 이러한 노조법 보완 개정과 3개 ILO 협약 비준으로 국제규범이 충족되는지를 검토하고, 추후 강제근로협약(제105호) 비준과 관련한 노동법 개정을 전망하게 된다.[60]

현재 제21대 국회는 전형적인 동서고금의 공통현상이 아니라 브레이크 없는 거여야소(巨與野小)의 구성이다. 여당(174석)의 수적 우위는 훨씬 더 위협적인 것으로 판명되었다. 야당(103석)은 참담한 날치기, 입법 사기, 입법 폭주라고 외쳐는 보지만, 속수무책으로 반대할 뿐이었다. '노조판 뉴딜'이 되지 않도록 여당은 스스로의 판단과 정책이 옳더라도 야당의 의견, 경제계나 전문가·학계의 찬반 논쟁을 충실하게 반영하는 태도가 필요하다. 혹자는 근로자의 노동기본권

59) 정부는 핵심협약의 비준에 따라 이미 개정된 ILO 노동관계 3법(2021년 7월 6일 시행)의 후속 조치로서 근로시간면제심의위원회의 경제사회노동위원회에 이관(2021년 6월), 하위 법령을 정비하고(2021년 3월 입법예고, 2021년 7월 6일 시행), 홍보·교육 등 현장 안착을 추진할 계획이다.

60) 아울러 ILO 제189호 가사근로자에 관한 협약(2011), 제190호 일터에서의 폭력과 괴롭힘 금지에 관한 협약(2019) 등의 비준을 검토할 필요가 있다.

향상을 위한 논의에서 주고받기식 논의라고 비판도 한다. 다수당은 입법권을 행사할 유리한 위치에 있다. 슈퍼 여당의 입법 폭주는 상식과 양식, 국정이 계속성, 국민의 이해관계의 균형과 같은 기본적인 한계가 존재한다.[61)]

이것은 사회적 대화를 통해 노동법제도가 편향되지 않고 균형성을 회복해 선진화되는 것이 핵심 과제이고, 우리 산업의 국제경쟁력을 향상시키는 발판을 마련하기 위한 것이다. 국회에서는 '쟁점 법안'이 심의과정에서 민주 절차를 따라 충분한 공론화, 대화와 타협을 통하여 심의되며, 소수 의견(일부 야당)이 개진될 수 있는 기회를 보장하고, 효율적인 심의 관행이 형성해야 한다. 국회의 생산적인 정치는 입법의 이해관계자 및 국민적 관점에서 희망하는 것을 협치하고 포용해야 할 사명이 있다.

(4) 잔존한 노동법의 과제

4차 산업혁명 시대의 도래 등 산업구조 재편 및 혁신 가속화, 코로나19 펜데믹의 일상화 극복, 세계적으로 환경 · 사회 · 기업지배(ESG)기준 충족, 새로운 산업 생태계의 활성화는 기업의 가치에 직결된다. 이에 플랫폼 종사자 등 다양한 고용형태 및 취업형태의 출현은 시급하게 유연한 '노동법의 변혁'을 요구하고, 노사관계의 새로운 방향을 제시할 필요가 있다. 여전히 노동법의 핵심어는 '유연성'(flexibility)이다. 현실은 공업화 시대의 경직된 노동법, 특히 근로시간 및 임금 규제를 시대 변화에 맞추어 유연화하는 것이 과제이다. 노동법에서는 '내성'(reflexivity)과 '잠재능력'(capability)에 관심을

---

61) 최근 2021.1.26. 중대산업재해와 중대시민재해가 발생할 경우 사업주와 경영책임자 및 법인 등을 처벌함으로써 중대재해사고를 방지하기 위해 '중대재해처벌법'이 제정되었다(2022.1.27. 시행. 50인 미만 사업장은 2024.1.27. 시행). 시행령에 위임된 중대산업재해의 직업성 질병 범위, 중대시민재해의 공중이용시설 범위, 안전보건관리체계의 구축 및 이행에 관한 조치 등은 논쟁이 많다.

집중하고 있다. 노동법의 큰 과제는 복잡한 사태 속에서 노사 스스로가 현안의 해결 · 예방은 그 한계나 폐해도 고려하면서 법 안에서 수용하고, 다양한 환경에서 각 개인이 그 잠재능력을 발휘할 수 있는 제도 기반을 정비할 필요가 있다. 그런데 미래 노동법의 상황은 어떻게 진척되고 있는가?[62)]

국가를 통한 규제를 다양한 현장의 실태에 적응하거나 개별 거래에서 개인 능력 또는 정보 한계를 보충하려면 국가와 개인의 중간에 있는 집단 조직이나 네트워크를 통해 문제 인식과 해결 · 예방을 도모해야 한다. 국제노동기준에 맞추어 힘의 균형을 회복한 노사관계의 토대를 구축해야 한다. 전문가의 협의체를 구성해 사전에 충분한 시간 속에서 비전과 전략, 정책을 지향하며 제도의 근본적 개편을 위한 법제도의 정비가 필요하다. **미래 노동법의 핵심 과제**는 노동법제도 기반을 구축하는 것이다. 이에 정부와 노사단체는 숙의된 사회적 대화를 통해 **미래 노동법을 구상**할 필요도 있다.[63)] 국회 민주주의에서는 '쟁점 법안'이 심의 과정에서 민주적 절차를 따라 충분한 토론과 협의를 통해 심의 · 의결해야 한다. 국회의 효율적인 정치는 노사가 원하는 것을 포용해야만 한다.

3. 한일간의 노동문제

(1) 한일간의 관계에서 우리나라는 일제 강점기, 한국전쟁의 경

---

62) '근로자의 권리'는 낙후된 개념으로 말 자체가 근로자는 약자라는 100년 전 마르크스의 개념을 21세기에도 고수하는 구태의연한 사고방식이다. 현재 노사관계가 노조에 유리하게 기울어진 관계인 점을 외면하며 현실을 모르는 주장으로 강성노조의 권한을 더욱 강화해 기업 투자 위축과 일자리 붕괴를 초래할 우려가 있다. 4차 산업혁명 시대에는 전문가 및 프리랜서 등의 고용이 늘어나는 추세이다. 이에 비추어 노사간 자유로운 고용계약을 확대하는 '**고용계약법**'으로 현행 근로기준법을 오히려 재편할 필요가 있다.

63) 이승길, 최근 ILO 핵심협약 비준과 노동관계법의 개혁 '유감', 세계일보 2020.6.25. ; 이승길, 개정 노동법 후속조치 신중해야, 머니투데이 2021.3.31. 참조.

험, 한강의 기적, 1970–1980년대의 산업화와 민주화, 경제 양극화 등의 역사적인 흐름이 있다. 양국 사회는 20세기 말을 분기점으로 미래의 궤적을 달리했다. 하지만 한국은 압축적인 근대화로 이식 · 모방 · 학습한 많은 시스템 부분에서 전후 일본의 모습과 닮을 꼴이었다. 최근 한국의 상황은 남북문제, 적폐청산, 역사청산, 위축된 경제상황 등 주요 현안과 함께 코로나 사태로 갑자기 중대한 역사의 갈림길에 서있다.

양국은 지정학적 조건, 역사민족학적, 정치상황 및 경제 · 사회구조나 문화 전통 면에서 상호 간에 비슷한 듯하지만 큰 차이가 있다.[64] 양국은 가깝고도 먼나라, 비슷하지만 상대적으로 많이 다른 다양한 영역에서 우월의 차이가 있다. 나아가 국제 사회에서 양국간의 이해관계도 상이하다. 냉혹한 현실에서는 양국은 오해와 선입견도 난무하다. 먼저 한국은 무엇보다 자국 문화의 고유함에 민감하고, 대중문화를 해외에서 상업화하는 탁월한 능력이 있고, 국제화된 엘리트가 많다. 한국의 정치경제 기관들은 명확한 권력구조와 뚜렷한 책임감을 갖고서 과감하고 신속한 의사결정을 내린다. 다만 한국은 실수가 허용되지 않는 위기 상황에 놓여 있다.[65]

반면에 일본은 개인보다는 집단 중심의 사회이고, 일본인은 '혼네'(속마음)를 드러내지 않는 것을 미덕으로 본다. 다만 조직의 규칙을 위반하면 대표적인 징벌로 **'무라하지부'**(村八分)가 있다. 즉 그 사람과 모든 접촉을 단절하는 집단 따돌림(괴롭힘)이다(장례 · 화재 제외). 이에 일본인은 집단내 돌출한 행동 및 조직에 피해를 주지 않으려고 노력한다. 일본의 기업 특유한 '종신고용제도'도 일본 사회에 뿌리깊은 은사와 봉공의 관계이다. 즉 회사는 고용을 통해 종업원(근로자)과 가족의 생계를 책임지는 대신에, 종업원은 회사를 위하여 충성하는 관계이다. 일본인은 일하는 절차, 방법, 발생 가능한 사태

64) 근대 일본의 서구 문화 수용은 외래 문화를 일본 문화와 조합시켜 이를 통해 자신만의 독창적 · 창조적인 문화를 만들어 가는 과정을 보여준다.
65) R. 태가트 머피, 일본의 굴레, 359–361면.

에 대한 대처법인 '매뉴얼 문화'의 만능사회이다. 매뉴얼은 융통성 없는 경직된 일처리로 폐단도 많지만 거의 모든 부문에서 필수품처럼 되어 있다. 그런데 일본의 품질혁신은 경제계의 의식적인 결정과 실행을 통해 이루어낸다. 일본이 가진 최대한 사회문화적 장점을 경제 정책 목표를 달성하기 위해 동원했기에 가능한 일이었다.

(2) 물론 한일관계는 다양한 차원에서 여전히 상호 존재를 활용할 수 있는 공통의 이익도 크다. 국가의 비즈니스의 미래를 가늠하기 위해서는 지정학적 · 경제적 요소, 정치와 문화의 미래도 고려해야 한다. 지난 1997년 IMF 외환위기 당시의 양국은 노동시장의 유연화와 금융화로 대변하는 신자유주의로 전환하게 되었고, 노동시장도 급격한 변화를 경험하게 되었다. 수많은 사람이 구조조정 및 고용조정의 여파로 일자리에서 밀려나 실업급여를 받기 위해 줄을 섰다. 정규직의 채용을 억제하는 대신에 고용의 조정밸브가 되는 비정규직의 증가,[66] 노동시장의 남녀간, 기업 규모간 격차(차이), 양극화 및 불평등, 복지, 경력 단절, 남북의 경제협력 · 통합,[67] 고령화 · 저출산에 따른 고령자 돌봄, 외국인 근로자 수입, '청년실업문제' 등과 같은 많은 노동 문제를 공유하고 있었다. 이에 한국은 산업이 엄청나게 발전하면서 선행했던 일본을 자연히 연구대상으로 삼아 벤치마킹을 했다.

고령화 · 저출산의 추세는 한국이 일본보다 급속도로 확대되고 있다.[68] 다른 사회 문제에서 한국은 구미(유럽+미국)의 선진국 사례를

---

66) 2020년 한국의 경제활동인구는 2,700만명인데, 임금근로자의 정규직 64%, 비정규직 36%, 취업자 중 자영업자 25%로 나타났다. 비정규직의 일반화는 하도급, 하청, 파견 등 파행적인 고용형태가 확산되고, 불안정한 고용상태가 되었다.

67) 남북한 경제협력 · 통합 문제는 국방비 삭감, 병역에 의한 경력 단절(모병제), 인프라 확충(철도, 도로, 가스파이프 라인 건설), 북한 노동력의 활용(언어 장벽 없음, 저렴, 교육수준이 높음. 개성공단 사례), 고령화 · 저출산의 속도 둔화, 북한의 풍부한 지하자원(석탄, 텅스텐, 몰리브덴, 코발트, 티타늄, 우라늄 등), 남한의 풍부한 자금과 경영 경험 등이 상호 경제발전의 시너지 효과를 낼 수가 있다.

적극적으로 도입해 운용한다. 일본은 정년을 연장함으로 연금 부담을 줄이고 일손 부족도 해결하기 위해 고령자 관련법을 개정해 2021년 4월부터 '65세'에서 '70세' 정년시대가 열렸다.[69] 한국도 베이비부머(1955–1963년생)의 은퇴와 함께 청년 노인들이 쏟아진다. 현행 고령자법에서는 아직은 60세 정년 의무 규정을 두고 있다. 또한 인구의 급격한 고령화로 장기요양이 필요한 노인과 가족이 사회에서의 지원 방안을 제도화하는 일이 필요하다(일본의 개호보험제도(수발 포함)=한국의 노인장기요양보험제도). 한국은 일본에서 시행착오를 거치면서 성공이든 실패이든 사례를 벤치마킹할 수도 있다. 고령화에 대응할 모델을 제공해 주고, 한국의 구조적인 경제 문제를 해결하거나 해외시장에서 계속 유지하게금 협력할 수도 있다.[70]

(3) 한편, 집값, 교육과열, 취업난으로 '청년의 일자리문제'로 일도 없고, 집도 없는 청년은 연애 · 결혼 · 출산을 포기하는 '3포 세대'(취업 · 결혼 · 연애) 및 N포 세대(취업 · 결혼 · 연애 · 출산 · 내집포기, 인간관계, 꿈, 희망)의 비혼 시대이다. 고용이나 주거 등 여건이 어려워지면서 비혼(非婚)이나 만혼(晩婚)이 늘어나고 있다. 최근에는 코로나 블루(우울증) 현상이 일본에서도 뚜렷하게 나타났다. 1인 가구가 많고, 고령자 비율도 높아 경제적 · 정서적 고립이 사회문제가 되고 있다. 이러한 경향은 양국의 공통된 현상이다. 한국의 청년은 일본의 사토리(得道, 의욕을 잃고 무기력한 삶을 살아감) 세대가 되기 직전의 전력

---

68) 한국의 인구구조에 저출산이 끼치는 영향은 더 두드러져 보인다. 이주민을 받는 비율이 OECD국가보다 상대적인 낮기 때문이다. 다만 인구 대비 외국인의 비율이 2%(1990)→5%(2020)→8%(2025년)을 차지하고 있다. 또한 공적(국제) 개발원조(ODA) 공여국(供與國)의 지위에 있기에 이민국은 유입국의 지위에 오를 수 있다. 반면에 캐나다의 경우 1960년대부터 '가시적 소수 인종 집단'이 10%(1991)→36%(2036)나 될 전망이다.

69) 일본의 동일근로 동일임금은 대기업은 2020년부터 적용, 중소기업은 2021년 4월부터 시행된다.

70) 피터 자이한(홍지수 옮김), 「각자도생의 세계와 지정학」, 김앤김북스, 2021.

을 다하는 최후 청년 세대가 될 가능성이 크다. 그리고 양국은 '법'(法, law)에 대한 기본적인 의식의 차이가 있다. 법의 개념은 사회질서를 규율함으로 기본적으로는 자기 권리를 주장하기 위한 수단이지만, 남을 위해 자기 권리를 제한해야 하는 것이다. 겸손하고 배려하는 사회가 국가 발전의 초석을 다질 수 있다. 일본은 법률이나 약속의 '준수'(遵守)를 중시하는 반면에, 한국도 준법정신은 강하지만 그 '시비'(是非)를 중시한다. 준법은 법을 준수하는 것으로 남을 배려하는 것이다.

최근 코로나19 충격과 인구 감소 여파로 기업간 인재채용 경쟁에서 한국의 경우는 대졸 신규 직원을 채용할 계획이 감소한 반면에, 일본의 경우는 인구 감소 여파로 젊은 인재 수급에 바람이 불면서 기업간 인재 채용의 경쟁이 치열하다. 일본 청년들 대부분이 대학 재학중 '채용내정'이 되고, 기업은 신규 직원의 이직 단속에 바쁘다고 한다. 일본은 '학벌'로 사람을 평가하기보다는 실력을 중시하는 편이다. 관련 분야의 '전문가'가 되면 취업할 수 있고, 부와 명예를 얻을 수 있다. 일본 사회는 특유한 관습인 '네마와시'(ねまわし)[71]를 통하여 중요한 정치나 사회적 쟁점이 어떠한 방향으로 결론이 날지 대부분 예측할 수가 있다. 일본은 여전히 디지털(K-POP, 스마트폰, SNS 등)보다는 아날로그가 주류인 사회이고, 일본과의 비즈니스 관계는 '신뢰'를 받기까지 끈기와 인내를 갖고 기다려야 한다.

한국은 구매력 평가 기준으로 1인당 국민소득(생활수준)이 일본과 비슷하다. 그런데 노년층의 상대적 빈곤율은 43.4%로, OECD 국가의 평균 11.6%와 비교해 월등히 높다. 이것은 연금제도의 역사가 짧고 지급액이 낮은 이유도 있다. 아울러 노인의 빈곤문제는 높은 노인 '자살률'과도 밀접한 관계가 있다. 한일의 빈곤문제는 재정지출 구조의 변화, 기초연금 확대 및 사회복지의 역할에 차이가 있다. 경제회복을 위하여 임금 인상을 제안하는 것은 생산비를 늘려서 경제

71) 네마와시(根回し) : 뿌리는 묶는다. 사전 의견의 조율 과정, 공식 결정을 내리기 전에 미리 모두의 의견을 일치시키는 물밑 교섭을 말한다.

를 회복한다. 현실 경제는 필연적인 결과를 제대로 몰라 대체로 그렇지 못하다. 하지만 한일의 '노동문제'는 동전의 양면을 고려해 모든 결과를 연구해 결정할 필요가 있다. 정부가 만능이 아니라면 정책의 선택과 집중을 통하여 시장을 활성화하는 노동정책이 필요한 시기이다. 장기적인 전략으로 부의 분배와 불평등의 해소를 위한 제도 개혁과 의식 변화가 필요하다. 노동정책을 만드는 사람은 깊은 전략적 요인을 우선시해 추진해야 한다.

(4) 일본식 고용관행은 변함없이 대기업 사이에서 표준으로 작동하고 있다. 표준과 현실은 괴리가 점차 커지고 있다. 그러나 일본은 거품경제의 붕괴로 패러다임의 전환이 필요했다. 사실 많은 회사에서 이제 이러한 연공서열식의 '종신고용제'는 재정적으로 감당하기 어려운 존재가 되었다. 일본은 경력 개발에 대한 모든 결정을 대기업의 인사 부서에 맡겨야 한다. 하지만 대기업의 정규직과 관리직으로 이루어진 특권 근로자 시스템으로 대체하고, 다른 사람들은 냉혹한 비정규직 노동시장으로 구분해서는 안된다. 오히려 경영환경의 어려움으로 기업의 위험이 현실화되어도 빈곤과 사회적 실패자로 낙인되지 않도록 건전한 사회적 안전망을 갖추어야 한다. 여성의 경제활동을 촉진하기 위하여 편중된 육아의 부담이나 노인 부양에서 벗어나야 하고, 저출산의 극복을 위해 탁아시스템을 확충해야 한다. 인구 감소에 대비해 건설이나 제조업 분야를 보충하기 위한 외국인 이민 정책을 고민해야 한다.

일본 노동법에 대한 일반적인 인상은 구미보다 강력하거나 실효적이지 않다. 그 이유로 제재나 특별한 구제기구를 통한 강행규범으로 법을 도입하는 일이 없는 듯하다. 달리 보면, 일본은 특유한 법문화 속에서 소모적으로 볼만큼 치밀한 논의와 사례를 축적하면서, 추후 실무적인 여건이 구비되면 선행 입법으로 정비하지 않고, 논의를 활용한 분쟁 사례를 축적해 관행으로 해결하는데 치중하는 듯하다. 현실 노동문제에 대한 전략과 대응을 학습하고, 정책의 내용과 과정, 개정 등을 분석활용하고, 시행착오나 적절한 방지책을 마련해 자신의 사회에 맞는 좋은 제도로 적극적으로 활용해야 한다. 정책을 마련한 후 인내심을 가지고 충분히 홍보하고 토론을 거쳐 국민적 합의를 이끌어 내는 것도 필요하다. 양국의 노동문제에 대한 단편적인 사실을 나열하는 팩트(사실)도 있지만, 다양한 정보를 종합적 관점에서 조망하는 팩트도 필요하다. 나아가 오랜 경험에서 암묵지(暗默知)가 있는 지혜가 필요하다. 물론 노동분야의 법제도적인 전략과 전술은 자신의 가치와 철학을 믿으면서, 적극적으로 주장해 실현할 필요성도 있다.

4. 일본 '노동법 입문' 소개

(1) 노동법은 근로자와 사용자라는 노사 간의 이해관계가 치열하게 갈등과 대립이 존재하는 독특한 사회문제를 대상으로 하고 있다. 물론 시대의 변화에 따라 한 국가 내에서도 노사가 노동운동과 노동법이론이 직면하는 구체적인 과제는 다양할 수밖에 없다. 더욱이 위기의 시대에 노사관계를 둘러싼 환경을 격변함으로 노사관계자 모두에게 높은 대응 능력이 기대되기도 한다. 이에 노동법의 이론과 해석에 있어서 노사 어느 한 쪽에 편중되거나 노동관계의 특수성을 매우 강조하려는 경향이 있다. 하지만 기업의 경영환경이나 노동시장이 급변화함에 따라 노동입법 및 판례법리, 행정해석도 많은 변화를 반복해 왔다. 노동법은 무엇보다도 시대적인 추세를 반영해 전체 법체계 속에서 정합적인 보편적인 성격과 독특한 사회관계를 독자적인 법원리로 규율하는 전문적인 성격을 조화시키는데 중점을 두고서 부단하게 노력할 필요가 있는 사회법 분야이다. 기업 현장에서 노사간 노동관계에 상생의 관계가 대부분이지만, 갈등과 대립의 평행선을 긋는 노사간의 대립하는 이해의 실패를 충분히 고려하면서 법학에서의 보편적 논리를 추구하는 법해석을 추구하고, 결국은 법논리적으로나 실질적으로 최대한 조화 및 균형이 잡힌 해석을 유지

할 필요가 있다.

한국 노동법을 개관해 보면, 그 특색으로써 지적할 수 있는 것은 먼저 무엇보다도 일본의 노동입법의 영향이 크다는 것이다. 한국의 노동법을 일독해 보았다면, 일본 노동법의 조문과 동일 또는 유사한 조문이 몇 개를 볼 수가 있다. 한 예를 든다면, 부당노동행위의 유형을 정한 한국의 「노동조합 및 노동관계조정법」 제81조 규정의 형식 및 내용과는 일본의 「노동조합법」 제7조와 매우 유사한 점이 있다. 반면에, 한국의 노동법 모두가 일본의 입법을 모델로서, 이것을 직접적으로 도입하고 있다고 생각한다면 잘못이 있다. 일본 노동법에서 볼 수 없는 독자의 입법정책 및 법제도 있기 때문입니다. 한국 노동법에서 일본의 영향을 생각해 보면, 보다 중요한 것은 일본이 이미 경험해 온 노동법의 해석과 입법상의 주요한 문제를 참고하면서, 이것을 입법적으로 처리하려고 한 연구를 확인할 수가 있다는 점이다. 이른바 '후발적 효과'의 일례로 들 수가 있다. 당연하지만, 한국의 노동법에 독특한 제도의 취지, 근거를 두는 것은 한국의 사회관계의 한가지로서 노사관계의 특질을 이해하는 중요한 포인트가 될 것이다.[72]

이를테면, 취업규칙에 의한 노동조건의 불이익변경이 법적으로 허용하는가 어떤가는 한국 근로기준법에 정하지 않았기 때문에, 학설과 판례에 의하여 다양한 시도를 하고 있는 것도 주지하는 것이다. 하지만 한국의 근로기준법은 일본의 노동기준법 내지 노동계약법과 달리 "취업규칙을 노동자에게 불이익하게 변경하는 경우에는

72) 한일 간에 사용하는 한자는 대부분이 의미를 공통으로 하고 있지만, 일본어적 표현으로 통일해 사용한다(노동－근로, 노동자－근로자, 노동조건－근로조건, 노동계약－근로계약, 노동시간－근로시간, 노동감독관－근로감독관, 노동조합－노동조합, 노동기준법－근로기준법, 노동협약－단체협약 등). 물론 노동－근로는 어감의 차이에 불과하고 학문적으로 양자의 개념이 구별되는 것은 아니지만, 한국에서는 남북북단(38선의 존재, 국가안전보장) 상황 아래에서 가급적 '노동'의 의미를 피하려는 정치적 고려가 작용했기 때문인 듯하다(임종률, 「노동법」, 3면).

노동자대표의 동의를 얻어야 한다”(제94조 제1항 단서)라고 하여, 이 문제에 대하여 다른 입법적 해결을 일찍이 행하고 있다(1987.3.27). 흥미가 깊은 대응을 하고 있다.

최근에도 한국 노동법의 쟁점은 많다. 정권의 변혁기는 종전과 마찬가지로 경제 환경은 악화되고, 노사관계의 전망도 대체로 불안하다. 현안이 되고 있는 노동문제로는 비정규직 문제, 청년일자리 문제, 고령화 및 저출산 문제, 사회보장 문제 등이 있다. 노동법과 관련해 현안은 먼저 개별적 노동법 문제로는 자동차업계 · 조선업계 · 철강업계 등의 사내청부(하청=도급) 문제(청부와 파견법), 비정규직의 차별 문제, 할증임금을 계산할 경우 정기상여금이 포함된다는 쟁점과 신의칙 인정 여부(=통상임금의 문제), 사무직의 정액임금제(이른바 「포괄적 임금제」), 휴일근로시간이 법정근로시간의 통산에 포함되는지(휴일의 근로시간 산정), 법외노 통보에 관한 노조법 시행령 규정의 효력, 단체협약상 산재유족의 특별채용 조항의 효력, 부당해고 구제절차 진행 중 계약기간 만료된 경우 구제신청의 이익 유무, 공정대표의무 위반 여부 판단기준, 태아의 건강손상과 요양보상 대상, 기간제 근로계약의 반복에도 불구하고 계속근로 기간에서 제외되는 예외적 사유, 기간제근로자가 상용근로자로 전환된 이후 근로조건 등이 있다. 이러한 쟁점들은 법원에서 소송으로 치열하게 다투고 있는 상황이기도 하다. 이러한 소송은 대체로 노동계에 소속된 변호사들이 이른바 「기획소송」을 통하여 종전 판례의 태도를 뒤엎어서 판결에서 승소를 하고 있다. 이러한 판결의 결과는 경제계에 노동력 활용 차원에서 변화를 요구하게 되고, 결국은 경제적으로 추가 부담이 될 전망이다.

그리고 물론, 산업 현장에서 집단적인 노동법의 쟁점도 많이 일어나고 있다. 예를 들어 노동문제가 정치 쟁점화되는 경향을 나타내고 있는 한진중공업 등에서의 불법파업시의 손해배상청구 문제, 쌍용자동차의 구조조정(정리해고) 후의 원직복귀(리콜) 문제, 현대자동차의 도급근로자의 단체교섭 문제(부당노동행위 포함), 공무원의 노동기본권 등을 들 수가 있다. 이러한 제반 노동문제들은 산업 현장에서 노사간의 심각한 갈등관계로 몰아가고 있고, 나아가 노사관계의 불안의 원인으로 작동하고 있다. 물론, 새로운 정부가 들어섰지만, 이러한 현안에 대한 해결책을 강구하는 것이 쉽지만은 않을 것 같다.

양국의 노동법(문화)은 어떠한 점은 유사하고, 역으로 어떠한 점은 다른 것인가 하는 비교법 측면에서, 양국의 노동법에 많은 관심이 있다. 일면이지만, 일본 노동법에 대해 종래 인식했던 것(매우 유사하다고 느꼈던 것)과는 달리, 실제로 양국의 정치 · 경제 · 사회 · 문화, 법, 노동법 측면에서 사고방식 내지 의식 등이 크게 다른 점이 매우 많다. 이러한 다양한 차이를 발견하게 된 것은 현실에서 발생하는 양국의 노동현상에 어떻게 대처하고, 반면교사로 삼을 것인지를 심도있게 계속해 연구 과제이다. 향후 양국의 많은 교류의 장이 마련되었으면 한다.

(2) 이번 번역한 미즈마치 유이치로(水町勇一郎) 교수(노동법 전공, 프랑스 분야)[73]의 일본 「**노동법입문**」[74]은 사회인을 위한 간략한 문고판 소책자(이와나미신서)로 2011년에 초판이 나왔다. 당시 일본 도쿄대학에 체류하던 중에 지도교관인 관계도 있어서 소책자를 재미있게 읽었던 기억이 난다. 일본 사회에서 시민 대중을 상대로 일하는 것은 어떠한 의미를 가지는 것인가? 잠시의 일상적인 접촉만을 통해 일본인의 정서를 이해하는 것은 한계가 있다. 역지사지로 근현대사의 여러 세대의 경험이 축적된 삶의 지향을 그들의 정서를 제

73) 미즈마치 유이치로(水町勇一郎) 교수는 비교 현대법 부분, 산업관계법 분야 교수이다. 주로 연구테마가 '비교노동법연구'로서 사회에 큰 변화 중에서 변용을 계속하는 노동법시스템의 존재의미를 비교법적 관점에서 분석한다. 또한 '노동법의 역사적 기반에 관한 연구'로서 노동법에 기반을 둔 역사와 오늘날의 노동법시스템과의 관계에 대하여 프랑스와 미국과의 비교 관점도 추가하면서 연구한다°

74) 水町勇一郎, 『労働法入門』(岩波書店 1329), 2011. 9, 226면 ; 그 밖에 『労働社会の変容と再生：フランス労働法制の歴史と理論』(有斐閣), 2001.11. ; 『集団の再生：アメリカ労働法制の歴史と理論』(有斐閣), 2005. 11. 참조.

대로 이해하기란 어려운 것이다. 그럼에도 자유시장주의 체제에서 일하는 것을 둘러싼 여러 가지 문제를 안고 있는 근로자에게 노동법은 어떠한 역할을 하는가? 채용 · 인사 · 해고 · 임금 · 근로시간 · 고용차별 · 노동조합 · 노동분쟁 등의 기초 지식을 비롯한, 구미(유럽+미국) 제국 노동법과의 비교 및 근년의 새로운 동향도 충분히 담아낸 소확행(작고 확실한 행복) 책자였다. 저자의 독특한 역량을 드러낸 일본 노동법의 근간과 전체 모습을 본인의 학창 시절과 관련한 에피소드를 각 장마다 언급하면서 노동법의 이해를 돕기 위해 쉽게 설명하고 있다. 산듯한 책구조를 만든 좋은 착상이라고 볼 수 있다. 정말이지 일반 사회인을 위한 베스트 셀러인 '노동법의 입문서'인 셈이다.

그 후 미즈마치 교수는 2019년 6월에 초판(2011년, 8인쇄)을 낸지 8년 만에 일본 노동법이 개정된 부분을 대폭적으로 담아 신판인 「**노동법 입문**」을 다시 출판하였다.[75] 일본 출장길에 도교역 부근의 마르젠(Marzen) 서점에서 구입해 재차 재미있게 읽었다. 일본에서 지난 2018년 6월 '일하는 방식 개혁 관련법'을 제정해, 2019년 4월부터 시행하기 시작하였다. 여기서 '일하는 방식 개혁'은 일본의 노동법이 제2차 세계대전 후 노동3법을 제정한 이후의 "70년만의 대개혁"이라고 불렸다. 이것으로 일본의 일하는 방식과 일하는 사람의 의식 자체를 바꾸기 위한 개혁이었다. 이러한 법률 제 · 개정 및 판례의 전개 상황을 포함하면서, 최근 크게 발전한 노동법의 배경과 그 기반 · 특징을 그려낼 목적으로 '본서'를 개정해 '신판'을 세상에 내놓았다. 저자는 이러한 「노동법 입문」(신판)을 통하여 사회의 변화와 결부해 일본 노동법의 발전된 모습을 이해할 수 있기를 기대했다.

(3) 사회 · 경제의 구조변화에 기인해 노동시장 구조의 변화, 산업구조의 변화, 국제경쟁의 격화 등 고용시스템을 강하게 변화시키고, 규제완화 정책의 추진, 기업조직의 재편과 기업 지배구조를 재검토

---

75) 水町勇一郎, 『労働法入門』(新版)(岩波書店 1781), 2019. 9. 248면.

하였다. 또한 노동시장은 그 노동력 구조의 변화, 근로자의 다양화 · 개별화, 기업의 경쟁 환경의 변동 등 지속적으로 큰 구조변화를 경험하였다. 고용관계는 정규직 중심 내부 노동시장에서 장시간 육성 · 활용하는 장기고용 관행을 전제로 발전했다. 이를 전제로 노동법제, 법원의 판례, 정부의 고용정책 등을 전제로 구축 · 전개하였다. 고용보장의 핵심으로 내부 노동시장을 크게 발전해 온 장기고용 시스템이 구축되었다.

고용시스템과 관계된 구조적 변화와 경제상황의 변화에 따라 노동법의 모습을 바꾸는 큰 압력을 받고 있다. 현재 노동법에서 생긴 변화는 노동법의 전개로서 **규제완화, 재규제 및 규제의 현대화, 새로운 규제의 도입**이라는 흐름과 함께 진행하고 있다. 노동법제도의 이러한 도도한 흐름의 영향을 받아 규제환화가 진행되는 것을 확실하다. 노동법의 재편의 전체상을 노동시장 · 고용시스템의 지속적 · 구조적 변화에 대응하기 위한 규제의 현대화나 새로운 규제의 도입을 관찰할 수 있다.

즉 규제 완화는 외부 노동시장 활성화와 고실업에의 대책(파견법, 직업안정법, 고용보험법), 재규제는 노동시장 · 산업의 구조변화(근로기준법, 고령자고용안정법), 새로운 규제는 새로운 가치 · 사상에 따른 새로운 규제의 도입이 있다(고용평등, 일과 생활의 양립, 고용 다양화에 따라 단시간 · 기간제법, 기업조직의 재편에의 대응(근로계약승계법), 분쟁처리시스템의 정비, 근로계약법 제정, 노동심판제도). 이러한 흐름은 법적으로 집단적인 노동분쟁이 실질적으로는 근로자 개인의 개별적 노동분쟁인 사례가 증가하는데 연유한 것이기도 하다. 이러한 노동법의 재편과정에서 3개의 다른 대응을 동시에 진전하였다. 향후 고용시스템의 변화에 대응하면서 시대에 맞지 않는 규제는 철폐하고, 새로운 경영상황에 적응하기 위해서는 규제 완화, 재규제 및 규제의 현대화, 새로운 규제를 도입할 필요가 있다.

먼저 엔포스먼트와 시장에서 '기업의 사회적 책임'(CSR)을 시장 메카니즘을 활용해 성취하려는 사회적 책임투자가 기능하려면 기업의 사회적 책임에 대한 대처를 평가하기 위한 정보를 시장으로 가져오는 오는 것이 필요하다. 각국은 기업의 사회적 책임과 관련한 정보의 공개를 법률로 의무화하는 사례도 많다. 근로조건에 대해서도 청년이 취업 전에 해당 기업의 현황을 알 수 있는 조건 정비에 대한 정책을 생각할 수 있다.

또한 '종업원대표제의 역할'과 관련해, 국가가 이행을 감독하는 노동보호법(노동기준법)에서 새롭게 당사자가 이행을 확보하는 의무를 맡아야 할 '근로계약법'(Arbeitvertragsrecht)을 활용하는 시대가 되었다. 근로관계의 공정을 확보할 수 없는 듯한 종업원대표가 절차적 규제를 담당한다면, 그러한 제도는 실패로 끝날 것이 명확하다. 이러한 점에서 현재의 노동기준법상 노사협정제도는 과반수노조가 없다면 과반수 대표자가 당사자가 되고 있는 것, 강행규정에서의 일탈을 허용하는 협정을 체결할 경우에만 주목할 만한 것이다. 상설기관이 그 협정을 이행을 확보 · 감시하는 관심이 부족하는 등 개선할 여지가 많은 것이다.

일본도 노조조직율이 하향 추세인데, 국가마다 차이가 있지만, 일본의 경우 기업별 정규직 노조가 기업간 경쟁이 격화되면서 기능을 발휘할 수 없게 된 점, 노조조직율이 높은 제2차 산업의 노동인구가 감소한 반면에, 노조조직율이 낮은 제3차 산업의 비중이 높아진 점, 기업별노조의 조합원 자격이 없는 비정규직의 고용 증가가 가속화된 점, 노조가 지나치게 집단주의적이라는 점을 든다. 이러한 노조의 쇠퇴는 양적 문제에 덧붙여 정규직 중심의 기업별노조가 비정규직을 충분히 포섭해 조직화하지 못하고 있다는 질적 문제에 직면할 수밖에 없다.

일본에서 오랜 관행에 의존해 온 이해관계자 모델의 기업 지배구조를 변용시키려는 중에 노동법은 해고권 남용법리의 명문화나 회사의 분할시 고용승계의 룰(근로계약승계법) 등 필요한 제도를 도입했다. 하지만 여전히 집단적 노동관계법 분야에서는 전통적인 단체교섭제도(부당노동행위제도로 담보되는 단체교섭의무)가 있는 것에 불과한 국면이다. 이것은 노조가 없는 기업에서는 단체교섭제도는 기능하지 않을 것이다. 노조는 근로자의 자발적인 조직이기 때문에 집단적인 커뮤니케이션(의사소통) 수단이 부족한 기업이 많아지고 있는 것이다. 또 노사협의제가 형해화도 지적할 수 있다. 이에 새로운 종업원대표제도는 기업 지배구조에서 근로관계의 지위와 관련해 중요한 역할과 기능을 맡을 수 있다. 오늘날 개별 근로자는 자신의 인간성 존중을 전제로 단결하는 것을 자발성에 기초한 연대로 재조명하는 노동법이론도 노조의 새로운 전개에 필요한 시도가 될 수 있을 것이다.

(4) 노동법을 단편적인 측면이 아니라 총체적으로 노동문제를 이해할 수 있도록 사실은 오래 전부터 번역해 세상에 널리 알리고 싶었다. '일하는 방식 개혁'에서 무엇이 어떻게 변화하는 것인가? 발전을 계속하는 노동법의 모습을 어떻게 묘사할 수 있을까? 어쩌면 영국의 산업혁명 이후에 공장 체제에서 생산을 위해 인간이 인간을 사용하는 관계가 등장한다. 그리고 '노동법'은 인간의 사용관계를 규제하는 규범체계로 등장하기도 한다. 여기서 노동법상의 보호대상인 '근로자'를 생각해 보면, 기업 입장에서는 근로자는 인적 자본으로 노동력(생산요소)을 말한다. 인적 자본은 개인이 지닌 기술과 지식 등을 포괄하는 개념으로 교육이나 훈련을 통해 축적된다. 인적 자본을 많이 가진 근로자일수록 일의 성과를 내기에 높은 보수(임금)를 받고, 이러한 인적 자본이 많은 국가일수록 국가의 발전을 촉진하게 된다. 깊이 있는 노동법은 모든 결과를 보기 때문에 사람들을 단순한 '상식'(常識)으로 돌아오게 해준다. 한편에서는 우리나라와 상이한 일본 사회와 노동문제, 노사관계, 노동법 등에 대한 심도 깊은 이해가 새삼 요구된다.

이 책자는 한 · 일간 노동법의 내용을 상대적으로 쉽게 이해하는데 도움이 될 것이다. 좀 더 본격적인 일본 노동법을 알아가면서 양국의 '노동법에 관한 담론(談論)'을 제공할 디딤돌이 되기를 기대해 본다. 한국과 일본은 여전히 같은 듯하면서도 다르고, 비슷한 듯하면서도 비슷하지 않은 것 같다. 양국의 노동문제(인권문제, 젠더문제 포함)를 진지하게 공유하고 해소하려는 태도가 상호간에 잘 안보일 수도 있다. 하지만 실제로 양국을 왕래해 보면서 친교를 통해 상반된 오해를 줄일 수 있을 것이다. 흔히 일본의 회사 조직에서는 누군가 눈에 띄게 무능하더라도 해고를 시키지 않는다. 그 대신에 모두들 알려주지 않아도 그 사람이 요주의 인물인 것을 안다. 그 사람이 행하던 모든 중요한 일은 반자동적으로 더블 체크를 하거나 다른 사람이 대신해 행한다. 하지만 그 사람이 그 업무에 부적격하다는 공식적인 평가는 어디에도 없다.[76] 사실 일본인은 사회관계로 맺어진 세간(世間)에서 타인을 의식하며 자신의 정체성을 이룬다. 사회가 집단에 무난하게 적응하는 사람을 선호한다. 일본식 집단질서인 화(和)를 개는 주관과 정체성이 강한 개인은 집단에서 배제되고 종국에는 배척받는다. 강한 폐쇄적 공동체의식에서 각자의 역할과 집단내 위치인 분수가 강조된다. 일상생활에서 묵묵히 제 할 일을 하는 사람이 항상 바람직하다.

이 책자를 통해 일본 노동법의 주요 영역별 쟁점 사항과 핵심 내용을 일목요연하게 통찰하고, 노동법 영역에서 바다에서 뱃길을 안내하는 등대와 같은 나침판 내지 안내서의 역할을 기대한다. 노동법의 지속 가능성을 고민하면서 노동법이 우리의 미래 노동법의 발전방향에 시사점을 찾을 것이다. 예기치 않았던 다사다난한 역사적인 상황이 일본 노동법을 소개하는 계기가 되었다. 지금까지 버킷 리스트(죽기 전에 하고 싶은 일을 적은 목록) 중의 하나였다. 작은 마음의 부담을 이행하게 된 것은 개인 삶의 '행운'(幸運)이라고 생각한다. 아무쪼록 향후 코로나19 펜데믹의 뉴노멀(새로운 일상) 내지 포스트 코로나 시대, 4차 산업혁명 내지 디지털 기술시대가 병행할 때에 적합한 근로자(인적 자본) 교육으로 경제 발전의 동력을 재충전했으면 한다. 노동법 분야에서 종전의 획일적인 암기식 교육을 통한 지식과

76) R. 태가드 머피, 일본의 굴레, 글항아리, 2021.

기술뿐만 아니라, 개인 차이를 존중하는 맞춤형 교육으로 전환해 리더쉽과 인성(민주시민의 기본 소양)을 겸비한 인재를 양성하는데 초석이 되기를 기대해 본다.

5. 미즈마츠 교수와의 관계

(1) 지난 2011년 일본 도쿄대학(東京大學) 사회과학연구소에서 객원연구원으로 보낸 적이 있다. 일본 후쿠시마 원전 폭발 사고와 동일본 대지진(3.11)이 발생한 해였다.[77] 원래는 국내 이정 교수님(한국외국어대 법학전문대학원, 노동법)의 소개로 도쿄대학 법정치학부의 **아라키 타카시**(荒木尚志) 교수(노동법)[78]에게 요청해 가고자 했다. 답장 메일을 보니, 당시 법정치학부 건물을 지진에 대한 대책으로 리모델링 중이어서 당분간(2년) 외국 연구자들을 받기가 어렵게 되었다는 내용이었다. 그래서 도쿄대학 내 '사회과학연구소'(社會科學研究所)[79]에 있는 **미즈마치 유이치로**(水町勇一郎) 교수(노동법)[80]를 지도교관으로 해서 오면 좋겠다고 권면해 주었다. 그 때에 미즈마치 교수에게 당시 여러모로 일본 생활의 편의를 봐주어서 신세진 적이

77) 지난 2021.2.15. 대지진 10년 10주년을 앞두고서 다시 후쿠시마(福島) 앞바다에서 규모 7.3(지진 6.0 강)의 지진이 발생했다고 보도된 적이 있다.

78) 아라키 타카시(荒木尚志, ARAKI Takashi) : 1959년 구마모토(熊本)현 출생, 1983년 도쿄(東京)대학 법학부 졸업, 1985년 도쿄대학대학원 법정치학연구과 석사과정 수료, 1985년 도쿄대학 법학부 조수, 1988년 조교수/ 도쿄대학대학원 법정치학연구과 교수(현재). 전공－노동법.

79) '사회과학연구소'의 설립 목적은 사회과학의 '종합의 지(知)'를 창출하는 것, 이를 위해 법학 · 정치학 · 경제학 · 사회학 등 사회과학의 여러 분야와 일본 및 동아시아 · 유럽으로 확대된 다양한 지역을 조합하여 이론 · 역사 · 국제비교의 관점에서 세계를 이끄는 공동연구를 실시하는 것, 실증적인 사회과학 연구를 위한 국제적인 거점과 데이터 이용 · 활용의 공통적인 기반을 마련하고 있다.

80) **미즈마치 유이치로**(水町勇一郎, MIZUMACHI Yuichiro)교수는 1967년 사가현(佐賀県) 태생, 1990년 도쿄(東京)대학 법학부 졸업, 현재 - 도쿄대학 사회과학연구소 교수, 전공 - 노동법학.

있다.[81)] 그 당시는 일본에서 한류가 절정에 달해 한국인의 프리미엄으로 작용했다. 정치·외교적으로도 한국을 우호적으로 보는 친한 분위기가 느껴졌다.

(2) 그 후 세월이 경과해 2018년에 '한국비교노동법학회'의 회장을 맡고 있었던 시기에 학회원들과 일본 동경으로 연구시찰을 간 적이 있다. "세상에 우연은 없다. 한번 맺은 좋은 인연을 소중히 생각하라"라는 생각을 하게 되었다. 그 일정 중에서 미츠마치 교수를 방문할 계획을 짰다. 미즈마치 교수가 이전 도호쿠(東北)대학에 재직시 한국인 제자가 조상균 교수(전남대 법학전문대학원, 노동법)가 있었다. 조상균 교수가 학회 국제이사로서 동경 세미 연구회 일정과 관련해 내용의 섭외 시에 연락을 취해 성사되었다. 세미 연구회는 도쿄대학의 혼고(本鄕)캠퍼스에 있는 고색창연한 석조 건물인 '사회과학연구소'(社研) 1층 소회의실에서 가졌다. 나로서는 미즈마치 교수가 당시 일본 아베 정부에서 '일하는 방식 개혁' 등에 참여해 활약

81) 당시에 개인적으로는 **아라키**(荒木尚志) 교수에게 동경대 생활에서 많은 신세와 배려를 해주었다. 동경대 노동판례연구회(労判, 매주 금요일 오전, 주로 노동판례에 나온 판례 평석 또는 가끔 유학 귀국 보고회) 참석, 연이은 학교 정문 건너편 골목길에 우동 집(그 후 없어졌음)의 2층 다다미방에서의 오찬(더치페이), 가끔씩 개최했던 아리키 교수 주관의 토요일 오후 연구회(일본 ILO협회 지원의 노동법 이슈 관련 연구발표 모임) 참석, 법학부의 노동법 수업 참여, 로스쿨생의 노동법 세미나 참여, 일본 노동법학회(오키나와대학, 릿쿄대학) 참석, 간단한 동행 여행, 환영회 및 신년회(스게노 가츠오(菅野和夫) 교수와의 만남) 참석, 동경대 법정치학부·중앙도서관의 도서관 이용, 동경대 국제기숙사 생활의 배려 등을 통해 여러모로 도움을 받았다. 가족과 동경대 공대쪽 프랑스 레스토랑의 식사 등의 추억도 남아있다. 그 후 2016년 한국노동법학회 회장일 때 그해 7월 초에 학회원 25명과 동경대를 방문해 아라키 교수와 당시 학장이던 이와무라(岩村) 교수님(현재 일본 중앙노동위원회 회장, 프랑스 사회보장법)의 환대, 나가쿠보(中窪裕也) 교수(히토츠바시대학, 미국 노동법) 배려 등을 통해 일본 노동법학과 관련해 간담회 등의 많은 추억이 남아 있다(문준혁·이승길, "일본연구시찰단 도쿄시찰기", 노동법의 현재와 미래, 한국노동법학회, 2017 참조). 그 후 가끔 '서울대·동경대 노동법연구회' 교류시 한국에 오면 만나곤 했다.

상이 큰 노동법 학자이었기에 학회원들에게 한일 양국을 잇는 가교 역할로서 소개하는 계기로 삼았다. 당시까지 제가 알기로는 그의 존재와 저서를 소개한 국내 문헌을 찾아보기가 어려웠으니까?

당시 유학생의 전언에 의하면, 미즈마치 교수는 당시 학내에서 청바지를 입은 '베스트 교수'라고 했다. 그리고 '**노동법**'[82]교과서는 판형을 거듭한 신예의 책이었다. 그의 책자를 읽으면서, 참 발상이 참신한 학자라고 감탄한 적이 많다. 그리고 일본 연합의 종합연구소(렌고)에서 공동작업으로 출판한 '**노동법 개혁**'[83]이란 단행본을 읽으면서, 활동의 폭이 참 넓다고 생각했다.[84]

세미 연구회에서 일본에서의 '일하는 방식의 개혁'과 관련해, 먼저, 자료도 없이 머리 속에 가진 본인의 구상을 간략하고 명쾌하게 설명해 준 것이 매우 인상적이었다.[85] 본인이 아베 정부와 관련해 '일하는 방식의 개혁' 회의체에 참석하게 된 배경도 "아베 총리가 노동개혁을 확실하게 추진한 신뢰성이 있었다"고 설명해주었다. 당시 학회원들의 이런 저런 날카로운 질문에도 막힘없이 대화를 나눈 시간이 소중한 추억으로 남았다. 세미나를 마치고 세미나실에서 함께 단체사진을 남겼다. 그리고 연구소의 입구 계단에서 학회원들과 단체사진도 남겼다.

당시 출장 중임에도 미즈마치와 아주 친하게 지내는 최석환 교수

---

82) 水町勇一郎,『労働法〔第3版〕』(有斐閣), 2010. 3. ; 그 후 水町勇一郎,『労働法〔第8版〕』(有斐閣), 2020. 3, 508면 ;『詳解 労働法』(東京大学出版会, 2019. 9)도 있다.

83) 水町勇一郎・連合総研,『労働法改革—参加による公正・効率社会の実現』(共編著,　日本経済新聞出版社), 2010. ; 그 밖에 水町勇一郎,『労働時間改革—日本の働き方をいかに変えるか』(鶴光太郎氏・樋口美雄氏との共編著), 日本評論社, 2010. 3.

84) 그 후 렌고 종합연구소와의 다른 관련된 일로 방문한 적이 있는데, 연구소의 대표적인 책자 중의 하나로 소개받은 적도 있다. 당시에 국내에서 노동법을 개정하기 전이었다면, 번역 소개할 생각도 해보았다.

85) 가기 전에 회원들과 그에 관한 자료를 번역해 읽고서, 관련 내용 등을 고려한 유익한 시간이었다고 생각한다(<부록 3> 및 <부록 42> 참조).

(당시 명지대학교 법학과 재직, 최근 서울대 법학전문대학원으로 옮김)도 동석해 도움을 주었다. 그리고서 동경대 학내의 아카몽(赤門) 옆에 위치한 이토우(伊藤)국제학술연구센터 내의 프랑스 레스토랑에서 회원들과 함께 즐겁게 담소하며 오찬을 즐겼다. 많은 일들이 시대의 환경과 가치가 달라짐에 따라 변화한다. 나 자신도 저자와의 지난 세월의 신세짐에 대한 약간의 답례로 한일 노동법학자와의 교류를 성사시킨 보람으로 대신하고 싶었다.

6. 후 기

(1) 인류의 역사를 보면, 전쟁, 코로나19 펜데믹, 자연재해 등 거대한 충격이 있을 인간의 대응에 따라 대격동으로 전환했다. 지난 2020년은 코로나19 위기에서 정치 · 경제 · 사회의 혼란을 겪으며, 계층 · 이념 · 세대 · 성별 · 지역별 갈등의 심화되고, 국민의 불안감이 커지면서 삶의 덧없음과 소중함을 가르쳐줬다. 회상해보면, 급속한 고령화, 경제 성장률은 하락세이고, 소득 분배는 악화됐다. 근자의 문재인 정부의 소득주도 성장 정책, 최저임금의 급격한 인상, 비정규직의 정규직화, 과속의 근로시간 단축, 기업 규제는 경제성장과 분배개선에 도움이 되지 못됐다. 부동산 정책의 실패로 자산 분배의 불평등이 급격히 심화되었다.

'노동의 개혁'을 이야기해 보면, 독일은 통일의 후유증으로 경제가 어려워져 '유럽의 병자(病者)'가 되었다. 당시 사민당인 게르하르트 슈뢰더 총리는 정치인으로서 과감한 '하르츠 개혁'을 단행했다. 경제위기 극복을 위하여 방만한 복지 축소 · 조정, 조세 감면, 고용의 유연성 확보를 통해 기업 활동을 지원하는 개혁이었다.[86] 포괄적인 사회노동개혁이었다. 결국 선거에 패배했지만 대연정이란 대타협으로

86) 전종덕/김종로, 독일의 개혁과 논쟁(슈뢰더 정부의 하르츠 개혁), 백산서당, 2020 ; 전종덕/김정로, 하르츠 보고서(슈뢰더 정부의 노동시장 및 사회국가 개혁), 백산서당, 2020.

기민당 앙겔라 메르켈(Angela Merkel)에게 정권을 넘겨주었다. 하지만 그 후 메르켈 총리는 종전의 정책을 그대로 승계 집행함으로 독일이 경제 강국으로 회복해 '유럽의 성장 엔진'이라고 평가받았다. 정치적인 입지를 떠난 유연성과 실용성을 바탕으로 문제를 해결해 나가는 느슨한 방식의 특유한 리더쉽인가? 그 후 유로존 경제위기에서도 독일 경제는 건재하며 발전하였다.

국내외 경제가 침체되면서 청년세대의 3포(연애, 결혼, 출산) 내지 7포 세대의 실업의 증가 경향, 급속한 고령화로 노인 빈곤의 확산 등이 사회적인 커다란 문제가 되고 있다. 새로운 디지털 플랫폼의 출현 등과 같이 디지털 기술시대의 대변혁기에 제도 혁신이 동반된 시대적 소명으로 비약적 경제가 성장한다면 회복할 수가 있다. 또한 코로나19 펜데믹은 우리 사회의 취약 계층(자영업자, 소상공인 등), 사회적 약자(장애인, 비정규직, 외국인근로자 등)에 큰 충격을 주었다. 국가의 발전은 성장과 분배 중 아직도 성장이 중요하고, 기업은 정규직의 카르텔을 유연하게 깨고, 해고를 신중하게 하되 사회 안전망의 강화를 병행해야 한다. 특히 취약계층에 대해서는 국가가 복지 등 사회안전망을 정비해 적극적으로 지원해야 한다.

경제 상황의 악화로 기업과 가계의 재무 건전성은 악화의 일로이다. 경제의 지속적인 발전을 위해서는 복지정책은 취약계층을 확실히 보호해 주지만, 일할 수 있는 자에게는 일자리를 연결해주는 시스템으로 작동해야 한다. 포퓰리즘과 정치적 선동에 의한 복지 확대는 피해야 한다. 재정 건전성을 유지하면서 성장에 도움이 되는 복지시스템으로 관리해야 한다. 규제 완화를 위해 전문적 관료 및 정부의 혁신도 필요하다. 결국은 기업의 경영활동을 활성화시켜서 국가와 사회 발전에 도움이 되고, 일자리를 창출 · 유지하는 법제도 정책이 필요하다.

작금의 코로나 일상화 시대의 불행한 자화상을 벗어나고 노동시장에서 지속가능한 기업이 되기 위해 경쟁력을 갖추기 위해 '규제 완화'가 필요하다. 기업은 필요성이 작음에도 관행적으로 존재하는 각종 규제는 족쇄로 여긴다. 이에 대한 지원책으로 정부는 경제 활성화와 잠재 성장률 제고의 선순환 구조를 만들기 위하여 규제 완화에 집중하고, 시장친화적인 정책으로 노선을 변경해야 한다. 소득 · 교육 · 정보의 격차와 같은 겹겹의 양극화가 사회를 단절시키고 있다. 노동 현안에 대하여 노사가 진정성 있는 협력과 역할 분담 방식의 변화이다. 노사정이 역지사지(易地思之)의 입장을 가지고 사회통합 차원에서 서로를 배려하면서 진지하게 소통하고 화합하려는 노력이 필요하다.

(2) 어느 날 갑자기 '삶의 의미와 행복이란 무엇인가'를 재조명해 본다. 평범한 일상에서 정의, 평등과 존엄성이 법제도에서 보장하는 사회가 되고, 진실된 만남과 관계를 지속함으로 더 행복해지길 기대한다. 인생은 짧고 생업에 바쁜데, 2030세대 및 MZ세대가 '헬조선'이나 '이생망'(이번 생은 망했다)이 회자되어 고된 삶을 드러낸다. 다양한 삶의 터전에서 살아가는 군상들의 인간됨을 실현하기 위한 중요한 법적 장치다. 사회공동체 구성원의 삶의 의미를 부여하는 제도적 구조 틀이다. 혼란에 맞서는 희망은 강한 용기이고, 이를 극복하는 새로운 의지를 다져본다. 코로나19 방역이 아닌 백신 접종 이후 하루빨리 집단면역을 형성하면, 그 때에야 코로나와 종전 아닌 정전(停戰) 정도로 낙관적인 전망을 해본다. 코로나 사태를 거치면서 이젠 종전의 일상생활을 회복하는데, 코로나와 동행하는 일상이 되고, 만연한 외로움에 익숙해지면서 좋은 소통을 통한 삶의 '행복'(幸福)이라는 사회적 연결의 가치를 새삼 깨닫게 된다.

21세기 글로벌 시대? 2021년 신축년(흰소띠)이 되었을 때 여전히 난세(亂世)에 엄습한 코로나의 위기를 조만간 극복하고, 일상생활이 회복되는 날을 소망해 보았다. 시간을 되돌릴 방법은 없지만, 살다 보면 살아지는 것이 아닐까? 주어진 운명을 이해하면서 진력하고, 소명(召命)으로 직업을 통해 인생을 실현하고자 한다. 미래는 단계적인 사회 개혁을 통해 전통과 질서를 존중하면서 좋은 세상을 꿈꿀 수 있다. '덧없는 인생'은 가고 세월로 남는 법, 화창한 4월 남은 구름 조각은 어디로 흘러갈까 되묻는다. 코로나의 확산은 인간에 대한 몰이해로 분노하고 괴로워하기도 한다. 만남이 민폐가 되고, 재택근무가 익숙해지고 있었다. 화상강의나 화상회의도 편의성을 더해주면서 면대면의 아쉬움을 뒤로 한다. 참고 견디면 일상으로 돌아갈 수 있다고 굳게 믿고 있다. 삶 속에서 불공평과 지나친 쏠림으로 고단하지만, 선뜻 그 정답을 못 찾았다. 지금의 일상생활에 감사한다면 삶 자체가 변화한 것이다. 미래 사회는 이해관계를 합리적으로 조정 · 분배하는 방안을 강구하고, 문제 해결을 위해 정확한 실태 진단과 합리적인 대안 실행을 통해 그 결과를 얻어야 한다. 삶의 여정에서 '자신이 진정으로 원하는 일을 하라'고 권면한다. 일 자체를 위하여 분주함에 쫓김과 번아웃(burnout)되기보다는 원래 일이란 여유롭게 쉬엄쉬엄 해야지, 이곳에 흔히 일터의 행복이 깃들지 않을까.

'완벽한 대학원 세미나'와 같이 지성과 논리, 정직과 진실, 대화와 토론, 존중과 책임이라고 했는가? 급격한 세상의 변화, 가치판단의 기준도 시대상황에 따라 변화를 거듭해간다. 살기 좋은 세상은 뜻이 맞는 사람들이 함께 가꾸어 가는 텃밭인 것이다. 시대 전환으로는 국가, 국민, 세대, 빈부의 깊은 골에 단층은 기회의 평등, 과정의 공정, 결과의 정의라는 믿음을 보여주어야 한다. 그래 예술은 길고 인생도 길다. 정말 인생은 마라톤인 듯하다. 요즘은 건강이 좋아져서 평균 80세 이상으로 산다면, 실력과 전문성을 갖추어 보람 있는 일을 해야 한다. 인생 2모작, 3모작을 준비해야 한다. 젊었던 시절에 추억을 흥얼거린다. '탁상공론'보다는 '우문현답'(우리의 문제는 현장에 답이 있다). 오늘보다 내일이 보다 나은 생활은 행복이 아닌가? 등을 주문처럼 중얼거리는 습관이 생겼다.

요즘처럼 불확실성이 큰 시절에는 '행복'은 불확실한 미래보다는 예측가능성에서 온다. 인생의 오해를 풀려면 대화가 중요한가, 즐거운 삶의 지혜가 무엇인지, 생각하는 대로 된다기에, 나는 누구인가? 왜 살지? 제대로 살고 있는가? 삶의 진정한 가치는? 행복한 삶이란? 나는 자문하며 살았는데 별 것이 없다. 어른의 말씀처럼 인생은 알 수 없는 것이다. 노동의 신성함, 기회가 오면 생각하지 못한 길이 열린다. 좌우명처럼 순리(順理)에 따른 것이기도 하다. 소명의식(천직), 일에서 자신의 역할을 깨닫고, 그 속에서 의미와 목표를 추구하며, 그로 인하여 사회의 공공선에 긍정적인 영향을 미치려는 태도일 것이다. 그냥 단상으로 떠오르지만, 아마도 그뿐일지도 모르겠다.

(3) 이번 책자의 출판까지 여러 지인 및 기관에 감사하다. 번역을 결정하고 출판까지 약간의 세월이 흘렀다. 모든 세상사에는 다 적절한 시기가 있는 모양이다. 세상살이의 전제가 되는 사정이 상이하지만, 노동법과 노동운동의 전개를 고민하는 일원으로 조금이라도 기여했으면 하는 바램이 있다. 매번 일본 출판사와 계약을 추진하고, 코로나 사태라는 전대미문의 어려운 출판 환경에서도 '일본 노동법 입문'의 번역서를 흔쾌히 맡아 준 박영사의 안종만 회장님 및 안상준 대표님에게 특별히 감사드린다. 항상 디자인 · 편집 및 출판 등에 열의와 창의성을 발휘해 주신 김상인 편집위원님, 든든한 지원군인 정영환 대리님에게도 고맙다.

아주대학교 일반대학원 법학과에서 지난 2020년 1 · 2학기의 노동보호법 연구 및 사회보장법 연구, 2021년 1학기 노동시장법 연구의 수업에 참여해준 대학원생들에게 고마움을 표하고, 친밀감 · 열정 · 책임 · 헌신을 통한 사랑하는 마음을 나누고 싶다. 치열하게 고민하고 성찰해야 했지만, 본서의 내용을 쉽게 이해하지 못했다면 역자의 잘못을 양해해 주길 바란다. 또한 항상 든든한 후원자인 「아주대노동법연구회」 회원 모두에게도 감사드린다. 박사학위를 취득한 이상곤님에게 축하드리고, 금번 학기에 박사학위 논문을 제출한 김종헌님, 이종수님에게도 학문적인 건승을 기대해 본다. 그리고 사랑하는 가족인 아내, 두 딸(윤형, 윤진)에게도 감사한 마음을 전한다.

2021년

아주대학교 연암관 연구실

이승길

제 1 장 노동법은 어떻게 탄생했는가

노동법의 역사

사람은 옛날부터 일하고 있었다.

그러나 현재 우리가 눈으로 보고 있는 '**노동법**'은 이렇게 옛날부터 있었던 것은 아니다.

고대인 「**로마시대**」에는 '**노예**'(奴隷)[1]가 '**가사근로**'를 하고 있었다. 또한 「**중세 유럽**」에서는 목수, 대장장이, 하역인부, 파발꾼(飛脚, 편지 · 돈 · 화물의 송달을 업으로 하던 사람), 이발사(髮結い), 거리 공연 등과 같이 다양한 사람들이 다양한 형태로 일하고 돈을 벌면서 살았다. 그러나 그 시대에는 아직은 오늘날과 같은 의미를 가

1) <역자주> **노예** : 노예는 사람인가, 재산인가? 미국의 독립전쟁시 대서양을 횡단하는 배들이 많이 실어 나른 상품은 '노예'였다. 1806년 나폴레옹이 대륙봉쇄령으로 영국 경제의 충격이 엄청났다. 이에 영국은 1807년 '노예무역금지법'을 제정해 대응했다. 영국의 윌리엄 윌버포스는 일생을 '노예해방'에 헌신했다. 1833년 7월 '노예폐지법'이 제정되었다. 1525~1866년 동안 노예무역(납치, 노예화, 인간매매 행위)을 통해 1천250만명의 아프리카인들이 신대륙에 운용되었다. 미국은 1777년 버몬트주는 자체 헌법을 통해 성인 흑인에 한해 노예제를 금지, 1780년 펜실베이니아는 점진적 노예폐지법 통과, 영국을 쫓아 1808년 '노예무역금지법'을 만들고, 1862년 링컨 대통령이 '노예해방 선언'을 행했다. 노예제를 놓고서 남부와 북부 사이에서 발생했던 도덕적 갈등의 지속적인 악화가 있었다. 1830년에 1280만명 중 200만명이 노예 상태에 머물러 있었다.

진 '**노동법**'은 존재하지 않았다. 오늘날의 노동법에 전제가 되는 다양한 근무형태를 포괄적 · 통일적으로 파악하는 '**근로**'(노동) 개념이 없었기 때문이다. 당시의 근로관계는 서로 다른 다양한 작업 · 활동을 받아들이고, 영주(領主) · 지역 · 가족과 **동업조합**(길드[2]) 등과 같은 인적 유대관계 속에서 개별적으로 규율하고 있었다.

이러한 다양한 작업 · 활동이 '근로'라는 하나의 개념으로 포괄해 파악할 수 있게 된 것은 **애덤 스미스**(Adam Smith)가 『**국부론**』(1776년)을 통하여 '**경제학의 길**'[3]을 개척한 18세기 후반이었던 것으로 알려져 있다. 그리고 이 통일된 '근로'의 개념을 토대로 이에 '**국가**'가 '**사회적 보호**'를 제공하는 오늘날의 의미에서 '**노동법**'의 탄생은 19세기의 일이다. 먼저 그 당시의 사회 상황에서 살펴보자.

---

2) <역자주> **길드** : 길드는 10~11세기 도시의 발전으로 영주나 도적으로부터 자신을 보호하기 위하여 단결한데서 시작하였다. 상인 길드가 먼저 조직되고, 그후 수공업 길드가 이어진다. 길드는 12~13세기 도시가 활발해져 그 세력이 커졌고, 시의회를 지배하며 독점적 이익집단으로 경제활동의 규제입법을 주도한다. 수공업 길드의 도제제도(apprenticeship)는 장인(master) · 직인(journeyman) · 도제(apprentice)로 구성되었고, 상품의 질이나 규격 · 생산량, 나아가 직인 · 도제의 근로시간까지 제한해 독점적 지위를 유지하려 했지만, 실제로는 그 영향력을 미치지 못했다고 평가된다. 18세기말~19세기 중반에 프랑스(1791), 로마(1807), 스페인(1840), 영국(1835), 오스트리아와 독일(1859~1960), 이탈리아(1864)에서 수공업 길드의 폐지 법령과 조례가 제정되었다.

3) <역자주> 경제학(經濟學, economics)이란 경제문제를 다루는 학문이다. 경세제민(經世濟民, 세상을 다스리고 백성을 구제함). 논리학 및 도덕철학 교수인 애덤 스미스의 '국부론'(1776)이 경제학을 사회과학의 독립된 학문으로 출발하게 한 저서로 평가된다. 이로 인해 그를 '경제학의 아버지'라고 한다. 미시경제학의 창시자 알프레드 마셜은 "세상을 잘 다스려 빈자를 구제한다." 그래서 "경제학자는 냉철한 머리와 따뜻한 가슴을 가져야 한다"고 했다.

보론 9

• **애덤 스미스(Adam Smith, 1723~1790)**

(1) 정치경제학과 경제학 분야를 개척한 스코틀랜드 철학자이며 '경제학의 아버지'라 불린다. 브리튼 18세기의 스코틀랜드 계몽을 대표하는 도덕철학자이자 경제학자. 글래스고 대학, 옥스퍼드 대학 베일리얼 칼리지에서 공부한다. 1751년부터 글래스고 대학에서 논리학, 도덕철학 교수를 역임하고 부총장을 거쳐 1763년에 사임. 그 사이 최초의 저작인 '도덕감정론'(1759)을 출판한다. 1764년부터 2년 동안 귀족의 가정교사를 하며 주로 프랑스를 돌아다니면서, 친구인 흄의 소개로 돌바크, 엘베시우스 등과 교류하게 된다. 또한 제네바에서 볼테르를 방문했다. 1767년에 귀향한 후 '국부론'을 위한 연구에 전념하고, 산업혁명기인 1776년에 역사상 가장 성공한 사회과학서인 '국부론'을 출판했다. 그밖에 유고집 '철학논문집'(1795), 강의노트 '글래스고 대학 강의'(1896), '수사학 · 문학 강의'(1963) 등이 있다.

(2) '국부론'(國富論, The Wealth of Nations, '국부의 본질과 원인에 관한 연구')은 자유시장경제의 효율성을 설명하는 상징적인 단어이다. 무엇이 국가의 부를 형성하는가에 대한 세계 최초의 설명 중의 하나이며, 오늘날 '고전 경제학의 기초적 저작'으로 평가받고 있다. 산업혁명 태동기의 경제를 반영해 노동 분업, 생산성, 자원의 효율적 분배, 자유 시장 등 폭넓은 주제를 다루고 있다. 핵심은 경제 체제는 자동적이며, 지속적으로 자유로운 상태에 놓여졌을 때 그 자신을 통제할 수 있고, 이 개념은 '보이지 않는 손'(an invisible hand)이라 한다. 독점과 세금 우선권, 로비 집단, 타인의 비용으로 어떤 경제 일원에게 늘어나는 '특권'은 경제 체제가 자율로 통제할 능력과, 생산성을 극대화할 능력을 위협한다. 또한 빈자를 어떻게 대우해야 하는지, 일터가 다른 지위의 사람을 위해 그들을 무력하게 하여 어떻게 정신적으로 파괴하는지를 설명한다. 그의 경제이론의 최대 공적은 자본주의 사회를 상품생산의 구조로서 다룬 점이고, 자유경쟁에 의한 자본의 축적과 분업의 발전이 생산력을 상승시켜 모든 사람의 복지를 증대시킨다는 점이다. 이론적으로 스미스는 아직 몇 가지 혼란이 있고, 특히 상품의 가치를 결정하는 것이 투하 노동량이냐 지배 노동량이냐, 생산적 노동

이란 무엇인가, 화폐의 본질은 무엇인가는 애매하나, 이러한 혼란을 통해 자본가·근로자·지주라는 3계급의 관계가 명백해져서 잉여가치 생산과 그의 착취에 대해서도 시사를 남겼다. 결국 시장에 참여하는 '개인'과 '자유시장'의 역할이 중요하고, 교환은 인간의 본성이고, 그 본성을 충족시켜주는 곳이 시장이다. 또한 '국가'의 역할로서 사회시스템이 잘 돌아갈 수 있도록 법과 제도를 바로잡아야 한다고 강조했다.

(3) 또한 '**도덕 감정론**'(The Theory of Moral Sentiments)에서 제1부는 도덕적으로 바른 행위란 무엇인가, 제2부－제6부는 상찬(賞讚)과 처벌의 근거, 의무의 감각, 미(美)와 효용, 관습과 유행, 미덕을, 제7부는 종래 도덕철학의 학설을 비판적으로 검토하고 있다. 여기서 '도덕'은 사회적 행위의 규준이며, 시민사회에서 질서의 원리이다. 이를 '공감'원리(the theory of Sympathy)로 전개한다. '국부론'에서 시장에 참여하는 사람들의 '이기심'의 철학은 결코 질서를 파괴하는 방종이 아니라, 이러한 객관적 행위규준 때문이다.

1 노동법의 배경 - 두 혁명과 근로자의 빈곤

(1) 나폴레옹의 조카 —"빈곤의 근절" 호소

프랑스의 황제 **나폴레옹 보나파르트**[4]에게는 조카(甥)가 있었다. 나폴레옹 동생의 아들인 **'루이 나폴레옹'**이다. 그는 1848년에 프랑스대통령 선거에서 당선되고, 1852년에는 국민투표를 통하여 황제가 되어 **'나폴레옹 3세'**라고 불렀다.[5] 여기까지는 고등학교의 세계

---

4) <역자주> **나폴레옹 보나파르트**(Napoleon I, 1769－1821) : 프랑스 식민지인 지중해의 작은 도시 코르시카에서 하급귀족 출신으로 육군사관학교 졸업후 장교로 활약, 시민들이 절대왕정을 무너뜨린 프랑스 혁명(1789－1794) 쿠데타로 권력을 장액한 후 5년 후 황제에 즉위했다. 이후 군사, 법전, 교육, 종교 등 다양한 분야에서 대변혁을 일으켰다. 유럽과 전쟁에서 스페인, 프로이센, 오스트리아까지 유럽 대부분을 점령했고, 프랑스의 영토를 3배로 확장했다. 그는 1812년 러시아 원정으로 굶주림과 추위로 많은 병사를 잃고 몰락의 길을 걷는다, 1814년 영국 등 대프랑스 동맹군에게 파리를 함락당하고, 이탈리아 서해안 엘바섬으로 추방당했다. 이에 루이 18세가 즉위해 왕정복고, 나폴레옹은 1815년 2월 동맹군의 감시를 피해 엘바섬을 탈출해, 연합군을 이끈 영국의 웰링턴(1769－1852)과의 벨기에의 남동부 '워털루 전투'에서 패배하기까지 100일간 프랑스를 다시 지배했다. 그후 대서양의 외딴섬 세인트 헬레나로 귀양가 1821년 5월 5일 세상을 떠났다.

5) <역자주> **나폴레옹 3세**[Napoleon Ⅲ, 1808.4.20.~1873.1.9.] : 두 번째 쿠데타와 두 번째 제국. 나폴레옹 1세의 동생이자 홀란드 왕이었던 '루이 보나파르트'(1778 ~1846)의 아들로 1848년 2월 혁명으로 '제2공화정' 시 대통령으로 선출되었다. 그 중 1851년 12월 쿠데타를 통해 공화정 체제를 무너뜨리고, 1852년 12월에는 '제2제국'을 선포해 황제로 즉위했다. 산업혁명과 근대적 자본주의 경제 체제 확립, 파리 도시정비, 해외 식민지를 팽창하면서 제국의 번영을 추구했으나 정치상 언론 및 정치 활동을 통제 · 탄압했다. 프랑스의 시장 확보 및 '문명 전파'를 위해 수에즈 운하 건설에 개입, 서아프리카와 인도차이나로 식민지를 건설하였다. 1856년 영국과 제2차 아편전쟁에 참가해 1860년 승전국으로 베이징에 입성했다. 상하이에 프랑스 조계지가 설치, 중국 남부 및 베트남을 식민화하기 시작했다. 1867년 일본에 프랑스의 군부 사절단이 방문해 도쿠

사 교과서에도 담겨 있다. 그러나 이 나폴레옹 3세가 정치무대에 등장하기 전에 고뇌의 시대에서 당시의 근로자 계급의 현황을 분석하고, 프랑스 사회의 개혁안을 제시한 책인 『빈곤의 근절』(1844년)[6]을 썼다는 것은 일본에서는 거의 알려져 있지 않은 것이 아닐까?

그 가운데에서 그는 당시 프랑스의 상황을 다음과 같이 서술하고 있다.

"공장은 부의 원천이 되고 있다. 여기에서는 지금 규칙도, 조직도, 목적도 없다. 이것은 제어 없이 움직이는 기계이다. 이것을 이동하는 힘 등과 같이 공장에는 아무래도 좋은 것이다. 공장은 사람을 마치 물질·재료인 것처럼 그 톱니바퀴 속에서 분쇄하면서 농촌을 과소화시켜서 사람들을 질식하는 공간으로 밀집시키고, 그 정

가와 막부의 군대 현대화에 기여했다. 1866년 조선에 프랑스 선교사 박해를 빌미로 병인양요를 일으켰다. 이때 로즈 제독의 프랑스군은 강화도에 상륙해 외규장각에 보존된 5천여 권을 불태웠고 340여 권과 은궤를 약탈해 갔다. 1870년 9월 새롭게 급부상한 프로이센(철혈재상 비스마르크의 통치)과의 전쟁에서 완패 후 폐위되고, 프랑스는 제3공화정이 선포했다. 그후 프랑스는 1871년 비극적인 파리코뮌의 저항 이후 제3공화정과 함께 재차 중흥기를 맞이하였고, 파리는 19세기 말부터 세계의 중심이 되었다.[네이버 지식백과]

6) <역자주> 나폴레옹 제3세는 나폴레옹 1세의 뒤를 이어 자신이 프랑스 진보의 과업을 완수해야 한다고 굳게 믿고 있었다. 무기와 군대를 모은 그는 재차 1840년 여름 프랑스 북부 불로뉴에 병력을 이끌고 도버해협을 건너 도착하였으나 곧 진압되었다. 1840년 10월 7일 암(Ham) 요새에 무기징역을 선고받고 감금되어도 다양한 주제의 시와 정치적 글을 집필하였고, 신문을 통해 프랑스 전역에 대한 소식을 수집하였다. 여기서 『빈곤의 퇴치(Extinction du paupérisme)』(1844년)의 글을 써서 노동계급의 비참한 상황을 타파해야 한다고 역설하였고, 노동계급을 위한 예금제도와 농업공동체 건설을 제안하였다. 이 책으로 프랑스 전역에 유명해지는 계기가 되었다. 1840년대 7월 왕정에 대한 실망감이 증대해 가면서 사회 일부에서 나폴레옹의 향수가 커지자 나폴레옹 제3세는 더욱 자신의 꿈을 실현할 때를 찾기 위해 초조해져 갔다. 결국 1846년 5월 25일 그는 감옥을 탈출하는 데 성공하여 곧 영국으로 건너갔다.[네이버 지식백과]

신을 허물어뜨린다. 그리고 필요하지 않으면 공장의 번영을 위하여 자신의 힘, 자신의 젊음, 자신의 생애를 희생해 온 사람을 길거리에서 헤매게 만들었다. 공장은 근로자에게 곧바로 농경의 신(神) 사탄(로마신 Saturne)에 해당한다. 이 하나님은 그 아들들을 게걸스럽게 먹게 하고, 그 죽음을 양식으로 삼아 살고 있다."

실제로 당시의 프랑스에 있는 공장에서는 햇빛이 드는 것도 통풍도 나쁘고, 산업재해와 직업병도 많이 발생하였다. 1일의 근로시간은 12~15시간으로, 축일(祝日) 및 휴가는 없고, 경우에 따라서는 일요일 휴일(주휴일)도 없이 계속해 일을 하게 하는 열악한 상황이었다. 1848년에는 공장근로자의 평균 임금(일액)은 남성 2프랑, 여성 1프랑, 어린이 0.15프랑 수준이었다. 이러한 벌이로 4인 가족의 생활에 필요한 연간 약 900프랑을 벌기 위해서는 아내와 자녀들도 일해야 할 필요를 느끼고 있었다. 또한 그 가계의 대부분(약 4분의 3)은 빵, 스프, 감자 등의 허술한 식사를 위하여 충당하였으며, 나쁜 영양상태는 일상에서 과중한 근로로 인한 피로와 비위생적인 주거환경으로 매우 심각하였다. 또한 전염병의 유행이나 직업병 · 산업재해 사고로 발생하는 희생자를 일상적으로 볼 수 있었다. 이로 인하여 공장근로자의 건강상태는 매우 악화되고, 당시에 공장근로자의 수명은 일반적으로 짧았다. 예를 들어 프랑스 북부의 공업도시 리루 공장이 있는 근로자의 거리에는 거주자의 70% 정도가 40세 미만에 사망했다. 루이 나폴레옹은 이러한 **'빈곤[7]의 확산'**에 이의를 제기해, 앞의 **『빈곤의 근절』**(1844년)을 저술

7) <역자주> **빈곤**[Poverty, 貧困] : 최소한의 인간다운 삶을 영위하는 데 필요한 물적 자원이 부족한 상태를 말한다. 빈곤은 생명과 생계를 유지하는데 필요한 물질이 없어서 일어나는 일만이 아니라 인간답게 살기 위한 적정한 수준에서 멀리 밀려나 있는 상태이다. 가난 · 궁핍, 오늘날 빈곤 문제는 절대적 빈곤(Absolute Poverty)에서 상대적 빈곤(Relative Poverty)으로 그 지평을 넓혀가고 있다. 오늘날에도 많은 사람이 생존에 필요한 식료품, 물, 최소한의 의료 서비스를 걱정하고 있다. 다만 세계적으로 절대 빈곤 인구는 급감하고, '불평등 문제'가 새로운 사회 갈등의

한 것이었다.

왜 19세기 유럽에서 이렇게 근로자들이 곤궁한 사태가 발생하였을까? 여기에는 두 가지 배경이 있었다.

(2) 시민혁명 – "개인의 자유"

"사람은 태어날 때부터 자유롭고 권리에 있어서 평등하다."

역사를 50년 정도 거슬러 올라간 1789년에 '**프랑스혁명**'[8)]이 일어나고, 그 상징으로 '**인권선언**'[9)]이 채택되었다. 이 인권선언 제1조 위와 같은 표현으로 프랑스혁명의 정신을 나타낸다. 이것은 지금까지 영주와 동업조합 등의 전통적인 여러 규제에 묶여 있던 사람들을 해방하고, 사람들을 각각 자유롭고, 독립적인 존재로 자리매김한 것을 의미하였다.

루이 나폴레옹의 삼촌인 **나폴레옹 보나파르트**는 1804년에 황제자리에 올라 '**나폴레옹 1세**'라고 불렸다.[10)] 그는 이 프랑스혁명의 정신을 정착시키기 위하여 **1804년 민법전** 이른바 '**나폴레옹 법전**'을 발표하였다. 이에 따라 '자유롭고 평등한 개인'이 당사자끼리 자유롭게 체결한 '**계약**'[11)]에 따라 사회를 형성하는 법질서를 마련

원인이 되고 있다. 빈곤 개념이 소득 빈곤에서 종합적인 기초 생활(Living Standard)을 강조하는 경향으로 변화해 왔다(신명호, 빈곤이 오고 있다(풍요시대 빈곤지대), 개마고원, 2020).

8) <역자주> **프랑스 혁명**(France革命) : 1789년 프랑스에서 부르봉 왕조의 절대주의적인 구제도를 타파하여 근대 시민 사회를 이룩한 시민 혁명. 프랑스 대혁명.

9) <역자주> **인권선언**(人權宣言) : 1789년 8월 프랑스 혁명 당시 국민의회가 인권에 관한 것을 채택해서 발표한 선언. 인민의 자유 · 평등의 권리를 분명히 규정한 것으로, 자유주의 원리의 가장 공식적인 표명이다.

10) <역자주> 나폴레옹(1769–1821)에 대한 정치적 이념에 따른 평가에 대해서는 프랑스의 우파는 중앙은행의 설립, 고등교육 시스템의 마련, 법전 등 근대 국가의 기틀을 세우고 국력을 신정시킨 영웅(위대한 프랑스 되찾기 운동)으로 본다. 반면에 좌파는 노예제의 부활, 민법상 여성을 차별한 독재자, 전쟁관이라고 평가한다.

하였다. 일본에서는 그 약 90년 후 1898년에 프랑스민법전 등의 영향을 받으며 **'민법'**이 시행되었다.

이 시민법의 질서는 한편 이전의 봉건적인 규제 · 속박에서 개인을 해방하는 면이 있었다. 과거의 봉건 영주와 동업조합 등에 의하여 속박받지 않고, 각 개인이 자기 의사로 일하며 생활하는 **'자유'**를 누릴 수 있게 된 것이다. 그러나 이것과 함께 사람들에게서 일찍이 '전통적 공동체의 보호와 안정'을 빼앗는 것을 의미한다. 사람들은 '지역'과 '동업조합'이라고 국가와 개인의 사이에 개재하는 중간집단 속에서 얻어 온 도움과 서로 지지해온 네트워크를 잃어버릴 위험에 놓이게 되었다. **"개인의 자유"**를 얻는 것은 그 반면에 **'사회의 보호'**를 상실하는 것과도 연결되었다.

---

11) <역자주> **근로와 계약** : '**근로**(**노동**)'와 '**계약**'은 근대사회에서는 하나로 있는데, 역사적으로는 그렇지 않았다. 인류 역사의 대부분에서 근로의 중심인 '육체근로'는 **노예**(奴隷)와 **농노**(農奴)가 맡고, 신분적 구속관계(특히 **이동의 자유**가 없는 것)를 동반하였다. 시민혁명은 근로자를 이러한 구속관계로부터 해방시키고, 근로관계를 신분적 관계에서 계약적 관계로 전화(轉化)시켜서 근로의 역사에서 혁명적인 의의가 있었다(물론 현대에도 '계약 없는 근로의 현상'은 근절되지 않고 있다). 1804년에 제정된 '**프랑스 민법전**'(**나폴레옹 법전**)에서는 고대 로마의 계약유형(locatio conductio)을 재생하고, 이는 합의된 계약으로, 어떤 사람이 어떤 물건의 사용을 일정한 시간 동안 다른 사람에게 전달하거나, 일정한 가격으로 일을 하도록 되어 있다. 고용에 대해서는 'ilouage d'ouvrage(고대 로마에서는 locatio operarum)'(노무의 임대차)라는 계약 유형을 두고, 이것은 지금도 계승하고 있다(제1780조). 일본의 민법도 그 영향으로 민법상 13개의 계약(전형계약)의 하나로 '**고용**'(雇傭)이 있다(제8절 고용 제623조－제631조), 거의 같은 내용으로 한국의 민법 제8절 제655조－제663조가 있다. 오늘날에는 근로가 계약으로 행하는 것은 법상 명확하지만, 그 역사는 215**년 정도**이다.

보론 10

• 나폴레옹 법전(Code Napoléon)

1804년 나폴레옹 1세(Napoléon Ⅰ, 1769~1821)가 제정, 공포한 프랑스의 민법전. 근대 법전의 기초 법전으로 세계 3대 법전(유스티니아누스, 함무라비, 나폴레옹) 중 하나이다. 프랑스혁명을 통한 법 앞에서 평등, 취업의 자유, 신앙의 자유, 사유재산의 존중, 계약자유의 원칙, 과실책임주의, 소유권의 절대성 등 근대 시민법의 기본원리가 반영되어 있으며 총 3편 2,281개조로 구성되어 있다. 이 법전은 합리주의와 권위주의를 절충하였다고 평가되며, 최초의 성문법 제정으로 의미가 있다. 나폴레옹은 이 법전을 두고 "나의 명예는 전쟁의 승리보다 법전에 있다"고 말하기도 하였다.

프랑스혁명 전에는 북부에서 '관습법'(보통법), 남부에서 '로마법'이 주로 활용되었으나, 단일 사법 체계는 없었다. 하지만 혁명으로 엄청난 양의 새 법령이 도입되어 법전 집대성의 필요성이 대두되었고, 나폴레옹의 주도로 주로 실무를 프랑스 변호사와 판사들이 이 법전을 편찬하였다(법학자인 로베르 포티에, 푸펜도르프와 몽테스키외의 영향). 프랑스가 합리주의에 기반한 신법을 법전 형식으로 반포한 것은 민족국가의 숙원사업을 완성하기 위함이다. 프랑스 혁명의 최종 목표는 보통 사람들도 한번 읽으면 바로 해석되고 이해되는 단순하고 완전하고 명확하며 흠결이 없는 법을 만들어 복잡하고 애매한 말을 늘어놓는 법률가(로마시대의 법관의 이미지, 절대왕정 시대의 판사 전횡, 프랑스 혁명 이념에 따른 판사의 역할 축소)를 없애는 것이다. 법전에 따르면, 사유재산자에게는 자격증서를 주고, 장자 상속이 아닌 남자 상속인 사이 재산을 분배했다. 또한 프랑스 식민지에서 '노예제도'를 다시 도입하며, 경찰이 근로자를 감시할 수 있도록 하였다. 개인주의와 자유주의를 바탕으로 개인의 자유, 균분 상속, 신앙과 계약의 자유 등과 같이 기본권을 보장하였다.

'나폴레옹법전'(1807)은 나폴레옹의 상법, 민법, 민사소송법, 형사법, 형사소송법을 말한다. 나폴레옹의 유럽 제패로 각국에서 시행, 민법전 제정의 기반이 되었다. 나폴레옹의 몰락 후에도 이탈리아, 벨기에, 네덜란드 등에 많은 영향을 미쳤다. 수정·보충 후 현재에도 사용하고 있다.[네이버 지식백과]

(3) 산업혁명 —산업화 · 도시화의 진전

또한 **시민혁명**[12]을 전후해 영국을 기점으로 '**산업혁명**'이 일어났다. 예를 들어 1769년 영국인 '**와트**'가 '증기기관'을 만들고, 1814년 '**스티븐스**'이 '**증기기관차**'[13]를 만들어 내고, 1825년에는 영국에서 증기기관차가 실용화되었다. 이러한 기계의 발명으로 대공장에서 대량생산을 할 수 있고, 또한 대량 생산된 싼 제품이 외국의 시장으로 널리 수송해 판매하였다.

18세기 후반에 영국에서 시작된 산업혁명은 19세기에는 프랑

---

12) <역자주> **시민혁명**(市民革命, bürgerliche Revolution) : 절대 왕정기에 성장한 부르주아 계급이 봉건제도의 모순을 극복하고, 국가 권력을 획득해 사회의 주도권을 잡으려 한 역사적 사건을 말한다. 시민계급(부르주아지)이 정치적 권력을 잡기 위한 사회변혁에서는 구세력(군주 및 상층 성직자를 포함한 귀족)의 저항으로 다소간에 폭력을 수반한다. 하지만 혁명과 그 전후의 계급간 관계는 복잡하고 유동적이다. 구세력 측에도 자본주의화의 흐름에 편승하고, 부르주아지 중에도 귀족화 혹은 귀족과의 타협을 바라며, 또 부르주아지가 권력을 잡을 만큼 성장해 온 배후에는 그 경제력을 지탱하는 프롤레타리아트의 융성이 있었다.
 시민혁명은 영국의 명예혁명에서 미국의 독립혁명을 거쳐 프랑스 대혁명에서 완성되었다. 이 중 프랑스 혁명의 경우 봉건적 신분 제도와 토지 소유의 모순을 극복하고, 시민의 권리를 '인권선언'에 명시하였으며, 혁명의 주요 시기에 항상 '민중운동'이 함께 한 측면에서 가장 대표적이다. 시민혁명의 주도자들이 내세운 주요 이념은 세습 전제 군주제 타파, 시민에 의한 정부 권력의 형성과 운영이었으며, 시민혁명의 성공으로 시민들은 정치적 자유와 법 앞의 평등을 획득하고, 경제 활동의 자유를 보장받게 되고, 이후 유럽 사회에 '개인주의'와 '자유주의의 확산'을 가져왔다.[네이버 지식백과]

13) <역자주> 증기 기관차[蒸氣機關車] : 1825년 철도 기사인 스티븐슨의 권고에 따라 증기 기관차용 철도가 부설되었다. 이때의 기관차는 스톡턴과 달링턴 사이를 시속 15마일의 속도로 달렸다. 이는 유사 이래 가장 빠른 여행 속도였다. 그 뒤 그가 설계한 로켓 호는 처음 것의 2배에 가까운 속도로 리버풀과 멘체스터 사이를 달렸으며, 그가 죽을 때까지 영국에서는 약 6,000마일의 철로가 부설되고 미국에서도 그와 비슷한 철로가 부설되어 철도 시대가 도래하였다[네이버 지식백과].

스, 독일, 미국에 퍼져서, 19세기 말경에 **일본**에도 도착하였다. 18세기 후반－19세기에 세계 선진국은 기계를 통한 대량생산 시대가 맞이한 것이다.

이러한 이전의 근로는, 예를 들어 물건을 제조하는 작업에 대해서도 규모가 작은 작업장에서 **주인**(親方)과 **장인**(職人)[14]이나 **도제**(徒弟, 견습 중인 제자)[15]가 서로 말을 주고받는 가족 분위기 속에서 행하는 경우가 많았다 .

주인과 장인, 도제는 같은 지붕 밑에서 살고, 장인과 도제는 주인을 위하여 일하는 대신에 주인에게서 일을 전수받고, 식사 등과 같이 생활에 필요한 것들을 제공받는 관계에 있었다.

이 일찍이 인간적이고 공동체적인 노사관계는 산업혁명이 진전해가면서 점차 대기업과 그 공장에서 일하는 많은 비숙련근로자의 관계로 변천하였다. 대공장에서 대량생산된 싼 제품이 시장에 유통하게 되면, 소규모 작업장에서 만든 비교적 비싼 제품은 점점 팔리지 않게 되고, 소규모 가족경영으로 계속 생산하는 것이 어려워진다. 그 중에서 생산 거점은 소규모 작업장에서 도시지역의 대형 공장으로 점차 옮겨간다. 여기에는 농촌의 생활 거점을 벗어나 도시의 공장지역으로 이동해 온 사람이나, 지금까지 소규모 작업장에서 축적해온 기술(숙련)이 시장 가치를 잃고, 대공장에서 일하지 않을 수 없게 된 사람이 모여 대량생산을 위한 비교적 간단한

---

14) <역자주> 장인 (匠人) : 손으로 물건 만드는 것을 업으로 하는 사람. 여기서 일본의 '**모노즈쿠리**'(物造り)는 일본에서 장인 정신을 갖고 오랜 숙련 기간이 필요한 '물건을 만드는 것'을 말하고, 일본의 산업 경쟁의 핵심 요소로서 세계적인 강소 장수기업의 특징이다. '장인정신'(가업의 대물림)이나 혼을 담아 물건을 만드는 것이다. 중소제조업, 자영업, 서비스업 등의 상품 제조에서 완성도를 높여 자신의 존재 가치를 찾는 삶의 철학이 담겨 있다. 제 분수를 지키며 사는 것(헤이신조(平常心)). 기업의 확장보다 영속에 가치를 두는 일본적 경영이 탄생하는 배경이다.

15) <역자주> 도제(徒弟) : 서양 중세(中世)의 수공업에서, 직업에 필요한 지식 · 기능을 습득하기 위하여 전문적 지식을 가진 스승의 밑에서 일하던 어린 직공.

작업에 종사하게 되었다. 그리고 이러한 대부분의 사람은 불안정한 고용 상황과 열악한 근로조건 및 근로환경에서 일하도록 강요받았다.

이러한 현상은 산업화 · 도시화가 진행된 당시에 선진국에 대체로 공통된 현상이었다. 예를 들어 일본에서도 1901년 전후의 '공장근로자의 실태'는 다음과 같은 기록이 남아있다.

> 방적 공장에서는 주야 교대의 집업(執業)방법으로 그 근로시간은 11시간 또는 11시간 30분(휴게시간 제외)을 통례로 한다. 그리고 직공의 남녀를 불문하고 연령의 장단과 관계없이 모두 동일하게 근로시키는 것은 말할 필요도 없다.
>
> 시업 및 종업 시간에 대해서는 낮 업무는 오전 6시에 시작해 오후 6시에 마치고, 밤 일부는 오후 6시에 시작해 다음 날 오전 6시에 마침이 일반적인 사례이다. 다만, 시기별로 약간에 변경이 있다. 또한 업무의 형편으로 잔류 집업을 시키는 경우가 많다. 보통 2, 3 시간이지만 밤 업무의 직공 결석이 많을 경우와 같이, 낮 업무 직공의 일부를 하고, 다음 날 아침까지 계속 꼭 집업을 시키는 것은 아니다. 그 밖에도 업무가 번망(繁忙)한 경우에는 주야 교대를 할 때, 밤 업무를 하는 자로 하여금 6시간 정도 이른 출근 청소를 시키고, 결국 18시간을 근로시키는 경우가 있다. (犬丸義一 校訂, 『職工事情(上)』, 35쪽(이와나미 문고))

이와 같이 시민법 질서에서 자유를 누린 개인들은 산업혁명이 진행되는 동안 열악한 근로에 시달렸던 것이다.

2 노동법의 탄생 – '개인 자유'를 수정하는 '집단'의 발명

그렇다면 왜 시민혁명과 산업혁명이 결합되었을 때에 이러한 사태가 발생하게 되었는가? 근본적인 이유는 근로를 계약(자유로운 거래)의 대상에 맡기려는 생각–"**근로계약**" 또는 "**고용계약**"이라는 개념의 탄생에 있었다.

(1) 왜 근로는 "개인의 자유"에 맡겨둘 수 없는 것인가

원래 '근로'에는 물건의 매매 등의 계약과는 달리 "**개인의 자유**"(계약의 자유)에 맡겨둘 수 없는 몇 가지 중요한 특징이 있다.

첫째, 근로계약은 일하는 인간 그 자체를 거래의 대상으로 삼는 면이 있다. 이에 계약의 내용에 따라 거래의 대상으로 여겼던 근로자라는 인간 그 자체, 그 육체나 정신을 침해해버리는 경우가 있다. 예를 들어 장시간 동안 가혹한 상황에서 일을 하는 계약으로 근로자의 건강이나 생명을 손상하는 사태가 발생할 수 있으며, 본인의 동의만 있으면 이러한 위험이 발생하는 경우에도 사회적으로 허용할 수 있는지가 문제된다.

둘째, 근로자는 회사(사용자)보다 경제적으로 약한 입장에 놓여 있는 경우가 많다. 그 이유로는 근로자는 자신의 노동력 이외에 재산이 없는 경우가 많고, 오늘의 노동력은 오늘에 팔지 않으면 의미가 없기 때문에 사들이기 쉽기 때문이라고 한다. 이러한 이유에서, 예를 들어 근로자는 회사와 계약을 체결할 때 회사가 필요 이상으로 임금을 낮춘다고 해도, 오늘이나 내일의 생활양식을 얻기 위하여 근로자는 자신이 진심으로 원하지 않는 조건이라도 동의해야 하는 사태가 발생한다.

셋째, 근로자는 일하는 경우에 자유를 빼앗기는 경우가 많다. 근로계약에서는 구체적으로 어떠한 방법으로 일할 것인지는 사용자의 지시나 명령(지휘명령)에 따라 결정되기 때문에 일하는 경우에 근로자가 자신의 판단으로 행동하는 자유가 빼앗긴다고도 말할 수 있다. 이 점은 환자와 계약을 통해 의료행위를 실시하는 '**의사**'(**위임[준위임]계약**에 따른 서비스 제공)나 주문자와 계약을 통해 집을 짓는 '**목수**'(**도급계약**에 따른 서비스 제공)[16]와 사용자로부터 지휘명령을 받으면서 일하는 '**근로자**'(**근로계약**에 따른 서비스 제공)를 구별하는 핵심이 되는 근로계약의 중요한 특징이다.

이들의 특징을 합친 근로계약을 개인의 자유에 맡겨둘 경우에 각종 폐해가 발생할 수 있다. 이것이 사회적으로 일시에 표면화된 것이 19세기－20세기 동안의 '**공업화의 시대**'였다. 과거의 사회적인 유대, 숙련된 가치를 상실한 재산 없는 대량의 비숙련 근로자가 자유롭고 평등한 개인의 '**계약사회**'라는 새로운 법질서 아래에서 불안정하고 가혹한 내용의 계약을 체결하는 것을 사실상 강요받았다. 그러한 가운데 열악한 근로환경이나 실업자로서의 불안한 생활에 직면하면서 인간으로서의 '자유'와 '존엄'을 상실해가는 사태가 공업화 · 도시화의 진전에 따라 각국에서 출현하게 된 것이다.

보론 11

• 근로의 상품성

ILO(국제노동기구)가 1944년의 필라델피아 선언에서 "근로는 상품이 아니다"(labour is not a commodity)라고 선언한 것으로는 유명하다. 이는 ILO를 창설한 1919년의 베르사유 조약 제13편의 제427조에 언급된 "근로는 단순히 상품 또는 거래의 목적물로 간주되어서는 안 된다"(labour should not be regarded merely as a commodity or article of commerce)라는 원칙을 재확인한 것이다. 그런데 경제학자(경제인류학자) 폴라니는 근로라는 상품의 의제성

16) <역자주> 도급 및 하도급 : '도급'은 양쪽 중 일방이 어떤 일을 하고, 상대방이 그 일한 것에 대하여 보수를 지급하기로 하는 계약이다. '하도급'은 도급 맡은 일의 전부나 일부를 또 다른 사람에게 맡겨 완성하는 것을 말한다.

을 지적한 것으로 유명하다. 폴라니는 19세기에 모든 생산이 시장에서 판매를 위해 이루어지고, 또한 모든 소득이 그러한 판매에서 파생된다는 자기조정적 시장경제가 등장할 때까지는 근로는 인간 활동의 일부에 불과하며, 토지는 자연의 다른 이름에 불과하며, 화폐는 구매력의 표상에 지나지 않으며, 모두 판매를 위해 생산되는 것이 아니라는 점에서 상품이 아니다. 그러나 공업 생산이 상업의 부속물에 지나지 않는 것이 아니라, 고가의 기계를 구입해 대규모 생산을 하게 되자, 장기 투자에 알맞는 만큼의 계속적인 생산이 보증되어야 했다. 그러기 위해서는 생산에 필요 불가결한 근로, 토지, 화폐까지도 상품으로서 시장에서 확보할 필요가 있었다. 이렇게 하여 본래는 상품이 아니었던 것이 '의제 상품'으로서 거래되게 되었고, 게다가 그것이 사회적 질서로부터 분리된 시장의 경제 논리에 지배되게 되었다. 그 결과 "인간은 문화적 여러 제도라는 보호막을 빼앗기고 사회적으로 적나라한 존재가 되면 견디지 못하고 완전히 썩어버릴 것이다. 즉 인간은 악덕, 타락, 범죄, 기아로 인한 격렬한 사회적 혼란의 희생자로서 사멸한다. 자연은 원소로까지 분해되어 거리와 자연 경관은 모독되고 하천은 오염되어 군사적 안전성은 위지에 몰아넣고 식량과 원료를 생산하는 능력은 파괴될 것이다. 마지막으로 구매력을 시장이 지배하면, 기업은 주기적으로 정리되는 토막이 될 것이다"라고 폴라니는 말한다.

20세기형 사회의 노동문제와 환경문제의 발생으로 상품이 되어서는 안 되는 것들을 상품화하여 시장에서 거래하게 되었다고 폴라니는 말한다.

(2) '집단'의 발명—노동법의 탄생

이러한 사태가 표면화되고 심각해지면서 여기서 드러난 근로자의 육체적 · 경제적 위험과 인간으로서의 자유의 결여를 시정하는 기법으로 발명된 것이 '집단'법으로서의 노동법이었다. 여기서 발생한 노동법은 시민혁명이 초래한 개인의 자유를 수정하는 기법으로 다음 두 가지 점에서 법의 세계에 집단의 차원을 포함시켰다.

첫째는 근로시간의 규제, 사회보험제도 등 근로자에게 일률적으로 부여하는 "**집단적인 보호**"이다. 예를 들어 각국의 근로시간을 규제하는 법률은 당초에는 자녀 또는 여성만을 대상으로 삼았다. 그러나 그 후 전체 근로자로 그 대상을 확대해 1일 근로시간의 상한이나 휴일의 보장 등을 규정해, 근로자의 가혹한 근로에 대하여 일률적인 제한(집단적인 보호)을 추가하였다. 또 국가가 질병보험, 산재보험, 노령보험, 실업보험 등의 사회보험제도를 마련해, 근로자가 일할 수 없게 되었을 경우에 불안정한 생활을 사회 전체에서 보장하는 제도로 확산하게 되었다. 이것들은 근로자를 위험 · 가혹한 근로나 불안정한 생활에서 보호하는 관점에서 법률에서 정한 최저기준에 위반하는 계약은 위법 · 무효라고 하는 등과 같은 방법으로 계약 자유의 원칙(개인의 자유)에 대하여 집단적으로 제한해 근로자에게 인간적인 보호를 해주려는 것이었다.

둘째는 근로자가 단결해 사용자와 단체교섭을 하고, 그 때에 파업 등의 단체행동을 인정하는 "**집단적인 자유**"이다. 시민혁명이 발생한 직후의 사회에서는 근로자의 파업 등과 같은 집단적인 활동은 개인의 자유로운 거래를 방해하는 것으로서 '**단결죄**' 등과 같은 형사벌의 대상이었다. 그러나 19세기 후반 이후 각국은 점차 근로자의 집단적인 활동을 허용하고, 사용자와 체결한 협정('**단체협약**')에 법적 효력을 인정하거나 근로자들이 단체교섭을 실시하는 경우에 파업 등으로 압력을 가하는 것을 권리로 승인하게 된다. 이는 개인의 자유 아래에서 실제로 자유를 빼앗겼던 근로자에게 집단적으로 자유를 행사하는 것을 인정하여 사실상 노사의 역학관계에서의 차이를 시정하기 위한 것이었다.

이렇게 19세기 중반부터 후반까지 '집단적인 보호'와 '집단적인 자유'를 두 가지 구조로 하는 집단법으로서의 '**노동법의 원형**(原型)'이 **유럽을 중심**으로 탄생하였다.

보론 12

• **노동법의 계보 및 또 다른 계보**

노동법의 계보(系譜)로서 **공장법** 등의 근로자 보호를 위한 입법이라는 흐름이 있다. 1802년 '도제의 건강과 도덕에 관한 법'(Health and Morals of Apprentices Act)의 효과와 성격은 다양한 견해가 제시되고 있다. 하지만 이 법이 영국 공장법의 효시로 본다. 다만 산업화에서 노동보호의 공장법의 체계를 갖춘 것은 1833년에 제정된 '공장법'(Factory Act)으로 9세 미만의 아동노동을 금지하고 13세 이하의 근로시간을 주 48시간, 18세 이하의 근로시간을 주 69시간으로 제한하면서 공장감독관의 배치를 의무화하였다. 이에 따라 영국은 1833년 가장 먼저 공장감독관제도를 설치하였고, 그 후 프랑스(1874년), 스위스(1877년), 독일은 1878년, 오스트리아는 1883년에 설치하였다.

위와 같은 흐름과는 별도로, 또 다른 계보의 입법도 있었다. 이것이 근로자가 자발적으로 단결하여 결성한 노동조합을 통하여 근로조건을 유지·개선하는 것을 보장하는 것이다. 노동조합의 활동은 시민혁명 이전의 길드 등 직능단체가 자유 억압적인 것이었던 것도 반성하고, 프랑스의 「**르 샤플리에법**(Loi de Le Chapelier)」[17](1791년)을 전형으로 엄격히 제한하였다('중간단체의 부인'). 하지만 산업혁명 이후에 엄청난 사회변동 속에서 종속 근로자가 단결을 통하여 노동조합 운동을 확대하여 그 존재를 정부도 무시할 수 없게 되었다. 이렇게 서서히 노동조합의 활동이 승인하게 되었다(정부에 의한 '탄압'에서 '방임'(放任), 그리고 '법인'(法人)으로).

노동조합의 활동(특히 단체교섭, 파업)은 개인의 자유를 기본 이념으로 하는 '시민법의 논리'와 긴장관계에 있었다. 이 때문에 이것을 승인하려면 시민법과는 별도의 논리를 가진 법이 필요하게 되었다. 이렇게 종속 근로자를 보호하기 위한 '공장법'에 따른 직접적인 보호입법과는 별도로 근로자가 자발적으로 단결한 노동조합을 통한 자조(自助)의 권리를 보장하는 것도 그 내부로 들어가게 된다(이러한 노동법의 두 계보는 각각 다음의 「**개별적 노동관계법**」과 「**집단적 노사관계법**」으로 대응하고 있다).

3 노동법의 발전—'황금의 순환'

(1) 루스벨트와 뉴딜

이러한 경위로 19세기에 탄생한 노동법은 20세기 초두에 **'경제성장'**[18]과 강력하게 결합되어 크게 발전하였다. 그 하나의 기점은 1930년대 미국의 **'뉴딜정책'**이었다.

뉴딜정책의 목적 중 하나는 **'대공황'**[19]의 요인인 **'과소 소비'**를 극복하는 것이었다. 1920년대의 자동차, 전기제품을 비롯한 대량생산, 대량소비 붐 속에서 공산품의 생산량이 크게 확대되었다. 반면에, 근로자의 실질임금은 크게 상승하지 않으면서 **'빈부 격차'**도 확대되는 추세였다. 그래서 1920년대 후반에는 소비가 과잉생산을 쫓아가지 못하였다. 그리고 **1929년 대공황**에 돌입하자, 많은 기업은 임금과 고용을 유지할 수 없고, 소비의 위축이 또 다른 불

---

17) <역자주> 르 샤플리에법(Loi de Le Chapelier) : 1791년 6월 14일 프랑스 혁명 초에 헌법제정의회가 채택한 노동자단결금지법. 제안자 르 샤플리에(1754~1794)는 브르타뉴 출신의 의원이었다. 그는 1791년 3월, 중세 이래의 길드제(制)가 폐지된 뒤, 직공 · 노동자들이 그 대신 동직조합(同職組合)을 결성하고 임금 인상 투쟁을 하는 것을 보고 길드제가 해산된 이상 임금문제는 고용관계와 같이 개별적으로 근로자와 자본가 사이에서 해결할문제라고 못박고, 일정한 직업의 시민이 공동이익을 위해서 단결하는 것을 금지했다. 르 샤플리에의 취지는 노동의 자유를 관철하기 위한 것이었으나, 결과적으로 자본가와 사업주에게 제멋대로 하는 길을 터 주어 프랑스 노동운동을 속박하는 꼴이 되었고, 1864년까지 실효를 유지하였다.

18) <역자주> 경제성장(經濟成長) : 국민소득 · 국민 총생산과 같은 국민경제의 기본적 지표가 상승하는 일.

19) <역자주> 대공황(大恐慌) : 세계적 규모로 일어나는 경제 및 금융 공황. 특히, 1929년의 세계 공황이 막 시작되어 자본주의 체제에 대한 회의론이 제기되었다. 수많은 기업이 무너지고 실업자가 양산됐다. 빈부 격차가 커지면서 가난한 근로자들이 최대의 피해자가 됐다.

황을 초래하는 '**디플레이션 소용돌이**(악순환)'[20] 상태에 빠졌다. 이 '**자유방임 자본주의**'에 내재하는 구조적인 문제를 극복하기 위하여 '**루스벨트 정권**'은 근로자 층의 구매력을 끌어올리는 것을 주안점으로 개혁을 이끌었다.[21]

루스벨트 대통령은 "우리의 여러 가지 목표 중에서 나는 이 나라의 남성, 여성, 아이의 '**보장**'(security)을 최우선으로 두겠다"고 선언하고, "미래를 향한 숭고한 목표는 한 단어로 요약된다. 그것은 '**보장**'이다. 이것은 단순히 침략자의 공격에 대하여 안전을 확보하는 육체적인 보장을 의미할 뿐만 아니라, 경제적 보장, 사회적 보장, 정신적 보장도 의미한다"고 말하였다. 1935년 '**사회보장법**'이나 1938년 '**공정근로기준법**'(Fair Labor Stanards Act)은 이러한 정책의 하나로서 제정하였다.

또 미국의 뉴딜정책과 거의 동시에 1936년 **프랑스**에서는 '**인민전선 정부**'[22]가 탄생하면서 대폭적인 **임금 인상**, **유급휴가의 보장**,

---

20) <역자주> **디플레이션 소용돌이**(deflationary spiral) : 소비와 투자의 감소→전반적인 가격 하락→생산 위축→고용 감소(실업)와 임금하락(소득감소)→ 상품과 서비스의 수요 감소→추가적 가격 하락을 초래하는 현상이다. 디플레이션이 스스로 다시 디플레이션을 만드는 악순환이 지속된다. 또한, 우려되는 현상은 디플레이션은 채무자의 채무 실질가치가 더욱 상승하는 점이다. 채무를 청산하려는 군중심리로 쏠림 현상이 심화되면 결국 개인과 기업이 연쇄 파산, 은행의 도산의 공황으로 진전된다. 1930년대 세계대공황이 역사의 대표 사례이다. 경제학자인 피셔(Irving Fisher)는 "경제 모든 영역에 걸친 파산" 이후에야 상황이 결국 안정된다고 주장했다.

21) <역자주> 노동운동의 역사에서 효율성(기업의 이해) 이념과 형평성(근로자의 이해) 이념이 상호 이동하는 '시계추(사이클론)이론'에 의하면, 1920년대는 자본가의 힘이 매우 강화되어 노조가 약화되고 실업이 만연하였다. 일반 대중의 실질 구매력이 하락한 결과 대공황이 초래되었기 때문에 또 다른 경제 파국을 피하기 위해서는 자본가와 노조간 힘의 균형을 이루어야 했다. 이에 따라 1930년대 미국의 루스벨트 대통령은 뉴딜 노동정책으로 반영해 약화된 노조의 재반등을 가져오는 정책을 추진한 것으로 볼 수 있다(김동원, 「고급 고용관계 이론」, 박영사, 2020, 81면).

22) <역자주> **인민전선**[people's front , 人民戰線] : 1930년대 후반 파시

주 48시간에서 **40시간**으로 대폭적인 근로시간 단축 등을 실시하였다. 이러한 노동입법 및 사회정책을 통하여 국민(근로자)의 구매력을 높여서 경제를 회복하려는 **'적극적인 경제정책'**이 이어졌다.

이러한 동향으로 상징되는 **'20세기의 노동법'**은 **'국가의 경제정책'**의 일환으로 자리잡게 된다. 그 배경에는 당시 어떠한 **'사회적 · 사상적인 상황'**이 있었던 것인가?

즘과 전쟁의 위기에서 결성된 반(反)파시즘의 여러 국민 계층과 대표 정당과 당파가 공동강령을 정하고, 공동행동을 펼치는 정치적 연합전선이다. 1930년대의 '프랑스'와 '에스파냐'에서 펼쳐진 운동과 정권을 모두 소비에트 권력으로 발전을 중계할 수 있음을 시사하였다.

먼저, 프랑스의 경우는 1934년 2월 우익단체의 폭동으로 다가올 파시즘의 위협에 대항해 근로자 · 지식인 · 도시소시민 · 농민들은 민주주의 지지가 급상승했다. 이 기운에 밀려서 10년 동안 대립한 사회당과 공산당이 제휴해, 같은 해 7월 양당의 통일행동협정이 성립되었다. 1935년 6월 중산계급의 급진사회당도 가담해 참가단체가 98개인 '인민연합'이 형성되었다('인민전선'). 7월 14일 혁명기념일에는 파리만도 50만 명이 인민전선측 집회에 참가하였다. 1936년 1월 인민전선강령을 발표, 3월 사회당계의 노동총동맹과 공산당계의 통일노동총동맹의 2대 노조가 조직통일에 성공함으로써 4월과 5월의 두 차례 총선에서 618개 의석 중 373석을 획득, 6월에는 L.블룸(사회당)을 수반으로 인민전선내각이 발족, 공산당은 입각없이 각외 협력에 머물렀다. 인민전선내각은 우익단체를 해산시키고 **주당 40시간 근로제, 단체협약권 등의 법률**을 성립하지만, **대자본의 방해와 영국의 견제에 굴복해** 1937년 2월 공동강령의 실행을 중지하였고, 6월 사직이 불가피하게 되었다. 1938년 9월 뮌헨협정으로 대독(對獨)정책이 유화정책으로 급진사회당이 11월에 공산당과 결별해 인민전선은 무너졌다.

또한, '에스파냐'의 경우는 1931년 총선거시 국왕 추방, 공화제 내부의 좌우대립은 격심하였다. 1934년 이후 인민전선세력은 증강해, 1936년 1월 좌익공화파 · 사회당 · 공산당 계통의 노조 사이에서 인민전선협정이 성립하였다. 2월 총선거에서는 473개 의석 중 289석을 획득, 공산당도 참가해 인민전선정부를 조직하고 **토지개혁 등 일련의 혁명적 민주정책**을 단행하였다. 하지만 같은 해 7월 장군 B.F.프랑코가 모로코에서 반란을 일으켜 에스파냐에 상륙, 인민전선 정부와 2년 8개월에 걸친 항쟁 끝에 1939년 3월 인민전선은 붕괴하였다. 에스파냐의 인민전선 정부는 프랑스보다 좌익적 · 전투적이었다.[네이버 지식백과]

보론 13

• **프랭클린 D. 루스벨트**

(1) 미국의 제32대 대통령(Franklin D. Roosevelt, 1882-1945). 민주당 출신으로 미국 역사상 유일한 현대 대통령의 창시자로서 4선 대통령이다. 민주주의 시대의 위대한 정치인으로 국제적으로는 미국의 글로벌 리더십을 확립하고, 국내적으로는 대공황을 극복하기 위하여 추진한 경제정책인 '뉴딜(New Deal)'정책을 강력하게 추진한 확고한 낙관론자였다.

친척이었던 시어도어 루스벨트 전(前)대통령의 전철을 밟아 정치계를 발판삼아 공직에 진출했지만 소속은 '민주당'이었다. 1910년 뉴욕 상원의원으로 선출, 윌슨 대통령 때에 해군차관으로 임명, 1920년 대선에서 민주당 부통령후보로 지명. 1921년 여름 소아마비에 걸렸고(39세), 불굴의 용기로 수영으로 장애와 싸웠다. 1924년 민주당 전당대회장에 목발을 짚고 앨프레드 E. 스미스를 '행복한 전사'라며 후보로 지명했고, 1928년 뉴욕 주지사로 선출되었다.

(2) 미국은 1929년부터 '**경제 대공황**'(후버공황, 후버촌, 후버 담요)으로 극심한 경기 침체기에 있었다. 미국에서 시작한 세계(유럽·아시아) 대공황에 빠져들었다. 공황에서 대처하는 과정에서 독일은 히틀러가 정권을 잡고, 일본은 군국주의가 심화되었다. 대공황의 원인은 버블에 따라 부채가 늘어나고 버블 붕괴로 인한 불황이 왔다. 그런데 당시 **허버트 후버**(Heberr Hoover) 대통령은 강력한 정부 개입을 선택했다. 1920년대 도입했던 관세정책과 서구 진영 전반에 걸쳐 대량 실업과 거대 정부 등장으로 특징되는 세계적 위기를 초래했고, 유럽에서도 인류 역사상 최악의 갈등이 촉발되었다. 1930년 6월 '**스무트-할리법**'(Smoot Hawley Act)을 시행하면서 효력을 발휘해 세계 대공황으로 확대되었다(중상주의에서 수입품에 대해 고율의 관세 부과, 1930년 최고 59.1%, 수입품 가격이 폭등을 했다).

당시 법안이 상원까지 통과했지만, 대통령의 거부권을 행사하기를 미국의 경제학자 1028명이 법안을 반대하는 성명에 서명해 요청했었다. 하여튼 이로 인해 이른바 다른 국가에서 '보복무역'을 유발하였다. 결국은 미국은 본격적인 불황에 접어들었다. 1929년 10월 29일 '검은 화요일'에 주가가 폭락(37%)하면서 세계경기는 침체로 이어졌다. 산업의 생산량 감소, 회사의 파산, 실업률은

25%로 급상승하였다(5백만명→1천1백만명). 1932년 주식 가치는 고점에 비해 11%에 불과하고, 산업생산·실질 국민총생산·물가가 1929년 수준에 비해 46%, 25%, 24%가 낮아졌다. 기업투자는 1929년 130억 달러였다가 1933년에는 40억 달러 미만으로 줄었다. 자동차산업의 생산량은 3분의2나 감축하였다. 뒤이어 철강 수요, 철광석과 석탄 수요가 감소하였다. 민간부동산 실질투자는 75% 줄었다. 1932년의 수출입은 1929년 수준의 3분의 1에 불과했다. 1933년 무렵 농민의 거의 절반이 담보 대출을 연체했다.

(3) 루스벨트는 1932년 민주당의 대통령 후보를 수락하는 연설에서 '**미국인을 위한 뉴딜**'정책을 주창하며 대공황인 당시 새로운 경제정책인 **희망**을 내세워 당선되었다. 뉴딜정책은 원래 자본주의 과잉생산의 모순에 직면해 미국 자본주의를 지키기 위하여 위로부터 취해진 긴급조치였다. 광범위한 실업과 파산상태에서 유효수효의 창출을 위해 시장과 사적 영영에 정부가 깊숙이 개입하는 등 당시 기준으로 매우 비(非)미국적인 정책을 집행한 것이다. 자본주의 대공황의 정점에서 취임사는 "**우리가 두려워해야 할 유일한 대상은 '두려움' 그 자체**"라고 명언을 남겼다. 임기 내내 '난롯가 대화'라는 15분짜리 라디오 연설 등 대중 연설을 잘 활용해 국민이 자신감을 되찾도록 신속·적극적 조치를 약속하면서 희망을 불러일으켰다. 시장의 패닉을 진정시키고 대공황을 극복하는데 큰 힘을 보탰다.

(4) 그 후 정부는 뉴딜정책의 하나로 경제의 개입을 강화했다. 대공황의 해결책으로 진보적 성향의 전문가(학자+법률가)들인 '**두뇌위원회**'(Brain Trust)가 정책을 입안 · 계획해 진보파의 모든 미덕(악덕)을 극단으로 추동하였다. 정부가 규제를 하지 않으면 기업이 공공선(公共善)을 중대하게 위험해 무엇보다 정부의 힘을 믿었다. 거대한 정부의 힘을 활용해 거대 기업의 힘을 상쇄했다.

1933년에 **3R정책**(Relief(구제), Recovery(부흥=경제회복), Reform(개혁))의 슬로건을 내세워 의회로부터 비상대권을 인정받아 공황타개책을 수행하였다. 주된 내용은 (i) Relief(구제=구호대책) - 고통받는 국민에 대한 일시적 지원(실직자에 대한 공공일자리 제공, 사회보호법 제정), (ii) Recovery(부흥-경제부양책) - 경기 침체에서 탈출(공산품 가격 인상, 기업간 공정경쟁 촉진, 농산물 공급량 조절), (iii) Reform(개혁=개혁조치) - 위기 원인 제거 및 재발 방지

(예금자보호법 제정 등 은행 개혁, 증권거래위원회 설립 등 주식시장 개혁) 등이다. 당시 핵심문제는 **약 1,500만 명의 실업자**를 구제하고, 한정 없이 생산되는 '농산물의 처리'였다. 이에 미국이 지켜온 자유경쟁의 원칙을 버리고, '집단주의(Collectivism)'을 취하였다. 또한 취임 '100일 특별의회'를 소집해 전면적인 개혁정책안을 처리하였다.

기업과 농업을 회생, 집과 농장을 잃게 될 위기에 놓여있는 국민과 실업자를 구제, 재기할 수 있는 은행을 정상화하기 위한 '**긴급은행법**'의 제정, 은행과 통화를 국가가 통제해 은행을 정부의 감독 아래에서 정부의 통화를 발행하는 것(연금예금보험공사, 증권거래위원회), 의회의 무역정책에 대한 핵심 통제권을 행정부에 귀속, 파산 직전의 회사 및 개인에게 신용대출과 보조금을 교부해 구제하는 것, 농촌 지역을 위해 주요 농산물의 생산 제한으로 농산물 가격의 안정시키기 위하여 '농업조정법'(AAA, 1933.5)을 통과시켰다. 이를 통해 농민의 생산을 조정·절감하면서 생산 감소에 따른 농민의 불이익을 지원하는 다양한 방법을 사용하는 것이다.

근로자의 고용 안정과 임금 확보를 위하여 '**국가산업회생법**'(전국산업부흥법, National Industrial Recovery Act, NIRA)을 통과시켜 기업을 조성하였다. 즉 정부가 지정한 사업에서 '최대 근로시간(주당 35시간 내지 40시간)'과 '최저임금'(시간당 40센트)을 규제할 수 있도록 했다. 또한 전국노동관계위원회(National Labor Relations Board)를 활용해 기업이 노조에 굴복하도록 만들었다. (19세기 말−20세기 초에 사회주의 운동이 매우 활발해 당시 경찰, 군대, 법원이 합심해 무자비하게 탄압했는데) 더욱 급진적으로 근로자에게 노조의 합법화를 통해 노조 결성권과 파업권을 부여해 노조가 왕성하게 활동할 수 있게 하였다.

또한 이 법에 따라 '**국가재건청**'을 설립해, 전체 산업에서 생산을 규제하고, 정부의 지시에 따라 가격과 임금을 올리는 등 정부가 뒷받침하는 카르텔화의 방대한 절차를 진행했다(반독점법의 유예, 국가 산업을 정부가 지시하는 트러스트의 네트워크로 조직), '공공사업청'은 공공건설 사업을 추진했다.

또한, 25만 명의 청년을 고용해 삼림 관리, 홍수 통제, 미화 사업에 투입하는 '**공공근로단**'를 만들자고 제안했고, 연방 정부의 실업지원 지급을 주 정부로 할당하는 '**연방긴급구호청**'을 만들자고

제안했다. 그리고 '**테네시강 유역개발**'(TVA) 사업을 통해 낙후된 지역의 경제 개발을 촉진하기 위한 테네시 계곡에 댐을 건설하는 대대적인 '토목공사'를 일으켜 지역개발과 공공일자리 등과 같이 노동시장을 확충해 실업자 문제를 해결하는 것, 그밖에 '연방긴급구호대책'과 '시민보호기구(CCC)'를 통하여 실업자의 지원책을 실시하였다.

사회복지정책으로 사회보장법을 제정(1935.8)해 '실업보험'과 '최저임금제'를 실시해 사회복지를 도모하였다. 대공황을 계기삼아 연방정부가 복지 혜택을 제공하고 필요에 따르지 않는 사회보장제도를 만드는 획기적인 변화를 일으켰다. 노사관계에서는 근로자의 단결권과 단체교섭권, 파업권, 대표선임권을 인정하고(국가산업회생법 제7(a)조 – 연방대법원이 '국가산업회생법'을 위헌 판결로 무효화했다. 하지만 1935년 '**전국노사관계법**'(1935, 일명 **와그너법**=일명 노동조합보호법)은 9(a)조로 부활시켜서 지금도 '전국노사관계위원회'(NLRB)를 설치했다), 노조조직율이 이전에는 7%에 불과했지만, 이 효과로 노조조직율이 1945년에는 비농업 부문 근로자 중 약 3분의 1로 급증하고, 1954년 약 35%에 달했다. 전국노사관계법은 거대 노조의 힘을 강화했고 결탁을 묵인했다. 고용주는 정당하게 인정된 노조대표를 상대할 의무가 있었다(철강산업, 자동차산업). '동일근로 동일임금 정책'도 실행해 기업이 개인별 공로 및 연공서열에 따른 임금의 지급이 거의 불가능해졌다. 최저임금과 근로시간, 부당해고금지, 차별대위금지를 정하여 근로자를 보호하였다. 당시 철강기업이 와그너법에 반발했지만 연방대법원은 연방정부가 주간(州間) 통상에 개입할 권한이 있고 파업이 주간 통상에 악영향을 미치는 만큼 와그너법이 합헌이라고 판결했다. 미국의 전후 사회보장제도의 근간을 이루는 사회보장법으로 실업보험, 노령자 부양보험, 국빈자와 장애자에 대한 보조급 등이 실시되었다. 가격을 할인하거나 규정된 근로시간을 위반하는 무모한 중소 제조업체를 처벌했다. 세법을 개정해 부유층 증세로 고소득자에 대한 소득세 상한율 75%로 높였다.

그리고 케인스 학파의 주장대로 확대 재정통화정책으로 통해 정부 지출을 늘렸다(*케인스의 일반이론은 1936년에 나옴).

(5) 당시에 뉴딜정책은 사상 초유의 자본주의 위기를 극복하기 어렵다는 판단이 있었기 때문이다. 1935년까지 미국 경제는 일정

한 회복 기미를 보였지만, 기업인과 금융인은 뉴딜정책에 차츰 등을 돌렸다. 이러한 반대 세력은 행정부가 '금본위제'에 거리를 두고 재정적자의 용인에 위기감을 느꼈고, 경제 실험을 우려하였다. 또한 주요산업을 카르텔화함으로써 의도적으로 경쟁의 법칙을 위반하고, 노동계의 임금을 상승시키기 위해 주요 기업들이 담합해 가격인상을 허락했다. 하지만 사회보장제도, 부유층에 대한 무거운 세금, 은행과 공공기관에 대한 통제 강화, 대규모 실업자의 구제 정책 등의 새로운 개혁정책을 추진하였다.

뉴딜정책은 계급 타협을 위한 시도라는 점에서 좌파적 정책의 산물로 취급되어왔다. 즉 뉴딜정책은 '수정 자본주의' 또는 '사회주의적 색채'가 가미된 것이었다. 하지만 보수주의자는 자유방임적 자본주의를 비판하기 위해 뉴딜정책을 지지했다. 루스벨트 대통령도 보수주의자였다. 작은 정부론의 신봉자인 하이에크도 강력 한 국가를 지지했다. 이와 같이 다수의 보수적 사상가들은 자본주의에 비판적인 태도를 취하기도 했다.

(6) 1936년 대선에서 미국 역사상 가장 일방적인 승리였다. 루스벨트는 권력 층인 기업 엘리트에 맞서 국민을 대변하는 사람으로 재선 유세를 펼쳤다. 계급적 증오심을 가지고, 기업계와 금융계의 독점, 투기, 무모한 은행, 계급적 적대, 전쟁을 통한 부당 이익 추구에 매달리는 오랜 적들을 나열하면서 자신에 대한 그들의 증오를 환영한다고 밝혔다.

1937년 더 큰 권한과 야심을 지닌 채 재선되었다. 국민의 전폭적인 지지로 고비 때마다 뉴딜정책의 중요한 조치를 좌절시킨 연방대법원의 확대 법안을 추진하였다. 1935년 5월 연방대법원은 '국가산업회생법', 1935년 12월 '농업조정법'에 대하여 각각 헌법불합치 판결을 내렸다("이례적인 상황에서 이례적인 조치가 필요할 수도 있지만 초헌법적 권력을 창출하거나 확대할 수 없다"). 고령 판사를 젊고 동조적인 판사로 교체해 연방대법원을 굴복시키려던 시도는 중도 유권자 및 여당인 민주당에서 강하게 반발을 샀다. 이른바 '법원 재구성'(court packing) 계획의 논쟁은 헌법의 핵심인 견제와 균형의 원칙을 훼손한다고 비판하였다. 비록 연방대법원에 패배했지만, 헌법에서 혁명이 일어난 후 연방정부는 합법적으로 경제를 규제할 권한을 가진다.

이 당시 탁월한 리더십을 발휘해 정부와 국민의 관계를 바꾼다는 진보파의 숙원을 이뤘다. 유연한 시장을 추구하는 고도로 탈중심화된 정치 체제를 물려받아서 수요 관리, 국가복지제도, 의무적 단체교섭을 추구하는 연방정부 중심의 정치경제 체제로 변모시켜서, 연방정부가 미국 사회의 중심부를 차지했다.

1935-1936년 대규모 경기 부양책을 동원한 후 경기가 회복하기 시작했지만, 공공 부문의 일자리 창출은 민간 부문의 일자리 파괴로 상쇄되어 갑자기 동력을 상실했다(2차 공황). 1차 공황보다 훨씬 규모가 컸다. 주식가치는 3분의 1 이상 하락했고, 실업자수는 노동인구의 20%(1000만명)에 이르렀다.

1937년 경기는 다시 악화해 후기 뉴딜로써 대처했지만, '국가재건청'을 통해 가격담합과 규제를 통해 경제를 미시적으로 관리하려는 시도 등과 같이 실제로 창안한 많은 정책은 부작용을 일으켰고, 2차 공황은 외국보다 미국에서 더 오래 지속되었다. 1938년 **'공정노동기준법'**에 서명해, 강압적인 미성년 근로가 금지되고 최저 시급이 25센트, 주간 최대 근로시간이 44시간으로 정해졌다(*1966년 공정노동기준수정법에 의해 40시간으로 단축됨). 하지만 미국 경제는 잠재력을 전혀 못 살리는 상황에서도 강력한 힘을 발휘해 GDP가 외국보다 2배 많았고(1938), 1936–1940년 약 20% 경제성장을 이루었다. 하지만 경제정책은 철저한 실패작이었다. 재직기간 중 평균적으로 일자리수는 더 줄어들었고, 성인 1인당 총근로시간은 약 21퍼센트 감소했다. 정부가 물가·임금 통제를 실시함에 따라 소비도 급감했다. 이는 뉴딜이 아니라 제2차 세계대전 발발이었다.

1939년 제2차 세계대전이 발발, 대외정책에서 '선린' 외교정책을 표방, 먼로독트린을 기존의 미국에 의한 일방주의에서 '다자간 협력체제'로 전환했다. 또한 중립 법안으로 미국이 유럽에서 전쟁을 피하면서 침략이나 위협에 놓여 있는 국가를 지원하는 정책을 추진했다. 독일 나치의 대한 대응으로 그는 "민주주의의 위대한 무기고"가 되어야 한다는 입장이었다.

(7) 1941년 12월 7일 일본이 '진주만'을 공습하자, 제2차 세계대전(1941–1945) 참전을 목표로 미국의 모든 인력과 자원을 조직화하는 작업을 조율했다. 1941년 참전해 군수산업을 기초로 경제는 회복하기 시작했고 실업자도 사라졌다. 남성이 전쟁터로 나가면서 여성까지 노동인구를 확장시켰다. 1942–1945년간 평균적으로 국

민소득의 30%를 소모시켰고, 전쟁비용의 지출은 경제에 필요한 부양책을 제공했다. 1939－1944년간 실질 GDP는 거의 2배나 늘어났다.

(8) 또한 세계평화의 미래가 미소관계에 달렸다는 사실을 직감해 국제문제를 해결하기 위하여 '국제연합'(UN)을 창설하는 데에 골몰했다. 세계평화를 위한 8가지 원칙을 천명한 '대서양 헌장'(1941)에 26개국이 서명, 그 후 '카이로 선언'(1943.11.27.)에서는 국제적으로 최초로 '한국'을 자유 독립국가로의 승인을 보장받았다(열강에 의한 신탁통치라는 적절한 절차를 거친 후 독립). 이 조항은 '포츠담선언'(1945.7.26)에서 재확인하고, 이어 테헤란회담(1943.12), 얄타회담(1945.2) 등의 연합국 회의에서 제2차 세계대전 후 처리문제 등의 역할을 주도, 전쟁 종결에 크게 노력했다. 하지만 '얄타회담'에서 전후에 한국을 일정 기간 신탁통치에 합의해 남북 분단의 원인을 초래했다(미국에 한국은 무엇인가? 미국의 봉쇄정책의 강화, 미국의 국가이익 전제). 1944년 4번째로 대통령에 당선, 국제연합 구상을 구체화했지만, 1945년 4월 제2차 세계대전의 종결 무렵에 뇌출혈로 사망했다. 미국은 핵무기를 개발해 일본 히로시마와 나가사키에 투하했던 것은 구체적인 대상에게 제한적으로 사용해 종전을 앞당기고 향후 오랜 전쟁 사상자수를 급감시킬 핵억제력 시대를 위한 무대를 마련한 셈이다. 계속 1948년 대유럽 원조인 '마셜 플랜'(미국 GDP의 5%인 15조 달러 지원)을 시행했다. 미국은 독일과 일본을 민주공화국으로 전환하고, 프랑스와 영국, 이탈리아의 개건을 도왔다. 민주국가들과 상호방위동맹인 '북대서양조약기구'(NATO)를 주도적으로 만들어 감당했다.

(9) 그 후 미국 민주당이 1960년대까지 30년 동안 대부분의 기간을 집권하는 기반이 됐다. 1950년대－1960년대를 통하여 미국의 안정된 경제성장과 노사관계, 사회복지는 상호발전해 나갔다. 이러한 반독점 개혁의 성공으로 민주당 정권의 기반이 확대되었고, 미국식 자유주의와 자본주의에 대한 국민의 신뢰가 안착하였다. 뉴딜식 체제개혁 정책은 '남북전쟁' 이후 분열된 국민을 통합으로 전환시켰고, 명실상부한 세계 최강국으로 부상해 나치 전체주의와 소련 공산주의 정권과 승리하는 초석이 되었다. 아울러 미국 민주주의가 인류의 보편적 차이로 승화한 개인과 사유재산, 법치와 삼권분립과 정당 정치, 양심·표현 및 언론의 자유를 유지하였다.

(10) 그 후 2021년 미국 조 바이든 대통령은 루스벨트의 대업적을 자신의 임기 내 재연하려고 한다. 이에 그는 4차 산업의 동맹 등을 통해 '제2뉴딜'로서 코로나 펜데믹으로 인해 세계 패권과 불평등을 극복하기 위하여 제2차 세계 이후 최대 규모의 일자리 투자를 통해 수백만 개의 일자리, 좋은 일자리를 만들고자 하였다. '고압 경제(pressure economy)' 전략을 통해 인플레이션 압력으로 단숨에 미국 경제를 정상으로 돌리겠다는 것이다. 경제가 하향식이 아닌 상향식과 중상향식 발전을 하게 만들어야 할 때라고 강조했다. 2021년 3월 11일 1조9000억 달러(2148억원)의 천문학적 코로나19 슈퍼 경기 부양안, 3월 30일 2조 달러(2262억원) 규모의 인프라 투자계획<① 6500억 달러(746조원) 주거 : 저렴하고 지속가능한 주택 건설, 초고속 데이커 통산망 구축, 학교 건설 및 시설 개선, ② 6210억원(703조원 : 교통－도로·교량 항구의 재검토, 전기차 장려책, ③ 5880억달러(656조원)(연구개발, 제조업 진흥 : 제조업 및 중소기업 지원, 연구개발 지원, 근로자 직업교육, ④ 4000억 달러(454조원) 돌봄 : 노인, 장애인안 돌봄 지원)>. 하반기에 5조(5652조) 달러에 달라는 인프라 예산 통과 계획을 각각 발표했다.

구 분	프랭클린 루스벨트 대통령	조 바이든 대통령
시대상황	(1929년) 세계 대공황	(2021년) 코로나19 펜데믹
정책방향	자유방임주의 대신 큰 정부 추구	레이건식 자유방임주의 종식, 큰 정부 추구, 글로벌 리더십 회복
주요정책	빈부격차 해소, 공공사업 확대, 실업자 구제, 복지 확충, 금융 개혁 등 뉴딜 정책 시행	1조9000억 달러 규모 코로나 부양책 시행 2조 달러 규모 인프라 투자 계획 마련
노동 · 복지 정책	근로자 권리를 보장한 와그너법과 사회복지법 제정으로 근로자 생활 수준 향상(정책입법)	최저시급 15달러 인상 추진, 노조 권한 강화 추진 등으로 빈부격차 해소 나서
기업 · 소비자정책	증권거래소 · 예금보험공사 설립으로 기업 규제와 소비자 보호	구글 · 페이스북 등 빅테크 기업 반독점 조사 강화 시사
증 세	소득제 최고세율 79%로 인상	부자 증세와 법인세 인상 추진(21→28%)
업 적	대통령 4연임, 진보의 상징	첫 임기 시작, 성공 여부 미정

정치상황	민주당-상·하 의원 장악	민주당-하원 장악, 상원-장악(?)

(*출처 : 미국의 정부와 정치, 2004, 미국 국무부 주한 미국대사관 공보과 ; 앨런 그핀스펀/에어드리언 올드리지(김태훈 옮김), 미국 자본주의의 역사, 세종, 2020, 265-320면 ; 양동휴, 20세기 경제사, 일조각, 2006).

(2) 테일러와 뒤르켐과 케인스

첫째, '생산관리시스템'[23]으로 '테일러주의'가 보급했던 것을 들

23) <역자주> **대량생산시스템** : 미국의 '자동차 왕' 헨리포드(Ford, 1863-1947)가 1913년 당시 미국 경제 중 성업 중인 시카고의 '도축장'에서 영감을 얻어 처음으로 '컨베이어 시스템'을 자동차 공장에 도입하였다. 당시 시가코의 도축장은 소의 도살, 절단, 분류, 세척, 손질, 포장 구역으로 구분했고, 모든 과정은 컨베이어 벨트를 이용해 처리되고 있었다. 포드는 도축장의 소 해체 과정을 '자동차 조립 과정'에 정반대로 적용했다. 컨베이어벨트로 이루어진 복수의 제조 라인을 동기화한 생산시스템으로 개별 부품을 체계적으로 조립해 하나의 자동차를 완성하는 과정을 구현해 냈다. 이렇게 대량생산된 첫 포드 자동차가 '**모델**T'인데, 당시로서는 파격적인 일당 5달러의 임금을 지급해 모델T를 구매할 수 있는 근로자 고용시스템을 구축하였다. 이것이 여러 컨베이어 벨트를 각각의 근로자 앞에 배치, 분업화를 통해 최종 제품을 완성하는 시스템이다('포드주의'[Fordism]). 포드주의는 미국 포드사의 생산관리에서 비롯한 경영 방식이다. 1913년 포드는 컨베이어 벨트와 분업에 기반한 대량 생산 체제를 도입하여 1920년대까지 모델T의 가격을 절반 이하로 낮추었다. 이 방식이 공정의 세분화와 근로자 동선의 표준화를 통해 생산 효율성을 극대화하는 과학적 관리법의 성공 사례로 널리 수용되면서 20세기를 대표하는 산업-소비 시스템으로 자리 잡았다. 이러한 포드의 아이디어로 자동차 1대당 조립시간이 약 6시간에서 1시간 40분으로 단축되었다. 자동차 생산량은 1910년 1만 9000대에서 1914년 27만대로 급증해, 포드 덕분에 자동차는 '중산 층의 교통수단'으로 자리 잡게 되었다. 포드 생산시스템은 자동차를 넘어 의류·식품 등 거의 모든 공정에 적용했다. 하지만 품질과 가격만 최우선으로 한 단일 모델이 점차 유행을 반영한 다양한 디자인의 제품에 밀리기 시작하였고, 지나친 공정 분할과 단순 반복 작업의 부작용으로 결근과 이직이 급증하면서 1960년대에 이르러 다

수 있다. 1895년 미국의 '**프레더릭-W-테일러**'[24]는 생산 과정을 세분화 · 분업화하고, 각각의 작업을 철저한 시간관리, 동작관리 아래 둠으로써 생산 · 경영을 효율화하는 것을 권장하였다. 이러한 '**테일러주의**'라는 '**과학적 관리법**'[25]은 생산과정의 합리화에 크게

품종을 소량생산하는 유연한 생산 라인에 기반한 '포스트 포드주의'가 등장하게 된다. 또한 자본주의를 '캐피털리즘'도 '소'를 뜻하는 '캐틀'(cattle)에서 파생된 단어이다. 또한 일본은 포드주의를 가장 성공적으로 발시킨 후계자의 국가일지도 모르겠다.

24) <역자주> **프레더릭**－W－**테일러**(Frederick Winslow Taylor, 1856.3.20.~1915.3.21.): 미국의 기계공학자, 경영학자, 산업공학자, 골프 선수, 테니스 선수이다. 과학적 관리법을 창안하여, 공장 개혁과 경영 합리화에 큰 공적을 남겼다. 미국 필라델피아에서 태어났다. 일찍이 법률가를 지망해 하버드대학 입학시험에 통과했으나 눈병으로 단념하고, 1874년 필라델피아에 있는 펌프제조 공장에 견습공, 1878년 미드베일 제강회사에 입사해 기계공 · 기사장으로 일했다. 그는 철강 · 기계 산업에서 보편화된 '은밀한 태업'(soldiering)의 관행에 강한 문제의식을 갖게 되었다. 1883년 스티븐스 공과대학에 입학해 기계공학 학위를 취득, 1890－1893년 필라델피아의 제조투자회사에서 일한다. 1893년부터 독립 경영 컨설턴트로 활동, 1898－1901년 베들레헴 제강 회사에서 근무했다. 이후, 현업에서 은퇴해 자문 · 강연 · 저작 활동에 몰두하였다.

25) <역자주> **과학적 관리법**(scientific management, 과학적 경영) : 창안자인 프레더릭 윈즐로 테일러의 이름에서 '테일러리즘(Taylorism)'이라고 한다. 20세기 초부터 주목받은 과업수행의 분석과 혼합에 대한 관리 이론이다. 그 핵심목표는 **경제적 효율성**, 특히 '**노동생산성의 증진**'에 있다. 미국에서는 19세기 후반에 철도, 통신, 철강, 화학, 기계 산업의 큰 발전으로 기업 규모가 커지고 시장규모도 증가하면서, 근로의 성격도 크게 변하였다. 근로가 기술이 아닌 단순한 육체근로가 되면서 근로자들은 공장주의 해고에 완전 무방비 상태에 놓이게 되었다. 거기에 이민자, 흑인, 여성, 농업에서 떨어져 나온 인력, 어린이들이 대거 노동시장에 진출하면서 일자리 경쟁이 치열해졌다. 이 때문에 근로자들은 공장주가 제시하는 근로조건을 일방적으로 감수하고, 정부는 철저히 자유방임적 경제정책을 추구했다. 1865－1890년 기업의 활동의 제한 법안이나 규칙도 제정되지 않았고, 정부가 기업활동을 감시하는 일도 없었다. 당시에는 저임금, 독점, 기업합병, 미성년자 고용, 기업주의 일방적 해고, 1일 15시간 근로 등이 전혀 불법적 행위가 아니었다. 이러한 근로자의 고통은 정부에 반발하였다. 근로자는 노동조합을 결성해 공장주와 자본가의 착취에서 자신들을 지키려고 했다.

기여하고 전세계에 대량생산체제를 보급하는 데에 큰 원동력이 되었다. 이 과학적인 생산관리시스템이 보급되면서 **채플린**[26]의 "**모던 타임즈**"[27]와 같이 "**대공장 중의 하나의 톱니바퀴**"로서 흘러가는 작업에 종사하는 근로자가 증가하게 되었다.

보론 14

- **모던 타임즈**[Modern Times](1936) : 현대문명의 기계만능주의와 인간 소외를 날카롭게 풍자한 무성영화(음악만을 곁들인 유성영화)

(1) 줄거리

- 공장 근로자 찰리는 컨베이어 벨트에서 부품의 나사 조이는 일을 반복한다. 그는 일을 하지 않을 때도 나사 조이는 감각이 몸에 남아 모든 사물을 조이고자 하는 강박을 갖게 된다. 이 때문에 한바탕 소동을 치른 찰리는 결국 정신병원에 수감된다. 증세를 치료했지만 실업자가 된 찰리는 우연히 길가에 떨어진 깃발을 주워들었다가 시위대의 주동자로 오인돼 투옥되고 만다. 감옥에서 강도를 무찌른 뒤 편하게 수감 생활을 해오던 찰리는 사면 소식에 오히려 우울해진다.
- 그 뒤 거리에서 빵을 훔쳐 달아나던 고아 소녀가 경찰에 잡혀 체포될 위기에 처한 것을 본 찰리는 그녀 대신 감옥에 가기로 결심한다. 그러나 목격자가 빵을 훔친 범인이 찰리가 아니라 소녀라고 진술하면서 그는 다시 풀려난다. 감옥에 가기 위해 찰리는 일부러 한 식당에 가서

---

26) <역자주> 찰리 채플린 [Charles Spencer Chaplin](1889.4.16 ~ 1977.12.25.) : 영국의 희극배우 · 영화감독 · 제작자. 1914년 첫 영화를 발표한 이래 《황금광 시대》, 《가짜 목사》 (1923) 《모던 타임스》 (1936) 《위대한 독재자》 (1940) 등 무성영화와 유성영화를 넘나들며 위대한 대작을 만들어냈다. 콧수염과 모닝코트 등의 이미지로 세계적인 인기를 얻었으며 1975년 엘리자베스 여왕으로부터 공로를 인정받아 작위를 받았다.

27) <역자주> 모던 타임즈[Modern Times] : 찰리 채플린이 연출하고 직접 주연을 맡은 무성영화. 공장에서 나사 조이는 일을 반복하는 공장 근로자로 등장해 기계시대의 인간소외를 코믹하게 그려낸다. 타이틀백의 시계 문자판이 상징하듯, 시계에 지배되는 기계문명에 대한 도전과, 자본주의의 인간성 무시에 대한 분노를 묘사한 것이다.

돈 없이 식사를 한 뒤 제 발로 경찰을 찾아간다. 찰리는 이송 중에 다시 고아 소녀와 재회하고, 둘은 차량이 전복된 틈을 타 탈출한다.

- 소녀와 함께 살 집을 마련하고 싶다는 꿈이 생긴 찰리는 한 백화점에 야간경비로 취직한다. 그러나 아침이 밝도록 옷 속에서 잠을 자다가 발각돼 다시 경찰에 체포된다. 이후 찰리는 경찰에 반항한 것으로 오인돼 한 차례 더 감옥에 다녀온다. 그사이 소녀는 춤추는 재능을 인정받아 한 카페에서 무희로 일하는 중이다.
- 소녀가 찰리를 식당에 소개하면서 둘은 함께 일하게 되고, 찰리는 노래에 재능을 인정받아 정식으로 고용된다. 기쁨도 잠시, 소녀는 과거에 저지른 절도 행각으로 다시금 체포될 위기에 처하고 둘은 가까스로 달아난다. 다시 길 위에 선 남녀는 새로운 희망을 다지며 길을 떠난다.

(2) 감독과 캐릭터

- 찰리 채플린의 전형적인 이미지는 인중을 덮은 검은 콧수염, 중절모에 지팡이, 왜소한 체구를 더욱 부각시키는 헐렁한 바지에 큰 구두를 신고 뒤뚱거리며 걷는 모습.
- <모던 타임즈>에서 그는 잠시도 쉴 틈 없는 공장 상황을 마임을 통해 생생하면서도 우스꽝스럽게 표현해낸다. 돌아가는 컨베이어 벨트 뒤로 세 남자가 나란히 서 있다. 제일 왼쪽에서 찰리가 나사를 조이면 오른쪽에 선 두 사람이 정으로 두드려 마무리한다. 한번은 그가 가려운 겨드랑이를 긁다가 흐름을 놓치고, 이것 때문에 혼나서 대꾸하다가 또 밀리는 등 하나의 상황이 여러 갈래로 파생되는 현상을 보여준다. 잠잠하다 싶더니 이번에는 벌레가 찰리의 얼굴 위로 날아다닌다. 그는 손을 쓰지 못하고 얼굴 표정만으로 쫓다가 결국 손을 써서 흐름을 놓치고, 또다시 벌레가 날아와서 또 놓치고 하다가 결국엔 관리자가 그의 얼굴을 후려쳐서 벌레를 잡는 것으로 상황은 마무리된다(☞'쉴 틈 없는 공장 근로자의 상황').

(3) 시대적 배경

- <모던 타임즈>는 미국의 산업화 시대 배경, 미국은 남북전쟁 이후 −1차 세계대전 이전(1860−1910) 약 50년간 급속한 산업화를 이뤘다. 전 분야에 걸친 혁신과 기업의 합병과 수직통합의 결과, 20세기 초 산업과 경제활동이 일부 기업에 의해 좌우되는 재벌기업 시대가 열린다.
- 빈곤과 소득 불균형 문제, 빈부격차가 대두된다. 국민의 1%가 전체소득의 8분의 7, 극빈자는 1천만명, 근로자의 평균 근로시간이 주당 60시간, 임금은 턱없이 낮았다. 산업재해율이 높은 반면, 그 보상체계가 잡혀 있지 않았다. 근로자들은 임금 인상과 근로시간 단축을 위해 파업을 했지만 기업가는 이들을 대신해 이민자나 흑인을 고용하였다. 기

업은 경제력으로 정부, 법원, 언론을 매수하려 했다. 근로자들은 저항은 파업뿐이었다.

• <모던 타임즈>에서 몇 차례 파업 장면. 정신병원에서 나온 찰리가 지나가던 트럭에서 떨어진 깃발을 주워 흔들며 차를 따라가는데 찰리 뒤로 마침 시위대의 행렬이 나타난다. 경찰은 찰리를 시위주동자로 오인해 체포한다. 교도소에 침입한 강도를 우연히 제압한 찰리는 편안한 수감생활 중에 읽는 신문의 헤드라인은 '폭동과 실업'이다.

• 얼마 뒤 찰리가 만나게 되는 소녀의 아버지는 실업자고, 소녀는 먹고 살기 위해 도둑질을 한다. 소녀의 아버지는 길에서 알 수 없는 이유로 살해된다. 찰리와 함께 공장에서 일했던 빅빌은 파업으로 강도가 된다. 며칠 뒤 공장 재개 소식에 실업자들이 몰려들지만 그마저도 하루도 안 가 다시 파업에 돌입한다.

(4) 시대의 풍자 : 나사 돌리는 장면, 급식기계 장면 등

• 찰리가 나사를 돌리는 똑같은 노동을 반복하는 장면은 채플린이 디트로이트에 있는 자동차 공장의 컨베이어 벨트에서 일하는 근로자들이 신경쇠약으로 고통받고 있다는 기사를 본 뒤 구상한 것이다.

• 기계를 발명하는 회사인 벨로우즈 직원이 급식기계를 들고 공장을 방문한다. 벨로우즈쪽은 급식기계가 점심시간을 단축할 수 있다고 홍보한다. 급식기계는 손을 대지 않고 식사할 수 있는 기계로 찰리는 이 기계의 실험 대상으로 뽑힌다.

• 기계에 머리를 대면 입의 위치에 맞춰 접시가 놓인다. 접시는 돌아갈 수 있고, 입을 벌리면 기계가 음식을 입속으로 밀어넣는다. 옥수수가 자동으로 돌아가고, 각도를 기울여 수프를 먹여주며 입도 닦아준다. 그러나 결국 기계는 오작동을 일으켜 옥수수 기계는 찰리의 이빨을 갈아버리고, 수프는 찰리의 윗옷을 적시고, 입을 닦는 기계는 찰리의 얼굴을 사정없이 때린다. 급식기계 장면은 효율성을 강조하는 기계가 경우에 따라 비효율적일 수 있음을 풍자적으로 보여준다.

• <모던 타임즈>는 기계 사회와 감시 사회를 연결한다. 대표의 사무실 한쪽 벽에는 커다란 스크린이 달려 있다. 사장이 책상에 놓인 조절기구를 움직이면 공장 곳곳의 상황을 볼 수 있다. 원격 화상 대화도 가능하다. 사장은 작업의 속도를 조절하는 관리자와 화상으로 대화를 나누며 속도를 조절한다. 감시 카메라는 심지어 화장실에도 달려 있다. 찰리가 화장실에서 담배를 피우며 잠시 숨을 돌리려 하자 이를 목격한 사장의 불호령이 떨어진다.

(5) 주요 등장인물

• 공장 근로자(찰리 채플린) : 나사 조이는 일을 반복하다가 강박증을 얻어 정신병원에 수감된 뒤 떠돌이 신세가 된다.

- 집 없는 소녀(폴레트 고다르) : 어머니를 여의고 두 동생을 보살피며 어렵게 살다가 아버지의 죽음으로 두 동생과 떨어져 홀로 떠돌게 된다. 찰리를 만나면서 가정을 꾸릴 희망에 부푼다.
- 빅 빌(티니 샌드포드) : 찰리와 함께 철강회사의 근로자로 일한다. 이후 파업으로 실업자가 되면서 강도 행각을 벌인다.
- 철강회사 사장(알 어니스트 가르시아) : 모니터를 통해 근로자들을 감시하며 이윤을 최우선으로 여긴다.

(6) 명장면

– 기계 속에 사람이 빨려 들어가는 장면

- 철강회사 대표는 늦은 오후가 되자 동력을 최고 속도로 높인다. 재채기라도 하면 흐름을 놓칠 정도로 잠시도 쉴 수 없는 순간, 찰리는 컨베이어 벨트 위에 몸을 던지고 그 속으로 빨려 들어간다. 카메라는 거대한 기계 내부의 측면도를 보여준다. 당황하는 동료들과 달리 찰리는 그 속에서도 나사를 조여댄다. 동료들이 기계를 거꾸로 돌려 찰리를 꺼내지만 찰리의 강박증은 더 심해져 이제 동료들의 코까지 조이기 시작한다.
- 기계 부속품으로 전락한 인간의 모습의 상징적인 표현이다.

(부둣가에서 먹을 것을 훔친 불행한 소녀(포렛 고다드: 채플린의 부인)와 만나 내일의 희망을 안고 걸어가는 라스트 신은 유명한 장면이다.

<출처> 모던 타임즈 [Modern Times] (세계영화작품사전 : 자본주의에 문제를 제기하는 영화, 김소희, 김영진, 위키미디어 커먼즈) 등

둘째, 이러한 시대의 **사회사상**으로는 '**연대**'나 '**산업민주주의**'라는 생각이 대두하였다. 예를 들어 프랑스 사회학자 '**에밀 뒤르켐**'[28]은

28) <역자주> **에밀 뒤르켐**[Emile Durkheim](1858~1917) : 프랑스의 '사회학자'이며 근대 사회학의 거장이다. 프랑스 로렌 지방 에피날 태생, 리세(고등학교)에서 철학을 가르친 후 1887년에 보르도대학 철학과 교수, 1896년 정교수, 1902년 프랑스의 소르본느대학 초빙, 1906년 교육과학 및 사회학 교수, 1913년 프랑스 사회학회의 초대 회장. 프랑코－프러시아 전쟁의 패배에 대한 국가적 충격과 뒤이은 제3공화국 초기의 정치·사회적 불안정은 '**사회적 연대**'에 관심을 가졌고, 자율 학문으로 사회학을 확립하였고, 사회문제의 실천적 관심을 가졌다. 실증주의 전통의 콩트(Comte)를 따라 사회학적 지식을 사회 개혁에 직접 적용할 수 있다고 보았다.

저서 『사회에서의 분업』(1893)에서 (ⅰ) '**기계적 연대**'(mechanical solidarity, 환절(環節)사회)는 분업 수준이 낮은 소규모의 (원시)사회에

19세기 말부터 20세기 초에 세분화된 여러 개인의 자유나 욕망이 증대함으로써 사회가 규율 없는 상태에 빠지는 것을 피하기 위해서는 개인 사이의 '**유기적 연대**'야말로 중요하다는 '**연대이론**'을 설명하고, 그 후 '**사회운동**'이나 '**법리론 · 법정책**'을 전개하는데 큰 영향을 미쳤다. 또한 비슷한 시기에 미국에서는 '**자유방임 자본주의**'가 가져온 '**빈부 격차**' 등과 같은 참상을 시정하고, 경영의 효율성을 높이기 위해서도 근로자와의 '**대화**'가 중요하다는 인식으로 직장에서도 민주주의를 도입해야 한다는 '**산업민주주의**'[29]의 사고가

서 사람이 모두 같은 생활을 하면서 '같다'는 이유에 의하여 연대하고 있는 상태를 발견하고, (ii) '**유기적 연대**'(organic solidarity, 분업사회)는 개개인이 이질의 일을 담당하고 있기 때문이야말로 상호 의존하고 있는 연대감이 생긴다고 생각했다. 즉 복합적인 분업이 일어나는 대규모의 사회에서 발견된다. 특히 "노동분업은 사회적 연대의 원천이 되어야 하며, 모든 이들은 공동체에 기여한 실제 가치에 근거해 보상받아야 한다고 주장했다. 일은 그 최선에 있어 사회적 통합 활동이며 인정의 장이고 공동선에 기여해야 하는 우리의 책임을 명예롭게 수행하는 방식이라고 보았다. '유기적' 용어를 전문화된 제한적 수준보다는 더 진보된 수준과 관련해 사용한 점에서 이전의 퇴니스(Tönnies)의 '공동사회와 이익사회'의 논의와는 다르다. 또한 '아노미(anomie)'의 용어는 '아노미적인 분업'에서는 사람들의 전문화된 활동이 제대로 조정되지 못한다. '강제된 분업'은 병리적 형태인데, 마르크스주의자들이 자본주의 사회에서 정상적인 것으로 보는 것과 거의 유사한 상황을 말한다. 그 밖에 『사회학 방법론의 제규칙』(1895), 『자살론』(1897), 『종교적 생활의 원초적 형태들』(1912) 등이 있다.

그는 '사회학연보' 그룹을 통해 그의 사상이 인류학, 역사학, 언어학, 심리학 등에 파급되어 갔다. 영국 사회인류학에 결정적인 영향을 미쳤으며, 2차 대전 이후 사회학의 기능주의에 확산되었다. 아들인 '앙드레'도 언어사회학자로 기대를 받았지만, 제1차 세계대전에 종군해 전사, 그도 아들이 죽은 후 1917년 56세의 나이로 사망한다 그는 사회적 사실을 사물과 같이 취급해 고찰하고 개인에게 외재적 또한 강제력이 있고, 사회학이 과학으로 성립하려면 현상(사회)을 사물처럼 객관적으로 다루어야 한다고 생각했다.[네이버 지식백과].

29) <역자주> **산업민주주의**[industrial democracy, 産業民主主義] : 산업의 관리 · 운영에 관한 노사관계나 노사문제를 민주적으로 해결하기 위한 조건이나 제도의 정비를 주장하는 입장이나 사상. 정치상의 민주주의만

확산되었다.

셋째, 경제사상도 새로운 사고방식이 나타났다. 19세기에는 18세기 후반에 '프랑수아 케네'[30]와 '애덤 스미스'가 제창한 '자유주의

으로는 근로자의 참 자유와 평등은 달성되지 않는다고 보고, 산업 · 경제에서도 민주주의를 실현하려는 사상을 말한다. 사상적 내용이나 구체적 제도에서는 시대 · 국가 · 논자에 따라 다양하다. 이 개념이 처음 체계적으로 제시된 것은 페이비언 사회주의의 이론적 지도자였던 영국의 사회경제학자 '웨브 부부'의 《산업민주주의》(1897)에서이다. 이들이 '노조 내부의 민주화'를 설명하거나, 그후 '산업 전반에 걸친 민주적 체제'의 의미로 사용되었다. 민주주의의 본질은 자기 행동에 중요한 영향을 미치는 사항을 결정할 때, 직접 참여하는 기회가 주어지는 데에 있다. 산업민주주의는 이러한 민주주의의 본질을 산업 체제 속에서 관철시키는 것이다. 이것은 먼저 단체교섭권을 가진 노동조합에 의한 노사관계로서 구체화된다. 이 경우 노사관계는 노자관계(勞資關係)로서 계급대립으로 이해되는 것이 아니고, 자유기업제도가 존속되고 번영함으로써 결국 양자의 이해가 일치하게 된다는 노사협조에 입각해, 주로 배분 문제로서 교섭이 전개된다. 산업에서의 근로자는 조합원이면서 종업원으로서 기업 내적 존재이기도 하다. 이 측면에서 산업민주주의는 노사협의제 · 제안제도 · 고충처리제도 등에서 구체화되고, 종업원은 결의(결정)참가나 정보참가를 하면서, 직장에서 자기 상태에 대한 개선과 반성을 하게 된다. 최근의 '생산성향상 운동'과 '성과배분'도 산업민주주의 사상에 입각하고 있다.[네이버 지식백과]

30) <역자주> **프랑수아 케네**(Franşois Quesnay, 1694~1774) : 프랑스 경제학자, 외과의사, 중농학파의 학문적 시조이다. 1694년 파리 교외의 농가에서 출생해 외과의사로서 출발. 경제학 연구에 본격화한 동기는 1749년 루이 15세와 그의 애첩 뽕빠도르의 시의(侍醫)로서 베르사이유 궁전에 머물면서 사회경제에 관한 연구와 토의에서 시작되었다. 그는 당시 유럽을 풍미하는 중상주의(merchantilism, 콜베르티즘)에 반대하고 문자 · 화폐와 더불어 3대 발명인 유명한 '경제표'(Tableau économique)를 창안해 자신의 학문적 업적을 집약시켰다. 그는 자본주의 생산과 그 유통법칙을 인간의 의사나 정치 등에서 독립된 객관적 법칙으로 파악하고, 중상주의학자와는 달리 부의 원천인 순생산물의 발생을 유통과정이 아닌 '생산과정'에서 찾았다. 그의 이론적 기조는 당시 프랑스의 '재정파탄'과 극도로 문란한 '조세체계'에 대한 실천적 과제에서 출발, 프랑스 국민경제을 재건하기 위해 그 정책목표로서 농업생산의 증강을 주장했다. 즉 이러한 목표를 위하여 중상주의적 통제나 비경제적인 조세제도를 폐지하고, '자유방임(laissez-faire)정책'과 지주계급의 지대수입에만 과

사상'이 지배하게 되었다. 이에 대하여 영국의 경제학자인 '**존 · 메이너드 · 케인스**'[31]는 1936년 『**고용, 이자, 화폐에 관한 일반이론**』을 발간하고, 자유방임 자본주의에 내재하는 구조적 문제를 극복하기 위해서는 국가가 적극적으로 시장에 개입해 완전한 고용을 실현하고, 유효 수요(구매력)를 상승시키는 것이 중요하다는 이론을 펼쳤다. '**케인스주의**'라는 이 새로운 경제사상은 1930년대 미국이나 프랑스에서 펼쳐진 경제사회정책과 공통적으로 생각되며, 제2차 세계대전 이후의 부흥 · 경제 성장기에는 각국의 경제정책에 엄청난 영향을 미치게 되었다.

이러한 사회적 · 사상적 배경 속에서 하나의 '**표준적인 근로자상**'이 그려졌다. 이것은 "공장에서 집단적 · 종속적으로 일하는 균질적인 근로자"이며, 이 존재가 당시의 사회를 견인하는 원동력이 되었다. 이 균질적인 근로자에게 "**복지국가**"라고 부르는 국가를 집단적인 · 획일적인 형태로 보호해 주겠다고 하는 **20세기 노동법**의 기본적인 모습이었다.

세하는 이른바 '단세론'을 내세웠다. 최대 업적은 경제현상을 사회적 총자본의 관점에서(확대재생산은 아니지만) 총체적 재생산과정으로 파악한 점이다. 그는 잉여가치를 순수입으로 파악하고 순수입을 생산하는 노동을 '생산적 노동'으로 본다. 그 후의 경제학에서(특히 아담 스미스(Smith, A.)) 잉여가치, 생산적 노동개념의 확립에 크게 공헌했다. 케네의 학설은 많은 후계자를 통해 발전됐다. 미라보는 케네의 경제표를 최초로 공간(公刊), 1760년 튀르고는 그의 저서 「부의 형성 및 분배에 관한 성찰」(1776)에서 케네의 사상을 더욱 발전시켰다. 특히 스미스에 의해서 성취된 경험적 자연법사상의 형성에 지주가 되었다.

31) <역자주> **케인스**(J. M. Keynes)는 1929년 미국 대공황을 겪을 때, 경제회복을 설계하는 과정에서 '고용창출'을 최우선적 목표로 삼았다. 고용을 창출하려면 투자가 필요한데 투자자본이 없다면 적자재정을 행하라는 것, 정부는 재정적자를 우려하지 말라고 충고했다. 고용이 증가하면 세금이 증가하기에 적자재정을 곧 대체한다고 했다. '고용, 이자, 화폐에 관한 일반이론'(The General Theory Employment, Interest and Money, 1936)는 제2차 세계대전 후 유럽과 미국의 '경제회생'에 '교과서'로 채택됐다. 케인스 혁명이 일어났고, 이는 '복지국가의 태동'을 가능케 했다.

보론 15

• 미국 노동법의 연역

미국은 1890년에 제조업자나 상인의 불공정 거래를 방지하기 위한 독점금지법인 「**셔먼법**」(Sherman Act ; Anti-Trust Act)을 제정하여 노조의 단결을 독점적 행위로 금지했다.

1914년에는 「**클레이턴법**」(Clayton Act)이 제정되어 "**인간의 근로는 상품이 아니다**"라고 선언하고, 단체교섭을 인정하는 한편, 법률에 규정된 경우를 제외하고는 노동분쟁에 대해 제한·금지명령을 하지 못하도록 규정했다. 하지만 이 법은 노동기본권에 대해 선언적 수준에 머물렀다는 한계가 있다.

1932년의 「**노리스라가르디아법**」(Norris LaGuardia Act ; Anti-Injunction Act)은 노동분쟁에 대해 독점금지법을 적용함에 있어 가처분 요건을 엄격하게 하고, 법원의 파업중지 명령을 제한하는 등 노동기본권의 제한 요건을 완화했다.

프랭클린 루스벨트 정부의 시기인 1935년에는 근로자들의 구매력을 향상시켜 공황을 극복하고자 「**와그너법**」(Wagner Act ; National Labor Relations Act(NLRA), **전국노사관계법**)이 제정되었다. 주된 내용은 단결권, 단체교섭권, 단체행동권을 인정함으로써 노동기본권을 법률적 보호의 차원으로 올리고, 부당노동행위를 규정하였으며, 배타적 교섭대표제를 도입하고, 클로즈드 숍을 인정했다.

한편, 1945년에는 매카시즘 등 사회적 분위기에 따라 보수화의 길을 걷게 되는데 1947년에 「**태프트 하틀리법**」(Taft-Hartley Act ; Labor Management Relations Act(LMRA))을 제정해 근로자(노조)의 부당노동행위를 신설하고, 클로즈드 숍을 부인하고, 유니온 숍(Union Shop)도 일정한 경우에만 인정하며, 냉각기간제도를 도입하고, 그밖에 노조의 세력다툼 파업 및 2차적 파업을 금지하였으며, 국민의 안전과 건강을 위협하는 대규모 파업에 대한 중지절차를 마련했다.

또한 1959년에는 「**랜드럼그리핀법**」(Landrum Griffin Act ; Labor Management Reporting and Disclosure Act)이 제정되어 노조민주주의를 확립할 목적으로 노조 내부의 민주적 절차를 확대하며, 조합원 개인의 권리보호 수단을 마련하고, 노조 재정에 대한 국가적 감시체계를 정비했다. 이 법은 "노조방침에 위반되는 사용자와 거래하지 않는다"는 협정(hot cargo)을 금지했다.

(3) 경제와 사회의 '황금의 순환'

이렇게 국가의 경제정책에 하나로 자리매김한 '노동법'은 제2차 세계대전 이후의 경제 성장기에 '경제 발전'과 연동하면서 크게 발전하였다. 노동법이나 사회보장법 등에 따라 '임금의 인상'이나 '사회보장의 확충'이라는 '사회적 보호의 충실화'를 통하여 국민의 구매력이 인상하게 되면, 소비가 확대되어 투자를 자극하고, '총수요의 확대'나 '생산성의 상승'이라는 '경제 성장'으로 연결된다. 이러한 경제 성장의 성과가 사회적 보호를 충실화하는 형태로 재차 근로자에게 분배 · 환원해, 가일층의 소비의 확대 · 경제성장을 가져온다. 그 성과는 근로자에게 분배해 더욱 더 경제 성장으로 연결된다.

이와 같이 제2차 세계대전을 종식한 이후 경제 성장기에는 노동법이나 사회보장법 등에 따라 '사회적 보호'와 '경제 성장'이 유기적으로 연결되는 형태로 사회와 경제가 발전해 간다는 '황금의 순환'이 선진국에서 어느 정도 공통된 현상으로 나타났다.

일본에서도 제2차 세계대전 이후 '사회보장제도'의 구축 · 발전과 함께 '노동법'의 발전이 본격화되었다. 1945년에는 노동조합의 승인 및 보호를 규정한 「노동조합법」(1949년에 대개정), 1947년에는 근로조건의 최저기준을 포괄적으로 규정한 「노동기준법」, 국가가 관장하는 보험에 따른 산업재해보상을 규정한 「근로자 재해보상보험법」, 국가가 유료 직업소개 사업을 금지하고, 직업소개 사업을 국가 독점하는 「직업안정법」, 국가가 관장하는 보험에 따른 실업급여를 규정한 「실업보험법」(1974년에 「고용보험법」으로 개정)이 연달아 제정하였다. 이로써 제2차 세계대전 이후에 노동법의 체계를 형성하였다.

그 후에도 1958년에 「직업훈련법」, 1959년에 「최저임금법」, 1966년에 「고용대책법」 등을 제정함으로써 '국가'가 근로계약이나 노동시장에 적극적으로 개입하는 방향으로 노동법의 발전은 계속되었다. 또한 해고권의 남용법리 등의 판례 법리의 발전과 1955년에 시작된 '**춘투**'(春闘)[32]에 따른 경제성장을 반영한 임금의 인상을 실현하는 것도 사회적인 보호를 충실화하는 데에 중요한 역할을 맡았다. 이와 같은 사회정책을 전개하는 것과 유기적으로 연결하면서, 일본의 경제는 제2차 세계대전 이후에 부흥하게 된다. 1950년대 중반부터 약 20년 동안 '**고도의 경제 성장**'을 계속해 이루었다.

보론 16

- **일본 노동법의 역사-중요한 법 제정 · 개정** (공포된 해[시행된 해가 아님])

(노동시장법 분야(A), 개별적 노동관계법 분야(B), 집단적 노사관계법 분야(C), 노동분쟁처리법 분야(D)로 각각 분류한다. 법률의 명칭은 약칭을 이용하고 있는 것도 있다)

1945년 **노동조합법 제정**(C)
1946년 노동관계조정법 제정(C)
1947년 **노동기준법 제정**(B), 노재보험법 제정(B), 직업안정법 제정(A), 실업보험법 제정(A)
1949년 노동조합법 개정(C)
1958년 직업훈련법 제정(A)
1959년 최저임금법 제정(B)
1960년 신체장애자고용촉진법 제정(A)
1966년 고용대책법 제정(A)

---

32) <역자주> **일본의 춘투**(春闘) : 일본에서 노동조합의 대부분은 1960년대 후반부터 임금인상 교섭을 매년 3-4월의 시기에 집중적으로 해왔다. 춘투(춘기 노사교섭)은 고도의 경제성장기의 임금인상 구조로서 매우 효과적이었다. 하지만 제1차 석유위기(1973년) 후의 경제가 변동하면서 오히려 임금인상을 국민경제적으로 조정하는 사회적 구조도 되었다. 그리고 거품경제가 무너진 후에는 세계 시장경제의 심화와 기업 재편성이 진전되면서 기업 측의 파급구조는 약화되고, 노동계에서도 고용유지가 우선 과제가 되었다. 그러나 춘투는 기업 · 산업 · 국가의 차원에서 노사가 경영, 거시경제, 노동정세 등에 대하여 공통된 과제를 논의해 검토하는 의미있는 공간과 기회로 계속 활용하고 있다(菅野和夫 『労働法』, 837면).

1972년 노동안전위생법 제정(B)
1974년 고용보험법 제정(실업보험법 개정)(A)
1985년 노동자파견법(A), 남녀고용기회균등법 제정(근로부인복지법의 개정)(B),
직업능력개발촉진법 제정(직업훈련법의 개정)(A)
1986년 고연령자고용안정법 제정(중고연령자고용촉진특치법의 개정)(A·B)
1987년 노동기준법개정(B), 장애자고용촉진법 제정(신체장애자고용촉진법의 개정)(A)
1991년 육아휴직법 제정(B)
1993년 노동기준법 개정(B), 파트타임노동법 제정(A)
1995년 육아개호휴업법 제정(육아휴업법의 개정)(B)
1996년 노동자파견법 개정(A)
1997년 남녀고용기회균등법 개정(B)
1998년 노동기준법 개정(B)
1999년 노동자파견법 개정(A), 직업안정법 개정(A)
2000년 노동계약승계법 제정(B)
2001년 개별노동관계분쟁해결촉진법 제정(D)
2003년 노동자파견법법 개정(A·B), 직업안정법 개정(A), 노동기준법 개정(B)
2004년 노동조합법 개정(C·D), 노동심판법 제정(D), 고연령자고용안정법 개정(A·B)
2006년 남녀고용기회균등법 개정(B)
2007년 파트타임노동법 개정(A·B), 최저임금법 개정(B), 노동계약법 제정(B)
2008년 노동기준법 개정(B)
2011년 구직자지원법 제정(A)
2012년 노동자파견법 개정(A·B), 노동계약법 개정(B), 고연령자고용안정법 개정(A·B)
2013년 장애자고용촉진법 개정(A·B))
2014년 파트타임노동법 개정(A·B), 노동안전위생법 개정(B)
2015년 여성활약추진법 제정(A), 근로자파견법 개정(A·B), 청년고용촉진법 제정(A)

보론 17

• 일본의 공장법과 노동기준법의 제정 배경

일본에서도 1911년에 최초로 제정된 노동법은 「**공장법**」(工場法)이었다. 그 후 공 장법은 다른 산업에도 확대되어, 제2차 세계대전 이후에 제정된 「**노동기준법**」(勞動基準法, 1947)(우리나라의 근로기준법에 해당한다)은 '직업의 종류를 불문하고' 적용되는 포괄적인 근로자 보호법이다(제9조 참조)

(1) **일본의 공장법의 제정 배경** : 「공장법」은 공장근로자의 열악한 근로조건에 관심을 가진 정부는 1896년 '산업의 발달'과 '국방'의 견지에서 근로자를 보호할 필요가 있음을 깨닫고 이를 재계에 호소하여 1911년 탄생하게 되었다. 당초에 상시 15인 이상의 직공을 사용하는 공장(1923년에는 상시 10인 이상으로 개정) 및 사업의 성질이 위험한 공장 또는 위생상 유해 위험이 있는 공장을 적용대상으로 하였다. 주된 내용은 여자 · 연소자(보호직공)의 취업제한으로서 최저 위업연령의 설정, 최장근로시간의 법정, 심야업의 금지, 일정한 휴일 · 휴식의 의무화, 위험유해업무에 대한 취업제한 등을 규제하였다. 또한 일반직공의 보호로서 공장의 안전위생을 위한 행정관청의 임검 · 명령권, 업무상 상해 · 질병 · 사망에 대한 본인 또는 유족에 대한 부조제도, 직공의 채용 · 해고 · 알선에 관한 감독을 규정하였다. 1923년 공장법시행령 중에 해고예고 또는 예고수당지불(14일간의 예고기간 또는 그 기간에 해당하는 임금지불), 해고시의 고용증명서의 교부, 취업규칙의 제정 · 신고의무가 추가되었다.

(2) **일본 노동기준법의 제정 배경** : 1945년 8월 15일 제2차 세계대전 패전으로 시작된 전후 부흥기에는 연합국군 최고사령관 총사령부(GHQ)의 주로 일본을 평화적인 민주주의 국가로 개혁하는 시책을 계속해 마련하였다. 먼저 5대 개혁 지령(정치범위 석방, 치안유지법의 철폐, 학교교육의 자유, 노동조합의 결성 촉진, 재벌에 해체, 부인참정권의 부여, 농지해방)이 내려져 노동조합의 결성 장려와 노동관계의 근대화가 도모되었다. 1946년 5월에는 일본국 헌법(국민주권, 상징천황제, 전쟁포기, 의회제 민주주의, 기본적 인권, 자유주의 시장체제)이 제정되어 국민의 생존권 보장과 근로의 권리의무, 근로조건의 법정, 노동기본권의 보장이라는 노동관계의 기본원칙이 선명되었다. 이러한 원칙에 따라서 노동조합법(1945), 노동관계

조정법(1946), 노동헌장의 설정과 ILO(국제노동기구)의 국제노동기준(8시간 근로제, 주휴무제, 연차유급휴가 등)의 가급적인 실현을 목표로 「**노동기준법**」(1947)의 제정, 직업안정법(1947), 노동자재해보상보험법(1947)의 제정, 또한 이러한 노동입법을 시행하는 노동위원회(1946)와 노동성(1947)이 설치되었다. 그 후 일본경제는 1950년 6월 25일 발발한 '한국전쟁(6.25전쟁)의 특수'로 부흥의 계기를 잡았다. 1952년 4월 대일강화조약의 발효로 독립을 이루어, 부흥으로 향하게 되었다.

(3) 한국의 노동법 : 한국의 경우 1953년 6.25 전쟁이 계속되는 가운데 임시수도 부산에서 노동조합법, 노동쟁의조정법, 「**근로기준법**」, 노동위원회법이 제정되었다. 특히 근로기준법에는 휴업수당, 1일 8시간과 1주 48시간의 법정근로시간, 주휴일, 연월차휴가, 생리휴가, 출산전후휴가, 정당한 이유없는 해고/징계 등의 금지, 근속연수에 따른 해고수당(근로자 귀책사유에 의한 해고의 경우는 제외) 등이 규정되었다.

4 노동법의 위기—사회의 복잡화와 글로벌화

그러나 이러한 20세기의 경제사회시스템과 그 일환으로 노동법은 1973년의 '석유위기'를 계기로 세계적인 경제위기, 사회변화 속에서 대전환기를 맞게 되었다. 그 배경에는 크게 다음의 세 가지 사정을 볼 수 있었다.

(1) 20세기 시스템의 붕괴?

첫째, 고도의 경제성장시대가 끝나고, 저성장과 마이너스 경제성장(역성장)의 시대가 되면서 과거의 **'황금의 순환'**이 반전된 것이다. 석유위기를 계기로 경제성장의 속도가 둔화되어 실업자가 늘어나게 되고, 이들의 생활을 지탱하기 위해서는 사회적인 부담이 커지게 된다. 이 사회적인 부담의 증가는 **'세금의 인상'**이나 **'사회보험료의 인상'**의 형태로 국민과 기업의 경제활동을 제약하게 된다. 이에 따라 경제활동이 수축되고 경제상황이 악화되면, 한층 더 사회적인 부담이나 재정 적자가 증가 · 누적하게 된다. 이와 같이 과거의 **'황금의 순환'**(경제성장→사회적 보호의 충실→경제성장→…)이 단절되면서 사회와 경제가 연결되어 악화된다는 악순환(경제상황의 악화→사회적 부담의 증가→경제상황의 악화→…)이 일어나게 되었다.[33]

---

33) <역자주> **일본의 경제·사회·정치의 배경** : 일본은 제2차 세계대전에 패한 후 한국전쟁 특수와 미국의 경제에 힘입어 1953년부터 고도 성장기에 진입했다. 1964년 OECD(경제협력개발기구)에 가입 및 도쿄올림픽('일본 경제의 기적')의 개최, 고속철도 신칸센(新幹線)의 개통 4년 후인 1968년 일본은 서독의 국민총생산(GDP)을 제치고 서방 지역 2위였고, 1970년에 오사카 만국박람회를 성공리에 개최했다. 즉 엄청난 수의 관람객을 운반할 신칸센과 고속도로, 지하철, 항공운송망 확대 등 교통수단과 인프라를 개발 운영하였다. 그후 오일 쇼크가 전 세계를 덮친 후 세계적 민간 싱크탱크 로마클럽은 '성장의 한계'를 경과했다. 이때에 오사카 · 교토 · 고

둘째, 산업구조의 변화에 따라 노동법의 전제로 여겨졌던 '**표준적인 근로자**'가 감소하고, 이와 다른 다양한 형태의 근로자가 증가한 것이다. 사회가 성숙해, 염가로 공업생산을 실시하는 발전도상국(개발도상국)이 대두하면서, 많은 선진국에서는 산업구조의 중심이 '공업'에서 '서비스업'으로 옮겨갔다. 이 포스트 공업화 · 서비스 경제화가 이동하면서 기업의 경영 · 생산체제는 과거의 획일적 · 집단적인 것에서 다양화 · 복잡화되었다. 여기서 일하는 근로자의 모습도 다양해졌다. 공업화 사회의 원동력으로 나타난 집단적 · 균질적인 '**공장근로자**'와는 달리, 자율성 · 재량성이 높은 화이트칼라 근로자, 전문성이 높은 기술근로자, 근로시간 · 근로기간 등이 한정된 파트타임(단시간) · 유기계약 · 파견근로자 등이 늘어난 것이다. 노동법이 전제로 했던 "공장에서 집단적 · 종속적으로 일하는 균질적인 근로자"는 사회의 실태로서 용해(溶解)되어 갔다.

셋째, 1970년대 석유 위기, 1980년대 '**신자유주의**' 하의 시장 주도의 중심인 '**규제완화정책**'(**레이건노믹스, 대처리즘**)를 계기로 한 국제경쟁이 격화되고, 1970년대 이후 '**정보화 사회**'[34]가 본격적으

베 · 나고야 등을 중심으로 간사이(關西) 경제권이 쇠락하면서 산업구조 조정은 일본 경제를 토쿄로 집중시켰다. 한편, 냉전 후 1968－1969년의 동대분쟁(東大紛爭＝東大鬪爭 ; 도쿄대학에서 벌어진 대학분쟁으로 학부생, 대학원생과 당국이 의학부 처분문제와 대학원 운영의 민주화 과제를 둘러싸고 갈등한 사건임), 1970년 안보투쟁(일본에서 미국 주도의 냉전에 가담하는 미일 상호방위(안전보장)조약의 개정에 반대해 일어난 근로자, 학생, 시민이 주도해 대규모 반대 평화운동을 일으킨 사건) 등의 청년 세대에서 저항의 불길이 번졌다. 또 베트남 전쟁, 중국 문화대혁명, 중동 전쟁 등이 발발하였다. 사실 제2차 세계대전 이후 일본의 고도 경제성장과 산업 경쟁력에 주목해 미국에서 일본 연구의 유행을 일으킨 에즈라 보겔(Ezra Vogel)이 1979년에 쓴 '재팬 애즈 넘버원'(Japan as No)에서 언급한 것처럼, 1980년에 호황을 누리면서 홍보를 했으나, 1990년에 디플레이션과 장기 불황이 시작되었다.

34) <역자주> **정보화사회**(情報化社會) : 공업 제품에 가름하여 정보의 생산이 가치를 낳는 사회. 정보가 물품이나 에너지 · 서비스 이상으로 유력한 자원이 되어, 정보를 중심으로 사회 · 경제가 운영되고 발전되어 간다.

로 도래함으로써 **경제의 글로벌화**가 세계적으로 단번에 가속하게 된 것이다. 이에 따라 시장과 기술의 동향은 고속화하게 됨으로, 기업은 이러한 변화에 대응할 수 있는 경영 · 생산체제를 정돈하도록 재촉 받았다. 이것은 국가에게도 당사자가 변화에 신속 · 유연하게 대응할 수 있는 경쟁의 환경을 정비하고, 동시에 **'사회적 공정성'**을 확보할 수 있는 시스템을 구축해야 하는 과제를 제기하게 되었다. 이전의 대량생산 · 대량소비의 시대에서 다양성 · 불확실성의 시대로 이행하면서, **'기업'**도 **'국가'**도 변화에 따라 신속하게 대응할 수 있는 **유연하고 동태적인 시스템을 구축**할 필요가 있었다.

보론 18

- **신자유주의**

(1) 자유방임의 19세기 자유주의 결함을 인정해, 국가에 의한 사회 정책의 필요를 승인하면서도 자본주의의 자유기업의 전통을 지키려는 사상이다. '신자유주의'가 기업의 자유를 최대한 보장하고 세계화를 추구하는 '미국식 자본주의 이론'으로만 오해한다. 원래 신자유주의는 시장에서 자유로운 경쟁을 저해하는 모든 요소를 배제하고 시장경제를 제대로 확립하자는 발상에서 시작됐다. '고전적 자유주의 이론'을 보완해 강화하는 개념이다. 1947년 스위스 몽 펠린에서 첫 대회를 개최해 '몽 펠린 소사이어티'라는 지식인들의 모임이 이론의 근원지이다. 하이에크가 주도하고 독일 경제학자 오이켄과 뢰프케 등이 참여했으며, 제2차 세계대전 후 독일 경제를 부흥으로 이끈 경제장관 루트비히 에트하르트도 나중에 이 모임의 회원으로 가입했다. 지금 신자유주의의 이론은 이러한 '정통' 신자유주의와는 다른 변종이라고 할 수 있다.

(2) 한편 노벨 경제학상을 수상한 '**게리 베커**'(1930–2014)의 '인적 자본 이론'은 '나'라는 '자본'에 물질적 · 비물질적으로 투자해서 얻은 수익은 연봉과 지위부터 주관적 자기만족까지 포함하며, 그 수익으로 '나–자본'은 늘어난다. 이 이론에 대하여 유럽의 철학자들은 인간이 근로자이면서 '나'라는 자본을 경영하는 자본가가 되어 근로와 자본이라는 이분법을 탈피하는 것에 관심을 갖고, 인

간의 도구화 및 상품화를 조장한다고 우려했다. 한편 현대 철학의 거두인 '미셸 푸코'(1926-1984)는 베커의 이론이 모든 인간 행위와 모든 사회현상을 경제학과 시장 영역으로 포섭하는 '신자유주의의 신호탄'이라고 보았다. ;

(3) 일본의 신자유주의 : 1982년 나카소네 야스히로(中曽根康弘) 정권에서 고이즈미 준이치로(小 泉純一郎)까지 포스트 냉전의 세계화에 따른 일본적 발현 형태로서 강자 독신의 신자유주의(기존 복지국가 체제의 종말) 노선을 더욱 강화해, 정보서비스산업, 경박단소, 민간 활력(민영화)과 규제 완화를 축으로 한 신자유주의적인 대중정치로 변모해 갔다. 저출산과 고령화, 지구환경문제, 정리해고와 비정규 고용의 확대, 불평등의 심화, 격차의 확대(격차의 가시화), 중류 의식의 붕괴, 여성해방 운동, 주체의 상실, 교외화, 오키나와(沖縄) 반기지 운동이 특징이었다. 그 당시 '노동운동'과 '좌파 정당'은 이미 고도 성장의 시스템에 포섭되어 정치적인 변혁주체가 될 수 없었고, 점점 더 탈정치적인 경제주의로 빠져들었다.

보론 19

• **미국의 레이거노믹스(Reaganomics)**

미국 대통령 로널드 레이건이 1981-1989년 임기 동안 행한 '시장 중심적 경제정책'을 말한다. 라디오 방송자 폴 하비가 레이건(Reagan)과 이코노믹스(economics, 경제학)의 합성어이다. 주된 내용은 (i) 기업의 성공을 처벌하지 못하도록 세금을 감면하고 투자와 성장에 인센티브를 부여했다. (ii) 기업가들을 방해해왔던 각종 규제에 따른 부담을 완화시킨 것이었다. (iii) 인플레이션을 중단시켜서 경제 성장을 위한 예측할 수 있는 기반을 다시 회복하는 것이었다.

구체적으로 정부지출 축소, 노동과 자본에 대한 소득세 한계 세율 인하, 규제 철폐, 인플레이션 축소를 위한 화폐 공급량의 조절 등이다. 세금을 낮추고 국내 지출을 줄였다는 점에서 레이건의 경제 정책들은 직전의 전임자들과 큰 차이를 보였다. 집권 말에 미국의 경제는 호황기에 들어섰다. 집권 중에는 1,400만개의 신규 일자리를 창출했다. 관리자본주의가 투자자본주의로 대체해 금융산업도 부흥기를 맞이했다. 다만 연방정부 기득권의 크기와 영향력을 제한하려고 했지만, 연방정부 지출을 통제할 능력이 없다는 점이 큰 한계였다.

보론 20

• **영국의 대처리즘**

영국은 2차 세계대전 후 경제성장 없이 '요람에서 무덤까지' 복지국가에 따른 '복지병' 국가다. 그 요인은 정치권의 일관성없는 경제 정책과 잦은 강성노조의 파업이었다. 영국은 1970년대 '영국병'(British disease)인 비효율적인 국영기업의 엄청난 재정적자, 1979년 초 수시로 트럭운전사 노조파업, 교사 · 지하철 · 청소노동조합 등의 연대파업 등으로 '불만의 겨울'(Winter of Discontent)에 정점에 있었다. 이렇게 영국 노조는 1970년대 막강한 힘으로 산업계 및 정치권에 위력을 발휘해 정부의 친노동정책과 노사관계 불개입 원칙을 관철시켰다. 이에 영국 경제는 1976년 국제통화기금의 구제금융을 받았다. 노조가 영국 경제를 망친 주범이고, 노동당 정권은 기대할 게 없다고 보아 1979년 봄 총선에서 보수당 마거릿 대처를 선택했다.

대처는 영국 총리로서 규제 완화와 작은 정부, 자유시장, 민영화로 대변되는 '대처리즘'을 실천했다. 비대해진 석탄, 가스, 전기, 수도, 철도 등의 국영기업을 민영화했으나, 이 과정에서 구조조정 여파로 1979년 4%의 실업률이 1983년 12.4%까지 상승했다. 복지병의 원인인 노조파업에 대해서는 포괄적 면책특권을 대폭 축소, 노조도 손해배상 대상에 적용해 필요없는 파업을 자제, 2차 피케팅을 불법, 참여인원도 6명으로 제한했다. 클로즈드숍 제도도 폐지해 비조합원의 고용 거부행위를 금지하도록 했다. 대처는 최초의 여성 총리로 10여년간 리더쉽을 발휘해 통화안정 조치로 인플레이션의 극복, 재정지출의 감소, 자유시장경제의 활성화(민영화), 특히 노조에 대한 강력한 법과 질서를 적용해 대처했다.

하지만 신자유주의에 대한 비판여론이 컸다. 1982년 아르헨틴 침공으로 촉발된 포클랜드 전쟁은 그의 정치적 입지를 높이는 기회로 작용하여 전쟁 승리후 국민들은 대처를 지지하면서 1983년 총선에서 다시 승리, 총리 연임에 성공했다. 1984년 당시 최대 노조인 탄광노조의 장기파업을 종식시키고 노동개혁을 추진해 노동의 유연성을 활성화하였다. 대처는 11년간 총리로 재직하면서 노동개혁 및 복지개혁을 통해 영국을 선진국으로 복귀시켜 놓았다.

그 후 토니 블레어 노동당 정부는 지속해 정책을 추진했다. 아직도 '대처 총리의 영국'이라고 한다. 대처 총리 시대와 경제적 · 정치적 환경이 다르지만, 법과 원칙을 통해 노동개혁을 성공시킨 대처리즘은 국가 지도자가 확고한 신념과 철학을 갖고 국정을 운영해야 한다는 점을 알 수 있다.

(2) 노동법의 기능 부전과 수정

이러한 엄청난 사회변화 중에서 **종전의 노동법은 기능 부전**(不全, 불완전함)**에 빠져 버렸다.** 노동법이 전제로 했던 모델이 용해되어 시장과 기술의 움직임이 고속화되면서 종래의 정형적인 모델을 전제로 했던 집단적 · 획일적인 보호 · 규제는 사회가 다양해지고 복잡해지는 변화에 충분하게 대응할 수 없게 되었다. 또 집단적인 자유를 누려왔던 '**노동조합**'도 애초의 조직률이 낮았던 서비스 산업이 확대됨으로 비정규직이 증가하면서 그 '**영향력의 저하**'와 '**정통성의 위기**'에 직면하게 되었다. 게다가 종래의 **케인스주의적 시스템**(그 일환으로서 노동법이나 사회보장법), 경제사회의 상황과 인구구조의 변화 속에서 '**재정적자의 비대화**'라는 문제를 초래하였다.

세계 각국은 이러한 위기에 직면하게 되었다. 특히, 1980년대 이후 과거의 노동법의 기본방향을 수정하기 위하여 '**노동법 개혁**'을 진행하였다. 그 방향성은 주로 다음 세 가지로 정리할 수 있다.

첫째, 국가(법률)의 획일적 보호 · 규제는 다양화된 사회의 이익 · 실태에 충분하게 적응할 수 없기에 **노사의 분권적인 대화를 통하여 구체적인 규제 방향의 설정을 허용 · 촉진**하는 **"노동법의 유연화"**이다. 특히, 이러한 동향은 '**근로시간 규제분야**'에서 볼 수 있다.

둘째, 집단적인 근로자가 아니고, **다양화된 개별 근로자**(시민)**의 관점**에서 보호 · 규제를 도모하는 **"노동법의 개별화"**이다. 예를 들어 **'차별금지법'**이나 **'프라이버시**(사생활) **보호법'**의 발전을 각국에서 볼 수 있다.

셋째, 국가의 경직된 노동시장의 규제를 완화해, 민간사업 참여를 통한 노동시장 기능을 활성화하기 위한 **'노동시장의 자유화'**이다. 예를 들어 **'유료직업소개사업'**이나 **'근로자파견사업의 적법화'**를 볼 수 있다.

모두 **'집단법'**으로 탄생한 노동법이 그 근본에서 변모하고 있는 것을 보여주었다.

(3) 혼미의 시대

21세기에 들어서서 노동법과 관련된 상황은 혼란스럽다.

한편, 노동법은 1980년대 이후 종래의 전통적 시스템의 위기를 극복하기 위하여 위에서 살펴본 것과 같은 **'노동법의 유연화, 노동법의 개별화, 노동시장의 자유화를 위한 개혁'**을 진행해 왔다. 하지만 한편으로, 1990년대 이후 노동시장의 세계화와 경쟁의 격화가 진전되면서 재차 **심각한 '노동문제'**가 발생하였다. 예를 들어 일본에서는 **'정리해고**(경영상해고)**'**나 **'비용 삭감'**의 흐름에서 회사에 남게 된 정규직(정사원), 특히 젊은 사원(직원)이 담당하는 일의 양이나 목표관리 등에 따른 스트레스가 증대하게 되었다. 이에 따라 **'정신질환'**이나 **'과로사'** 및 **'과로자살'**[35]등과 같은 **'사회문제'**가 심각해지고 있다. 그 반면에, **파트타임**(단시간), **아르바이트, 파견 · 도급**

---

35) <역자주> **과로사 및 과로자살** : 일본에서 2014년 '과로사 등 방지 추진법'을 통과시켰다(2014.11.1. 시행). 여기서 과로자살을 별도 규정해 대책을 마련하였다. '과로사 등'이란 "업무에서 과중한 부하로 뇌혈관 질환 또는 심장질환을 원인으로 하는 사망 또는 업무에서 강한 심리적인 부하로 정신장애를 원인으로 하는 자살로 인한 사망 또는 이러한 뇌혈관 질환 혹은 심장질환 혹은 정신상태"(제2조)라고 규정하고 있다. 바로 그 하위 항목에서 과로사 중 하나로 '과로자살'(업무에서 강한 심리적 압박을 받아 정신장애로 인하여 자살에 이른 사망)을 따로 분류하고 있다(제2조 제2항).

근로자, 니트(NEET) 등 사회적으로 공정한 처우를 받지 못하는 **비정규직**(비전형적) **근로자**와 '**비**(非)**취업자**'가 많이 존재해 '**워킹푸어**'(빈곤층)[36]나 '**격차문제**'가 「**사회문제**」[37]로 표면화하고 있다. 격렬한 경쟁 속에서 너무 일하는(너무 일을 하게 하는) 근로자와 일하려고 생각해도 희망대로는 일할 수 있는 장소가 없는 사람(**실업자**)과의 '**양극화**'가 발생하였다.[38]

이것은 역사적으로 보면 두 가지 측면의 문제가 있다.

하나의 문제는 노동법 앞에 가로놓인 **전통적인 측면**이다. 역사

---

36) <역자주> 일본의 경우 단카이주니어 세대는 제2차 세계대전 이후 베이비붐 세대인 단카이 세대의 자녀로서 버블 붕괴 이후 불어닥친 경기불황과 경기 침체 속에서 혹독한 고용 한파와 불안정한 일자리, 정리해고와 실업의 위기를 겪었다. 일본판 잃어버린 세대(lost generation)라고도 한다. 현재 40대 후반에 접어든 이들의 상대적 빈곤과 높은 비혼율, 히기코모리 등이 문제되고 있다. 이들 세대는 취업빙하기가 남긴 후유증이 심각한 사회문제가 되었다. ; 한국의 경우 '헬조선' 및 한국 영화 '기생충'(2020)에서 보여진 현실에 해당한다.

37) <역자주> 사회문제(社會問題) : 사회제도의 모순이나 결함에서 오는 문제. 실업자 · 교통 · 공해 · 주택 문제 따위.

38) <역자주> '**일의 존엄성**'에 대하여 : 세계화와 기술혁신이 시대에 다양한 이념적 배경에서 다양한 주장이 가능하다. 오늘날 불만의 배경으로 도덕 및 정치적 문제에 직면해 일의 존엄성에 끼치는 악영향을 개선하기 위해 한편 세계화의 이익을 본 기업과 개인의 증대된 이익은 세금을 통하여 금사회안전망의 확충하거나 실직 근로자의 직업훈련 지원비를 확대하는 일, 이와 달리 노동계급의 구매력을 높이는 일(최저임금 인상, 의료보험 강화, 육아휴직, 주간 아동보호, 저소득층에 대한 세액 공제 등)을 거론한다. 일의 존엄성과 관련해 교황 요한 바오르 2세는 1981년의 회칙 '인간의 일에 대하여'를 통해 일을 통해 사람은 인간으로서 충족되고, 그리하여 더 인간다운 인간이 된다. 또한 일을 공동체와 결부된 것으로 본다고 밝혔다. 또한 카톡릭 추기경 전국협의회는 경제 관련 사회교육과 관련한 '목회 서한'에서 "모든 사람은 사회생활에서 적극적이고 생산적인 참여가 될 책임이 있다. 그리고 정부는 사회생활에서 적극적이록 생산적인 참여자가 될 책임이 있다. 그리고 정부는 경제 및 사회제도를 정비하여 사람들이 자유를 존중받고 노동의 존엄을 인정발을 수 있도록 할 의무가 있다"고 밝혔다(마이클 샌델(함규진 옮김), 공정하다는 착각, 와이즈베리, 2020, 314-327쪽)

의 나사를 100년 이상 되감자 19세기 후반의 세계에서는 동일한 문제가 도사리고 있었다. 사회 속에서 집단적인 보호가 약해지고, 개인의 자유가 중시되는 상황에서 시장의 세계화와 경쟁의 격화가 심화되면서, 많은 근로자는 '**계약**'이라는 법형식에서 가혹한 근로조건과 고용의 불안정성을 받아들일 수밖에 없는 상황에 처하게 되었다. 이 점에서는 19세기 후반의 근로자와 21세기 초반 근로자는 약 100년의 세월의 장벽을 초월해 유사한 사회상황 속에 놓여있게 된 셈이다. 1929년 발표된 **코바야시 타키지**(小林多喜二)의 『**게어선**(蟹(かに)工船)』[39]이 약 90년 후의 일본에서 다시 각광을 받은 것은 역사를 넘어선 **사회 상황의 유사성**을 나타낸 것이다.

또 다른 문제는 **오늘날의 측면**이다. 19세기 후반의 근로자와 오늘날의 근로자는 위에서 서술했던 것처럼 어떠한 의미에서는 유사한 상황에 처해 있다. 그러나 양 근로자 사이에는 결정적인 차이도 있다. 이것은 '**근로의 실태**' 혹은 '**근로자의 실상**'의 차이가 있다. 19세기 후반부터 20세기 중반까지의 근로자는 동일한 상황에

---

39) <역자주> **코바야시 타키지**(林多喜二, 1903－1933) : 오타루의 가난한 근로자로 자라 친척의 지원을 받고 진학, 은행에 취직을 한다. 엘리트 코스를 걷기 시작했지만, 밤거리에서 사는 한 소녀와의 만남과 사랑을 계기로 자신의 삶과 문학을 크게 바꾼다. 처음 서민의 정치 참여가 가능하게 된 제1회 남자 보통 선거. 적극적으로 무산 후보의 응원을 펼친다. 그러나 선거 직후 동료들은 정치 탄압을 받았고 운동도 망한다. 작가로서 자신이 할 것이 무엇인지, 중대한 결의를 하다. 소설 '게어선'(1929) 탄생의 비밀이다. 소설 '게어선'의 히트로 일약 세상에 나왔지만, 일본이 전쟁을 향해서 가는 시대, 탄압을 받았다. 직장에서 해고되어 도쿄로 활동 무대를 옮기지만 29세 돌연 사망했다.

'**게어선**'(蟹工船)은 게를 잡아 통조림으로 가공하는 해공선(蟹工船)에서 벌어지는 자본과 권력의 폭력과 착취, 그에 맞서는 근로자들의 분노와 투쟁을 그린 일본 프롤레타리아 문학의 동명 고전을 영화화하는 작품이다. 게어선 선원은 죽도록 고생만 하는 직업이다. 게어선 선원인 신조는 동료 선원들에게 어차피 그렇게 고생을 해도 돈을 많이 벌 수 있는 기회는 절대로 없다고 못을 박는다. 그의 말에 선원들은 집단 자살을 결심하지만 코믹한 상황만 이어진다.

서 생산에 힘쓰고(대량생산), 여기서 얻은 임금으로 같은 상품을 구매(대량소비)하는 균질성을 가진 집단으로서 파악할 수 있는 존재였다. 하지만 오늘날에 근로자의 실태는 포스트 공업화나 정보화의 진전 속에서 다양화 · 개별화함으로써 옛날부터 내려온 공장근로자 모델을 적용하는 것이 어려운 존재가 되고 있다. 20세기 초의 위기에 대하여 '**루스벨트**'가 강구한 정형적인 **경제사회정책**('뉴딜정책')은 그러한 까닭에 오늘날의 위기에 그대로는 유효하게 기능할 수 없는 것이다.[40]

---

40) <역자주> 2020**년초부터 코로나**19 **펜데믹**(**세계적 대유행**)으로 인한 행동제한, 활동 자제 정책 등으로 대공황 및 리먼쇼크와는 전혀 다른 양상이다. 이에 세계 경제 · 금융 · 사회위기는 최대 난간에 봉착해 진행 중에 있다. 한국은 21세기 이래 가장 험난한 사태를 전시경제 위기로 진단해 '**한국판 뉴딜정책**'을 전개하였다. 그 당시 성공적인 개혁 사례로 1930년대의 미국 루스벨트 대통령으로 '뉴딜정책', 즉 대규모 공공사업을 통한 실업자 구제와 공정경쟁 질서 확립, 사회안전망 확충 등의 새로운 제체를 전환시키는 진보적인 내용을 들었다. 특히, 동일근로 동일임금 원리를 실현해 노동시장의 분절, 이중구조를 변혁했다. 그 당시 '스웨덴'은 경제적 위기 외에 소련의 등장 때문에 지정학적으로도 매우 어려운 가운데, '잘츠바덴 협약'이란 사회적 합의를 통해 복지국가 도입과 국민 통합을 이끌어낸 사례도 있었다. 또 '오스트리아 모델'로 국민들의 참여를 적극 유도해서 사회적 타협을 통한 개혁 성공 사례가 소개되었다.

다른 한편, '**퍼펙트 스톰**'(perfect storm)은 원래 엄청난 파괴력을 가진 자연 현상을 의미한다. 하지만 이는 경제계에서는 복수의 크고 작은 악재들이 동시다발적으로 일어나며 직면하는 초대형 경제 위기를 말한다. 2008년 미국발 금융 위기를 예견한 미국의 경제학자 누리엘 루비니 뉴욕대 교수의 예언에서 유래했다. 미국 경제의 이중 침체, 유럽의 경제 위기, 중국의 경제 경착륙 등 악재가 겹치면 세계 경제가 '퍼펙트 스톰'을 맞이할 수 있다. 최근 코로나19 사태로 세계의 증시가 폭락하고 국제 유가의 급격한 하락세도 세계 경제의 퍼펙트 스톰을 우려하고 있다. 실물경제가 얼어붙고 대규모 금융 위기가 올 수도 있다. 미국, 중국과 독일, 영국 · 캐나다 · 일본, 한국 등 세계 각국도 경기 부양책을 계속해 발표해오고 있다.

보론 21

• 스게노 카즈오 노동법상 비정규직 기술(記述)의 변화

스게노 카즈오(菅野和夫) 교수[41]의 『노동법』에서 '비정규직'라는 단어가 사용된 것은 2012년 제10판이었다. 이 책은 1988년에 초판을 출간한 이후에 제3편 제3장 제3절을 비정규직에 대하여 설명해 왔다. 현재의 제11판 보정판에서는 제3편 제3장 제3절의 표제는 '비정규 근로자'로, 제1관이 '총설'이고, 제2관 '유기계약 근로자', 제3관 '파트타임 근로자', 제4관 '도급근로자·파견근로자'이다. 이러한 구성도 2012년 제10판부터이다.

지금까지는 초판에서 제3편 제3장 제3절의 표제가 '비전형(非典型)의 근로관계'였다. 그 내용은 현재 판과 실질적으로는 거의 변화가 없었다. 하지만, 처음에는 비정규직의 구분은 '임시근로자', '파트타이머', '사외근로자'였다. 제5판에서 '임시근로자'가 '기간고용 근로자'가 되고, 제7판부터 '사외근로자'가 '다른 기업 근로자의 이용'으로 바뀌었다.

왜 제10판에서 제3편 제3장 제3절의 표제가 '비전형의 근로관계'에서 '비정규근로자'로 되었던 것인가? 제9판까지는 임시근로자(기간고용 근로자, 유기계약 근로자), 파트타임근로자, 사외근로자(도급근로자·파견근로자)는 상당히 성격이 다르다. 이로 인하여 이것들을 통일적으로 취급하는 것은 이론적으로도 부적절하다고 생각되었기 때문이 아닌가라고 추측된다. 즉, '비전형의 근로관계'의 표제는 전형 근로관계에서 일하는 이외의 사람이라는 소극적인 정리에 지나지 않았다. '비정규근로자'라는 표제로 바뀐 것은 이러한 비전형 근로관계에서 일하는 근로자(비정규직＝비정사원)를 통일적으로 파악하는 근거가 생겼다는 것을 의미하고 있다. '총설'(總說)이 설치된 것도 이러한 점을 시사하고 있다. 제10판이 출간된 2012년에는 '근로자파견법'을 개정하거나 유기 근로계약 규정이 추가된 '노동계약법'을 개정하였던 것도 관계하고 있을 것이다.

한편으로, "비정규근로자는 이렇게 다양하지만, 그런데도 관련된 '비정규직 근로자'로 총칭되는 이유는 이러한 사람이 대체로 정규근로자보다 고용이나 대우에서 더 낮게 취급받은 것에 있다"고 서술하고 있다(제11판 보정판, 291－292쪽). 이것은 다양한 비정규직에 공통된 요소를 "정규직보다 일자리와 대우가 낮은' 점에서 찾았던 것이고, 2018년 개정에서 근로조건의 격차에 대하여 공통 규제하려고 하는 움직임과 궤를 같이하고 있다.

제12판에서는 제3편 제3장 제3절의 표제가 '비전형근로자'이다. 비전형근로자로 유기, 파트타임, 파견, 개인도급 등을 들면서, 통례로 장기적인 경력 과정에는 포함하지 않고, 임금, 상여금 등의 처우에 있어서 명확한 격차를 지우고, 노동 수요가 감퇴한 경우에는 고용해지의 대상이 되기 쉽고, 전체로서 '비정규근로자'라고 총칭해 왔다(303면).

5 일하는 방식 개혁

2016년 9월 아베 신조(安倍晋三) 내각 총리대신을 의장으로 하고, 노사단체의 대표자인 코오즈 리키오(神津里季生)(일본 노동조합 총연합회 회장), 사카키바라 사다유키(榊原定征)(일본경제단체연합회 회장[당시])도 의원으로서 참가한 '일하는 방식 개혁 실현회의'를 설치하였다. 이 실현회의에서 약 6개월 동안 총 10차례의 회의를 통하여 2017년 3월 28일 '일하는 방식 개혁 실행계획'을 결정하였다. 동 실행계획은 '일하는 방식 개혁'의 기본방향을 다음과 같이 언급하고 있다.

> 일본 경제재생을 위하여 최대의 도전은 '일하는 방식 개혁'이다. … 일하는 방식 개혁은 일본의 기업문화, 일본인의 라이프 스타일, 일본이 일하는 것에 대한 생각 그 자체를 수술하는 개혁이다.

아베 내각은 한사람 한사람의 의사나 능력, 그리고 놓여진 개별

41) <역자주> 스게노 가즈오(菅野和夫) : 현재－도쿄대학 명예교수, 일본 칸토(關東)지방 등 일본 노동법학계를 대표하는 학자이다. 대표적인 노동법 교과서로 菅野和夫, 勞働法(제12판), 弘文堂, 2019.11(1,179면)(菅野和夫(이정 번역), 일본 노동법, 박영사, 2015(제10판 번역)(943면)가 있음).

사정에 따라 다양하고 유연한 일하는 방식을 선택할 수 있도록 사회를 추구한다. 일하는 사람의 관점에서 노동제도의 근본적인 개혁을 실시해 '기업문화'나 '기업풍토'를 전환하려는 것이다.

일하는 방식 개혁이야말로 '노동생산성'을 개선하기 위한 최선의 수단이다. 생산성 향상이라는 성과를 일하는 사람에게 분배함으로써 임금의 상승, 수요의 확대를 통하여 성장을 도모하는 "성장과 분배의 선순환"을 구축한다. 개인의 소득 확대, 기업의 생산성과 수익력(收益力)의 향상, 국가의 경제성장을 동시에 달성한다. 즉, 일하는 방식 개혁은 '사회문제'인 동시에 '경제문제'이며, 일본 경제의 성장 잠재력을 향상시키는 것으로도 연계되는 제3의 화살 및 구조개혁의 중심이 되는 개혁이다("일하는 방식 개혁 실행 계획" 1면 이하).

위의 일하는 방식 개혁 실행계획에 따라 정부는 '일하는 방식 개혁 관련 법안'을 작성해, 2018년 6월 29일에 국회에서 이 법안을 통과시켰다. 이 일하는 방식 개혁 관련법은 (ⅰ) 장시간 근로의 상한 시간의 설정, (ⅱ) 정규직 · 비정규직 근로자의 대우 격차 시정을 두 가지 핵심으로 하고, 그 밖에 (ⅲ) 회사(사용자)의 연차휴가의 부여 의무, (ⅳ) 새로운 예외제도와 고도프로페셔널(전문가)제도의 도입, (ⅴ) 근로시간의 적정한 파악 의무 등과 같이 많은 개혁을 담고 있다. 이 '일하는 방식 개혁'은 '실행 계획'에서도 기술되어 있는 것처럼 '사회문제'이면서 '경제문제'라는 측면을 가지고, "노동제도의 근본적인 개혁을 실시해 [일본의] 기업문화나 풍토를 전환하려는 것"으로 자리매김을 하고 있다. 일하는 방식 개혁의 취지와 배경을 정확하게 이해하려면 이 두 가지 측면을 좀더 살펴볼 필요가 있다.

(1) 개혁의 두 측면—'사회적 측면'과 '경제적 측면'

일하는 방식 개혁의 첫째는 '사회적 측면'이다. 이것은 장기 고용

관행, 연공적 처우, 기업별 노동조합[42]을 기본적인 특징으로 하는 정규직 중심의 '**일본적 고용시스템**'[43]이 불러온 큰 사회적 폐해를 일하는 사람의 관점에서 근본적인 개혁을 통하여 해소하고자 하는 측면이다. 그 폐해는 ① 과로사, 과로자살을 하는 **장시간 노동문제**와, ② 일본 사회를 불안정하게 하는 정규직 · 비정규직 근로자 사이의 **격차문제**이다.

먼저, 일본의 장시간 노동문제(①)는 그 극한 상황에서는 과로사, 과로자살에 이르는 등 유럽 및 미국 등과 비교하면 심각하다. 그 요인은 ⓐ 일본적 고용시스템의 최대 특징인 **장기 고용관행**(이른바 '**종신고용제**')에서는 근로자를 해고해 고용의 유연성을 확보하는 것이 어렵게 되자, 근로자에게 일상적으로 장시간의 잔업을 실시하도록 하고, 경기 불황으로 업무량을 감축할 경우에는 **잔업시**

---

42) <역자주> **기업별 노동조합**(enterprise union) : 특정 기업 또는 사업장에서 일하는 근로자를 직종에 상관없이 조직한 노동조합으로 일본의 대 · 중견기업에서 정규직이 장기고용시스템(종신고용제)에서 이익공동체가 되는 것을 기반으로 성립하고 있다. 일본의 기업별노조는 조직근로자의 약 90%를 차지하고, 대부분 상부단체로서 산업별 연합체(industrial union)를 조직하고(자동차총련, 전기노련, UA젠센동맹, 철강노련 등), 이들 연합체를 통하여 연합(連合) 등의 전국적 조직에 가입하고 있다. 또한 산업 섹터에 걸친 협의회를 조직하고 있다(금속노협, 교운(交運)노협 등). 다만, 어느 상부단체에도 소속되지 않고 기업내 조합(company union)도 매우 많다(약 25%의 조직근로자). 기업별 조합은 노사대결의 단체교섭이라는 관점(노사대항단체)에서 볼 때 조합원의식보다도 기업의식 쪽이 강하다는 약점이 있지만, 노사의 공동체적 의식에서 기업이 당면한 문제를 협동의 대응(노사협력단체=종업원대표기관, 노사자치)이 이루지기 쉽다는 장점도 있다. 그러나 근래에는 **정규직의 축소, 비정규직의 증가, 조합원의 조합탈퇴, 근로자의 이해와 가치관의 다양화 등의 도전**을 받고 있다(菅野和夫, 勞動法, 775면).

43) <역자주> 일본형 고용시스템 : 구성요소를 (ⅰ) **장기 안정고용(종신고용)**, (ⅱ) **연공형 처우**, (ⅲ) **기업별 노동조합**으로 하고 있다. 고도 경제성장기(1960-1974년)에 그 원형이 만들어져 안정적인 성장기(1975-1996년)에 전면적으로 펼쳐진 일본의 핵심기업의 정규직에 넓게 볼 수 있다. 하지만, 헤이세이(平成) 고용 불황기(1997년-)에 그 근간이 동요하면서도 정규직과 비정규직(과 간접고용)의 고용 격차가 초점이 되었다고 한다.

간의 단축으로 일종의 고용조정을 실시해 온 것 및 ⓑ 일본적인 노동시장의 이중구조(정규직과 비정규직의 큰 격차)가 잔존하는 가운데, 1990년대 이후 글로벌 경쟁의 격화, 경기침체의 장기화, 기업 내 인원 구성의 고령화 등을 배경으로 비용을 삭감하기 위하여 압력이 급격히 높아졌기 때문에 비용을 삭감하는 수단으로 비정규직이 증가하여 양적으로 감소한 정규직에게 과중한 근로를 심화시킨 것을 든다. 일본의 장시간 노동문제는 일본의 '고용시스템'이나 '노동시장의 구조'와 밀접하게 관련된 문제이다.

또한, **정규직과 비정규직의 격차**(②)는 정규직을 중심으로 일본적 고용시스템의 범주 밖에 정규직보다 임금 등의 대우가 낮고, 고용조정이 상대적으로 쉽고, 노동조합도 조직되어 있지 않은 비정규직이 존재하는 것에 따른 문제이다. 일본에서는 정규직 · 비정규직의 격차문제가 잔존한 채로 1990년대 이후 글로벌 경쟁에 돌입했기 때문에 기업은 비용이 저렴하고, 고용 조정이 쉬운 비정규직의 고용을 늘리고, 비정규직은 전체 근로자의 약 **40%**를 차지하게 되었다.[44] 이 정규직 · 비정규직의 격차문제는 비정규직의 수입이 낮다는 '**소득격차 문제**'에 한정되지 않고, 나아가 **결혼의 격차, 육아의 격차, 교육의 격차** 등과 같은 '**사회적 격차**'를 재생산하는 원인이 되고 있다.

일하는 방식 개혁은 일본적 고용시스템이 야기한 두 가지의 '사

---

44) <역자주> 일본의 경우 '고용구조의 모델'을 가족의 재생산 구조로 분류해 주로 기혼 여성의 단시간근로자로 구성된 연변(주변) 노동력의 존재를 전제로 일본의 저실업 고용구조인 '전부 고용'이 성립되어 있다고 논함으로 개별 근로자의 취업형태가 구체적으로 어떻게 결정하는가를 이해하는 견해도 있다. 이에 따라 일본의 고용모델의 분류로, (ⅰ) 대기업 모델 : 남편이 정규직으로 회사에 근무하며 가족의 생계비를 벌고 부인은 전업주부인 경우, (ⅱ) 중소기업 모델 : 남편은 정규직으로 회사에 근무하며 가족의 생계비 대부분을 벌지만 부인도 가계 보조적으로 단시간 근로자자로 일하는 경우, (ⅲ) 자영업 모델 " 자영업주와 무급 가족 종사자에 의해 가족 구성원 모두가 돈을 벌어 가계를 유지하는 경우이다(野村正實, 雇用不安, 岩波書店, 1998, 55면, 67면, 178－179면).

회적 폐해'를 근로자의 관점에서 근본적인 개혁을 위한 사회적 개혁의 측면을 가지고 있다.

이러한 '사회적 측면'과 동시에 '일하는 방식 개혁'의 특징이 부각된 것은 그 '**경제정책**' 측면이다.

일본에 확산되는 '장시간 노동문제'(①)는 장시간 근무로 노동생산성이 떨어질 뿐만 아니라, 일과 가정생활의 양립(워라밸)을 가로막고, 가정생활이나 건강 측면 등에서 제약받는 여성, 고령자 등 노동시장의 참여 · 활용을 떨어뜨리고 있다.

또한 '정규직 · 비정규직의 격차문제'(②)는 경제성장의 성과를 임금으로 근로자에게 분배하는 임금의 상승, 소비의 확대를 통하여 새롭게 경제를 성장시키겠다는 "**성장과 분배의 선순환**"의 실현을 떨어뜨리는 요인이 되고 있다. 경제가 성장해도 저임금 · 저비용으로 일하는 비정규직 근로자가 있기 때문에 전체 임금의 인상으로 연결하기 어려운 구조가 된다.

이러한 상황에서 ① 장시간 근로를 시정해 노동생산성의 향상과 노동참가율을 상승시키고,[45] 아울러 ② 정규직 · 비정규직 근

---

45) <역자주> 아베 정권의 간판 정책인 일하는 방식의 개혁 중 잔업시간의 상한 규제, 연 5일 이상 유급휴가 의무화 등은 "업무량은 같고 근로시간을 단축하면 생산성이 오른다"는 생각에 근거한다. 현실적으로는 투자에 대한 인식이 부족해 근로시간의 단축만으로 생산성을 올릴 수 없다. 여유 시간에 새로운 기술을 익히거나 지식의 질을 높이는 등 배움(사외교육)으로 충당하지 않으면, 부가가치 생산성 향상으로 연결되지 않기 때문이다, 근로시간 단축→배움→생산성 향상→성과→임금 · 대우의 개선, 그리고 배움으로 이어지는 선순환이 필요하다. 하지만 일본 기업은 사내에서 일에 관계된 지식이나 요령을 배우는 '직무간 훈련'(OJT)은 높게 평가하는 편이다. 상위직에 대한 충성심을 업무능력보다 높게 평가하는 것으로 원활한 조직관리를 실현해 왔다(예스맨, 전례주의, 사대주의, 무사안일주의). 즉 인사평가에서 인간관계를 포함해 능력을 평가해 급여를 결정하는 '직능급'(職能給)이다(사내 노예). 반면에 미국과 유럽의 기업은 일의 내용을 기준으로 임금을 결정하는 '직무급'(職務給)제도를 채용하고 사외 배움도 장려하고 있다.

또한 아베 정권의 일하는 방식의 개혁은 '개인이 분발해 어떻게든 하

로자의 대우 격차를 시정함으로써 비정규직 근로자의 임금 전체의 최저 수준을 끌어 올려, 처우 개선을 포함한 일본 경제에 "성장과 분배의 선순환"을 회복하는 것이 일하는 방식 개혁의 경제정책으로서의 목표라고 할 수 있다.

이와 같이 일하는 방식 개혁은 「**일본적 고용시스템**」이 가져온 '사회적 폐해 해소'라는 측면과 함께 일본 경제의 생산성, 성장력의 향상과 그 성과인 근로자에 대한 '**공정한 분배**(임금인상)'에 따라 '**성장과 분배의 선순환**'을 실현한다는 아베 정권의 경제정책(이른바 '**아베노믹스**')의 요체로서의 측면이 있다.

보론 22

• 아베 정권 등의 노동법 개혁 동향

(1) **아베 신조**(安倍晋三) 총리가 **고이즈미 준이치로**(小泉純一郎) 총리를 이어 취임한 것은 '**워킹푸어**'(빈곤층)가 사회문제로 된 시점과 겹친다.

당시 제1차 아베 내각(2006.9~2007.9)은 '아름다운 나라로'라는 슬로건를 내걸고 헌법 개정을 통해 보통국가화, 즉 '전쟁 가능한' 나라를 도모하다가 단명으로 마쳤지만, 2007년 6월에 **파트노동법이 크게 개정되었다**. 그후 **후쿠다 야스오**(福田康夫) 내각(2007.9~2008.9)은 2007년 12월 **노동계약법의 제정**과 **최저임금법의 개정**이 있었다. 그 후 **아소 다로**(麻生太郎) 내각(2008.9~2009.9) 후에 **민주당 정권**이 출범한 후 2012년 근로자파견법 및 노동계약법을 개정하였다.

(2) 그 후 **자유민주당**이 정권에 복귀해 제2차 아베 내각 시대(2012.12~2014.12)가 시작된다. 2012년말 출범시 버블 붕괴후 이른바 '잃어버린 20년'의 장기간 경기침체에다가 2011년 동일본 대

라'는 발상으로 개인의 생산성을 향상시키는 데에만 관심이 있다. 오히려 기업은 사원이 가진 자격 등의 정보를 데이터베이스에 기록해 사내 인재를 실제 업무에 활용해야 한다. 물적 생산성을 부가가치 생산성으로 전환하기 위해서는 좋은 팀워크를 발휘해 시너지 효과로서 생산성 향상을 기대해야 한다(일본 조직직을 활성화하기 위해서는 관리를 최저한으로 한다. 현장에 자기 재량권을 준다. 단기적인 성과 평가를 그만둔다).

지진(후쿠시마 원전 폭발 포함)까지 겹쳐서 위기감을 극복해야 겠다는 목표를 내세웠다. 당시 국민들도 강력한 지도자를 원하는 분위기가 형성되었던 시기였다. 아베노믹스(아베총리의 경제정책)는 집권 자민당 파벌정치의 산물과 정치인 아베의 국정 방향이 담겨 있다. 일본 경제를 살려 국제사회에서 존재감 있는 정치·군사대국이라는 비전을 제시했다.

집권 초기 '정치'보다 '경제'를 최우선 과제로 삼아 방향 전환을 시도했고, 민심을 끌어들리며 운영해 나갔다. '아베노믹스'는 우선 금리 인하와 통화의 양적 완화를 실시, 무한대에 가까운 통화를 확대해 시장의 유동성을 높이고 그만큼 엔화의 가치를 떨어뜨렸다. 엔화 약세로 가격경쟁력을 확보한 기업은 세계시장에서 막대한 수입을 올리고, 그 수익을 가계 부분으로 전이시켜 가계소득을 늘리고(이른바 낙수효과), 가계는 소비하고, 다시 기업의 실적으로 연계되는 선순환 구조를 만든다. 이런 흐름에서 물가 인상으로 디플레이션에서 탈출하다는 것이다. 이 기간 대기업의 순익은 예상대로 폭증하였다.

아베 총리의 정책은 매년 6월에 발표하는 「**일본재흥전략**」(日本再興戰略)을 보면, 당초 비정규직을 명확한 정책의 목표가 아니였다. 2013년에 「**일본재흥전략 2013**」에서 비교적 근접한 정책으로 " '다원적이고 안심할 수 있는 일하는 방식'의 도입 촉진"과 "지속적인 경제성장을 위한 최저임금의 인상을 위한 환경 정비"가 있었다. 후자는 최저임금의 인상을 언급했지만, 이는 당시 경제정책('아베노믹스')의 '**3개의 화살**'의 하나로 '임금의 상승⇒소비의 상승⇒기업 업적의 개선⇒투자의 개선'의 '선순환'으로 디플레이션 경제에서 탈출하기 위한 것이었다. **춘투**(春闘, 춘계노사교섭)[46]시 정부가 임금 인상을 요청하는 것과 궤를 마찬가지이다. 이 의미에서 2007년 **최저임금법의 개정시와 상황이 변해**, '비정규직의 처우개선'의 취지는 명확하게 포함되지는 않았다.

오히려 당초에는 '**다양한 정규직 모델**'의 제안에 역점을 두었다. **규제개혁회의의 고용 워킹그룹 보고서**(2013.6)에서는 '다양한 정규직'으로 '**한정(限定) 정규직**'과 **관련한** 논의가 중심이었다. 또한 「**일본재흥전략 2013**」에 따라 후생노동성에 설치된 "다양한 정규직'을 보급·확대하기 위한 유식자(有識者, 전문가) 간담회' 보고서(2014.7)에서도 정규직과 비정규직의 양극화에 대한 완화를 어떻게 노사

양측의 바람직한 형태로 보급할 것인지의 문제의식에 입각한 것이다. 즉, 정규직과 비정규직 격차문제에 대하여 정부는 '한정 정규직'의 보급의 형태로 해결하고자 했다.47)

2014년의 「'일본재흥전략' 개정 2014(미래의 도전)」은 전년도 보고서와 기본 방향과 거의 같고, 비정규직 정책은 "직무 등을 제한한 '다양한 정규직'의 보급·확대"와 "지속적인 경제성장을 위한 최저임금의 인상을 위한 환경 정비'를 언급할 뿐이었다.

(3) 비정규직 정책을 구체적으로 실현한 시기는 제3차 아베 내각 시대(2014.12~2017.11) 중인 2016년이다. 2015년 9월에 "근로자의 직무에 따른 대우 확보 등을 위한 시책 추진에 관한 법률"(=동일근로 동일임금 추진법)을 제정, 여기서는 "정부는 근로자의 직무에 따른 대우 확보 등을 위한 시책의 실시를 위해 필요한 법제(法制), 재정(財政) 또는 세제(稅制)상의 조치, 그 밖의 조치를 강구한다"고 규정하였다(제4조).

그리고 2016년 1월 아베 총리는 시정방침 연설(제190회 국회)에서 "비정규직 고용 여러분의 균형대우를 확보하는 데에 노력합니다. … 올해에 성사되는 '일본 1억 총활약 플랜'에서는 동일근로 동일임금을 실현하기 위해 뛰어들 생각입니다"라고 구체적인 정책을 언급하면서, '동일근로 동일임금'이 비정규직의 정책적 슬로건이 되었다.

2016년 6월 "일본재흥전략 2016 - 제4차 산업혁명을 향하여 -"에서는 「일하는 방식 개혁, 고용제도개혁」의 항목 중에 '동일근로 동일임금의 실현 등'을 내세우고, 후생노동성이 발표한 '정규직 전환·대우개선 실현 플랜'(2016.1.28. 정규직 전환·대우개선 실현 본부 결정)을 바탕으로 비정규직의 정규직 전환·대우 개선을 강력하게 추진한다고 했다.

2016년 8월에 출범한 제3차 아베 제2차 개조 내각에서 '일하는 방식 개혁 담당 장관'을 신설해, '일하는 방식 개혁'이 언론에서도 널리 언급되었다. 2016년 9월에는 아베 총리 자신이 의장이 되고, 노동계와 산업계 대표자를 포함한 '일하는 방식 개혁실현회의'를 설치해, 동일근로 동일임금의 실현은 9개의 긴급 검토 항목, 중요과제의 하나로 거론하였다. 같은 해 12월 20일에는 '동일근로 동일임금 가이드 라인(안)'을 발표해, 입법안이 나오기 전에 이례적으로 가이드라인(지침)안을 발표하였다. 2016년 이후 경기회복 국면이 임금 상승과 소비 확대로 연결되지 않고, 기업의 수익 확대를 기점으로 한 선순환이 가계에 미치지 못하였다. 실제로 이 기간 가계의 실질임금은 오히려 줄어드는 양상을 보였다.

2017년 3월에는 개혁실현 회의의 성과로서 '**일하는 방식 개혁 실행 계획**'을 발표하고, '가이드라인 안의 실효성을 담보하기 위하여 재판(사법판단)으로 구제받을 수 있도록 그 근거를 정비하는 법(노동계약법, 파트노동법, 근로자파견법)을 개정하였다. 주된 내용은 (ⅰ) 근로자가 사법판단을 요구할 경우에 근거 규정의 정비, (ⅱ) 근로자에 대한 대우의 설명 의무화, (ⅲ) 행정에 따른 재판외 분쟁해결 절차의 정비, (ⅳ) 근로자파견법의 정비 등이었다.

이러한 정부의 동향과 함께 후생노동성은 2016년 3월에 '동일근로 동일임금의 실현을 위한 검토회'를 설치하고, 같은 해 12월 16일에는 위의 가이드 라인에 앞서 '중간 보고'를 발표하였다. 이 검토회는 2017년 3월에 종료하고, 같은 해 4월에 노동정책심의회 근로조건 분과회·직업안정 분과회, 고용균등 분과회에 동일근로 동일임금 부회를 출범시켜, 6월에 '동일근로 동일임금에 관한 법정비에 대하여'라는 보고서를 제출하고, 노동정책심의회는 '후생노동대신'(厚生勞動大臣[48])에게 이 내용을 '건의'하였다.

그 후 후생노동성이 2017년 9월 8일에 노동정책심의회에 자문한 「일하는 방식 개혁을 추진하기 위한 관계 법률의 정비에 관한 법률안 요강」에 대하여 노동정책심의회의 각 분과회·부회(部會)에서 심의한 결과, 동일근로 동일임금 관련 부분에 대해서는 노동정책심의회의 직업안정분과회에 있는 고용 환경·균등 분과회의 동일근로 동일임금 부회에서 같은 해 9월 12일 부회 보고를 정리해, 같은 해 9월 15일에 이 심의회에서 카토 가츠노부(加藤勝信) 후생노동대신(당시)에게 답신하였다.

(4) 2017년 11월 출범한 **제4차 아베 내각 시대**에서 2018년 1월 22일에 시작된 제196회 국회에서 핵심 법안의 하나인 「**일하는 방식 개혁을 추진하기 위한 관계 법률의 정비에 관한 법률안**」은 '모리토모·가케(森友·加計) 학원 문제'[49]와 '재무성(財務省)의 성희롱 문제'[50] 등[51]으로 국회에서의 심의가 다투는 중에 같은 해 4월 6일에 중의원(衆議院)·참의원(參議院) 양원에 상정되어 회기를 연장한 후, 같은 해 6월 29일에 가결되었다.

또한 2018년 가을 일본 언론은 근로통계조사(임금, 근로시간, 고용동향 등)를 놓고서 산출방법을 갑자기 바꾸면서 소득이 급증한 것으로 나타나 시끄러웠다. 통계기준을 교체하는 과정에 통계의 신뢰성에 의문이 제기될 정도로 성과를 부풀리기 위하여 총리 비서관의 영향이 미쳤다는 사실이 드러난 '**통계 부정 스캔들**'로 번졌다.

그리고 '**고령화 문제**'는 일본 사회가 함몰사회에 이른다는 진단에 배경으로 작용한다. 이와 관련해 '간병문제'가 있다. 여기서 정부가 경제적 손실과 사회적 부담을 맡아야 하다. 매년 사회보장비 증가분이 2016년 1,700억엔, 2017년 1400억엔, 2018년 1300억엔이 줄어든다. 여기서 삭감은 전체 사회보장비가 줄어드는 것이 아니라, 고령화에 따른 자연증가분을 그대로 반영했다면 확대된 사회보장 지출액 총액에서 일정 부분은 인위적으로 삭감하는 노력을 해야 한다. 2017년에는 70세 이상의 고액 요양비 부담 상한액 인상, 개호(요양)보험 30% 부담제 도입, 고소득자일수록 개호보험료를 많이 부담하는 제도의 단계적 도입, 의료보험 약가(藥價) 조정 등의 방법을 동원했다. 2018년에 소득이 적은 후기 고령자(75세 이상)의 건강보험비를 경감하는 특례제도를 단계적으로 폐지했다. 향후 2022년에는 고령화문제가 한 단계로 더 심각해지는 예측된다. 일본 정부 내에서 사회보장비의 국민 부담 증가를 포함해 사회보장 개혁 논의가 본격화될 것으로 예상되는 실정이다.

(5) 2020년 9월 15일 아베 총리는 아베2차 정권(2012.12.26.-2020.9.16, 제96대-제98대, 최장 총리 7년 8개월)에서 지병(궤양성 대장염)의 이유로 사임하였다. 이후 아베노믹스에 대한 평가로 대체로 경제성장률, 국민소득, 물가가 당초 목표치에 미달했으나, 일자리 호황 덕에 일정한 긍정적인 평가를 받았다. 구체적으로 (ⅰ) 고령화와 인구감소라는 일본 사회의 구조변화를 감안한 장기전망을 내놓지 못한 정책, (ⅱ) 구조변화에 맞서는 광범위한 세대 부담이 필요한데도 무책임한 재정 팽창만 계속해온 정책, (ⅲ) '**아베노믹스**' 출범시 약속했던 경제성장률 2%와 물가상승율 2%의 절반도 지키지 못한 정책, (ⅳ) 임금 인상과 소비 증가 등 경제의 지속적 확대를 달성하지 못한 정책으로 비판하고 있다. 여기서 아베노믹스의 골자는 대담한 금융완화(제1의 화살), 기동적인 재정정책(제2의 화살), 민간투자 유도를 통한 경제성장 정책(제3의 화살)이다. 특히 제1의 화살은 엔화 약세를 유도해 수출 대기업들(도요다자동

차, 소니 등)의 수익성을 높이자는 전략이다. 하지만 더나아가 기술혁신 정책 등을 마련하지 않고 잠재성장률을 끌어올리는 데 무관한 진통제 격의 금융재정 정책에 너무 의존해, 제1의 화살(양적 완화)과 제2의 화살(재정 확장)에서 제3의 화살(성장 전략)로 정책이 넘어가야 하는데도 제대로 바통을 넘기지 못했다.

코로나 위기 극복이 절실하다지만 그보다 절실한 건 제3의 화살(성장 전략)이라고 지적하기도 하였다. 저금리와 양적 완화는 '**좀비(한계)기업**'만 양산하였다. 2020년 7월 '도쿄올림픽'(32회)까지 예상됐던 관광객 유입과 국가 이미지 개선, 부동산 상승세가 코로나바이러스의 감염 확산세라는 복병을 만나서, 2020년 도쿄올림픽-2025년 오사카엑스포(EXPO)를 발판으로 '일본경제의 부활' 선언을 통한 '경기회복'을 추진하려던 아베노믹스 정책에 제동이 걸렸다. 스위스 국제경영개발원(IMD)의 발표 '국가경쟁력' 순위에서도 일본은 '34위'였다(한국 28위). 결국 아베노믹스가 민간 수요를 일으키지 못하고 기업 혁신을 이끌지 못하면서 일본 경제의 침체에 대한 한계를 드러낸 것이다.(* 한편, 아베에 대한 전반적인 평가는 실용적 현실주의자이지만, 아시아에서는 극단적 국수주의자라는 평가도 있다. 한일 관계는 아베 시대의 한계로 1965년 외교정상화 이래 최악의 상태였다). 하지만 코로나19 미흡한 대응의 실패, 도쿄올림픽 개최의 1년 연기(2021.7) 등의 경제부흥정책의 실패에 따른 경기침체로 자민당은 아베를 퇴임시키되 자민당 정권을 유지하는 방안을 선택했다. 이에 아베는 건강상의 이유라는 퇴임 사유, 제2차 세계대전 이후 세대 출신 첫번째, 전후 최연소, 메이지 유신 및 일본 헌정사상 최장수 총리라는 명예를 안고 물러섰다.

(6) 그 후 '스가 요시히데'(菅義偉) 관방장관이 제99대 총리(2020.9.16.-2021.9)로 선출되어 출범하였다. 그는 무파벌 비세습 의원으로 아베 신조의 최측근이며 복심(아바타)으로 코로나19 국난 상황에서 아베 총리의 정책(아베노믹스 정책 등)을 계승해 추진할 사명이 있다고 선언하였다(아베 상왕(上王)). 이는 자민당 집행부가 정치적 공백을 없애야 하는 이유였다. 이에 총리 선출도 계파간 담합과 세습 정치인의 막후 입김으로 이루어진 산물로 포퓰리스트의 성격도 강하다. 한편 실무형 정치인으로서 코로나19 방역, 내수경제 활성화('행정개혁', '디지털 경제 혁신')와 2021년 7월 도쿄올림픽의 성공적인 개최에 관심을 가지고 있다. 특히 올림픽

을 통해 장기 경기침체와 2011년 동일본대지지니 후유증에서 벗어나 활력을 되찾은 '경제강국' 이미지를 세계에 알리려는 의도가 있다.

보완 정책으로 '자조(自助)－공조(共助)－공조(公助)'[자기 힘으로 일한 뒤(개체의 자립), 지역과 지방자치단체가 서로 돕고, 마지막으로 정부가 책임을 갖고 대응(세금의 지원)]라는 슬로건 하에서 지방은행의 재편·통합, 적극적인 관광 유치정책(Go To 캠페인), 칸막이 행정과 부처 이기주의에 대한 강한 경고, 후루사토(고향) 납세 제도 등을 발표하였다. 나아가 '디지털청'을 새로 만드는 등 아날로그식 일본 사회를 디지털 중심으로 개혁할 계획도 갖고 있다. 관방장관 시절에는 휴대전화 통신비 인하, 외국인 근로자 입국정책 확대를 주도했다.

이에 대하여 오히려 제3의 화살(성장 전략)과 관련해 암반 규제를 없애고, 기업이 창조적 신제품의 개발, 새로운 시장의 개척 가능한 환경 조성 측면에서는 별다른 언급이 없다는 한계가 있다. [(레이와(令和, 나루히토(德仁) 일왕의 연호) 발표 * 한국 대법원의 강제징용 배상판결－징용 기업 자산의 현금화문제－1965년 한일청구권 협정 위반 기본, 일본의 수출규제 조치, 한일 군사정보 보호협정(지소미아) 파기 소동)]

그 후 스가 내각은 '벚꽃을 보는 모임' 전야제 관련 정치자금법 위반 의혹 연류, 취임초기 터진 학술회 임명 거부 논란, 코로나 대응 미숙, 계란 스캔들 등의 이유로 취임 이후 지지율이 계속 하락세(50.3%)로 정권을 지탱하는 정치적 구심력이 크게 악화할 수도 있다는 전망이다.

---

46) <역자주> **일본의 춘투**(春闘) : 일본에서 대부분의 노동조합은 1960년대 후반부터 매년 3－4월에 임금인상 교섭을 집중해 왔다. 춘투(춘기 노사교섭)은 고도 경제성장기에 임금인상 구조로서 매우 효과적이었다. 하지만 제1차 석유위기(1973년)후 경제가 변동하면서 오히려 임금인상을 국민경제로 조정하는 사회구조가 되었다. 거품경제의 붕괴후 세계경제의 심화와 기업 재편성의 진전으로 기업에 파급구조는 약해지고, 노동계도 고용유지가 우선과제였다. 하지만 노사는 춘투시 기업, 산업, 국가 차원의 경영, 거시경제, 노동정세 등의 공통과제를 의미있게 논의하는 기회로 활용하고 있다(菅野和夫『労働法』, 837면).

47) 大内仲裁『雇用改革の真実』(2014年(b), 日本経済新聞出版社)

48) <역자주> 대신(大臣) : 일본의 중앙행정기관인 성(省)의 최고직을 말한다(상(相)으로도 표기). 한국의 '장관'이다. 후생노동대신은 한국의 보건복지부장관과 고용노동부장관을 합친 부처의 장이다. 한편 일본에서의 장관은 성의 하위기관인 청(廳)의 최고직(한국은 청장)을 말한다. '관방장관'은 성이 아닌 내각관방의 장으로서 총리를 보좌한다. 우리나라 직제에는 없다. 한국의 청와대 정책실장과 비서실장 역할을 겸해 '장관 중의 장관'(내각의 2인자)으로 불린다.

49) <역자주> **모리토모·가케**(森友·加計) **학원 문제** : 학교법인 모리토모 학원(오사카부) 국유지 헐값 매각과 오카야마이과대 수의학부 신설 관련 학교법인 가케학원(오카야마시) 특혜 의혹을 말한다. 전자인 모리토모 사건은 2017년 아베 정권의 정치적 도덕성에 근본 문제를 제기한 사학 사건에서 총리 부인인 아키에(昭惠)가 명예교장이었던 학교법인이 국유지를 90% 정도 헐값에 넘겨받은 내용이 사회적 공분을 낳았다. 학교가 토지 매매를 위해 협상 과정에서 정치권이 관련된 사실을 학교법인 가고이케 야스노리(龍池泰典) 이사장이 직접 증언하였다. 2018년에 '재무성'이 학교법인과 토지 가격 협상과정을 포함한 문서를 국회에 보고 과정에서 총리 부인과 관련 내용을 조작해 일부러 폐기하는 방법으로 총리의 개입 증거를 은폐한 새 사실이 드러났다. 재무성 자체 조사로 그 담당 '국장'이 주도했다며 정직 3개월의 퇴직금 감액 처분을 결정했고, 관련 공무원 20명이 징계를 받은 대형 사건이었다. 즉 측근 특혜 의혹인 모리토모 가케학원 문제에서 관료들이 알아서 자료를 조직한 사실이 드러났다. 정부는 적은 비용으로 시민들을 지배할 수 있는 기반을 만든 것이다. 이것은 아베의 자민당이 장기 집권을 통하여 일본 사회에서 암묵적인 압력인 '손타쿠(付度(촌탁), 위의 뜻을 헤아려 행동함. 아부정치, 심기 보좌, 알아서 하기, 남의 마음을 미루어 헤아림. 상대가 원하는 대로 알아서 행동한다)' 정치가 하나의 관습처럼 만들어졌다. 후자인 카케학원 사건은 가케 고타로 이사장이 아베 총리와 오랜 친구라는 이유로 특혜를 받은 것이 아니냐는 의혹을 받았다.

50) <역자주> **재무성**(財務省)**의 성희롱 문제** : 2018년 4월에 일본의 한 주간지는 TV 아시히 여기자를 최고의 엘리트 집단인 재무성 최고위 관료인 후쿠다 준이치(福田淳一) 사무차관의 '성희롱(성폭력) 사건'을 보도하였다. 일본 최초로 피해자 신분을 공개한 사례였다. 권력관계에서 압도적 차이가 있는 상황에서 발생한 여기자들과 저녁 식사 자리 등에서 '노골적인 발언'(남자친구가 있냐, 키스해도 되냐, 호텔로 가자, 가슴을 만져도 되냐 등)이 고스란히 담긴 녹음 내용이었다. 하지만, 회사 상사는 재무성이라는 파워 집단에 대한 취재가 어려워질 것을 걱정해 "기사화하지 않으면 좋겠다"고 해 이를 보도하는 데 반대했다. 보도된 후 그 기자에 대한 인신공격이 기본적으로 난무하고, '2차 피해'가 나오고, 사

(2) 개혁의 두 문맥—20세기 문맥과 21세기 문맥

이러한 일본에서의 일하는 방식 개혁을 노동법의 역사적 맥락에서 보면, 20세기 문맥과 21세기 문맥의 두 측면을 가진다고 평가할 수 있다.

첫째, 일하는 방식 개혁은 단순히 근로자 보호를 내실화할 뿐만 아니라, **경제정책 면을 겸비**하고, 경제성장과 사회적 보호의 내실화를 연동시켜서 국가 경제와 사회를 순환적으로 발전하게 하는

회 저명인사의 반응(성인지 감수성의 부족, 기자로서 긍지 부족, 일종의 꽃뱀, 피해 여성이 나서지 않으면 어쩔 수 없다는 식)이 인권의식에 대한 상식을 뛰어넘었다.

사실 일본에서 '미투 운동'이 실패한 이유는 용기를 내어 피해 사실을 공개한 이들이 직면한 상황이 다른 피해자까지 위축시켰기 때문이다. 당시 사무차관이 물러난 뒤에서 '성희롱은 죄가 아니다'라는 취지의 말을 하였다. 하지만, 야당 의원, 기자, 변호사, 교수 등 200명여명이 피해자와 동참하겠다며 'With You'(당신과 함께) 캠페인에 참가했다. 2019년 4월 성폭행을 당한 여성들이 '플라워 시위'의 조직을 결성해 1년 동안 매월 한번씩 거리로 나와 자신의 이야기를 전했다. 이들은 "성폭행을 없던 일로 만들지 않기 위해, 미래를 바꾸기 위해 아픔을 이야기 하는 것"이라고 외쳤다.

일본은 '배제(排除) 사회'로 개인이 스스로 주장할 수 없는 사회적 분위기와 자신의 행동이 긍정적 결과로 이어진다고 기대하기 어려운 사회적 특성이 있다. 일본에서는 여성에게 강요된 침묵으로 사림들이 성희롱 혐의를 거의 제기하지 않는다. 심지어 성폭력과 보도대회 모임이 언론 매체 여성종사자 107명을 상대로 조사해 보니 '성적 괴롭힘'을 받은 적이 있다는 비율이 95%에 이른다는 결과도 나왔다.

51) <역자주> 신문기자 : 아베 내각의 비리를 파고든 기자가 쓴 거대한 권력에 맞서서 모리토모 · 가케사학재단 스캔들, 재무성의 프리랜서 여기자 '미투(Me Too) 사건'과 관련된 의혹 등에 관해 주니치 신문 사회부 기자가 던진 질문이 23개와 관련(모치즈키 이소코(望月衣塑子)(임경택 옮김), 「신문기자」, 동아시아출판사, 2020 참조)되었다. 이 책자를 일본 영화 '나는 신문기자다'(모리 다츠야 감독, 2019)로 개봉했는데, 국내 배우 '심은경'씨가 여기자 역을 맡아 '일본아카데미 여우주연상'을 받았다. 영화 속에서 여기자의 모델인 한국인 어머니를 두고 미국에서 성장한 이력을 가진 도쿄신문 기자인 저자가 부딪치고 넘어지며 기자로 성장한 이력, 뇌물수수 의혹과 정치자금 · 사학비리 스캔들 등 굵직한 특종 기사들을 풀어낸다. 스릴러 소설과 같이 흥미진진하다.

특징이 있다. 이는 앞에서 살펴본, '케인스주의'와 '뉴딜정책'으로 상징되는 20세기 노동법정책의 방향과 공통된 성격 · 특징을 가진다고 할 수 있다.

둘째, 일하는 방식 개혁은 20세기 노동법의 실상과 달리 **현대적 문맥에 서는 것**이기도 하다. 뉴딜 정책으로 상징되는 20세기 노동법 정책은 '공장에서 집단적 · 종속적으로 일하는 균질적인 근로자'를 사회적 모델로서 이에 '집단적 · 획일적인 보호'를 해주는 특징이 있었다. 이에 대한 21세기 일하는 방식 개혁은 시민과 근로자가 다양한 환경이나 의식을 전제로 하여 사람들의 다양한 능력과 희망을 살리는 법제도의 정비를 기도한 것이다. 예를 들어 장시간 근로를 시정하는 것은 생활 측면이나 건강 측면에서의 제약으로 장시간 근로를 할 수 없는 여성이나 고령자 등과 같이 각각의 환경이나 희망에 따라 일할 수 있는 환경을 정비하려는 것이다. 또 정규직 · 비정규직 근로자의 대우 격차를 시정하는 것은 단시간 · 유기(기간제) · 파견 근로 등과 같이 다양한 취업형태에 대해서도 '**공정한 처우**'를 보장함으로 다양한 사람이 다양한 일하는 방식을 선택해 각각의 환경이나 희망에 따라 능력을 발휘할 수 있는 제도적 기반을 마련하기 위한 것이다.

1998년 노벨 경제학상을 수상한 '**아마르티아 센**'[52]의 '**잠재능력의**

52) <역자주> '**아마르티아 센**'(Amartya kumar Sen, 1933–) : 인도 출신으로 '왜 대기근이 발생했는가'를 연구하기 위해 경제학 전공하였다. 케임브리지대학 트리니티 칼리지에서 박사학위를 취득하고, 1988–1998년 하버드 대학에서 뛰어난 정치경제학자에게 수여하는 라몬트 교수직을 지냈으며 현재는 같은 대학에서 경제학과 철학을 가르치고 있다. 거대한 '**후생경제학자**'로서 빈곤과 기아에 시달리는 인도의 현실에 주목하여 '**빈곤**'과 '**불평등**', '**복지**', '**기아**'에 관심을 갖고 주요 경제적 문제들에 '**윤리**'와 '**철학**'을 복원시켰다. 현대의 '**사회선택이론**'을 재정비하고 후생경제학을 발전시킨 공로를 인정받아 1998년 아시아 최초의 '**노벨경제학상**'을 수상했다. "후생경제학의 근본 문제에 대한 탐구, 사회선택과 후생 계측과 빈곤에 대한 연구에 공헌했다"고 노벨재단은 밝혔다. 경제학계의 '양심' 및 '마더 테레사'라 불린다. 연구 영역은 정치, 경제, 철학, 젠더, 보건 등

접근(capability approach)'을 이론적인 기반으로 한 노동법학을 제창하고 있는 영국의 '사이먼 디킨'(Simon Deakin, 케임브리지대 법학과, 교수) 등은 다음과 같이 말하고 있다.

어떤 사람이 어느 일정한 임무를 달성하기 위한 잠재능력은 오로지 그 인간의 성질이나 환경뿐만이 아니라, 그 사람이 살고 있는 사회의 제도적 구조에도 의존하고 있다. 사회규범, 법적 룰, 정치제도는 개개인의 잠재능력을 높이거나 낮추는 중대한 역할을 하고 있다. 만약 잠재능력이 오직 각 개인의 재능이나 의욕뿐만이 아니라, 그 재능을 향상하게 하는 사회화, 교육, 훈련 과정에 접근할 수 있는 것으로 초래된다고 하면, 이러한 과정에 접근할 수 있는 조건을 일반적으로 정돈함으로 사회적 재분배 메커니즘(mechanism)이 노동시장의 기능과 양립가능하게 될 뿐만 아니라, 그 전제 조건이

학문 전반에 걸쳐 광범위하다. 아마르티아란 '영원히 사는 자'(불멸, 천국)라는 의미로 타고로(Rabindranath Tagorre, 1861-1941)가 작명하였다. 수리적 모형인 '빈곤 지수'(센 지수)를 통해 빈곤을 측정한 연구가 특히 유명하다. **존 롤즈**(Jhon Rolls)로 대표되는 현대의 주류 '**정의론**'에 대한 대안적인 접근이다.

센의 '평등론'은 존 롤즈가 주장하는 기본재(권리 · 자유 · 기회 · 소득 · 부 · 자존심 등 사람들이 자신이 가치관을 추구하기 위해 소용되는 재와 자원)의 평등에 대한 비판에서 시작한다. 센은 각인의 소지물의 평등('자원 평등론')이 아니라, 각인의 다양성에 착안해 살아가기 위한 '**잠재능력**'을 평등하게 가져야 한다는 주장이다. 여기서 '잠재능력'이란 개인이 자유로운 선택을 하여 자율적으로 살아갈 수 있기 위한 전제조건으로 필요한 기능의 집합체를 말한다. 센의 이론은 기존의 편협한 이론을 대체할 광범위한 아이디어이며 전문가와 일반인에게도 정의를 추구하기 위한 (거창한 개념도 관념도 이념도 아닌) 실천적 아이디어(idea)를 풍부하게 제공하는 것이다. 센의 공적은 '존 롤즈'의 '정의론'이 목적 달성 능력과 사회적 환경의 차이로 인한 불평등에도 대응할 수 있게 하려고 했던 점이다. 센의 발상 내지 철학의 산물은 UN(국제연합)에 영향을 미쳐서 국력을 나타내는 새로운 기준으로서 '**인간개발지수**'가 채용되었다. 이 지수는 국가의 풍요로움을 '국민총생산'이 아니라, 그 국가 국민의 평균수명, 교육(취학 예측연수와 평균 취학연수), 1인당 국민소득의 총체로 측정한다. 국내에는 '불평등의 재검토'(1992), '자유로서의 발전'(1999), '아마르티아 센, 살아 있는 인도'(2005), '정체성과 폭력'(2006), '정의의 아이디어'(2019, 2021) 등이 소개되어 있다.

될 것이다. 이와 같이 다양한 사회적 권리는 각각의 개인 잠재능력에 대한 제도 기반을 제공하는 중심 역할을 할 수 있다(S. Deakin and F. Wilkinson, The Law of the Labour Market(Oxford University Press, 2005), pp.290－291).[53)]

이 잠재능력 접근은 각 개인이 놓여진 상황이 다양하다는 것을 전제로 하여 각 개인의 잠재능력을 높이고, 각 개인이 그 잠재능력을 발휘할 수 있는 법적 기반을 제공함으로써 자유와 평등의 실현을 희망하며 바라는 것이다. 일하는 방식 개혁에는 이 '잠재능력의 접근'과 통저(通底)[54)]하는 바가 있다. 노동법은 사회 변화와 결합하고, 이것을 내성화(內省化)한 이론적인 동향과 연동하면서 동태적으로 변화하고 있다.

다음의 **제2장** 이하에서는 이러한 새로운 움직임을 포함해 '**일본 노동법의 배경이나 특징**'을 조금 **체계화**하면서 **구체적**으로 살펴보도록 하자.

보론 23

- **일본 총리 관저[55)](아베총리 내각총리실)**

아베 신조(安倍晋三) 정권은 2012년 민주 정권이 정치 중심을 외치며 관료 사회를 장악하고자 했지만, 성공하지 못한 것을 보고서, 정권을 다시 찾자마자 '총리 관저 중심'의 구조를 만들어 관철시켰다. 일본의 권력구조를 이해하는 데 총리 관저(한국의 청와대 부속실)는 일본 정치의 핵이며 모든 정부 기관의 실질적인 핵심이고, 도쿄(東京) 지요다구(千代田区) 나가타초(永田町)[56)]에 가스미가세키(霞が関, 일본 정부 부처가 몰려 있는 행정 중심가)는 일본정치의 중심지이다.

53) Deakin, S. F., Wilkinson, Frank, The Law Of The Labour Market (Industrialization, Employment and Legal Evolution), Oxford Univ Pr 2005.5.)

54) <역자주> 통저(通底) : 둘 이상의 내용 · 생각이 기초 부분에서 서로 공통성을 가짐.

총리 관저(官邸)는 총리 직속의 '관방장관'(내각의 2인자, 한국의 청와대 및 국무총리 비서실장, 정책실장, 홍보수석을 겸하는 요직, *스가 요시히테(菅義偉)(2012.12－2020.9)는 2020.9.15. 제99대 총리가 됨)이 총괄한다. 내각관방은 '정부의 사장실'로서 내각의 여러 사무에 대해 행정 부서간의 조정 역할을 담당하는 직위로 정권의 주요 정책을 실현하기 위해 핵심 역할을 하는 정부 조직이다. 관방장관과 관방부장관에 이어 내각관방의 '넘버3'인 부장관보 산하에는 현재 39개의 분실이 설치돼 있다. 업무 범위가 광대하다.

'호시츠(보실)'라는 부장관보실의 역할은 총리가 주도하는 정책을 정부 부처의 엉덩이를 두드려 진행하게 만들고 긴급 상황이 발생하면 부처간 칸막이를 넘어 대응책을 마련한다. 기업에서 사장을 지원해 신사업을 선정하고 사업부간 역할 조정을 지휘하는 사장실(전략기획실)과 비슷한 역할이다. 내정과 외정을 맡는 2명의 관방부장관보를 중심으로 심의관·참사관 등으로 2017년 현재 1100명, 예산 966억엔, 내각 기능 강화를 위해 수상을 직접 보좌하는 '내각 관방', 이곳의 지시를 추진하는 '종합 조정'기능으로 구성된다.

여기서 관방(官房, kammer, 벼슬아치가 일을 보거나 숙직하던 방, 기업의 경영기획실에 해당)은 독일 군주에서 측근 중신들이 근무한 회의실이다. 내각 관방에는 국가안전보장국, 내각위기관리감, 내각정보통신정책감, 내각정보조사실, 내각인사국(2014. 5. 설립 각 행정 부처의 고위 공무원인 심의관급(국장급) 이상 인사 600명에 대한 인사관리, 파견 인사) 등이 있다. 그 중 각 행정부처에 사실상 감독기구 역할을 하는 곳이 내각 관방부 장관보 산하의 '분실'(分室)이다.

2019년 현재 아베 정권이 추진하는 각 프로젝트별로 39개의 국(局)과 실(室)이 각 정책을 추진한다. 정권의 간판 정책들로 신종 코로나 바이러스 감염증 대책본부 사무국, '토쿄 올림픽 추진본부 사무국', 원자력발전소 사고에 의한 경제피해 대응실, 정보통신기술 종합전략실, 전세대형 사회보장 검토실, 일본의 미래를 좌우할 '사회보장개혁 담당실, 1억 총활약(ニッポン一億総活躍プラン)을 추진실, 일하는 방식 개혁실현 추진실 등이 있다. 업무가 복수의 정부 부처 소관으로 나뉘어 있는 등 이런저런 이유로 손대지 못했던 정책이라는 공통점도 갖고 있다. 또한 영토주권대책 기획조정

실, 취업빙하기 세대 지원추진실(중년 히키코모리 문제 해결), 내각관방보장관보 산하에 어떤 분실의 설치에 따라 일본 정부의 정책 중점을 파악할 수 있다.

보실 외에 자연재해나 북한의 도발 등에 대비해 위기관리를 담당하는 부장관보가 이끄는 사태실, 외교·안전보장정책의 사령탑인 국가안전보장국(NSS), 국내외 정부를 수집·분석하는 내각정보조사실, 각의(국무회의)의 운영과 왕위 계승의 의견 수렴 및 지원을 담당하는 내각총무관실 등도 소관 업무이다. 아베 전 총리를 곤혹스럽게 했던 '벚꽃을 보는 모임'도 내각관방 총무관실이 담당한다. 내각관방에 순혈 직원은 거의 없다. 대부분 각 정부 부처에서 1~2년 임기로 파견된 관료들로 채워져 있다. 그 주무기는 '종합 조정 권한'이다. '조정'은 실제로는 협의가 아닌 총리의 의향에 따라 각 부처에 압력을 주는 작업이다. 그 작동 여부는 총리의 힘에 달렸다. 총리의 힘이 상대적으로 약했던 민주당 정권(2009.9.~2012.12)에는 종합 조정을 앞두고 내각관방 관료에게 출신성이 "우리 부처에게 유리하게 조정하지 못하면 복귀못할 줄 알아"라고 압력을 넣는 경우가 많았다. 반면 아베 총리시 내각관방의 힘도 유례없이 강해졌다. '정책 조정'이란 명목으로 총리 관저에 초치된 각 정부 부처 국장들이 '총리의 의향'이라며 내각관방 간부의 전달사항을 그대로 수용했다. 아베 전 총리가 2014년 내각관방 산하에 '내각인사국'을 설치해 정부 부처 간부 인사를 장악한 이후 이러한 경향이 더욱 강해졌다.

아베 전 총리의 장기 집권으로 '관방 관료', '관저 관료'도 등장했다. 내각관방에서 2년 이상 근무하면서 소속 부처보다 총리에게 더 충성하는 관료라는 신조어다. 내각관방과 혼동하기 쉬운 조직이 '내각부'다. 조직명이 비슷하고 두 조직 다 총리 관저 옆의 내각부 청사와 중앙합동청사 8호관에 있는 데다 '종합 조정권'도 갖고 있다. 내각부는 현재 일본 행정 체계인 '1부 12성청'의 '1부'를 차지하는 반면 내각관방은 성청에 포함되지 않는다. 내각관방이 총리를 직접 보좌해 종합 전략을 짜는 행정 조직이라면, 내각부는 정부의 중·장기 전략을 수립하고 각 성청의 시책을 통일할 필요가 있는 과제를 종합 조정하는 정부 부처다.

내각부는 '경제재정 자문회의'와 '종합과학기술·이노베이션 회의' 등을 통해 정부의 종합 플랜을 제시하기에 일본 관가에서 '지혜의

장'이라고도 한다. 2001년 성청 재편 당시 총리부와 경제기획청 등을 통합해 출범했다. 1부 12성청의 하나지만 성청 사이의 종합 조정을 담당하기 때문에 다른 성청보다 한 단계 위의 지위를 인정 받는다.

실제로 관저 주도 정치를 확립해 총리, 관방장관, 3명의 내각관방부 장관은 매일 중요 정책을 결정, 이를 위기관리, 내정, 외교 등을 담당하는 각 부장관보에게 전달된다. 각 행정 부처에서 파견된 약 30명이 과장급 에이스 관료가 모인 '관방부 장관보실'에서 이를 검토해, 각 부처에 공유하는 체계를 갖춘다. 또한 총리관저는 기자들이 총리를 근접 관찰하는 시스템이 정착되어 있다(총리 5층, 기자 1층, 출입기자 3층 자유통행)(최근 아베는 건강상의 이유로 사임의사를 밝혔다(2020.9.15.))

일본 정가에서 관방장관은 일본 총리로 가는 필수 코스로 통한다. 헤이세이(1989년) 시대 이후 관방장관 출신으로 총리에 오른 인물은 오부치 게이조(재임 기간 1998~2000년)와 후쿠다 야스오(2007~2008년), 아베 신조, 스가 총리까지 4명이다. 그 이유는 휴일을 제외하고 매일 아침, 저녁 2차례 총리를 대신해 정례 기자회견을 통해 국민에게 인지도를 높힐 수 있기 때문이다.

---

55) <역자주> 관저 : 한국 청와대에 해당하는 일본 총리의 집무실로 총리의 별칭이기도 하다. 관저 관료는 관저에서 근무하는 총리 측근 그룹을 말한다. 예산과 인사, 정책 등을 주도하기에 관저 및 관저 관료의 영향력은 매우 크다.

56) <역자주> 나카다초 : 일본 정치계를 상징적으로 표현하는 말이다. 도쿄도 지요다구 남단에 있는 지역 이름이다. 총리 관저와 국회의사당, 중의원 의장 및 참의원 의장 공관, 자유민주당과 민주당, 사회민주 당사 등이 모여 있는 정치 중심가.

제2장 노동법은 어떤 구조로 되어 있는가

노동법의 법원(法源)

나는 33년 전에 자연계 학생으로 동경대학에 입학하였다. 자연계라고 해도 대학 1학년 때에는 교양과목으로 인문계 과목을 들어야 한다. 나는 법학을 선택하지 않았다. 법학이 무엇인지 구체적인 이미지를 몰라서 뭔가 소소한 것을 기억해야 하는 아주 어려운 과목이라는 인상(편견?)이 있었던 것 같다.

그 후 여러 가지 이유로 '법학부'(法學部)로 옮겨서 법에 대하여 말하는 연구자가 되었다. 그리고 그러한 일 중의 하나로 지금 『노동법 입문』을 쓰고 있다. 인생은 어떤 의미에서는 이런 것인지도 모른다.

33년 전의 나와 같은 독자 여러분에게 법에 대한 구체적인 이미지를 가지기 위해 우선 '법이 왜 존재하는지'를 간단하게 설명한다. 법은 언뜻 보기에는 까다롭고 엄격한 것으로 볼 수 있다. 하지만 법은 우리의 일상생활과 깊숙이 관계되는 친근한 존재이고, 우리의 상식 위에 성립한 것이다. 그 중에서도 '노동법'은 여러 분의 일상 생활이나 삶의 방식에 직접적으로 관련한 것이며, 사람들의 생각에 따라 그 내용이 크게 달라질 수 있다.

1 '법'이란 무엇인가

(1) '법'은 무엇을 위해 존재하는가?

세상에는 많은 사람이 살고 있다. 그 사람 중에는 좋은 사람도 있을 것이고, 나쁜 사람도 있을지도 모른다. 이를테면 모두 좋은 사람이라고 해도 망설임이나 어떠한 계기로 나쁜 일을 해버리는 일이 있을지도 모른다. 이 나쁜 행동을 방치하면 사회질서가 문란해지고, 모두가 안심하고 살 수 없는 세상이 되어버린다. 예를 들어 힘센 자들이 폭력을 휘두르고, 남의 물건을 빼앗거나 남을 위협해 자신을 따르게 하는 사회가 되기를 많은 사람들은 원하지 않을 것이다.

그래서 사람들은 각자의 안심(安心)이나 사회 질서를 지키기 위해 모두가 준수해야 할 룰을 정하기로 하였다. 이 룰이 **'법'**(法)이다. 예를 들어 법 중에서도 **'헌법'**(憲法)은 이 룰의 결정하는 방법(민주주의 등)이나 룰을 준수하게 하는 방법(국가권력의 존재 의미와 그 제약 등)을 정한 것이다. 또한 **'형법'**(刑法)은 금지하는 행위(범죄)를 정하고, 이것을 범한 경우에 벌(형벌)의 부과를 정하고 있다. **'민법'**(民法)은 모두가 안심하고 거래할 수 있도록 거래에 관한 공통된 룰을 정하고 있다. **'노동법'**은 우선 일하는 것에 대한 룰의 설정(그러한 수집)이라고 생각해 두면 좋다.

(2) '권리'와 '의무'

법을 정할 때에는 어떠한 내용의 룰로 하느냐는 점과 동시에 결정된 룰을 어떻게 지키게 하느냐가 관건이다. 그리고 법이 정한 룰을 준수하기 위하여 나오는 최후 보루가 **'국가권력'**이다. 예를 들어 물건을 샀는데 돈을 주지 않은 사람에게 법원이 제대로 돈을 내라고 판결하고, 그래도 지급하지 않으면 국가가 그 사람의 재산을 압류해 돈으로 바꿔서 지급을 강제한다. 또 살인이나 절도 등과 같이 법률로 정한 죄를 지은 사람에게는 법원이 판결을 내려서 국가가 징역형이나 벌금형 등으로 처벌한다.

이와 같이 법은 결국 국가의 힘을 빌려서 실현하는 성격을 가지고 있다. 이때 어떠한 사람이 국가의 힘을 빌려서 구제를 요구할 수 있는지의 핵심은 '**권리**'(權利)라는 개념이다. 예를 들어 어떤 사람에게 월 3만 엔으로 약속하고서 집을 빌려 주었는데, 빌린 사람이 집세(家賃)를 내지 않을 경우에 집주인은 세입자(임차인)에게 월 3만 엔짜리 월세를 받을 권리가 있다고 본다. 권리의 반대말은 '**의무**'(義務)이며, 이 사례에서는 임차인은 임대인에게 월 3만 엔의 집세를 지급할 의무를 가지게 된다. 이와 같이 권리를 가진 사람은 최종적으로 법원 등과 같이 국가의 힘을 빌려서 법적으로 구제받을(권리를 실현할) 수 있다. 반대로 의무를 가지는 사람이 의무의 완수를 게을리 하면, 국가는 제대로 의무를 완수하도록 강제하게 된다.

'법'은 이러한 의미에서 '**권리와 의무를 규정한 체계**'라고 할 수 있다.[1)]

---

1) <역자주> **법의 해석** : '법'은 원칙적으로 불특정다수인에 대하여 동일한 구속력을 갖는 사회의 보편타당한 규범이므로 이를 해석할 때에는 법의 표준적 의미를 밝혀 객관적 타당성이 있도록 하여야 하고, 가급적 모든 사람이 수긍할 수 있는 일관성을 유지함으로써 법적 안정성이 손상되지 않도록 하여야 한다. 한편 '법률'은 보편적이고 전형적인 사안을 염두에 두고 규정되기 마련이므로 사회현실에서 일어나는 다양한 사안에서 그 법률을 적용할 때에는 구체적 사안에 맞는 가장 타당한 해결 방안이 될 수 있도록 해석할 것도 요구된다. 요컨대 '법해석의 목표'는 어디까지나 법적 안정성을 저해하지 않는 범위 내에서 구체적 타당성을 찾는 데 두어야 한다. 그러기 위해서는 가능한 한 법률에 사용된 문언의 통상적인 의미에 충실하게 해석하는 것을 원칙으로 하면서, 법률의 입법취지와 목적, 입법 연혁, 법질서 전체와의 조화, 다른 법령과의 관계 등을 고려하는 체계적 · 논리적 해석 방법을 추가적으로 동원함으로써, 위와 같은 법

2 사람은 무엇을 근거로 타인으로부터 강제되는 것인가

(1) '계약'과 '법률'

법이 권리와 의무의 체계라면, 이것은 무엇에 근거하는 것인가? 달리 말하면, 사람은 어떠한 근거가 있는 경우에 타인(또 법원 등의 국가권력)으로부터 강제되는 것인가? 이 근거가 '**법원**(法源)'이다. 그 내용을 좀 생각해 보자.

과거의 **봉건사회**에서 사람들은 국왕이나 영주 등의 절대적 명령을 따라야 하였다. 여기서의 명령은 자신이 관여하지 않는 곳에서 결정된 것이며, 명령을 강제 받은 사람에게는 고통이나 불합리도 느꼈다.

이 고통과 불합리를 타파하려 했던 역사적인 사건 중의 하나가 '**프랑스혁명**'[2]이다. 프랑스 혁명을 이끌었던 당시의 정치가 및 법률가는 **장 자크 루소**[3]의 '**사회계약론**' 등과 같은 **계몽사상**의 영향을

해석의 요청에 부응하는 타당한 해석을 해야 한다(대법원 2013.1.17. 선고 2011다83431 전원합의체 판결).

2) <역자주> 프랑스 혁명(France革命) : 1789년 프랑스에서 부르봉 왕조의 절대주의적인 구제도를 타파하여 근대 시민사회를 이룩한 시민 혁명. 프랑스 대혁명.

3) <역자주> **장 자크 루소**[Jean-Jacques Rousseau]는 18세기 프랑스의 사상가(1712.6.28~1778.7.2.)이다. <사회계약론>을 통해 인간 존재를 다음과 같이 선언한다. "인간은 자유롭게 태어난 존재인데, 지금은 어디에서나 사슬에 얽매여 있다." 루소가 "자연으로 돌아가라."고 직접적으로 말을 한 적은 없지만 자연과 사회의 대비를 통해 이분법적인 잣대를 들이댄 것은 사실이다. 루소에게 인간의 자연적 충동은 건전하고 선량하다. 사회가 인간을 사악하게 만드는 장소이다. 인간은 한때 주위의 환경과 조화를 이루며 살았지만 이제는 겉치레와 경쟁, 과시적 소비 속에서 살고 있다. 각종 제도는 인간의 영혼을 병들게 하고, 인간을 소외시킨다. 이러한 방식의 자연과 사회의 이해는 '황금시대' 혹은 낙원으로부터 추방된 인간의 모습을 따른다는 점에서 당대 계몽 사상가들로부터 비판의

받아, 개인의 '**자유의사**'가 법적 의무의 근원이라고 생각하였다. 사람들은 자신의 자유로운 의사에 따른 행위에 의해서만 타인으로부터의 강제를 받는다. 반대로 자신의 자유로운 의사에 따른 행위가 없으면, 사람은 어떤 사람으로부터 법적으로 강제를 받는 일은 없다고 생각했던 것이다. 그리고 여기서는 개인의 자유로운 의사에 따른 행위로 할 수 있는 두 가지 형태를 상정하였다.

첫째는 '**계약**'이다. 계약이란 복수 사람의 자유로운 의사가 합치했을 경우에 성립한다. 예를 들어 빵을 단번에 팔려는 빵집 주인의 자유의사와 1유로(Euro)로 사려는 구매자의 자유의사가 합치한 경우, 빵을 매매하는 계약이 성립되며, 이 계약에 근거해 구매자는 빵집 주인에게 1유로를 지급해야 하는 의무, 빵집 주인은 구매자에게 빵을 인도해야 하는 의무를 각각 부담하게 된다.

둘째는 '**법률**'이다. 루소는 각 개인이 각자의 의견을 자유롭게 말함으로써 형성된 '**일반의사**'에 따라 국가를 통치할 수 있다는 '**국민주권**'의 생각을 제시하였다. 이 생각은 **1789년 프랑스 '인권선언**'[4]에서 "모든 주권의 원리는 본질적으로 국민에게 있다. 어떠한 단체도 어떤 개인도 명료하게 국민으로부터 출발하지 않은 권력

대상이 되었다. 새로운 제도와 개혁을 통해 인간을 계몽시키려고 했던 볼테르를 비롯한 당대 사상가들이 보기에 루소는 낡은 가치를 부활하게 하는 인물처럼 보였다.

4) <역자주> 프랑스의 인권'선언'(인간과 시민의 권리, 1789년 8월 26일)는 구체제(상시앵레짐)의 사망 확인서로서 새로운 사회질서의 원칙을 담아 인간의 일반의 권리를 확립한 '정치적 신의 상징이 되어버린' 선언이며 주권의 전환이고, '불평등'에 도전하고 바꿀 수 있다는 의식을 일깨운 '세계 인권사'의 정점에 서있다. 이것은 이제 '왕의 신성한 권리'가 아니라 '인간의 권리'에 바탕을 둔 '국가를 구속하는 원리'로서 신체제의 출발을 알리는 팡파르였다. 여기에는 새로운 원리로서 "자유를 부정하는 절대주의와 평등을 부정하는 구시대의 특권들과는 이제 단절한다. 모든 인간의 자유와 평등 위에 새로운 체제를 세운다." 경제적으로는 자본주의, 정치적으로는 법의 지배와 대의정치라는 변화된 시대의 틀을 제시한 것이다. 봉건 군주제 철폐, 민중 혁명과 공화정 수립, 사적 소유 철폐를 부르짖는 사회주의 운동의 선례의 다양한 모습으로 나타났다.

을 행사할 수 없다"(제3조), "법률은 일반의지의 표명이다"(제6조)라는 형태로 명문화하고 있다. 국민이 선출한 대표자를 통해 정한 법률은 국민의 자유의사로 형성된 것이며, 계약과 함께 사람에게 법적 의무를 지우는 근거가 된다고 선언하고 있다.

이 계약과 법률을 통하여 법적 권리와 의무를 근거지울 수 있다는 생각은 프랑스혁명 이후에 **나폴레옹 보나파르트**가 기초 · 편찬한 1804년 **'프랑스 민법전'**(나폴레옹 법전)에 도입되어, 그 후 오늘날 세계에서도 널리 수용하고 있다. 근대적인 법체계에서는 사람은 계약과 법률에만 근거로 하여 타인으로부터 강제를 받게 되는 것이다.

이것은 기본적으로 오늘날 노동법 세계에서도 들어맞는다. 현재의 일본 노동법에서는 계약과 법률을 어떻게 규정하고 있는가? 다음에서 간단하게 살펴보자.

(2) 노동법에서의 계약 – 근로계약(고용계약)

일하는 사람(근로자)과 회사(사용자) 사이의 관계는 법적으로는 개별 근로자와 사용자의 **"근로계약"**에 근거한다고 생각한다. 민법에서는 이 계약을 **'고용계약'**이라고 한다. 근로계약 또는 고용계약은 근로자가 사용자에게 사용되어 근로하고, 사용자가 이것에 대하여 임금의 지급을 약속하는 계약이다(노동계약법 제6조,[5] 민법 제623조[6]). 근로자와 사용자 사이에 따라 일하는 것과 임금을 지

---

5) <역자주> 일본 노동계약법 제6조(근로계약의 성립)에서는 "근로계약은 근로자가 사용자에게 사용되어 근로하고, 사용자는 이에 대하여 임금을 지급할 것에 대하여 근로자의 사용자가 합의함으로써 성립한다"고 규정하고 있다. : 우리나라는 관련 규정이 없다.

6) <역자주> 일본 민법 제623조(고용) 고용은 당사자 일방이 상대방에 대하여 노동에 종사할 것을 약정하고, 상대방이 이에 대하여 보수를 줄 것을 약정함으로써 그 효력이 생긴다 ; 한국 민법 제656조(고용의 의의) 고용은 당사자 일방이 상대방에 대하여 노무를 제공할 것을 약정하고, 상대방이 이에 대하여 보수를 줄 것을 약정함으로써 그 효력이 생긴다

급하는 것에 대한 합의가 있을 경우 근로계약은 성립되며, 이 계약에 따라 근로자는 사용자로부터 지휘명령을 받아 근로하는 의무, 사용자는 근로자에게 대가로서 임금을 지급하는 의무를 가지게 된다.

근로계약은 그 내용을 오해하거나 나중에 분쟁 발생을 피하기 위하여 가능하면 '**서면**'으로 내용을 확인하는 것이 바람직하다(노동계약법 제4조).[7] 그러나 근로계약은 반드시 서면으로만 체결해야 하는 것이 아닌, 구두약속으로도 성립하고, 언어로 불명확한 내심 의사의 합치('묵시의 합의')로도 성립한다. 실제로 일하고 계신 독자 여러분 중에서도 '**근로계약서**'를 서면으로 주고받지 않으신 분이 많지 않을까?

서면으로만 체결해야 하는 것이 아니고, 구두약속으로도 성립하고, 언어로 명확하게는 표현되지 못하는 내심 의사의 합치('묵시의 합의')로도 성립한다. 실제로 일하고 계신 독자 여러분 중에서도 '**근로계약서**'를 서면으로 주고받지 않으신 분이 많지 않을까?

근로계약의 내용이 되는 구체적인 권리와 의무도 명시적인 합의뿐만 아니라, 묵시적인 합의에서도 발생한다. 예를 들어 어떤 회사에서 연말에 '**떡값**'(もち代)으로 회사가 근로자에게 5만 엔(50만 원 정도)씩 지급하는 관례가 창업한 이래 50년 이상 계속되었다. 이것은 회사의 취업규칙이나 계약서를 작성하지도 않았고, 또 회사와 근로자가 명시한 약속도 없었다. 하지만 회사도 직원도 마음속으로는 연말에 직원에게 5만 엔을 지급해야 하고, 지급할 것이라고 생각하고 있다. 이러한 경우에 회사와 직원은 매년 말에 5만 엔의 떡값을 주는 묵시적인 합의가 있다며, 법원이 회사에 그 지

---

7) <역자주> 일본 노동계약법 제4조(근로계약 내용의 이해촉진) ① 사용자는 근로자에게 제시한 근로조건 및 근로계약의 내용을 충분하게 이해시켜야 해야 한다. ② 근로자와 사용자는 근로계약의 내용(기간의 정함이 있는 근로계약의 사항을 포함한다)을 가능하면 서면으로 확인하여야 한다.

급을 명령할 수가 있다.

또 근로관계에서는 명시적이거나 묵시적인 합의가 있는지 여부와 관계없이 '**신의칙**'(민법 제1조 제2항[8], 노동계약법 제3조 제4항[9])이라는 당사자 사이의 신뢰관계를 기초로 계약상의 권리나 의무를 설정하거나 수정하는 경우도 있다('신의칙에 의한 계약의 보충적 · 수정적 해석'). 예를 들어 근로자들을 지휘감독 하에서 일을 시키는 사용자는 명시 또는 묵시의 합의가 없더라도, 신의칙상 근로자의 생명과 건강을 위험에서 보호하도록 배려할 의무(안전배려의무)를 가진다고 해석된다. 또 예를 들어 계약에는 1년 기간의 정함이 있어 1년이 경과하면 기간의 만료에 따른 계약관계를 종료하기로 합의되어 있다. 그렇다고 해도, 근로자가 고용의 지속에 대하여 합리적인 기대를 가지고 있다면, 기간의 만료 후에도 계약이 갱신되는 것과 같은 법률관계, 즉, 1년 계약이 갱신된 상태가 발생할 수 있다고 해석된다. 이러한 점에서는 당사자의 자유의사에 근거로 한 순수한 계약해석을 수정하고, 당사자 사이의 신뢰관계라는 사실 · 실태를 고려해 계약을 해석하고 있다.

이러한 근로계약의 해석 방식에 대해서는 그 구조로는 계약의 일반적인 룰을 적용하고 있다. 하지만, 그 구체적인 내용은 경우에 따라 근로계약관계의 '**인간성**'(人間性)이나 '**계속성**'의 성격을 포함한 **신뢰관계**에 의해 해석된다고 할 수 있다.

---

8) <역자주> 일본 민법 제1조(기본원칙) ② 권리의 행사 및 의무의 이행은 신의에 좇아 성실하게 행하여야 한다. : 한국 민법 제2조(신의성실) ①권리의 행사와 의무의 이행은 신의에 좇아 성실히 하여야 한다.

9) <역자주> 일본 노동계약법 제3조(근로계약의 원칙) ④ 근로자와 사용자는 근로계약을 준수함과 동시에 신의에 따라 성실히 권리를 행사하고 의무를 이행하여야 한다.

보론 24

• **가사근로와 여성의 해방 및 가내노동법**

(1) 기술 혁신이 가져온 편리한 생활의 향상을 알려면 여성이 가사근로에서 해방되는 역사를 되짚어보는 것이 좋다.

'가사'(家事)라고 하면, 취사(炊事), 빨래, 청소, 바느질, 쇼핑이라는 일상생활부터 자녀가 있으면 육아, 노인이 있으면 돌봄(介護)까지 있는 중노동이다. 하지만, **'주부'**(主婦)는 과거에 이러한 가사를 맡아왔다. 이에 주부의 가사를 돕기 위하여 **'하녀'**(下女)라는 직업이 있었다. 하지만 산업혁명이 진행되면서 여성의 노동력에 주류는 **'여공'**(女工)이 되고, 하녀는 줄어들었다. 또한 제2차 세계대전 중에는 주부가 하녀를 고용하는 것은 호화로운 것으로 보고, 하녀의 수는 줄어들었다. 제2차 세계대전 이후에 하녀의 일은 잠시 부활했지만, 하녀가 심각하게 부족했다. 1970년대 이후 하녀는 거의 찾아볼 수 없게 되었다(小泉 2012).

다만, 그 무렵에는 하녀가 없어도 집안일은 돌아갔다. 핵가족화 등으로 가족수가 줄어들어 가사의 양 자체가 줄어들기도 했는데, 중요한 것은 **'가전제품의 보급'**이었다. 전기밥솥, 전기세탁기, 전기청소기, 미싱(재봉틀) 등의 기술의 발전은 가사근로를 편리하게 해주었다.

그리고 오늘날에는 **'가사로봇'**도 출현하고 있다. 이제 가정에서는 로봇이 일반적으로 청소하고 있다. 요리에서 뒷정리까지 모든 것을 맡는 **'전자동 로보틱 키친'**도 이미 개발되어 있다. 저출산·고령화 시대는 돌봄노동이 늘어난 것으로 예상된다. 하지만, 이것도 로봇을 활용해 대응할 것이다. 가사에서 인간이 해방되는 시대가 도래한 것이다.

2015년 「**여성의 직업생활에서 활약 추진에 관한 법률**」(女性の職業生活における活躍の推進に関する法律, **'여성활약추진법'**)을 제정함으로 아베 신조(安倍晋三) 정권이 목표로 삼는 **'일본 1억 총활약 플랜**(ニッポン一億総活躍プラン)'에서도 여성의 등용은 중요한 과제가 되었다. 기술의 발달이 이를 지원한다. 하지만 "**가사는 여성이 맡는다**"는 인식 자체가 이미 시대에 뒤떨어진 것이지만.

(2) 일본의 '가내노동법'은 1970년 제정(5월)·시행(10월)되었다. 가내근로자는 위탁자로부터 원재료 등의 제공을 받아 물품의 제조, 가공 등에 종사하는 자는 말한다. 동거친족 이외의 자를 사용

하지 않는 것을 상태(常態)로 하는 것을 말한다. 이 법률은 공임(工賃(직공의 품삯, 가내근로자가 취득하는 보수))의 최저액, 안전보건 그 밖의 가내근로자에 관한 필요한 사항을 정하여 가내근로자의 근로조건 향상과 생활안정에 기여함으로 목적으로 하고 있다. 1959년 당시 일본 도쿄에서 비닐 샌들(vinyl sandal)을 제조하는 가내근로자가 고무풀에 의한 벤젠중독이 종종 발생해 이들의 안전보건문제도 중요하게 부각되는 계기로 종합적인 가내근로대책을 수립해야 했다. 그후 일본 노동성은 '임시가내노동조사회'를 설치하고 가내근로에 대한 실태조사와 종합적인 가내근로대책의 검토해 착수했다. 그후 가내근로자가 예상외로 복잡하고 다양한 형태로 존재해 10여년의 경과 후 '가내노동법'을 제정·시행하였다(노상헌, 가내근로에 관한 법제개선방안, 한국법제연구원, 2003 ; 김소영/문무기, 가내근로의 실태와 제도적 보호에 관한 연구, 한국노동연구원, 1997). 일본 가내노동법 및 시행규칙의 전문은 노상헌, 앞의 책, 83-106면).

(3) 한국에서는 가사서비스의 담당하는 자를 가사근로자, 가사노동자, 가사사용인, 가사서비스종사자, 가사업무종사자 등 다양한 용어가 사용된다. 근로기준법 제11조 제1항 등 관련 노동법에서는 각각의 법의 적용범위를 명시하면서 그 적용제외자로서 '가사사용인'의 용어를 명시하고 있다. '가사노동자'(=가구내 고용활동)는 가장 널리 사용되는 용어로서 주로 노동계와 여성계 등에서 근로자의 한 유형으로 사용하고, '가사근로자'는 '가사노동자'와 일맥 상통하는 용어로 사용한다.

최근 2019년 문재인 정부는 '국정운영 5개년 계획'에 '성별/연령별 맞춤형 일자리 지원과제'의 추진과제로 가사·돌봄 서비스 공식화(2017년 법제화 추진)를 포함시켰다. 그리고, 고용노동부는 2017년 12월에 「가사근로자 고용개선 등에 관한 법률안」(특별법)을 정부법안으로 제20대 국회에 제출한 후 국회의 임기 만료로 자동폐기되었다. 그 후 2020년 6월 제21대 국회에 정부법안을 다시 제출하였다.

이러한 '가사서비스의 공식화(公式化)'는 가사근로자의 고용 확대와 일·가정양립, 일자리 창출에 크게 기여할 것으로 예상된다. 가사서비스란 가정 내에서 이루어지는 청소, 세탁, 주방일과 가구구성원의 보호 · 양육 등 가정생활의 유지 및 관리에 필요한 업무를 수행하는 것을 말한다. 통계청은 단순노무 직종에 종사하는 가사 및 육아 도우미는 13만 7천명으로 추산하고 있다(2020년 상반기 지역별 고용조사).

(4) 가부장적 사회구조는 문제다. 결혼해 출산하지 않는 것 말고 얼마나 큰 일을 할 수 있는가? 여성이 엄마일 때와 엄마가 아닐 때의 임금격차는 남녀 임금격차보다 클 수가 있다. 여성이 자녀 출산으로 승진, 임무, 임금 인상, 인센티브 기회를 놓침으로 수입이 5－10%가 감소하는 '엄마세'를 고려해 보면 엄마가 되는 것의 진정한 비용을 이해할 수 있다. 현실은 부부가 정규직으로 맞벌이를 하는데 아내가 남편보다 더 많이 버는 가정에서도 여성이 육아와 가사근로를 떠맡는 경우도 많다. 가사근로를 부부의 결혼 생활 만족도를 높이기 위해서는 '평등'보다는 가정마다의 상황에 적절한 '공정' 차원에서 분담할 필요도 있다(이브 로드스키(김정희 옮김), 페어 플레이 프로젝트, 메이븐, 2021)).

(3) 노동법에 있어 법률 - 노동기준법 등의 강행법규

일하는 사람과 회사의 관계는 근로계약에 따른 관계를 기초로 하면서, 이것에 대하여 여러 가지 법률이 규제하고 있다. 예를 들어 노동기준법, 최저임금법, 남녀고용기회균등법(남녀고용평등법), 육아돌봄휴업법 등의 법률이다. 또 민법의 일반규정인 권리남용(제1조 제3항,[10] 노동계약법 제3조 제5항[11])이나 공서(公序, 반사회질서, 90조[12])(국제노동기준)가 규율하는 경우도 많다. 노동법에서 자

---

10) <역자주> 일본 민법 제1조(기본원칙) ③ 권리의 남용은 이를 허용하지 아니한다. : 한국 민법 제2조(신의성실) ② 권리는 남용하지 못한다.

11) <역자주> 일본 노동계약법 제3조(근로계약의 원칙) ⑤ 근로자와 사용자는 근로계약에 의하여 권리를 행사함에 있어 이를 남용해서는 아니된다.

12) <역자주> 일본 민법 제90조(공서양속) 공공의 질서 또는 선량한 풍속에 반하는 사항을 목적으로 하는 법률행위는 무효로 한다. : 한국 민법 제103조(반사회질서의 법률행위) 선량한 풍속 기타 사회질서에 위반한 사항을 내용으로 하는 법률행위는 무효로 한다.

주 나오는 해고권 남용법리, 채용내정 법리, 배치전환 · **출향**(出向)[13] 법리, 징계권 남용법리 등은 **민법상의 권리남용 룰이 근로와 관련된 재판 판결 중에서 발전해 왔다.** 현재는 이러한 법리의 일부는 '**노동계약법**'이라는 법률 중에 명문화하고 있다(제14조[14] : 출향(出向)법리, 제15조[15] : 징계권 남용법리, 제16조[16] : 해고권 남용법리 등).

이러한 법률 규정은 "**강행법규**"라고 하고, 당사자의 합의 유무나 내용에 관계없이 당사자를 규율한다. 예를 들어 법률상 근로시간의 상한이 주 40시간으로 설정한 것(노동기준법 제32조[17] 참조)

---

13) <역자주> **출향**(出向) : 원래의 기업과의 근로계약 관계를 유지한 채 다른 기업의 지휘명령을 받고 일하는 것이다. 자회사 및 관련 회사에 대한 경영 · 기술지도, 종업원의 능력개발/커리어(경력) 형성, 구조조정, 중고 연령자의 처우 등의 목적을 위하여 활발하게 이루어지고 있다(재적출향, 장기출향, 사외근무, 응원파견, 휴직파견 등).

14) <역자주> 노동계약법 제14조(출향) 사용자가 근로자에게 출향을 명할 수 있는 경우에 그 출향명령이 필요성, 대상근로자의 선정에 관한 사정, 그 밖의 사정에 비추어 그 권리를 남용한 것이라고 인정되는 경우에는 그 명령은 무효로 한다.

15) <역자주> 일본 노동계약법 제15조(징계) 사용자가 근로자를 징계할 수 있는 경우에 그 징계가 징계에 관련된 근로자의 행위의 성질 및 양태, 그 밖의 사정에 비추어 객관적으로 합리적인 이유를 결여하고 사회통념상 상당하다고 인정되지 아니하면 그 권리를 남용한 것으로 그 징계는 무효로 한다.

16) <역자주> 일본 노동계약법 제16조(해고) 해고는 객관적으로 합리적인 이유를 결여하고 사회통념상 상당하다고 인정되지 아니하는 경우에는 그 권리를 남용한 것으로 무효로 한다. : 한국 근로기준법 제23조(해고 등의 제한) 제1항 사용자는 근로자에게 정당한 이유 없이 해고, 휴직, 정직, 전직, 감봉, 그 밖의 징벌(懲罰)(이하 '부당해고등'이라 한다)을 하지 못한다. 여기서 징벌은 부정 또는 부당한 행위에 대해 벌을 준다는 의미이다. 징벌은 실수나 범죄를 저지른 자에게 강제되는 정서적, 육체적, 경제적 처벌이다.

17) <역자주> 일본 노동기준법 제32조(근로시간) ① 사용자는 근로자에게 휴식시간을 제외하고 1주간에 대하여 40시간을 초과하여 근로시켜서는 안된다. ② 사용자는 1주간의 각 일에 대해서는 근로자에게 휴식시간을 제외하고 1일 8시간을 초과하여 근로시켜서는 안된다. : 한국 근로기준법 제50조(근로시간) ① 1주간의 근로시간은 휴게시간을 제외하고 40시

에 회사와 근로자 사이에서 주 50시간 근로하는 계약을 체결한 경우가 있다. 이러한 경우 주 40시간을 초과한 계약 부분은 무효이고, 법률 규정에 따라 계약의 내용은 주 40시간에 수정된다(노동기준법 제13조,[18] 최저임금법 제4조 제2항[19] 등 참조). 또 노동기준법, 최저임금법, 노동안정위생법(한국은 산업안전보건법) 등 법률은 근로기준감독서(장)이라는 행정기관을 통해 사용자가 이를 제대로 지키도록 지도와 감독을 하고, 또 법을 위반한 '**악질**(惡質) **사용자**'에게는 징역이나 벌금 등 벌칙을 부과한다.

이러한 법률 내용은 다음의 장(제3장)에서 구체적으로 설명하고자 한다. 여기서는 노동법에서 법률(강행법규)의 완수하는 역할이 상대적으로 큰 것을 확인하고 싶다. 근로자와 회사의 관계 기초에 근로계약이라는 계약이 있는 것은 앞에서 살펴본 것과 같다. 노동법의 세계는 이 당사자끼리의 계약 내용을 외부에서 규율하는 법률이 많고, 당사자의 자유로운 의사를 제약하는 역할을 하고 있다.

왜 노동법에서는 당사자 사이의 자유로운 의사결정을 제약하는 법률의 역할이 상대적으로 큰 것인가? 이것은 앞의 장(제1장 노동법은 어떻게 탄생했는가)에서 살펴본 근로계약에 내재하는 (i) 인간적 성격, (ii) 경제적 격차, (iii) 자유의 결여라는 세 가지 특징에서 유래한다. 인간 그 자체를 대상으로 하고, 당사자의 사이에 경제

간을 초과할 수 없다. ② 1일 근로시간은 휴게시간을 제외하고 8시간을 초과할 수 없다.

18) <역자주> 일본 노동기준법 제13조 이 법률에서 정하는 기준에 미치지 못하는 근로조건을 정한 근로계약은 그 부분에 한해서는 무효로 한다. 다만, 이 경우에 무효로 된 부분은 이 법률에서 정한 기준에 따른다" : 한국 근로기준법 제15조 제1항, 제2항에 해당.

19) <역자주> 일본 최저임금법 제4조(최저임금의 효력) ② 최저임금의 적용을 받는 근로자와 사용자 사이의 근로계약 중 최저임금액에 미치지 못하는 금액을 임금으로 정한 부분은 무효로 하며, 이 경우 무효로 된 부분은 이 법으로 정한 최저임금액과 동일한 임금을 지급하기로 한 것으로 본다 : 한국 최저임금법 제6조(최저임금의 효력) 제3항.

적인 역학관계 차이가 있는 경우가 많고, 또한 계약을 이행하는데 있어 인간의 자유가 빼앗긴 근로계약을 당사자의 자유로운 결정에 맡기게 되면, 근로자가 '인간'이 아닌 '사물'처럼 다루어지는 사회적 폐해가 발생한다. 이것은 역사에서 경험한 사실이면서, 21세기 오늘날에도 기본적으로 일치한다는 점이다. 법은 이 문제를 극복하기 위한 하나의 축이다. 근로자에게 주어진 "집단적인 보호"에 상당한 것으로 '법률'은 오늘날에도 여전히 중요한 역할을 맡고 있다.

3 노동법에 고유한 법원(法源)이란

'계약'과 '법률'은 일반적으로 사람의 '권리'나 '의무'를 근거로 한다. 이 두 가지는 민법 등의 세계와 같이 노동법의 세계에서도 중요한 역할을 해왔음을 지금까지 살펴본 바와 같다. 게다가 일본 노동법은 이 두 가지 이외에 다음의 두 가지가 근로자와 사용자의 권리와 의무를 근거지우는 법원(法源)이 될 수 있다. 이것은 '단체협약'과 '취업규칙'이다. 이론적으로 조금만 엄밀하게 말하면, '단체협약'은 법률에 근거해 법원이 되고, '취업규칙'은 계약의 일종으로 법원이 된다고 해석된다. 넓은 의미에서는 계약 또는 법률에 근거한 법원으로도 자리매김할 수 있다. 하지만 여기서는 그 중요성에 비추어 달리 살펴보고자 한다.

(1) 단체협약 – 노동조합과 회사의 약정

근로자가 노동조합이라는 조직을 만들고, 이 노동조합과 회사가 '단체교섭'이나 '노사협의'라는 대화를 하고 결정이 이루어진다. 이 노동조합과 회사가 체결한 근로조건 등에 관한 합의 · 협정을 '단체협약'이라고 한다.

단체협약은 서면으로 작성하는 '서명 또는 기명날인'을 하는 양식을 충족할 경우에는 여기에 정한 기준에 반하는 근로계약 부분을 무효이고, 무효로 된 계약부분을 보완한다는 효력이 인정된다(노동조합법 제14조,[20] 제16조[21]). 이 효력이 "**규범적 효력**"이다. 예를 들어 노동조합의 조합원과 회사의 근로계약(개별계약)의 보너스(상여금)는 월급 2개월분으로 정했지만, 단체협약에 보너스는 월급의 3개월분으로 규정한 경우에는 월급 2개월이라는 근로계약의 규정은 무효가 되고, 단체협약 규정에 따라 근로계약의 내용은 월급 3개월분으로 수정된다. 이 결과로 조합원은 회사에 월급 3개월분의 보너스를 지급받을 권리를 가지게 된다.

단체협약을 둘러싼 논의는 노동조합이나 단체교섭의 중요성과 함께 나중에 소상하게 살펴보고자 한다. 여기서는 근로자에게 인정된 '**집단적 자유**'의 결과로 체결된 집단적 합의(단체협약)에 '규범적 효력'이라는 특별한 효력이 주어지고, 노동법상의 중요한 법원의 하나로 자리매김하고 있음을 명심해 둘 필요가 있다.

---

20) <역자주> 일본 노동조합법 제14조(단체협약의 효력) 노동조합과 사용자 또는 그 단체와의 사이의 근로조건 기타에 관한 단체협약은 서면으로 작성하고, 양 당사자가 서명하거나 또는 기명날인하는 것에 의하여 그 효력이 생긴다. ; 한국 노조법 제31조(단체협약의 작성) ① 단체협약은 서면으로 작성하여 당사자 쌍방이 서명 또는 날인하여야 한다.

21) <역자주> 일본 노동조합법 제16조(기준의 효력) 단체협약에 정한 근로조건 기타 근로자의 대우에 관한 기준에 위반하는 근로계약의 부분은 무효로 한다. 이 경우에 있어서 무효로 된 부분은 기준에 정한 바에 의한다. 근로계약에 규정되지 아니한 사항에 대해서도 마찬가지로 한다. ; 한국 노조법 제33조(기준의 효력) ① 단체협약에 정한 근로조건 기타 근로자의 대우에 관한 기준에 위반하는 취업규칙 또는 근로계약의 부분은 무효로 한다. ② 근로계약에 규정되지 아니한 사항 또는 제1항의 규정에 의하여 무효로 된 부분은 단체협약에 정한 기준에 의한다.

(2) 취업규칙 – 회사가 정한 직장의 룰

일본 노동법의 또 다른 법원으로 '**취업규칙**'이 있다. 일본의 회사에서는 근로조건이나 직장규율 등 직장에서의 룰이 취업규칙의 형태로 정해져 있는 경우가 많다. 이 취업규칙은 근로자와 회사의 권리나 의무를 설정하는 법원으로서 **실제로 매우 중요한 역할**을 하고 있다. 그래서 취업규칙의 법적 위치에 대하여 여기서 조금 더 자세하게 살펴보고자 한다.

노동기준법은 상시 10명 이상의 근로자를 사용하는 사용자에게 일정한 사항을 기재한 취업규칙을 작성하는 것을 의무지우고 있다(제89조).[22] 여기서 의무적 기재사항은 근로시간, 임금, 퇴직, 식비 · 작업용품 등 안전위생, 직업훈련, 재해보상, 표창 · 제재, 그 밖의 근로자의 모두에게 적용되는 사항이라는 광범위하게 거쳐 있다. 그 결과 일본에서는 취업규칙에 근로조건이나 직장규율 등 직장의 룰의 대부분이 기재되기에 이르고 있다.

또 노동기준법은 사용자가 취업규칙을 작성 · 변경할 경우에 세 가지 절차규정을 두고 있다. ① 사업장 근로자의 과반수대표(근로자의 과반수가 가입하는 노동조합, 이것이 없을 때는 근로자의 과반수를 대표하는 자)로부터의 의견청취(제90조 제1항),[23] ② 관할 노동기준감

22) <역자주> 위반시 30만엔 이하의 벌금(제119조) ; 한국 근로기준법은 상시 10명 이상의 근로자를 사용하는 사용자가 취업규칙을 작성, 변경한 경우에는 고용노동부장관에게 신고해야 한다(제93조). 위반시 벌칙(500만원 이하의 과태료)이 적용된다(제116조).

23) <역자주> 일본 노동기준법 제90조(작성의 절차) ①취업규칙은 근로자의 과반수를 대표하는 노동조합이나 이것이 없는 경우에는 근로자의 과반수를 대표하는 자의 의견을 들은 후에 최종적으로는 사용자가 결정해 변경할 수 있다. ; 한국 근로기준법 제94조(규칙의 작성, 변경 절차) ① 사용자는 취업규칙의 작성 또는 변경에 관하여 해당 사업 또는 사업장에 근로자의 과반수로 조직된 노동조합이 있는 경우에는 그 노동조합, 근로자의 과반수로 조직된 노동조합이 없는 경우에는 근로자의 과반수의 의견을 들어야 한다. 다만, 취업규칙을 근로자에게 불리하게 변경하

독서장에 대한 신고(제89조), ③ 작업장의 눈에 잘 띄는 장소에 '게시'나 '전자기기에 의한 접속' 등의 방법으로 근로자에게 주지(周知)(제106조)[24]해야 한다.

취업규칙에 정해진 근로조건에는 그 직장(사업장)의 최저기준으로 하고, 이를 밑도는 근로계약의 부분을 무효로 해 이것을 보완하는 효력을 인정하고 있다(노동계약법 제12조).[25] 이것을 **'취업규칙의 최저기준효'**라고 한다. 예를 들어 회사의 취업규칙에 시간당 1,500엔으로 기재되어 있음에도 불구하고, 그 회사와 근로자들은 근로계약(개별계약)에서는 시급 1,200엔으로 정한 경우에 취업규칙의 기준(시간당 1,500엔)을 밑도는 근로계약의 부분(시급 1,200엔의 합의)은 무효로 되고, 근로계약의 내용 자체는 시간당 1,500엔이 된다. 그 결과 근로자가 회사에 시간당 1,500엔의 지급을 요구하는 권리가 인정된다. 그 반대의 사례, 즉 취업규칙에는 1,200엔, 근로계약에는 1,500엔으로 정한 경우에는 어떠한가? 이러한 경우에 취

는 경우에는 그 동의를 받아야 한다.

24) <역자주> 일본 노동기준법 제106조(법령 등의 주지의무) ① 상시 각 작업장의 보기 쉬운 장소에 게시하거나 비치할 것, 서면을 교부할 것, 그 밖의 후생노동성령에서 정하는 방법으로 근로자에게 주지시켜야 한다. ; 한국 근로기준법 제14조(법령 주요 내용 등의 게시) ① 사용자는 이 법과 이 법에 따른 대통령령의 주요 내용과 취업규칙을 근로자가 자유롭게 열람할 수 있는 장소에 항상 게시하거나 갖추어 두어 근로자에게 널리 알려야 한다. <개정 2021. 1. 5.>(벌칙 제116조).(*입법론으로 "작성 · 변경 후 10일 이내에 게시판 부착, 홈페이지 게시 등 근로자가 그 내용을 널리 알 수 있도록 해야 하며, 근로자가 요구하면 언제든지 열람 또는 교부해야 한다"(임종률, 노동법(제19판), 박영사, 2021, 383면)).

25) <역자주> 일본 노동계약법 제12조(취업규칙의 변경절차) 취업규칙에서 정한 기준에 미달하는 근로조건을 정한 근로계약은 그 부분에 대해서는 무효로 한다. 이 경우 무효가 된 부분은 취업규칙으로 정한 기준에 의한다. ; 한국 근로기준법 제97조(위반의 효력) 취업규칙에서 정한 기준에 미달하는 근로조건을 정한 근로계약은 그 부분에 관하여는 무효로 한다. 이 경우 무효로 된 부분은 취업규칙에 정한 기준에 따른다.

업규칙보다 유리한 근로계약 규정은 그대로 유효한 것으로 본다.

취업규칙의 최저기준효는 취업규칙과 근로계약 모두에 규정된 경우에 조정의 문제다. 하지만 어떠한 사항에 대하여 취업규칙에만 규정이 있고, 법률이나 단체협약이나 근로계약에는 규정이 없을 경우에 그 취업규칙의 규정에는 어떤 효력을 인정할 것인가? 이 점은 '**취업규칙의 법적 성질**'과 관련된 문제로서 이전부터 논의해 왔다. 예를 들어 징계처분 또는 퇴직수당 지급에 대하여 취업규칙에만 규정이 있을 경우에 근로자가 이에 동의할 의사를 표명하고 있지 않다고 해도, 이러한 취업규칙 규정은 근로자나 회사를 법적으로 구속하는 효력이 있는지 문제된다.

이 점에 대하여 '**학설**'은 (ⅰ) 취업규칙을 법률(법규)과 유사하다고 보고, 법률과 같은 구조에서 효력을 인정하려는 견해와, (ⅱ) 계약으로 보고, 당사자의 합의가 있는 경우에 효력을 인정하려는 견해로 구분되어 있다. 이에 최고재판소는 취업규칙의 내용이 합리적이라면 근로계약의 내용으로 구속력을 가진다는 입장을 취하였다(**슈호쿠버스**(秋北バス) 사건, 최고재판소 1968년 12월 25일 판결, 일본 전전공사대광국(電電公社帯広局) 사건 최고재판소 1986년 3월 13일 판결). 2007년에 제정된 '**노동계약법**'은 이 **판례법리를 명문화**하고, 취업규칙이 합리적인 근로조건을 정하고. 이것이 근로자에게 주지되어 있었을 경우에는 근로계약의 내용은 그 근로조건에 따른다고 규정하고 있다(제7조).[26] 예를 들어 징계처분에 관한 룰이 취업규칙에 정해져 있고, 그 규정이 근로자에게 주지되어, 게다가 규정 내용도 통상 볼 수 있는 합리적인 것인 경우에는 회사는 그 규정에 근거해 근로자에게 징계처분을 할 권리를 가지고, 근로자는 원칙적으로 그 처분에 따를 의무를 지게 된다(다만, 징계처분이 권리남

26) <역자주> 근로계약 규율효 : 근로계약 당사자 사이에 취업규칙과는 별개의, 취업규칙보다 유리한 개별적인 특약이 정해져 있지 않는 한, 합리적인 근로조건을 정한 취업규칙이 근로계약의 내용을 규율(근로계약의 내용은 취업규칙의 규정에 따름)하는 것을 명확히 입법화한 것이다.

용 등으로 무효가 되는 경우에 대해서는 175쪽 이하 참조).

(3) 취업규칙의 불이익 변경은 허용될 것인가

취업규칙을 둘러싼 가장 큰 문제는 취업규칙을 변경하여 임금을 인하하는 등과 같이 근로조건의 내용이 불이익하게 변경되는 경우에 발생한다. 근로자의 동의 없이 행해진 변경에 법적 구속력을 인정하면 사용자의 결정에 따라 근로자에게 일방적으로 불이익이 부과될 수 있다. 반대로 개별 근로자의 동의가 필요하면 반대하는 근로자가 조금이라도 있는 한 직장 전체에 걸친 집단적인 제도를 개정할 수 없게 된다. 이 점에 대하여 최고재판소는 근로자에게 불이익한 근로조건을 일방적으로 부과하는 것을 원칙적으로 허용하지 않지만, 그 규정이 합리적인 한 개별 근로자는 그 적용을 거부할 수 없다고 판시하고, 변경한 내용의 '**합리성**'을 요건으로 취업규칙 변경의 구속력을 인정하는 입장을 취하였다(앞의 슈호쿠버스(秋北バス) 사건 판결).

노동계약법은 이 법리를 법률에 명문화하고, 사용자는 근로자와의 합의 없이 취업규칙 변경에 따른 근로조건을 불이익에 변경할 수 없다(제9조).[27] 다만, 변경을 근로자에게 주지시키고, 그 내용이 합리적인 경우에는 변경 후의 취업규칙이 근로계약의 내용으로 되는 것(제10조)[28][29]을 정하고 있다. 이 '**합리성**'에 대해서는 ① 근

---

27) <역자주> 노동계약법 제9조(취업규칙에 의한 근로계약의 내용과 변경) 사용자는 근로자와 합의없이 취업규칙을 변경함으로써 근로자에게 근로계약의 내용인 근로조건을 변경할 수 있다. 다만, 다음 조의 경우는 그러하지 아니하다.

28) <역자주> 노동계약법 제10조 사용자가 취업규칙의 변경에 의해 근로조건을 변경한 경우 변경 후의 취업규칙을 근로자에게 주지시키고, 또한 취업규칙의 변경이 근로자가 받는 불이익의 정도, 근로조건 변경의 필요성, 변경 후의 취업규칙의 내용의 상당성, 노동조합 등과의 교섭 상황, 그 밖의 취업규칙의 변경에 관한 사정에 비추어 합리적인 경우에는 근로계약의 내용인 근로조건은 그 변경 후의 취업규칙에 정한 바에 따른

로자가 받는 불이익의 정도, ② 변경의 필요성, ③ 변경 후 내용의 상당성, ④ 노동조합 등과의 교섭 상황 등을 종합적으로 고려해 판단하는 것으로 되고 있다(같은 조).

하나의 사례를 들어 보자. 경영지표가 지방은행 중에서 최하위로 떨어진 은행들이 인건비를 절감하기 위하여 '**인사제도 개혁**'에 착수하였다. 취업규칙을 개정해 55세 이상의 행원(行員)을 '관리직'에서 제외하고, 새로이 '**전문직**'이라는 직위를 붙이고, 이것으로 관리직을 제외한 행원의 연봉이 약 300만 엔 내지 430만 엔이 줄어들었다(감소율은 약 33-46%). 이 사안에서 최고재판소는 다음과 같이 판시하였다. 임금 측면에서의 불이익이 매우 중대하고(①), 또한 이 변경은 특정한 행원(장년층)에게만 중대한 불이익을 부과하는 것이다(이에 따라 다른 직원의 근로조건을 개선하고 있다). 이 불이익을 완화할 충분한 경과 조치 등도 이뤄지지 않는 것(③)에서 직원의 90%를 조직하는 다수 노동조합이 이에 동의하고 있어도(④), 이를 큰 고려요소로 평가하는 것은 상당하지 않다. 따라서 이러한 변경에는 합리성이 인정되지 않았다(미치노쿠 은행(みちのく銀行) 사건, 최고재판소 2000년 9월 17일 판결). 이와 같이 법원은 취업규칙의 변경을 둘러싼 사정(①-④ 등)을 종합적으로 고려해 변경의 합리성을 판단하고 있다.

다. 다만, 근로계약에 있어 근로자와 사용자가 취업규칙을 변경함으로 변경되지 않는 근로조건으로 합의한 부분은 제12조에 해당하는 경우를 제외하고 그러하지 아니하다.

29) <역자주> 합리적 변경의 경우 근로계약 규율효 : 취업규칙에 의한 근로조건의 불이익 변경에 대하여 합의원칙을 확인하면서 '취업규칙의 변경이 … 합리적인 것일 때에는'(제10조), '이에 해당하지 않는다'(제9조)는 것, 즉 '근로계약의 내용인 근로조건은 해당 변경 후의 취업규칙에서 정하는 바에 따르는 것으로 한다'는 것(제10조)을 규정한다. 취업규칙변경의 합리성에 관한 판례의 판단요소와 판단방법을 변경하지 않고 입법규정으로 한 것이다. ; 이는 우리나라에서는 취업규칙의 변경에 대한 '사회통념상 합리성설'에 대한 엄격하게 제한하는 해석태도와는 달리 입법화한 조문이다.

또 취업규칙 변경의 구속력을 인정하는 또 하나의 요건인 근로자에 대한 '주지'에 대해서는 어떨까? 최근의 판례에는 사용자가 전체 조례(朝禮)에서 취업규칙 변경에 대하여 개략적 설명을 했을 뿐으로, 설명문의 배포나 설명회의 개최 등과 같이 모든 근로자에게 구체적으로 설명하는 노력을 기울이지 않았던 경우에는 주지(실질적 주지)의 요건이 결여된 것으로 본 사건이 있다(중부 카라(中部カラー) 사건, 도쿄(東京)고법 2007년 10월 30일 판결). 근로자에 대한 주지는 계약 내용의 변경(불이익 변경)에 반대하는 근로자에게도 변경을 의무화하는 근거가 되는 중요한 요건이다. 따라서 단순히 정보에 대한 액세스(접근)[30]를 가능하게 할뿐만 아니라, 내용의 인식 · 이해를 가능하게 하는 구체적인 설명을 노력하는 것이 사용자에게 요구된다고 할 수 있다.

보론 25

- **취업규칙 불이익변경**

(1) 취업규칙 불이익변경을 인정하는 판단기준으로서 '사회통념상 합리성'은 일본 최고재판소가 슈호쿠(秋北)버스 사건에서 해석론으로 전개한 것이다. 최고재판소는 동 사건을 판단하는데, 본래 근로조건은 근로자와 사용자가 대등한 입장에서 결정하여야 하나, 다수의 근로자를 사용하는 근대 기업에서의 근로조건은 경영상 요청에 따라 통일적 · 획일적으로 결정되며, 근로자는 경영 주체가 정하는 정형화된 계약내용에 따라서 부종적으로 계약을 체결해야 하는 입장이 현실이라면서, 근로조건을 정한 취업규칙은 일종의 사회적 규범으로 성질을 가지고, 그것이 합리적인 근로조건을 규정하고 있다면 경영 주체와 근로자 간의 근로조건은 취업규칙에 따른다고 하는 사실인 관습이 성립하여, 그 '법적 규범성'이 인정되었다.

그 사업장의 근로자는 취업규칙의 존재 및 내용을 현실적으로

30) <역자주> 액세스(access) : 기억 장치에서 정보나 파일을 호출 또는 폐기 · 갱신 · 추가하는 일. 일정한 순서에 따라 처리하는 방식과 무작위로 처리하는 방식이 있음. 접근.

알고 있는지 여부와 관계없이, 또한 이에 대한 개별적 동의를 부여하였는지 여부에 관계없이 당연히 그 적용을 받아야 할 것이다. 여기서 최고재판소가 취업규칙의 법적 성질을 보통 법규범설과 계약설 중 독특한 입장을 밝혔다. 학설상 법규범설과 계약설의 대립은 계속되어 불명확한 상태이다(荒木尚志, 「労働法」, 有斐閣, 2016, 353－358쪽; 西谷敏, 「労働法」, 日本評論社, 2020, 183－186쪽).

이러한 최고재판소는 취업규칙의 불이익변경이 합리성이 인정되는 경우에 불이익하게 변경된 취업규칙에 대한 '근로계약의 유리원칙'을 부정하였는데, 취업규칙이 해당 사업장의 근로조건 결정 등에서 획일적 · 획일적 규율의 필요성 내지 이러한 규율의 성질을 내재적으로 갖고 있다는 사업장 내에서 실질적 기능 등을 고려할 때에 근로계약의 유리원칙을 부정한 최고재판소의 판결은 취업규칙이라는 노동법 영역에서 특수한 질서 형성에 대한 해석론으로 의미가 있다.

(2) 그 후 최고재판소는 다이욘긴코(第4銀行)사건에서 '합리성'이 인정되는 것이란, 취업규칙의 작성 또는 변경이 그 필요성 및 내용의 양면에서 볼 때에 취업규칙의 불이익변경에 의하여 근로자가 입는 불이익의 정도를 고려하더라도 그 노사관계에서 그 불이익 변경조항의 법적 규범성을 시인할 수 있을 정도를 말하고, 구체적으로 취업규칙의 변경에 따라 근로자가 입는 불이익 정도, 사용자측의 변경의 필요성의 내용 · 정도, 변경 후의 취업규칙의 내용 자체의 상당성, 대상조치 그 밖의 관련하는 다른 근로조건의 개선상황, 노동조합 등과의 교섭 경위, 다른 노동조합 또는 다른 근로자의 대응, 동종 사항에 관한 국내에서의 일반적 상황 등을 종합적으로 고려하여 판단하여야 한다(1997.2.28.).

물론 변경된 취업규칙이 효력을 갖기 위해서는 사용자의 근로자에 대한 주지 의무가 충족된 경우를 전제로 해석되는 것이다. 이러한 과정을 거쳐 취업규칙의 불이익 변경에 대하여 근로계약법(2007.11.제정, 2008.3.1. 시행) 제9조 및 제10조는 취업규칙의 합리성이 인정되는(위 최고재판소 판결에서의 근로자가 입는 불이익 정도, 사용자측의 변경의 필요성의 내용 · 정도 등 합리성 판단기준시의 고려사항을 입법화하였음) 경우에 해당 사업 또는 사업장의 근로계약의 내용은 불리하게 변경된 취업규칙에 따르는 것으로 명

문화했다. ;

(3) 반면에 한국에서는 '사회통념상 합리성'이 인정되는 경우에는 취업규칙 불이익변경 절차적 요건(근로기준법 제94조 제1항)을 충족하지 못한 경우라도 유효하게 취업규칙 불이익변경이 가능하다는 해석론에 대하여, 대법원 판례는 '사회통념상 합리성의 유무'는 취업규칙의 변경에 의하여 근로자가 입게 되는 불이익의 정도, 사용자측의 변경 필요성의 내용과 정도, 변경 후의 취업규칙 내용의 상당성, 대상조치 등을 포함한 다른 근로조건의 개선상황, 노동조합 등과의 교섭 경위 및 노동조합이나 다른 근로자의 대응, 동종 사항에 관한 국내의 일반적인 상황 등을 종합적으로 고려하여 판단하여야 할 것이지만, 취업규칙을 근로자에게 불리하게 변경하는 경우에는 그 동의를 받도록 한 근로기준법을 사실상 배제하는 것이므로 제한적으로 엄격하게 해석하여야 할 것이다고 하여 그 판단에 있어서 신중하여야 함을 설시하고 있다(대법원 2010. 1. 28. 선고 2009다32362 판결 등).

취업규칙 불이익변경에 대한 입법적 해결을 한 한국과 그렇지 않은 일본의 해석론의 전개에 대하여 지적이 있었다. 하지만, 대법원(대법원 2019.11.14. 선고 2018다200709 판결)이 취업규칙 불이익변경에서의 근로계약의 유리원칙을 인정하게 되면서, 오히려 취업규칙 불이익변경에서의 합리성 유무의 판단기준이 주목받게 되었다. 대법원이 종래 취업규칙 불이익변경이 합리성이 있는 경우에는 그 변경은 유효하다고 한 것은 해석론으로서는 충분히 수긍할 수 있다. 취업규칙의 법규범설의 입장에 서도 해석론상 근로조건의 불이익 변경에 대한 합리적 제한적 해석은 얼마든지 가능하다.

(4) 근로자의 개별 동의에 따른 근로조건 변경의 가부

최근에 더욱 문제된 것은 회사가 근로자로부터 개별 동의를 받음으로써 근로조건을 불이익하게 변경할 수 있는가이다. 취업규칙 변경의 합리성이 논란이 될 경우에 이를 인정하는지 여부는 법원의 판결이 나올 때까지 알 수 없다. 여기서 회사의 입장에서 보다 확실히 근로조건을 변경하는 것을 목표로 하여 개별 근로자의 동의(변경 동의서에 대한 서명날인 등)를 받고, 근로조건을 변경하려는 사례가 나온 것이다.

최고재판소는 근로조건을 불이익하게 변경하는 경우라도 근로자와 사용자와의 개별적 합의에 따라 변경할 수 있다고 밝히고, 그 근로자의 동의 여부에 대해서는 근로자의 수용 여부뿐만 아니라, 불이익의 내용 · 정도, 수용행위에 이른 경위 · 형태의 수용행위에 앞선 근로자에 대한 정보제공 · 설명 내용 등에 비추어 수용행위가 근로자의 자유의사에 따른다고 인정하기에 충분한 '합리적인 이유'가 객관적으로 존재하는지 여부의 관점에서도 판단해야 한다고 판시하였다(야마나시켄민 신용조합(山梨県民信用組合) 사건, 최고재판소 2016년 2월 19일 판결). 이와 같이 근로자의 개별적 동의에 대해서는 이것이 자유의사에 따른 것인지 신중히 판단한다는 입장을 표시한 후에, 법인의 합병에 수반한 '퇴직금 지급기준의 재검토'가 문제로 되었던 이 사건의 구체적인 판단에서는 근로자가 당면한 퇴직금액과 계산방법을 알고 동의서에 서명날인한 것만으로는 부족하고, 사용자로부터 구체적인 불이익의 내용 · 정도(자기 사정으로 퇴직하는 경우 퇴직금액이 0엔이 될 가능성이 있는 것)에 대해서도 정보 제공이나 설명을 행할 필요가 있었다며 근로자의 동의 존재를 부인하였다. 근로자는 회사에 사용되어 지휘명령을 받는 입장에 있고, 그 정보를 수집하는 능력에 한계가 있는 것을 고려해 근로자가 동의할 경우에 회사로부터 구체적인 정보의 제공이나 설명이 없으면, 근로자가 서명날인을 했다고 해도 그 동의 존재를 쉽게 인정하지 않는다는 법원의 입장을 명확한 것이다. 최근 회사가 행하는 '**정보제공**' 및 '**설명책임**'(accountability)을 중시하는 법원의 경향을 알 수 있는 하나의 사례라고도 할 수 있다.

4 일본의 노동법 체계와 특징

(1) 일본의 노동법 체계 - 4가지의 법원(法源)

이상과 같이 일하는 사람과 회사의 근로와 관련된 관계는 '근로계약'을 기초로 하면서, 이것을 규제하는 '법률(강행법규)', '단체협약', '취업규칙(최저기준효)'이라는 모두 4가지 법원(法源)을 통하여 규율되고 있다. 이를 법적 강점의 순서로 재정리하면 <도표 4>과 같이 된다.

〈도표 4〉 노동법의 법원

① 법률(강행법규) 노동기준법, 최저임금법, 남녀고용기회균등법, 육아돌봄휴업법, 노동계약법 제14조 · 제15조 · 제16조, 민법 제1조 제3항, 제90조 등
② 단체협약(← 노동조합법 제16조 · 규범적 효력)
③ 취업규칙(← 노동계약법 제12조 · 최저기준효과)
④ 근로계약 명시 · 묵시의 합의, 신의칙(민법 제1조 제2항)에 의한 보충 · 수정 등

일하는 사람과 회사의 관계에서는 이들 4가지의 법원(法源) 중에서 어느 하나를 통한 근거로 권리와 의무로 되는 것에 따라서만 근로자가 사용자에게, 또는 사용자가 근로자에게 법적 청구를 할 수 있게 된다. 달리 말하자면, 이 4가지의 법원(法源)의 어느 하나에도 근거가 없는 것은 법원(法院)의 힘을 빌려서 그 실현을 도모할 수 없다(법적으로 말하면 "청구의 근거가 없다"는 것이다). 노동법과는 이들 ①-④의 법원(法源)에 의한 권리와 의무 체계라고 할 수도 있다.

노동법과 관련된 문제는 궁극적으로는 이들 4가지의 법원 중 하나로 권리나 의무로 구성할 수 있는지 여부와 관련되어 있다.

노동법을 체계적으로 이해하려면, 무엇보다 이들 4가지의 법원으로 이루어진 노동법의 틀을 염두에 두는 것이 중요하다. 실제로 회사에서 일하고 있는 독자 여러분은 자신의 회사와 단체협약과 취업규칙, 자신의 근로계약을 각각 어떻게 작성했는지 이번 기회에 확인해 보면 좋을 것이다.

(2) 일본의 근로관계의 특징 ① - 공동체적 성격

이번 제2장의 마지막으로 이상과 같이 살펴본 일본의 '근로관계'와 이것을 규율하는 '법원(法源)의 특징'에 대하여 두 가지 사항을 언급하고 싶다.

첫째는 일본 근로관계의 인간적 · 공동체적 성격이다.

프랑스의 노동법학자 **알랭 슈피오**는 근로는 '**물건**'인가 '**사람**'이냐는 질문을 쏟아냈다. 달리 말하면, 일하는 사람과 회사의 관계는 '**근로와 임금의 교환계약**'이냐 '**회사라는 공동체에 대한 인적 귀속관계**'이냐는 **인식의 문제**다. 원래 근로관계는 어느 나라나 이 두 가지 측면을 복합시킨 성격을 가지고 있기 때문에 그 성격을 어느 한 측면만 결정할 수는 없다. 그러나 일본의 근로관계는 다른 선진국과 비교할 경우에 '사람'으로서의 성격, 즉 기업공동체에 대한 인적 귀속관계라는 성격이 상대적으로 강하다고 할 수 있다. 이것은 '**종신고용**(장기고용관행)'을 중심으로 한 '**일본적 고용시스템의 기본방향**'과 밀접하게 관련되어 있다.

일본에서는 회사에 정년까지 고용하는 것, 회사로서는 여분이 없는 한 종업원을 해고하지 않는 것을 상정한 고용시스템이 사회적으로 확산되어 있다. 그 중에서 일본의 근로관계는 단순한 근로와 임금을 교환하는 계약으로서가 아니라, 종업원(특히 정규직)과 그 가족을 인간으로서 회사라는 조직 속에 품고 있는 기업공동체에 대한 인적 귀속관계로서의 성격을 강하게 가지게 된 것이다.

하마구치 케이이치로(濱口桂一郎)는 이러한 일본 근로관계의 특징을 **"멤버쉽"**형 노동사회라고 부르고("새로운 노동사회"[이와나미 신서] 『新しい労働社会』[岩波新書]), **스가야마 신지**(菅山真次)는 '직'(職)에 취직하는 '취직'(就職)이 아닌 '회사'(會社)에 들어가는 '취사'(就社)사회가 일본에서 탄생해 확대해 간 역사를 열심히 밝히고 있다('취사'사회의 탄생[나고야대학 출판회], 『「就社」社会の誕生』[名古屋大学出版会]). 일본의 근로자가 자신을 가리키는 말로 미국이나 프랑스 등에서 일반적으로 사용되는 **'근로자'**(worker, travailleur)나 **'피용자'**(employee, employee)가 아니라, 회사 멤버임을 의미하는 **'회사원'**(會社員)이라는 말을 사용하는 것도 일본 근로관계의 공동체적 성격을 나타내는 하나의 사례라 할 수 있다. 이는 법적으로는 일본의 근로계약의 해석에서 인간관계나 신뢰관계를 중시하는 신의칙에 의한 보충적 · 수정적 해석 등의 형태로 나타나고 있다.

(3) 일본의 근로관계의 특징 ② - 취업규칙의 중요성

둘째는 법원으로서의 취업규칙의 중요성이다.

근로조건을 결정할 경우에 '미국'에서는 개별교섭을 거쳐서 체결되는 '근로계약', '프랑스'나 '독일'에서는 노동조합과 단체교섭을 통하여 체결되는 '단체협약'이 상대적으로 중요한 역할을 하고 있다. 이에 비해 일본에서는 '취업규칙'에 거의 모든 근로조건이 기재되어 있고, 이를 포괄적으로 받아들이는, 즉 입사해 취업규칙이 적용되는 관계에 포함시킴으로써 근로계약의 내용이 결정되는 경우가 많다. 그리고 이 취업규칙은 앞에서 말한 것처럼 근로조건을 변경할 경우에도 강한 위력을 발휘한다. 변경이 근로자에게 주지되고, 그 내용이 합리적이면, 변경에 반대하는 근로자가 있더라도 근로자 전체를 구속(근로자는 변경에 따를 의무를 진다)하는 것으로 보고 있다. 이것은 당사자의 합의를 중시하는 전통적인 계약이론과는 다른 것으로, 일본 노동법의 중요한 특징 중의 하나를 이루는 것이다. 그럼 왜 일본에서는 회사가 정한 취업규칙에 따라 근로조건을 집단적으로 변경할 수 있다고 되어 있는가? 그 배경에는 다음의 두 가지의 이유가 있다.

첫째, 집단법으로서의 '**단체협약의 불비**(不備)'이다. 프랑스나 미국의 단체협약은 조합원이냐 비조합원이냐 가릴 것 없이 적용범위인 근로자 모두에게 적용되기 때문에, 회사는 노동조합의 동의를 받아 단체협약을 개정해 집단적으로 근로조건을 변경할 수 있다. 그러나 일본의 단체협약은 원칙적으로 단체협약을 체결한 노동조합의 조합원에게만 적용하기 때문에 비조합원이나 다른 조합원이 있으면 단체협약의 개정이라는 방법으로 근로조건의 집단적인 변경을 관철하기 어렵게 된다. 일본의 취업규칙은 이 점에서 단체협약을 대신해 집단적으로 근로조건을 설정하고 변경하는 역할을 하고 있다.

둘째, 일본 근로관계의 '계속성'과 짝을 이룬 '**유연성의 요청**'이다. 일본의 노동법은 장기 고용관행을 중심으로 한 일본적 고용시스템과 밀접하게 관련되어 형성해 왔다. 그리고 그 중에서도 그 특징으로 여겨지는 '**근로관계의 계속성**'은 다음의 장(제3장 채용, 인사, 해고는 회사의 자유인가)에서 말하는 '**해고권 남용법리**'라는 판례법리를 통하여 법 안으로 받아들여져 왔다. 이 계속성과 함께 법적으로 요구되는 것이 '유연성'이다. 공동체를 구성하는 멤버의 인간관계 · 신뢰관계를 장기적으로 육성해 가려면 관계의 계속성과 함께 **환경의 변화**에 대응하는 '**유연성**'이 요구된다. 이 유연성의 요청을 노동법 내에 넣어서 제도화한 것이 '**취업규칙의 변경법리**'이다. 이것에 따라 내용이 합리적이면 반대하는 사람이 있어도, 환경 변화에 따라 내용을 유연하게 변경하는 것이 인정되는 것이다.

(4) 일본 노동법의 공죄(功罪)

이와 같이 일본의 노동법은 다른 선진국의 노동법에 비해 **'당사자 사이의 장기적인 신뢰관계'**를 중시한다는 특징을 가지고 있다. 이것은 한편으로는 인간관계를 중요시하여 일본 기업의 국제적인 경쟁력을 뒷받침하는 원천이 되어왔다는 점에서 일본 노동법의 장점이라 할 수 있다는 점이다. 그러나 다른 한편으로 여기에는 멤버십이 없는 사람을 차별하거나 조직의 논리를 중시한 나머지 개인이 조직 내에 매몰되어 버리는 위험이 잠재해 있다. (i) **'비정규직의 대우'**와 관련된 **'격차문제'**나 (ii) **'정규직의 과중근로'**에 의한 **'과로사'**나 **'멘탈 헬스(정신건강) 문제'**는 이 기업공동체에 내재하는 위험이 표면화한 사례이다.

이러한 문제에 대한 '구체적인 대처법'은 다음의 장 이하에서 각각 살펴보기로 한다. 여기서는 우선 이러한 '일본의 근로관계'나 '노동법의 특징'과 '공죄'(功罪)에 대하여 제대로 인식해 두기 바란다.

제3장 채용, 인사, 해고는 회사의 자유인가

고용관계의 전개와 법

나는 대학 3학년 때 처음으로 '노동법' 수업을 들었다. 스게노 카즈오(菅野和夫) 선생님은 노동법 수업에서 일본 노동법에서 가장 중요한 판례는 '취업규칙의 불이익 변경 법리'를 창조한 '추북버스'(秋北バス) 사건 판결이라고 말씀하셨다. 그 10여년 후 "노동판례백선(제7판)"(유비각)[1]에서 내가 이 판결에 대한 평석을 집필하게 되었을 때에는 조금 기쁘기도 하였다.

이 취업규칙의 불이익 변경 법리와 함께, 그 이상으로 일본 노동법에서 가장 중요한 판례법리가 '일본 식염제조' 사건 판결(최고재판소 1975년 4월 25 판결)[2]에서 정식화된 '해고권 남용법리'이다. 이번 제3장에서는 채용, 인사, 퇴직과 같은 고용관계의 전개에 관한 노동법상의 문제를 살펴본다. 하지만 그 중에서도 우선(고용관계의 전개에 관한 시간 순서로 보면 반대로 되지만), 일본 노동법의 중심적인 특징인 '해고권 남용법리'를 살펴본다.

---

1) <역자주> 『労働判例百選〔第七版〕』(有斐閣)

2) <역자주> 日本食塩製造 事件 判決(最高裁 1975. 4. 25. 判決)

1 고용관계의 종료 - 해고 등

(1) 세계에 유례없이 극진한 보호

미국 출신의 법사회학자 다니엘 H 풋은 이렇게 말한다.

"일본의 법원은 근로자를 해고하는 경우에 '**해고권의 남용**' 법리를 만들어 세계에 유례가 없을 정도로 극진하게 보호해왔다."(『재판과 사회』[타마루야 마사유키(溜箭将之) 옮김, NTT출판, 97쪽)[3]

원래 미국에서는 오늘날에도 '**임의고용원칙**'(employment-at-will doctrine)이 존재하고, 차별금지법 등의 법령에 위반하지 않는다면 언제라도 이유 없이 해고할 수 있다는 원칙을 취하고 있다. 또 프랑스, 독일 등의 유럽 국가에서는 해고를 제한하는 법 규제가 발전하고 있다. 예를 들어 프랑스에서는 해고할 경우에 '**현실적이고 중대한 이유**', 독일에서는 '**사회적으로 정당한 이유**'가 있을 것을 요구하고 있다. 그러나 이러한 국가에서도 '**경영상의 이유에 의한 해고**'(일본에서 말하는 "정리해고", 한국은 '경영상해고'라고도 한다)의 경영 판단은 회사의 판단을 기본적으로 존중한다는 태도를 취하고 있다.

이것과 비교해 일본에서는 다음에서 말하는 것처럼 판례상 '해고권 남용법리'라는 해고 규제가 발생하고, 그 중에 해고에 대하여 매우 어려운 규제를 추가하고 있다. 여기서는 사례별로 법원이 회사의 경영판단에 관여해 판단하기도 한다.

(2) 해고권 남용법리는 어떻게 발생했나?

원래 일본 민법은 '기간의 정함이 없는 고용계약'(무기고용계약)에 대해서는 '2주' 전에 예고하면 언제든지 해지할 수 있다(제627조

---

3) <역자주> 『裁判と社会』〔溜箭将之訳 · NTT出版〕 97쪽.

제1항).[4] 이 규정은 근로자의 해지(사직)에도 사용자의 해지(해고)에도 동일하게 적용한다. 이에 따라 민법상의 해고는 근로자의 사직과 마찬가지로 원칙적으로 자유롭게 규정되어 있다. 실제로 제2차 세계대전 이후 얼마 되지 않은 1940년대 후반 일본에서는 해고는 매우 폭넓게 행해졌다.

이에 대한 지방법원 차원에서의 판결 및 결정 중에는 1950년 전후부터 해고가 근로자의 생활에 미치는 심각한 영향을 고려해, 해고에 '정당한 이유'를 요구하기 시작하였다. 그 후 1950년대 중반 이후에 고도의 경제성장기에는 정규직의 종신고용(장기 고용관행)을 중심으로 한 '일본적 고용시스템'이 점차적으로 정착 · 침투해 가면서, 경력 도중에 해고된 근로자에 대한 타격은 '중도채용'이 어려워질 정도로 일반적으로 보다 큰 것이었다.

이러한 사회 상황에서 1960년대 후반 이후에 '정당한 이유'가 없는 해고는 '**권리남용**'(민법 제1조 제3항)[5]으로 무효라는 법리가 지방법원 및 고등법원에서 폭넓게 정착하게 된다. 이러한 동향에서 최고재판소는 1975년 **일본 식염제조 사건** 판결[6]에서 "사용자의 해고권 행사도 이것이 객관적으로 합리적인 이유가 없고, 사회통념상 상당하다고 시인할 수 없는 경우에는 권리남용으로 무효가 된다"라고 판시하고, 판례법리로서 해고권 남용법리를 확립하였다. 이와 같이 해고권 남용법리는 정규직의 장기고용을 중시하는 일

---

4) <역자주> 일본 민법 제627조(기간의 정함이 없는 고용의 해지 통보) ① 당사자가 고용기간을 정하지 아니한 때에는 각 당사자는 언제든지 해지를 신청할 수 있다. 이 경우에 고용은 해지 신청일(통고일)로부터 2**주간**을 경과함으로써 종료한다. : 한국 민법 제660조(기간의 약정이 없는 고용의 해지통고) ① 고용기간의 약정이 없는 때에는 당사는 언제든지 계약해지의 통고를 할 수 있다. ② 전하의 경우에는 상대방이 해지의 통고를 받은 날로부터 1**월**이 경과하면 해지의 효력이 생긴다.

5) <역자주> 일본 민법 제1조(기본원칙) ③ 권리의 남용은 이를 허용하지 아니한다. : 한국 민법 제2조(신의성실) ② 권리는 남용하지 못한다.

6) <역자주> 日本食塩製造 事件 判決(最高裁 1975. 4. 25. 判決)

본의 고용체계와 결부되면서 법원이 발전시켜온 법리이다.

이 법리는 2003년 노동기준법을 개정해 '**노동기준법 제18조의2**'로 명문화되었다. 또한 2007년 노동계약법을 제정할 때에 현재와 같이 '**노동계약법 제16조**'로 규정되기에 이르렀다(노동기준법 18조의 2는 삭제되었다).

(3) 해고권 남용법리의 내용

노동계약법 제16조에서는 해고는 ① 객관적으로 합리적인 이유가 없는 경우, ② 사회통념상 상당하다고 인정되지 않는 경우에는 권리남용으로 무효라고 규정하고 있다.[7] 근로자를 해고할 경우에는 '객관적 합리성'(①)과 '사회적 상당성'(②)의 두 가지 요건을 갖추고 있을 것을 요구한다.

이 중 해고의 '합리적 이유'(①)로서 크게 ⓐ 근로자의 능력이나 적격성이 낮아진 것(예를 들어 근로자가 사적 사고로 일하기 어려운 상황이 된 경우), ⓑ 근로자가 직장의 규율을 어지럽히는 나쁜 행위를 한 것(예를 들어 근로자가 잦은 지각이나 조퇴로 기업의 질서를 어지럽힌 경우), ⓒ 경영상의 필요성(예를 들어 경영난으로 인원정리가 어쩔 수 없는 경우)이라는 세 가지 유형이 있다.

이러한 이유 중 어느 한 가지가 존재하는, 즉 객관적으로 합리적인 이유(①)가 있어도, 또한 해고는 사회통념상 상당하다고 인정되어야 한다(② 사회적 상당성). 이 점에 대하여 일본 법원은 간단하게 해고의 사회적 상당성을 인정하지 않고, 근로자 측에게 유리한 여러 사정을 고려하거나, 해고 이외의 수단에 따른 대응을 요구하

---

7) <역자주> 일본 노동계약법 제16조(해고) 해고는 객관적으로 합리적인 이유를 결여하고 사회통념상 상당하다고 인정되지 아니하는 경우에는 그 권리를 남용한 것으로 무효로 한다. : 한국 근로기준법 제23조(해고 등의 제한) 제1항 사용자는 근로자에게 정당한 이유 없이 해고, 휴직, 정직, 전직, 감봉, 그 밖의 징벌(이하 '부당해고 등'이라 한다)을 하지 못한다.

는 경우가 많다. 다음의 세 가지 사례를 살펴보도록 하자.

첫째는 **'라디오뉴스의 아나운서'**의 사례이다. 아침 6시, 라디오뉴스를 담당해 오던 아나운서가 2주일에 두 번 늦잠을 자고, 방송사고를 냈다. 게다가 두 번째 사고는 당초 상사에게 보고도 하지 않고, 그 후 사실과 다른 보고서를 제출하였다. 이 근로자의 '규율을 위반한 행위'(ⓑ)를 이유로 행해진 해고에 대하여, 최고재판소는 이 근로자만을 책망하는 것은 가혹하고, 평소의 근무성적은 나쁘지 않고, 두 번째 사고에 대해서도 사과했다는 등과 같은 사정을 고려해 해고하는 것이 반드시 사회적으로 상당한 것으로 인정할 수 없다며 해고를 무효라고 판시하였다(고치방송(高知放送) 사건, 최고재판소 1977년 1월 31일 판결).

둘째는 **'택시운전사'**의 사례이다. 택시운전사로 근무를 예정해 입사한 근로자들이 시력의 저하로 2종 자동차 면허를 상실하고, 택시운전사로서 근무를 할 수 없게 되었다. 이 '능력의 저하'(ⓐ)를 이유로 행해진 해고에 대하여, 도쿄지방법원은 회사가 택시운전사 이외의 일을 이 근로자에게 제공하는 것은 어렵지 않기 때문에 자격상실만을 가지고 해고할 수 없다고 판단하였다(도쿄 엠케이(東京エムケイ) 사건, 도쿄지방법원 2008년 9월 30일 판결).

셋째는 **'부문폐쇄에 따른 해고'** 사례(c)이다. 경영이 악화된 회사가 회생절차 개시를 제기한 후, 이 회사의 방적 부문을 폐쇄하기로 하여 이 부문에서 일하던 근로자 105명을 해고하였다. 이에 대하여 나고야(名古屋)고등법원은 방적 부문을 계속 운영하면 장래에 파탄에 빠지는 것이 불가피하다는 사정은 주장 입증되지 않고, 해고 회피에 노력하고 있었다고 말할 수 없고, 해고를 행하기 전에 노동조합에 설명하는 것도 충분하지 않았던 점 등에서 해고권의 남용으로 무효라고 판단하였다(야마다방적(山田紡績) 사건, 나고야(名古屋)고등법원 2006년 1월 17일 판결).

해고가 권리남용으로 무효가 되면, 근로계약상의 권리는 그대로 존속하는 것이라고 취급한다. 위법한 해고로 인하여 일할 수 없었다는 것에 대해서도 그 책임은 사용자측에 있고, 그 기간 중의 임금지급을 명령하는 것이 일반적이다(민법 제536조 제2항[8] 참조). 이와 같이 법원이 개별 사안에서 해고의 사회적 상당성을 상당히 엄격하게 요구하고 있는 점, 그리고 해고가 권리남용으로 된 경우에 법적 구제의 내용이 '해고무효'와 '임금지급'이라는 무거운 것으로 되어 있는 점에서 일본의 해고권 남용법리에 큰 특징이 있다.

보론 26

• 일본의 해고제도

해고 제한의 법 규정은 근로자의 경제적 종속성의 중요한 요인이 되는 해고를 제한하고, 아울러 해고의 위협에서 발생하는 인적 종속성을 제한한다는 점에서 바로 종속 근로자를 보호하는 대표적인 것이다. 그러나 이러한 법 규정은 모든 국가에서 노동법의 초기 단계에서 성문화되지는 않았다.

일본에서도 1975년의 최고재판소(우리나라의 대법원)에서 '해고권의 남용법리'로서 확립되어(日本食塩製造 사건 · 最2小判 1975. 4. 25.[最重判 47 事件]) 정식화된 판례에서는 "사용자의 해고권 행사도 그것이 객관적으로 합리적인 이유가 결여되고, 사회통념상 상당하다고 시인할 수 없는 경우에는 권리남용으로 무효가 된다"고 판시하고 있다. 2003년에 드디어 노동기준법 제18조의 2으로 성문화되었다(2007년 11월 이후에는 노동계약법 제16조). "해고는 객관적으로 합리적인 이유가 결여되고 사회통념상 상당하다고 인정되지 않는 경우는 그 권리를 남용한 것으로서 무효로 한다." 이러한 노동기준법의 해고권남용법리는 노동계약법을 성립하면서 그대로 노동계약법의 내용으로 바뀌었다.

사실 일본에서는 노동기준법을 제정 · 시행 후에 한동안 '정당한 사유'가 필요하다는 입장이 주장되었다. 하지만, 이것은 민법상의

---

8) <역자주> 일본 민법 제536조(채무자의 위험부담) 제2항 채권자의 책임이 될 만한 사유에 의하여 채무를 이행할 수 없게 된 때에는 채무자는 반대급부를 받을 권리를 잃지 아니한다. 이 경우에서 자기 채무를 면하는 것으로 이익을 얻을 경우에는 이를 채권자에게 상환해야 한다.

해고의 자유(제627조 제1항)를 기초로 하는 현행법에서는 무리가 있으므로, 곧 권리남용의 법리(일본 민법 제1조 제3항)을 응용하여 실질적으로 동일한 귀결을 가져 오는 해고권 남용법리가 많은 판례를 축적하면서 확립되었다. 반면에 우리나라는 근로기준법에서 "사용자는 근로자에게 정당한 이유없이 해고, 휴직, 정직, 전직, 감봉, 그 밖의 징벌(이하 '부당해고등'이라고 한다)을 하지 못한다"고 규정하고 있다(제23조 제1항).

보론 27

• 가이드라인 방식

기업이 채용이나 육성에 비용을 들인 정규직을 해고하려면 그 나름대로의 이유가 있는 것이다. 현행 해고규제(노동계약법 제16조)도 앞에서 언급한 것처럼 해고가 어렵다고 하는 것은 아니다. 문제는 '기업의 입장'에서 이유가 있어 행한 해고와 '법원'이 법적으로 유효하다고 판단하는 해고 사이에 차이가 있다는 점이다. 그 차이가 많기 때문에 해고규제가 경직적이라고 비판을 쉽게 받는다. 본래 해고의 요건이 명확하면 이러한 차이는 발생하기 어려울 것이다. 하지만, 해고의 요건이 객관적 합리성, 사회적 상당성 등의 추상적인 것이기 때문에 현재 상황에서는 어떠한 경우에 해고가 유효한지에 대한 예측가능성이 떨어지고 있다(특히 판사가 개별 사례에서 기업에 어디까지 해고회피 노력을 요구하는지를 예상하기 어렵다).

이러한 문제를 해결하려면 어떠한 경우에 해고가 유효한 것인지를 법령에서 상세한 요건을 명문화는 것도 생각할 수 있다. 하지만, 현실에서 해고 사례는 다양하기 때문에 이것을 법령으로 미리 명문화하는 것은 현실적으로 어렵다. 그래서 생각할 수 있는 것은 우선 법령에 어떠한 해고가 정당한 것인가에 대한 '**일반적인 가이드라인(지침)**'을 규정하는 것이다(이 때에는 기존의 판례를 고려한다). 또한 이 가이드라인에 입각해 개별 기업에서 '해고의 사유'나 '해고의 절차' 등 해고의 룰을 구체적으로 규정해 둔다. 그리고 실제로 해고한 사례가 이것에 입각한 것이라면 법원은 유효한 해고라고 판단해야 한다. 이러한 방식을 도입하는 것이다. 이에 따르면, 법원은 기업이 마련한 해고 룰이 가이드라인에 입각한 것인

지 여부와, 실제로 해고한 것이 기업이 마련한 해고 룰에 입각한 것인지 여부만을 체크하게 되고, 예측 가능성은 매우 높아질 것이다(大内伸哉『解雇改革ー日本型雇用の未来を考える』(中央経済社, 2013), 175면 이하).

(4) 정리해고법리

특히 경영상의 이유로 행해진 해고는 '정리해고'(경영상해고)로 불리며, '정리해고법리'라는 특별한 법리를 형성하고 있다. 이것은 ① 인원삭감의 필요성, ② 해고 회피 노력, ③ 인원선발의 합리성, ④ 절차의 타당성이라는 네 가지 관점에서 해고의 합리성 및 상당성을 보다 구체적으로 판단하는 것이다(예를 들어 동양산소(東洋酸素) 사건 · 도쿄고등법원 1979년 10월 29일 판결, 앞의 야마다방적(山田紡績) 사건 판결 등 참조).[9]

①의 '**인원삭감의 필요성**'에 대해서는, 법원은 기본적으로 회사의 경영판단을 존중하는 경향이 있다. 그러나 기업의 재정 상황에 전혀 문제가 없을 경우나 정리해고를 하면서 신규채용을 하는 등의 모순된 행동을 취했던 경우에는 인력 삭감의 필요성이 없었던 것으로 평가하기도 한다.[10]

---

9) <역자주> 일본은 정리해고의 명문 규정이 없다. 반면에 한국은 경영상 해고(정리해고)를 판례의 태도에 따라 명문화 입법적으로 해결하고 있다. 즉 근로기준법 제24조(경영상 이유에 의한 해고의 제한) 제1항–제5항 참조.

10) <역자주> 한국의 판례는 (긴박한 경영상의 필요) "긴박한 경영상의 필요라 함은 반드시 기업의 도산을 회피하기 위한 경우에 한정되지 아니하고, 장래에 올 수도 있는 위기에 미리 대처하기 위하여 인원삭감이 객관적으로 보아 합리성이 있다고 인정되는 경우도 포함되는 것으로 보아야 하고, 위 각 요건의 구체적 내용은 확정적 · 고정적인 것이 아니라 구체적 사건에서 다른 요건의 충족 정도와 관련하여 유동적으로 정해지는 것이므로 구체적 사건에서 경영상 이유에 의한 당해 해고가 위 각 요건을 모두 갖추어 정당한지 여부는 위 각 요건을 구성하는 개별 사정들을

②의 '**해고 회피 노력**'에 대해서는, 해고라는 수단을 취하기 전에 잔업(시간외 근로)의 삭감, 신규채용의 기피, 잉여 인력의 배치전환 · 출향(出向), 비정규 근로자의 고용 중지 · 해고, 일시 휴업, 임원 보수의 인하, 희망퇴직자(명예퇴직자)의 모집 등 각 기업의 상황에서 가능한 조치를 취하고, 해고를 회피하기 위하여 노력해야 한다.[11]

③의 '**인원선발의 합리성**'에 대해서는, 해고 회피 노력을 다하고도 오히려 잉여(과잉) 인원이 존재할 경우에 잉여 인원을 확정한 후에 합리적인 인원의 선발기준을 정하고, 그 기준을 공정하게 적용하여 피해고자를 결정하는 것이 요구된다. 이때에 '책임감'이나 '협조성'이라는 추상적인 기준은 자의적인 인원선발을 허용하는 것으로써 그 합리성을 부정할 수 있다.[12]

④의 '**절차의 타당성**'에 대해서는, 회사는 노동조합과 근로자에 대한 인원정리의 필요성과 해고 회피의 방법, 정리해고의 시기 ·

종합적으로 고려해 판단해야 한다(대법원 2002. 7. 9. 선고, 2000두9373 판결(우리은행 사건))."

11) <역자주> 한국의 판례는 (해고 회피 노력) "사용자가 정리해고를 실시하기 전에 다하여야 할 해고회피노력의 방법과 정도는 확정적 · 고정적인 것이 아니라 당해 사용자의 경영위기의 정도, 정리해고를 실시하여야 하는 경영상의 이유, 사업의 내용과 규모, 직급별 인원상황 등에 따라 달라지는 것이고, 사용자가 해고를 회피하기 위한 방법에 관하여 노동조합 또는 근로자대표와 성실하게 협의하여 정리해고 실시에 관한 합의에 도달하였다면 이러한 사정도 해고회피 노력의 판단에 참작되어야 한다(대법원 2002. 7. 9. 선고 2001다29452 판결)."

12) <역자주> 한국의 판례는 (정리해고의 기준이 합리적이고 공정하였는지 여부) "합리적이고 공정한 해고의 기준 역시 확정적 · 고정적인 것은 아니고 당해 사용자가 직면한 경영위기의 강도와 정리해고를 실시하여야 하는 경영상의 이유, 정리해고를 실시한 사업 부문의 내용과 근로자의 구성, 정리해고 실시 당시의 사회경제상황 등에 따라 달라지는 것이고, 사용자가 해고의 기준에 관하여 노동조합 또는 근로자대표와 성실하게 협의하여 해고의 기준에 관한 합의에 도달하였다면 이러한 사정도 해고의 기준이 합리적이고 공정한 기준인지의 판단에 참작되어야 한다(대법원 2002. 7. 9. 선고 2001다29452 판결)."

규모 · 인원선발의 방법 등을 설명하고, 그 이해를 얻기 위하여 성의 있게 대화를 나누어야 한다.13) 법원은 정리해고의 '4요건' 또는 '4요소'라는 이 4가지 점을 고려하면서 정리해고가 권리남용에 해당하는지 여부를 판단하고 있다.14)

보론 28

• 한국의 근로기준법상 '해고' 관련 규정

(1) 해고제한 규정

제23조(해고 등의 제한) ① 사용자는 근로자에게 정당한 이유 없이 해고, 휴직, 정직, 전직, 감봉, 그 밖의 징벌(懲罰)(이하 "부당해고등"이라 한다)을 하지 못한다.

(2) 정리해고(경영상해고) 규정

제24조(경영상 이유에 의한 해고의 제한)

① 사용자가 경영상 이유에 의하여 근로자를 해고하려면 긴박한 경영상의 필요가 있어야 한다. 이 경우 경영 악화를 방지하기 위한 사업의 양도 · 인수 · 합병은 긴박한 경영상의 필요가 있는 것으로 본다.

---

13) <역자주> 한국의 판례는 (노동조합 또는 근로자 대표와 성실하게 협의인지 여부) "근로기준법이 사용자는 근로자대표에 대하여 해고를 피하기 위한 방법과 해고의 기준을 미리 통보하고 성실하게 협의하여야 한다고 규정한 것은 정리해고의 실질적 요건의 충족을 담보함과 아울러 비록 불가피한 정리해고라 하더라도 협의과정을 통한 쌍방의 이해 속에서 실시되는 것이 바람직하다는 이유에서라고 할 것이므로, 근로자의 과반수로 조직된 노동조합이 없는 경우에 그 협의의 상대방이 형식적으로는 근로자 과반수의 대표로서의 자격을 명확히 갖추지 못하였더라도 실질적으로 근로자의 의사를 반영할 수 있는 대표자라고 볼 수 있는 사정이 있다면 위 절차적 요건도 충족하였다고 보아야 할 것이다(대법원 2006. 1. 26. 선고 2003다69393 판결)." 정리해고를 하더라도 해고일로부터 50일 전까지 통보해야 함에 유념해야 한다(근기법 제24조 제3항).

14) <역자주> 한국의 판례는 (**해고의 정당성 입증책임－사용자**) 근로기준법 제31조에 의하여 부당해고구제재심판정을 다투는 소송의 경우에는 해고의 정당성에 관한 증명책임은 이를 주장하는 **사용자**가 부담하므로(대법원 1999. 4. 27. 선고 99두202 판결 참조), 정리해고에서도 사용자가 정리해고의 정당성을 비롯한 **정리해고의 요건을 모두** 증명해야 한다.

② 제1항의 경우에 사용자는 해고를 피하기 위한 노력을 다하여야 하며, 합리적이고 공정한 해고의 기준을 정하고 이에 따라 그 대상자를 선정하여야 한다. 이 경우 남녀의 성을 이유로 차별하여서는 아니 된다.
③ 사용자는 제2항에 따른 해고를 피하기 위한 방법과 해고의 기준 등에 관하여 그 사업 또는 사업장에 근로자의 과반수로 조직된 노동조합이 있는 경우에는 그 노동조합(근로자의 과반수로 조직된 노동조합이 없는 경우에는 근로자의 과반수를 대표하는 자를 말한다. 이하 "근로자대표"라 한다)에 해고를 하려는 날의 50일 전까지 통보하고 성실하게 협의하여야 한다.
④ 사용자는 제1항에 따라 대통령령으로 정하는 일정한 규모 이상의 인원을 해고하려면 대통령령으로 정하는 바에 따라 고용노동부장관에게 신고하여야 한다.
⑤ 사용자가 제1항부터 제3항까지의 규정에 따른 요건을 갖추어 근로자를 해고한 경우에는 제23조제1항에 따른 정당한 이유가 있는 해고를 한 것으로 본다.
제25조(우선 재고용 등)
① 제24조에 따라 근로자를 해고한 사용자는 근로자를 해고한 날부터 3년 이내에 해고된 근로자가 해고 당시 담당하였던 업무와 같은 업무를 할 근로자를 채용하려고 할 경우 제24조에 따라 해고된 근로자가 원하면 그 근로자를 우선적으로 고용하여야 한다.
② 정부는 제24조에 따라 해고된 근로자에 대하여 생계안정, 재취업, 직업훈련 등 필요한 조치를 우선적으로 취하여야 한다.

(3) 해고의 서면통지

제27조(해고사유 등의 서면통지)
① 사용자는 근로자를 해고하려면 '해고사유'와 '해고시기'를 서면으로 통지하여야 한다.
② 근로자에 대한 해고는 제1항에 따라 서면으로 통지하여야 효력이 있다.
③ 사용자가 제26조에 따른 해고의 예고를 해고사유와 해고시기를 명시하여 서면으로 한 경우에는 제1항에 따른 통지를 한 것으로 본다. <신설 2014.3.24.>

(4) 부당해고 구제신청 등

제28조(부당해고등의 구제신청)

① 사용자가 근로자에게 부당해고등을 하면 근로자는 노동위원회에 구제를 신청할 수 있다.
② 제1항에 따른 구제신청은 부당해고 등이 있었던 날부터 3개월 이내에 하여야 한다.

(5) 이행강제금제도

제33조(이행강제금) ① 노동위원회는 구제명령(구제명령을 내용으로 하는 재심판정을 포함한다. 이하 이 조에서 같다)을 받은 후 이행기한까지 구제명령을 이행하지 아니한 사용자에게 2천만원 이하의 이행강제금을 부과한다.
② 노동위원회는 제1항에 따른 이행강제금을 부과하기 30일 전까지 이행강제금을 부과 · 징수한다는 뜻을 사용자에게 미리 문서로써 알려 주어야 한다.
③ 제1항에 따른 이행강제금을 부과할 때에는 이행강제금의 액수, 부과 사유, 납부기한, 수납기관, 이의제기방법 및 이의제기기관 등을 명시한 문서로써 하여야 한다.
④ 제1항에 따라 이행강제금을 부과하는 위반행위의 종류와 위반 정도에 따른 금액, 부과 · 징수된 이행강제금의 반환절차, 그 밖에 필요한 사항은 대통령령으로 정한다.
⑤ 노동위원회는 최초의 구제명령을 한 날을 기준으로 매년 2회의 범위에서 구제명령이 이행될 때까지 반복하여 제1항에 따른 이행강제금을 부과 · 징수할 수 있다. 이 경우 이행강제금은 2년을 초과하여 부과 · 징수하지 못한다.
⑥ 노동위원회는 구제명령을 받은 자가 구제명령을 이행하면 새로운 이행강제금을 부과하지 아니하되, 구제명령을 이행하기 전에 이미 부과된 이행강제금은 징수하여야 한다.
⑦ 노동위원회는 이행강제금 납부의무자가 납부기한까지 이행강제금을 내지 아니하면 기간을 정하여 독촉을 하고 지정된 기간에 제1항에 따른 이행강제금을 내지 아니하면 국세 체납처분의 예에 따라 징수할 수 있다.
⑧ 근로자는 구제명령을 받은 사용자가 이행기한까지 구제명령을 이행하지 아니하면 이행기한이 지난 때부터 15일 이내에 그 사실을 노동위원회에 알려줄 수 있다.

(6) 퇴직금제도

제34조(퇴직급여 제도) 사용자가 퇴직하는 근로자에게 지급하는

퇴직급여 제도에 관하여는 「근로자퇴직급여 보장법」이 정하는 대로 따른다.

(5) 정리해고는 불가능에 가까운 것인가

자주 경제학자나 매스컴 등에서 일본의 해고 규제, 특히, 정리해고의 구성요건은 매우 엄격하고, 해고를 거의 불가능하게 만들고 있다. 그 결과로 일본 기업은 정규직 사원을 채용하는 데에 신중할 수밖에 없다. 나아가 정규직과 비정규직의 격차문제로 확대하는 것에도 연계된다고 말하고 있다. 그러나 실제로 판례를 살펴보면, 일본의 정리해고법리는 그만큼 엄격하고 경직된 것이 아니라, 개별 상황에 따라 어느 정도 유연하게 판단하고 있는 것을 알 수 있다.

예를 들어 사업장과 직무에 한시적으로 고용된 근로자가 그 사업장이나 직무가 폐지됨으로 인하여 해고의 유효성을 다투었던 그 동안의 판례를 살펴보면, 정리해고의 4요건(또는 4요소)을 그대로 두고 판단한 사례는 오히려 소수이다. 즉, ① 인원 삭감의 필요성(폐지 결정의 합리성)만을 고려하거나, 이에 더불어, ② 배치전환의 가능성, ④ 절차의 타당성을 고려해 판단한 사례가 많다. 그리고 이러한 사안에서는 결론적으로 해고가 유효하다고 판시한 판례가 많은 것을 알 수 있다. 반대로, 해고가 무효라고 판시한 것은 인원삭감의 필요성 자체에 의문이 있고, 동일한 직무로 일하고 있는데 해고되지 않은 자가 있어 그 경위도 분명하지 않고, 유기계약 기간 도중의 해고로 기간 만료를 기다리지 않고 해고해야 할 필요성을 인정하지 않는(노동계약법 제17조 제1항[15] 참조) 등, 해고라

15) <역자주> 일본 노동계약법 제17조(계약기간 중의 해고 등) ①사용자는 기간의 정함이 있는 근로계약에 대하여 '**부득이한 경우**'가 있는 경우가 아니면, 그 계약기간이 만료할 때까지 근로자를 해고할 수 없다.

는 선택 그 자체의 합리성이 의심되는 사례이다(판례의 구체적인 분석은 주리스트(ジュリスト) 제1422호, 148쪽 참조).

이와 같이 정리해고법리는 세간에서 생각되고 있는 정도로 경직적이고 엄격한 것은 아니다. 실제 판례는 개별 사안의 상황에 따라 해고의 합리성 · 상당성을 비교적 유연하게 판단하고 있다.

(6) 해고예고와 기간제한

해고는 합리적이고 상당한 이유를 요구하는 '**해고권 남용법리**'(노동계약법 제16조) 이외에도 법률상 일정한 규제를 두고 있다.

사용자는 해고를 하려면 적어도 30일 전에 예고하거나, 30일분 이상의 '**평균임금**'[16](예고수당)을 지급해야 한다(노동기준법 제20조 제1항).[17][18] 예고일수는 1일 분의 평균임금을 지급한 일수만큼 단축

---

16) <역자주> **평균임금** : 한국의 '평균임금의 산정기간' 기준인 3개월이다(근기법 제2조 제1항 제6호). 근로자는 평균임금을 높여야 유리하기 때문에 이 산정기간에 임금을 많이 포함하게 하고 싶고, 사용자는 그 반대이다. 즉 임금이 이 산정기간에 포함하는지에 따라 노사간 이해관계가 상이해 분규가 있다. 시기별 임금수준인 평균임금이 주로 사용하는 퇴직금의 지급요건은 '1년 이상 근로'이지만, 평균임금의 산정기간 기준은 3개월이다. 제정 입법자의 발언을 통해 추단할 수 있다. 근로기준법 제정안부터 평균임금 산정기간을 3개월로 했는데, 조광섭 의원이 "평균임금은 현재 받고 있는 3개월 전이라고 하면 거리가 너무 멉니다. 지금 요새와 같이 물가변동이 심할 때에는 한 달이 새롭습니다. 3개월 전을 표준해 가지고 평균임금을 작정한다는 것은 너무 현실에 비추어서 노동자의 임금생활에 현격한 거리가 있지 않을까"(제2대 국회 제15회 국회정기회의속기록 제20호. 18면). 평균임금 산정기간을 정할 때 인플레이션 염려가 있었다. 그렇다면 인플레이션 염려가 없거나 임금수준은 통상 연단위로 정하는 현재에는 평균임금 산정기간을 퇴직금 지급요건 기간과 같이 1년으로 하는 것이 평소의 임금수준 반영이라는 평균임금 개념에 부합하고, 임금 외의 개념처럼 작용한 '평균임금 산정기간의 포함 여부'에 대한 다툼을 해소할 수 있다.

17) <역자주> **일본의 해고예고** : 일본의 **노동기준법 제20조**(**해고예고**) ① 사용자는 근로자를 해고하려면 적어도 30일 전에 그 예고를 하여야 한다. 30일 전에 예고를 하지 아니하였을 때에는 사용자는 30일분 이상의 평균임금을 지급하여야 한다. 다만, 천재사변 기타 부득이한 사유로 사업

할 수 있다(노동기준법 제20조 제2항). 예고일수와 평균임금 지급일수의 합계가 30일이면 된다. 이것은 해고에 따른 **근로자의 생활상의 타격을 완화**하기 위해서 민법상의 **2주**의 예고기간(제627조 제1항)[19]을 30일로 연장한 것이다.[20] 다만, (ⅰ) 천재사변 등 부득이한 사유에 의하여 사업을 계속할 수 없게 된 경우이거나, (ⅱ) 근로자에 중대한 비행과 규칙의 위반행위가 있을 경우에는 관할의

계속이 불가능하게 된 경우 또는 근로자의 귀책사유로 해고하는 경우에서는 그러하지 아니하다. ② 전항의 예고일수는 1일에 관하여 평균임금을 지급한 경우에는 그 일수를 단축할 수 있다. ③ 전조 제2항의 규정은 제1항의 단서의 경우에 이를 준용한다. 그리고 일본노동기준법 제21조 전조의 규정은 아래의 각호의 1에 해당하는 근로자에 대해서는 적용하지 아니한다. 다만, 제1호에 해당하는 자가 1개월을 초과하여 계속 사용되게 된 경우, 제2호 또는 제3호에 해당하는 자가 소정의 기간을 초과하여 계속 사용되게 된 경우 또는 제4호에 해당하는 자가 14일을 초과하여 계속 사용되게 된 경우에는 그러하지 아니하다. 1. 일용으로 고용된 자, 2. 2개월 이내의 기간을 정하여 사용된 자, 3. 계절적 업무에 4개월 이내의 기간을 정하여 사용된 자. 4. 시용시간 중인 자.

18) <역자주> **한국의 해고예고 : 한국 근로기준법 제**26**조**(해고의 예고) 사용자는 근로자를 해고(경영상 이유에 의한 해고를 포함한다)하려면 적어도 30일 전에 예고를 하여야 하고, 30일 전에 예고를 하지 아니하였을 때에는 30일분 이상의 통상임금을 지급하여야 한다. 다만, 다음 각 호의 어느 하나에 해당하는 경우에는 그러하지 아니하다. 1. 근로자가 계속 근로한 기간이 3개월 미만인 경우 2. 천재 · 사변, 그 밖의 부득이한 사유로 사업을 계속하는 것이 불가능한 경우 3. 근로자가 고의로 사업에 막대한 지장을 초래하거나 재산상 손해를 끼친 경우로서 '고용노동부령'으로 정하는 사유에 해당하는 경우(제4조(해고 예고의 예외가 되는 근로자의 귀책사유) 법 제26조 단서에서 "고용노동부령으로 정하는 사유"란 별표와 같다.<개정 2010. 7. 12.>

19) <역자주> 한국 민법 제660조(기간의 약정이 없는 고용의 해지통고) ① 고용기간의 약정이 없는 때에는 당사자는 언제든지 계약해지의 통고를 할 수 있다. ② 전항의 경우에는 상대방이 해지의 통고를 받은 날로부터 1월이 경과하면 해지의 효력이 생긴다.

20) <역자주> 한국은 여자와 18세 미만인 자를 보호하기 위하여 '이들이 해고일로부터 14일 이내에 귀향하는 경우 사용자가 부담하는 귀향여비'도 1999년 법 개정으로 폐지하였다.

노동기준감독서장의 제외 인정을 받아 예고없이 해고할 수 있다(노동기준법 제20조 제1항 단서, 동조 제3항).

사용자는 근로자들이 산업재해로 요양하기 위해서 휴업하는 기간과 이후 30일간 및 출산 전후 휴업의 기간과 그 후의 30일 동안은 그 근로자를 해고해서는 안 된다(노동기준법 제19조 제1항).[21)][22)] 근로자가 안심하고 산업재해의 요양이나 출산휴가를 취할 수 있도록 하기 위한 규제이다. 다만, 사용자가 산업재해에 대하여 '일시보상(打切補償)'(같은 법 제81조[23)])을 지급한 경우 또는 천재사변 등 부득이한 사유로 인하여 사업을 계속할 수 없게 되었을 경우에는 이 해고기간 제한을 적용하지 않는다(같은 법 제19조 제1항 단서, 제2항).

요컨대, 사용자는 원칙적으로 30일의 예고기간을 두거나, 예고수당을 지급하고, 해고의 기간제한이 걸리지 않은 시기에 한층더

---

21) <역자주> 한국의 근로기준법 제23조 제2항 본문과 동일한 규정을 두고 있다. 다만, 육아휴직의 기간에도 해고하지 못한다(남녀고용평등법 제19조 제3항).

22) <역자주> 한국 근로기준법 제23조(해고 등의 제한) ② 사용자는 근로자가 업무상 부상 또는 질병의 요양을 위하여 휴업한 기간과 그 후 30일 동안 또는 산전(산전) · 산후(산후)의 여성이 이 법에 따라 휴업한 기간과 그 후 30일 동안은 해고하지 못한다. 다만, 사용자가 제84조에 따라 일시보상(상을 받는 근로자가 요양을 시작한 지 2년이 지나도 부상 또는 질병이 완치되지 아니하는 경우에는 사용자는 그 근로자에게 평균임금 1,340일분의 일시보상을 하여 그 후의 이 법에 따른 모든 보상책임을 면할 수 있다.)을 하였을 경우 또는 사업을 계속할 수 없게 된 경우에는 그러하지 아니하다. * 다만 한국의 경우에는 제23조(해고 등의 제한) ① 사용자는 근로자에게 정당한 이유 없이 해고, 휴직, 정직, 전직, 감봉, 그 밖의 징벌(懲罰)(이하 "부당해고등"이라 한다)을 하지 못한다는 규정을 두고 있다.

23) <역자주> 노동기준법 제81조(일시보상) 제75조(요양보상)의 규정에 의하여 보상을 받는 근로자가 요양개시 후 3년을 경과하여도 부상 또는 질병이 치유되지 아니한 경우에 있어서는 사용자는 평균임금의 1200분의 일시보상을 행하고, 그 후에는 이 법률의 규정에 의한 보상을 행하지 아니하여도 된다.

객관적으로 합리적이고, 사회통념상 상당한 이유가 있는 경우에만 근로자를 해고할 수 있다.

(7) 사직과 합의해지

'해고'란 근로계약의 종료 중에서도 사용자의 일방적인 의사표시에 따른 **해지**(解約)를 말한다. 해고와는 반대로 근로자의 일방적인 의사표시에 따른 근로계약의 종료를 **'사직'**(辭職)이라고 한다. 또 근로자와 사용자가 합의해 근로계약을 해지하는 것을 **'합의해지'**라고 한다.

'사직'은 민법의 원칙으로 되돌아가 기간의 정함이 없는(무기) 근로계약의 경우에 근로자는 **2주 전**에 제의하면 언제라도 회사를 그만둘 수 있다(민법 제627조 제1항). 인력이 부족한 가운데 회사가 "대체할 사람을 데려오지 않으면 그만두게 하지 않는다"든가 "그만둔다면 배상금을 지급해야 한다" 등을 말하고, 근로자들을 만류하는 경우가 있다. 하지만 사퇴의 자유는 근로자들에게 보장된 중요한 **'인권'**의 하나이고(헌법 제13조,[24] 제22조[25] 등 참조), 근로자는 2주 전에 예고하면 언제든지 자유롭게 회사를 그만둘 수 있다. 회사가 근로자가 계약을 위반한 경우에 위약금이나 손해배상액을 정하고 있었다고 해도, 그러한 규정은 노동기준법 제16조[26] 위반

---

24) <역자주> 일본 헌법 제13조(개인의 존중, 행복추구권, 공공의 복지) 모든 국민은 개인으로서 존중받는다. 생명, 자유 및 행복추구에 대한 국민의 권리에 대하여는 공공의 복지에 반하지 아니하는 한 입법 기타의 국정상에서 최대의 존중을 필요로 한다. ; 한국 헌법 제10조 모든 국민은 인간으로서의 존엄과 가치를 가지며, 행복을 추구할 권리를 가진다. 국가는 개인이 가지는 불가침의 기본적 인권을 확인하고 이를 보장할 의무를 진다.

25) <역자주> 일본 헌법 제22조 제1항(거주/이전 및 직업선택의 자유) 누구든지 공공의 복지에 반하지 아니하는 한 거주, 이전 및 직업선택의 자유를 가진다. ; 한국 헌법 제14조 모든 국민은 거주 · 이전의 자유를 가진다. 한국 헌법 제15조 모든 국민은 직업선택의 자유를 가진다.

26) <역자주> 일본 노동기준법 제16조(배상예정의 금지) 사용자는 근로계

으로 무효이다(114쪽).

'합의 해지'는 2주의 예고기간을 둘 필요도 없이 양당사자가 합의해 언제든지 근로계약을 종료할 수 있다.

'사직'이나 '합의 해지'의 경우에 해고로 볼 수 없기 때문에 앞에서 살펴본 '해고권 남용법리'와 '해고예고 규제' 등을 적용하지 못한다. 그러나 사용자가 근로자에게 집요하게 사직을 요구하는 등과 같이 근로자의 인격을 손상하게 하는 형태로 '**퇴직권장**'을 행하는 경우에는 근로자는 사용자에게 인격적인 이익을 침해하는 '불법행위'(민법 제709조[27])로서 손해배상의 지급을 요구할 수 있다.

회사는 '**해고**'라면 해고권 남용법리의 혹독한 규제를 받고, 세상의 평판도 좋지 않아서 근로자에게 다양한 형태로 압력을 행사하여 사퇴(사직)나 합의해지를 하려고 하는 사례가 계속되고 있다. 이러한 경우 ① 원래 사직이나 합의해지라는 근로자의 뜻은 진의(眞意)에 근거한 것인지 회사가 강요하는 등과 같이 진의에 관계없이 퇴직의사를 표명한 경우에 그 의사표시를 무효 또는 취소를 할 수 있다(민법 제93조,[28] 제96조[29] 등). ② 퇴직을 요구하는 과정에서

약 불이행에 대한 위약금을 정하고, 손해배상액을 예정하는 계약을 체결하지 못한다(위반시 6개월 이하 징역 또는 30만엔 이하 벌금). : 한국 근로기준법 제20조(위약 예정의 금지) 사용자는 근로계약 불이행에 대한 위약금 또는 손해배상액을 예정하는 계약을 체결하지 못한다(위반시 500만원 이하 벌금(근로기준법 제114조 1호).

27) <역자주> 일본 민법 제709조(불법행위에 의한 손해배상) 고의 또는 과실로 인한 타인의 권리 또는 법률상 보호되는 이익을 침해한 자는 이에 의하여 발생한 손해를 배상할 책임을 진다. : 한국 민법 제750조(불법행위의 내용) 고의 또는 과실로 인한 위법행위로 타인에게 손해를 가한 자는 그 손해를 배상할 책임이 있다.

28) <역자주> 일본 민법 제95조(착오) 의사표시는 법률행위의 내용의 요소에 착오가 있는 때에는 무효로 한다. 다만, 표의자에게 중대한 과실이 있는 때에는 표의자는 스스로 그 무효를 주장할 수 없다. : 제109조(착오로 인한 의사표시) ①의사표시는 법률행위의 내용의 중요부분에 착오가 있는 때에는 취소할 수 있다. 그러나 그 착오가 표의자의 중대한 과실로 인한 때에는 취소하지 못한다. ②전항의 의사표시의 취소는 선의의 제삼

근로자의 인격을 해치는 지나친 언행이 회사 측에 없었는지(위에서 말한 것처럼 손해배상 지급의 대상이 된다) 등의 점이 법적 문제가 될 수 있다. 근로자가 단념하지 않고 정당한 권리를 주장하는 것이 이러한 악폐를 장래에 없애기 위한 하나의, 그러나 착실한 방법이라고 할 수 있을 것이다(법적 구제를 요구하는 구체적인 방법은 386쪽 이하 참조).

(8) 기간의 정함이 있는 근로계약 - 무기전환과 고용금지

원래 근로계약에 기간의 정함이 있어 그 기간이 만료됨으로 근로계약이 종료되기도 한다. 정규직의 경우는 기간을 정하지 않고 고용되는 경우가 많다. 하지만 파트타임, 아르바이트, 계약사원, 촉탁, 파견 등의 형태로 일하는 근로자는 기간의 정함을 두고서 고용되는 경우도 많다. 일본 법률은 근로계약기간의 정함이 있는 경우에는 그 상한은 '3년' 원칙을 규정하고 있다(노동기준법 제14조).[30]

자에게 대항하지 못한다.

29) <역자주> 일본 민법 제96조(사기 또는 강박) ① 사기나 강박에 의한 의사표시는 취소할 수 있다. ② 상대방있는 의사표시에 관하여 제삼자가 사기를 행한 경우에는 상대방이 그 사실을 알 수 있었을 경우에 한하여 그 의사표시를 취소할 수 있다. ③ 전2항의 규정에 의한 사기에 의한 의사표시의 취소는 선의의 제삼자에게 대항할 수 없다. : 한국 민법 제110조(사기, 강박에 의한 의사표시) ①사기나 강박에 의한 의사표시는 취소할 수 있다.② 상대방있는 의사표시에 관하여 제삼자가 사기나 강박을 행한 경우에는 상대방이 그 사실을 알았거나 알 수 있었을 경우에 한하여 그 의사표시를 취소할 수 있다. ③전2항의 의사표시의 취소는 선의의 제삼자에게 대항하지 못한다.

30) <역자주> 일본의 노동기준법 제14조(계약기간) 근로계약은 기간의 정함이 없는 것을 제외하고, 일정한 사업의 완료에 필요한 기간을 정하는 것 외에는 **3년**(다만, 고도의 전문적 지식에 취업자, 만 60세 이상의 근로자의 근로계약에서는 **5년**)을 초과하는 기간에 대하여 체결할 수 없다. : 한국의 근로기준법 제16조(계약기간) 근로계약은 기간을 정하지 아니한 것과 일정한 사업의 완료에 필요한 기간을 정한 것 외에는 그 기간은 1년을 초과하지 못한다.[법률 제8372호(2007. 4. 11.) 부칙 제3조의 규정에 의하여 이 조는 2007년 6월 30일까지 유효함]

그러나 기간의 정함이 있는 근로계약의 체결이나 갱신 그 자체에는 특별한 제한을 두지 않았다. 여기서 예를 들어 1년이나 3년의 기간부로 근로계약을 체결하고, 이것을 몇 번이나 갱신해 근로관계가 오래 계속되는 사태도 발생하고 있다.

2012년 노동계약법 개정은 기간의 정함이 있는 근로계약이 갱신되어 통산 계약기간이 **'5년'**을 넘는 경우에 근로자가 기간의 정함이 없는 근로계약으로의 전환을 신청하면 기간의 정함이 있는 근로계약이 종료됨과 동시에, 기간의 정함이 없는 근로계약으로 전환한다는 내용을 규정하고 있다(노동계약법 제18조 제1항).[31][32] 예를

31) <역자주> 노동계약법 제18조 (유기근로계약의 기간의 정함이 없는 근로계약으로의 전환) ① 동일한 사용자와의 사이에 체결된 2이상의 유기근로계약(계약기간의 시기가 도래하기 전의 것은 제외한다. 이하 이 조에 있어 같다)의 계약기간을 통산한 기간(다음 항에서 '통상계약기간'이라 한다)이 5년을 넘는 근로자가 사용자에 대하여, 현재 체결하고 있는 유기근로계약의 계약이 만료하는 날까지의 사이에, 만료하는 날의 다음 날로부터 노무가 제공되는 기간의 정함이 없는 근로계약의 체결신청을 한 때에는, 사용자는 그 신청을 승낙한 것으로 간주한다. 이 경우 그 신청에 관련된 기간의 정함이 없는 근로계약의 체결신청을 한 때에는, 사용자는 그 신청을 승낙한 것으로 간주한다. 이 경우 그 신청에 관련된 그 기간의 정함이 없는 근로계약의 내용인 근로조건은, 현재 체결하고 있는 유기근로계약의 내용인 근로조건(계약기간을 제외한다)과 동일한 근로조건((근로조건(계약기간을 제외한다)에 대하여 별도의 정함이 있는 부분을 제외한다)으로 한다.
② 사용자와의 사이에 체결된 하나의 유기근로계약의 계약기간이 만료한 날과 그 사용자와의 사이에 체결된 그 다음의 유기근로계약의 계약기간의 초일과의 사이에 이들 계약기간의 어디에도 포함되지 않는 기간(이들 계약기간이 연속한다고 인정되는 것으로서 후생노동성령에서 정하는 기준에 해당하는 경우의 어디에도 포함되지 않는 기간을 제외한다. 이하 이 항에서 '공백기간'이라 한다)이 있고, 그 공백기간이 6월(그 공백기간의 직전에 만료한 하나의 유기근로계약의 계약기간[그 하나의 유기근로계약기간을 포함한 2이상의 유기근로계약기간의 사이에 공백기간이 없는 때에는, 2이상의 유기근로계약의 계약기간을 통산한 기간. 이하 이 항에서 같다]이 1년에 미달하는 경우에는 그 하나의 유기근로계약의 계약기간에 2분의 1을 곱하여 얻은 기간을 기초로 하여 후생노동성령에서 정한 기간) 이상인 때에는 공백기간 전에 만료한 유기근로계약의 계

들어 1년의 유기 근로계약의 경우는 6번째 이후, 3년의 유기 근로계약의 경우에는 2번째 이후에는 통산 계약기간이 5년을 넘는 계약이기 때문에, 그 기간 중에 근로자가 원하면 기간 만료의 다음 날부터 자동적으로 무기 근로계약으로 이행하는 것으로 되었다. 유기계약근로자의 고용을 안정시키기 위하여 이른바 **'무기전환'제도**가 규정하고 있다. 무기전환제도를 적용할 경우에 주의할 사항은 ① 계약과 계약 사이에 **6개월 이상**의 무(無)계약기간(이른바 **'공백기간'**)이 있는 경우에는 통산 계약기간이 리셋(cooling)되는 것(같은 조 제2항), ② 무기로 전환한 이후에 근로계약의 내용은 특별한 규정이 있는 경우를 제외하고, 계약기간이 무기가 되는 것 이외에는 유기 근로계약의 내용과 동일한 것이 된다고 되어 있는 것(같은 조 제1항 2문)에 있다. 유기계약으로 고용되어 계약이 갱신되는 경우에는 이 무기전환을 요구할 수 있는 상황에 있는 것인지, 전환하면 계약의 내용은 어떻게 되는지를 확인하는 것이 중요해지고 있다.

유기근로계약에 있어 또 하나의 큰 법률문제는 **'기간만료'**와 **'근로계약의 종료'**를 둘러싼 문제이다.

기간의 정함이 있는 근로계약의 기간이 만료해, 회사가 계약을 갱신하지 않는다고 판단했을 경우 근로계약은 원칙적으로 종료하게 된다. 이 계약 불갱신은 **'고용중지'**라고 부른다. 그러나 고용해지에 따라 계약은 종료한다는 원칙을 고수한다면 회사 측의 판단에 따라 근로자들의 법적 지위가 불안해질 우려가 있다.

그래서 판례는 ⓐ 업무의 객관적 내용(임시적 · 계절적인 것이 아닌

약기간은 통산계약기간에 산입하지 않는다.

32) <역자주> 5년의 기산은 2013년 4월 1일 이후(–2019년 4월), 개정부칙 제1항, 제2항 2012년 정령(政令) 267호). 일본 정부는 본조에 대하여 시행후 '8년'을 경과한 경우에 시행 상황을 고려하면서 검토해, 필요하다고 인정된 경우에는 그 결과를 기초로 필요한 조치를 강구하도록 하고 있다(개정 부칙 제3항).

항상적인 것인가?), ⓑ 당사자의 주관적 양태(고용계속에 대하여 어떠한 언동·인식을 가지고 있는가?), ⓒ 갱신의 상황(장기간에 걸쳐서 반복갱신이 있었는지, 지금까지 다른 고용중지의 사례가 있었는가?) 등의 사정을 고려해, ① 해당 계약이 무기 근로계약과 실질적으로 다르지 않은 상태로 존재하고 있을 경우(실질적 무기계약 유형), 또는 ② 근로자가 고용의 계속을 기대하는 것을 합리성이 있다고 인정되는 경우(기대보호 유형)에는 해고권 남용법리가 유추 적용된다고 하는 법리(**'고용중지법리'**)를 확립하고, 고용의 실태에 따라 근로자의 실질적인 보호를 도모하고 있다(①에 대해서는 도시바 야나기쵸 공장(東芝柳町工場事件) 사건, 최고재판소 1974년 7월 22일 판결, ②에 대해서는 히타치메디코(日立メディコ) 사건, 최고재판소 1986년 12월 4일 판결 참조). **2012년 노동계약법 개정**은 이 판례에서의 고용해지 법리를 법률에 명문화하고 있다(①에 대해서는 노동계약법 제19조 제1호, ②에 대해서는 노동계약법 제19조 제2호).[33] 실질적 무기계약 유형(①) 또는 기대 보호 유형(②)의 어느 하나에 해당하면 고용중지에 객관적 합리성·사회적 상당성이 인정되지 않으면, 유기 근로

---

33) <역자주> 노동계약법 제19조(유기근로계약의 갱신 등) 유기근로계약으로서 다음의 각 호의 어느 하나에 해당하는 것의 계약기간이 만료하는 날까지의 사이에 근로자가 그 유기근로계약의 갱신신청을 한 경우 또는 계약기간의 만료 후 지체 없이 유기근로계약의 체결신청을 한 경우로서, 사용자가 그 신청을 거절하는 것이 객관적으로 합리적인 이유를 결여하고 사회통념상 상당하다고 인정되지 않는 때에는, 사용자는 종전의 유기근로계약의 내용인 근로조건과 동일한 근로조건으로 그 신청을 승낙한 것으로 간주한다.
1. 유기근로계약이 과거에 반복하여 갱신된 적 있는 것으로서 그 계약기간의 만료 시에 그 유기근로계약을 갱신하지 않음으로써 유기근로계약을 종료시키는 것이 기간의 정함이 없는 근로계약을 체결하고 있는 근로자에게 해고의 의사표시를 함으로써 기간의 정함이 없는 근로계약을 종료시키는 것과 사회통념상 동일시될 수 있다고 인정될 것
2. 근로자에게 있어서 유기근로계약의 계약만료 시에 그 유기근로계약이 갱신되는 것으로 기대하는 것에 대하여 합리적인 이유가 있는 것이라고 인정될 수 있는 것

계약이 갱신되었다는 것과 같은 법률관계가 발생하는 것을 확인하였다.

이 법리(특히, ② 기대보호의 유형)는 매우 폭넓은 범위에 걸쳐서 적용되고 있다. 예를 들어 계약갱신이 한 번도 없는 사안(첫 번째 기간만료 시점에서 불갱신(不更新)에서도 계약을 체결할 경우에 기간 만료로 계약이 종료된다고는 하지 않고, 지금까지 다른 고용해지의 사례도 없는 등의 사정이 있는 사례에서는 고용해지법리를 적용하여 불갱신을 위법이라고 하고 있다. 또 근래에는 예를 들어 1년 계약에서 갱신은 2회까지라는 갱신 한도를 회사 측이 미리 정하거나, 최종 갱신을 할 경우에 다음 회에는 갱신하지 않겠다는 내용의 갱신조항을 포함하는 사례가 늘어나고 있다. 그러나 이러한 규정이 있다고 하여 당연히 고용해지법리가 적용되지 않는 것은 아니고, 다른 사정(앞에서 서술한 ⓐ－ⓒ 등)도 합쳐서 근로자가 고용계속을 기대하는 합리성이 있었는지 여부를 판단해 고용해지 법리를 적용할 것인지를 결정하고 있다. 예를 들어 계약을 갱신하는 중에 '1년 계약에서 최대 3년(3년에 고용종료)"이라고 하는 회사 방침을 결정해 설명하였지만, 그 시점에서 이미 갱신에 대한 합리적 기대를 가지고 있었다고 한 사례(학교법인 릿쿄우칸 여학원(学校法人立教女学院) 사건 · 도쿄지방법원 2008년 12월 25일 판결), 최종 갱신할 경우에 갱신 조항을 포함해 서명날인을 했지만, 그 시점에서 존재했던 갱신의 합리적인 기대는 본의 아니게 요구된 불갱신 조항에 대한 서명날인으로 배제되는 것은 아니라고 판시한 사례(아카시 서점(明石書店)[제작부 계약사원 · 가처분] 사건 · 도쿄지방법원 2010년 7월 30일 결정) 등이 있다.

보론 29

• 유기고용계약의 법규제와 노동계약법의 작성 경위

일본에서 서비스경제화와 여성, 고령근로자의 증가 등에 따라 고용형태의 다양화가 진전되어 노동법제를 이러한 구조변화에 곧바로 대응하는 것이 필요하였다. 1998년 및 2003년 개정 노동기준법에서 근로계약기간의 상한규제가 완화되었다. 상한은 일반근로자(원칙) 3년, 특례근로자(예외) 5년으로 되었고, 그 담보로서 행정지도의 통달이 '고시'로 격상되었다(2003년 제14조 제2항, 제3항). 이 당시에 시행후 3년을 경과한 시점에서의 재검토 규정이 마련되었다(부칙 제3조). 또는 노동계약법 요강에 대한 노동정책심의회 근로조건분과회의답신(2006.12.27.)에서는 유기계약에 대하여 '이번에 강구하게 된 시책 이외의 사항에 대해서도 계속해 거모하는 것이 적당하다'고 제언하였다.

이렇게 유기근로계약연구회의 검토를 거쳐서 유기노동계약법에 관한 검토가 3자 구성의 노동정책심의회 근로조건분과회의에서 2010년 10월부터 시작되었다. 그 분과위원회에서는 (ⅰ) 유기근로계약의 이용을 일시적인 노동수요가 있는 경우에 제한 하는 '입구규제'의 시비, (ⅱ) 반복갱신의 횟수나 기간에 대하여 상한을 마련하는 '출구규제'의 시비, (ⅲ) 판례의 고용중지법리를 조문화하는 '고용중지규제'의 시비, (ⅳ) 유기계약근로자를 위한 균등 · 균형처우 룰의 명문화 등이 주요한 논점이었다. 심의는 난항을 겪었지만, 2011년말에 (ⅰ)의 입구규제는 채택하지 않고, (ⅱ)－(ⅳ)의 규제를 노동계약법 중에 새로운 조항으로 추가하는 것으로 항 동 분과회의 최종보고를 정리했다.

이에 따르면, 2012년 2~3월에 법조 요강의 심문과 답신, 법안의 각의 결정과 국회 상정이 순차적으로 이루어졌다. 2012년 2월 분과회의에서 '노동조합측'은 유기근로계약은 합리적인 이슈가 없는 경우(예외사유에 해당하지 않는 경우)에는 체결할 수 없는 구조로 해야 한다고 주장하고, 그 전제로서 근로계약에 대해서는 기간의 정함이 없는 것을 원칙(유기의 것은 예외)으로 해야 한다고 주장하였다. 분과회의 최종보고에서는 '예외업무를 둘러싼 분쟁다발에 대한 우려와, 고용기회의 감소 우려 등을 바탕으로 조치를 강구해야 한다는 결론을 맺지 못하였다".

이에 대하여 菅野和夫 교수는 "유기근로계약의 원칙적 금지는 실제로는 기업과 근로자 양측에게 고용의 선택지를 대폭적으로 감소시킬 수도 있기 때문에 현명한 결론이라고 평가한다. 또한 유기근로계약의 외국 입법동향을 보면, '**유럽국가**'에서는 유기근로계약이 불안정한 고용이라는 점에 착안하여 그 체결시 합리적인 이유(노동력의 일시적인 수요나 교육훈련상의 필요성 등)를 필요로 하거나, 갱신회복의 한도나 갱신에 따라 입법되었다, 반면에 부당한 차별을 금지한 뒤 노동시장의 자유를 관철하는 '**미국**'에서는 유기근로계약의 이용은 계약의 자유에 위임해 왔다. 그 후 '**한국**'이나 '**중국**'에서도 유기계약근로자의 차별적 취급을 금지하거나 일정기간 경과후 유기근로계약을 무기근로계약으로 전환시키는 등 유기근로계약에 대한 강력한 규제를 실시하게 되었다(菅野和夫, 勞動法, 308-311면).

(9) 정년제

커리어(경력) 도중에 해고나 사직 등을 하는 일이 없어도, 마지막에는 '**정년**'(定年)[34]에 따라 근로계약을 종료하는 경우가 많다. '**정년제**'는 일정한 연령에 도달함으로 근로계약이 종료되는 룰을 말한다. 회사는 취업규칙에 정년규정을 두는 경우가 많다. 원래 이 정년제는 법적으로 유효한 것(취업규칙의 규정으로서 합리적인 것)이라고 할 수 있을까?

한편으로는, 개인이 자신의 의사로 선택할 수 없는 연령에 따라 다른 취급은 '**차별**'이라고 하고, 이를 불법으로 생각할 수 있다. 실제로 '미국'이나 'EU'(유럽연합) 각국에서는 '**고용상의 연령차별**'은 정년제를 포함해 원칙적으로 금지하고 있다. 또한, **저출산 · 고령화** 사회에서는 연령과 관계없이 그 능력을 발휘해 취업하는 것이 일본 경쟁력의 유지 · 발전이나 '**연금재정의 건전화**' 등과 같은 정책의 관점에서도 필요하다. 그러나 다른 한편, 장기 고용관행을 유

34) <역자주> 한국에서는 '정년(停年)' : 공무원 · 회사 직원이 일정한 연령에 이르면 퇴직하도록 정해진 연령

지하는 일본 기업에서 정년에 따른 퇴직을 인정하지 않으면, 회사 내에 고연령층이 정체되어 인사 쇄신을 도모할 수 없게 되는 사태나, 혹은 연령에 관계없이 젊은층을 포함한 해고나 퇴직을 단행해야 하는 사태에 처할 수도 있다. 정년제를 개편하기 위해서는 일본의 '장기 고용관행'과 '해고권 남용법리'의 내용을 수정하는 것도 필요할 것이다. 이러한 상황에서 지금까지 일본 판례에서는 정년제도 일반적으로 불합리한 제도라고까지 할 수 없다고 판단하고 있다(추북 버스(秋北バス) 사건, 최고재판소 1968년 12월 25일 판결[35] 등).

'고령자고용안정법'이라는 법률은 이 정년제의 존재를 전제로 하면서 사업주에게 정년 연령을 정하는 경우에는 **60세 이상**으로 할 것을 의무화하고 있다(제8조). 또한, **65세**부터 연금지급 개시에 대응하기 위하여 65세까지 고용 확보 조치(① 정년연령의 인상, ② 계속고용제도의 도입, ③ 정년제의 폐지 중 하나)를 취해야 함을 규정하고 있다(제9조 제1항).[36][37]

---

35) 秋北バス事件 · 最高裁 1968년 12월 25일 판결 등.

36) <역자주> 일본의 정년은 과거에는 55**세**인 사례도 많았다. 하지만 현재는 65**세**까지 일하는 것을 상정하고 있다. **고연령자고용안정법**에서 기업에 정년을 의무화하고 있다. 정년연령은 60세 이상이다(제8조). 정년 이후에도 65세까지 고령자 고용확보 조치를 취하는 것을 의무화하고(제9조), 공적 연금의 지급개시 연령도 정년에 맞추어 65세로 인상하고 있기 때문이다. 이는 통계상의 생산연령이 15세－64세로 되어 있는 것에 거의 대응하고 있다.

37) <역자주> 일본은 저출산 고령화 현상이 예상보다 빠르게 진행되고 있다. 2020년 9월 65세 이상 고령자는 총3617만 명이다(전체 인구의 28.7%). 2020년 조사에서 66세 정년 기업은 33%에 달했다. 표면상 인생 100세 시대의 노후 자금을 더 마련하기 위하여 '신(新)고령자고용안정법'을 개정했다. 이 법은 2021년 4월부터 '65세'에서 '70세'로 정년을 연장하거나 다른 업체로의 재취업, 창업 지원을 위해 노력 규정이 시행된다(벌칙 규정이 없음). 개인사업자가 되어 자신이 일했던 회사 관련 업무를 위탁받아 처리하거나 유상 자원봉사자로 활동할 수도 있다. 입법은 회사는 이를 반드시 따를 필요는 없으나 가급적 정년연장 요구를 들어주라는 취지이다. 이에 많은 기업이 70세 정년 도입을 검토할 것으로 전망했다. ; 한국도 베이비부머(1955－1963년생)의 은퇴와 함께 팔팔한 청

향후 저출산 · 고령화가 진행되어 '**연금 재정수지**'의 악화가 심각화되고, 정년제를 유지하면서 그 연령을 연장할 것인지 정년제로 상징되는 연령 차별을 금지해 연령과 관계없는 노동사회의 실현을 향한 개혁을 진행할 것인가? 유럽 및 미국의 국제적인 동향과 일본적인 고용시스템 사이에서 일본은 지금 중요한 정책적 선택을 강요받고 있다.

보론 30

• 일본 고령자고용안정법

고령자고용안정법은 1986년에 「**중고연령자 등의 고용촉진에 관한 특별조치법**」을 개정해 제정되었다. 그 당시에 60세 정년제가 노력의무로 되어, 1990년 개정을 통해 65세까지 고용계속을 노력의무로 하였다. 그 후 1994년에 **후생연금**(특별지급의 노령후생연금의 정액 부분) 지급개시 연령이 60세에서 65세까지 단계적으로 인상하게 되고, 이것에 맞추어 「**고령자고용안정법**」은 60세 정년제를 법적 의무(정년을 마련할 경우에는 60세 이상이 되어야 한다)로 하였다.

게다가, 2004년 법 개정에서는 65세까지 고령자 고용확보 조치로 ① 정년 인상, ②계속고용제도 ③ 정년 규정의 폐지의 어느 한 가지 강구하도록 의무화하였다(제9조 제1항). 많은 기업은 ①의 계속고용제도를 도입하였는데, 이것은 ①과 ③과는 달리, 근로자의 과반수 대표와의 노사협정으로 제도의 대상이 되는 자의 기준을 마련하고, 기준에 부합하지 않는 근로자를 계속고용의 대상에 제외할 수 있었기 때문이다. 또한 계속고용제도에는 '**근무연장제도**'와 '**재고용제도**'가 운영되고 있는데, 근로계약관계를 재설정(reset)할 수 있어서 임금 등 근로조건을 탄력적으로 정할 수 있는 재고용제도를 도입하는 기업이 많았다. 이렇게, 유기고용의 고령자가 늘어나게 된다(만 60세 이상 고령자의 유기 근로계약의 활용에 대해서는 기간의 상한 규제완화[노동기준법 제14조 제1항 2호]. 무기전환룰[노동계약법 제18조]의 적용 제외[유기고용 특별조치법 제8조 제2항], 실버인재센터에 따른 근로자파견이나 유료 직업소개의 경우의 특례[고령자고용안정법 제38조 제2항 이하] 등의 우대조치도 있다).

년 노인들이 쏟아진다. 현실은 아직 60세 정년규정을 갖고 있다.

2013년 4월 이후, 후생연금(특별지급의 노령후생연금의 보수비례 부분)의 지급개시 연령도 60세부터 순차적으로 인상되게 되었기 때문에 무수입·무연금자가 나오는 것을 막을 목적으로, 2012년 고령자고용안정법을 개정해 위의 ②의 계속고용제도를 선택한 경우에 노사협정의 기준을 마련해 대상 외로 할 수 있다는 제도를 철폐하였다. 이것에 따라 희망하는 고령자는 누구라도 65세까지 고용이 보장된다(현재는 경과 조치의 적용 중 65세가 되는 것은 2025년이다).

원래 전술한 바와 같이, 많은 고령자는 정년 후에는 우선 퇴직해 '재고용'이라고 하는 형태로 고용을 계속하고 있다. 정년까지 정규직으로 근무했던 사람도 정년 후에는 비정규직으로 된다는 것이다.

또한, 후생노동성이 발표한 "헤이세이(平成) 30년(2018년) 고연령자의 고용상황"에 따르면, 고용확보의 조치를 실시했으며 기업 가운데 ① 정년 인상을 선택한 기업은 18.1%, ① 계속고용제도의 도입을 선택한 기업은 79.3%, ① 정년제의 폐지를 선택한 기업은 2.6%이다.

보론 31

• **고령화 · 저출산**

(1) 최근 일본에서 2020.6.5. '2019년 인구통계'의 발표를 보면, 여성 1명이 · 낳을 것으로 예상되는 자녀의 수인 합계출산율 1.8을 목표에서 1.36으로 하락했다. 출산율에 올인하는 것은 경제성장 기반을 유지하기 위해서인데, 매년 55조원을 투여하고도 저출산의 흐름에 제동이 걸리지 않는다고 우려한다.

(2) 반면에 한국의 2019년 합계출산율은 0.92명(27만6000명 출산)이다. 한국은행은 2020.12월 '포스트코로나 시대 인구구조 변화 여건 점검'이란 보고서에서 코로나19가 출산율에 미치는 영향은 2021년부터 현실화되어 적어도 2년은 이어질 것으로 보인다고 했다. 한국은 2019년을 정점(5,185만명)으로 2020년 인구 데드크로스(Dead cross, 출생자 수보다 사망자 수가 더 많은 인구 자연감소 상태) 상황이 왔다(5,18만명).

현실로 다가온 '인구 감소'와 '급격한 인구구조 변화'에 대비해야 한다. 2020년 평균연령은 42.8세이다. 한국의 제조업 고령화 추이는 평균연령이 35.5세(1999)에서 42.1세(2019)로 6.6세가 높아졌다(일본은 40.4세(1999)→42.7세(2019) 2.3세 증가).

한편 20−30대의 비연애/비결혼/비출산을 의미하는 '3비(非) 문화'가 점점 확산되고 있다. 불평등, 공평성(육아휴직), 비혼세 도입, 해외 유입자 등 각종 사회문제가 있다. 다른 한편 문재인 케어로 의료보험의 부실화, 공무원의 대폭적인 증원 등으로 연금개혁의 지체에 따른 국가 재정의 중장기적 안정성과도 맞닿아 있다. 이에 한국의 특수한 사정에 맞추어 사회적 공감대가 형성된 정책 추진이 필요하다.

또한 향후 전국 430개 대학교 정원 2020년 49만명인데, 2040년의 다 입학해도 절반이 미달이고, 대학진학률이 OECD 평균(40%) 수준으로 낮아지면 80%가 폐교해야 한다. 사립유치원의 공공성 및 초등학교의 교원양성은 어떻게 할 것인가. 1인 가구의 의료복지(의료비 부담)가 문제인데, 900만 세대이고, 그 중 30%가 60세 이상 고령이다. 2025년이면 1000만명을 초과하는 65세 이상의 노령층 복지는 어떻게 되는가? 미충족 의료가 고령, 저소득, 여성인 경우가 많다. 고용·교육·의료·주택 등 영역별로 수급 불균형문제가 발생할 수 있다.

그리고 생산가능인구가 줄고 수명이 늘면 생산성이 떨어져 경제성장이 더뎌진다. 세수도 줄어 정부 재정도 악화된다. 인구절벽에 따른 비관적인 생산가능인구와 부양비 전망으로 연금, 정년연장문제 등을 2030년까지 '인구 뉴노멀(New Normal, 새로운 표준)'에 맞는 새로운 계획을 세워할 골든 타임이다. 국민의 입장에서 보험료, 각종 세금 지출 등을 고려해 연금이 적자가 되는 시점(2036년?)을 정확히 알려주어야 한다. 2025−2030년에 정년연장(정년 철폐 포함)이 다시 있어야 한다.

정부는 보육과 양육 등 주로 '복지 문제'에 '젠더 문제'(여성가족부)가 추가되었다. 그밖에도 주택(부동산, 도시정책), 사교육, 사회경쟁 심화 등 종합적인 접근해야 정책의 한계를 극복할 수 있다. 제한된 정부 재정으로 정치상 인기가 없는 정책이지만, 급속한 인구변화에 대한 본격적인 공론화를 통해 고민을 해야 한다. 인구감소가 대재앙이 되지 않기 위해서는 피해를 최소화하고 파국적 사태의 연착륙을 위한 대책을 고안해 준비해야만 할 순간이다.

2 고용관계의 성립 – 채용

(1) 채용의 자유

일본에서는 해고권 남용법리로 사용자의 해고자유를 크게 제한해 왔다. 이것과는 대조적으로 사용자에게 폭넓은 채용의 자유, 즉 어떠한 사람을 어떠한 기준으로 고용할 것인지를 결정하는 자유가 인정되고 있다.[38]

최고재판소의 판례에 따르면, 국적 · 신조(信條) · 사회적 신분을 이유로 근로조건의 차별을 금지한 노동기준법 제3조(균등대우)[39]

---

38) <역자주> **정기공채 및 수시채용** : 공채제도는 · 직장 개념이 강한 일본의 채용방식이 한국기업에 이식된 것이다. 급변하는 경영환경시 정기공채제도는 효율성이 떨어진다. '정기공채'(인턴공채 포함)는 매년 한 번 또는 상 · 하반기로 나눠 회사가 일괄적으로 신입사원을 선발한 후 부서별로 배치한다. '수시채용'은 회사가 아닌 사업부 또는 팀별로 인원이 필요할 때마다 공고를 내고 사람을 채용한다. 즉 스펙보다 직무 적합성을 우선시한다.

최근 한국의 대기업들은 신입사원의 정기공채를 단계적으로 축소 · 폐지하거나 계열사별로 수시채용을 확대해 가고 있다. 수시채용의 이유는 경영환경과 기술변화에 대응하기 위해 필요한 인재를 즉시 선발해 업무의 전문화 · 세분화하는 기업 환경을 고려해 적재적소에 배치할 수 있으며, 채용시간 · 비용을 아끼고, 해당 업무에 관심 있는 인재를 영입하기 쉬워지고, 인사 부서 외 실무진이 주도해 함께 일할 사람을 선발한다. 최근에는 글로벌 기준으로 채용시장의 정상화, 채용인원 감축과 검증받은 경력직 선발이며, 단기적으로는 청년 실업률 증가로 이어질 가능성이 높다. 예를 들어 현대중공업(2016), 한화(2018), 현대차(2019), LG그룹(2020), SK그룹(2021) 등이다.

반면에, 정기공채의 선발은 동기생들끼리 경쟁도 하고 협력도 해 조직 몰입도가 올라가는 장점도 있지만, 순혈주의 · 배타주의로 이어져 조직의 다양성과 변화 대응력이 떨어뜨린다는 단점도 있다. 삼성(계열사별 채용)과 롯데 · 포스코 · GS · 신세계는 정기공채를 실시하고 있다.

39) <역자주> 한국 근로기준법 제6조(균등한 처우) 사용자는 근로자에 대하여 남녀의 성(性)을 이유로 차별적 대우를 하지 못하고, 국적 · 신앙

는 채용에는 적용하지 않고, 사상 · 신조를 이유로 한 채용 거부도 당연히 위법이라고 할 수 없다(미츠비시 수지(三菱樹脂) 사건, 최고재판소 1973년 12월 12일 판결). 또한, 노동조합 활동을 이유로 불이익한 취급을 금지하는 노동조합법 제7조 제1호도 원칙적으로 채용에는 적용하지 않는다고 해석된다(JR홋카이도(JR北海道等) 등 사건, 최고재판소 2003년 12월 22일 판결). 다만, 여성인 것을 이유로 모집 · 채용차별(남녀고용기회균등법 제5조),[40] 장애를 이유로 모집 · 채용차별(장애인고용촉진법 제34조), 근로자의 모집 · 채용시 연령의 제한(노동시책종합추진법 제9조) 등과 같이 법률상 명문으로 금지한 경우에는 채용의 자유도 그 제한에 따른다(또한, 장기근속에 따른 커리어(career)를 형성하는 관점에서 청년 등을 모집 · 채용하는 경우 등 부득이한 사유가 있다면, 근로자의 모집 · 채용에 연령의 제한을 예외로 인정하고 있다(노동시책종합추진법시행규칙 제1조의3 제1항).

보론 32

• **커리어권**

커리어권(キャリア権, career, 경력권)을 한 마디로 말하면, 사람들이 직업상 커리어를 · 동안 전개할 수 있는 권리이다. 이러한 권리가 필요한 배경에는 다음과 같은 사정이 있었다(諏訪康雄 1999).

근로자에게 재산(財産)이 되는 것은 당초에는 '직무'(job, 職務), 그리고 '고용'(employment), '커리어'(career)로 바뀌어 갔다. 대부분의 근로자가 '직인'(職人, 직공)으로 자신의 전문적인 기능을 연

또는 사회적 신분을 이유로 근로조건에 대한 차별적 처우를 하지 못한다.

40) <역자주> 균등법 제5조(모집 및 채용) 사업주는 근로자의 모집 및 채용에 있어서 여성에 대하여 남성과 균등한 기회를 주어야 한다. : 한국 남녀고용평등법 제7조(모집과 채용) ① 사업주는 근로자를 모집하거나 채용할 때 남녀를 차별하여서는 아니 된다. ② 사업주는 여성 근로자를 모집 · 채용할 때 그 직무의 수행에 필요하지 아니한 용모 · 키 · 체중 등의 신체적 조건, 미혼 조건, 그 밖에 고용노동부령으로 정하는 조건을 제시하거나 요구하여서는 아니 된다.

마하려고 수행해 '장인'(親方)을 목표로 한 시대에는 '직무'만이 재산이었다. 이러한 직인은 자신의 재산을 지키기 위하여 '직능별 노동조합'(craft union)을 결성하기도 했다.

그런데 기술이 혁신되면 종래의 기능은 쓸모없게 된다. 처음에는 새로운 기술에 저항한다고 해도('**러다이트 운동**'(Luddite Movement) 등) 시대의 파도에 저항할 수는 없었다. 거기에서 나온 것이 '**고용이 재산**'이라는 견해이다. 직무가 바뀌어도 지금 있는 고용은 재산으로 보장된다. 이 견해에 따라 일본에서 종신고용으로 불리는 '**장기고용의 관행**'이 형성되어 온 것이다.[41] 종신고용에서는 근로자는 다양한 직무를 경험함으로 특정한 직무는 재산으로써 보호되지 못하지만, 직무가 바뀌어도 고용은 보장된다. 근로자에게 재산은 '직무'가 아니라 '고용'인 것이다.

그런데 최근에 와서 종신고용이 점차적으로 무너지고 있다. 한 기업(내지 복수(double) 기업) 내에서 직업의 인생을 마치는 것이 어려워지면 근로자에게 고용이 중요한 것이 아니고, 전직(轉職)도 상정한 후에 '직업커리어'를 계속해 발전시켜 가는 것이다.
이러한 고찰을 근거로 커리어만이 재산이라는 견해를 법적 권리론으로 높인 것이 '**커리어권론**'(キャリア権論)이다.

노동시장정책이나 노동법의 이념은 '고용의 안정'에서 '커리어의 안정'으로, 혹은 '고용의 보장'에서 '커리어의 보장'으로 이행해야 한다는 '**커리어권론**'은 본서가 제시하는 노동법 개혁의 밑바닥에 있는 기본 개념이라고 할 수 있다.

---

41) <역자주> 일본의 장기고용시스템은 학교를 졸업함과 동시에 입사한 뒤 한 기업 내지는 그 기업이 속한 그룹 내에서 정년까지 고용되어 커리어를 발전시켜 가는 관계를 전형으로 하면서 실제로는 다양한 베리에이션(variation)으로서의 고용관계를 병용하게 된다. 장기고용시스템에서의 커리어는 교육훈련(인재교육) 및 인사이동을 동반하면서 전개된다. 특히 교육훈련은 커리어의 장기적인 전개과정에서 주로 사용자가 주도해 그 기업 내의 필요에 따라 기업내 다양한 제도에 따라 행해진다. 보다 구체적으로는 채용내정자 교육, 신입사원교육(도입교육, 실지연수, 팔로우업교육), 특정업무연수(영업사원연수 등), 현장감독자연수(안전관리, 작업수행방법 등), 관리직연수(일정 관리직이 된 자에 대한 도입연수, 장기관리직의 매니지먼트 향상연수), 중고령자의 능력재개발연수, 정년준비교육(세미나) 등과 같이 다양하다. 이것은 기업의 인재육성(교육훈련)

(2) 왜 일본은 채용의 자유를 폭넓게 인정하는가?

일본과 대비해 미국이나 EU(유럽연합) 각국에서는 채용단계도 포함해 고용차별을 금지하고 있다. 아무리 채용한 후에 차별을 금지해도 애당초 채용되지 않으면 고용사회에 들어갈 수 없다. 차별받는 자에게는 채용시의 차별이 가장 큰 장벽이기 때문에 고용차별을 금지하는 경우에 채용 단계의 차별도 당연히 금지의 대상에 포함한다고 해왔던 것이다. 그러나 일본의 판례에서는 사상 · 신조를 이유로 한 채용차별도 즉시 위법이 되는 것은 아니라고 하여, 현재도 사용자에게 채용의 자유를 폭넓게 인정하고 있다. 그 이유는 무엇인가?

그 실질적인 근거로는 장기 고용관행을 유지하고 있는 일본의 기업에서는 인간적인 신뢰관계를 중시하고, 또한 일단 채용하면 해고권 남용법리에서 쉽게 해고하는 일은 불가능하다. 그렇기 때문에 채용 시에 후보자의 인물 · 성격 등에 관련된 사정을 신중하게 음미해 인원 선발을 인정해야 한다는 생각이 있다.

및 활용('인사이동'=채용(시용 포함), 배치전환, 출향 · 전적, 승진 · 승격 · 강등)에 있어서 사용자가 주도권을 쥐고 결정권을 장악하는 체제에서 행해져 왔다. 즉 종업원의 직업훈련의 형성 · 발전, 인재의 조달 · 조정, 모럴의 유지 · 향상을 위한 인사이동이 중요한 수단으로 되고 있으며, 기업의 포괄적인 권한('인사권')이 필요하다고 의식되고 있기 때문이다. 이러한 교육훈련을 실시할 권리는 사용자가 근로계약에 의하여 취득하는 노동력의 이용권에서 파생한다. 나아가 교육훈련에 관한 정부의 행정시책도 공공 직업훈련 이외에는 기업이 일정한 기준을 충족한 경우에 사업주가 행하는 교육훈련의 '조성금'을 지원하는 쪽에 주안을 두어왔다.
한편, 기업이 명령할 수 없는 교육훈련의 사례로는 순전히 일반교양 · 문화 · 취미교육이나 사상 및 신조교육과 같이 업무수행과는 관계없는 것, 과도한 정신적 및 육체적 고통을 동반하는 등 그 형태나 방법이 적절하지 않는 것, 반노동조합교육이나 근로시간이 법적 한계를 넘는 등 법령에 저촉하는 것, 신규 해외유학 등 그 내용과 실시장소 등이 근로계약상 예정되어 있지 않다고 인정되는 경우에 근로자의 동의가 없는 것 등을 들 수 있다(菅野和夫, 「労働法」, 676-678면).

그러나 다른 것을 다른 것으로 인정하지 않는 일본의 폐쇄적인 공동체 사회가 유지하는 것에 문제는 없는 것인가? 사상 · 신조가 다른 사람은 인간적인 신뢰관계를 구축할 수 없다는 정형화된(stereotype) 견해 자체에 다시 생각해야 할 점은 없는 것인가? 이를테면 인간적인 신뢰관계가 중요하다고 해도 이를 해치는 구체적인 언동이나 징표가 있을 경우에만 이에 대한 대처를 인정해야 하는 것이 아닐까?

프랑스에서 일본 노동법을 수업할 때 강한 위화감으로 받아들여져 설득적으로 설명하기가 가장 어려운 것이 근로자에 내심의 자유보다 회사의 경제활동 자유를 우선하는 이러한 일본 판례의 입장이었다. 다양해지면서 폐쇄적인 공동체 사회의 폐해가 크게 표면화하는 중에 일본의 판례를 재검토해야 할 시기가 도래한 것은 아닌가?

(3) 채용내내정 · 채용내정 · 시용기간

이 채용의 자유도 사용자가 채용할 사람을 결정하는 과정에 해당되는 것에 불과하다. 일단 근로계약이 성립하면, 그 후에 사용자가 일방적으로 해지하는 의사표시는 해고에 해당된다. 앞에서 살펴본 해고권 남용법리를 적용하게 된다. 그러면 근로계약은 어느 시점에서 성립하는 것일까?

이것은 양당사자가 언제 '입사한다', '채용한다'는 합의를 성립했다고 할 수 있는지는 개별적이고 구체적인 사정에 따른 계약해석의 문제이다. 판례 중에는 사용자의 채용내정 통지에 따라 근로계약이 성립한다(다만, 채용내정 통지에 기재된 사유가 발생했을 경우에는 내정을 취소하는 일이 있다는 해약권 유보부의 근로계약의 성립). 그 후에 내정취소는 해고에 해당되기 위해서 객관적으로 합리적이고 사회통념상 상당하다고 할 이유가 필요하다(다이 니혼 인쇄(大日本印刷) 사건, 최고재판소 1979년 7월 20일 판결). 유보된 해약권 행사인 내정취소가 허용되는 구체적인 이유로는 성적 불량에 근거한 졸업의 연기, 건강상태의 현저한 악화, 허위신고의 판명, 구속기소 유예처분을 받은 것 등을 들 수 있다.

또 입사할 때에 적격성을 관찰하는 기간으로 시용기간을 두는 일이 있다. 보통 입사한 후 3개월 또는 6개월의 시용기간을 두는 경우가 많다. 이것에 대해서도 해약권 유보부의 근로계약이 성립한 것으로 보아 시용기간의 종료시에 행해지는 **'본채용 거부'**는 해고이며, 객관적 합리성 · 사회적 상당성이 있는 경우에만 인정된다고 판시한 판례가 있다(앞에서 서술한 미츠비시 수지(三菱樹脂) 사건 판결). 이러한 내정취소나 본채용 거부에 객관적이고 합리적으로 사회통념상 상당할만한 이유가 없다면, 근로계약은 그 후에도 존속해 임금의 지급 등을 요구할 수 있게 된다.

채용내정 전에 회사가 통지하는 **'채용내내정'**도 이 시점에서 근로계약이 성립하는지 여부는 개별적이고 구체적인 사정에 따라 계약을 해석하는 문제이다. 판례 중에는 정식적인 내정식의 전에 내내정의 시점에서는 근로계약은 성립한 것이라고 까지는 할 수는 없다. 하지만 회사가 매우 간단한 통지로 갑자기 내부 방침을 취소하고, 그 후에도 성실한 태도로 설명이나 대응을 하지 못했다면, 내내정자의 취업에 대한 기대이익을 침해한 것으로 55만 엔의 손해배상을 명령하였다(코세RE(コーセーアールイー)[제2] 사건 · 후쿠오카(福岡)고등법원 2011년 3월 10일 판결).

(4) 근로조건의 명시의무

사용자는 근로계약을 체결할 때에 임금, 근로시간, 그 밖의 근로조건을 근로자에게 명시해야 한다(노동기준법 제15조 제1항).[42] 근

42) <역자주> 한국 근로기준법 제17조(근로조건의 명시) ① 사용자는 근로계약을 체결할 때에 근로자에게 다음 각 호의 사항을 명시하여야 한다. 근로계약 체결 후 다음 각 호의 사항을 변경하는 경우에도 또한 같다. 1. 임금 2. 소정근로시간 3. 제55조에 따른 휴일 4. 제60조에 따른 연차 유급휴가 5. 그 밖에 대통령령으로 정하는 근로조건 ② 사용자는 제1항제

로계약 기간, 취업 장소, 종사 업무, 근로시간, 임금, 퇴직(해고사유를 포함) 사항에 대해서는 서면의 교부(또는 전자메일의 송신 등으로 근로자가 희망하는 방법)에 따르는 것이 필요하다(노동기준법시행규칙 제5조). 이 서면 교부는 당초의 취업할 장소와 종사 업무를 기재한 **'사령**[43]**의 교부'**와 아울러 **'회사 취업규칙의 제시'**라는 방법으로 행해지는 경우도 많다. 또 노동계약법은 그 밖의 사항에 대해서도 가능하면 **'서면'**으로 확인하고 있다(제4조 제2항).[44] 근로계약의 내용을 분명하게 해 두는 것은 근로자의 권리나 이익을 지키기 위해서도, 장래의 불필요한 분쟁을 막기 위해서도 중요하다.

근로자를 모집할 때에는 좋은 조건을 제시하고 있었다. 그런데 실제로 일을 시작해 보면, 낮은 근로조건으로 일하게 되는 **'구인사기**(求人詐欺)'도 사회문제이다. 이 문제에 대처하려면 2017년 직업안정법 개정은 직업소개와 모집 시에 명시된 근로조건을 근로계약이 체결되기 전에 변경하는 경우(내용을 특정하거나 추가하는 경우도 포함)에는 회사(구인자, 모집인 등)와 근로계약을 체결하기 전에 구직자에게 서면 교부 등을 통하여 변경한 사항을 명시하도록 의무화하였다(제5조의3 제3항 · 제4항). 판례에서는 **헬로워크**에서 '기간의 정함이 없음', '정년제 없음'이라고 기재된 구인표를 보고서 채용하였고, 그 후 회사에서 계약기간 1년, 65세 정년제로 기재된 서면(근로조건 통보서)에 근로자가 서명날인을 실시했다고 해도, 근로

1호와 관련한 임금의 구성항목 · 계산방법 · 지급방법 및 제2호부터 제4호까지의 사항이 명시된 서면을 근로자에게 교부하여야 한다. 다만, 본문에 따른 사항이 단체협약 또는 취업규칙의 변경 등 대통령령으로 정하는 사유로 인하여 변경되는 경우에는 근로자의 요구가 있으면 그 근로자에게 교부하여야 한다.

43) <역자주> 사령(辭令) : 관직의 임명 · 해임에 대한 공식적인 발령.

44) <역자주> 노동계약법 제4조(근로계약 내용의 이해촉진) ① 사용자는 근로자에게 제시한 근로조건 및 근로계약의 내용을 충분하게 이해시켜야 한다. ② 근로자와 사용자는 근로계약의 내용(기간의 정함이 있는 근로계약의 사항을 포함한다)을 가능하면 서면으로 확인하여야 한다.

자의 자유의사에 따른 동의가 있었다고 할 수 없다고 하여, 구인표 기재의 내용으로 계약을 성립한 것으로 보았다(복지사업자 A원(福祉事業者A苑) · 교토지방법원 2017년 3월 30일 판결).

3 고용관계의 전개 – 인사

(1) 회사의 폭넓은 인사권

장기 고용관행이 존재하고, 해고에 의한 고용관계의 종료를 크게 제한하고 있는 일본 기업에서는 기업 조직의 유연성을 확보하고, 장기적인 공동체 관계를 유지 · 형성하기 위해서도 사용자에게 **'인사권'**이라는 폭넓은 권한을 인정해 왔다. 실제로 승진 · 승격, 배치전환 · 출향(出向), 징계처분 등 인사상의 다양한 조치가 회사 측의 주도로 행해지는 경우가 많다.

이 인사권의 법적 근거는 무엇인가? 이것에 대해서는 크게 (i) 사용자는 기업을 경영하는 이상 당연히 인사권을 가진다는 **'고유권설'**과, (ii) 인사권도 계약에 근거해 비로소 인정된다는 **'계약설'**을 생각할 수 있다. 이 중 고유권설의 새로운 근거, 즉 왜 회사는 인사권을 고유한 권한으로 가지는가 하는 점을 따지고 보면, 회사에는 원래 **'경영의 자유'**(헌법 제22조[45] 참조)가 인정되고 있다. 여기서 **'경영권'**이나 그 일환으로 **'인사권'** 등이 발생한다는 설명을 생각할 수 있다. 그러나 타인의 구속을 받지 않는다는 의미의 **'헌법상의 자유'**와 타인을 구속할 권한을 가진다는 **'사법상의 권리의무'**

45) <역자주> 일본 헌법 제22조 제1항(거주/이전 및 직업선택의 자유) 누구든지 공공의 복지에 반하지 아니하는 한 거주, 이전 및 직업선택의 자유를 가진다. ; 한국 헌법 제14조 모든 국민은 거주 · 이전의 자유를 가진다. 한국 헌법 제15조 모든 국민은 직업선택의 자유를 가진다.

란 이론적으로 직결되는 것이 아니다. 이 점에서 고유권설은 이론적인 근거가 박약하다고 할 수 있다.

경영권이나 인사권도 타인인 근로자를 구속할 권리로 자리매김되는 것에 대해서는 역시 계약상의 근거, 즉 단체협약, 취업규칙 또는 근로계약상의 근거(명시 · 묵시의 합의, 신의칙에 근거한 계약해석 등)가 있어야 비로소 인정된다고 해석할 필요가 있다.

보론 33

• 일본 헌법과 노동법

일본 노동법의 각 분야는 각각 '**일본 헌법**'[46]에 이념적 근거를 두고 있다. (i) '노동시장법'은 헌법 제27조 제1항(임금)이 보장하는 국민의 근로(勤勞) 권리의 보장,[47][48] (ii) '개별적 노동관계법'은 헌법 제27조 제2항(근로조건의 기준)이 정하는 임금, 취업시간, 휴식, 그 밖의 근로조건에 관한 기준의 법정 요청,[49] (iii) '집단적 노사관계법'은 헌법 제28조(근로자의 단결권)가 정하는 단결권, 단체교섭권, 단체행동권(노동3권, 노동기본권)의 보장이다.[50]이러한 헌법성의 권리에 있는 근저에는 '**국민의 생존권**'을 보장하는 이념도 있다(제25조).[51][52]

게다가 이렇게 근로에 직접적으로 관계되는 권리 이외에 개인의 존엄, 자기결정권, 행복추구권 등의 폭넓은 사정을 가진 권리(제13조[53])도, 노동법의 이념적 근거에 추가하려는 견해도 유력하다. 또한 '**커리어**(경력)**권**'은 교육을 받을 권리(제26조 제1항[54])와도 관계된다.

노동입법의 탄생이나 전개를 지탱하는 이념에 '**경제적 합리성**'을 고려 대상으로 한 발상하는데, 정부가 노동입법을 하는 것은 헌법상 근로자의 권리로서 보장하고 있다면, 거기에 자본가와 경영자의 경제적 이익을 고려할 필요는 없다는 반론도 있다.

그러나 헌법은 '**경제활동의 자유**'를 보장하는 것도 사실이며(제22조, 제29조[55]), 이러한 자유는 '**공공의 복지**'에 의한 제약은 받지만, 자본가나 경영자에게 경제활동의 자유가 있다는 것을 무시한 논의는 올바른 헌법론이라고 할 수 없다.

어떠한 경우이든 헌법을 가져오는 것만으로 정책의 방향성이 일의적으로 결정되는 것은 아니고, '**헌법의 추상론**'을 가져와 논의하는 것은 적어도 정책을 구체적으로 검토할 경우에는 오히려 유해할 수가 있다는 점에도 유념해야 한다.

---

46) <역자주> **일본 헌법** : 1881년(메이지 14년)의 정변(政變) 이후 의회를 열고, '대일본제국헌법'(제국헌법, 1889)과 '교육에 관한 칙어'(교육칙어, 1890)를 선포해 위로부터는 '집권적 국가주의'가, 아래로부터는 '국수주의'가 융기한 배경이 있다. 여기서 정변이란 1881년 '자유민권 운동'의 흐름 중 헌법 제정에 대하여 활발한 논의가 있었다. 정부 안에서도 '군주대권'을 남기는 비스마스크 헌법파와 영국을 모방하는 의원내각제 헌법파 사이에서 분쟁이 일어났다. 전자를 지지하는 이토 히로부미(伊藤博文) 등이 후자를 지지하는 오쿠마 시게노부(大隈重信) 등을 추방한 사건이다. 이는 근대 일본의 '국가 구상'을 결정지은 사건으로 1899년에 발표되고 1890년에 시행된 '제국헌법'을 비스마르크 헌법을 모법으로 삼아 제정하는 계기가 되었다.

47) <역자주> 한국 헌법 제32조 ①모든 국민은 근로의 권리를 가진다. 국가는 사회적 · 경제적 방법으로 근로자의 고용의 증진과 적정임금의 보장에 노력하여야 하며, 법률이 정하는 바에 의하여 최저임금제를 시행하여야 한다. ②모든 국민은 근로의 의무를 진다. 국가는 근로의 의무의 내용과 조건을 민주주의원칙에 따라 법률로 정한다. ③근로조건의 기준은 인간의 존엄성을 보장하도록 법률로 정한다. ④여자의 근로는 특별한 보호를 받으며, 고용 · 임금 및 근로조건에 있어서 부당한 차별을 받지 아니한다. ⑤연소자의 근로는 특별한 보호를 받는다. ⑥국가유공자 · 상이군경 및 전몰군경의 유가족은 법률이 정하는 바에 의하여 우선적으로 근로의 기회를 부여받는다.

48) <역자주> 한국의 헌법재판소에서는 "근로의 권리란 인간이 자신의 의사와 능력에 따라 근로관계를 형성하고, 타인의 방해를 받음이 없이 근로관계를 계속 유지하며, 근로의 기회를 얻지 못한 경우에는 국가에 대하여 근로의 기회를 제공하여 줄 것을 요구할 수 있는 권리를 말하며, 이러한 근로의 권리는 생활의 기본적인 수요를 충족시킬 수 있는 생활수단을 확보해 주고 나아가 인격의 자유로운 발현과 인간의 존엄성을 보장해 주는 것으로서 사회권적 기본권의 성격이 강하(다). 그러나 근로의 권리가 "일할 자리에 관한 권리"만이 아니라 "일할 환경에 관한 권리"도 함께 내포하고 있는바, 후자(後者)는 인간의 존엄성에 대한 침해를 방어하기 위한 자유권적 기본권의 성격도 갖고 있어 건강한 작업환경, 일에 대한 정당한 보수, 합리적인 근로조건의 보장 등을 요구할 수 있는 권리 등을 포함한다"고 결정했다(헌법재판소 2007. 8. 30. 선고 2004헌마670 결정).

49) <역자주> 한국 헌법 제32조 ③근로조건의 기준은 인간의 존엄성을 보장하도록 법률로 정한다. ④여자의 근로는 특별한 보호를 받으며, 고용·임금 및 근로조건에 있어서 부당한 차별을 받지 아니한다. ⑤연소자의 근로는 특별한 보호를 받는다. ⑥국가유공자·상이군경 및 전몰군경의 유가족은 법률이 정하는 바에 의하여 우선적으로 근로의 기회를 부여받는다.

50) <역자주> 일본 헌법 제28조는 "근로자(勤勞者)는 근로자가 단결할 권리 및 단체교섭 그 밖의 단체행동을 할 권리는 이를 보장한다"고 규정한 반면에, 한국 헌법 제33조 ①근로자는 근로조건의 향상을 위하여 자주적인 단결권·단체교섭권 및 단체행동권을 가진다. ②공무원인 근로자는 법률이 정하는 자에 한하여 단결권·단체교섭권 및 단체행동권을 가진다. ③법률이 정하는 주요방위산업체에 종사하는 근로자의 단체행동권은 법률이 정하는 바에 의하여 이를 제한하거나 인정하지 아니할 수 있다.

51) <역자주> 일본 헌법 제25조 제1항(생존권) 모든 국민은 건강하고 문화적인 최저한도의 생활을 영위할 권리를 가진다. ; 한국 헌법 제34조 ① 모든 국민은 인간다운 생활을 할 권리를 가진다. ②국가는 사회보장·사회복지의 증진에 노력할 의무를 진다. ③국가는 여자의 복지와 권익의 향상을 위하여 노력하여야 한다. ④국가는 노인과 청소년의 복지향상을 위한 정책을 실시할 의무를 진다. ⑤신체장애자 및 질병·노령 기타의 사유로 생활능력이 없는 국민은 법률이 정하는 바에 의하여 국가의 보호를 받는다. ⑥국가는 재해를 예방하고 그 위험으로부터 국민을 보호하기 위하여 노력하여야 한다.

52) 한국에서는 '**인간의 존엄성**'에 따른 최소한의 수준은 '인간의 존엄에 상응하는 건강하고 문화적인 생활'로 보는 견해(권영성, 전광석), '건강하고 문화적인 최저한도의 생활'로 보는 견해(김철수), '최소한의 물질적 생활'로 보는 견해(허영, 장영철)가 대립하고 있다. 헌법재판소는 "인간의 존엄에 상응하는 생활에 필요한 '최소한의 물질적인 생활'의 유지에 필요한 급부를 요구할 수 있는 구체적인 권리가 상황에 따라서는 직접 도출될 수 있다"고 하거나, "인간다운 생활을 영위하도록 하기 위하여 객관적으로 필요한 최소한의 조치를 취할 의무를 다하였는지를 기준으로 국가기관의 행위의 합헌성을 심사하여야 한다"고 하여 '최소한의 물질적 생활'을 최소한의 보장수준으로 본다. 한편, 최소한의 보장수준은 국민기초생활보장법에서는 '이 법에 따른 급여는 건강하고 문화적인 최저생활을 유지할 수 있는 것이어야 한다'(제4조 제1항)고 규정하고 있다.

53) <역자주> 일본 헌법 제13조(개인의 존중, 행복추구권, 공공의 복지) 모든 국민은 개인으로서 존중받는다. 생명, 자유 및 행복추구에 대한 국민

(2) 인사권의 일반적인 규제 틀

일본 기업의 '인사부'('총무부' 내에 설치한 경우도 있다)는 기업내 많은 정보와 권한을 장악해 사내에서 매우 큰 파워(power)가 있다. 일본에서는 인사의 밭을 걸어온 사람이 사장(社長)이 되는 일도 많다. 인사부는 폭넓고 강력한 인사권을 가지고, 다양한 인사 조치를 강구하는 것을 그 임무로 하고 있다. 그러나 이 인사권의 행사도 완전히 자유롭게 행사할 수 있는 것은 아니다. 법적으로는 주로 다음 두 가지 관점에서 제약받고 있다(<도표 5> 참조).

의 권리에 대하여는 공공의 복지에 반하지 아니하는 한 입법 기타의 국정상에서 최대의 존중을 필요로 한다. ; 한국 헌법 제10조 모든 국민은 인간으로서의 존엄과 가치를 가지며, 행복을 추구할 권리를 가진다. 국가는 개인이 가지는 불가침의 기본적 인권을 확인하고 이를 보장할 의무를 진다.

54) <역자주> 일본 헌법 제26조 제1항(교육을 받을 권리) 모든 국민은 법률의 정하는 바에 의하여 능력에 따라 동등한 교육을 받을 권리를 가진다. ; 한국 헌법 제31조 ①모든 국민은 능력에 따라 균등하게 교육을 받을 권리를 가진다. ②모든 국민은 그 보호하는 자녀에게 적어도 초등교육과 법률이 정하는 교육을 받게 할 의무를 진다. ③의무교육은 무상으로 한다.

55) <역자주> 일본 헌법 제29조(재산권) ① 재산권은 이를 침해해서는 아니된다. ② 재산권의 내용은 공공의 복지에 적합하도록 법률로 정한다. ③ 사유재산은 정당한 보상 하에 공공을 위하여 사용할 수 있다. ; 한국 헌법 제23조 ① 모든 국민의 재산권은 보장된다. 그 내용과 한계는 법률로 정한다. ②재산권의 행사는 공공복리에 적합하도록 하여야 한다. ③ 공공 필요에 의한 재산권의 수용 · 사용 또는 제한 및 그에 대한 보상은 법률로써 하되, 정당한 보상을 지급하여야 한다.

〈도표 5〉 회사의 인사권 행사에 대한 법적 규제의 틀

1. 계약상 근거의 존재		2. 강행법규 위반의 부존재
• 단체협약 • 취업규칙(주지와 합리성 징계사유의 한정해석) • 근로계약(명시 · 묵시 합의 등)	인사상의 조치	• 권리남용에 해당되지 않는다. • 법률상 금지된 차별에 해당하지 않는다 • 그 밖의 법령에 위반하지 않는다

첫째, 전술한 것처럼 각각의 조치를 명령하는 계약상의 근거(단체협약, 취업규칙 또는 근로계약상의 근거)가 존재한다. 예를 들어 취업규칙에 배치전환 명령의 근거로 합리적인 규정이 존재하는 등 계약상의 근거가 없다면 회사가 근로자에게 배치전환을 명할 수 없다.

둘째, 계약상의 근거 규정이 존재했어도 그 권리행사가 권리남용(민법 제1조 제3항, 노동계약법 제3조 제5항)에 해당되지 않는 등 법률(강행법규)에 위반하지 않는 것이다. 예를 들어 배치전환에 대하여 ① 업무상의 필요성이 없을 경우, ② 부당한 동기나 목적에 의한 경우, ③ 근로자에게 통상 감수해야 할 정도를 현저히 초과해 불이익을 입는 경우 등 특별한 사정이 있을 경우에는 그 명령은 권리남용으로서 무효라고 해석하고 있다(동아 페인트(東亜ペイント) 사건, 최고재판소 1986년 7월 14일 판결). 또 예를 들어 남성만을 승격시키고, 여성을 승격시키지 않는 경우도 남녀고용기회균등법이라는 법률(제6조)에 위반한 것으로 손해배상의 대상이 된다.

(3) 인사고과(사정)

일본 기업의 인사관리에서는 **'직무제도'**(役職制度)나 **'직능자격제도'**(職能資格制度)를 취하는 경우가 많다. 회사내 직무(부장, 과장, 계장 등), 기본급의 지표가 되는 직능자격(주사(主事)[56] 3급 6호봉 등),

---

56) <역자주> 주사(主事) : 일반직 6급 공무원의 직급. 사무관의 아래, 주

상여금의 지급 계수 등은 상사(上司) 등이 근로자를 관찰하는 인사고과(사정)에 기초해 결정된다.

'**인사고과제도**'가 취업규칙 등을 통해 근로계약의 내용으로 되는 경우에 사용자는 '**인사고과권**'을 가지게 된다. '**인사고과**'는 사용자의 경영판단과 결합된 것이다. 특히 일본에서는 평가항목이 능력 · 정의(情意)[57] · 업적 등 폭넓게 거쳐 추상적인 경우도 많다. 따라서 사용자는 인사고과를 행하는데 원칙적으로 폭넓은 재량권을 가진다고 생각된다.

그러나 인사고과가 ① 국적 · 신조 · 사회적 신분(노동기준법 제3조), 노동조합의 가입 · 활동(노동조합법 제7조 제1호), 성별(남녀고용기회균등법 제6조) 등 과 같이 법률상 금지된 사유를 고려하는 경우, ② 목적이 부당하거나 평가가 현저하게 균형을 상실하는 등 재량권의 남용(민법 제1조 제3항, 노동계약법 제3조 제5항)인 경우, ③ 소정의 인사고과 요소 이외의 변수에 따라 평가하거나 평가대상기간 외의 사실을 고려하는 등 인사고과에 관한 계약상의 규정에 어긋나는 경우에는 인사고과를 불법으로 손해배상을 청구할 수 있다. 예를 들어 근로자가 "사장님은 피도 눈물도 없다. 심한 원맨(one-man) 체제이다"라는 사장님을 비판하는 발언에 대하여 그 직후의 인사고과에서 저평가는 적법이라고 하면서, 그 후 인사고과에서 재차 이것을 고려한 저평가는 위법하다고 판시한 판례가 있다(마나크(マナック) 사건 · 히로시마(広島)고등법원 2001년 5월 23일 판결).

(4) 승진 · 승격 · 강등 · 강격

'**승진**'(昇進)이란 보직(직위)의 상승을 말하고,[58] '**승격**'(昇格)은 직

사보(主事補)의 위임.

57) <역자주> 정의(情意) : 따뜻한 마음과 참된 의사를 통틀어 이르는 말.

58) <역자주> 승진 : 연말 인사철에 승진명단이 발표되면 희비가 엇갈린

능자격의 상승을 의미한다. 이 승진 · 승격의 판단은 보통 사용자에게 폭넓은 재량권이 인정되는 인사고과에 따라 행한다. 또한, 특히 승진 대상자(포스트)의 수나 배치는 사용자의 경영판단에 따라 결정하는 경우가 많다.

따라서 근로자는 원칙적으로 사용자의 결정이 없으면, 승진 · 승격한 지위에 있을 것을 요구할 수 없다고 해석되고 있다.

그러나 '예외'가 있다. ① 취업규칙의 규정 및 노사관행 등을 근거로 승진 · 승격이 계약의 내용으로 인정되는 경우(예를 들어 근속 10년에서 원칙적으로 담당자를 계장(係長)으로 승격시키는 사실이 취업규칙에 규정된 경우)에는 승진 · 승격된 지위에 있다는 확인을 요구할 수 있다. 또한, ② 승진 · 승격이 결정의 기초가 된 인사고과가 법률상 금지된 차별(노동기준법 제3조, 남녀고용기회균등법 제6조, 노동조합법 제7조 제1호 등)이나 권리남용 등에 해당되어 위법으로 평가되면 손해배상을 청구할 수 있다.

'강등'(降等)[59]이란 직무 또는 직능자격을 떨어뜨리는 것이다. 그 중 직책을 저하시키는 것에 불과한 강등(예를 들어 임금 인하를 수반하지 않는 과장에서 계장으로 격하)은 근로자의 적성이나 성적을 평가해 행하는 노동력 배치의 문제(직무의 상승인 '승진'을 뒤집는 조치)로 생각된다. 따라서 사용자는 성적 불량이나 직무 적성의 결여 등 업무상의 필요성이 있어 권리남용에 해당되지 않는 한 그 재량으

다. 승진제도의 목표는 성과에 따른 보상을 통해 동기 부여를 하는 데 있다. 하지만 지급에 따른 보상 차이가 큰 기업일수록 성과보다 승진 자체가 목표로 되어 버린다. 승진에 있어 실적보다 사내 정치가 중요하게 작용하는 기업이라면 쟁탈전은 더 치열해진다. 하지만 잘못된 인센티브가 조직을 망친다. 승진을 위해 싸우게 만드는 인센티브를 멀리하고 결과에 집중하는 인센티브를 만들어야 한다. 성과를 낸 직원이 받는 보상은 승진이 아닌 동료들의 인정이다. 최근 한국 SK이노베이션이 사원/대리/과장/부장 직급을 PM(프로페셔널 매니저)으로 통일했다. 부장까지 승진제도도 폐지된다.

59) <역자주> 강등 : 등급(等級)이나 계급이 내려감. 또는 등급(等級)이나 계급을 낮춤.

로 이것을 실시할 수 있다.60)

이것에 대하여 직능 자격을 떨어뜨리는 **'강격'**은 기본급을 변경시키는 계약상의 지위의 변경이다. 이에 강격은 근로자의 동의나 취업규칙상의 합리적인 규정 등 계약상의 근거가 필요하다. 또 계약상의 근거가 있는 경우에도 그 계약의 내용에 따른 조치인지(예를 들어 강등할 만한 직무수행 능력의 저하가 있었는지), 권리남용 등 강행법규 위반에 해당하는 사정이 없는지를 조금더 검토하게 된다.

(5) 인사이동 — 배치전환 · 출향 · 전적

'배치전환'은 직무내용이나 근무장소의 변경을 말한다. 일본 기업은 장기 고용관행에서 기업내 폭넓은 능력의 형성이나 고용의 유지를 위하여 정기적으로 종업원을 배치전환하는 경우가 많다. 이 중에서 근로자가 집의 이사(移徙)를 수반하는 것은 **'전근'**(轉勤)이라고도 한다. 이 배치전환(전근). 근로자의 생활이나 커리어 형성에 영향을 미치는 경우도 있기 때문에 사용자와 근로자 사이의 적절한 '이해 조정'이 필요하다.

배치전환에 대해서는 '취업규칙'에 업무의 사정에 따라 배치전환을 명령할 수 있는 규정을 둔 경우가 많다.61) 이러한 개괄적 규

---

60) <역자주> 한국의 경우 '저성과자의 해고'와 관련한 대법원 2021.2.25. 선고 2018다253680 판결[해고무효확인](현대중공업이 2010년－2016년 실시한 인사평가 결과 전체 사무연구직 과장 이상의 직원 중 최하 순위에 해당하는 저조한 업무 실적을 보였고 3~4차례 직무 경고를 받는 등 장기간 실적이 부진해 10개월간 교육을 실시한 후 직무 재배치했으나 이후 실시한 다면평가에서 업무역량 부족 등이 지적되었다. 이에 회사가 직원들을 업무수행능력의 부족을 이유로 해고한 사안이다. 대법원은 직원들이 장기간 실적이 상당한 정도로 부진하였고 회사가 부여하는 직무를 수행하기에 실질적으로 부족하였으며 직무배치 이후에도 능력 부족과 개선 의지 부족이라는 평가를 받는 등 직원들에게 업무능력 향상 의지가 있다고 보기 어려우므로, 직원의 해고는 정당한 이유가 있다고 판단했다).

61) <역자주> 한국의 배치전환과 관련해, 사용자는 근로자와 합의한 근로

정도 일본 기업에서 배치전환의 중요성을 고려해 일반적으로 합리적이라고 해석되고 있다. 그러나 직종이나 근무지를 한정하는 합의(묵시적인 합의도 포함)가 있는 경우에는 '**배치전환명령권**'은 그 합의하는 범위 내로 한정된다. 예를 들어 의사 · 간호사 · 대학 교원 등 특수한 자격이나 기능을 가진 근로자에게는 '직종 한정'의 합의가 있다고 인정되고, 또한 현지 채용의 보조 직원, 근무지 한정의 일반직 사원에게는 '근무지 한정'을 합의한 것으로 인정할 수 있다.

배치전환명령권에 계약상의 근거가 있는 경우에도 그 권리행사의 남용을 금지하는 제약을 두고 있다. 예를 들어 ① 장시간의 신칸센(新幹線) 통근과 단신 부임이라는 부담을 지게 하면서까지 배치전환해야 할 만큼의 업무상의 필요성은 인정되지 못하는 사안(NTT서일본[오사카 · 나고야 배치전환] 사건[62] · 오사카 고등법원 2009년 1월 15일 판결), ② 괴롭힘이나 퇴직으로 몰아갈 의도에서 배치전환을 실시한 사안(신와산업(新和産業) 사건 · 오사카 고등법원 2013년 4월 25일 판결), ③ 배치전환을 하면 질병이 있는 가족을 돌볼 수 없게 되는 사안(NTT동일본(홋카이도 · 배치전환] 사건 · 삿포로 고등법원 2009년 3월 26일 판결[63] 등)에서 배치전환 명령은 권리남용이라고 판단하였다.

하나의 기업을 초월한 근로자의 이동으로 '**출향**'(出向)[64]과 '**전**

계약의 범위에서 노무급부의 내용 및 근무시간과 근무장소 등을 구체화하는 지휘명령권(지시권)을 보유하며, 인사이동 및 배치전환은 그 구체적 모습이다. 특히 기업내 인사이동인 배치전환의 경우 사용자는 업무상 필요한 범위에서 자신의 인사권을 행사해 일방적으로 배치전환을 명령할 수 있다. 근로계약의 범위에서 사용자가 근로자의 근로제공의무를 구체화하는 배치전환명령은 원칙적으로 강행규정, 공서양속, 취업규칙, 단체협약에 위반하지 않는다면 권리남용을 통해 규제받는데 그친다.

62) NTT西日本〔大阪 · 名古屋配転〕 事件 · 大阪高裁 2009년 1월 15일 판결.

63) NTT東日本〔北海道 · 配転〕 事件 · 札幌高裁 2009년 3월 26일 판결

64) <역자주> **출향**(出向) : 출향은 자회사 및 관련 회사에 대한 경영 · 기술

적'(轉籍)이 있다. '출향'('재적출향'(在籍出向)이라고도 한다)이란 출향기업에 근로자의 지위(적)를 남기면서 출향사용기업에서 일하는 것을 말한다. '전적'('이적출향'(移籍出向))이란 이적기업과의 근로계약관계를 종료시키고, 이적사용기업과 새로운 근로계약관계를 체결하는 것을 말한다. 출향 · 전적과 관련해 가장 큰 문제는 근로자의 '개별적인 동의' 없이 출향 · 전적을 명할 수 있는가이다.

우선 '출향명령권'의 유무에 대하여, 판례는 취업규칙과 단체협약에 출향 명령권의 근거 규정이 있기 때문에 출향기간, 출향 중의 지위, 출향사용기업에서 근로조건 등 출향 근로자의 이익을 배려한 출향 규정이 마련되었던 사례에서 사용자는 근로자의 개별

지도, 종업원의 능력개발/커리어 형성, 구조조정, 중고연령자의 처우 등의 목적을 위하여 활발하게 이루어지고 있다. 출향은 근로자가 자신이 고용된 기업에 재적한 채로 다른 기업의 종업원(내지 임원)이 되어 상당히 장기간에 걸쳐 해당 다른 기업의 업무에 종사하는 것을 말한다(재적출향, 장기출향, 사외근무, 응원파견, 휴직파견 등). ; 한국에서는 '**전출**'(轉出)이란 법률상 정의규정이 없지만 기업의 인사실무에서는 근로자가 당초 소속기업(원사용자)에 재적한 채 다른 기업에서 그 사용자(전출사용자)의 지휘명령을 받으며 상당한 기간 동안 그 기업의 업무에 종사하고, 전출기간이 만료하면 다시 원사용자로 복귀하는 것을 말한다. 노무제공청구권, 지휘명령권, 출근정지 등에 관한 처분 등 취업에 관련된 권리의무는 전출사용자에게 이전하고, 해고 및 복귀명령 등 근로계약관계의 존부나 변경에 관련된 권리의무는 원사용자에게 남아 있다고 일반적으로 해석한다. 또한 전출의 인사정책은 종전에는 기업간 (부)정기적 인력교류, 보직의 부족에 따라 관계 회사에 이동, 최근 기업간 협업의 연구개발 프로젝트나 TF 등 기업의 경쟁력을 높이기 위해 전략적 인사 방법의 하나로서 선호한다. 특히 기술과 서비스의 진전, 급변한 경영환경에 기업이 새로운 경쟁체제에서 생존하기 위한 다양한 시도와 협력이 필요한 점도 있다. 외부 인력을 사업조직에 투입해 전출, 사내하도급, 근로자파견이 외형상 유사하지만, 각 제도의 법적 근거와 법률관계의 내용은 상호 구분된다. 참고로 독일의 경우 당사자간 이미 합의된 업무내용 및 근무장소의 변경(소속기업의 변경 포함)을 모두 'Versetzung'(전적), 특히 기업그룹(Konzern) 내 일시적으로 다른 계열기업에서 노무를 제공하는 전출을 'Abordnung', 소속 자체를 이전하는 전적을 'Versetzung'으로 유형화할 수 있다.

적인 동의 없이 출향을 명령할 수가 있다고 판단하였다(신일본제철(일철운수 제2) 사건, 최고재판소 2003년 4월 18일 판결).[65] 출향에 따른 불이익에 대한 배려가 충분한 경우에는 출향과 배치전환을 실질적으로 동일한 것으로 보아 판단할 수 있다고 생각되었다. 이 경우에서도 출향명령권의 행사가 권리남용이 되어서는 안되는 점은 '배치전환'의 경우와 동일한 모습이다. 노동계약법은 출향의 필요성이나 출향하게 하는 근로자의 인원선발 등의 점에서 회사가 그 권리를 남용한 사정이 있다면, 출향명령은 무효라는 취지를 규정해 이 점을 확인하고 있다(제14조).[66][67]

이것과 비교해 '**전적**'은 앞의 근로계약을 해약하고 새로운 근로계약이 체결한다면 근로자 본인의 개별적인 동의가 필요하며, 사용자는 일방적으로 전적을 명령할 수 없는 것으로 해석된다.[68]

---

65) 新日本製鍛〔日鐵運輸 第2〕 事件 · 最高裁 2003년 4월 18일 판결(<역자주> 본 판례는 취업규칙상의 출향조항에 추가해 '사외근무협정(단체협약)'에서 출향기간, 출향 중의 사원의 지위, 임금, 퇴직금, 수당 등의 처우에 대해 출향근로자의 이익에 배려한 상세한 규정이 마련된 것을 언급해, 실제로는 출향명령의 유효성 판단의 전제로 포괄적 규정에 의한 출향명령권의 요건으로 보아서 출향명령의 유효성을 인정하고 있다. 나아가 노동조합과 협의를 통해 출향의 근로조건이나 직무내용에 대하여 충분하게 배려했다면 권리남용을 부정하고 있다).

66) <역자주> 노동계약법 제14조(출향) 사용자가 근로자에게 출향을 명할 수 있는 경우에 그 출향명령이 필요성, 대상근로자의 선정에 관한 사정, 그 밖의 사정에 비추어 그 권리를 남용한 것이라고 인정되는 경우에는 그 명령은 무효로 한다(2008. 3. 1. 시행).

67) <역자주> 출향의 권리남용법리에 의한 제약 : 출향명령의 업무상 필요성(출향명령의 필요성, 대상근로자의 선정에 관계되는 사정)과 출향자의 근로조건상 및 생활상의 불이익을 비교형량하게 된다. 그래서 근로조건이 크게 악화되는 출향과 복귀가 예정되지 않는 출향은 정리해고 회피나 관리직 자리의 부족 등 이를 수긍할 만한 기업경영상의 사정이 인정되지 않는 한 권리남용이 될 수 있다. 또한 근로자에게 현저한 생활상의 불이익을 주는 경우에도 권리남용으로 될 수 있다.

68) <역자주> 전적 : 한국의 경우 사용자가 자신의 권리를 제3자에게 완전히 양도하는 '전적'에 대하여 판례는 근로자의 개별적 동의가 아닌 사전

보론 34

• 일본의 준(準)내부 노동시장-출향(出向) 및 전적(轉籍)

정규직을 지탱해주는 내부 노동시장으로 기업내 재배치가 어려운 경우에 기업 그룹내 재배치를 할 수 있으면, 근로자는 외부 노동시장으로 완전히 방출되는 것보다도 고용의 안정도가 커지게 된다. 일본 기업은 정규직을 '출향'(出向)이나 '전직'(轉籍, 또는 이적)으로 우선 원래 기업에서 다른 기업으로 이동시킨다. 이것은 기업 그룹 내에서 고용을 보장해 왔고, 정규직 제도의 일부였다. 먼저 '**출향**'은 원래의 기업과의 근로계약 관계를 유지한 채 다른 기업의 지휘명령을 받고 일하는 것이다. 또한 '**전적**'은 원래의 기업과의 근로계약 관계를 종료하고 다른 기업과 근로계약 관계를 체결하는 것이다. 양자의 차이는 원래의 기업을 완전히 퇴직(근로계약 관계를 종료)하는지 여부이다. 출향은 「노동계약법」 제14조(출향)에서 그 권리남용이 되는 경우를 규정하는데, 법률상 규제는 그것뿐이다(전적은 노동계약법에서 아무런 규정도 없다).

그런데, 새로운 기술이 출현하고, 이에 대응 방안이 필요한 경우에 기업은 전문기업에게 **아웃소싱**[69] 방법, 동일한 기업에서 전문기능을 가진 근로자를 활용하는 방법(근로자파견 등의 간접고용도 있고, 기간제의 직접고용도 있다) 등이 있다. 하지만, 그룹 내에서 새로운 기업을 설립해 그 기업에 출향 및 전적의 형태로 근로자를 이동시켜서 대응하는 경우도 많다. 이것은 형식상 기업간 재배치이지만, 실질상 기업내 재배치와 같은 것이다.

법적으로는 동일한 기업내 이동인 '**배치전환**'은 취업규칙에 근거 규정이 있으면 기업은 명령할 수 있다. 반면에, '**전적**'은 원래의 기업을 완전히 퇴직하는 것으로 대상 근로자의 **개별적인 동의**가 필

적 · 포괄적 동의도 가능하고, 전적의 유효성에 대하여 "사용자가 업무상 필요한 경우에는 근로자에게 전적을 명령할 수 있다"는 단순한 포괄적 동의규정으로는 충분하지 아니하고, 취업규칙에 전적할 기업(복수기업도 포함)을 특정하고 그 기업에서 종사해야 할 업무에 관한 사항 등의 기본적인 근로조건을 명시하여 동의를 얻어야 한다고 판시하였다(대법원 1993.1.26 선고 92누8200 판결), 또한 근로자의 동의 없이도 기업집단 내의 다른 계열회사로 근로자의 소속을 변경시키는 관행이 있는 경우에도 전적명령권이 인정된다고 본다(대법원 1996.12.23 선고 95다29970 판결; 대법원 2006.1.12 선고 2005두9873 판결 등).

요하다. 그런데 '출향'은 배치전환과 전적의 중간에 있어 개별적인 동의까지 필요 없지만, 취업규칙에 단순한 근거 규정만으로는 불충분하고 해석된다(다만, 학설은 다툼이 있다).

하지만 출향 중에서도 기업 그룹내 인사이동의 성격이 강한 경우에는 실질적으로는 배치전환이기 때문에 배치전환과 동일한 요건이어야 한다는 견해도 유력하다(판례(新日本製鐵事件 · 最2小判 2003. 4. 18. [最重判 39])는 기업내 업무를 관련된 기업에 아웃소싱함으로 지금까지 그 업무에 종사하던 근로자가 출향을 명령받은 사례에서 개별 근로자의 동의가 필요 없다고 판시하였다).

출향과 관련한 일본 직장 드라마로 '한자와 나오키'(半沢直樹)는 2013년 40%가 넘는 시청률로 최고봉이었다. 주인공 한자와 차장은 도쿄중앙은행에 막대한 손해를 끼치는 상사들의 부패와 악행을 밝혀내고 시원한 복수극을 펼친다. 하지만 승진은커녕 출향받는 결말에 많은 일본인이 충격을 받았다. <시리즈 1>의 마지막 장면이 "한자와 나오키 차장, 도쿄센트럴 증권으로 출향을 명한다"이다. 일본에서는 잘못을 저지른 직장인을 내쫓는 일종의 '벌(罰)' 내지 '귀향살이'다. 통상 출향되면 승진이 안되고 본사 후배에게 업무를 지시받다가 정년에 쓸쓸히 퇴직하게 된다. 하지만 최근에 일본 기업에 인사혁신으로 출향의 의미가 바뀌었다. 회사의 울타리를 벗어난 인재양성 코스(월경 학습) 내지 무사수행(타지에서 모험을 통해 경험을 쌓는 것)으로 활용하는 경향이 있다(도시바(東芝), 무라타제작소(村田製作所), 파나소닉). 반면에 실적이 악화된 기업이 직원을 해고하는 대신 다른 기업에 임대하는 방식의 출향도 나타난다(일본항공(JAL)·전일본공사(ANA)→노지마).

---

69) <역자주> **아웃소싱**(outsourcing) : 기업 내부의 프로젝트나 생산 · 유통 · 포장 · 용역 등업무의 일부분을 기업 외부 전문업체(제3자)에 위탁해 처리하는 경영전략이다. 핵심 사업에 주력하고, 부수 업무는 외주(外注)에 의존해 경쟁력을 높이고자 하는 데 있다. 이는 기업 감량화를 통한 인원절감이나 가격경쟁력 확보 및 생산성 향상을 위해 도입되었다. 미국 기업이 제조업 분야에서 활용하기 시작해 전세계 기업들로 확산하고 있으며, 업무분야도 경리 · 인사 · 신제품 갭라 · 영업 등의 분야로 확대되는 추세이다. 아웃소싱을 하는 이유는 기업이 모든업무나 기능을 자체저긍로 제공 · 유지하기에는 수익성이 부족하거나 당장 필요한 기능에 대해 내부 전문성이 없을 경우 외부에서 조달하기 위해서이다. 기업조직

(6) 기업조직의 변동 – 합병 · 사업양도 · 회사분할

기업조직의 변동을 초래하는 '**합병**', '**사업양도**', '**회사분할**'의 세 가지가 있다. 이러한 변동 시에 근로계약은 어떻게 되는지, 변동 후의 기업에 계승하게 되는지가 큰 문제이다.

'**합병**'의 경우에는 합병후 회사(신설회사 또는 흡수회사)에 근로계약상의 권리의무를 포함한 모든 권리의무가 전면적으로 승계된다.

'**회사분할**'의 경우에는 법률(회사법 제757조 이하 등)[70]에 근거해 권리의무의 귀추(歸趨)를 정한다.[71] 즉 (ⅰ) 회사분할시에 작성되는 분할계획서 또는 분할계약서에 기재된 권리의무는 분할처의 회사(신설회사 또는 흡수회사)로 계승되는 것이 원칙이다(노동계약승계법[勞動契約承繼法, 2000][72] 제3조). 다만, (ⅱ) 승계되는 사업에 주

의 모든 부문에 투자를 하는 것보다 핵심적인 부분에만 투자를 하는 것이 조직의 유연성과 민첩성을 제고할 수 있으며 예측하기 힘든 미래 상황과 위험에 신속하게 대처할 수 있기 때문이다. 하지만, 공급업체와 발주사 간의 마찰 등 하청관리가 어려워짐에 따른 회의론도 대두되고 있다. 아웃소싱은 또한 정보통신 전문업체가 시스템 운영과 네트워크 관리, 응용프로그램 개발 및 관리 등의 운영활동을 고객에서 제공해 고객의 정보처리 업무를 장기간 운영관리하는 시스템을 말하기도 한다.

70) <역자주> '**회사분할**'은 2000년 5월 개정 「상법」에서 도입하였다(현재에는 회사법상 제도). 회사분할은 '회사가 그 '권리나 의무의 전부 또는 일부'를 다른 회사 또는 분할로 신설 회사에 승계시키는 제도이다. 다른 회사에 승계시키는 분할방법을 '**흡수분할**', 새롭게 설립하는 회사에 승계시키는 분할방법을 '**신설분할**'이라고 한다. 권리나 의무의 어느 부분을 승계시킬 것인지는 분할계약(흡수분할의 경우), 분할계획(신설분할의 경우)으로 결정한다(회사법 제757조 이하). 회사분할의 체계(scheme)를 이용하면, 원래 회사의 권리의무를 포괄적으로 한꺼번에 승계시킬 수 있다. 다만 근로관계는 그 특수성을 고려해 「**노동계약승계법**」(勞動契約承繼法, 2000)이라는 법률을 제정하여, 특별한 룰을 적용하고 있다.

71) <역자주> 분할의 승계대상은 당초에는 '영업의 전부 또는 일부'로 되어 있었는데, 2005년 회사접 제정시에 '그 사업에 관하여 가지는 권리의무의 전부 또는 일부'로 개정되었다(회사법 제2조 29호, 30호).

72) <역자주> **노동계약승계법** : 2000년 5월 회사분할제도의 창설과 동시에

로 **종사하는 근로자**가 회사가 작성하는 분할계획서 · 계약서에 기재되지 않았던, 즉 이적의 대상이 되지 못한 경우, 이의의 제기에 따른 분할처 회사로의 이적을 주장할 수 있다(노동계약승계법 제4조). (iii) 반대로 승계되는 사업에 주로 종사하지 못한 근로자가 분할 계획서 · 계약서에 기재된, 즉 이적의 대상으로 된 경우에는 이의의 제기에 따른 분할처 회사로의 이적을 거부할 수 있다(같은 법 제5조).

이것에 대하여 '**사업양도**'[73]의 경우에는 양도 기업과 양수 기업과의 개별 합의에 근거해 어느 권리의무가 이전될 것인지를 결정한다. 기업 사이의 합의 · 결정에 맡기고 있는 만큼 근로자의 지위는 불안정해질 수도 있다. 근로자와의 관계에서는 크게 다음의 두 가지 문제가 발생한다.

첫째, 사업양도에 수반하는 근로자의 이전이 양도기업과 양수기업에서 합의된 경우 근로자는 이전을 거부할 수 있는지가 문제된다. 이 점에 대해서는 일반적으로 근로계약상의 권리 양도에 대해서는 '**근로자의 승낙**'이 필요함으로(민법 제625조 제1항[74]) 근로자는 이를 거부하는 양도기업에 남을 수 있다고 생각할 수 있다.[75]

성립된 노동계약승계법(「회사분할에 동반되는 노동계약의 승계 등에 관한 법률」)에서는 근로자의 직장 변동이 가능하면 일어나지 않도록 근로계약에 관한 부분적 포괄승계의 범위를 정하고 있다. ; 우리나라는 상법상 '회사분할제도'는 있지만, 노동계약승계법은 창설되지 않았다.

73) <역자주> **사업양도** : 기업조직 재편성의 중요한 수단으로 영업목적을 위하여 조직된 유기적인 일체성이 있는 재산으로서의 '사업'(2005년 제정된 회사법 이전에는 '영업'이라고 불렸다)을 양도하는 것을 말한다. 여기서 '사업'이란 영업용 재산 및 권리, 거래처 관계, 구입처 관계, 판매의 기회, 영업상의 비결, 경영의 조직 등 경제적 가치가 있는 사실관계, 일정한 영업목적을 위해 조직화되고 유기적인 일체로서 기능하는 재산을 말한다.

74) <역자주> 일본 민법 제625조(사용자의 권리 양도의 제한 등) 제1항 "사용자는 근로자의 승낙을 얻지 아니하면 그 권리를 제3자에게 양도할 수 없다" : 한국 민법 제657조(권리의무의 전속성) 제1항 "사용자는 노무자의 동의없이 그 권리를 제삼자에게 양도하지 못한다."

둘째, 사업양도 대상에서 배제된 근로자가 자신도 양도(이전) 대상으로 요구할 수 있는지가 문제된다. 이 경우도 사업양도에서 권리의무의 이전은 양도기업과 양수기업의 합의인 사업양도계약으로 결정되는 것이 원칙이다. 이 때문에 양수기업에 있는 근로자를 승계의 대상에 포함하지 않을 수 있다는 해석이 일반적이다. 다만, 조합원인 것과 근로조건 변경에 반대하였다는 이유로 특정한 근로자를 배제하는 등 그 결정이 법률(노동조합법 제7조 제1호, 민법 제90조[76] 등)을 위반하는 경우에는 그 부분은 위법 · 무효라고 해석할 수 있다. 또한, 사업을 포괄적으로 계승한 자(양수 기업)가 사실상 직원을 계속 사용하던 사례(A라면(Aラーメン) 사건 · 센다이(仙台)고등법원 2008년 7월 두 5일 판결)나, 자동차 학교의 폐쇄에 수반해 해고된 근로자와 관련해 새롭게 개설된 학교의 이사(理事, 取締役)가 단체교섭의 석상에서 원칙적으로 전원을 이동하게 한다고 발언하던 사례(쇼우 코포레이션(우오 누마 중앙자동차학교) 사건 · 도쿄(東京)고등법원 2008년 12월 25일 판결)[77] 등에서는 '묵시의 합의'를 인정하는 등 당사자 사이의 합리적인 의사해석에 따라 양수 기업과 근로자 사이의 근로계약의 성립을 인정해, 이러한 근로자에게도 이전의 효과가 발생한다고 판시하고 있다.

---

75) <역자주> 2016년에 제정된 사업양도 등 지침에 따르면, 양도 기업의 **과반수 대표**와의 사전 협의도 노력의무로 되어 있다. 즉, 근로자는 승계하는 기업으로 전적을 거부할 권리가 있다. 쇠퇴 부문의 사업양도에 따라 근로자에게 전적을 강제할 수는 없다.

76) <역자주> 일본 민법 제90조(공서양속) 공공의 질서 또는 선량한 풍속에 반하는 사항을 목적으로 하는 법률행위는 무효로 한다. : 한국 민법 제103조(반사회질서의 법률행위) 선량한 풍속 기타 사회질서에 위반한 사항을 내용으로 하는 법률행위는 무효로 한다.

77) ショウ・コーポレlション〔魚沼中央自動車学校〕事件・東京高裁 2008년 12월 25일 판결

(7) 휴 직

'**휴직**'이란 근로자에게 근로하게 하는 것이 부적절한 경우에 근로계약을 존속시키면서 근로의무를 일시 소멸시키는 것을 말한다. 예를 들어 상병휴직, 사고결근 휴직, 기소휴직, 출향휴직, 자기 사정의 휴직, 노동조합 전임 휴직 등이 있다. '**휴직제도**'는 보통 단체협약이나 취업규칙 등에 규정하고, 여기에 근거해 사용자가 일방적으로 발령하는 경우가 많다.

'**휴직기간 중의 임금**'에 대해서는 취업규칙 등에 규정된 경우가 많지만, 회사 측의 사정이나 책임으로 휴직하는 경우에는 사용자의 책임으로 일할 수 없었던 것이라고 하여 임금의 지급을 요구할 수 있다(민법 제536조 제2항[78]).

'**상병휴직**'이나 '**사고결근휴직**'의 경우에는 휴직기간이 만료된 시점에서 휴직사유가 소멸되지 않은 경우에는 해고 또는 자동퇴직으로 한다는 취지를 규정하는 경우가 있다. 그러나 이러한 경우에도 반드시 퇴직이 되는 것은 아니다. 판례에서는 휴직기간의 만료시에 종전의 직무를 차질 없이 행할 수 있는 상태까지로는 회복하지 않더라도 상당 기간 내에 치유될 것으로 전망되고, 또한 본인에게 적절한 보다 가벼운 작업이 실제로 존재하면, 사용자는 근로자를 병을 치유할 때까지 그 업무에 배치해야 하며, 계약의 자동종료라는 효과는 발생하지 않는다고 판시하고 있다(에어 프랑스 사건 · 도쿄지방 법원 1984년 1월 27일 판결[79], 캐논 소프트 정보시스템 사건 · 오사카지방법원 2008년 1월 25일 판결[80] 등).

---

78) <역자주> 일본 민법 제536조(채무자의 위험부담) 제2항 채권자의 책임이 될 만한 사유에 의하여 채무를 이행할 수 없게 된 때에는 채무자는 반대급부를 받을 권리를 잃지 아니한다. 이 경우에 있어서 자기 채무를 면한 것에 의하여 이익을 얻을 때에는 이를 채권자에게 상환하여야 한다.

79) エール · フランス事件 · 東京地裁 1984년 1월 27일 판결

80) キヤノンソフト情報システム事件 · 大阪地裁 2008년 1월 25일 판결

최근에 문제된 많은 사례는 멘탈헬스(정신질환)으로 휴직해 휴직 기간이 만료되어도 복직할 수 없다고 하여, 해고 또는 퇴직 취급을 했을 경우에 원래 그 병(질환)은 회사의 과중 업무나 스트레스를 원인으로 한 '**산업재해**'(일본의 경우 勞動災害(노동재해)라고 표현함)에에 해당하는가 하는 점이다. 그 인정은 개개의 사안별 사정에 다르지만, 이것이 산업재해에 해당하는 경우에는 산재보험제도에 보다 충실하게 보호받을 뿐만 아니라, 해고에 대해서도 중요한 제한이 있다. 산업재해로 요양하기 위한 휴업기간 및 그 후의 30일은 노동기준법에 따라 원칙적으로 해고가 금지되고 있다. 그러므로 그 병이 산업재해로 그 요양을 함으로 회사를 쉬고 있을 경우(및 그 후의 30일)는 '**상병휴직제도**'를 이용해, 휴직 그 기간이 만료된 경우라고 해도 원칙상 해고할 수 없게 된다. 이것이 '**해고**'가 아닌 '**퇴직취급**'으로 하는 경우라도 해고와 마찬가지로 무효라고 해석하고 있다(아이플(구 라이프) 사건 · 오사카고등법원 2012년 12월 13일 판결 등). 상병휴직제도의 기간 만료로 해고 · 퇴직 취급을 하는 경우에는 원래 그 병이 산업재해가 아니었는지를 확인하는 것이 중요한 전제가 된다.

(8) 징계처분

기업은 다수의 근로자를 조직해 원활히 기업활동을 운영하기 위해 취업규칙에 '**복무규율**'을 두고 있다. 근로자가 이 복무규율을 위반한 경우에는 '**제재벌**'로서 '**징계처분**'을 하는 일이 있다. 징계처분의 사례는 가벼운 것부터 순서대로 견책(譴責) · 계고(戒告)[81], 감급(감봉), 출근정지, 강격, 유지(諭旨)해고, 징계해고 등이 있다.

징계처분을 법적으로 유효하게 행하려면, 우선 취업규칙에 징계의 종류 및 사유(경력 위조, 업무 명령 위반 등 징계를 행하는 이유)를 규정할 필요가 있다(후지흥산 사건(フジ興産事件)·최고재판소 2003년 10

81) <역자주> 계고(戒告) : 공무원의 가벼운 위법행위에 대한 징계처분.

월 10일 판결). 징계는 형벌과 유사한 성격을 가지기 때문에 형벌에 관한 '죄형법정주의'[82]와 같은 법 원칙을 따르고, 처분에서 적정한 절차를 밟는 것(특히 본인에게 징계사유를 통지하고, 변명(소명)의 기회를 주는 것), 동일한 사유로 반복해 징계처분을 행하지 않는 것('일사부재리의 원칙'),[83] 새로 마련한 징계규정을 그보다 앞선 사안에 적용하지 않는 것('소급적 제재 금지')[84] 등도 필요하다.

또한, 취업규칙에 징계사유를 규정해 형식적으로 여기에 해당하는 행위가 있어도 실질로 기업질서를 문란하게 할 우려가 없다면, 취업규칙 규정의 취지에 비추어 징계사유는 존재하지 않는다고 해석하는 경우가 있다(취업규칙 규정의 한정 해석). 예를 들어 취업규칙에 직장 내의 '정치활동'을 금지하는 규정이 있더라도, 업무를 방해하지 않고 평온한 태도로 정치적인 전단지(유인물)를 배포하고, 실질적으로 기업질서를 어지럽히는 상황이 아닌 경우에는 징계사유로서 취업규칙 위반(금지되었던 '정치활동')이 아니라고 판단했다. 또한 '겸업'은 회사의 허가를 받고 난 후 행하는 '겸업허가제'가 취

---

82) <역자주> 죄형법정주의(罪刑法定主義) : "법률 없으면 범죄도 없고, 법률 없이는 형벌도 없다"는 법언에 근거한 원리이다. 1215년 영국의 대헌장에 그 기원을 두고, 1776년 버지니아 권리장전(제8조)과 1787년 미국 헌법(제1조 제9항), 1789년 프랑스 인권선언(제8조) 등을 통해 발전하였다. 한국 헌법(제13조 제1항)과 형법(제1조 제1항)도 이를 명문으로 규정하고 있다. 이는 어떤 행위가 범죄에 해당하고 그에 대한 형법을 어떻게 과할 것인가를 미리 성문의 법률에 규정하고 있어야 함을 의미한다. 구체적인 내용은 소급효 금지· 관습형법 금지·명확성·적정성의 원칙으로 분석할 수 있다.

83) <역자주> 일사부재리(一事不再理)의 원칙 : 형사소송법상 어떤 사건에 대하여 유죄 또는 무죄의 실체적 판결 또는 면소의 판결이 확정되었을 경우, 판결의 기판력의 효과로서 동일 사건에 대하여 재차 공소를 제기할 수 없음을 말한다. 만일 다시 공소가 제기되었을 경우에는 실체적 소송조건의 흠결을 이유로 면소판결을 선고하게 된다.

84) <역자주> 소급효 금지의 원칙 : 형벌 법규는 그 법이 시행된 이후의 행위에 대해서서만 적용하고(행위시법주의), 시행 이전의 행위에까지 소급해 적용할 수 없다는 원칙이다(사후입법금지의 원칙).

업규칙에 규정하고 있어 이 허가를 받지 않고 겸업을 하고 있어도 심야까지 장시간의 겸업으로 본연의 업무에 지장을 초래하거나 경합 기업에서의 겸업으로 회사에 대한 배신행위에 해당하는 등 회사에 실제로 지장을 초래할 우려가 없으면 징계사유인 **'무허가 겸업'**에는 해당하지 않는다고 해석하고 있다.

또한 취업규칙의 징계 규정에 근거해 징계처분이 내려졌다고 해도 이것이 권리남용에 해당해서는 안 된다. 여기서는 특히, 징계처분이 된 근로자들의 행위가 악성의 강함과 징계처분의 무게를 비교해 처분이 무겁지 않는 것인가를 판단한다(노동계약법 제15조 참조). 예를 들어 음주운전으로 체포된 것은 **"회사의 명예 · 신용 훼손"** 등의 징계사유에 해당할 수 있지만, 업무와는 무관한 사생활의 행위이고, 그 밖에 근무태도 등의 점에서 그때까지 문제되는 것이 없는 것과 같은 경우이다. 이에 대한 징계해고라는 가장 무거운 처분을 내리는 것은 처분으로써 무겁고, 권리남용에 해당한다고 판단할 수 있다. 다른 한편, 법적으로 유효한 배치전환 명령을 거부하는 것은 징계사유인 업무명령 위반에 해당하며, 이에 대하여 징계해고의 처분도 유효하다는 경우가 많다. 하지만, 징계해고는 성급하게 너무 배려하지 않았다고 해 권리남용이라고 판단한 판례도 있다(메레스그리오 사건 · 도쿄고등법원 2000년 2월 29일 판결).[85]

보론 35

• 원직 복귀

해고가 무효가 되면, 근로계약은 해고할 당시로 소급해 존재하게 되고, 근로자는 원래의 직장으로 복귀('원직 복귀')를 할 수 있게 된다. 하지만 근로자는 실제로 복직시키도록 요구할 권리는 없다. 취업(就業)은 근로자의 의무이기는 해도 권리는 아니다. 이로 인하여 실제로 취업시키는 것(근로자의 노무를 수령하는 것)은 기업의

85) メレスグリオ 事件 · 東京高裁 2000년 2월 29일 판결

의무는 아니다. 근로자 측에서 보면 '**취업청구권**'은 없는 것이다.

실제로 법원에서 해고가 무효라고 판단해도, 기업은 우선 해고한 근로자를 복직시키고 싶지 않다고 생각한다. 하지만 복직시키지 않아도 임금의 지급의무는 남는다. 기업의 책임으로 노무의 제공을 할 수 없게 된 이상 근로자의 '**임금청구권**'은 상실되지 않는다(민법 제536조 제2항). 이렇게 되면, 기업은 일을 시키지 않고 있는데 임금만 계속 지급해야 하면, 이른바 '**적자(赤字)의 방류**'가 된다.

그렇기 때문에 실제로는 해고가 무효가 된 때에는 원직 복귀가 아니라, 근로계약의 해소를 위한 교섭이 이루어져 최종적으로는 기업이 일정한 보상금을 지급한 후에 합의로 퇴직하는 것이 일반적이다. 이것도 일종의 '**금전해결**'이라고 할 수 있다.
근로자의 입장에서도 자신을 해고한 기업에 매달리는 이른바 '한직에서 허송 세월을 보내는 상황'을 계속하는 것보다도 일정한 금전을 받고 재취직을 목표로 하는 쪽이 건설적이다. 다만, 근로자는 복직의 의사가 없어도 우선은 소송을 제기할 가능성이 높다. 처음부터 보상금을 교섭하는 것보다도 노동계약법 제16조가 정하는 해고무효를 쟁취하면 그것만큼 교섭력이 높아지기 때문이다.

그러나 이것이 노동계약법 제16조의 본래 기능으로 이해해서는 안된다.

(9) 일본 인사권의 특징

이상과 같이 설명해 온 '인사'에 관한 일본의 특징을 세 가지만 언급하고자 한다.

첫째로, 일본 기업에서의 **인사권의 크기**(힘)이다. 일본에서는 취업규칙의 포괄적인 규정을 통하여 다양한 인사사항을 규정하고, 이것을 사용자가 구체적으로 운용해 인사상의 명령 · 결정을 내리는 경우가 많다. 그 대부분은 사용자의 주도로 판단 · 결정하고, 그 구체적인 내용 면에서도 회사 측의 사령(辭令) 하나로 가족과 떨어져 단신부임 생활을 피할 수 없게 되는 등 근로자 개인의 이익보다 회사의 사정이 우선되는 경향이 강하다. 이 인사권의 크기(힘)는 일본 기업에서 '**장기 고용관행의 대가**'라고 할 수 있다. 우선 정규직으로 고용하면 해고의 수단으로 조정하는 것이 어려운 반면, 일본의 기업은 폭넓은 인사권을 행사해 정규직을 기업에 귀속시키면서 기업 조직의 유연성이나 계속성을 확보해 왔다.

둘째로, 이 인사권 행사에 **법적 제약이 없는 것은 아니다**. 이번 제3장(채용, 인사, 해고는 회사의 자유인가)에서 설명해 온 것처럼, 인사권의 행사에 대해서는 계약상의 근거의 존재나 권리남용에 해당하지 않는 것 등을 요구하는 판례 법리의 발전 · 전개가 보이며, 그 일부를 노동계약법 중에 명문화하고 있다. 이것에 따라 기업의 인사권에 대해서도 '**룰의 명확화**'나 '**내용의 공정화**'를 재촉해 왔다. 그리고 실제로 법원은 인사권 행사의 다양한 경우에 기업의 판단 · 결정을 위법 또는 무효로 판단해 왔다. **일본의 노동법**은 유럽 및 미국의 노동법과 비교해 보면, 내용 면에서 전면적으로 뒤지거나 이론적으로 뒤쳐져 있는 것은 아니다(세계로부터 주목을 받거나 존경을 받는 점도 있다).

셋째로, 오히려 일본의 문제는 이러한 판례법리 등이 존재함에도 불구하고, 이것이 근로자나 회사(특히, 중소기업)에 제대로 인식되어 있지 않은 점이나 법원 등의 법적 분쟁해결기관이 별로 이용되고 있지 않은 점에 있는 것은 아닐까? **대학 등에서 배우는 '노동법'과 실제로 기업에 들어가 맛보는 '현장'과의 갭**(gap, 격차)**이야말로 일본 노동법의 최대 문제라고 할 수 있을지도 모른다**. 이 문제는 **노동법의 전체적 모습**을 살펴본 뒤, 제9장(노동법은 어떻게 지켜지는가)에서 다시 생각해 보고자 한다.

제4장 근로자의 인권은 어떻게 지켜지는 것인가

근로자의 인권과 법

나에게 지금의 주된 일은 '학문'(學問)에 있다. 그렇다고 해도, 최근에 대학인은 매우 바쁘고, 나의 경우 자신의 연구에 할애할 수 있는 시간은 일하는 시간의 20－30% 정도이다. 그래도 역시 나의 본분은 학문에 있다(그렇게 있고 싶다)고 생각한다.

학문에도 여러 가지가 있다. 예를 들어 자연과학은 자연계의 진리를 탐구하는 것, 경제학은 효율성을 탐구해 사람의 풍요를 높이는 것이 목적이다. 그럼 '법학'(法學)의 목적은 무엇인가? 이것은 '정의'(正義)를 탐구하고 실현하는 데에 있다. 그렇다면 처음부터 '정의'란 무엇인가?

고대 그리스 철학자 '아리스토텔레스'나 현대 미국의 정치철학자 '존 롤스'[1)]의 정의론(正義論)에서 상징되듯이 '정의'의 핵심은

---

1) <역자주> (ⅰ) **'존 롤즈'**(John Rawls, 1921－2002) 현대적 '정의론'은 재능은 자연이 분배한 우연의 결과, 사회의 공통 자산이다. 그 노선(불우한 사람을 위한 부의 재분배)를 이어받아서 더 독자적으로 충실화해 자원분배의 후생'평등'을 우선시한 '로널드 드워킨'(Ronald Myles Dwarkin, 1931－2013), 잠재능력을 평등하게 가져한다고 주장한 1998년 노벨경제학상을 받은 **'아마티아 센'**(Amartya kumar Sen, 1933－) 등이 있다. 이러한 판단을 무난을 최고로 치는 대부분의 일본인에게 수용하기 쉬운 점도 있다. (ⅱ) 한편 롤즈의 정의와 사람 각각의 가치관을 분리하는 방법론을 비판하고 정의론에 '공공선'을 수렴해야 한다고 주장하는 커뮤니터리아니즘도 등장한다(마이클 샌델, 마이클 왈저, 알래스테어 매킨타이이어 등). (ⅲ) 존 롤즈와 비판했던 **'로버트 노직'**(Robert Nozick, 1938－2002)의 노선은 '아나키, 국가 그리고 유토피아'(1974)책자에서 재능은 필연적으로 본인 한 사람에게 전속한다고 파악해 자기소유와 자유의사에 의한 권원이론, 자유존중주의(Libertarianism), 최소국가론자, 무정부자본주의자로 연결된다.

'평등'한 사회를 실현하는 것이었다. 현대 '헌법'(憲法)도 최대의 가치는 '기본적 인권'을 존중하는 것에 있다고 보고, 그 중심의 하나로서 '평등권'이 자리잡고 있다.

'노동법'의 세계에서도 근로자의 '인권'[2]을 보호하는 것, 그 중에서도 근로자에 대한 '차별 금지'를 큰 기둥의 하나로 보고, 그 중요성은 근년의 각국에서 확산되고 있다. 하지만 미국, EU(유럽연합), 일본에서는 그 접근하는 방법이나 구체적인 내용에서 일정한 차이가 있다. 여기서는 각국에 대응의 차이나 그 배경도 시야에 넣으면서 '고용차별 금지'를 중심으로 '근로자의 인권을 보장하는 법'에 대하여 살펴본다.

1 고용차별금지

(1) 미국과 유럽의 고용차별금지법

미국에서 노동법이라면 옛날에는 Labor Law(노동조합관계의 노사관계법)이었지만, 지금은 Employment Law(고용관계법)가 주류이다. 그 내용의 대부분은 **'고용차별금지법'**(Anti－employment Discrimination Laws)이 차지하고 있다. 미국의 경우 1964년 **'공민권법 제7편'**(Title 7)에서 인종 · 피부색 · 종교 · 성별 · 출신국을 이유로 한 차별, 1967년 **'고용상 연령차별금지법'**(ADEA)에서 연령을 이유로 한 차별, 1990년 **'장애를 가진 미국인 법'**(ADA)에서 장애를 이유로 한 차별, 2008년 **'유전자 정보차별금지법'**(GINA)에서 유전자 정보를 이유로 한 차별을 채용에서 해고까지 고용의 모든 국면에서 금지하고 있다.

유럽의 경우에는 미국보다 출발은 늦었지만, EU(유럽연합) 시장이 확대되면서 2000년 이후 한꺼번에 **'고용차별금지법'**이 정비되었다. 유럽(현재의 EU)에서는 1976년 **'남녀균등대우원칙 지침'**에 의하

---

2) <역자주> 인권(人權) : 인간으로서 당연히 갖는 기본적 권리.

여 성별을 이유로 차별, 2000년 '**인종 · 출신민족 차별금지 지침**'에서 인종 · 출신민족에 따른 차별, 같은 해의 '**균등처우 기본구조 지침**'에서 종교, 신조, 장애, 연령, '**성적 지향**'(性的 志向)을 이유로 차별을 채용에서 해고까지 고용의 모든 국면에서 금지하도록 회원국에 의무화하고, 이것에 따라 각국의 국내법을 정비하고 있다.

현재 미국과 유럽의 공통된 특징은 인종, 출신국(민족), 종교, 성별에 '**연령**'과 '**장애**'(障害)[3]도 추가해 고용차별금지법제를 정비하고 있다는 점이다. 미국은 이것에 '**유전자 정보**', 유럽은 '**성적 지향**'(성소수자, 성의 정체성)을 차별금지의 사유에 추가하고 있다.

다만, 미국과 유럽은 엄청난 차이도 있다. 유럽은 1997년 파트타임 근로자('단시간근로자'), 1999년 기간의 정함이 있는 근로자('유기근로자'), 2008년 파견근로자에 대한 불이익 취급을 금지하는 '지침'을 각각 채택하고 있다. 반면에 미국은 이러한 **고용형태**를 이유로 한 처우의 차이를 규제하는 **법률이 없다**. 이 점은 다음에서 살펴볼 고용차별금지에 대한 사고나 배경의 차이에 연유한 것이다.

(2) 왜 차별은 금지해야 하는가

왜 고용차별은 금지해야 하는가? 이러한 근저에는 '**개인의 존엄**'이라는 법의 이념이 있다. 즉 ① 자신의 의사나 노력으로 바꿀 수 없는 이른바 '**불가변의 속성**"을 이유로 차별하는 것이나, ② 스스로 바꿀 수 있어도 그 선택 자체가 종교의 자유, 선거권의 행사, 프라이버시권(사생활권) 등 인간으로서의 "기본적 자유 · 권리"와

---

3) <역자주> '장애'(障礙) 및 '장해('障害)의 개념은 같은 말이지만 한국의 경우 사회복지분야(장애인복지법, 장애인고용촉진 및 직업재활법 등)에서는 '장애', 그 밖의 분야(근로기준법, 산업재해보상보험법 등)에서는 '장해'로 사용해 구분하고 있지만, 일본에서는 모두 구분없이 '장해'(障害)로 사용하고 있다. 이 책에서는 '장애'로 번역하기로 한다. 또한 '장애자'의 표현은 '심신장애자복지법'의 명칭을 '장애인복지법'으로 개정하면서 법적 용어가 '장애인'으로 수정된 바, 장애인이 느끼는 감정 및 헌법 개정시 다른 법률과의 일치성을 고려해 표현의 개정이 필요하다.

관계되는 선택을 이유로 한 차별은 '개인의 존엄'이라는 법의 이념에 반한 것으로 허용되지 않는다고 생각되었다. 미국과 유럽에서 공통으로 금지하는 차별은 위의 ①과 ②의 하나에 해당하는 것이다.

이것에 추가해 유럽에서는 파트타임근로 등과 같이 고용형태를 이유로 하는 불이익 취급도 금지의 대상으로 하고 있다. 유럽에서는 파트타임 근로자에 대한 저임금 등과 같이 고용형태를 이유로 한 다른 취급은 숨겨진 차별이라는 인식이 있다. 예를 들어 파트타임 근로자에게는 여성이 많아, 이것을 인정하면 여성에 대한 차별을 잔존하게 할 수도 있다는 우려(懸念)가 있다. 또 최근에는 EU 시장이 확대되면서 근로자라는 인간을 비용 삭감의 대상(경쟁 격화의 희생)이 아니라, 고부가 가치를 낳는 원천으로 평가하는 고부가 가치 경쟁전략으로 바뀌고 있다. 이러한 기본전략의 하나로 비전형적인 고용형태를 비용 삭감의 대상이 아니라는 법 원칙을 수립했다는 배경이 있다.

이에 대하여 미국에서는 단시간근로, 유기계약근로, 파견근로라는 고용형태는 당사자가 자율로 선택할 수 있는 계약조건에 불과하고, 계약 자유의 원칙이 타당한, 즉 법은 개입하지 않는다는 태도를 현재도 유지하고 있다. 그 배경에는 미국의 경우 일반적인 풀 타임 · 무기 · 직접고용의 근로자라도 해고자유 원칙을 적용받기 때문에 비정규직 근로자와 다른 안정적인 보호를 향수하고 있는 것은 아니라는(원래 일반 근로자와 비정규직 근로자 사이에 법적 보호의 격차가 있는 것은 아니다) 사정이 있다는 점에 주의해야 한다.

(3) 일본의 고용차별금지법의 현황과 과제

위와 비교해 일본은 고용차별을 포괄적으로 금지하는 입법은 없다. 고용차별을 금지하는 명문 규정은 다음과 같은 개별적인 법률 규정, 입법이 존재할 뿐이다.

먼저 1947년에 제정된 '노동기준법'은 국적, 신조, 사회적 신분을 이유로 근로조건의 차별을 금지하며(제3조), 성별을 이유로 하는 차별은 임금차별만 금지한다(제4조). 성차별을 전면적으로 금지시키지 못하는 이유는 노동기준법 자체가 '시간외 근로'와 '심야근로' 등과 같이 여성을 특별히 보호하는 규정을 다수 두고 있었다(구 제64조의2 이하). 따라서 전면적인 차별 금지는 일관되지 않는다고 생각하기 때문이다.

그 이후 약 40년이나 경과해, 1985년 **'유엔 여성차별철폐조약'**의 비준을 위한 국내법 정비의 일부로 임금 이외의 부분에서 남녀간 기회 균등을 정한 「**남녀고용기회균등법**」을 제정하였다. 이러한 법을 제정할 때에는 당시의 실태와 괴리를 고려해 법적 구속력이 없는 '노력의무 규정'을 중심으로 한 '연성법'(soft law)으로 출범했다. 하지만 그 후에 두 차례나 크게 개정해 현재에는 남녀의 고용차별을 폭넓게 금지하는 법적 구속력이 있는 법률이 되었다.

2007년 「**고용대책법**」을 개정해, 근로자의 모집 · 채용시 연령을 조건으로 하는 것을 원칙 금지 규정을 두었다(제10조)(같은 법은 현재 「**노동시책종합추진법**」으로 개칭함).

2013년 「**장애인 고용촉진법**」을 개정해, 장애인(障害者)임을 이유로 한 고용차별금지(제34조, 제35조), 장애의 특성을 배려한 필요한 조치('**합리적 배려**')를 강구하는 사업주의 의무(제36조의2, 제36조의3) 규정을 두었다.

2015년 「**여성활약추진법**」을 제정해, 여성의 직업생활에서의 활약(活躍)을 추진하기 위하여 사업주에게 여성의 활약 상황의 파악 및 분석을 토대로 한 **'사업주의 행동계획'**의 책정 · 공표, 여성의 활약에 관한 정보를 공표하는 것을 의무화하고, 뛰어나게 대응하는 사업주에게 국가가 "엘보시"(えるぼし) 인정을 실시하는 것 등의 규정을 두었다.[4]

---

4) <역자주> **적극적 고용개선조치 및 고용형태공시제** : 최근 한국에서는 정부가 2006년부터 매년 남녀고용을 차별하는 회사라며 기업명단을 공개하

또한 2018년 「**일하는 방식 개혁 관련 법**」에서는 정규직 · 비정규직 근로자의 대우 격차를 시정하는 법을 개정하였다. 「**파트타임 노동법**」(1993년 제정)의 규제 대상으로 유기고용 근로자도 포함하는 형태로 「**파트타임 · 유기고용노동법**」을 제정하고, 불합리한 대우 금지(제8조),[5] 차별적 취급 금지(제9조),[6] 대우 차이의 내용과

는 남녀고용을 차별을 금지하도록 이른바 '**적극적 고용개선조치**(AA · affqirmative action)'는 여성 고용율을 높이겠다는 취지이다. 대상기업은 2006년 공공기관 및 근로자 500인 이상 사업장으로 시작해, 2019년부터는 300인 이상 민간기업 등으로 확대되었다. 고용노동부는 명단 공개 대상 기업에 대하여 사업주 이름, 전체 근로자 수와 여성 비율, 여성 관리자 수 등을 관보에 게재하고, 고용노동부 홈페이지에 6개월간 게시한다. 명단 공표 사업장의 불이익은 조달청 지점심사 신인도 심사에서 5점 감정, 가족친화인증 대상 제외 등이다.

또한 '**고용형태공시제**'는 개별 기업의 정규직과 비정규직의 현황을 신고해야 한다. 이러한 제도는 사업주 책임 차원에서 고용 불평등을 자율로 해소하려는 노력이 필요하다. 정부는 과태료 부과 등 강제성이 없고, 사업주가 고용차별 개선 노력만 보여도 명단의 미공개 입장이다. 물론 '**유리천장**'(glass ceiling)이란 여성의 고용 차별문제(원래 여성 등의 약자나 소수집단의 사람들이 아무리 실력이 좋아도 승진하지 못하는 절벽)는 개선되어야 한다. 하지만, 개별 기업의 특수성을 일률적 잣대로 인력운용을 제한해, '기업 망신주기식'의 대표적인 탁상행정 정책이라는 지적도 있다.

참고로 '**유리절벽**'(glass cliff)란 기업들은 잘 나갈 때는 여성을 CEO로 임명하지 않다가 해결하기 힘든 큰 위기를 맞아 조직이 위태로워지면 여성을 CEO로 임명하는 것을 말한다. 이는 실패가 명확한 상황에서 여성에게 최종 책임을 맡겨 비난의 표적이 되게 하면서, 여성 CEO를 임명하는 선진적인 조직이라는 좋은 이미지도 얻으려는 꼼수 인사라는 비판이 있다. 기업은 이들 여성이 마치 구원투수인 듯 홍보하지만 사실은 패전처리 투수인 셈이다(중앙일보 2020.9.15. 참조)

5) <역자주> **파트·유기노동법 제8조** "사업주는 그 고용하는 단시간 · 유기고용 근로자의 기본급, 상여금, 그 밖의 대우 각각에 대하여 그 대우에 대응하는 통상 근로자의 대우와 사이에서 그 단시간 · 유기고용 근로자 및 통상 근로자의 업무내용과 그 업무에 따른 책임의 정도(이하 '직무의 내용'이라고 한다.), 해당 직무의 내용과 배치의 변경의 범위, 그 밖의 사정 중 그 대우의 성질과 그 대우를 행하는 목적에 비추어 적절한다고 인정되는 것을 고려하여 불합리하다고 인정되는 상위를 마련해서는 안된다."

6) <역자주> 파트 · 유기노동법 제9조의 차별금지 규정은 유기고용 근로자

이유에 대한 사업주의 설명의무(제14조 제2항)[7] 등을 규정하였다. 파견근로자에 대해서는 「**근로자파견법**」을 개정해 파트타임 · 유기고용 노동법과 동일한 규정을 두었다.[8]

그 밖에 조합원에 대한 불이익 취급금지 규정이 있다(노동조합법 제7조 제1호).[9]

도 대상으로 확대해 개정하였다. 또한 개정 전은 "**임금의 결정, 교육훈련의 실시, 복리후생시설의 이용**, 그 밖의 대우에 대하여 차별적 취급을 해서는 안된다"를 "**기본급, 상여금**, 그 밖의 대우 각각에 대하여 차별적 취급을 해서는 안된다"로 변경하였다.

7) <역자주> '**사업주가 강구하는 조치 내용 등의 설명의무**'를 정한 파트 · 유기노동법 **제14조**에서는 근로자로부터 요구가 있었던 때에 설명해야 하는 사항으로 되어있던 것 중에서 "그 단시간 · 유기고용 근로자와 통상의 근로자 사이에 대우 상위의 내용 및 이유"가 추가되었다(제2항). 게다가, "사업주는 단시간 · 유기고용 근로자가 앞의 항의 요구를 한 것을 이유로 그 단시간 · 유기고용 근로자에 대하여 해고, 그 밖의 불이익한 취급을 해서는 안 된다"라는 규정을 신설하였다(제3항).

8) <역자주> 일본은 2012년 파견법 개정에서 파견근로자에 대하여 사용기업의 근로자와의 근로조건의 균형을 도모하기 위한 규정을 도입하였다. 하지만. 2018년 법 개정에서 단시간 · 유기고용 근로자의 공통 규제로 된 내용에 따른 규정을 도입하였다. 이것으로 비정규직 전체에 대한 공통규제를 실현하게 되었다.

9) <역자주> 일본 노동조합법 제7조(부당노동행위) 1. 근로자가 노조의 조합원인 것, 노조에 가입하거나 또는 이를 결성하고자 한 것 또는 노조가 정당한 행위를 한 것을 이유로 그 근로자를 해고하거나 기타 이에 대하여 불이익취급을 하는 것 또는 근로자가 노조에 가입하지 아니하거나 또는 노조로부터 탈퇴할 것을 고용조건으로 하는 것. 다만, 노조가 특정한 사업장에 고용된 근로자의 과반수를 대표하는 경우에 있어서 그 근로자가 그 노조의 조합원이 될 것을 고용조건으로 하는 단체협약을 체결하는 것을 방해하는 것은 아니다. : 한국 노조법 제81조(부당노동행위) 1. 근로자가 노조에 가입 또는 가입하려고 하였거나 노조를 조직하려고 하였거나 기타 노조의 업무를 위한 정당한 행위를 한 것을 이유로 그 근로자를 해고하거나 그 근로자에게 불이익을 주는 행위, 2. 근로자가 어느 노조에 가입하지 아니할 것 또는 탈퇴할 것을 고용조건으로 하거나 특정한 노조의 조합원이 될 것을 고용조건으로 하는 행위. 다만, 노조가 당해 사업장에 종사하는 근로자의 3분의 2 이상을 대표하고 있을 때에는 근로자가 그 노조의 조합원이 될 것을 고용조건으로 하는 단

이러한 법률로 구성된 일본의 **고용차별금지법**은 유럽 및 미국의 법들과 비교하면 법률이 산발적이고 체계성이 결여되었다는 특징이 있다. 향후 **일본의 정책과제**는 ① '연령'이나 **'성적 지향'**(성별 정체성) 등도 포함한 **'포괄적인 고용차별금지법'**를 정비하는 것, ② 고용차별의 주장, 입증책임의 방법을 법률로 명확화하는 것 등과 같이 고용차별 문제를 실효성있게 해결하기 위한 법적 기반을 마련하는 것이 중요하다. 아래에서는 현행법의 내용을 간단하게 살펴본다.

(4) 국적 · 신조 · 사회적 신분에 따른 근로조건 차별금지 — 노동기준법 제3조

노동기준법 제3조는 사용자가 근로자의 국적, 신조, 사회적 신분을 이유로 근로조건에 대하여 차별적 취급을 금지하고 있다. **'신조'**는 종교적 정치적인 신념 이외에 사상적 신념도 포함된다. **'사회적 신분'**은 본조의 연혁을 보면, 출신지, 문지(門地, 문벌), 인종, 비적출자 등의 선천적인 지위를 말하고, 고아, 수형자, 파트타임 근로자 등 후발적인 이유에 의한 지위는 불포함한다고 생각된다.

최고재판소는 채용 단계의 차별에서는 이 조문을 적용하지 않는다고 판단하고 있다. 하지만, 우선 채용이 결정되면, 그 후 이러한 사유에 따른 근로조건 차별은 일체 허용되지 않게 된다. 채용한 후 '마르크스주의자'[10]라든가 ○○교를 신봉하는 이유로 한 차

체협약의 체결은 예외로 하며, 이 경우 사용자는 근로자가 그 노조에서 제명된 것 또는 그 노조를 탈퇴하여 새로 노조를 조직하거나 다른 노조에 가입한 것을 이유로 근로자에게 신분상 불이익한 행위를 할 수 없다.

10) <역자주> 마르크스주의(Marxism) : 마르크스가 엥겔스의 협력으로 만들어 낸 사상과 이론의 체계. 그 이론적 기초는 철학 영역에서 변증법적 유물론 내지 사적 유물론, 경제학 영역에서 마르크스 경제학(「자본론」)을 중심으로 자본주의 사회의 내부 구조와 운동법칙에 대한 분석, 이러한 철학적 · 사회과학적 이론에 기초한 '과학적 사회주의'의 주장(근로자 계급을 주체로 한 사회주의 혁명과 그 사회 건설에 관한 이론) 등이다.

별은 본조의 위반이 된다.

보론 36

• **한국의 차별금지법**

한국에서도 헌법의 평등이념에 따라 정치·경제·사회·문화·교육 등 모든 생활영역에서 합리적 이유가 없는 모든 형태의 차별을 금지하는 내용을 담고 있는 **(포괄적) '차별금지법'**을 제기하고 있다. 하지만 **'기독교 보수 성향'**을 중심으로 인권으로 포장한 **'동성애**(성적 지향, 성별 정체성, 성소수자)'를 핵심 이슈로 문제 삼으며 반대하고 있다. 이는 젠더 이데올로기의 실체와 투쟁이론과 관련해, 먼저 젠더는 사회적 성을 말해, 생물할적인 개념의 남성과 여성을 가르키는 '성'(sex)과 구분된다. 즉 젠더는 사회적으로 자라나면서 자신이 직접 선택할 수 있다는 의미로, 젠더 개념에는 LGBT(레즈비언, 게이, 양성애자, 트랜스젠더, 간성)를 포함한 다양한 종류의 사회적 성이 존재할 수 있다.

미국의 페미니즘의 물결은 제1의 물결(19세기 중반－20세기 초반)은 여성 참정권 운동, 제2의 물결(제2세대)는 가부장적 질서 타파와 여성의 육체적, 정신적, 성적 해방을 강조한 페미니즘의 조류이고, 제3의 물결은 '남성 전면 부정'과 '다양성', 제4의 물결은 '교차성, 환경주의, 젠더 정치'로 이어진다. 여기서 '교차성'(Intersectionality)은 인종, 신분, 생물학적 성별, 성적 지향, 사회적 계급, 장애 유무 등에 따라 한 사회 내에서 계층적 위계질서가 발생한다는 이론이다. 또한 **'젠더 이데올로기'**는 '금지하는 모든 것을 금지하라'라는 정치 슬로건으로 '성해방 운동'도 포함한 1968년 프랑스 68혁명 시기 신좌파의 투쟁이론이다. 그 후 여성해방운동, 성평등운동, **페미니즘** 운동으로 확장된다. 이는 **'젠더 주류화**(Gender Mainstream)**정책'**으로 표현된다. 이는 성 구분의 해체 위기로 보아 성도덕과 성윤리가 무너지고 유례없는 성병 및 에이즈(후천성 면역 결핍증, AIDS)로 확산한다고 비판하며 그 위험성을 심각하게 경고한다. 궁극적으로 가부장제의 가족제도(전통적인 가족 공동체＝패밀리즘(가족주의))와 그 기반인 자본주의(생산체제)는 반드시 해체해야 한다는 투쟁 이념이다.

그 특징은 '과학성', '계급성', '혁명성'을 표방한 점이다.

문재인 정부의 '제3차 국가인권정책 기본계획'(2017–2021)에서는 생물학적 성을 근거로 한 '양성평등'을 삭제하고 사회적인 성('젠더' 개념)을 기반으로 하여 모든 성을 포함시키는 '성평등' 관련 조항을 삽입하며, 젠더에 기반한 성에 대한 반대 의견이나 불편함을 표시할 경우 처벌 받게 되는 이른바 **(포괄적) '차별금지법'**을 제정하도록 명시하고 있다. 심지어 서울특별시, 경기도 등 14개 지방자치단체가 '양성평등 조례'를 제정하는 과정에서 '양성평등'이 아닌 '성평등'으로 사용하고 있다. 국회에서는 정의당이 포괄적 차별금지법을 발의한 상태이다. 반면에 이러한 입법은 과잉입법이라는 지적하면서, 국민적 합의에 기초한 차별금지 사유와 영역을 개별 규정하는 **'개별적 차별금지법'**으로 전환해야 한다는 견해도 있다.

(5) 남녀차별금지 – 노동기준법 제4조, 남녀고용기회균등법

노동기준법 제4조(남녀 동일임금)[11]는 사용자에게 근로자가 여성임을 이유로 한 임금 차별을 금지하고 있다. 앞에서 살펴본 것처럼, 제4조는 '임금차별'만을 금지하고, 채용 · 배치 · 승진 · 교육훈련 등 임금 이외의 차별을 금지하지 않는다. 또한 제4조는 '여성임을 이유로 한' 차별만을 금지하고 있다. 이에 성별 이외의 이유로

11) <역자주> 일본 노동기준법 제4조(남녀 동일임금의 원칙) 사용자는 근로자가 여성임을 이유로 하여 임금에 관하여 남성과 차별적 취급을 하여서는 안 된다. ; 한국 근로기준법 제6조(균등한 처우) 전문 : 사용자는 근로자에 대하여 남녀의 성(性)을 이유로 차별적 대우를 하지 못하고 ,…. ; 한국 남녀고용평등법 제8조(임금) ① 사업주는 동일한 사업 내의 동일 가치 노동에 대하여는 동일한 임금을 지급하여야 한다. ② 동일 가치 노동의 기준은 직무 수행에서 요구되는 기술, 노력, 책임 및 작업 조건 등으로 하고, 사업주가 그 기준을 정할 때에는 제25조에 따른 노사협의회의 근로자를 대표하는 위원의 의견을 들어야 한다. ③ 사업주가 임금차별을 목적으로 설립한 별개의 사업은 동일한 사업으로 본다. 제9조(임금 외의 금품 등) 사업주는 임금 외에 근로자의 생활을 보조하기 위한 금품의 지급 또는 자금의 융자 등 복리후생에서 남녀를 차별하여서는 아니 된다.

임금의 차이를 두는 것, 예를 들어 연령급 · 근속급, 부양가족의 유무에 따른 가족수당, 직무의 내용이나 책임의 차이에 의한 기본급의 차이 등은 제4조 위반이 아니다. 다만, 성별 이외의 기준을 규정해도 실제로는 여성을 차별할 의도로 여성 차별적으로 운용한 경우에는 여성차별로서 본조 위반이 성립될 수 있다. 예를 들어 '주민등록등본(주민표)상 세대주로 되어 있는 자'에게 가족수당의 지급 규정이 있지만, 실제로는 남성에게는 **'세대주'** 여부를 불문하고 수당을 지급하던 사례이다. 노동기준법 제4조는 이렇게 남녀간 임금차별을 금지하지만, 임금 이외의 남녀차별은 남녀고용기회균등법이 이를 금지하는 규정을 두고 있다.

「**남녀고용기회균등법**」은 근로자의 모집 · 채용(제5조), 근로자의 배치 및 승진, 강등, 복리후생, 직종, 고용형태의 변경, 퇴직 · 해고 · 계약갱신 등(제6조)에 대하여 성별을 이유로 한 차별로 금지하고 있다. 이러한 것은 성별을 이유로 한 차별(**'직접차별'**)을 폭넓게 금지하고 있다.

같은 법은 이것에 추가해, 성별 이외를 이유로 한 조치에 대해서도 실질적으로 성별을 이유로 한 차별이 될 우려가 있는 것(**'간접차별'**)은 합리적인 이유가 없으면 이를 금지하는 취지의 규정이 있다(제7조). 이 간접차별금지는 2006년 개정시 규정된 것이다. 당면은 우선 ① 모집 · 채용에서 키, 몸무게, 체력의 요건을 붙이는 것, ② 모집, 채용, 승진, 직종의 변경에서 이사로 인한 전근의 요건을 붙이는 것, ③ 승진에서 전근, 경험 요건의 세 가지가 대상이다. 향후 법개정시 '가족수당' 지급에 세대주의 요건 등을 간접차별금지의 대상에 포함할 것인지, 또 '간접차별'의 범위를 한정하지 않고, 유럽 및 미국과 같이 폭넓게 사용자의 조치 일반에 대상으로 확대할지 등이 검토과제가 될 것이다.

남녀고용기회균등법은 또한 여성근로자에 대하여, ① 혼인, 임신, 출산을 퇴직 이유로 규정, ② 혼인을 이유로 한 해고, ③ 임신,

출산, 출산 전후 휴업의 청구 · 사용 등을 이유로 한 해고 등의 불이익 취급, ④ 임신 중 및 출산 후 1년 이내의 해고를 금지하고 있다(제9조). 임신한 근로자가 노동기준법상 권리인 임신 중의 가벼운 업무로 전환(노동기준법 제65조)을 신청하고 가벼운 업무로 이동했을 경우에 관리직에서 강등되고, 출산 · 육아휴가 후에 종전의 업무에 복귀해도 관리직으로 복직하지 못한 사안에서 '강등'과 관련해 사업주의 설명이 불충분하고, 근로자가 자유의사에 따라 강등을 승낙한 것이라고 하는 객관적으로 합리적인 이유가 없다고 하여, 이 강등 조치를 **남녀고용기회균등법 제9조 제3항**(③) 위반이라고 한 판례가 있다(히로시마 중앙 보건생협[C생협 병원](広島中央保健生協[C生協病院]) 사건, 최고재판소 2014년 10월 23일 판결).[12]

(6) 장애인차별금지 – 장애인고용촉진법

「**장애인 고용촉진법**」은 고용분야에서 장애인 차별의 금지와 함께 사업주에게 일정 비율 이상의 장애인을 고용하는 '**법정 고용율 제도**'를 두고 있다.

이 법은 장애인 차별금지로 근로자의 모집 · 채용시 장애인에게 장애인이 아닌 자와 균등한 기회를 주는 것(제34조), 임금, 교육훈련, 복리후생시설 이용 등의 대우시 장애인인 것을 이유로 부당한 차별 취급을 하지 않을 것(제35조)을 사업주에게 의무화하고 있다. 예를 들어 장애인인 것을 이유로 채용을 거부하는 경우, 낮은 임금을 설정하는 경우, 연수를 시키지 않는 경우 등이 여기에서 금지된 차별에 해당될 수 있다. 같은 법은 이것에 추가해 근로자의 모집 · 채용 및 고용한 장애인에 대하여 장애의 특성을 배려해 필요한 조치('합리적인 배려')를 강구하도록 사업주에게 의무화하고 있다(제36조의2, 제36조의3). 모집 · 채용시 채용시험의 문제지를 점역(點譯)[13] · 음역(音譯)[14]하는 것, 휠체어를 이용한 자에게 맞추어

---

12) 広島中央保健生協〔C 生協病院〕事件 · 最高裁 2015년 10월 23일 판결

책상이나 작업대의 높이를 조정하는 것, 지적 장애인에 맞추어 알기 쉬운 문서 · 그림을 이용해 설명하는 것 등을 사례로 들 수 있다. 다만, 사업주에게 과중한 부담을 주는 경우에는 이러한 조치를 강구할 의무를 지우지 않는다(제36의2 단서, 제36조의3 단서).

'**법정 고용율제도**'란 일정한 비율 이상의 장애인을 고용하도록 의무화하고(제37조, 제43조 이하), 이를 달성하지 못하는 사업주에게 미달한 1명에 대하여 월 5만 엔의 '**장애인 고용납부금**'을 징수하는 제도이다(제53조 이하).[15] 이 제도로 장애인의 고용이 비장애인과 동일한 정도 이상으로 촉진할 것을 기대하고 있다.

보론 37

• 균등대우 규정과 차별금지 규정의 관계

현행법의 균등대우 규정은 파트노동법 제9조(2014년 개정 후)를 제정하기 전에도 차별금지 규정의 형태로 존재하고 있었다(노동기준법 제3조(균등대우) 및 제4조(남녀 동일임금 원칙), 남녀고용기회균등법 제6조. 최근에는 장애인고용촉진법 제35조). 차별금지 규정은 균등대우(또는 균형대우) 규정의 한 유형이지만, 그 차별 이유

13) <역자주> 점역(點譯) : 말이나 보통의 글자를 점자(點字)로 고침.

14) <역자주> 음역(音譯) : 외국어의 음을 한자의 음을 빌려 나타내는 일.

15) <역자주> 2021년부터 장애인 고용부담금 부담기초액이 1,094,000원이다. 고용한 장애인 수가 고용의무인원에 미달하는 경우 미달하는 인원에 부담기초액(월)을 곱하여 연간 합산한 금액을 고용 부담금으로 신고 · 납부하여야 하는데, 정부(공무원 부문)는 규모와 관계없이 적용, 정부(비공무원부문) 및 민간기업은 상시근로자수 100인 이상인 경우에 적용한다.

장애인 고용률	2020년	2021년
고용의무이행률이 3/4이상	월 1,078,000원(부담기초액)	월 1,094,000원(부담기초액)
고용의무이행률이 1/2이상~3/4미만	월 1,142,680원	월 1,159,640원
고용의무이행률이 1/4이상~1/2미만	월 1,293,600원	월 1,312,800원
고용의무이행률이 1/4미만	월 1,509,200원	월 1,531,600원
장애인 미고용	월 1,795,310원(최저임금액)	월 1,822,480원(최저임금액)

를 격차의 정당한 이유가 될 수 없다고 할 뿐만 아니라, 그 이유로 격차를 만드는 행위 자체에 제재를 부과한 점에 특징이 있다. 현행법상으로는 차별금지 규정 이외의 균등대우 규정은 동일가치근로 동일임금(이것은 동등성의 기준을 동일가치근로로 한 임금에 관한 균등대우 원칙이다)도 포함해, 적어도 명문으로는 존재하지 않는다.

금지되는 차별 이유는 헌법 제14조의 '법 앞의 평등'으로 통하는 인권보장적인 것도 있다면, 특정한 정책 목적(권리행사에 대한 보복 금지 등)에 따른 것도 있다. 후자에서는 '차별'이라는 표현을 사용하고, '불이익 취급의 금지'라는 표현을 사용하는 경우가 많기 때문에, 위반에 대하여 형사처벌을 부과하지 않는 등 제재가 약해지는 경향이 있다(형사처벌을 하는 이유는 노동기준법 제104조[16] 등. 형사처벌이 없는 것은 남녀고용기회균등법 제9조 제3항, 육아개호휴업법 제10조, 공익통보자보호법 제3조 등. 또한 **'노동조합에 대한 부당노동행위의 관계'**에서는 '조합원 차별 등을 금지'하는 노동조합법 제7조 제1호와 '노동위원회에 구제를 요구하는 것 등'에 대한 보복적인 불이익 취급 등을 금지하는 제7조 제4호[17]가 있다). 또한 차별금지 규정은 모집·채용 단계에서는 균등기회의 부여를 명령하는 법 형식을 취하고 있다(남녀고용기회균등법 제5조, 노동시책종합추진법 제9조, 장애인고용촉진법 제34조)가 이 경우에도 제재는 약하고, 근로계약 체결은 강제되어 있지 않다. 여기에는 채용의 자유에 대한 배려가 있다고 할 수 있을 것이다.

그런데 파트노동법 제9조(2007년 개정 당시는 제8조)는 '차별'이라는 표현을 사용하고 있으나, 위반시 무거운 제재를 부과하고 있지 않다. 이것은 파트노동법 제9조가 국적, 신조, 성별, 장애 등의 인권론에 따른 차별금지 규정과는 다른 성질을 가진 것을 나타내고, 나아가 '차별'이라는 표현을 사용하는 것이 부적절한 것을 시사하는 것이다. 실제로 파트노동법 제9조와 같은 내용을 가진 파트·유기노동법 제9조에서는 '차별'이라는 표현은 유지하였다. 하지만, 신설한 근로자파견법 제30조의 3 제2항에서는 "불리한 것으로서는 안된다'라는 표현으로 되어 있다.

다만, 법적 성질으로서는 이러한 규정은 이 표현에 관계없이 특정한 이유에 따른 '불이익 취급을 금지한다'는 의미에서 차별금지 규정(광의)에 포함된다고 생각한다. 즉 넓은 의미의 차별금지 규정

중에는 협의의 '차별금지 규정'('차별'을 금지하는 규정)과 '불이익 취급 금지 규정'(불이익이나 불합리한 격차를 금지하는 규정)이 있는 것이다.

학설 중에는 차별금지 규정은 불리한 취급뿐만 아니라, **유리한 취급을 금**지하는 특징을 갖고, 파트노동법 제9조는 이러한 취지로 해석해야 한다는 견해도 있다(아라키(荒木) 2016. 508쪽).[18] 분명히 노동기준법 제3조(균등대우) 및 제4조(남녀 동일임금 원칙) 등의 행정해석과 통설은 유리한 취급도 금지한다는 입장이다. 그러나 예를 들어 노동기준법 제4조(남녀 동일임금 원칙)는 여성의 지위를 향상시키는 것을 목적으로 하는 취지인 것은 명백하고, 여성에 대한 유리한 취급을 형사처벌로 금지하는 것은 지나친 때문에 종래 행정해석과 통설에는 의문이 있다. 차별금지 규정은 차별에 따른 불이익 행위만을 금지하는 규정으로 해석해야 하고(이 의미에서 헌법 제14조(법 앞의 평등)와는 다르다), 파트노동법 제9조의 해석에서도 '파트타임 근로자에 대한 유리한 취급까지 금지하고 있다고 해석해서는 안된다. 그러나 파트타임 근로자에 대한 유리한 취급은 균등대우 원칙의 관점에서 문제가 될 수 있다. 구체적으로는 상대적으로 불리하게 취급된 풀타임 근로에 따른 공서(사회질서) 위반 등을 근거로 한 '불법행위로 인한 손해배상청구'를 인정할 가능성은 있을 것이다. 즉, 차별금지 규정은 균등대우 내지 균형대우를 요청하는 것이지만, 위반에 대한 무거운 제재를 부과하는 것은 불이익 부분에 한정된다는 것이다.

16) <역자주> 일본 노동기준법 제104조(감독기관에 대한 신고) ① 사업장에 이 법률을 시행하기 위하여 필요하다고 인정할 때에는 사용자 또는 근로자에 대하여 필요한 사항을 보고하게 하거나 또는 출두를 명할 수 있다. ② 노동기준감독관은 이 법률을 시행하기 위하여 필요하다고 인정할 때에는 사용자 또는 근로자에 대하여 필요한 사항을 보고하게 하거나 또는 출두를 명할 수 있다.

17) <역자주> 일본 노동조합법 제7조(부당노동행위) 4. 근로자가 노동위원회에 대하여 사용자가 이 조의 규정에 위반한 것을 신고한 것 또는 중앙노동위원회에 대하여 제27조(노동위원회의 명령 등) 제4항의 규정에 의한 명령에 대한 재심사를 신청한 것 또는 노동위원회가 이들의 신청에 관한 조사 또는 심문을 하거나 또는 노동관계조정법(1946년 법률 제25호)에 의한 노동쟁의에 관한 조정을 하는 경우에 근로자가 증거를 제시

(7) 정규직 · 비정규직의 대우격차 금지 – 파트타임 · 유기고용 노동법, 근로자파견법

파트타임 근로자에 대해서는 1993년에 그 고용관리개선 등을 도모하는 「파트타임노동법」이 제정되고, 유기고용 근로자에 대해서는 2012년에 개정된 「노동계약법」에서 무기 근로계약으로의 전환(72쪽)이나 불합리한 근로조건의 금지(제20조)를 규정하였다. 2018년 「**일하는 방식 개혁 관련 법**」은 이 파트타임노동법과 **노동계약법 제20조**[19]를 통합해 재정비하는 형태로 「**파트타임 · 유기고용 노동법**」을 제정하였다(제8조, 제9조).[20] 이와 동시에 근로자파견법

하거나 또는 발언한 것을 이유로 하여 그 근로자를 해고하거나 기타의 이익에 대하여 불이익취급을 하는 것. : 한국 노조법 제81조(부당노동행위) 5. 근로자가 정당한 단체행위에 참가한 것을 이유로 하거나 또는 노동위원회에 대하여 사용자가 이 조의 규정에 위반한 것을 신고하거나 그에 관한 증언을 하거나 기타 행정관청에 증거를 제출한 것을 이유로 그 근로자를 해고하거나 그 근로자에게 불이익을 주는 행위

18) 荒木尚志『労働法(第3版)』(2016年, 有斐閣)

19) <역자주> 노동계약법 제20조(기간의 정함이 있는 것에 의한 불합리한 근로조건의 금지) 유기 근로계약을 체결하고 있는 근로자의 근로계약의 내용인 근로조건이 기간의 정함이 있는 것에 의해 동일한 사용자와 기간의 정함이 없는 근로계약을 체결하고 있는 근로자의 근로계약 내용인 근로조건과 상이한 경우에는 그 근로조건의 차이는 근로자의 업무 내용 및 업무에 따른 책임 정도(이하 이 조에서 '직무 내용'이라 한다), 직무 내용 및 배치변경의 범위, 그 밖의 사정을 고려해 불합리하다고 인정되는 것이어서는 아니된다.

20) <역자주> 당시 국회에서 위 법안이 심의되고 있었던 2018년 6월 1일에는 최고재판소에서는 하마쿄우렉스 사건과 나가사와운수 사건의 두 개의 판결이 나왔다. 이 개혁의 움직임을 가속하게 하는 것이 되었다. 어떤 유력한 학설은 노동계약법 제20조를 "유기근로계약과 무기근로계약이라는 형태로 정규직 · 비정규직 근로자로 분단된 노동시장의 현실에 대하여 강행성이 있는 민사적인 효력을 부여하여 근로계약관계를 시정하려는 것으로 「**사회개혁적인 규정**」이라고 평할 수 있다"고 언급하고 있다(菅野 2016, 335면). 이를 통해 균형과 균등대우의 의미내용을 보다 명확화하고, 게다가 민사와 행정의 복합규범을 강화한 것이라고 할 수

을 개정해 파트타임근로자, 유기고용근로자, 파견근로자가 정규직과의 대우격차를 시정하도록 도모하였다.

제정된 파트타임 · 유기고용노동법의 핵심은 파트타임 및 유기고용 근로자의 기본급, 상여금 등 모든 대우의 각각에 대하여 그 대우의 성질 · 목적에 비추어 정규직의 대우와 불합리한 차이를 금지한 점이다(제8조).[21] 예를 들어 (ⅰ) 직업, 경험 · 능력에 따라 지급되는 '**기본급(직능급[22])**'에 대해서는 그 직업, 경험 · 능력에 따른

있다(대기업은 2020.4.1., 중소기업은 2021.4.1.부터 시행). 본 조에 과한 이상과 같은 판례 및 입법의 흐름을 보면, 약간의 기간규범으로서 존속하는 계약법의 균형대우에 대해서는 해설은 신법(단시간 · 유기고용근로자)의 승계규정(제8조)에서 필요한 한에서 행하는 것으로 한다(菅野 2019, 345면).

21) <역자주> 일본의 '**동일근로 동일임금 개혁**'의 독자적인 특징은 (ⅰ) 법적 룰로서 '객관적인 사유가 없는 불이익 취급의 금지'가 아닌 '불합리한 대우 금지'로 하는 점이다. (ⅱ) 일본에서는 기본급에 대하여 '동일근로 동일임금'(직무급)을 반드시 원칙으로 하지 않고, 직무급 · 직능급 · 성과급 · 근속급 등 어떠한 기본급제도로 하는가는 기업 및 노사의 선택에 맡겨져 있는 점이다. (ⅲ) 일본에서는 '균등'대우만이 아니라 '균형'대우의 확보가 필요하다는 점이다. 이러한 점에서 일본의 동일근로 동일임금 개혁은 독자적인 특징을 갖고 있고, 위의 (ⅱ) 및 (ⅲ)은 '일본의 고용관행'을 고려한 것이다.

이 중에서도 (ⅲ)('균형'대우의 제도화)은 정규직을 중심으로 형성되었던 일본적 고용관행에 기인하는 '정규직 · 비정규직'의 격차 문제구조를 고려한 일본의 고유한 법적 요청이다. 전제가 같은 것은 같게 취급하는 '균등'대우만이 아니라, 전제가 다른 경우에 전제가 다르게 대응해 균형을 잡아서 취급하는 '균형'대우를 법적으로 요구하는 점은 다른 국가에 사례를 찾아볼 수 없는 선진국의 법정책이라는 비교법의 관점에서도 직무분석 및 고용관리구분 등의 형식이 다름을 넘어선 대응이 필요(직무 및 고용관리구분 등이 다른 것으로서도 그 다름에 대응해 균형 잡아 대우하는 것을 법적으로 요청)로 하는 실무 관점에서도 중요한 의미를 지닌 일본적 고려라고 할 수 있다. 유념할 점은 동일근로 동일임금은 대기업은 2020년 4월부터 적용, 중소기업은 2021년 4월부터 시행된다.

22) <역자주> **직능급제**[職能給, wage on job evaluation] : 근로자의 직무수행능력의 종류와 정도(등급)에 따라 종업원을 분류해 그 가치를 평가하는 제도이다. 이와 같이 학력이나 근속년수를 기준으로 삼으면서 직무수행능력을 주된 기준으로 한다. 직능급은 '직무급'(職務給)과 달리 일반적

지급, (ⅱ) 회사 실적에 대한 공헌에 따라 지급되는 **'상여금'**에 대해서는 회사 실적에 대한 공헌에 따른 지급, (ⅲ) 통근비를 보상하기 위해 지급되는 **'통근수당'**에 대해서는 정규직과 동일한 지급을 하는 것 등과 같이 모든 대우에 대하여 정규직과 **'균등'**(均等) 또는 **'균형'**(均衡)이 취해진 취급을 요구하고 있다(2018.12.28. **'동일근로 동일임금 가이드라인'** 참조).[23] 정규직과의 대우 차이가 있는 경우

인 원칙이 없으며, 기업별로 형태를 달리한다. 이를테면 직무평가를 전혀 하지 않고 대체적인 직무군(관리직 · 사무직 · 기술직 등)을 결정해, 20직무군별로 차별적인 승급기준선을 설정하고 이를 기준으로 하면서 개개인의 능력평가에 따라 승급액을 사정하는 방법이다. 번잡한 직무급의 실시가 곤란한 중소기업에서는 직무급 대신 직능급이 도입되는 일이 많으나, 현실적으로는 비근대적인 학력 편중, 능력급 사상의 변형으로 빠져 있는 수가 많다. 직무급의 경우에는 직무가 변하지 않는 한 승급하지 않으나, 직능급에서는 직무수행 능력이 향상되면 일정한 범위 내에서 승급한다.

참고로 **'직무급(職務給)'**은 동일근로 동일임금 원칙에 근거해 직무의 중요성, 난이도 등에 따라 각 직무의 상대적 가치를 평가하고, 그 결과에 따라 임금을 지긋ㅂ하는 것을 말한다. 직무급을 기초로 하고 직무평가, 인사평가, 종업원 훈련 등을 서로 관련지어 유효하게 운용하는 것이다. 직무급을 동비하려면 먼저 각 직무의 직능 내용이나 책임도를 명확히 하고(직무분석), 이것을 기초로 각 직무의 상대적 가치서열을 매겨(직무평가) 그 결과를 임금에 결부시켜야 한다.[네이버 지식백과]

23) <역자주> **동일근로 동일임금** : 유럽에서는 '동일근로 동일임금 원칙'이 있다. 하지만, 일본에는 그런 원칙이 없는 것은 문제가 있다고 한다. 이에 이 원칙을 법제화하려는 동향이 있다. 동일근로 동일임금을 문자대로 동일한 근로자에게 동일한 임금을 지급해야 한다는 의미라고 한다면, 이것은 '정의의 향기'가 나지만, 실제로는 **'계약'**이라는 것의 견해와는 **정면으로 반하는 것**이다.

본래 임금은 계약으로 자유롭게 결정할 수 있는 것이다. 이를테면, **동일한 근로를 하고 있어도 다른 임금을 계약으로 정하는 것이 바람직한지 여부는 여하튼 법상 허용되지 않는다는 근거는 불명확하다**. 동일근로 동일임금이 되면, 임금을 교섭으로 결정할 여지가 없어져 버린다. 유럽에서 동일근로 동일임금 원칙이 있는 것은 임금의 결정방법이 일본과 다르기 때문이다. 유럽에서는 정규직의 임금은 '직무급'이다. 근로자가 종사하는 직무의 등급이 결정되면 거기에 따라 임금도 결정된다. 난이도가 높은 직무를 수행하면, 그 직무의 임금등급은 높기 때문에 임금도 높아진다. 동일한 등급의 직무에 종사하고 있다면 임금은 동일하게 된다. 그렇기

에는 파트타임 · 유기고용 근로자의 요구에 따라서 회사(사업주)에게 대우 차이의 내용과 이유를 설명하도록 의무를 부과하고 있다(제14조 제2항). 또 정규직과 직무의 내용이 같고, 고용의 모든 기간에서 직무 내용 · 배치의 변경 범위도 같다고 전망되는 파트타임 · 유기고용 근로자에게는 모든 대우에 대하여 파트타임 · 유기고용 근로자인 것을 이유로 하는 차별적 취급을 금지하고 있다(제9조).

파견근로자에 대해서도 근로자파견법에 동일하게 사용사업주의 정규직과의 불합리한 대우의 차이 금지(제30조의3 제1항), 차별적 취급(불리한 취급) 금지(제30조의3 제2항), 대우 차이의 내용과 이유에 대하여 회사(파견회사)의 설명 의무(제31조의2 제4항)를 규정하고 있다. 다만, 불합리한 대우의 차이의 금지에 대해서는 파견회사가 동종 업무에 있는 정규직의 평균적인 임금 액수로서 **'후생노동성령'**[24]에 규정한 액수 이상의 지급 등을 정한 노사협정을 체결하고, 이것을 실제로 준수 · 실시할 때 이것에 따를 것(예외로 **'노사협정 방식'**)을 인정하였다(제30의4). 이것은 정규직의 임금이 낮은 사용사업주에게 파견되어 파견근로자의 임금도 낮아져서, 파견근로자의 계속적인 커리어 형성이 저해되는 것을 회피할 수 있도록 하기 위해 마련된 예외이다.

일하는 방식 개혁 관련 법에 따른 법개정 전의 규정(노동계약법

때문에 동일근로 동일임금이 되는 것이다.

일본에서도 정규직에 '**직무급**'을 도입하게 되면 저절로 동일근로 동일임금이 된다. 반대로 **직무급을 도입하지 않으면** 동일근로 동일임금이라는 전제가 **결여**된 것이다. 따라서 **직무급 이외의 부분에서 동일근로 동일임금 원칙을 논하는 것은 동일한 노동에는 동일한 임금을 지급한다는 의미와는 다른 내용을 논한다는 것밖에 생각할 수 없다**. 하지만 세상에서는 그렇게 생각하지 않고, 정부는 세상에 의한 오해를 바로 잡고자 하지 않는 부분에서 이 논의에 **척박함**과 **포퓰리즘**(대중인기영합주의)**의 냄새**가 느껴진다(오오우치?).

24) <역자주> 정령(政令) : 일본 헌법 제73조 제6호에 근거하여 내각이 제정하는 명령이다. 일본 행정기관이 제정하는 명령 가운데 가장 우선적인 효력을 가진다. 우리나라의 '시행령'에 해당한다.

제20조)과 관련된 판례이지만, 유기고용 근로자와 정규직에 대우 차이의 불합리성을 개별로 판단해 보면, 개근수당, 무사고수당, 작업수당, 급식수당, 통근수당의 차이는 불합리한 차이이고, 유기고용 근로자가 회사에 손해배상을 청구한 것을 인정한 판례(하마쿄우렉스(환송심) 사건, 최고재판소 2018년 6월 1일 판결)[25] 등이 있다.

보론 38

• 노동계약법 제20조와 관련한 쟁점

노동계약법 제20조는 파트노동법 제9조(2014년 개정전 제8조)와 같은 균등대우 및 차별금지 규정과는 다른 새로운 유형의 규제방식을 채택하였다(이 방식은 파트노동법 2014년 개정에서 파트타임 근로자에게도 영향을 미치고 있다). 다만, 이 조문은 불합리성의 판단기준 등 많은 해석의 쟁점이 있다. 이것에 대하여 법개정 직후에 나온 통달(通達)[26]('노동계약법의 해석'에 대하여 2012. 8. 10. 기발(基發) 0810 제2호. 이하 「노동계약법시행통달」)에서 많은 부분은 명확해졌다. 하지만 그 후의 판례(하마쿄우렉스 사건 및 나가사와 운수 사건·최고재판소 판결)이나 학설은 반드시 이를 지지한 것은 아니었다. 특히, 중요한 해석의 쟁점을 살펴본다.

(1) 노동계약법 제20조에서 문제된 근로조건의 차이는 '기간의 정함이 있는 것(유기)'에서 발생해야 한다. 위의 통달은 '유기'를 이유로 한 차이가 대상이다. 판례는 "근로조건의 차이가 유기 유무와 관련된 발생을 말한다."(하마쿄우렉스 사건 최고재판소 판결). 학설은 '유기'의 차이 여부는 요건이 아닌 '불합리성의 판단'으로만 고려하는 입장도 있다.

이 쟁점은 노동계약법 제20조가 유기고용 근로자를 유기고용이기 때문에 유기고용이 아니면 적용되었을 근로조건보다 낮은 근로조건의 적용을 금지하는 차별금지 규정의 발상으로 보는지, 아니면 단순히 격차의 불합리성 자체로 보고 구제하는(차별적인 사정이 없어도 구제하는) 것인지는 규정의 성격과 관련된 본질적인 차이와 관계가 있다.

또한 노동계약법 제20조를 파트타임 근로자에게도 적용하기 위해

25) ハマキョウレックス〔差戻審〕 事件·最高裁 2018년 6월 1일 판결

둔 파트노동법 제8조(2014년 개정 후)는 제9조의 차별금지 규정상 "단시간근로자인 것을 이유로서"라는 문언은 없다. 하지만 이것은 행정해석에 명확한 규정이 없었다(「단시간근로자의 고용관리개선법의 시행에 대하여」 2014. 7. 24. 기발 0724 제2호 등).

(2) 불합리성의 판단 3요소인 ① '직무의 내용', ② '인재활용의 방법', ③ '그 밖의 사정'의 상호 관계를 어떻게 해석하고, 또는 '그 밖의 사정'을 얼마나 폭넓게 해석할 것인지도 검토해야 한다. 파트노동법 제9조(2014년 개정 후)가 '직무의 내용'과 '인재활용의 방법'의 동일성이 있는 경우에 차별적 취급의 금지를 고려해 노동계약법 제20조를 해석해도 양자에 동일성이 있으면. 차이의 정도와 관계없이 이것을 정당하다고 해석해야 특별한 사정이 없는 한 불합리하다고 판단한 판례도 있었다(나가사와 운수 사건·지방법원 판결). 하지만 이 판단은 동일한 사건의 항소심 판결과 그 후의 판례에서는 지지받지 못했고, 3요소를 종합적으로 고려해 불합리성을 판단하는 접근방식을 취했다.

노동계약법시행통달은 '그 밖의 사정'을 "합리적인 노사관행 등의 여러 가지 사정을 예상한다"고 폭넓게 파악하고 있다(제5의 6(2) 라목). 판례도 '그 밖의 사정'을 직무 내용과 인재활용의 방법에 대한 사정에 한정해야 할 이유는 없다고 판시하고 있다(나가사와 운수 사건 최고재판소 판결). 또한 노동계약법시행통달은 정년 이후에 유기로 계속 고용된 근로자에 대한 근로조건의 차이는 직무의 내용과 인재활용의 방법 등의 변경이 일반적인 것을 고려하면 특별한 사정이 없는 한 불합리하다고 인정하지 않았다(제5의 6(2) 라목). 하지만 판례는 직무 내용과 인재활용의 방법이 동일한 사안에서도 불합리성을 부정하고 있다(나가사와 운수 사건·최고재판소 판결).

(3) "불합리하다고 인정해서는 안된다"는 학설상 '합리적이어야 한다'는 취지로 해석하는 입장도 있었다(오가타(緒方) 2013[27] 등). 한편, 통설은 '불합리하다'란 법상 부인할 정도로 불공정하게 낮은 경우를 말하고, 합리적이지 않지만 불합리하지 않을 수도 있다는 입장이었다(아라키(荒木) 외 2014·234쪽).[28] 판례 및 노동계약법시행통달도 조문상 '불합리성' 여부를 묻는 입장이었다.

(4) 위의 (3)과 관련해 불합리성의 주장 · 입증책임은 어떻게 할 것인지가 문제된다. 판례는 "근로조건의 차이가 불합리한지 여부

의 판단은 규범적 평가를 수반한다. 이에 그 차이가 불합리하다고 평가한 사실에 대해서는 그 차이가 동조에 위반이라는 견해, 그 차이가 불합리하다는 평가를 방해하는 사실에 대해서는 그 차이가 동조에 위반해 다투는 자가 각각의 주장 · 입증책임을 진다"고 판시하고 있다(하마쿄우렉스 사건 · 최고재판소 판결. 노동계약법 시행통달(제5조의6 (2) 사목)도 같은 취지).

(5) 불합리성은 근로조건별로 판단하는지 문제된다. 위 통달은 이것을 인정한다(제5의 6(2) 라목). 판례는 임금에 대해 "근로자의 임금이 여러 임금항목으로 구성된 경우에 개별 임금항목과 관련한 임금은 일반적으로 임금 항목별로 그 취지를 달리한다고 할 수 있기" 때문에 불합리성을 판단하는 경우에는 "양쪽의 임금총액을 비교할 뿐만 아니라, 그 임금항목의 취지를 개별적으로 고려해야 한다고 해석함이 상당하다"고 판시하였다. 하지만 관련성이 있는 임금은 종합적으로 고려할 가능성을 인정하고 있다(나가사와 운수 사건, 최고재판소 판결).

(6) 불합리하다고 판단된 경우에 효과에 대하여 판례는 노동계약법 제20조는 강행적 효력이 있기 때문에(훈시규정이 아니기 때문에), 동조에 위반하는 근로조건의 차이를 둔 부분은 무효라고 한 후, 이 경우에도 "동조의 효력에 따라 그 유기계약 근로자의 근로조건이 비교대상인 무기계약 근로자의 근로조건과 동일하지는 않다고 해석함이 상당하다"고 한다. 일부 학설이 주장한 보충적 효력(무효가 된 부분을 무기고용 근로자의 근로조건에서 보충하는 효력)을 부정하고 있다.

또한, 이 경우에 무기고용 정규직의 취업규칙이 유기고용 근로자에게도 적용하는 합리적인 해석은 이론상 존재할 수 있다. 하지만 최고재판소는 문제된 사실에서는 정규직에게 적용되는 취업규칙과 유기고용 근로자에게 적용되는 취업규칙을 별개로 독립해 작성해 이러한 합리적인 해석은 부인한다고 판시하고 있다.

결국 최고재판소는 차이 부분에 대하여 과실이 사용자에게 있다면 불법행위로 인한 손해배상만을 인정하고 있다. 하급심은 불법행위의 손해배상액에 대하여 판사가 손해액의 상당한 인정을 인정하는 민사소송법 제248조에 따라 차이 전액의 구제가 아닌 비례적인 구제를 인정해 판시하고 있다(일본우편(日本郵便)(東京) 사건).[29]

보론 39

• 하마쿄우렉스 및 나가사와(長澤) 운수 사건 · 최고재판소 판결 개요

Ⅰ. 노동계약법 제20조의 취지

노동계약법 제20조는 유기계약 근로자는 무기계약 근로자와 비교해 합리적인 근로조건을 결정하기 어렵고, 양자의 근로조건의 차이 문제 등을 바탕으로 '유기계약 근로자의 공정한 처우를 도모하기 위하여 그 근로조건에 대하여 유기보다 불합리하게 인정되는 것이어서는 안된다'고 규정하고 있다.(하마쿄우렉스 사건 판결)

Ⅱ. 노동계약법 제20조의 법적 성격

노동계약법 제20조는 유기계약 근로자 및 무기계약 근로자 사이에서 근로조건에 차이가 있는 것을 전제로 직무의 내용, 그 직무의 내용 및 배치변경의 범위, 그 밖의 사정의 차이에 따른 균형 잡힌 처우를 요구하는 규정이다.(하마쿄우렉스 사건 판결 및 나가사와 운수 사건 판결)

Ⅲ. '기간의 정함이 있는 것(유기)보다'의 해석

유기계약 근로자와 무기계약 근로자의 근로조건의 차이가 기간의 정함 유무에 관련해 발생하는 것을 말한다.(하마쿄우렉스 사건 판결 및 나가사와 운수 사건 판결)

Ⅳ. 불합리성 판단의 대상이 되는 근로조건

(1) 근로자의 임금이 여러 임금항목으로 구성된 경우, 임금 항목마다 그 취지를 달리하고, 임금의 차이가 불합리하다고 인정되는지 여부를 판단할 경우에 임금항목의 취지에 따라 고려할 사정이나 방법도 다를 수 있다는 점에서 보면, 양자의 임금총액을 비교하는 것만이 아니라, 그 임금항목의 취지를 개별적으로 고려해야 한다.

(2) 또한, 어떠한 임금항목의 유무 및 내용이 다른 임금항목의 유무 및 내용을 바탕으로 결정된 경우에 이러한 사정도 개별임금의 차이가 불합리하다고 인정되는지 여부를 판단할 때에 고려하게 된다.(이상은 나가사와 운수 사건 판결)

Ⅴ. '불합리하다고 인정되는 것이어서는 안된다'의 해석

(1) 노동계약법 제20조의 '불합리하다고 인정되는 것'이란 유기계약 근로자와 무기계약 근로자의 근로조건 차이가 불합리하다고 평가할 수 있는 것을 말한다.(하마쿄우렉스 사건 판결 및 나가사와

운수 사건 판결)

(2) 불합리한 것인지 여부의 판단은 규범적인 평가를 동반하기 때문에 차이가 불합리하다고 평가하는 사실에 대해서는 그 차이가 동조에 위반한다고 주장하는 자가, 그 상위가 불합리하다고 평가를 방해하는 사실에 대해서는 그 상위가 동조에 위반을 다투는 자가 각각 주장·입증책임을 진다.(하마쿄우렉스 사건 판결)

Ⅵ. 불합리성의 판단요소

근로자의 임금에 관한 근로조건은 '직무의 내용' 또는 '그 직무의 내용 및 배치 변경의 범위(변경 범위)'에 따라 일의적으로 정하는 것이 아니라, 사용자는 '고용 및 인사에 관한 경영판단의 관점'에서 다양한 사정을 고려해 근로자의 임금에 관한 근로조건을 검토하고, 또한 임금의 존재의미는 기본적으로는 단체교섭 등에 따른 노사자치에 맡겨져야 할 부분이 크기 때문에, 불합리성의 판단은 직무의 내용 및 변경범위, 또 이러한 것과 관련한 사정에 한정되지 않으며, 유기계약 근로자가 정년퇴직 후에 재고용된 자인 것은 '그 밖의 사정'으로 고려되는 사정이다.(나가사와 운수 사건 판결)

Ⅶ. 사법상의 효력

(1) 노동계약법 제20조가 "불합리하다고 인정되는 것이어서는 안된다"는 규정이나, 그 취지가 유기계약 근로자의 공정한 처우를 도모하는 것에 있다는 점 등에 살펴보면, 동조 규정은 사법상 효력을 가진다는 해석이 상당하고, 유기 근로계약 중 동조에 위반하는 근로조건의 차이를 둔 부분은 무효가 된다.

(2) 노동계약법 제20조는 유기계약 근로자에 대하여 무기계약 근로자와의 직무내용 등의 차이에 따른 균형 잡힌 처우를 요구하는 규정이라는 점과, 문언상 규정도 없는 점에서, 동조에 위반한 경우라도 동조 효력에 따라 그 유기계약 근로자의 근로조건이 비교대상인 무기계약 근로자의 근로조건과 동일한 것이 되지는 않는다.

(3) 정규직의 취업규칙 및 계약직원의 취업규칙이 별개로 독립해 작성된 경우에는 양자의 근로조건의 차이가 동조에 위반하는 경우에도 전자의 계약 직원에게 적용된다고 해석하는 것은 취업규칙의 합리적인 해석이라고 볼 수 없다.(이상은 하마쿄우렉스 사건 판결. 나가사와 운수 사건 판결도 같은 취지)

보론 40

• 일본의 동일근로 동일임금 개혁의 향후 과제

(1) 정규직 · 비정규직 근로자 사이의 격차 시정을 착실하게 실행하는 것이다. 실제로 인사노무관리상의 단계로는 ① 하마교우렉스(반려심) 사건 · 최고재판소 판결에서도 나타났던 제수당·복리후생을 비정규근로자에게의 지급을 제1단계로 하고, 그리고 개정법의 시행(대기업 2020. 4. 중소기업은 2021. 4.)에 대하여 ② 비정규근로자에의 균등 또는 균형이 잡힌 수준에서의 상여금 및 퇴직급의 지급, 및 ③ 정규근로자의 기본급제도에 비정규근로자의 편입 또는 균등 및 균형의 취급 수준에서의 기본급의 지급 단계를 거쳐서 취업규칙 개정 등의 제도를 준비하는 것을 생각할 수 있다. 여기서 과정상 매우 중요한 것은 비정규근로자의 의견을 반영하게 하는 형태로 노사가 교섭 및 협의를 하는 것이다. 즉, 향후 일본 개혁에서는 전제가 다른 경우에 전제의 차이에 대응한 균형이 잡히게 취급하는 '균형'대우가 법적으로 요구되고, 이 양적 수준의 결정(그 '불합리성' 판단)에서는 노사간의 화합을 통해 이해관계자의 의견이나 이익을 조정 · 결정하는 절차의 공성함이 중요한 의미를 가진다. 특히 여기서는 대우 개선의 대상인 비정규근로자의 의견을 청취해 대우개선을 반영시키는 절차적인 연구를 강구하는 것이 과제이다. 이러한 과정이 충실하게 되도록 당사자의 이해성을 높이고, 기업에는 판단의 예견가능성을 높이는 것과도 연결된다.

(2) 정규직을 포함한 임금 · 인사노무관리제도에 미래의 전체상을 재검토하는 것이다. 일본에서 동 개혁은 임금원자를 확대하면서, 비정규근로자의 대우개선을 위한 공정한 분배가 필요하다. 이 과정에서 개선할 문제는 정규직근로자의 임금 · 인사노무관리제도

---

26) <역자주> 통달(通達, 훈령) : 상급관청이 하급관청의 권한행사를 지시하기 위해 하는 일반적 형식의 명령을 말한다.

27) 緒方桂子 「改正労働契約法20条の意義と解釈上の課題」 季刊労働法 241号(2013年) 17면 이하.

28) 荒木尚志 · 菅野和夫 · 山川隆一 『詳説労働契約法(第2版)』 (2014年, 弘文堂)

29) 東京地判 2017.9.14.(労判 1164号 5면) [日本郵便(東京) 事件] 2014年(ワ)第11271号

자체를 효율적으로 설계하는가 하는 점이다. 원래 정규직근로자의 제도가 효율적이지 않기 때문에 이번 개혁에서 비정규근로자도 그 제도에 합해 균등 · 균형 대우를 하는 것, 정규직 · 비정규직근로자의 제도 전체가 비효율적인가 하는 우려가 있다. 이번 개혁을 계기로 전체 임금 · 인사노무관리제도를 재검증하는 것, 구체적으로는 (ⅰ) 정규직근로자의 기본급제도는 미래 기업경영의 방향성 · 과제와 정합적인가, (ⅱ) 상여금이나 퇴직금이 임금 전체에서 차지하는 비율 · 규모 및 그 산정 · 지급방법은 효율적으로 지속가능한 것인가, (ⅲ) 제수당 · 복리수당의 규모나 내용은 기업경영의 방향이나 근로자의 니즈에 따라 효율적 · 공정한가 하는 점을 중장기적인 관점에서 새로운 검토 작업이 중요하다.

이 검증의 결과는 각각의 업종 및 기업마다 다양하다. 큰 방향성으로 (ⅰ) 상여금이나 제수당 · 복리수행의 다수가 기본급 중에서 편입되고, (ⅱ) 기본급의 구성요소로서 근속 · 연공보다도 직무·성과를 중요시하도록 중심이 이동할 (이 의미에서 결과로 '동일근로 동일임금'에 근접할) 수가 있고, (ⅲ) 퇴직금도 기업이 비용을 전부 부담하는 형에서 개인적립형으로 이동할 수가 있다.

(3) '비정규직'의 증가로 대응할 필요성이다. 노동법 및 사회보장법이 적용되지 않는 (최저임금의 적용 및 사회보험료의 기업부담 등이 없음) 업무위탁 · 프리랜스 등의 형태를 가진 자영업자적인 근로자('비고용'근로자)가 세계적으로 늘고 있다. 이러한 동향은 우버(Uber)로 상징되는 플랫폼 · 이코노미의 급속한 확대에 따라 가속화하고, 법적으로 '근로자'·'근로계약' 개념의 재검토를 촉구하는 상황이다. 일본의 이번 '동일근로 동일임금' 개혁을 통해 '비정규직' 근로자의 대우개선을 도모하는 것은 비용 삭감을 요구하는 기업행동으로 해 '비고용' 근로자를 늘리는 움직임을 보다 더 가속화시킬 수가 있다. 이러한 시장의 동향 속에서 '비고용' 근로자도 포함한 공정한 경쟁조건을 확립하고, 아울러 이러한 다양한 근로형태를 매력적인 취업기회로 건전하게 발전시키는 관점에서 '비고용' 근로자의 사회적 보호의 존재의미를 검토하는 것은 최근 '일하는 방식 개혁'의 중요 주제가 될 수 있을지도 모르겠다(水町勇一郎, 『「同一労働同一賃金」のすべて』(新版) (2019年, 有斐閣), 174-176면).

보론 41

• 일본의 비정규직과 사회보장

사회보장 면에서 비정규직과 정규직의 격차는 있는가? 사회보장의 핵심에 있는 광의의 사회보험은 '**노동보험**'[30]과 '**사회보험**'[31]이 있다. 노동보험은 '**산재보험**'과 '**고용보험**'이 있고, 사회보험은 '**연금보험**'과 '**의료보험**'이 있다.

먼저 '**산재보험**'은 노동기준법상의 근로자를 대상으로 하기 때문에 비정규직도 적용된다.

또한 '**고용보험**'은 가입자격과 수급자격이 있어, 이것을 충족해야 한다. 비정규직은 자격 요건이 고용보험을 가입하는 장벽이 된다. '가입자격'은 주의 소정 근로시간이 20시간 이상으로 31일 이상 계속 고용된다고 예상되는 사람이어야 한다(고용보험법 제6조 1호 및 2호).[32] '수급자격'은 이직일 이전 2년간 임금지급 기초일수가 11일 이상 있는 월(고용보험에 가입했던 월인 것)이 통산해 12개월 이상이어야 한다(제13조 및 제14조).[33] 다만, 이 유기 근로계약의 기간 만료로 이직한 경우(그 자가 해당 갱신을 희망했음에도 불구하고, 갱신 합의가 성립되지 않았을 경우에 한한다)에는 특정한 이유의 이직자가 되고, 이직일 이전 1년간 임금지급 기초일수가 11일 이상 있는 달이 6개월 이상 있으면 수급자격을 가진다(제13조 제2항 및 제3항).

한편, **사회보험**의 경우 '**연금보험**'은 모든 국민이 가입하는 '**국민연금**'(기초연금)에 더불어, 고용 근로자가 가입하는 '**후생연금보험**'의 피보험자가 되는지 여부는 주로 근로시간과 연봉에 따라 결정하고('**건강보험**'도 동일함), 이 요건이 비정규직이 사회보험에 가입하는데 장벽이 될 수 있다.

즉, 동일한 사업장의 통상 근로자의 1주간의 소정 근로시간의 4분의 3 이상이고, 동시에 1개월간 소정 근로일수가 통상의 근로자의 4분의 3 이상의 경우에, 계약기간이 2개월을 초과할 전망이 있는 경우에는 통상의 피보험자 자격을 인정한다.

한편, 소정 근로시간이 소정 근로일수의 4분의 3 요건 중 어느 하나, 또는 어느 것도 충족하지 않는 경우에는 주 소정 근로시간이 20시간 이상이고, 동시에 계약기간이 1년을 초과할 전망이 있는 경우에, 또한 임금월액 **8.8만 엔**(연수입 약 **106만 엔**) 이상이면 피보험자 자격을 인정한다('학생'은 제외). 이것은 2016년 10월의 개정에 따른 것으로 처음에는 상시 501명 이상 사업장이 대상이었다. 하지만 2017년 4월부터는 상시 500명 이하의 법인에서도 노사가 합의하면 대상이 되었다(2019년 10월 이후 모든 사업장에 적용을 확대할 예정이다).

2 노동헌장

고용관계에 있어 근로자와 사용자 사이의 '**힘의 불균형**'은 사용자에 의한 부당한 인신 구속이나 중개자에 의한 중간착취 등 근로자의 '**인권**'이 침해되는 사태를 발생해 왔다. 노동기준법은 이러한 사태를 제거하기 위하여 다음과 같은 규정을 두고 있다. '**노동헌장**'은 노동기준법 제1장 및 제2장에 규정된 근로자의 인권 보장을 위한 여러 규정의 총칭이다.

(1) 부당한 인신구속의 금지

사용자는 폭행 · 협박 · 감금, 그 밖에 정신 또는 신체의 자유를

30) <역자주> 노동보험(勞動保險) : 근로자가 질병 따위로 노동 능력을 잃거나 근로 기회를 잃었을 때를 대비한 보험《실업보험 · 산업재해보상보험 따위》.

31) <역자주> 사회보험(社會保險) : 사회정책상 질병 · 부상 · 폐질 · 노쇠 · 사망 등 재난을 입은 사람의 생활을 보장하기 위한 보험《의료보험 · 연금보험 따위》.

32) <역자주> 한국의 고용보험법시행령 제3조(적용 제외 근로자) ①법 제10조 제1항 제2호에서 "소정근로시간이 대통령령으로 정하는 시간 미만인 자"란 1개월간 소정근로시간이 60시간 미만인 자(1주간은 15시간 미만인 자 포함)를 말한다. 다만, 3개월 이상 계속해 근로 제공자와 일용근로자(1개월 미만 동안 고용되는 자)는 제외한다.<개정 2019.6.25>

33) <역자주> 한국의 구직급여는 이직한 피보험자가 이직일 이전 18개월간(기준기간) 피보험 단위기간이 통산해 180일 이상일 것(고용보험법 제40조 제1항 1호)

부당하게 구속하는 수단으로써 근로자의 (자유)의사에 반하여 근로를 강제(강요)하지 못한다(노동기준법 제5조, 강제근로의 금지).[34] 이것의 취지는 숙소의 출입구에 열쇠를 걸어 강제적으로 중근로(重勤労)를 부과하는 '문어방 근로'(タコ部屋労働) 등과 같은 악습을 배제하기 위한 규정이다.[35] 이를 위반한 경우에 노동기준법 중에서 가장 무거운 벌칙(1년 이상 10년 이하의 징역 또는 20만 엔 이상 300만 엔 이하의 벌금)을 부과하고 있다(제117조).

'기간의 정함이 있는 근로계약'이 체결된 경우에 그 기간은 '부득이한 사유'가 없으면 사용자도 근로자도 계약을 해지할 수 없다(민법 제628조).[36] 그렇다면, 계약기간이 긴 경우에 근로자는 장기간 동안 사용자와 관계에 얽매일 우려가 발생한다. 여기서 '노동기준법'은 유기근로계약에 따라 근로자가 장기간 구속을 방지하기 위해 '3년' 이상의 기간을 정하는 것을 원칙적으로 금지하고 있다. 다만, '사용기간 제한의 예외'로서 ① '일정한 사업의 완료'에 필요

---

34) <역자주> 강제근로의 금지 : 한국의 근로기준법 제7조(강제근로의 금지, 위반시 벌칙 제107조－5년 이하 징역 또는 5천만원 이하 벌금). 존엄한 인격을 가진 근로자에게 노예처럼 강제근로의 금지는 당연한 사리를 표명한 것이다. 예를들어 구타, 족쇄, 급식 중단, 해고 등의 위협, 작업중 출입문 폐쇄, 주민등록증 · 여권 · 외출복 등 생활용품의 보관이나 반환거부, 퇴직자유의 제한행위 등이다(다만, 전차금 상쇄, 위약금 예정, 강제 저축, 장기계약은 별도 제한규정이 있다).

35) <역자주> 일본에서는 제2차 세계대전 전에는 토목건축업과 광산어베서의 '감금실'(監獄部室)과 '문어방'(タコ部屋), 기생에 대한 가불에 따른 인신구속제도, 방적 · 방사(生絲;삶지 않은 명주실)업에서 여공기숙사의 출입 통제와 감시인 등과 같이 강제근로가 광범위하게 행해졌다. ILO는 비교적 일찍부터 강제근로금지협약이 채택되었다(제29호 협약(1930), 제195호 협약(1957)).

36) <역자주> 일본의 경우 무기고용계약의 경우 2주간의 예고기간을 두면 언제라도 해약 가능(민법 제627조), 유기고용계약의 경우 '부득이한 사유'에 의해 즉시 해약 가능(민법 제628조), 유기고용계약의 경우 유기에 따른 제약을 받지만, 고용기간이 '5년'을 초과하거나 당사자 일방 내지 제3자가 종신기간을 계속해야 하면 5년을 경과한 후에는 언제라도 3개월 전의 예고로 계약 해약이 가능하다(민법 제626조).

한 기간을 정한 경우에는 그 기간, ② 고도의 전문지식 · 기술 · 경험을 가진 근로자와 **만 60세** 이상 근로자에 대해서는 3년 초과한 **'5년'** 이내의 기간을 정하는 것을 인정하고 있다(제14조 제1항).[37]

그 밖에 노동기준법에서는 사용자가 근로자를 그만두지 못하도록 부당한 구속을 방지하기 위해 계약 불이행에 대한 **'위약금'** 또는 **'손해배상액의 예정'**의 규정(간호사의 사례봉[38] 등)(제16조),[39] **'전차금'**(前借金, 가불금)과 '임금'의 상쇄(상계)(부모의 차금을 자녀가 일하여 갚아주는 '예창기 계약'(藝娼妓 契約))(제17조),[40] 근로계약에 부수하

---

37) <역자주> 일본의 경우 민법의 고용계약은 제2차 세계대전 이전에는 연기 또는 연계근로계약(5년)이 방적공장이나 향락업종 등에서 가불, 손해배상 특약, 인신구족적 기숙사 등과 함께 신분적 구속관계의 창출에 이용되었다. 제2차 세계대전 이후에는 '일정한 사업 완료에 필요한 기간을 정하는 것' 외에는 '1년'을 넘는 기간의 근로계약의 체결을 금지했다(당초의 제14조). 그후 산업구조와 노동시장의 구조적 변화에 따라 근로방식의 다양화 · 유연화 추세로 제한적인 경우에 한해 기간 '3년'의 부분적인 규제완화를 실시했다. 2003년의 노기법 개정에서 대폭적인 규제완화를 실시했다(2005).

38) <역자주> 사례봉(お礼奉公(おれいぼうこう)) : 오랫동안 신세진 보답으로 보수를 받지 않고 봉사하는 일. 피고용자가 고용의 약속이 지난 후 감사의 뜻으로 잠시 주인을 위해 더 일함. 병원이 간호학교에 다니는 간호사 견습생에게 취학비용을 대여하고, 수학후 그 병원에 일정기간 근무하면 그 반환을 면제하는 약정을 위법 · 무효라고 판단(和幸會 사건, 大阪지방법원 2002.11.1).

39) <역자주> 배상예정금지 : 오늘날 과거의 전근대적인 구속적 노동 관행의 폐해는 없어졌으나, 새로운 형태의 미묘한 약정의 효력이 문제된다. 예를 들어 해외유학과 기능습득, 수학 및 연수비용의 반환제도, 전퇴직(轉退職)방지책(경쟁기업으로의 전직금지약정)으로서의 금전적 예정 등이다. ; 한국의 근로기준법 제20조(위약금 예정의 금지, 위반시 벌칙 제114조). 민법상의 원칙(제398조)을 수정한 것이다. 예를 들어 퇴직에 대한 금전상의 제재, 신원보증계약 등이 있다.

40) <역자주> 가불금(전차금) 상계의 금지 : 일본의 경우 제2차 세계대전 전에는 방적공장이나 향락업소의 업주 등이 농촌에서 자녀를 채용할 때 부모와 가불임금을 체결하는 것이 통례였다. 그후 노동기준법에서 가불금 악용의 경험에 비추어 규제하게 되었다. 공서양속의 위반한 사례로서 부친이 딸에게 요정에서 접대부로 일을 시키는 대가로서 가불금을 수령한 사건에서 요정은 부친 및 연대보증인에게 가불금의 반환을 요구할

여 저축의 계약(강제저축)이나 저축금을 관리하는 계약('강제저금') 등을 금지하고 있다(제18조 제1항).[41)]

보론 42

- **한국의 사용기간 제한 및 그 예외**

(1) 기간제법에서는 사용자는 '2년' 범위 안에서(기간제 근로계약의 반복갱신 등에는 계속근로한 총기간이 2년 범위) 기간제근로자를 사용할 수 있다(제4조 제1항 본문). (2) 다만, '예외'로는 (i) '사업의 완료' 또는 특정한 업무의 완성에 필요한 기간을 정한 경우, (ii) 휴직 · 파견 등으로 결원이 발생하여 해당 근로자가 복귀할 때까지 그 업무를 대신할 필요가 있는 경우, (iii) 근로자가 학업, 직업훈련 등을 이수함에 따라 그 이수에 필요한 기간을 정한 경우, (iv) 「고령자고용촉진법」 제2조 제1호의 고령자(55세)와 근로계약을 체결하는 경우, (v) 전문적 지식 · 기술의 활용이 필요한 경우와 정부의 복지정책 · 실업대책 등에 따라 일자리를 제공하는 경우로서 '대통령령'으로 정하는 경우(제4조 제1항 단서), (vi) 그 밖에 제1호부터 제5호까지에 준하는 합리적인 사유가 있는 경우로서 '대통령령'으로 정하는 경우<개정 2020. 5. 26.>이다.

위의 (v) '전문적 지식 · 기술의 활용이 필요한 경우'로서 '대통령령'이 정하는 경우란 ⓐ 박사 학위(외국 박사학위 포함), ⓑ 기술사 등급의 국가기술자격, ⓒ 전문자격(건축사, 공인회계사, 공인노무사, 관세사, 변리사, 변호사, 손해계리사, 손해사정사, 감정평가사, 세무사, 수의사, 약사, 한약사, 한약업사, 한약조세사, 의사, 치과의사, 한의사, 경영지도사, 기술지도사, 사업용조종사, 항공교통관제사, 항공기관사, 항공사(25개))을 소지하고 해당 분야에 종사

수 없다(最二小判 1955.10.7.) ; 한국의 근로기준법에서는 사용자는 전차금이나 그 밖에 근로할 것을 조건으로 전대채권과 임금을 상계하지 못한다(제11조, 위반시 제114조). 임금의 전차라는 서민금융의 수단으로 이용되어 임금과의 상계만 금지한 것이다. 또한 장래의 근로에 대해 임금을 전차(가지급) 또는 학자금 · 주택자금의 융자는 포함되지 않는다.

41) <역자주> 강제저금(저축)의 금지 : 강제저축을 전면적으로 금지하고, 임의적 저급관리에 대해서는 일정 요건을 설정했다. ; 한국의 근로기준법 제22조 제1항(강제저축의 금지, 위반시 벌칙 2년 이하의 징역 또는 2천만원 이하의 벌금, 제110조).

하는 경우(기간제시행령 제3조 제1항).

위의 (ⅴ) '정부의 복지정책 · 실업대책 등에 의하여 일자리를 제공하는 경우'로서 '대통령령'이 정하는 경우란 ⓐ 국민의 직업능력 개발, 취업 촉진 및 사회적으로 필요한 서비스 제공 등, ⓑ 제대군인의 고용증진 및 생활안정, ⓒ 국가보훈대상자에 대한 복지증진 및 생활안정을 위하여 보훈도우미 등 복지지원 인력을 운영하는 경우(기간제시행령 제3조 제2항).

위의 (ⅵ)에서의 '대통령령'이 정하는 경우란, ⓐ 다른 법령상 별도의 기간을 허용하는 경우, ⓑ 군사적 전문적 지식 · 기술 관련 직업에 종사하거나 대학에서 안보 및 군사학 과목을 강의하는 경우, ⓒ 특수한 경력을 갖추고 국가안전보장, 국방 · 외교 또는 통일과 관련된 업무에 종사하는 경우, ⓓ 강사, 조교의 업무, 명예교수, 겸임교원, 초빙교원 등의 업무, ⓔ 일정한 직업 종사자로서 근로소득이 상위 25%에 해당하는 경우, ⓕ 초단시간 근로자, ⓖ 체육선수와 체육지도자 업무에 종사하는 경우, ⓗ 국공립 · 정부출연 · 특정 · 지자체가 설립한 공공기관의 부설, 기업 또는 대학의 부설, 민법상 법인인 연구기관 등에서 연구업무에 직접 종사하거나 실험 · 조사 등을 수행하는 등 연구업무에 직접 관여하여 지원 업무에 종사하는 경우(기간제시행령 제3조 제2항).＜2019. 6. 11.＞

(2) 중간착취의 배제

누구도 법률에 근거하여 허용된 경우 이외에는 '업'(業)으로서 남의 취업에 개입하고 이익을 얻으면 안 된다(노동기준법 제6조).[42] '중개인'(口入屋)이나 '모집인'인 중개자가 **'중간착취'**(ピンハネ)[43][44]

42) ＜역자주＞ 중간착취의 배제를 규정한 일본 노동기준법 제6조에서 "누구도 법률에 의하여 허용되는 경우를 제외하고, 업으로서(業として) 타인의 취업에 개입하여 이익을 얻어서는 안된다." 여기서 '업으로서'란 영리 목적으로 동종행위를 반복계속하는 것이라고 설명한다. ; 한국은 일본과 유사한 내용으로 1953년 제정된 근로기준법 제8조(현행 제9조)는 "누구든지 법률에 의하지 아니하고는 영리로 타인의 취업에 개입하거나 중간인으로서 이익을 취득하지 못한다."

43) ＜역자주＞ ピンハネ(중간착취) : (미리) 웃돈을 떼는 것, 삥땅(품삯)을

의 악습을 배제할 목적으로 둔 규정이다.

「직업안정법」은 이 규정의 예외로서 타인의 취업에 중개하는 사업(유료 직업소개사업, 근로자 공급사업 등)을 일정한 규제 · 요건하에서 허용하고 있다.[45][46]

(3) 공민권의 보장

사용자는 근로자가 근로시간 중에 선거권 등 공민(公民)으로서의 권리(공민권)를 행사 또는 '공의 직무'를 집행하기 위해 '필요한 시간'을 청구한 경우에는 이것을 거부하지 못한다. 다만, 공민권의 행사나 공의 직무를 집행(수행)하는 데에 방해(지장)이 없다면, 근로자가 청구한 시간을 변경할 수 있다(노동기준법 제7조).[47] 근로자

치는 것.

44) <역자주> 일본 식민지 시절 일본의 막노동시장에서의 중간착취나 일본 조선업에서의 오야카타 도급제(親方請負制)와 인부 공급업 등 사내하청의 형성과 확대과정에 대해서는 각각 켄 카와시마/박선경, "상품화, 불확정성, 그리고 중간착취 - 전간기 일본의 막노동시장에서의 조선인 노동자들의 투쟁－", 「아세아연구」 51(3), 고려대 아세아문제연구소, 2008.9, 54－88쪽 ; 신원철, "임시공 및 사내하청공 제도의 형성과 전개 -일본 조선산업의 사례－", 「경제와 사회」 (56), 비판사회학회, 2002.11, 196－203쪽.

45) <역자주> 1947년 일본 노동기준법 제6조 도입과 일본 직업안정법(1947. 12.시행)이 개정되어 노동조합이 정부의 허가를 받아 근로자 공급사업을 행하는 경우 이외에는 근로자공급사업을 금지하였다. : 한국의 직업안정법 제2조의2는 근로자 공급사업이란 "공급계약에 따라 근로자를 타인에게 사용하게 하는 사업을 말한다. 다만, 파견법 제2조 제2호에 따른 근로자 파견사업은 제외한다."

46) <역자주> 직업안정법 제44조(근로자 공급사업의 금지) 누구든지 다음 조에 규정하는 경우를 제외하고 근로자 공급사업을 행하거나 또는 그 근로자 공급사업을 행하는 자로부터 공급되는 근로자를 자기의 지휘명령 하에 근로시켜서는 아니된다.

47) <역자주> 한국의 근로기준법 제10조(위반시 제110조). 한국의 공(公)의 직무에는 예비군 및 민방위 대원의 동원 · 교육 · 훈련(유급), 선거 인명부 열람 및 투표(공직선거법 제6조 제3항, 유급), 주민등록 일제 갱신

가 시민으로서 공적 활동을 실시하는 것, 예를 들어 (i) 선거시에 투표를 하러 가는 것, (ii) 국회의원 · 지방의회 의원 등으로 활동하는 것, (iii) 재판원이나 재판의 증인으로서 법원에 참석하는 것 등을 보장할 목적으로 정한 규정이다. 회사의 승인 없이 공직(시의원)에 취임한 것을 이유로 한 징계해고는 본조의 취지에 반하여 무효라고 판시한 판례도 있다(토와다 관광전철(十和田観光電鉄) 사건·최고재판소 1963년 6월 11일 판결).[48]

3 인격적 이익 · 사생활의 보호

(1) 따돌림 · 괴롭힘의 보호.

성희롱(セクハラ),[49] 직장내 괴롭힘(파워하라, パワハラ)[50] 등 직장

등이 있다. 다만, 공직선거시 타인을 위한 선거운동, 법원이나 노동위원회 사건에 당사자로서의 활동, 정당 활동, 노동조합 활동은 포함하지 않는다. 그리고 일본과 한국 모두 공민권 행사시간의 '유급' 여부는 취업규칙 또는 사용자의 자유로운 결정에 맡겨진다.

48) 十和田観光電鉄 事件 · 最高裁 1963년 6월 11일 판결(<역자주>징계해고한다고 규정하는 취업규칙조항은 공민권 보장규정은 취지에 반하여 무효라고 판시하고, 다만, 공직에 취임이 회사업무의 수행을 크게 저해할 우려가 있다면 일반해고를 허용될 수 있다).

49) <역자주> 세크하라(セクハラ[준말]) : 性的(せいてき)嫌(いや)がらせ ; セクシュアルハラスメント(sexual harassment) 섹슈얼 해러스먼트 ; 성적 괴롭힘, (직장내) **성희롱**(性戲弄, 상대편의 의사에 관계없이 성적으로 수치심을 주는 말이나 행동을 하다). : <비교> 성추행(性醜行) sexual molestation, sexual assault, sexual harassment, (강간) rape. 참고로 일본에서는 '미투 운동'의 상징인 이토 시오리는 언론인 지망생이던 2015년 4월 당시 일본 TBS 방송 기자에 성폭행을 당했다. 가해자에게 "당신의 사죄를 받고 싶다"고 전달했지만, 답신은 "그런 적이 없다." 검찰은 혐의 불충분으로 불기소 처분을 내렸다. 실제 일본 성폭행 사건 중 신고비율은 5% 미만이다. 그 후 민사소송 제기, 책 출판, 내외신 인

에서의 '**따돌림**'(いじめ)[51]이나 '**괴롭힘**'(いやがらせ)[52]이 일본에서도 사회문제이다. 특히, 기업이 폐쇄적인 공동체 사회의 성격이라면 이 문제는 보다 심각한 형태로 나타난다.

해러스먼트(ハラスメント)[53]에는 성희롱(セクハラ), 모성괴롭힘(마타하라, マタハラ),[54] 직장내 괴롭힘(パワハラ), 대학 내 괴롭힘(アカハラ)[55] 등 다양한 명칭 · 양태가 있다. 법률상은 회사(사업주)에 **성적 언동**에 의한 해러스먼트(남녀고용기회균등법 제11조),[56] 임신, 출산, 육아휴업 · 돌봄휴업 등의 사용을 이유로 해러스먼트(육아개호휴업법 제25조, 남녀고용기회균등법 제11조의2, 근로자파견법 제47조의

터뷰, 강연, 토론회를 행했다. 2019년 12월 손해배상(1심) 승소(2심 중), 2차 가해자인 정치인, 만화가 등을 상대로 손해배상 소송을 제기했다. 국회에서 성폭력 피해자에 대한 조사 관행 개선을 촉구하는 국회의원 모임이 만들어졌다(한겨레신문 2020.10.23. 22면).

50) <역자주> 파워하라(パワーハラ[준말]) : パワーハラスメント(power + harassment) : **갑질**, 직장 권력[상사]의 괴롭힘, 직장에서 업무상의 지위나 인간관계 등을 이용한 정신적 · 신체적 괴롭힘(업무에 적정한 범위를 넘어서 상대방에게 고통을 주거나 직장 환경을 악화하게 하는 등의 행위).

51) <역자주> 이지메(いじめ[苛め]) : **집단 괴롭힘**, 특히, 학교에서의 집단적 따돌림, 둘 이상의 사람이 집단을 이루어 특정한 사람을 따돌리고 무시하는 일. 또는 いやがらせ[嫌がらせ · 厭がらせ]

52) <역자주> **괴롭힘**(いやがらせ[嫌がらせ · 厭がらせ]) : 가까운 관계의 사람이 상대편에게 정신적 · 육체적인 고통을 주어 학대하는 행위.

53) <역자주> 해러스먼트(ハラスメント, harassment) : **괴롭힘**, 학대, 애먹임.

54) <역자주> 마타하라(マタハラ[준말]) : マタニティーハラスメント, **임산부 괴롭힘**. 일하는 여성이 임신, 출산을 이유로 해고 등으로 불이익을 입거나 부당한 취급을 받는 것을 의미함. 직장에서 여성이 임신, 출산을 이유로 한 불이익을 받는 일. 모성 침해.

55) <역자주> 아카하라(アカハラ) : Academic harassment의 일본어 준말, **학교내 갑질**등을 의미.

56) <역자주> 한국에서 '직장내 성희롱'이란 "사업주 · 상급자 또는 근로자가 직장 내의 지위를 이용하거나 업무와 관련해 다른 근로자에게 성적인 언동 등으로 성적 굴욕감 또는 혐오감을 느끼게 하거나 성적 언동 또는 그 밖의 요구 등에 따르지 않았다는 이유로 근로조건 및 고용에서 불이익을 주는 것을 말한다"(고평법 제2조 2호).

2 · 제47조의3), 직장의 우월적인 관계에 근거로 한 언행에 의한 해러스먼트(노동시책종합추진법 제30조의2)[57]를 방지하기 위해 필요한 조치를 취하는 것을 의무화하고 있다. 그러나 이러한 법 규정은 근로자가 권리로서 법원에서 실현할 수 있는 성질의 것이 아니라, 국가가 회사에 의무화하는 **행정 단속적인 성질**을 가진다고 생각된다. 피해자(근로자)가 법원에서 가해자나 회사를 상대로 다툴 경우에 문제는 ① 피해자의 인격적 이익, 구체적으로는 "일하기 쉬운 직장환경에서 일하는 이익"을 침해하는 불법행위(민법 제709조)에 해당되는가, ② 회사(사용자)가 근로자에게 신의칙상 부과하는 직장환경의 배려의무, 즉 일하기 쉬운 양호한 직장환경을 유지할 의무에 반하는 점은 없었는가라는 점이다

가해자의 **따돌림**(いじめ) · **괴롭힘**(いやがらせ) 행위가 피해자의 일하기 쉬운 직장환경에서 일하는 이익을 침해하는 불법에 해당된다(①)고 판단되면, 피해자는 가해자에게 손해배상 지급을 요구할 수 있다. 예를 들어 '**성희롱**'(セクハラ)에서는 상사의 지위를 이용해 성적 관계를 강요하는, 상대의 뜻에 반해 신체를 만지는, 이성관계에 대한 소문을 퍼뜨려 직장에 다니기 어렵게 하는 등의 행위 등이 여기에 해당된다. 또한, '**직장 내 괴롭힘**'(パワハラ)는 상사가 부하에게 폭행 또는 폭언을 하거나, 상사가 부하에게 명예 감정을 손상시키는 모욕적인 메일을 보내거나, 상사가 감정적으로 큰 소리로 부하를 질책하는 등의 행위가 여기에 해당될 수 있다. 그 언동(言動)이 업무상의 지도와 관련되면 업무상의 필요성에 따른 것인지, 업무상의 필요성이 있어도 상대방의 인격을 배려해 이것을 필요 이상으로 억압하는 것은 아니었는지 등의 관점에서 위법 언동의 여부를 판단한다. 동료나 부하가 따돌림(いじめ) · 괴롭

57) <역자주> 한국에서 '직장내 괴롭힘'이란 사용자 또는 근로자는 직장에서의 지위나 관계 등의 우위를 이용하여 업무상 적정 범위를 넘어 다른 근로자에게 신체적 · 정신적 고통을 주거나 근무환경을 약화시키는 행위를 해서는 안된다(근로기준법 제76조의2).

힘(いやがらせ)인 언동을 반복하는 경우에도 마찬가지로 불법행위가 될 수 있다.

또한 이러한 따돌림(いじめ) 및 괴롭힘(いやがらせ)이 발생하면, 회사가 충분한 예방조치를 강구하지 않은 경우에는 피해자는 회사에 직장환경의 배려의무를 위반한 '채무불이행'(민법 제415조)이기에(②), 손해배상 지급도 요구할 수 있다. 예를 들어 (i) **성희롱**(セクハラ)을 회사가 성희롱 행위의 발생을 예견할 수 있었음에도 불구하고, 충분한 예방조치를 하지 않았던 경우이거나, (ii) 가해자인 상사 등의 보고만으로 판단해 충분하게 조사하지 않고, 피해자를 가해자와 함께 계속해 근무하게 한 경우 등이다. 또한 **직장내 괴롭힘**(パワハラ) 등에서는 (i) 상사가 따돌림(いじめ)·괴롭힘(いやがらせ)인 언동을 반복하는 경우, (ii) 허용의 범위를 넘는 집요(執拗)[58]한 퇴직권장이나 괴롭힘(いやがらせ)으로 퇴직을 강요하는 경우, (iii) 상사나 동료가 집요하고 악질적인 괴롭힘으로 피해자를 자살하게 하는 경우 등에서 회사의 책임을 인정하고 있다.

(2) 사생활의 보호

회사가 업무를 수행하는 데는 회사의 업무상 필요성과 근로자의 '**프라이버시**'(사생활)(넓은 의미에서는 '인격적 이익')가 서로 부딪칠 수 있다. 특히 근년에 근로자의 인격권 보호를 요청하는 것이 사회적으로 커지고 있고, 직장내 '**사생활**(프라이버시)**의 보호**'[59]와 관

---

58) <역자주> 집요(執拗)하다 : 고집스럽고 끈질기다.

59) <역자주> **사생활**(프라이버시, privacy) 보호 : '프라이버시'란 개인의 사생활이나 집안의 사적인 일. 또는 그것을 남에게 간섭받지 않을 권리. '사삿일', '사생활', '자기 생활'로 순화. 또한 '사생활 보호'란 정보통신 서비스 이용자에 대한 정보 중 각 개인을 식별할 수 있는 정보를 보호하는 일. 정보통신망을 안전하게 이용하는 데 주요한 환경으로 개인정보의 유출과 악용 사태는 사회적 과제이다. '개인정보의 보호에 관한 법률'(2003년)에서는 개인정보란 개인에 관한 정보로, 당해 정보에 포함되는 성명, 생년월일, 그밖에 기술 등에 의해 특정 개인을 식별할 수 있는 것을 말

련한 분쟁이 늘어나고 있다. 이 문제와 관련된 판례에서 다음의 두 가지 사항을 중심으로 법적 판단을 하는 것이 일반적이다.

첫째, 회사가 업무 수행시에 근로자의 사생활(인격적 이익)을 침해하는 행위가 있었다면, 회사는 근로자에게 불법행위(민법 제709조)를 행한 사람으로 손해배상 의무를 부담한다. 예를 들어 (ⅰ) 회사가 근로자의 사상을 조사하기 위해 감시 · 미행을 행하는 것, (ⅱ) 근로자가 회사와는 관계없이 개인적으로 임차한 주택을 집주인에게 명도하도록 회사가 강요하는 것, (ⅲ) 업무용 휴대전화를 접속한 경로이동시스템(navigation system)을 이용해 근무시간 이외에 근로자가 있는 장소를 확인하는 것, (ⅳ) 특별한 필요성도 없으면서 회사가 근로자에 대한 'HIV항체'[60]검사나 'B형 간염[61] 바이러스'의 '감염 검사'를 하는 것은 근로자의 프라이버시를 침해하는 위법한 행위이다. 또한, 근로자를 퇴직시키기 위해 (ⅰ) 괴롭힘적인 배치전환, (ⅱ) 집요한 퇴직권장, (ⅲ) 법령 위반의 신고 · 정당한 노동조합 활동 · 퇴직권장의 거부 등과 같이 근로자가 정당한 권리의 주장 · 행사에 대해 보복적인 업무명령(다른 근로자와의 격리,

---

한다(제2조 제1항). 이에 관한 후생노동성 지침도 있다. 특히 개인정보 보호로는 근로자의 수입, 가족, 병력 외에 사용자의 근로자의 개인정보 보호에 대해서는 기미한 것으로 엄격하게 보호하고 있다(근로자의 건강정보 보호에 관한 검토보고서, 2004.9). ; 한국에서도 개인정보는 헌법 제10조(존엄과 행복추구권)와 제17조(사생활의 비밀과 자유권)에 근거해 개인정보 보호를 '개인정보 자기결정권'이란 이름의 헌법상 권리로 인정했다(헌법재판소). "누구든 수집한 정보를 다른 목적으로 이용한 경우에 벌칙(징역 5년, 벌금 5000만원). 관련기관 개인정보위원회(국무총리실 소속)이 있다.

60) <역자주> 항에이치아이브이 항체(抗HIV抗體) : 후천성 면역 부전 증후군, 즉 에이즈의 원인 바이러스에 대한 항체. * HIV : 후천성 면역 결핍증의 병원체가 되는 바이러스.

61) <역자주> 혈액 매개 감염병(血液媒介感染病) : 혈액과 체액을 매개로 타인에게 전염되어 질병을 유발하는 감염병. '산업안전보건기준에 관한 규칙'에서 정의한 것으로, 인간 면역 결핍증, B**형 간염**(肝炎), C형 간염, 매독 따위가 있다.

의미없는 작업 명령 등)의 본보기 및 괴롭힘적인 인사조치는 불법행위와 권리남용(민법 제1조 제3항)으로 위법 · 무효이다.

둘째, 회사의 업무상 필요성과 근로자의 불이익 크기를 비교형량해, 전자가 큰 경우에는 사용자의 행위는 사회적으로 상당하고 위법성이 없는 행위로 보아 사용자의 책임을 면제하는 경우가 있다. 예를 들어 회사가 **근로자의 '전자메일**(인터넷이용)**의 감시'**에 대해 사적 이용의 정도, 감시의 목적 · 수단 · 태양 등을 종합적으로 고려해 사회통념상 상당한 범위를 일탈하지 않은 경우에는 프라이버시를 침해하지 않은 것이다. 또한 근로자가 금품을 은닉하지 않도록 호주머니(pocket) 또는 신발 등의 **'소지품의 검사'**에 대해서는 합리적인 이유에 따라 일반적으로 타당한 방법과 정도로 실시되는 경우에는 위법이라고는 할 수 없다.[62]

4 내부고발의 보호

(1) 공익통보자보호법

근년에 기업의 불상사(不祥事, 위법 · 비리행위)가 근로자의 '내부고발'로 드러나는 사태가 자주 발생하고 있다. 근로자의 내부고발 행위는 기업의 '컴플라이언스'(compliance,[63] 준법)를 향상시키고,

62) <역자주> 최근 기업에서 복장, 몸가짐의 규제, 수염 · 긴 머리 · 염색머리 등의 근로자의 자기표현과의 충돌, 교육훈련의 내용 및 양태 등도 배려가 필요한 문제이다.

63) <역자주> '컴플라이언스'(준법)는 기업의 경쟁력 및 존속을 위한 최우선 과제이며, 준법경영 규제가 다양해지고, 법규 위반에 대한 기업과 임직원 책임이 가중됨으로 중요해지고 있다. 이 시스템은 기업별 특성, 업종, 문화, 비즈니스 모델에 따른 고유 리스크를 식별하는 작업부터 시작한다. 통상 '리스크의 식별－평가－대응－실행 및 모니터링'의 4단계

나아가 공공의 이익으로 이어지는 측면이 있다. 하지만 동시에 내부고발은 기업의 비밀 · 명예 · 신용을 훼손하는 행위로서 징계처분 등의 대상이 될 수도 있다. 따라서 '내부고발 근로자'[64]를 어떻게 보호해야 할 것인지가 중요한 과제이다.

이러한 관점에서 2004년 「**공익통보자보호법**」이 제정되었다.[65]

절차로 진행된다. 지속적으로 4단계 절차가 진행되면 선순환적 컴플라이언스 관리 과정을 수립 · 하고 이행해야 한다. 기업의 사업 현황과 규제환경이 수시로 변동되기 때문에 각 리스크별로 관리부서 및 담당자가 확정하고 리스크를 관리해야 한다.

64) <역자주> 최근 '내부고발'을 부정적 어감을 피하기 위해 '공익제보', '내부공익신고', '공익정보제공', '공익신고'(「공익신고자보호법」)라고 한다. 내부고발자 중 노동법적 보호로서 헌법상 표현의 자유, 언론의 자유와 관련한 내용은 '내부고발 근로자'라고 부른다(근로기준법 제104조, 산업안전보건법 제157조, 기간제법 제16조 참조). 그 보호는 공익의 실현, 개인의 양심, 표현의 자유와 언론의 보장, 기업의 투명성 제고, 민주적 관리, 사회적 이익의 실현 등을 위해 필요하다. 기업 실무에서 이들을 조직의 배신자, 블랙리스트, 왕따를 하는 경우도 없지 않다.

65) <역자주> 한국의 경우 공직사회라는 한정된 분야에서 '부패방지'라는 특정행위 신고자를 보호하는 「부패방지 및 국민권익위원회의 설치와 운영에 관한 법률」 및 신고범위와 대상, 절차가 제한적이어서 신고자의 보호에 한계가 있는 「공익신고자 보호법」이 있다. 이러한 법과 정합성을 고려해 '노동법'에서 구체적으로는 공익(당해 조직의 법 위반, 부패, 공중 건강 및 안전이나 환경 위험, 권한 남용, 공익기금이나 재산의 권한 없는 사용(횡령), 이익의 충돌 및 인권 침해 등)에 해가 되는 사항, 내부고발절차 시스템의 정비, 충실의무 등의 면책조항, 고발의 필요에 대한 근로자의 합리적 믿음의 요청 등을 포괄해 명문화해야 한다. ; 한편, EU는 2019년 10월 7일 '내부고발자 보호지침(Directive of the European Parliament and of the Council on the protection of persons who report breaches of Union law)'를 채택, 회원국은 2년 이내(2021년 10월) 국내법으로 이행해야 한다. 최근의 폭스바겐 AG그룹 배기가스 조작 사건(2015), 룩스리크스(Luxleaks) 세금 사건(2014), 살충제 달걀 파동(Fiproni case) 등의 비리 사건은 EU 전체의 환경, 공중안전 및 보건, 공공정책에 해악을 끼쳤다. 지침의 보호대상은 공무원, 근로자 외 특수형태종사자, 행정·관리 감독자, 자원봉사자 및 무급 또는 유급 수습근로자, 하청업체 및 공급업자의 감독과 지시에 따라 일하는 자(제4조(1)), 내부

이 법률은 회사에서 범죄 사실이 발생하거나 발생하려는 것을 같은 법이 규정한 방법으로 **'공익통보'**를 폭로한 근로자에게 이를 이유로 회사(사업자)가 해고 등과 같은 불이익 취급을 금지한다(제35조).

(2) 내부고발에 대한 종래의 보호

또한 공익통보자보호법이 적용되는 **'공익통보'**가 아닌 경우에도 내부고발행위에 대한 징계처분을 종래부터 전개해 온 판례의 보호는 미칠 수 있다. 즉 ① 고발의 내용이 진실인지 또는 진실이라고 믿을 만한 상당한 이유가 있는 것인가('사실의 진실성'), ② 고발의 목적이 공익성을 가지는 것인가('목적의 공익성'), ③ 고발의 수단 · 태양이 상당한 것이었는가('수단 · 태양의 상당성') 등을 종합적으로 고려해 그 내부고발이 정당하다고 인정되면,[66] 만약 회사의 명예 · 신용이 훼손되어도 그 근로자에게 징계처분[67]을 할 수 없다고 해석하고 있다.[68]

고발자를 조력한 자, 내부고발과 관계되어 보복받을 수 있는 동료 등 제3자, 개인과 법인도 포함한다(제4조(4)).

66) <역자주> 추가해 내부고발 '절차의 정당성'과 관련해, 기업 외부로의 고발 이전에 기업내부에의 개선 노력 여부는 고발의 목적 · 내용 및 위법성의 정도, 고발자의 지위, 기업내부의 개선노력의 기대 가능성이 고려될 수 있다.

67) <역자주> 구체적으로 불이익 처분이란 임명, 승진, 인사이동 및 재배치전환, 임금과 관련한 결정, 훈련 및 교육 내용, 근로시간의 변경, 해고, 조기 해지, 그밖에 근로조건에서의 불이익 조치거부와 같은 가시적 현상, 은근한 차별, 강압, 협박, 직장내 괴롭힘 또는 왕따 등 보이지 않는 형태까지 포함한다.

68) <역자주> 내부고발의 징계의 정당성과 관련해 징계 해당 여부 · 정도는 공표된 내용과 그 진위, 행위에 이르게 된 경위와 목적, 공표방법 등에 비추어 판단한다(대법원 2017.11.14.선고 2017두52924판결).

5 근로자의 인권보장 의미

(1) 기업공동체 속의 개인

많은 일본 기업은 그 역사적 경위 및 사회 실태에서도 정규직의 장기 고용관행을 중심으로 하는 '**기업공동체**'의 성격을 상대적으로 강하게 유지해 왔다. 이 기업공동체의 성격은 한편으로 ① 그 내부 구성원에게 인간적 유대와 사회적 토대를 마련해 주고, ② 그 조직이 모여서 행동함으로 외부 환경의 변화에도 유연하게 대응할 수 있는 장점이 있다. 하지만 한편으로 여기에는 ① 인간관계의 중시라는 공동체의 논리에 따라 개인이 개인으로 존중받지 못할 위험성이 있다. 예를 들어 비정규직 등이 외부자로서 배제되어 내부자인 정규직도 자신의 자유로운 의견을 말하기 어려운 경향이 그 대표적인 사례이다. ② 그 조직이 폐쇄적이고, 나아가야할 방향성 자체를 오인해 버린다는 문제도 내포하고 있다. 예를 들어 관점이 내부로 향하여 내부에서 부패가 발생하거나, 조직 내 관행을 중시함으로 과거에 유례없는 큰 변화에 역동적으로 대응할 수 없다고 하는 폐해를 자주 지적되어 왔다.

이러한 실태에서 일본 기업은 종래부터 개별 근로자의 인권이나 이것을 통한 조직의 투명성 · 개방성이라는 관점은 거의 강하게 의식하지 않았다. 그러나 이러한 실태가 있기 때문에 근로자의 인권보장 관점이 규범적으로는 보다 중요할 수가 있다. 이번 제4장(근로자의 인권은 어떻게 지켜지는 것인가)에서 살펴보는 근로자의 인권보장을 위한 현재의 동향은 이러한 방향에 대한 개혁의 단초로도 볼 수 있다. 그러나 법적 과제는 산적해 있다.

이 책의 마지막(제10장 노동법은 어디로 가는 것인가)에서 언급할 점을 조금 미리 살펴보면, **일본 노동법의 큰 과제는** (i) 보다 개방된 형태로 근로자에게 **집단성 · 연대성**을 부여하는 것과, (ii) 근로자 개인의 **인권**을 존중하는 것의 두 가지 점에 있다고 생각한다. 그러나 '집단성'과 '개인의 존중'은 서로 모순되는 성격도 가지고 있다. 이 양자를 양립시키면서 실현하는 것이야말로 학문으로서 **'일본 노동법학'**의 큰 사명이며, **'일본 노사관계'**와 관련된 모든 사람에게 주어진 과제이다.

제 5 장 임금, 근로시간, 건강은 어떻게 지킬 것인가

근로조건의 내용과 법

대학 교수의 급료는 세간에 알려져 있는 것만큼 좋지 않다(특히, 국립대학 법인에서는). 원래 연구자의 길을 선택했을 때에 돈보다 '보람'을 선택하였다. 돈도 중요하지만, 돈으로는 살 수 없는 것(프라이스리스![1])을 소중히 여겼다. 그리고 실제로 연구를 수행하는 데는 돈이나 권력에서 일정 정도 거리를 두는 것이 중요하다. 연구자가 연구자인 이유는 돈이나 권력에서 떨어져서 자신의 신념과 식견을 기초로 진리나 정의를 탐구하는 것에 있기 때문이다.

그러나 결혼을 하거나, 아이가 태어나거나, 집을 구입하거나 하면, 그렇게만 말할 수는 없게 된다. 돈이든 시간이든 몸도 중요해져서 자신의 신념만으로는 살 수 없게 된다. 일해 돈을 벌면서, 가족과 시간을 보내거나, 건강을 챙기게 된다. 역시 '사르트르'(sartre)[2]와 같이 좀처럼 살 수 없다.

나도 노동기준법이나 취업규칙을 적용받으면서 일하고 있다. 일하는 사람의 임금, 근로시간, 건강은 노동법에 따라 어떻게 지켜지고 있는 것인가?

---

1) <역자주> プライスレス=priceless, 값을 매길 수 없는, 대단히 귀중한

2) <역자주> 사르트르, 장 폴(Sartre, Jean Paul): 프랑스 파리 출생의 실존주의 작가 · 철학자(1905~1980). 1964년 노벨 문학상 수상자. 수상 거부. 1945년부터는 교수직을 그만두고 자유문필가로 살았다. 사유재산제를 반대했던 그는 집 대신 호텔에서 지내고, 카페에서 일했으며, 식당에서 식사를 했다.

1 임 금

월급 · 일급 · 시급 등의 기본급, 여러 수당, 상여금이나 퇴직금 등과 같이 임금은 '합의(계약)'로 발생한다. 이러한 임금은 어떠한 것으로 할지, 얼마로 할지는 기본적으로 자유롭게 당사자의 합의로 정한다. 예를 들어 임금을 월급으로 지급하거나 일급이나 시급으로 지급할 것인지, 상여금이나 퇴직금을 지급할 것인지는 계약으로 자유롭게 정한다.

그러나 당사자에게 완전하게 맡겨두면 근로자의 약점을 이용해 임금을 삭감하거나 임금을 안정적으로 지급하지 않아 생활이 불안정해진다. 여기서 '**최저임금법**'이나 '**노동기준법**' 등의 법률은 임금의 액수나 지급에 대하여 일정한 보호 · 규제를 규정하고 있다.

임금과 관련된 법적 문제로서 두 가지 핵심은, ① 임금은 어떠한 근거로 발생하는 것인가(임금의 발생 근거), ② 유효하게 발생한 임금은 어떠한 법의 규제를 받는 것인가이다.

보론 43

- **일본의 통상임금**

(1) 일본의 경우 가산임금의 산정기초가 되는 것은 '**통상임금**'이다. 이것은 소정 근로시간의 근로에 대하여 지급되는 임금을 말하고, 그 전형적인 것은 '기본급'이다. 한편, 가족수당, 통근수당, 별거수당, 자녀교육수당, 주택수당, 임시로 지급되는 임금, 1개월을 초과하는 기간마다 지급되는 임금은 '통상임금'에서 제외한다(노동기준법 제37조 5항, 노동기준법 시행규칙 제21조). 이것은 '**제외임금**'이라고 한다.

여기서 '1개월을 초과하는 기간마다 지급되는 임금'의 대표적인 사례는 '**상여금(보너스)**'을 들 수 있다. 제외임금 중에 가족수당, 통근수당 등이 포함된 것은 가산임금액이 근로와 관계없는 개인 사정으로 달라지는 것은 부적절하지 않기 때문이다. 하지만 여기서 열거된 제외임금 이외에는 이를테면 개인 사정으로 금액이 결정되었더라도 가산임금의 산정기초에서 제외할 수는 없다(한정 열거). 그러나 '부양수당'도 부양가족수에 따라 산정되는 경우 가족수당으로 제외임금에 포함한다. 수당은 그 명칭이 아니라 실질에 따라 판단한다. 반대로 주택수당이나 가족수당이 개인 사정에 따라 산정되지 않은 경우에는 제외임금에는 포함하지 않고 산정기초에 포함한다.

또한 '1개월을 초과하는 기간마다 지급되는 임금'을 제외임금으로 보는 것은 계산기술상 곤란하기 때문이다. 따라서 상여금이라도 이미 금액이 확정되어 있는 경우에는 계산기술상 곤란성이 없으므로 제외임금에 포함하지 않고 산정기초에 포함한다. 산정기초가 되는 임금은 고용주가 조작하기 쉬운 면이 있으므로, 룰을 명확하게 할 필요가 있다. 하지만 실제로 법률상 룰은 반드시 명확하지 않고(예를 들어 앞에 언급한 '부양수당' 또는 '상여금'의 취급), 이러한 점이 가산임금의 규제에 대한 실효성을 약화시킬 수도 있다. :

(2) 참고로 한국에서는 임금은 임금이분설(=교환적임금+생활보장적 임금)에서 법률상 임금이 근로의 대가로 규정되어 있는 이상 어떤 명목의 임금이든 모두 근로제공의 대가로 '임금일체설'로 판례의 입장을 변경하였다(대법원 1995. 12. 21. 선고 94다26721 전원합의체 판결). 또한 '통상임금의 개념'과 관련해 많은 논란이 있다. 일단 통상임금이란 당사자 사이에 소정근로(도급근로의 경우에는 총근로)의 대가로서 정기적 · 일률적 · 고정적으로 지급하기로 정한 임금을 말한다(근기법시행령 제6조 제1항).

또한 대법원에서 노사간에 '정기상여금'이 통상임금에 해당하지 않는다고 신뢰한 상태에서 정기상여금을 제외하기로 합의를 했는데, 근로자가 그 합의의 무효를 주장하여 정기상여금을 통상임금에 산입해 추가임금을 청구함으로써 기업에 중대한 경영상 어려움을 초래하게 되는 경우는 신의칙 위배로 보아 그 추가임금의 청구를 배척했다(대법원 2013.12.18. 선고 2012다89399 2012다94643 전원합의체 판결).

하지만, 그 후 대법원은 신의칙 위배인지 여부는 신중하고 엄격하게 판단해야 한다고 신중론을 펴는 판결을 내리는 추세에 있다(대법원 2019.2.14. 선고 2013다217287 판결 등).

(1) 임금의 발생 근거

임금의 지급을 법적으로 요구할 수 있는 근거는 '**당사자의 합의**'에 있다. 보통 '**취업규칙**'에 임금 규정을 두거나, 개별적으로 교부받는 '**근로계약서**'에 임금을 기재하는 사례가 많다. 따라서 여기에 기초해 '**임금청구권**'이 발생한다.[3] 그 밖에도 단체협약의 당사자 사이의 '묵시적 합의' 등과 같이 근로계약상의 권리의무에 따른 모든 법원(法源)을 통해 임금이 발생할 수 있다. 예를 들어 매회 동일한 방법으로 장기간 동안 상여금을 계산하고서 지급해 온 경우이거나 구인표에 '퇴직금 있음'이라는 기재가 있었을 경우에 명시적 · 묵시적 합의를 인정한다는 근로계약의 의사해석에 근거해 상여금이나 퇴직금을 청구할 권리를 인정하고 있다.

반대로 단체협약을 보아도, 취업규칙을 보아도, 근로계약의 규정이나 해석을 통해서도 임금의 근거를 찾을 수 없는 경우에 설령 지휘명령을 받고 일했다고 해도 임금청구권은 없게 된다. 예를 들어 임금지급에 대한 결정 및 공통된 인식 없이 행해진 '자원봉사'에서는 지휘명령을 받으면서 일했다고 해도 임금의 지급을 요구할 수 없게 된다.

또한 임금청구권은 다음과 같이 구체적인 몇 가지 문제가 발생할 수 있다.

(2) 일할 수 없게 될 경우에 임금은 어떻게 될까?

임금청구권은 근거가 있다고 해도 근로자가 일할 수 없게 될 경

---

3) <역자주> 이 법은 민법의 일부개정에 따라 급료에 관한 단기소멸시효가 폐지되는 것 등에 근거해 근로자 보호의 관점에서 임금청구권의 소멸시효기간 등을 연장했다. 사용자의 고용관련 정보기록 보존기간을 연장(3년→5년), 임금청구권의 소멸시효의 연장(2년→5년), 경과조치를 규정했다(2020.3.31. 노동기준법 개정). 한국의 경우 임금채권은 3년이다(근기법 제49조).

우에 임금은 어떻게 될까? 이 점은 기본적으로 일할 수 없게 된 이유가 회사(사용자)에 책임이 있다면 근로자는 그대로 임금을 청구할 수 있고, 회사에 책임이 없다면 근로자는 임금을 청구할 수 없다(민법 제536조 제2항).[4]

예를 들어 부당해고로 일할 수 없게 되었거나, 회사 측의 과실에 따라 공장에 화재가 나서 일할 수 없게 된 경우에는 회사 측에 책임이 있는 취업 불능으로 근로자는 임금을 그대로 청구할 수 있다. 반대로 근로자의 책임이나 지진·태풍 등의 불가항력으로 일할 수 없게 되었을 경우에는 다른 임금청구권을 기초화하는 근거가 없는 한 임금을 청구할 수 없다.

(2) 상여금·퇴직금은 원래 어떤 성격인가

상여금이나 퇴직금은 어떠한 것인가? 이들은 취업규칙 등에 조건이 있는 경우가 많다. 예를 들어 (i) '상여금'은 "지급일에 재직자에게 지급한다"는 조건이 붙는 경우이거나,[5] (ii) '퇴직금'은 "징계해고된 자 및 그에 준하는 중대한 비위행위를 한 자에게는 지급

---

4) <역자주> 일본 민법 제536조(채무자의 위험부담) 제2항 채권자의 책임이 될 만한 사유에 의하여 채무를 이행할 수 없게 된 때에는 채무자는 반대급부를 받을 권리를 잃지 아니한다. 이 경우에 있어서 자기 채무를 면한 것에 의하여 이익을 얻을 때에는 이를 채권자에게 상환하여야 한다. : 한국 민법

5) <역자주> 한국의 경우 '상여금'은 계속적·정기적으로 지급되고 그 지급액이 확정되어 있는 경우(정기상여금)에는 근로의 대가로 지급하는 임금의 성질을 가진다(예, 경영평가성과급, 성과상여금). 그 지급사유의 발생이 불확정적이고 일시적으로 지급된다면 임금으로 볼 수 없다. 여기서 최근에는 '성과급'의 규모 및 산출방식의 공정성 등의 형평성을 두고 티격태격, 갑론을박이 있다. 대체로 성과급은 연초 목표와 경쟁 기업 대비 성과 등을 종합적으로 고려해 결정한다. 대표적으로 삼성전자는 PS(profit sharing)제도, SK하이닉스, 네이버, SK텔레콤은 자사주성과급, LG 등을 각각 운영하고 있다. 최근 연구직·사무직·생산직에 상관없이 '성과급'은 일률적으로 지급하도록 한 단체협약을 최우선하는 현실 때문이다('현대차 성과급의 딜레마').

하지 않는다"는 조건이 있는 경우이다.6)

이러한 경우, 우선 이러한 조건부가 유효한 것인지(취업규칙 규정은 합리적인지)가 문제된다. 이 점은 상여금이나 퇴직금의 취지에 비추어 판단한다. 예를 들어 상여금이나 퇴직금이 임금의 일부를 따로 떼어 나중에 일시에 지급하는 **'임금의 후불적 성격'**인 경우에는 지급일에 재적하지 않거나, 나중에 나쁜 일을 했다는 이유로 이것을 압수하는 것은 합리적이지 않다고 할 수 있다. 하지만, 향후에도 열심히 일하자는 "근로장려적 성격이나 지금까지 공로에 보답하기 위해 지급한다는 공로보상적 성격인 경우에는 이제 재적하지 않거나 나쁜 일을 하여 공로를 상하게 한 사람에게 지급하지 않는 경우에도 합리적이라고 할 수 있다. 지금까지 다수의 판례는 상여금의 '근로장려적 성격'이나 퇴직금의 '공로보상적 성격'을 근거로 하여 이러한 미지급 규정을 합리적이라고 판단하고 있다.

하지만 이러한 미지급 규정이 합리적이라고 해도 이것은 항상 자구(字句)대로 적용되지 않고, 그 취지에 비추어 한정적으로 해석 · 적용하는 경우가 있다. 예를 들어 공로보상적 성격을 가진 퇴직금은 과거의 공로를 손상시키는 비행(非行)이나 규칙의 위반 행위가 있었다고 해도 즉시 전액을 미지급하는 것은 허용되지 않고, 그 행위의 악성(惡性) 정도(공로를 손상시킨 정도) 등에 비추어 퇴직

---

6) <역자주> 일본 등 선진국에서 사용자가 임의로 지급하거나 단체협약에 따라 지급하고 있다. '임의퇴직금제도'이다. ; 반면에 한국의 경우 퇴직금은 '임금후불설'(임금의 일종)이 통설이자 일관된 판례의 입장이다. 현행 근기법은 사용자는 계속근로기간 1년에 대하여 30일분 이상의 평균임금을 퇴직금으로 퇴직하는 근로자에게 지급할 수 있는 제도를 두었다('법정퇴직금제도'). 그 후 2005년 12월 퇴직 근로자의 안정적인 노후소득 확보에 기여하기 위해 '퇴직급여법'은 퇴직금을 갈음하여 일정한 연령에 도달할 때부터 장기간 연금으로 받을 수 있는 제도를 도입하고 근기법의 규정을 그대로 이어받아 유지하면서 내용을 보완하였다(제34조). 퇴직금 규정은 동거하는 친족만을 사용하는 사업 및 가구내 고용활동('가사사용인')에 대해서는 제외된다(제3조). 결국 퇴직금제도는 퇴직연금제도의 보충적인 제도로 남게 되었다. 퇴직금의 법적 성격이 임금후불에서 '생활보장'으로 변하고 있다.

금의 전액 지급이나 부분 지급을 명령하는 경우가 있다. 예를 들어 치한(癡漢)행위로 유죄 판결을 받아 징계해고된 철도회사의 근로자에게는 퇴직금의 30%를 지급해야 한다고 판단한 사례가 있다(오다큐전철(小田急電鉄) 사건 · 도쿄고등법원 2003년 12월 11일 판결).

(3) 임금 인하의 적법성에 대하여

고도의 경제성장기에는 임금은 매년 상승한다고 생각했다. 그러나 근래에는 경기가 침체되거나 '**성과주의 임금**'[7]을 도입하면서 임금을 인하하는데 그 적법성이 문제되는 경우도 많다. 여기서 법적 핵심은 '임금'도 취업규칙이나 근로계약 등의 계약으로 정해져 있는 것인 이상, 이것을 변경하려면 계약상의 근거가 있어야 한다.

예를 들어 회사가 근로자의 임금을 집단적으로 인하하려면 취업규칙 규정을 합리적으로 변경하고, 이것을 근로자에게 주지하는(노동계약법 제10조) 등의 방법으로 임금을 인하하기 위한 계약상의 근거를 갖추어야 한다. 이 취업규칙 변경의 유효성이 법원에서 다투어진 경우에는 임금을 낮추는 경영상 필요성, 임금 인하에 따른 근로자의 불이익, 임금 인하에 이르는 과정에서 노사교섭의 공정성 등을 고려하고, '**취업규칙 변경의 합리성**'을 판단한다.

또한 근로자의 임금을 개별적으로 인하하려는 경우에는 취업규

---

7) <역자주> **일본 연공서열과 성과연봉제** : 일본 미쓰비시그룹 산하 '미쓰비시케미컬'이 2021년 4월부터 전 직원 대상으로 근속연수에 관계없이 리더십 · 사업 능력 · 문제해결력 등 7개 항목을 평가해 인사에 반영해 100% 직무 성과로 연봉을 결정하는 '성과연봉제'를 도입한다. 종신고용제와 더불어 일본식 고용의 한 축인 '연공서열제'(근로 연차에 따라 승진시키고 연봉도 차곡차곡 올려주는 제도)를 폐지한다는 것이다. 후지쓰 · 히타치(2020.7), 도요타(Toyota,2021)도 성과연봉제를 선언했다. 코로나 이전에는 출퇴근 시간, 야근 횟수 등 '근태'를 인사평가에 비중있게 반영했다. 코로나 재택근무 확산을 계기로 기업이 '성과중심제'를 밀어붙이고 있다. 또한 변화의 바람은 보수적 금융권인 손보저팬에서 연공서열제를 없애며 직무 중심의 '20대 과장'(특급승진)의 등장을 목표로 개편했다(조선일보 2020.12.25., 2021.1.11).

칙의 규정(감봉의 근거 규정)이나 근로계약의 합의(본인의 동의) 등과 같은 계약상의 근거가 필요하다. 게다가 그 감봉 조치가 그 근로자에게 현저한 불이익을 주는 권리남용에 해당하는 특별한 사정이 없을 것(강행법규 위반의 부존재)이 요구된다. 만약 회사가 임금의 감액을 결정하고, 근로자들이 감액된 임금을 특별한 이의를 제기하지 않고 받았다고 해도 근로자가 진의에 관계없이 받아들여야 했을 가능성도 있기 때문에 본인의 동의(묵시의 합의)가 있었는지를 인정하는 것은 신중하게 한다. 또 임금의 인하를 제안하는 회사의 서면에 근로자가 개별적으로 서명날인을 했다고 해도 근로자들이 자유의사에 따라 동의하였다고 인정되는 합리적인 이유가 존재하는지 여부 등을 고려한다. 판례는 근로자의 동의 존재를 쉽게 인정하지 않으려는 경향이 있다. 또 본인의 동의가 존재하는 등 계약상 근거가 있다고 인정되는 경우라도 임금을 인하한 동기가 근로자의 보복 · 괴롭힘 등과 같이 부당하거나, 임금을 인하한 폭이 매우 커서 근로자에게 상당한 불이익을 미치는 경우에는 임금 인하는 권리남용으로 무효이다.

(4) 임금에 대한 법규제

최저임금법이나 노동기준법 등의 법률은 계약상 유효하게 발생하는 임금에 대하여 그 금액이나 지급방법 등의 측면에서 다음에 기술하는 규제를 정해 근로자의 지위나 생활의 안정을 도모하고 있다. 이러한 법률을 통하여 보호 대상이 되는 임금은 그 명칭을 불문하고 근로의 대가로 사용자가 근로자에게 지급하는 모든 것을 말한다고 하고(노동기준법 제11조[8] 등), 기본급 · 제수당 · 상여

8) <역자주> 일본 노동기준법 제11조 이 법률에서 '임금'이란 임금, 급료, 수당, 상여 기타 명칭의 여하를 불문하고 노동의 대상으로서 사용자가 근로자에게 지급하는 모든 것을 말한다. ; 한국의 근기법에서 "임금"이란 사용자가 근로의 대가로 근로자에게 임금, 봉급, 그 밖에 어떠한 명칭으로든지 지급하는 모든 금품을 말한다(제2조 5호).

금 · 퇴직금 등의 대부분이 임금에 포함된다고 생각된다.

'최저임금법'은 임금이 너무 낮아지는 것이나, 기업 사이에 불공정한 경쟁이 발생하는 것을 피하기 위해 임금의 최저액을 정하는 것을 규정하고 있다.9) 이 최저임금에는 (i) 도도부현10)별의 **'지역별 최저임금'**(제9조 이하)과, (ii) 특정한 산업별로 지역별 최저임금을 웃도는 최저임금을 정하는 **'특정 산업별 최저임금'**(제15조 이하)의 두 종류가 있다. 전자의 '지역별 최저임금'(시간액)에 대해서는 예를 들어 2019년 4월 시점 최고는 도쿄도(東京都)의 **985엔**, 최저는 가고시마 현(鹿児島県)의 **761원**(전국 가중 평균은 874원)이다. 이를 밑도는 임금을 정한 경우 임금액은 최저임금의 액수로 수정되어(제4조 제2항),11) 사용자에게는 벌금형이 부과된다(제40조).12)

---

9) <역자주> **최저임금과 주휴근로수당** : 한국에서 판례는 월급에는 이미 (유급)주휴수당이 포함되어 있다고 보아(포괄임금제에 주휴수당이 포함된다고 본다) 주휴수당으로 사용자가 부담을 느낀 부분은 없었다. 그런데 주휴수당을 구분해 임금 산정시 어려움을 고려할 때, 월급에 주휴수당이 포함된다는 처리는 불가피한 면이 있다. 포괄임금제는 근로시간 규율을 잠탈하고 장시간근로를 조장하는 문제가 있으나, 이를 폐지한다면 발생할 문제 중 하나가 주휴수당을 임금에서 어떻게 책정하는가 문제가 있다. 임금구성체계의 문제는 복잡하고 많은 수당 종류이다. 기업에 명목적인 주휴수당을 관리케 하여 노무관리 부담 문제가 있다. 다만, 2018년 최저임금의 급격한 인상률(16.4%)로 최저임금 경계에 있는 경우 주휴수당 영향이 문제되었다. 특히, 2018년 12월말 개정 최저임금법시행령에 따라 최저임금 산정 시 분모에 '소정근로시간 수에 유급으로 처리되는 시간을 합산'하면서, 종전에 주휴수당이 문제되지 않았던 월급제근로자에게도 '최저임금 위반 경계를 중심으로' 영향을 미쳤다.

10) <역자주> **도도부현**(都道府縣) : 도(都)는 도쿄(東京都), 도(道)는 홋카이도(北海道), 부(府)는 교토부(京都府)와 오사카부(大阪府), 43개의 현(縣)을 말한다. 정확히 일치하지는 않지만 우리나라의 광역자치단체, 즉 특별시, 광역시, 자치시, 군, 도에 해당한다.

11) <역자주) 일본 최저임금금 제4조(최저임금의 효력) ② 최저임금의 적용을 받는 근로자와 사용자 사이의 근로계약으로서 최저임금액에 미달하는 임금을 정하는 것은 그 부분에 한하여 무효로 한다. 이 경우에 있어서 무효로 된 부분은 최저임금과 동일하게 정한 것으로 본다. ; 한국 최저임금법 제6조(최저임금의 효력) ③ 최저임금의 적용을 받는 근로자

2016년 6월에 합의 결정된 「일본(닛폰) 일억(一億) 총활약 플랜」[13]에서는 연 3%정도를 목표로 최저임금을 인상하고 전국 가중 평균이 1,000엔이 되는 것을 목표로 하고 있다.[14]

보론 44

• 최저임금법의 개정

노동기준법에 맞는 최저임금 규정은 1959년 **최저임금법**을 제정해 노동기준법에서 분리되었다. 당초의 최저임금 결정방식으로는

와 사용자 사이의 근로계약 중 최저임금액에 미치지 못하는 금액을 임금으로 정한 부분은 무효로 하며, 이 경우 무효로 된 부분은 이 법으로 정한 최저임금액과 동일한 임금을 지급하기로 한 것으로 본다.

12) 일본 최저임금법 제40조 제4조 제1항의 규정에 위반한 자(지역별 최저임금 및 선원에 적용되는 특정최저임금에 관계된 것에 한함)는 50만엔 이하의 벌금에 처한다 ; 반면에 한국 최저임금법 제28조(벌칙) ①제6조제1항 또는 제2항을 위반하여 최저임금액보다 적은 임금을 지급하거나 최저임금을 이유로 종전의 임금을 낮춘 자는 3년 이하의 징역 또는 2천만원 이하의 벌금에 처한다. 이 경우 징역과 벌금은 병과(倂科)할 수 있다.

13) <역자주> 일본 정부의 「**일본 일억 총활약 플랜**」은 '일하는 방식 개혁'도 밀접한 관계가 있다. 정규직의 다양화는 비정규직의 다양화이기도 하다. 전통적인 정규직과 비정규직의 중간에 있는 사람은 정규직과 같기도, 비정규직과 같기도 하다. 다양화가 진행되면 정규직, 비정규직 모두에서 일하는 방식을 선택하는 폭이 넓어지고, 나아가 지금까지 정규직으로 일하는 방식에 적합하지 않은 사람에게도 오히려 비정규직으로 일하는 방식을 원하지 않은 사람도 자신에게 맞는 고용 기회가 확산될 것이다. 이것은 급속한 노동력 인구의 감소 사회에 돌입하는 일본에 노동력을 확보하기 위한 유력한 수단이 될 것이다.

14) <역자주> **한국의 최저임금** : 2021년 최저임금액은 시간급 8,720원, 일급(8시간 기준) 69,760원, 월 환산액은 1,822,480원(월환산 기준시간 수 209시간, 주당 유급주휴 8시간 포함)이다. 최저임금은 모든 사업장에 동일하게 적용되며, 근로기준법상 근로자라면 고용형태나 국적에 관계없이 모두 적용된다. 다만, 수습사용중인 자로서 수습사용한 날부터 3개월 이내인 자는 최저임금액의 10%를 감액할 수 있다. 다만, 수습사용중이어도 감액적용 불가의 경우는 ① 1년 미만 근로계약 체결, ② 단순노무종사자(고용노동부장관이 고시한 직종에 종사하는 근로자)가 있다. 2021년 최저임금 산입범위는 월환산액 기준 상여금 15%, 복리후생비 3% 각 초과금액을 포함한다.

① 업자(業者)간 협정을 최저임금으로 결정하는 방식(구 제9조), ② 업자간 협정에 따른 최저임금을 확장하는 방식(구 제10조), ③ 단체협약에 최저임금 규정을 확장하고, 최저임금을 결정하는 방식(구 제11조), ④ 위의 ①-③의 방식에서 최저임금을 결정하는 것이 곤란 또는 부적당한 경우에 최저임금심의회의 조사에 따라 국가가 최저임금을 결정하는 방식(구 제16조)이 있었다. 그런데, 1968년 법 개정시에 ①과 ②는 폐지하고, ④는 최저임금을 결정하는 것이 곤란 또는 부적당한 경우에 한정되지 않고, 임금이 낮은 근로자의 근로조건을 개선하기 위해 필요하다고 인정할 경우에는 채택할 수 있게 되었다. 그 후 도도부현별의 '**지역별 최저임금**'과 '**직업별 최저임금**'의 두 가지로 최저임금 결정 방식이 된다. 전자는 1976년 모든 도도부현에 지역별 최저임금이 적용된다.

2007년 법 개정에서 '**지역별 최저임금**'을 반드시 설치해야 하는 의무로 개정한 후에, **생활보호**[15]와의 정합성도 고려하도록 결정 기준을 명시하였다. 즉, 이 개정으로 '지역별 최저임금은 지역에서의 근로자의 생계비 및 임금과 통상적인 사업의 임금지급능력을 고려하여 정해야 한다"고 규정하고(제9조 제2항), "앞의 항의 근로자의 생계비를 고려할 때에는 근로자가 건강하고 문화적인 최저한의 생활을 영위할 수 있도록 생활보호에 관한 시책과의 정합성을 배려하도록 한다"고 규정하였다(제9조 제3항).

제9조 제3항의 신설은 생활보호의 지급액보다도 취업해 임금을 받는 사람의 수입이 낮다는 '**역전 현상**'은 워킹·푸어를 상징한다고 언론도 언급한 것이 영향을 미쳤다. 이 개정 후 최저임금액은 매년 크게 상승해, 2014년에는 모든 도도부현에서 역전 현상은 해소되었다.

2007년 파트타임노동법 이외에 「최저임금법」도 개정해 '**지역별 최저임금**'(도도부현별 최저임금)의 결정시 고려 요소의 하나인 '<u>지역에서 근로자의 생계비</u>'는 "근로자가 건강하고 문화적인 최저한 생활을 영위할 수 있도록 생활보호에 관계되는 시책과의 정합성을 배려하는 것으로 한다"고 정의하였다(제9조 제2항 · 제3항). 이것은 생활보호(生活保護)와 최저임금의 역전현상을 해소하기 위한 규정이다. 그 후 최저임금은 크게 상승하였다(최근에 정부는 디플레이션 탈출정책의 하나로서 최저임금을 인상하려고 노력하고 있다). <u>최저임금에 영향을 받는 것은 실제로 비정규직이기 때문에 최저임금의 개정은 비정규직의 처우를 개선하기 위한 것이라고 할 수</u>

있다. 다만, 비정규직도 다양한 유형의 사람이 있고, 빈곤 대책으로 보면 효율성이 나쁜 정책이기도 하다(부유한 가정의 자녀가 아르바이트를 할 경우에도 최저임금을 인상하는 혜택이 미친다). 여기서도 생산성을 도외시한 임금인상에 따른 부작용(비정규직의 고용기회의 축소, 정규직의 근로조건의 악화 등)이 우려된다.

또 제2차 아베 내각 이후 **디플레이션**[16]의 탈피를 위한 **임금 인상**의 방침에서 정부가 경영계에 최저임금의 인상을 적극 요청하는 일도 있었다.

노동기준법은 회사(사용자)에게 임금을 확실하게 지급하게 하고, 근로자의 경제생활의 안정을 도모하기 위해 **'임금의 지급방법'**은 ① 통화로, ② 근로자에 직접, ③ 임금 전액을, ④ 매달 1회 이상 일정 기일을 정하여 지급해야 한다는 **4원칙**을 규정하고 있다(제24조).[17] 이 가운데 **'임금 전액지급 원칙'**(③)에 대해서는 회사가 근로자에게 가지고 있는 청구권과 임금을 상쇄하는 것을 금지하는 취지도 포함한다고 되어 있으며, 예를 들어 회사가 근로자에게 임금으로부터 손해배상금을 공제로 임금을 감액하는 것은 원칙적으로 허용되지 않고 있다. 다만, 근로자에 의한 임금의 포기나 회사가 근로자에게 가지고 있는 청구권(과불금(過払金)과 대금의 반환청구권 등)을 임금과 상쇄하는 것에 대하여 최고재판소는 근로자의 자유의사에 따른 것으로 인정되는 합리적인 이유가 객관적으로 존재

15) <역자주> 생활보호(生活保護) : 사회 보장의 하나로서, 국가 또는 지방 자치 단체가 살기 어려운 사람의 생활을 보호하는 일.

16) <역자주> 디플레이션 (deflation) : 인플레이션으로 떨어진 화폐 가치를 끌어올리는 수단으로 통화를 수축시키는 방법. 또는 그 현상. 통화 수축.

17) <역자주> 한국은 근기법 제43조(임금 지급) ① 임금은 통화(通貨)로 직접 근로자에게 그 전액을 지급하여야 한다. 다만, 법령 또는 단체협약에 특별한 규정이 있는 경우에는 임금의 일부를 공제하거나 통화 이외의 것으로 지급할 수 있다. ② 임금은 매월 1회 이상 일정한 날짜를 정하여 지급하여야 한다. 다만, 임시로 지급하는 임금, 수당, 그 밖에 이에 준하는 것 또는 대통령령으로 정하는 임금에 대하여는 그러하지 아니하다.

하는 경우는 예외로 임금 전액지급 원칙에 위반하지 않는다고 판시하고 있다(닛신 제강(日新製鋼) 사건 · 최고재판소 1990년 11월 26일 판결 등).

그 밖에 노동기준법은 (ⅰ) 근로자의 출산 · 질병 · 재해 등 비상시의 비용에 충당하기 위한 지급 기일 전의 임금지급(제25조),[18] (ⅱ) 회사(사용자)의 책임에 따른 휴업시 휴업수당(평균임금의 60%)의 지급(제26조),[19] (ⅲ) 성과급제를 취하고 있을 경우의 일정액의 임금보장(제27조)[20]도 규정하고 있다.

「**임금지급확보법**」은 기업 경영이 불안정해진 경우에도 임금의 적정한 지급이 확보되도록 정부가 미지급(체불) 임금의 입체불을

---

18) <역자주> 같은 취지로 한국의 근기법 제45조(비상시 지급) 사용자는 근로자가 출산, 질병, 재해, 그 밖에 대통령령으로 정하는 비상(非常)한 경우의 비용에 충당하기 위하여 임금 지급을 청구하면 지급기일 전이라도 이미 제공한 근로에 대한 임금을 지급하여야 한다.

19) <역자주> 일본 노동기준법 제26조(휴업수당) 사용자의 귀책사유에 의한 휴업에서 사용자는 휴업기간 중 당해 근로자에게 그 평균임금이 100분의 60 이상의 수당을 지급하여야 한다. ; 한국의 근기법 제46조(휴업수당) ① 사용자의 귀책사유로 휴업하는 경우에 사용자는 휴업기간 동안 그 근로자에게 평균임금의 100분의 70 이상의 수당을 지급하여야 한다. 다만, 평균임금의 100분의 70에 해당하는 금액이 통상임금을 초과하는 경우에는 통상임금을 휴업수당으로 지급할 수 있다. ② 제1항에도 불구하고 부득이한 사유로 사업을 계속하는 것이 불가능하여 노동위원회의 승인을 받은 경우에는 제1항의 기준에 못 미치는 휴업수당을 지급할 수 있다.

20) <역자주> 한국의 근기법 제47조(도급 근로자) 사용자는 도급이나 그 밖에 이에 준하는 제도로 사용하는 근로자에게 근로시간에 따라 일정액의 임금을 보장하여야 한다. 또한, 근기법 제44조(도급 사업에 대한 임금 지급) ① 사업이 한 차례 이상의 도급에 따라 행하여지는 경우에 하수급인(下受給人)(도급이 한 차례에 걸쳐 행하여진 경우에는 수급인을 말한다)이 직상(直上) 수급인(도급이 한 차례에 걸쳐 행하여진 경우에는 도급인을 말한다)의 귀책사유로 근로자에게 임금을 지급하지 못한 경우에는 그 직상 수급인은 그 하수급인과 연대하여 책임을 진다. 다만, 직상 수급인의 귀책사유가 그 상위 수급인의 귀책사유에 의하여 발생한 경우에는 그 상위 수급인도 연대하여 책임을 진다. ② 제1항의 귀책사유 범위는 대통령령으로 정한다.<개정 2012. 2. 1.>

하는 제도 등을 규정하고 있다.[21] 예를 들어 사업주가 법률상 '파산'하여 중소기업의 사업 활동이 정지하고, 재개 전망이 없어 지급능력이 없는 것이 노동기준감독서장에게 인정받은 경우에 있다. 이 때에 정부가 퇴직근로자의 청구에 따라 미지급 임금의 일정 부분을 입체불(立替拂, 체당금)로 지급한다(제7조).[22]

2 근로시간

'근로시간'은 '임금'과 함께 근로자에게 가장 중요한 근로조건이다.[23] **장시간 근로**는 근로자의 '건강'을 해치고 동시에 '정신적인

21) <역자주> 한국의 '**임금채권보장법**'(1998)은 도산 등에 따르는 사용자의 임금지급 책임의 위험을 전체 사용자에 분산하고 퇴직근로자가 국가로부터 신속 · 간편하게 퇴직 당시의 연령 등을 고려해 체불된 '**3개월분의 임금·휴업수당·출산전후휴가기간 중 급여 최종 3년 간의 퇴직급여등 중 최종 3개월분**'('체당금') 등의 범위에서 그 상한액을 지급받을 수 있도록 한 '사회보험제도'의 일종이다(제7조 제1항, 제2항). 산재보험법의 적용되는 사업(장)에 적용한다. 또한 고용노동부장관(실제로는 '**근로복지공단**')은 체당금을 지급하는 데 소요되는 비용에 충당하기 위해 적용 사업의 사업주로부터 '**부담금**'을 징수한다(제9조 제1항).

퇴직 당시 연령 / 항 목	30세미만	30세이상 40세미만	40세이상 50세미만	50세이상 60세미만	60세이상
임 금	220	310	350	330	230
퇴직급여 등	220	310	350	330	230
휴업수당	154	217	245	231	161
출산전후 휴가 기간 중 급여	310				

22) <역자주> 일본은 실제로 입체불은 80%에 상당하는 금액이고, 토지기일의 연령에 따라 30세 미만자는 110만엔, 30세 이상 - 45세 미만인 자는 220만엔, 45세 이상인 자는 370만엔으로 상한액이 정해져 있다(임금지불확보법시행령 제4조 제1항).

23) <역자주> '**노동법의 역사는 근로시간 단축의 역사**'이다. 노동법상 근로시간은 장시간 근로를 억제하고자 그 한도를 정하는 기준이 되고, 임금을

여유'를 해칠 수 있다. 특히, 일본에서는 이 점이 심각한 문제가 되었다. 또 미국이나 유럽에서는 장시간 근로가 '**고용창출**'(워크 쉐어링)이라는 정책적 요청에 반하는 점을 중시하고 있다. 이러한 점을 고려해 많은 국가는 '법정 근로시간'을 규정하고, 이것을 초과하는 근로에 대해서는 다양한 법 규제를 추가하고 있다.

일본은 노동기준법 중에서 근로시간을 다양하게 규제하고 있다. 그 전체상을 간단한 그림으로 정리하면 <도표 6>과 같다. 근로시간과 관련된 법적 문제는 ① 근로시간 규제가 적용되는 '**근로시간**'이란 어떠한 시간인가? ② 근로시간 규제의 원칙적인 구조(법정 근로시간 · 휴게 · 휴일의 원칙)는 어떠한 것인가? ③ 근로시간 규제의 특칙(근로시간 규제를 유연화하는 여러 제도)은 어떠한 것인가? 이와 같이 세 가지로 정리할 수 있다. 차례대로 살펴보자.

(1) '근로시간'의 개념

광의의 의미에서 '**근로시간**'이란 취업규칙이나 근로계약 등에서 일할 의무가 있다고 여겨지는 '**근로계약상의 근로시간**'의 개념과, 노동기준법의 규제 대상이 되는 '**노동기준법상의 근로시간**'의 개념의 두 가지가 있다. 이 중 '**노동기준법상의 근로시간**'이란 사용자가 실제로 근로자를 '**근로시키는**' 실근로시간을 가리킨다(노동기준법 제32조 참조). 최고재판소의 판례는 근로시간을 "근로자의 행위가 사

산정하는 도구이다. 이러한 임금산정의 기초로서 근로시간을 규율하는 도그마는 산업혁명 초기 대공장 단순직공의 산물이었다. 당시 대공장의 근로는 단순노무 중심이었다. 그 결과로 일을 수행해서 얻는 성과는 균질적이었다. 성과는 그 근로자가 수행한 근로시간에 비례하게 되기 때문이다. 결국에 사용자와 근로자 사이에 임금은 근로시간에 비례 산정해 합리성을 얻을 수 있었다. 이에 근로시간 비례형 임금산정방식은 미래지향적이지 않지만 노동법상 근로시간에 비례한 임금산정은 여전히 원칙인 것이다. 향후에는 다양한 근로형태, 직무 · 능력 · 성과에 따른 임금체계, 유연근무 확산 등에 따라 근로시간에 비례해 임금을 산정하는 경우(사고)는 현장에서 점차 변화될 것으로 전망된다.

용자의 지휘명령 아래에 놓인 것으로 객관적으로 평가할 수 있는 시간"이라고 정의하고 있다(미츠비시 중공 나가사키 조선소(三菱重工長崎造船所) 사건 · 최고재판소 2000년 3월 9일 판결 참조).[24]

예를 들어 (ⅰ) 가게의 점원이 손님을 기다리는 '**대기시간**'은 근로시간에 해당한다.[25] 또한, (ⅱ) 빌딩 경비원은 야간의 '**수면시간**'에는 수면실에 있어야 하고, 또한 경보 등이 울렸을 경우에 대응해야 한다면 근로시간으로 해석하고 있다. (ⅲ) 공장 근로자가 작업 전후에 작업복이나 안전 용구 등을 '입고 벗는(着脫) 시간'도 사업장 내에서 이것을 실시하는 것이 의무화된 경우에는 노동기준법상의 근로시간에 해당한다. (ⅳ) 이른바 '집에 일을 가지고 가서 하는(持ち帰り, 보자기 서비스) 잔업'이나 '자발적 잔업'에 대해서도 회사 측의 묵인이나 허용이 있었을 경우에는 근로시간에 해당할 수 있다. 최근 판례에서는 '**의사**'(醫師)가 병원에서 숙소의 일직근무를 하는 시간 중 실제로 진료를 하는 시간 이외의 '**대기시간**'도 노동기준법의 근로시간에 해당한다고 판시한 사례가 있다(나라현(奈良県)[의사 시간외 수당] 사건 · 오사카 고등법원 2010년 11월 16일 판결).

---

24) <역자주> 근로시간의 개념 : 한국에서도 종전의 지배적 견해는 '근로자가 사용자의 작업상의 지휘감독 아래 있는 시간', '근로자가가 그의 노동력을 사용자의 지휘감독 아래 두고 있는 시간'이라고 정의해 왔다('지휘감독설'). 판례도 '사용자의 지휘감독 아래 근로계약상의 근로를 제공하는 시간'이라고 판시하고 있다(대법원 1992.10.9. 선고 91다14406 판결). 이는 사용자의 지휘감독을 추상화 내지 의제하는 것은 무리한 이론구성이기에 그 활동의 업무성도 보충하는 중요한 기준이 된다는 관점에서 "사용자의 작업상의 지휘감독 아래 있는 시간 또는 사용자의 명시 또는 묵시의 지시 · 승인에 따라 그 업무에 종사하는 시간"이라고 정의하고 있다('업무성보충설')(임종률, 노동법(제18판), 박영사, 2020, 455면).

25) <역자주> 대기시간 : 한국의 경우 '작업을 위하여 근로자가 사용자의 지휘감독 아래에 있는 대기시간 등'이라고 규정하고 있다(근로기준법 제50조 제3항). 다만, '호출대기시간'과 같이 집이나 다른 장소에서 자유로이 보내면서 연락이 오면 즉시 출근해 작업을 하기로 하는 시간은 근로시간에 포함된다고 보기 곤란하다.

〈도표 6〉 근로시간법제의 전체상

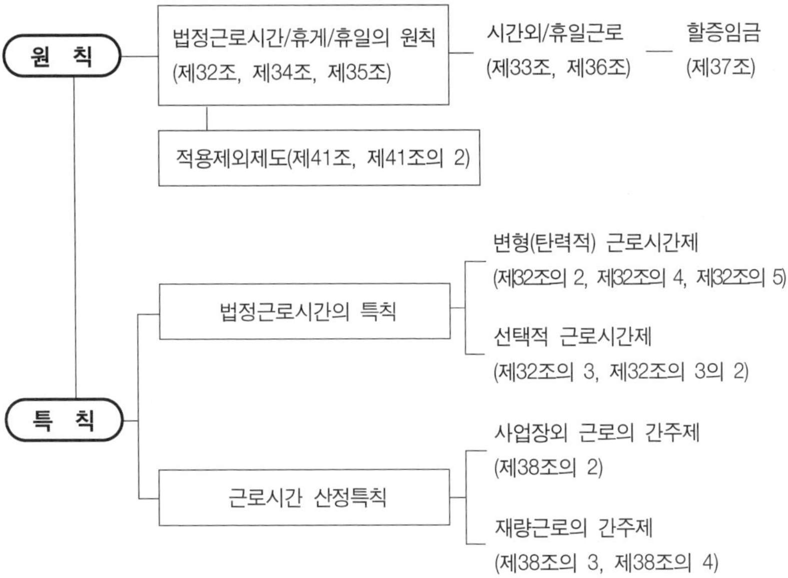

보론 45

• 일본인은 잔업을 왜 하는가?

오구라 가즈야(小倉一哉)씨에 따르면(島田 외 2009), 일본인이 잔업을 하는 이유는 **'소정 근로시간 내에 마칠 수 없는 일'**이고, **'자신의 일을 제대로 완성하고 싶어서'**의 순서이다. 반면에, '일하는 편이 즐겁다.' 또는 '빨리 귀가하고 싶지 않다'는 이유는 적다. 근로자도 진심으로는 빨리 귀가하고 싶어 한다. 하지만, 이것이 불가능한 이유는 업무량이 많기 때문이라는 회사 측의 요인도 있지만, 자신의 일을 제대로 완성하고 싶다는 책임감에서 나오는 근로자 측의 요인도 있다. 근로자 측에게 요인이 있다면 잔업은 거의 감소하지 않을 것이다.

그렇다면, 장시간 근로의 요인은 법제도에 따른 부분이 어느 정도인지는 의문이 든다. 장시간근로 문제는 일본인의 일에 대한 의식·태도가 변하지 않는다면 해소할 수 없을지도 모른다. 그리고 제도를 개혁하게 되면, 이러한 일본인의 일에 대한 의식·태도를 전제로 규명할 필요가 있다. 요컨대 '강제로 쉬게 하는' 부분에서 시작할 필요가 있다. 이러한 연계에서 **'근무간 인터벌**(interval)'(최소 휴식시간) 제도를 요청하고 있다.

보론 46

- **한국에서 일하는 방식 개혁 – 기업문화 · 풍토, 근무방식 근본적 개편**

최근에 장기간 '코로나19 사태'의 영향으로 예측하기 어려운 미래 사회의 변화 앞에서 경제를 회복하기 위해 '일하는 방식 개혁'이 화두가 되고 있다. 이것은 4차 산업혁명에 따른 ICT(정보통보기술)의 발전과 일과 가정의 균형(워라밸) 향상의 필요성과 함께, 기업의 문화·풍토, 근무방식에 대한 사고 자체를 근본적으로 개편하는 것이다. 기업은 개별 근로자의 의사와 능력, 사정에 따라 유연하게 일하는 방식을 선택하는 것이다. 근로를 존중하면서 성숙한 식견과 철학을 기반으로 구체적인 실용 방책을 추진해야 한다.

일하는 방식 개혁은 고용시스템이 초래한 사회적 폐해를 해소하면서 경제 생산성·성장력의 향상과 그 성과인 근로자에 대한 '공정한 분배(임금인상)'에 따라 '성장과 분배의 선순환'을 실현한다는 것이 경제정책의 요체다. 이러한 관점에서 장기고용관행, 연공서열형 임금체계, 기업별 노동조합의 특징을 가진 정규직 중심의 고용시스템을 개혁해야 한다.

장시간 근로 문제는 선진국과 비교하면 여전히 심각한 경향이다. 그 원인은 장기 고용관행에서 근로자의 고용유연성을 확보하는 것이 어려워지자 근로자에게 평소에 많은 연장근로를 시키고, 경기 침체로 업무량을 감축할 경우 연장근로를 단축해 고용을 조정한 점에 있다. 또한 노동시장의 이중구조가 해소되지 않은 채 치열한 세계 경쟁, 경기 침체, 기업 인력의 고령화 등으로 부득이 비용을 삭감할 수단으로 비정규직이 증가하면서 줄어든 정규직의 과중한 근로가 심화됐다. 결국 장시간 근로는 '고용시스템' 및 '노동시장의 구조'와 상호 관련된 문제이다.

먼저, '일하는 방식 개혁'을 위해 시간과 장소를 효율적으로 활용할 수 있는 유연한 일하는 방식으로 '텔레워크'가 필요하다. 이는 업무를 효율화하며 연장근로를 줄이는 의식의 촉진도 중요하다. 그 고용형태 및 장소로 분류한 재택근무, 모바일근무, 위성사무실근무 등이 있다. 특히 '재택근무'는 별도의 법규정이 없기 때문에 그 환경을 조성하기 위해 화상회의 등의 소통(대화)을 지원하는 진행 관리와 시스템(정보통신 기기, 즉 컴퓨터, 스마트폰, 휴대전화, 단말기) 및 작업환경(방, 조명, 창, 의자, 책상, 난방, 컴퓨터)의 인프라 구축(비)을 정비 점검해야 한다.

재택근무는 일반 근로시간제를 활용하면서, 사업장밖 근무제(자기신고제, 모바일근무), 재량근무제, 선택적 근무제, 단시간근무제 등으로 운용할 수 있고, 추가해 업무 내용의 시스템 접근 제한, 메일 송신금지, 근무장소 및 임금, 교통수당과 재택근무수당(수도광열비)의 지급기준 변경, 평가제도(목표관리제도), (중간)관리자의 연수나 의식개혁 워크숍 등의 인사노무관리의 재점검할 필요가 있다. 제도의 활성화는 경영자의 명확한 상황인식과 강력한 추진 지원이 필요하다는 점을 유념해야 한다.

또한, 재택근무시 연장·야간·야간근로를 원칙상 금지하되, 정기적 자동 경고의 노무관리시스템 및 건강 확보조치를 미리 마련해야 한다. 재택근무자의 근무지 이탈, 사적 용무 등 사생활과 복무규정 위반 여부, 재택근무자의 위치정보를 수집하기 위해 근로자의 동의 여부, 도덕적 해이 방지책 마련 여부, 소모성 비품비용 등의 사용자 부담 여부, 재택근무시 업무상 재해의 문제의 대비 및 교육 실시 등을 마련해야 한다. 아울러 재택근무시 기업 업무에 맞춘 적절한 보안관리(IT보안)라는 운용의 묘로 「개인정보보호법」(제15조 제2항)에 위반 여부도 점검해야 한다.

그리고 '일하는 방식 개혁'을 위한 노동법(근로기준법)으로 성과중심의 평가제도로 전환하는 개혁과제로서 (ⅰ) 탄력적 근무제 단위기간의 확대(6개월 또는 1년), (ⅱ) 선택적 근무제 정산기간의 연장(3개월), (ⅲ) 미리 전체 업무를 명확하게 분리·배정해 적정한 근로시간 및 휴게시간의 파악 의무, (ⅳ) 재량근로제 대상업무의 확대(negative list), (ⅴ) 새로운 예외제도와 고도 프로페셔널(전문가) 제도의 도입 등을 진정한 자세로 적극적으로 검토할 필요가 있다. 결국 '일하는 방식 개혁'은 개별근로자 보호 및 기업 이미지 향상을 내실화하면서, 경제정책을 고려해 경제성장과 사회적 보호의 내실화를 연동시켜서 선순환하는 국가 경제·사회의 발전을 촉진해야 한다. 또한 현행 노동법의 실상과 달리 미래를 지향해 국민과 근로자가 다양한 환경이나 의식을 전제로 다양한 인재를 획득하는 '새로운 노동법'을 서둘러 마련해야 한다.(이승길, "경영자의 명확한 상황인식과 강력한 추진이 필요하다", 나라경제, KDI경제정보센터, 2020. 7월호, 43쪽)

(2) 법정 근로시간 · 휴게 · 휴일의 원칙

사용자는 근로자에게 휴게시간을 제외하고 **1주간 40시간**을 초과해 근로하지 않고, **1일 8시간**을 초과해 근로시켜서는 안 된다(노동기준법 제32조).26) 이것을 초과해 근로시킬 경우에는 법률상 정해진 요건을 충족해야 하고, 또한 할증임금을 지급해야 한다. 또한 상시 사용하는 근로자가 **10인 미만의 상업 · 서비스업**(영화 · 연극업(영화제작사업은 제외), 보건위생업, 접객오락업) **등에서는 특례로서** 법정근로시간이 1주 44시간, 1일 8시간으로 되어 있다(제40조, 노동기준법시행규칙 제25조의2).27)

---

26) <역자주> 법정근로시간 : 일본의 법정근로시간 규제를 위반한 사용자는 벌칙(징역 6개월 이하 또는 30만 엔 이하의 벌금)이 있다(노동기준법 제119조 1호). ; 한국 근로기준법 제50조 ① 1주간의 근로시간은 휴게시간을 제외하고 40시간을 초과할 수 없다. ② 1일 근로시간은 휴게시간을 제외하고 8시간을 초과할 수 없다(위반시 2년 이하의 징역 또는 1천만 원 이하의 벌금(양벌규정), 제110조). 그 후 2018년 3월에 개정된 근로기준법에서 연장 · 휴일근로 포함 1주 최대 52시간 실시(기업규모별 단계적 적용). (ⅰ) (2018.7.1.) 300인 이상 사업장 및 국가, 지방자치단체, 공공기관, (ⅱ) (2019.7.1.) 특례업종에서 제외된 21개 업종의 300인 이상 사업장, (ⅲ) (2020.1.1.) 50－300인 미만 사업장, (ⅳ) (2021.7.1.) 5－50인 미만 사업장. 다만, 30인 미만 사업장은 근로자대표와 서면합의시 1주 8시간 범위 내에서 추가 연장근로를 한시적으로 인정해, 이 경우 최대 근로시간은 60시간까지 가능하다(2021.7.1.－2022.12.31.).

27) <역자주> 한국의 경우 사용자는 특례업종 26개→5개로 축소(2018.7.1. 시행) 및 특례도입 사업장 11시간 연속 휴식시간 보장(2018.7.1. 시행). 즉 특례업종 연장근로 및 휴게가 허용되는 업종(육상운송 및 파이프라인 운송업(노선여객자동차운송사업은 제외), 수상운송업, 항공운송업,

보론 47

- **日자민당, 재택근무 늘자 "주4일 근무제로 가자" 본격 추진, 저출산 · 고령화 문제 완화 기대**

일본은 코로나 사태를 계기로 재택근무가 확산하면서 '주3일 휴일제'가 본격적으로 추진된다. 자민당은 유연한 근무 시스템으로 주 3일 휴일제안(案)을 만들어 정부에 실시하도록 촉구할 방침이다. 회사원 중 희망자는 1주에 3일 휴일 시스템을 모든 사업장에 도입하고, 최종 공무원에게도 확대 적용한다. 회사원의 육아나 학업을 돕고, 부업도 가능하게 하는 것이다.

2020년 9월 출범한 스가 요시히데(菅義偉) 내각은 일본의 사회 변화가 다른 선진국에 비해서 뒤처져 있다고 판단, 디지털 개혁을 추진 중이다. 이러한 동향에 맞추어 자민당 '1억 총활약 추진 본부'의 이노구치 구니코(猪口邦子) 본부장은 최근 "유연한 노동환경이나 새로운 취업형태에 대한 대응력이 일본 사회에 있는 것을 알았다"며 자유근무제 거쳐 '주 3일 휴일제를 도입하는 기업에 장려금을 지급한다고도 했다.

일본은 그동안 대면 근무를 상징하는 '도장(圖章) 문화'가 뿌리 깊이 박혀 있어서 재택근무나 주 3일 휴일제가 사실상 불가능했다. 하지만 코로나 사태를 계기로 정부가 솔선해 도장을 없애는 분위기를 만들어 재택근무를 권유하고 있다. 이에 따라 재택근무가 원칙이고, 예외로 출근하는 회사도 발생하고 있다.

일본은 자민당이 결정하면 입법하기 쉬운 체제여서 '주 4일 근무, 주 3일 휴일' 안이 빠르게 제도화가 가능한다. '일하는 방식 개혁'으로 4일간 매일 10시간씩 일하는 시스템을 논의하고 있다. 편의점 패밀리 마트는 부모 간병 등의 조건으로 주 3일 휴일제 선택이 가능하다('조건부 주3일 휴일제'). 다만, 급여 제도를 변화시키는 방안은 아직 검토 중인데, 임금이 삭감되고 직업의 안정성도 낮아진다는 우려도 있다(조선일보 2021.1.15.)

직원이 약 18만 명인 NTT는 총무와 기획 부문 등은 출근 직원을 50% 이하로 하는 재택근무를 시행 중이다. 또한 일본 최대 포

기타 운송관련 서비스업, 보건업)의 사업에 대하여 근로자대표와 서면합의를 한 경우에는 주 12시간을 초과하여 연장근로를 하게 하거나, 휴게시간을 변경할 수 있다(근로기준법 제59조 제1항).

털사이트인 '야후 재팬'이 전직원 주4일 근무제를 도입키로 했다. 야후재팬을 운영하는 야후는 근로시간과 생산성 문제는 중요한 경영 문제라며 "약 5800명의 전 직원을 대상으로 주4일 근무 구상을 추진한다고 한다. 현재 1일에 2일 휴일을 주말과 관계없이 자유롭게 선택할 수 있는 제도로 도입, 주4일 근무 도입을 위한 전 단계로 시행할 계획이다. 이러한 근무환경 변화로 다양한 인재상을 키우는 효과와 동시에 기존 근무자의 이직 또는 퇴사를 줄일 것으로도 기대된다고 마이니치는 분석했다. 야후는 직원 평균 연령이 35세 정도로 비교적 젊은 편이어서 가족의 돌봄 수요가 늘 것으로 예상하고 있다. 이 때문에 직장인들이 가족 간호를 위해 퇴사를 하는 이른바 '돌봄 이직'이 일본사회의 큰 문제로 제기되고 있다.

이러한 움직임에는 일본 사회 내 노부모 돌봄(介護)나 저출산 문제가 깔려 있다. 주4일 근무로 육아시간이 늘어나면 일본의 저출산 문제를 해결하는 데도 긍정적 영향을 끼칠 것을 기대하고 있다. 경제계 및 일본 정부도 장시간 근무 관행을 타파하는 방식으로 주요 노동개혁 정책을 적극 추진하고 있다. 앞서 '재택근무'를 전면 도입키로 한 도요타 자동차, 미즈호은행, 미쓰이스미토모은행, 미쓰비시도쿄UFJ은행 등 일본 3대 은행도 재택근무를 수용하기로 했다.

보론 48

• **한국의 근무실험**

SK그룹의 '근무 실험'이 본격화하고 있다. SK그룹의 핵심인 SK수펙스추구협의회와 SK㈜ 두 곳이 격주로 '주 4일 근무'를 시행중인 것으로 확인됐다. SK에 따르면, SK그룹 컨트롤타워인 SK수펙스추구협의회와 지주회사인 SK㈜가 격주 '주 4일 근무'를 지난해 말부터 시범적으로 시행해오다 최근 들어 이 제도를 전사적으로 정착시켰다.

한 달에 두 번의 금요일이 전사 휴무일이 되면서 '주 4일 근무'가 가능해졌는데, 이는 최근 재계의 최대 화두인 주 52시간 근무제와 워라밸(일과 삶의 균형)을 지키기 위한 조치다.

또 그룹 회장이 기업경영철학의 최우선 가치로 두는 '구성원의 행복', '딥체인지(근본적 변화)를 통한 일하는 방식 혁신'을 실천하는 방법의 일환이다.

SK수펙스추구협의회와 SK㈜의 격주 금요일 휴무 일정은 1년 단위로 정해졌다. 근무의 예측 가능성과 업무 효율을 높이기 위해서다. 이른바 최태원식 '워라밸(일과 삶의 균형이라는 뜻으로 'Work and Life Balance')'을 구현하는 것이다.

예를 들어 매달 첫째, 셋째주에 근무하면 둘째, 넷째 주는 쉬는 방식이다. 이달(5월)은 쉬는 날이 10일, 24일 이틀이다. 보통 월별 둘째주, 넷째주 격주이다. 부서 · 팀별로 다르지만 만약에 대비해 당번을 정해놓기도 하고, 중요한 프로젝트 계약 일자가 휴일인 경우 예외적으로 출근하기도 한다.

"일하는 방식의 혁신이라는 차원에서의 HR(인적자원) 제도의 획기적인 개선에 적극 나서야 한다"고 말한 적이 있다. SK그룹은 이 같은 최 회장의 지시에 맞춰 공유 오피스 등 다양한 조직 혁신을 추진 중이다.

실제로 SK서린사옥은 SK이노베이션이 근무하는 서린사옥 본사의 14~19층의 리모델링을 마치고 공유 오피스 형태의 새로운 모습을 지난달 초 처음 공개했다. 공유오피스란 기존 '팀-실-본부' 단위 별 지정 좌석제가 아닌 원하는 자리에 앉아 일하는 방식의 사무실 형태다. 전체 공사는 오는 10월 완공을 목표로 진행 중이다.

그룹의 핵심인 SK수펙스추구협의회와 SK㈜가 격주 '주 4일' 근무를 실시함에 따라 이 제도가 SK그룹 전 계열사로 확산되는 것 아니냐는 예측도 조심스럽게 나온다. 하지만 공장 생산직이 주를 이루는 계열사라면 주 4일 근무를 실시하기는 현실적으로 어려울 수도 있다.

SK그룹 관계자는 "주 52시간 근무제 시행으로 인한 법적인 문제를 피하고, 업무 효율과 직원 만족도를 동시에 높이는 효과가 있다"면서 "지난해 말 시범적으로 시행하면서 직원들의 반응이 좋아 올 1분기에 완전히 정착됐다"고 전했다.

사용자는 근로시간이 **6시간**을 초과하는 8시간 이내의 경우에는 적어도 **45분**, 8시간을 초과하면 적어도 **1시간**의 휴게를 근로시간 도중에 주어야 한다(제34조 제1항).[28] 이 휴게시간은 사업장 전체 근로자에 일제히 주는 것이 원칙이지만, 사업장의 과반수대표와 노사협정이 있는 경우에는 '예외'로 휴게를 따로 주는 것이 인정된다(제34조 제2항). 또 휴게시간은 근로에서의 해방을 보장하는 시간이기 때문에 근로자에게 자유롭게 이용하게 해야 한다('**휴게시간 자유이용 원칙**', 제34조 제3항). 예를 들어 휴게시간 중에 책상에 앉게 해서 전화를 받도록 시킬 수 없다.

사용자는 근로자에게 매주 적어도 1회의 휴일, 즉 원칙적으로 자정부터 24시간을 근로의무에서 해방시켜 주어야 한다(주휴일, 노동기준법 제35조 제1항). 다만, **4주를 통하여 4일 이상의 휴일을 주는 경우**에는 이 주휴 1일 원칙이 적용되지 않는다(제35조 제2항, 4주 4휴일).[29] 미리 지정된 휴일을 회사 측의 사정으로 다른 날로 대체하는 것을 명령하는 경우, 예를 들어 휴일로 하고 있는 일요일에 출근하여 월요일에 '**대체휴가**(대휴)'를 받는 것은 ① 취업규칙 등에 **휴일대체**(振替, 對替, 代替)의 근거 규정이 있고, 또한 ② 휴일을 대체한 후 상태가 '주 1일 원칙' 등의 법률 규정에 위반되지 않은 경

28) <역자주> **휴게시간** : 일본의 경우 휴게의 규제를 위반한 사용자는 징역 6개월 이하 또는 30만 엔 이하의 벌금이라는 벌칙이 있다(노동기준법 제119조 1호). ; 한국의 근로기준법 제54조(휴게) ① 사용자는 근로시간이 4시간인 경우에는 30분 이상, 8시간인 경우에는 1시간 이상의 휴게시간을 근로시간 도중에 주어야 한다. ② 휴게시간은 근로자가 자유롭게 이용할 수 있다(위반시 2년 이하의 징역 또는 1천만원 이하의 벌금(양벌규정), 제110조). 여성의 '유급육아시간'은 휴게시간이 아니다.

29) <역자주> **변형(탄력적) 휴일제** : 4주간을 통해 4일 이상의 휴일을 부여해도 좋다. 주휴제는 원칙적으로 법의 원칙이지만, 법적 강제는 실제로는 '4주 4휴일'이다(위반시 벌칙 제119조 1호). : 한국에는 '유급'주휴일(사용자는 근로자에게 1주에 평균 1회 이상의 유급휴일을 보장해야 한다. 제55조 제1항)은 규정하고 있지만(위반시 2천만 이하 벌금 또는 2년 이하 징역에 처함, 제110조), 일본과 같은 '변형휴일제'는 규정이 없다.

우에는 가능하다고 해석하고 있다.[30)]

보론 49

• 일본 및 한국의 공휴일

(1) 일본 공휴일의 특징은 건국기념일(초대 천황 즉위일), 쇼와의 날(쇼와 천황 즉위일), 문화의 날(메이지 천황 탄생일, 11.3), 천황탄생일(아키히토 천황 탄생일, 12.23), 국민의 휴일은 법정 공휴일간에 근로일이 들어가는 경우에 한해 인정되는 공휴일, 법정 공휴일에 대한 대체휴일제의 운영해 주 5일 근로에 맞추어 공휴일을 월요일로 변경시킨 먼데이 제도(2000년 개정)로 성년의 날(1월 2째주 월요일), 바다의 날(7월 3째주 월요일), 경로의 날(9월 3째주 월요일), 체육의 날(10월 2째주 월요일), 설날(1.1), 건국기념일(2.11), 춘분의 날(3.21), 헌법기념일(5.3), 녹색의 날(5.4), 어린이날(5.5), 추분(9.23), 근로감사의 날(11.23) 등이 있다.

(2) 한국의 공휴일의 특징은 '관공서의 공휴일 규정'(대통령령)에 따르면, ① 일요일, ② 국경일 중 3·1절, 광복절, 개천절 및 한글날, ③ 신정(1.1), ④ 설날(음력 1.1)과 그 전후날, ⑤ 부처님 오신날(음력 4.8), ⑥ 어린이날(5.5), ⑦ 현충일(6.6), ⑧ 추석(음력 8.15)

---

30) <역자주> **법정 공휴일제도** : 한국은 2018년 개정 근로기준법에서 법정 공휴일 유급휴무 제도는 관공서 공휴일의 '민간 기업 확대'(유급휴일 의무화)(① 300인 이상 기업, 공공기관, 소정의 국가/지방자치단체 출자/출연 기관 · 단체 등에는 2020.1.1., ② 30~300인 미만 기업에는 2021.1.1., ③ 5인-30인 미만 기업에는 2022.1.1. 적용, 부칙 제1조 제4항)를 도입했다(제55조 제2항, 시행령 제30조 제2항). 장시간 근로관행 개선 및 근로자의 휴식권 보장, 관공서 공휴일의 유급 전환 및 민간적용을 보편화하였다. 종전에 민간기업은 법정 유급휴일은 근기법상 '주휴일'과 '근로자의 날'(5.1. '근로자의 날' 제정에 관한 법률)이었다. 설날 · 추석 · 각종 국가기념일 등 공휴일은 대통령령인 '관공서의 공휴일 규정'에 의한 휴일(다만, 일요일은 제외)로써, 공무원 및 공공기관 종사자에게만 적용되는 규정이었다. 일반 사업장은 단체협약이나 취업규칙에서 휴일로 정해야 유급휴일로 보장하였다. 법개정으로 중소기업도 개정법은 관공서 공휴일을 근기법상 '유급휴일' 보장은 법정 공휴일의 확대 및 민간 사업장 내에서 대·중소기업 사업장간의 '휴일 격차'를 해소할 것이다. 다만, 기업 전반에 걸친 일률적인 관공서의 공휴일 확대로 현실적인 연착륙을 위해 경영부담으로 작용할 것으로 우려된다.

과 그 전후날, ⑨ 기독탄신일(12.25), ⑩ 공직자선거법상 임기만료에 따른 선거의 선거일, ⑪ 기타 정부에서 수시 시정하는 날을 공휴일로 한다. 그리고 위 ④와 ⑧이 다른 공휴일과 겹칠 경우 또는 ⑥이 토요일이나 다른 공휴일과 겹칠 경우에는 원래 공휴일 다음의 첫 번째 비공휴일을 공휴일(대체공휴일)로 한다. 2018년 3월 개정 근로기준법에서 관공서의 공휴일을 유급휴일로 의무 적용(기업 규모별 단계적 시행)해, (ⅰ) (2020.1.1.) 300인 이상, (ⅱ) (2021.1.1.) 30－300인 미만, (ⅲ) (2022.1.1.) 5－30인 미만

보론 50

• 한국의 (유급)주휴일

한국 근로기준법 제55조(휴일) 사용자는 근로자에게 1주일에 평균 1회 이상의 유급휴일을 주어야 한다(유급휴일은 1주 동안의 소정 근로일을 개근한 자에게 주어야 한다. 시행령 제30조)(위반시 2년 이하 징역 또는 1천만 원 이하 벌금(양벌규정), 제110조). '주휴수당'은 일본과 달리 '유급'휴일임금이다. 이는 임금의 계산, 부여 요건 등과 관련해 복잡하고 때로는 불합리한 문제를 시키므로 선진국과 같이 '무급휴일'로 법개정이 필요하다. 다만, 월급제 또는 일급제는 유불리를 해결하는 방안을 강구할 필요가 있다. 또한 개근하지 않은 근로자에게 1주 1회의 '무급'휴일은 주어야 한다(대법원 2004. 6. 25. 선고 2002두2857 판결). 다만, 1주 동안의 소정근로시간이 '15시간 미만'('초단시간근로자')이면 주휴수당을 지급하지 않아도 된다(근기법 제18조 제3항).

또한 근로기준법상 '휴일근로수당'으로 통상임금의 50% 이상을 가산지급해야 하는 휴일근로에는 주휴일 근로 외에 단체협약이나 취업규칙 등에 따라 휴일로 규정한 날의 근로도 포함된다.

그리고 '휴일의 판단기준'은 단체협약이나 취업규칙 등에 있는 휴일 관련 규정의 문언과 그러한 규정을 두게 된 경위, 해당 사업장과 동종 업계의 근로시간에 관한 규율 체계와 관행, 근로제공이 이루어진 경우 실제로 지급된 임금의 명목과 지급금액, 지급액의 산정 방식 등을 종합적으로 고려해 판단해야 한다. 이에 격일제 근무의 시내버스 운전기사 등이 비번일에 취업규칙에 따라 회사가 시행한 안전교육, 친절교육 등 교육시간이 휴일근로수당의 할

증된 계산에 따른 수당지급을 구한 사건에서, 비번일은 근로제공 의무가 없는 날이지만 단체협약이나 취업규칙 등에서 휴일로 정한 바 없는 날이므로, 이러한 날의 교육은 휴일근로에 해당하지 않아 휴일근로수당이 지급되지 않는다(대법원 2020. 6. 25. 선고 2016다3386 임금(바)파기환송).

또 2018년 12월말 개정된 최저임금법 시행령은 '소정근로시간 수에 유급으로 처리되는 시간을 합산'하였다. 기업 규모에 따라 (i) 소상공인연합회 및 노동계는 '주휴수당 폐지'의 입장, (ii) 한국경영자총협회는 '주휴수당 폐지'는 신중하게 검토한다는 입장이다. 이는 주휴수당과 통상임금의 관계에 영향이 있다. 소상공인은 대부분 임금을 단순하게 산정하므로 통상임금 개념을 별도로 사용하지 않는 경우가 많기 때문이다.

입법론적 논의로 주휴수당을 폐지할 경우에 경제적으로 열악한 근로자도 휴일을 보장하도록 최저임금의 결정시 고려해야 한다. 최저임금선상의 근로자를 고려하면 주휴일 보장에 필요한 금액을 최저임금에 반영하고, 나아가 임금 삭감의 우려에 대해서는 '주휴수당 폐지로 임금 삭감금지'라는 경과규정 설정방안도 고려할 수 있다. 주휴수당의 폐지시 통상임금 산정 등의 규정의 정비방안, 주휴시간을 단계적 축소방안, 이러한 논의 방향은 '휴일 보장'을 전제로 저임금 근로자 휴일의 경제적 여건 보장(최저임금 인상시 고려)과 함께 근로시간 단축과 휴일근로 억제, 장기간 휴가 사용 등 휴가 촉진과 같이 논의해야 한다.

(3) 적용제외 – '이름만 관리직' 문제와 '고도 프로페셔널제도'

이들과 같이 원칙적인 법정 근로시간 · 휴게 · 휴일의 규제가 적용되지 않는 근로자가 존재한다. 노동기준법은 ① 농업 · 축산업과 수산업에 종사하는 근로자, ② 관리감독자 및 기밀업무 취급자, ③ 감시 · 단속 근로종사자(③은 행정관청의 허가를 얻은 자에 한한다)의 세 가지 유형을 규정하고 있다(제41조).[31] 이들 중 하나에 해당

31) <역자주> 한국 근로기준법 제63조(적용의 제외) 이 장과 제5장에서 정

하면 위에서 말한 규제의 틀을 넘어 장시간의 근로를 시키고, 할증임금을 지급하지 않아도 노동기준법 위반이 되지 않게 된다.

이 점과 관련해 사회문제가 된 것이 이른바 **'이름만 관리직'**(名ばかり管理職) 문제이다. 회사가 근로자를 널리 **'관리직'**(법적으로는 ②의 **'관리감독자'**)[32]으로 규정하고, 장시간의 근로에 대한 할증임금 지급을 면하려는 움직임이 많은 일본 기업에서 나타난 것이다. 이것에 대하여 **'관리직'**으로 규정되어 있던 근로자가 회사를 상대로 시간외 · 휴일근로에 대한 할증임금의 지급을 요구함으로 법원에 소송을 제기하는 사건이 잇따랐다.[33]

법원에서는 먼저 **'관리감독자'**의 범위는 부장이나 과장이라는 회사내 직함 등과 같이 형식적인 사정이 아니라, 개개의 구체적인 실태에 따라 객관적으로 판단해야 한다고 판시하고 있다. 노동기

한 근로시간, 휴게와 휴일에 관한 규정은 다음 각 호의 어느 하나에 해당하는 근로자에 대하여는 적용하지 아니한다. <개정 2010.6.4.>

1. 토지의 경작 · 개간, 식물의 재식(栽植) · 재배 · 채취 사업, 그 밖의 농림 사업
2. 동물의 사육, 수산 동식물의 채포(採捕) · 양식 사업, 그 밖의 축산, 양잠, 수산 사업
3. 감시(監視) 또는 단속적(斷續的)으로 근로에 종사하는 자로서 사용자가 고용노동부장관의 승인을 받은 자
4. 대통령령으로 정하는 업무에 종사하는 근로자(사업의 종류에 관계없이 관리 · 감독 업무 또는 기밀을 취급하는 업무, 시행령 제34조).

32) <역자주> 한국에서도 관리직은 공장장 · 부장 등 근로조건의 결정이나 그 밖에 인사노무관리에 관하여 경영자와 일체적 지위에 있으면서 출퇴근 등에 엄격한 제한을 받지 않는 자를 말한다. 다만, 일정한 직급이나 직책에 따라 일률적으로 관리자가 되는 것은 아니다.

33) <역자주> 연장근로에 대한 가산임금(할증임금)을 미지급한 부분의 청구소송은 많이 제기되고 있다. 하지만, 이 경우에 고용주 측은 그 근로자를 '관리감독자'라고 자주 주장한다. 이로 인하여 판사는 관리감독자인지를 판단하게 된다. 그런데, 많은 사례는 부정되고 있다. 다만, 관리감독자의 범위가 좁은 것은 법문상 명확하지 않다. 이에 재판을 받지 못한 많은 사례에서 법원이 인정하는 합법적인 관리감독자의 범위보다도 넓게 관리감독자로 취급되는 근로자가 있을 수 있다. 이것이 **'이름뿐인 관리직' 문제**가 발생하게 된 배경이다.

준법상의 근로시간 규제가 당사자가 마음대로 합의해 이것과 다른 취급을 허락하지 않는 '강행법규'라는 성격을 가지고 있는 이상 회사가 직함 등을 형식적으로 조작해 법의 적용을 면하려는 것은 인정되지 않는다.

또한, **'관리감독자'**인지 여부의 구체적인 판단기준으로 법의 취지에 비추어, ⓐ 노무관리상의 사용자와의 일체성(예를 들어 경영상의 중요 사항에 관한 권한이나 부하의 인사권을 가지고 있는 것), ⓑ 근로시간을 관리받지 않는 것(예를 들어 출근 · 퇴근 시간을 구속받지 않는 것), ⓒ 기본급이나 수당 면에서 그 지위에 적절한 처우를 받고 있는 것(예를 들어 시간외 근로의 임금에 상당하거나 관리직 수당을 지급하고 있는 것) 등을 고려한다고 판시하고 있다. 실제로 판례에서는 부장이나 과장의 직함을 가진 자, 점포의 점장이나 매니저의 지위에 있는 자 등에 대하여 이러한 사정(ⓐ에서 ⓒ)을 갖추고 있지 않은 점에서 관리감독자성을 부정해 시간외 · 휴일근로에 대한 할증임금의 지급(이에 더불어 사안별로는 회사측의 악질성을 고려한 부가금(附加金)의 지급(노동기준법 제114조))을 명령하는 판례가 많다(일본 맥도날드(日本マクドナルド) 사건 · 도쿄지방법원 2008년 1월 28일 판결 등).

〈도표 7〉 관리감독자를 둘러싼 판례

부정한 사례
• 음악학교의 교무부장, 사업부장, 과장(神代学園ミューズ音楽院事件 · 東京高判 2005.3.30. 労判 905호, 72면)
• 플라스틱 형성 · 가공회사의 영업개발부장(岡部製作所事件 · 東京地判 2006.5.26 労判 918호, 5면)
• 음식점 매니저(アクト事件 · 東京地判 2006.8.7 労判 924호, 50면)
• 호텔 레스토랑의 요리장(セントラル · パーク事件 · 岡山地判 2007.3.27. 労判 941호, 23면)
• 프랜차이즈 캬레점 점장(トップ事件 · 大阪地判 2007.10.25 労判 953호, 27면)
• 의료품회사의 디자이너(丸栄西野事件 · 大阪地判 2008.1.11 労判 957

호, 5면)

- 햄버거숍 점장(日本マクドナルド事件＜東京地判 2008.1.28. 最重判116＞)
- 신용금고 점장의 대리직(播州信用金庫事件 · 神戸地姫路支判 2008.2.8. 労判例 958호, 12면)
- 의료품회사의 과장(エイテイズ事件 · 神戸地尻崎支判 2008.3.27. 労判 968호, 94면)
- 미용실 부점장 겸 톱 스타일리스트(バス事件 · 東京地判 2008.4.22. 労判 963호, 88면)
- 유학·해외생활 체험상품을 다루는 회사의 지사장(ゲートウェイ21事件 · 東京地判 平成20.9.30 労判 977호, 74면)
- 복사서비스점의 점장(アイマージ事件 · 大阪地判 2008.11.14. 労経速 2036호, 14면)
- 음식점 요리장(プレゼンス事件 · 東京地判 2009.2.9. 労経速 2036호, 24면)
- 카라오케박스의 점장(シン · コーポレーション事件 · 大阪地判 2009.6.12. 労判例 988호, 28면)
- 학습학원의 교장(学樹社事件 · 横浜地判 2009.7.23. 判時 2056호, 156면)
- 편의점의 점장(ボス事件 · 東京地判 2009.10.21. 労判 1000호, 65면)
- 과장대리인 시스템엔지니어(東和システム事件 · 東京高判 2009.12.25. 労判 998호, 5면)
- 음식점 점포의 지배인(康正産業事件 · 鹿児島地判 2010.2.16. 労判 1004호, 77면)
- 의료정보회사의 부동산 사업부 책임자(デンタルリサーチ社事件 · 東京地判 2010.9.7. 労判 1020호, 66면)
- 부동산회사의 영업본부장(レイズ事件 · 東京地判 2010.10.27. 労判 1021호, 39면)
- 컴퓨터회사의 프로젝트 매니저(エス · エー · ディー情報システムズ事件 · 山形地判 2011.3.9. 労判 1030호, 27면)
- 음식점 요리장(シーディーシー事件 · 山形地判 2011.5.25. 労判 1034호, 47면)
- 편의점 점장(九九プラス事件 · 東京地立川支判 2011.5.31. 労判 1030호, 5면)
- 병원의 전산과 과장 직무대행(河野臨牀医学研究所事件 · 東京地判 2011.7.26 労判 1037호, 59면)
- 종업원 겸무 이사(スタジオツインク事件 · 東京地判 2011.10.25 労判

1041호, 62면)
- 회계사무소의 관리부장(H会計事務所事件 · 東京高判 2011.12.20 労判 1044호, 84면)
- 인터넷 뱅킹 담당의 부은행장(HSBCサービシーズ · ジャパン · リミテッド事件 · 東京地判 2011.12.17 労判 1044호, 5면)
- 건설자재제조회사의 영업부장(日本機電事件 · 大阪地判 2012.3.9. 労判 1052호, 70면)
- 컴퓨터시스템 회장의 과장(エーディーディー事件 · 大阪高判 2012.7.27 労判 1062호, 63면)
- 부동산회사의 과장 · 반장(アクティリング事件 · 東京地判 2012.8.28 労判 1058호, 5면)
- 일용잡화 등의 판매회사의 상품부 과장(佐賀労基署長(サンクスジャパン)事件 · 福岡地判 2012.5.16 労判 1058호, 59면)
- 광고대리점의 기획영업부 부장(ロア · アドバタイジング事件 · 東京地判 2012.7.27 労判 1059호, 26면)
- 음식점의 점장(フォロインブレンディ事件 · 東京地判 2013.1.11 労判 1074호, 83면)
- 고속버스회사의 운행과장(WILLER EXPRESS西日本ほか1社事件 · 東京地判 2013.4.9 労判 1083호, 75면)
- 슬롯머신점의 어소시에이트(イーハート事件 · 東京地判 2013.4.24 労判 1084호, 84면)
- 상품선물거래중개회사의 주식담당 부장(豊商事事件 · 東京地判 2013.12.13 労判 1089호, 76면)
- 서비스 스테이션의 소장(乙山石油事件 · 大阪地判 2013.12.19 労判 1090호, 79면)
- 자동차 운송취급회사의 영업소장(新富士商事事件 · 大阪地判 2013.12.20 労判 1094호, 77면)

인정한 사례

- 자동차수리회사의 영업부장(センチュリー · オート事件 · 東京地判 2007.3.22 労判 938호, 85면)
- 택시회사의 영업부 차장(姪浜タクシー事件 · 福岡地判 2007.4.26. 労判 948호, 41면)
- 건설컨설턴트회사의 종업원 겸무 이사(日本構造技術事件 · 東京地判 2008.1.25 労判 961호, 56면)
- 증권회사의 지점장(日本ファースト証券事件 · 大阪地判 2008.2.8 労判 959호, 168면)
- 미용실의 점장(ことぶき事件＜最重判 115＞)

- 스포츠클럽의 에리어 디렉터(セントラルスポーツ事件 · 京都地判 2012.4.17. 労判 1058호, 69면)
- 종업원 겸무 이사(ピュアルネッサンス事件 · 東京地判 2012.5.16. 労判 1057호, 96면)
- 부동산조사회사의 영업부문 책임자(VESTA事件 · 東京地判 2012.8.30. 労判 1059호, 91면)

2018년 일하는 방식 개혁 관련법은 이 기존의 세 가지 유형의 '적용제외'와 함께 근로자의 의욕과 능력을 발휘할 수 있는 유연한 일하는 방식의 선택 사항으로서 "**고도 프로페셔널**(전문가) **제도**"라는 새로운 적용제외를 도입하였다. 이 제도를 활용하기 위해서는 ① 연봉이 **1,075만 엔** 이상인 것, ② 고도 전문적 지식 등을 필요로 하는 시간과 성과의 관련성이 일반적으로 높지 않은 업무(금융상품의 개발, 자기의 투자판단에 따른 자산운용 · 유가증권 거래, 유가증권 투자에 관한 조언, 고객의 사업운영에 관한 고안 · 조언, 새로운 기술 · 상품 · 직무의 연구개발업무)라는 것, ③ 회사가 건강관리시간을 파악해 건강확보 조치를 강구하는 것, ④ 근로자의 동의를 얻는 것, ⑤ 노사위원회 위원 5분의 4 이상의 다수에 의한 의결을 받는 등과 같이 보다 엄격한 요건이 설정되어 있고, 그만큼 기존의 적용제외와 달리 심야의 할증임금 규정도 적용하지 않는 것으로 되어 있다(노동기준법 제41조의2). 또한 '**건강관리시간**'(사업장 내에 있던 시간과 사업장 외에서 근로한 시간의 합계 시간) 중에 주 40시간을 초과하는 시간이 월 100시간을 넘는 경우에는 의사에게 **면접지도**를 받는 것이 회사(사업자)에게 벌칙과 함께 의무화되어 있다(노동안정위생법 제66조의8의4, 120조).

보론 51

- **연수입 요건의 필요성**

화이트칼라 이그젬션(고도 프로페셔널(전문가)제도)의 적용대상자의 연수입의 요건을 얼마로 할 것인지는 이론상 그 금액의 결정은 어렵고, 원래 연수입의 요건의 필요성도 불명확하다.

우선, 고연봉 근로자는 보호할 필요성이 낮아서 근로시간 규제의 적용제외해도 좋다고 생각할 수 있다. 일본 하급심 판결에서 **월급 약 180만 엔**인 고수입의 근로자가 가산임금을 기본급으로 편성하는 합의를 종전의 판례에서 요구한 요건이 충족되지 않았는데도 유효하다고 판시하고 있다(モルガン・スタンレー・ジャパン사건 · 東京地判 2005.10.19. 労判 905호 5면). 학설은 위 판결을 비판도 하지만, 이것은 판례에 위반한다는 이유로 판결의 결론에 공감하는 견해도 많다.

그러나 고연봉만으로 보호할 필요성이 낮다고 논의하면 근로시간 외에도 **산업재해** 등에서도 유사하게 논의할 수 있다. 적어도 노동법학에서 고연봉자는 노동법의 강행적 보장을 하지 않는다는 주장은 거의 들은 적이 없다(또한, 연수입의 요건이 설정된 사례로서, 근로계약 기간의 상한 특례에 관한 '노동기준법 제14조 제1항 제1호에 따른 후생노동부장관이 정하는 기준' 제5항을 참조). 다만, 높은 연수입이 **교섭력의 대등성**의 표상이라면, 노동법의 규제를 제외하는 정당한 이유가 될 수 있다.

교섭력 대등성의 판정기준으로 연수입이 적절한 지 문제된다. 미국법에서는 화이트칼라 이그젬션에서 연수입 요건이 있다. 그 취지는 반드시 명확하지 않다(주 455달러의 수준은 결코 높지 않다). (ⅰ) 교섭력의 대등성을 제시하는 연수입 수준의 결정이 불가능하다는 점, (ⅱ) 연수입이 성과형 임금이라면 변동적이기에 적용제외라는 중요한 사항을 결정하는 매우 불안정한 기준이라는 점 등으로 연수입의 요건에는 신중할 필요가 있다. 반면에, 교섭력의 대등성은 고용주의 정보 제공이나 제대로 설명한다면 근로자의 자기결정을 기반으로 정비할 것인지 관점에서 검토할 여지는 있다(大内 2013(a)). 참고로 미국의 경우 구체적으로 (ⅰ) 4만 7,476달러(주급 913달러) 이상, (ⅱ) 봉급 베이스로 급여를 받고, (ⅲ) 경영/전문/관리직 직무를 수행하는 자나 비육체적 근로를 하는 연봉 13만 4,004달러 이상인 자에게 초과근로가 인정되지 않는다. 위의 (ⅱ)의 대표적인 특징은 결근을 해도 급여가 감소하지 않는다.

그리고 한국에는 이러한 면제근로자제도가 없다. 면제근로자는 모든 관리감독, 사무, 영업, 연구개발직은 연봉액에 관계없이 하고, 다른 직종 중에서는 연봉 상위 20%의 근로자로 하자는 제언도 있다(남성일 외 9인 공저, 한국의 노동 어떻게 할 것인가, 서강대출판부, 2007, 365－384면).

보론 52

• **장시간근로의 시정**

일본의 근로시간제도와 관련해 정부는 '**규제의 탄력화**'와 병행해 '**규제의 강화**'를 목표로 검토해 왔다.

현행 근로시간의 규제는 '**36협정**'과 '**할증임금의 지급의무**'를 통하여 장시간근로를 억제해 왔다. 일본의 경우 실제로 근로자의 장시간근로에 따른 건강장애 문제는 개선되지 않았다. 여기에는 '36협정'에 따른 체크시스템이 불완전하게 기능하고, 또한 '할증임금제도'는 오히려 근로자를 장시간근로로 유도하는 기능을 가지고 있다는 문제가 있었다.

그래서 이것과는 다른 새로운 근로시간의 규제를 주목할 필요가 있다. 이것이 「EU(유럽연합)[34]법」을 참고로 한 '근로시간의 절대적인 상한을 정하는 규제'와 '1일 단위에서 휴식시간의 확보를 정하는 근무간 인터벌'(interval, 연속휴식시간)이다(EU법에서는 할증임금제도는 없다[다만, 회원국에서 임의로 도입할 수 있다]). 이것은 실제로 '**고도 프로페셔널(professional)제도**'의 적용대상자에 대한 건강을 확보하는 조치의 하나의 선택지로 열거하고 있다. 하지만, 오히려 일반 근로자에 대한 신근로시간의 규제로서 도입할 필요가 있다(자유로운 근무방식의 근로자에게는 이러한 조치를 의무화할 필요가 없다).

구속적인 근무방식의 근로자에 대한 보다 효과적인 근로시간의 규제는 근로자의 '**생산성의 향상**'과 '**일 가정의 양립**(work－life balance, 워라밸)**의 실현**'에 이바지한다는 의미에서 조속히 도입할 필요가 있다. 장시간근로의 시정은 2016년 8월 3일에 출범한 제3차 아베신조 제2차 개조된 내각의 중요한 정책과제로 되어 있다.

34) ＜역자주＞ **유럽연합** : 제2차 세계대전 이후 서유럽의 정치구조가 변화하는 과정의 일환으로 1958년 유럽경제공동체(EC)가 설립되었다. 유럽

(4) 시간외 · 휴일근로의 요건 – 36협정 등

적용제외의 대상이 아닌 일반 근로자에게 법정 근로시간이나 휴일의 원칙을 넘어 시간외 · 휴일근로를 하게 하는 경우에는 법률상 정해진 방법을 취하고 할증임금을 지급해야 한다.

시간외 · 휴일근로를 가능하게 하는 방법으로 노동기준법은 ① 재해, 그 밖에 피할 수 없는 사유로 임시의 필요가 있으며, 노동기준감독서장이 이를 허용하는 경우(제33조)와, ② 사업장의 과반수 대표와 노사협정(이른바 **'36협정'**)을 체결하고, 이것을 노동기준감독서장에게 신고했을 경우(제36조)라는 두 가지 방법을 규정하고 있다. ①는 실무상 돌발적인 기계의 고장이나 응급의 발생 등 인명과 공익을 지키기 위해 필요한 경우로 제한하고 있다. 실제로는 ②는 36협정 체결 · 신고 방법으로 폭넓게 시간외 · 휴일근로를 행하고 있다.

2018년 일하는 방식 개혁 관련 법은 이 '36협정에 따른 시간외 근로'에 대하여 법률상 '벌칙을 붙여' 상한을 설정하는 법을 개정하였다. **개정 전의 노동기준법**에서는 법정 근로시간을 넘는 시간외 근로에 대하여 절대적인 상한 시간을 규정하고 있지 않고, 36협정을 체결하면 여기서 노사가 정한 범위 내에서 시간외 · 휴일근로를 행할 수 있었다. 이에 대한 **일하는 방식 개혁 관련 법**은 근로자

의 통합을 위해서는 민족주의를 지야하는 게 중요했다. 서독은 프랑스의 양보 요구를 기꺼이 받아들임으로써 애초 계획대로 프랑스를 다시 영입하는 데 성공했다. 시간이 흐르면서 유럽경제공동체의 회원국은 늘어났고 포부도 커졌다. 일례로 1992년 마스트리히트에서 결의된 유럽의 정치 · 경제 통합을 실현하기 위해 유럽연합 조약(1993.11. 발효)을 통해 취지가 달라진 만큼 이름도 새로워진 '유럽연합'(EU)이 유럽 12개국의 연합 기구로 탄생했다. 기존의 유럽 공동체(EC)를 기초로 했으나, EC와는 별도로 유럽 통합 일정을 추진하였다. 또한 1999년에는 유럽연합 회원국 대부분의 무역 통화로서 공용 화폐 '유로'가 탄생했다. 게다가 공산주의 이후 신질서에 편입되는 방법으로 더 많은 동유럽국가들이 유럽연합에 가입했다.

의 건강 확보, 노동생산성의 향상, 일과 가정의 조화(워라밸)의 개선 등을 도모하기 위하여 노동기준법 제36조를 개정하고 벌칙을 붙여 시간외 근로의 제한시간을 설정한 것이다.

구체적으로는 ① 법정 근로시간을 넘는 시간외 근무의 한도시간을 원칙적으로 월 45시간, 연 360시간으로 하고, ② '특례'로서 임시적인 특별한 사정이 있을 경우에 노사협정(특별조항)의 상한시간(①)를 넘을 시간을 정할 수 있다. 하지만, 이 경우에도 ⓐ 시간외 · 휴일근로를 시킬 수 있는 시간을 1개월 100시간 미만, 또한 2개월에서 6개월 평균 모두 80시간 이내로 하고, ⓑ 1년에 대하여 시간외 근로를 하게 할 수 있는 시간을 720시간 이내로 하고, ⓒ 시간외 근로가 월 45시간을 넘길 수 있는 월수를 1년에 대하여 6개월 이내로 한다고 하였다. 36협정 및 특별조항을 체결할 경우에는 이들 기준을 모두 충족해야 하며, 실제로 시간외 · 휴일근로를 시킬 때에는 36협정 및 특별조항에 기재한 범위 내에서만 이를 행할 수 있다.

또한 회사가 근로자에게 구체적으로 시간외 · 휴일근로를 명령하려면 **36협정 체결 · 신고 등** 법률상의 요건을 충족하고, 취업규칙 등으로 시간외 · 휴일근로를 행할 의무를 근로계약상 설정할 필요가 있다.

보론 53

• 일본의 36협정 및 한국의 연장근로 등

(1) 일본에서는 연장근로의 사유를 제한없이 어떠한 경우에 어느 범위까지 연장근로를 인정하는가에 대하여 36협정의 '**노사협정**'에 위임하고 있다. 노동기준법 제36조에 규정해 '**36협정**'이라 한다. 이른바 '36협정'은 과반수대표와 고용주 사이에 체결해, 고용주가 이를 근로기준감독서장에게 신고하면 연장근로를 시켜도 노동기준법에 위반되지 않아 벌칙을 적용하지 않는다. 이에 36협정에는 '**면벌적 효력**'이 있다고 말한다. 36협정을 체결한 주체인 '**과반수대표**'란 그 사업장에서 근로자의 과반수로 조직된 노동조합이 있으

면 그 노동조합(과반수 노동조합), 또한 그러한 노동조합이 없는 경우에는 근로자의 과반수를 대표하는 자(과반수대표자)를 말한다.

중소기업 등에서는 노동조합이 대부분 없기 때문에 과반수대표자를 선출하고 있다. 노동기준법을 제정할 당시에 36협정을 체결한 주체로서 상정한 것은 '노동조합'이었다. 연장근로에 '백지 위임'의 형태로 노사관리를 맡긴 노동기준법은 근로자 측의 대표로서 노동조합을 매우 신뢰하였다고 볼 수 있다. 제2차 세계대전 후에 노동조합 조직률의 정점은 1949년에 55.8%에까지 이르렀다.

1947년 노동기준법을 제정할 당시에는 근로자의 대표자로 '노동조합'을 삼는 것에 현실성이 있었다. 과반수의 요건은 민주적 대표라고 생각했기 때문이다. 한편으로 '과반수대표자'는 거의 논의하지 않았던 것 같다. 과반수대표자는 법 규정의 문언대로 과반수 노동조합이 없는 경우에 보충하는 것에 불과하고, 그 근로자 대표로서의 적격성 등 후에 문제될만한 논점은 의식하지 못하였던 것 같다. 36협정은 한국에는 없는 규정이다.

(2) 한국의 경우 2018년 3월에 개정된 근로기준법상 근로시간 단축과 관련해, (ⅰ) 연장·휴일근로 포함 1주 최대 52시간 실시(기업규모별 단계적 시행), (ⅱ) 30인 미만 사업장은 추가 연장근로 한시적 적용(주 60시간 인정)(2021.7.1.−2022.12.31.), 또한, 2020년 12월 개정된 근로기준법상 특별연장근로 인가제도 건강보호 조치(제53조 제4항) 등을 포함했다(2021.4.6. 시행). 근로자 건강보호조치는 ① 특장연장근로 시간을 1주 8시간 이내로 운영, ② 근로일 종료 후 다음 근로일 개시 전까지 연속 11시간 이상 휴식시간 부여, ③ 특별연장근로 도중 또는 종료 후 다음과 같이 연속 휴식시간 부여. (1주 미만) 특별연장근로 종료 후 특별연장근로 시간만큼 휴식시간 부여, (1주 이상) 1주 단위로 1일(24시간) 이상의 연속 휴식 보장.

보론 54

• 36협정의 한도 시간의 승격

노동기준법의 규정으로 36협정에서 설정할 수 있는 연장 근로 시간수의 제한은 없었지만, 행정지도를 할 경우에 목표시간은 있었다. 이것이 실무상 연장근로의 상한 기능을 가지고 있었다. 그 후

'기획업무형 재량근로제'가 도입된 1998년 노동기준법을 개정할 당시에 '교환조건'으로서 연장근로의 규제를 강화하기 위하여 목표시간과 이에 따른 행정지도에 법적 근거를 두었다(노동기준법 제36조 2항~4항(신설)). 이것이「노동기준법 제36조 제1항의 협정에서 정한 근로시간의 연장 한도 등에 관한 기준」(1998.12.28. 노동성 고시 제154호)(한도 기준)이다. 여기서 36협정에서 정할 수 있는 연장근로의 상한(한도 시간)을 명문화하였다.

〈노동성 고시의 한도 시간〉

기간	한도 시간
1주간	15시간
2주간	27시간
4주간	43시간
1개월	45시간
2개월	81시간
3개월	120시간
1년	360시간

이 법개정으로 일본에서 연장근로의 상한을 설정한 것처럼 보인다. 하지만 여기서 채택한 규제방법의 특징은 다음과 같다. 첫째, 한도 시간은 노동기준법의 명문 규정이 아니라, 노동기준법에 의한 노동성대신(勞動省大臣－당시, 현재는 '후생노동성대신', 한국은 '고용노동부장관'에 해당)이 책정하는 고시에 두고 있을 뿐이다. 이것은 한도 기준에 대해서는 노동기준법이 강한 이행확보(enforcement) 구조를 적용하지 않는다는 의미이다. 둘째, 위의 첫째 사항과도 관련해 노동기준법은 이 한도 기준에 노사가 36협정을 체결함으로 그 한도 기준에 적합한 것이 '되도록 해야 한다'고 규정할 뿐이다(제36조 3항). '해야 한다'라는 문언을 의식적으로 회피해 한도 기준에는 엄격한 의미에서 강제력이 발생하지 않도록 하고 있다. 예를 들어 1개월의 한도 시간인 45시간을 초과하는 연장근로를 36협정에서 설정한 것은 한도 기준에 위반이지만, 이것이 법적 무효는 아니다. 셋째, 그 대신에 행정관청(근로기준감독서장)이 한도 기준에 관하여 36협정을 체결하는 노사에게 필요한 조언이나 지도를 할 수 있는 자로 하였다(제36조 4항). 한도 기준의 준수는 지금처럼 행정지도로 실현하도록 하였다. 넷째, 이 한도 기준에는 예

외가 있다. 즉 한도 기준은 절대적인 상한이 아니다. '**특별조항이 있는 협정**(特別条項付き協定)'을 체결하면, 한도 시간을 초월해 근로시간을 연장해야 하는 특별한 사정이 있는 경우에 한도 시간을 초과해 근무시켜도 좋다는 것이다. 2003년 개정에서 '특별한 사정'은 '임시적인 것에 한정한다'고 되어, 통달에서는 '일시적 또는 돌발적으로 연장근로를 할 필요가 있는 것으로, 전체로서 1년의 절반을 초과하지 않는 것을 예상하는 것'으로 규정하고 있다. '특별조항이 있는 협정'에 의한 경우는 연장근로의 상한 기준이 없다. 즉 제한은 임시로 특별한 사정이 있는지 없는지 만이다. **이렇게 보면, 한도 기준 상한의 효과는 거의 없는 것이다.** 이것은 일본법에서는 1998년 노동기준법을 개정한 후에도 근로시간의 '**절대적인 상한**'이 **실제로 없다는** 것을 의미하고 있다.

(5) 시간외 · 휴일 · 심야근로에 대한 할증임금

사용자는 법정 근로시간을 초과한 '시간외 근무'는 **25%**, 법정휴일에 된 '휴일근로'는 **35%**의 할증임금을 지급해야 한다(노동기준법 제37조 제1항 참조).[35] 또한, 시간외 근로가 월 60시간을 초과한 부분은 할증률을 25%에서 **50%**로 인상하였다(제37조 제1항 단서).[36]

35) <역자주> 할증임금의 지급의무에 위반한 경우(연장근로 및 법정근로시간에 위반한 경우도 포함)에 징역 6개월 이하 또는 30만 엔 이하의 벌금이 부과된다(동법 제119조 1호). 또한, 가산임금의 미지급시 근로자가 가산임금을 청구하면 법원은 그 미지급분과 동일한 금액의 지급을 명령할 수 있다(제114조). 이를 '**부가금**'(附加金)이라고 한다(노동기준법 제20조의 해고예고수당, 제26조의 휴업수당 등의 미지급시에도 명령 가능). 즉 배액의 지급명령이다(다만, 사정에 따라 감액하거나 지급을 명령하지 않는 경우는 있다). 부가금은 위법행위가 있던 때부터 **2년**을 지나면 청구할 수 없다. : 한국은 노조의 소멸시효는 '**3년**'이다(근로기준법 제49조).

36) <역자주> 한국 근로기준법 제56조(연장 · 야간 및 휴일 근로) 사용자는 연장근로(제53조 · 제59조 및 제69조 단서에 따라 연장된 시간의 근로)와 야간근로(오후 10시－오전 6시의 근로) 또는 휴일근로에 대하여는 통상임금의 100분의 50 이상을 가산하여 지급하여야 한다(위반시 3년

이 인상된 할증임금 부분은 사업장의 과반수대표와의 노사협정에 근거해 **유급의 '대체휴가'**를 주는 것으로 지급을 대신할 수 있다고 되어 있다(제37조 제3항).[37][38]

또 **오후 10시-오전 5시**(후생노동대신이 필요하다고 인정될 때는 오후 11시-오전 6시)의 시간대에 근로(이른바 **'심야근로(야간근로)'**)를 시킨 경우에는 25%의 할증임금을 지급해야 한다(같은 조 제4항). **시간외근로와 심야근로**가 중복된 경우, 및 **휴일근로와 심야근로**가 중복된 경우에는 할증률은 합산되어 각각 **50%**(월 60시간이 초과한 시간외근로의 부분에 대해서는 **75%**), **60%**의 할증임금을 지급해야 한다(노동기준법시행규칙 제20조 제2항).[39]

보론 55

• 연장근로의 제한

36협정을 체결해도 특정한 범위의 근로자는 연장근로를 제한한다.

첫째, 연소자(만 18세에 미달한 자)는 연장근로를 시킬 수 없다(노동기준법 제60조 1항. 비상 사유에 의한 것은 예외이다). 연소자는 공장법 시대부터 특별한 보호의 대상이었다. 또한 만 15세 이상으로 18세에 미달한 자는 1주 40시간의 범위 내에서 어떤 1일의 근로시간을 4시간 이내로 단축할 경우 다른 날의 근로시간을 10시간까지 연장할 수 있다(제60조 3항 1호).[40]

둘째, 임산부(임신 중인 여성 및 출산 후 1년을 경과하고 있지 않은 여성)가 청구하는 경우 연장근로를 시킬 수 없다(노동기준법 제66조 2항). 휴일근로나 야간근로도 마찬가지이다(제66조 2항 및 3

이하의 징역 또는 2천만원 이하의 벌금/반의사불벌죄(양벌규정)).

37) <역자주> 일본의 **대체휴가제도**는 연차휴가와는 다른 것이고, 최근에 정책을 논의하는 데에서도 언급되는 연장근로에 대한 **'금전보상에서 대체휴일로'의 모델**이 되고 있다.

38) <역자주> 보상휴가 : 사용자는 근로자대표와의 서면합의에 따라 연장/야간/휴일근로에 대해 임금을 지급하는 것을 갈음해 휴가를 줄 수 있다(한국 근로기준법 제57조).

39) <역자주> 1개월의 연장근로시간이 60시간을 초과한 경우 가산율은 75% **이상**이 된다(노동기준법시행규칙 제20조 1항).

항).[41] '여성'에 대한 특별 보호가 1997년 개정으로 '삭제'한 후에도 '임산부의 보호'는 남아 있다.

셋째, 초등학교에 취학하는 시기에 도달하기까지 자녀를 양육하는 근로자는 1개월 24시간, 1년 150시간을 초과하는 연장근로를 거부할 수 있다(육아개호휴업법 제17조 1항).[42] 하지만 사업의 정상적인 운영을 방해하는 경우에는 다르다. 요개호(要介護, 돌봄을 필요로 하는) 상태에 있는 대상가족을 가진 근로자도 마찬가지이다(육아개호휴업법 제18조).

넷째, 3세까지의 자녀를 양육하는 근로자가 청구하면 소정 근로시간을 초과하는 근로를 시킬 수 없다(같은 법 제16조의 8). 이 경우에도 사업의 적정한 운영을 방해하는 경우는 다르다.

위의 셋째와 넷째는 근로시간의 규제를 성인 남녀에 대해서는 공통으로 한 후, 일과 생활의 조화의 관점에서 특히 생활상 니즈(필요)가 있는 자에 한정해 보호를 인정하였다. 첫째와는 달리 근로자의 보호는 근로자가 권리로서 행사한 경우에 인정한다. 또한, 둘째의 경우와 달리 사업의 정상적인 운영을 방해하는 경우에 행사할 수 없다는 점에 특징이 있다.

---

40) <역자주> 한국 근로기준법 제69조(근로시간) 15세 이상 18세 미만인 자의 근로시간은 1일에 7시간, 1주일에 35시간을 초과하지 못한다. 다만, 당사자 사이의 합의에 따라 1일에 1시간, 1주일에 5시간을 한도로 연장할 수 있다(2018.7.1. 시행)(위반시 2년 이하의 징역 또는 1천만원 이하의 벌금(양벌 규정), 제110조 제1호).

41) <역자주> 한국 근로기준법 제70조(야간근로와 휴일근로의 제한) ① 사용자는 18세 이상의 여성을 오후 10시－오전 6시의 시간 및 휴일에 근로시키려면 그 근로자의 동의를 받아야 한다.
② 사용자는 임산부와 18세 미만자를 오후 10시－오전 6시의 시간 및 휴일에 근로시키지 못한다. 다만, 다음 각 호의 어느 하나에 해당하는 경우로서 고용노동부장관의 인가를 받으면 그러하지 아니하다. <개정 2010.6.4.>
1. 18세 미만자의 동의가 있는 경우
2. 산후 1년이 지나지 아니한 여성의 동의가 있는 경우
3. 임신 중의 여성이 명시적으로 청구하는 경우
③ 사용자는 제2항의 경우 고용노동부장관의 인가를 받기 전에 근로자의 건강 및 모성 보호를 위하여 그 시행 여부와 방법 등에 관하여 그 사업 또는 사업장의 근로자대표와 성실하게 협의하여야 한다. <개정

보론 56

- **연장근로와 휴일근로의 중복할증 문제**

(1) 일본에서는 휴일근로가 연장근로와 중첩되어도 가산율은 합산되지 않는다. 연장근로와 야간근로가 중첩된 경우에 가산율을 합산하는 것은 시간의 길이에 따른 가산 원인과 시간의 위치(시간대)에 따른 가산 원인이 중복하고 있기 때문이다. 휴일근로와 연장근로는 동일한 가산 원인이므로 합산하지 않는다(荒木尚志, 「労働法」, (第3版), 有斐閣, 2016, 166－167면, 1947.11.21. 基發 366호, 1958.2.13. 基發 90호, 1994.3.31. 基發 181호). 휴일근로 중에 1일 8시간을 초과하는 근로한 경우는 휴일 근로에는 그 규제만 미치며, 시간외근로의 규제는 미치지 않으므로, 8시간을 초과한 부분은 35% 이상의 할증률이면 가능하게 된다. 또한 1개월 60시간을 초과한 시간외근로는 설정된 50% 이상의 특별할증률과의 관계에서는 1개월 시간외 근로시간수에 산입해야 하는 시간외근로에는 법정휴일에서의 근로에는 포함되지 않지만, 법정휴일이 아닌 소정휴일에서의 시간외근로는 포함된다(菅野和夫, 『労働法』(第10版), 弘文堂, 2012, 359면).

(2) 이 문제는 한국에서 매우 뜨거운 쟁점이었다. 현행 근로기준법 규정은 휴일근로의 연장근로 포함 여부에 대한 명확한 규정이 없었기 때문이다. 종전에는 행정해석은 8시간 초과 부분에 대해서도 중복할증을 부정하는 입장(연장근로수당만 지급)이었으나, 1991년 대법원 판결에 따라 1993년 행정해석이 변경되었다(1993. 5.31., 근기 01254－1099). 2000년 이후 일부 하급심에서 휴일근로 중복할증 인정에 대하여 ① 휴일근로 중복할증 여부 ② 1주 근로

2010.6.4.>(위반시 500만원 이하의 벌금(양벌규정)).
* 제70조 제1항, 제2항 위반시 벌칙(2년 이하 징역 또는 1천만원 이하의 벌금(양벌규정)).

42) <역자주> 한국 근로기준법 제19조의3(육아기 근로시간 단축 중 근로조건 등) ③ 사업주는 제19조의2에 따라 육아기 근로시간 단축을 하고 있는 근로자(만 8세 이하 초등학교 2학년 이하의 자녀(입양한 자녀 포함)을 양육하기 위함)에게 단축된 근로시간 외에 연장근로를 요구할 수 없다. 다만, 그 근로자가 명시적으로 청구하는 경우에는 사업주는 주 12시간 이내에서 연장근로를 시킬 수 있다.(위반시 500만원 이하의 과태료).

시간 한도에 관한 엇갈린 판결이 존재하고 있다. 학설도 중복가산 부정설 및 중복가산설의 대립이 있었다. 이와 관련된 대법원 관련 판결이 대법원 '소부'에서 '전원합의체'로 바뀌어 계류 중에 있다.

2018년 개정 근로기준법은 당사자간 합의에 의한 연장근로에 휴일근로가 포함된다는 입장에서 1주는 7일을 말한다고 명시하는 한편, 휴일근로수당은 연장근로수당 지급규정에 '불과하고' 8시간 이내의 휴일근로에 대해서는 통상임금의 50%, 8시간을 초과하는 경우에는 100% 이상을 지급하도록 규정했다(공포 즉시 시행, 2018. 3. 20.). 8시간 이내의 휴일근로가 연장근로의 성격을 가지는 경우에도 통상임금의 50%를 중복 가산할 필요가 없음을 명시한 것이다. 따라서 휴일근로에 대한 가산임금 지급방법에 관한 법해석론상의 다툼을 입법적으로 해소하였다.

이렇게 법을 개정한 후의 판결인 대법원(전합) 판결도 같은 입장을 판시하였다. 대법원(재판장 대법원장 김명수, 주심 대법관 김신)은 2018. 6. 21. 구 근로기준법상 1주 40시간을 초과하여 이루어진 8시간 이내 휴일근로는 연장근로에 해당하지 않으므로 휴일근로에 따른 가산임금 외에 연장근로에 따른 가산임금을 중복하여 지급할 것은 아니라고 판단해, 이와 다른 취지의 원심을 파기(일부)하는 내용의 전원합의체 판결을 선고했다(대법원 2018. 6. 21. 선고 2011다112391 전원합의체 판결). 이러한 다수의견에 대해서 5명(대법관 김신, 김소영, 조희대, 박정화, 민유숙)의 반대의견이 있었다. 당시 대법원은 분쟁의 법률적 중요성과 판단의 사회경제적 영향력 및 개정 근로기준법을 고려해 개정법의 규율내용과 조화로운 해석을 도모했다. 개정법이 규정한 주 52시간제(1주 최대 근로시간을 의미함)가 사업장 규모별로 순차적으로 적용될 수 있게 되었다.

(6) 법정 근로시간의 유연화 – 탄력적 근로시간제와 선택적 근로시간제

이상에서 살펴본 근로시간 규제의 원칙적인 구조를 유연화하기 위한 특별한 제도를 노동기준법에 규정하고 있다. 하나는 탄력적

(변형) 근로시간제, 선택적 근로시간제 등 법정 근로시간의 구조를 유연화하는 제도이며, 다른 하나는 재량근로제 등 근로시간의 산정방법에 대한 특칙이다.

전자의 '법정 근로시간의 구조를 유연화하는 제도'로서 ① 3가지 탄력적 근로시간제(변형근로시간제), ② 선택적 근로시간제(플렉스타임제)가 있다.

① **'탄력적 근로시간제'**는 근로시간을 일정 기간에 평균 주 40시간을 넘지 않으면 시간외 근로는 없다고 하는, 즉 1주 또는 1일의 법정 근로시간의 규제를 해제하는 제도이다. 예를 들어 탄력적 근로시간제의 단위기간을 4주로 한 경우 월말 주의 소정 근로시간(계약상 근로시간과 정해진 시간)을 45시간 하더라도 그 다른 주의 소정 근로시간을 짧게 4주간에서 160시간을 넘지 않게 하면, 월말 주의 주 40시간을 초과한 부분도 시간외 근로로 되지 않는 것으로 하고 있다.

현행 노동기준법은 1개월 단위(제32조의2), 1년 단위(제32조의4), 1주간 단위(제32조의5)의 3개의 탄력적 근로시간제를 규정하고 있다.[43] (ⅰ) 이 중에 표준형은 **'1개월 단위의 탄력적 근로시간제'**이

---

43) <역자주> **법정근로시간제도의 유연화제도 동향** : 탄력적 근로시간제도는 산업의 서비스화 등 여건 변화와 근로자 개개인의 다양한 필요에 대응해 집중적으로 근로하거나 쉬는 불규칙적인 근로형태가 확산되고 있다. 주로 업무의 번한이라는 사용자 측의 사정·필요에 따라 근로시간을 획일적으로 배분하는 제도이다. 세계적인 입법 추세에 따라 일정한 기간 동안의 평균적인 근로시간으로 규제하는 유연한 제도를 도입한 것이다. 선진국의 입법 추세는 법정근로시간 및 실근로시간을 단축함으로 탄력적 근로시간의 단위기간을 늘리는 추세를 나타내고 있다.

한국은 2주 단위(48시간 한도, 취업규칙) 및 3개월 단위(52시간 한도, 근로자대표와의 서면합의)의 탄력적 근로시간제의 2가지가 있다(근로기준법 제51조 제1항, 제2항). 2018년 3월 개정 근로기준법에서는 "고용노동부장관은 2022년 12월 31일까지 탄력적 근로시간제의 단위기간 확대 등 제도개선을 위한 방안을 준비해야 한다"(부칙 제3조)고 규정한 바, 경제사회노동위원회 산하 근로시간제도개선위원회는 2019. 2. 19. 주 최대 52시간 제도의 현장 안착을 위한 6개월 단위의 탄력적 근로시간제도

다. 이것은 사업장의 과반수대표와의 노사협정 또는 취업규칙에 따른 단위기간의 각주 · 각일의 소정 근로시간을 구체적으로 특정해 도입할 수 있다. 이에 대한 (ii) **'1년 단위의 탄력적 근로시간제'**는 탄력적 기간이 장기이기 때문에 취업규칙이 아니라 과반수대표와의 노사협정을 통해서만 도입할 수 있다. 또한 1일 10시간, 1주 52시간 등의 근로시간 상한도 설정되어 있다. 또 (iii) **'1주간 단위의 탄력적 근로시간제'**(예를 들어 월요일 · 화요일에 6시간, 금요일은 8시간, 토요일 · 일요일은 10시간 등 각 주마다 유연하게 변동하게 하는 것)는 소규모의 여관 · 음식점 등 사전에 근로시간을 특정할 수 없는 사업을 상정한 제도이다. 그 예측하기 어려운 성격 때문에 과반수대표와의 노사협정을 통해서만 도입할 수 있다. 1일 10시간의 근로시간의 상한이 설정되어 있다.

② **'선택적 근로시간제'**(플렉스 타임제, 자유출퇴근제)란 정산기간과 그 기간의 총근로시간(주 평균 40시간 이내)을 규정하고, 근로자에게 시업 · 종업시간의 결정을 맡기는 제도이다(제32조의3, 제32조의3의 2).[44] 여기서 각각의 일에 몇 시부터 몇 시까지 일할지를 근로자의 자유로운 선택에 맡기는 대신에, 어느 날 및 어느 주에 법정 근로시간을 초과해도, 정산기간에 법정 근로시간의 총범위(예를 들어 정산기간이 4주간의 경우 160시간)를 넘지 않으면 시간외 근로로 취급

개선에 합의했다. 제20대 국회 계류법안은 회기만료로 폐기되었다. 그 후 2020.12.9. 제20대 국회 본회의에서 6개월 단위의 탄력적 근로시간제가 통과되었다(2021.4.6. 시행, 다만 5−49인 사업장은 2021.7.1. 시행). 외국의 입법례로 선진국의 경우 주40시간제 도입시 탄력적근로시간제 1년으로 도입하였다. 현행 비교법으로서도 미국, 일본, 프랑스는 1년, 독일은 6개월(다만, 노사합의로 그 이상이 가능)이다.

44) <역자주> 일본의 선택적 근로시간제는 **원래는 4주 단위의 탄력적 근로시간제의 한 형태**였다. 하지만, 1987년 노동기준법의 개정을 통하여 독립한 제도이다. 하지만 규제가 엄격하기 때문에 그 정도로 보급하지 못하고 있다. 유연한 근무방식의 전통적인(orthodox) 것은 선택적 근로시간제이지만, 과잉 규제가 보급을 방해하고 있다. 대상 근로자의 개성과 편의에 따라 자유롭게 출퇴근하도록 허용하는 제도이다.

하지 않는 것이다. 종래에는 이 선택적 근로시간제의 정산기간은 1개월을 상한으로 하였다. 하지만 2018년 일하는 방식 개혁 관련 법은 이를 '3개월'로 연장하고 더 유연하게 선택적 근로시간제를 이용할 수 있도록 하였다.[45] 다만, 정산기간이 1개월이 넘는 선택제 근로시간제에서 1개월의 근로시간이 1주 평균 50시간을 넘는 경우에는 그 초과 부분은 법정 시간외 근로와 1개월마다 할증임금을 지급해야 한다고 한다.

(7) 근로시간의 산정방법의 특칙 – 근로시간 산정방법의 간주제

근로시간의 산정은 실제로 일한 시간(실근로시간)을 행하는 것이 원칙이다. 근로자가 여러 직장(사업장)에서 취업하는 경우에는 근로시간은 통산해 계산한다(노동기준법 제38조 제1항). 탄광이나 터널 내에서 근로할 경우에는 그 장소적 특수성으로 근로자가 갱구(坑口)에 들어간 시각(時刻, 시간의 한 점)부터 갱구를 나온 시각까지 시간을 휴게시간을 포함하여 근로시간으로 간주하고 있다(제38조 제2항).[46]

---

45) <역자주> 한국의 경우도 선택적 근로시간제는 근로자가 출퇴근 시각 및 1일의 근로시간을 자율적으로 결정할 수 있는 제도로, 업무 몰입도에 따라 일정기간 집중 근무가 불가피한 측면이 있고, 업무수행에 있어 근로자의 자율적 시간선택권이 중요한 연구개발 업무에 적합한 제도라 할 수 있다. 한국의 선택적 근로시간제는 정산기간은 '1개월 이내'의 일정한 기간으로 정해야 한다(근로기준법 제52조). 선택적 근로시간제의 확대로서 신제품 개발 등 집중근무가 요구되는 IT, R&D 게임 관련 업종에 대해서는 선택근로제의 정산기간을 현행 1개월에서 '3개월'로 연장할 필요가 있다고 주장하기도 한다. 그 후 2020. 12. 9. 제20대 국회 본회에서 근로기준법 개정시 선택적 근로시간제와 관련해 '신상품 또는 신기술의 연구개발 업무의 경우' 그 정산기간을 현행 1개월에서 최대 3개월로 확대하면서, 근로자의 건강권 보호를 위해 근로일 간 11시간 연속휴식제를 의무화하고, 임금손실 방지를 위해 정산기간 매 1개월마다 1주 평균 40시간을 초과하는 경우 가산임금을 지급하도록 하였다(2021.4.6. 시행, 다만 5－49인 사업장은 2021.7.1. 시행).

46) <역자주> 지하작업의 입 · 출갱시간 : 한국에서는 종전에는 근로기준법

노동기준법은 이 실근로시간에 따른 근로시간 산정의 예외로서 실제로 몇 시간을 근로했는지에 관계없이 일정한 시간을 근로했던 것으로 간주한다는 제도를 규정하고 있다. 이 근로시간의 간주제에는 ① **'사업장외 근로간주제'**와 ② **'재량(裁量)근로간주제'**라는 두 가지가 있다.

① **'사업장외 근로간주제'**는 근로자가 사업장 밖에서 업무에 종사해 '근로시간의 산정이 어려운 경우'에 일정한 시간을 근로한 것으로 간주하는 제도이다(제38조의2).[47] 예를 들어 외근 영업, 보도 기자, 출장 등의 경우에 이용한다. 일했다고 간주하는 시간은 원칙적으로 '소정 근로시간'으로 하지만, 그 업무를 수행하는데 소정 근로시간을 초과해 통상 근로할 필요가 있는 경우에는 통상 필요한 시간을 근로한 것으로 간주된다. 예를 들어 소정 근로시간이 1일 7시간 30분으로 되어 있는 회사에서 출장을 나왔을 경우에 출장에 있어 1일 7시간 30분을 초과해 10시간 근무할 필요가 있는 사정이 있다면 그 날은 10시간을 근로한 것으로 간주되고, 반대로 이러한 특별한 사정이 없다면 출장 중에도 1일 7시간 30분을 근로한 것으로 간주된다. 소정 근로시간을 초과해 근로할 필요가 있는 경우에는 통상 필요한 시간(위의 사례에서는 10시간)은 사업장의 **'과반수대표'**와 **'노사협정'**[48]으로 정할 수 있다.

과 시행령은 지하작업에 대한 1일 법정근로시간을 6시간으로 하되, 입·출갱시간은 근로시간에 포함되지 않는다고 규정했다. 그 후 1990년 근로기준법과 시행령 및 산업안전보건법은 1일 법정근로시간을 8시간으로 늘리되 입·출갱시간에 대한 규정은 삭제했다. 판례의 입장은 근로시간에 포함한다고 판시했다(대법원 1992.2.25. 선고 91다18125 판결 ; 대법원 1994.12.23. 선고 93다53276 판결).

47) <역자주> 한국에서는 '외근 간주시간제'라고 한다. 근로자가 출장이나 그 밖의 사유로 근로시간의 전부 또는 일부를 사업장 밖에서 근로해 근로시간을 산정하기 어려운 경우에는 소정근로시간을 근로한 것으로 보며, 다만 그 업무를 수행하기 위하여 통상적으로 소정근로시간을 초과해 근로할 필요가 있는 경우에는 그 업무의 수행에 통상 필요한 시간을 근로한 것으로 본다(근로기준법 제58조 제1항).

보론 57

• **사업장밖 근로의 간주근로시간제**

근로자의 근무지가 사업장 밖에 있는 경우(외근 근로자 등)에는 근로시간을 산정하기 어려운 점이 있다. 이러한 경우에 노동기준법은 소정 근로시간을 근로한 것으로 본다. 즉 실근로시간을 계산하지 않아도 좋다. 또한 그 업무를 수행하기 위하여 통상 소정 근로시간을 초과해 근로하는 것이 필요한 경우에는 그 업무의 수행에 통상 필요하다고 간주(인정)하는 시간을 근로한 것으로 본다. 하지만, 이 근로시간은 과반수대표와 노사협정으로 결정할 수도 있다(제38조의 2).

휴대폰이 널리 보급된 오늘날 사업장 밖에 취업라도 고용주는 대부분은 근로자에게 구체적인 지휘명령을 할 수 있다. 이에 이러한 제도의 적용 요건인 '근로시간을 산정하기 어려운 경우'에 맞는 사례는 거의 없다고 생각된다.

최근의 판례에서는 '해외여행의 안내가이드'도 '근로시간을 산정하기 어려운' 경우에 해당되지 않으므로, 실근로시간을 계산해야 한다고 판단하였다(한큐트래블서포트[제2]사건(阪急トラベルサポート[第2]사건<最2小判 2014.1.24, 最重判110>)).

후생노동성의 「2014년 취로조건 종합조사」에 따르면, 이 제도를 도입한 기업의 비율은 11.3%이다.

사업장 밖 간주근로시간제는 '근로시간을 산정하기 어려운' 경우를 전제로 한 제도이면서, 산정하기 어려운 실제의 근로시간수(그 업무의 수행에 통상 필요하다고 간주되는 근로시간수)에 가까운 구조로 된 부분에 근본적인 모순이 있다. 적어도 노사협정에서 근로시간을 정할 수 있도록 하고(간주제), 노사협정이 없는 경우에만 그 근로자가 속한 사업장의 소정 근로시간을 근로시간으로 간주하는 제도로 하는 등의 개정을 검토할 필요가 있다.

48) <역자주> 여기서 '노사협정(勞使協定)'은 한국에서는 '서면합의'라고도 한다. 다만 노사협정은 원래 노사협의회 노사위원 사이에 합의된 협정(의결된 사항 포함)을 말하는 것이기에 근로기준법의 특유한 협정으로 구분하려면 '시간협정'(근로시간 · 휴가에 관한 것이라는 의미) 또는 '51협정'(제51조에서 규정된 협정의 의미)로 부를 수 있다.

② '**재량근로 간주제**'는 업무 수행시 근로자에게 큰 재량을 인정하는 것에 대하여 실근로시간과 관계없이 일정한 시간을 근로한 것으로 간주하는 제도이다. 예를 들어 이 제도를 적용받으면 실제로 일한 시간이 주 20시간이라도, 주 60시간이라도 일정한 시간(예를 들어 주 40시간)만 일한 것으로 간주한다. 이 제도의 종류에는 (ⅰ) '연구개발'과 '시스템 엔지니어' 등 전문직 근로자를 대상으로 한 '**전문업무형 재량근로제**'(제38조의3),[49] (ⅱ) 사업의 운영에 관한 기획 · 입안 · 조사 · 분석 업무를 수행하는 일정한 범위의 화이트칼라(사무직) 근로자를 대상으로 한 '**기획업무형 재량근로제**'(제38조의4)가 있다. 이 중에 전자인 '**전문업무형 재량근로제**'는 후생노동성령을 통하여 그 대상업무를 한정적으로 열거하고 있다(노동기준법 시행규칙 제24조의2의 제2항).[50] 이에 대하여 후자인 '**기획업무형 재량근로제**'는 그 대상업무를 "사업의 운영사항에 대한 기획, 입안, 조사 및 분석의 업무"라고 **추상적으로 규정**하고 있을 뿐이다. 여기서 후자는 그 사정과 운용이 너무 확산되는 것을 억제하기 위해서 단순한 사업장의 과반수대표와의 노사협정이 아니라, 그 사업장 노사반수(半數) 구성의 '**노사위원회**'를 설치해 그 **5분의 4** 이상의

---

49) <역자주> 한국에서는 '재량근로 간주시간제'라고 한다(근로기준법 제58조 제3항). 서면합의의 내용은 '1. 대상 업무, 2. 사용자가 업무의 수행 수단 및 시간 배분 등에 관하여 근로자에게 구체적인 지시를 하지 아니한다는 내용, 3. 근로시간의 산정은 그 서면 합의로 정하는 바에 따른다는 내용'을 규정하고 있다.

50) <역자주> 한국에서의 재량근로의 대상업무는 "1. 신상품 또는 신기술의 연구개발이나 인문사회과학 또는 자연과학분야의 연구 업무 2. 정보처리시스템의 설계 또는 분석 업무 3. 신문, 방송 또는 출판 사업에서의 기사의 취재, 편성 또는 편집 업무 4. 의복 · 실내장식 · 공업제품 · 광고 등의 디자인 또는 고안 업무 5. 방송 프로그램 · 영화 등의 제작 사업에서의 프로듀서나 감독 업무 6. 그 밖에 고용노동부장관이 정하는 업무"를 규정하고 있다(시행령 제31조. <개정 2010.7.12.>)(재량근로의 대상업무[시행 2011.9.23.] [고용노동부고시 제2011-44호, 2011.9.23., 일부개정]

다수로 결의하는 가중된 요건에서 도입할 수 있다.

또한, 재량근로간주제에서 너무 일하는 것이나 제도의 남용을 방지하기 위해 근무상황의 파악을 포함한 건강의 확보를 위한 조치나 고충처리 조치를 강구할 것을 노사협정사항 또는 노사위원회의 결의사항으로 요구하고 있다. 또 기획업무형 재량근로제는 제도를 적용할 경우에 해당하는 근로자의 개별적인 동의를 얻을 필요가 있는 것, 및 동의를 하지 않았던 근로자에게 불이익한 취급을 하지 않는 것을 노사위원회의 결의사항으로 하고 있다.

〈도표 8〉 전문업무형 재량근로제의 대상업무

(노동기준법시행규칙 24조의2의 2 제2항, 1997.2.14. 노동성 고시 제7호 ; 2003.10.22. 후생노동성 고시 제354호)

- 신상품 · 신기술의 연구개발 업무
- 인문과학 · 자연과학의 연구 업무
- 정보처리시스템의 분석 · 설계 업무
- 신문 · 출판업에서 기사의 취재 · 편집 업무
- 방송프로그램 제작을 위한 취재 · 편집 업무
- 의복 · 실내도장 · 공업제품 · 광고 등의 새로운 디자인 고안 업무
- 방송프로그램 · 영화 등의 제작 사업에서의 프로듀서 · 디렉터 업무
- 카피라이터 업무
- 시스템 컨설턴트 업무
- 인테리어 코디네이터 업무
- 게임용 소프트웨어 창작 업무
- 증권 애널리스트 업무
- 금융공학 등의 지식을 이용하여 행하는 금융상품 개발 업무
- 대학에서의 교수연구 업무
- 공인회계사 업무
- 변호사 업무
- 건축사 업무
- 부동산감정사 업무
- 변리사 업무
- 세리사 업무
- 중소기업진단사 업무

〈도표 9〉 기획업무형 재량근로제의 대상업무

(1999.12.27. 노동성 고시 149호, 2003.10.22. 후생노동성 고시 353호)

□ **대상업무의 사례**

- 경영기획 부서의 업무 중 경영상태 · 경영환경 등을 조사 · 분석하고, 경영 계획을 책정하는 업무
- 경영기획 부서의 업무 중 현행 사내조직의 문제점이나 바람직한 양상 등을 조사 · 분석하고, 새로운 사내조직을 편성하는 업무
- 인사 · 노무 부서의 업무 중 현행 인사제도의 문제점이나 바람직한 양상 등을 조사 · 분석하고, 새로운 인사제도를 책정하는 업무
- 인사 · 노무 부서의 업무 중 업무내용이나 그 수행을 위하여 필요하다고 여겨지는 능력 등을 조사 · 분석해 사원의 교육 · 연수계획을 책정하는 업무
- 재무 · 경리 부서의 업무 중 재무상황 등을 조사 · 분석하고, 재무 계획을 책정하는 업무
- 홍보 부서의 업무 중 효과적인 홍보방법 등을 조사 · 분석하고, 홍보를 기획 · 입안하는 업무
- 영업기획 부서의 업무 중 영업성적이나 영업활동상 문제점 등을 조사 · 분석하고, 기업 전체의 영업방침이나 다루는 상품별의 전사적인 영업계획을 책정하는 업무
- 생산 기획 부서의 업무 중 생산효율이나 원재료 등에 관계되는 시장의 동향 등을 조사 · 분석하고, 원재료 등의 조달계획도 포함하여 전사적인 생산계획을 책정하는 업무

□ **대상업무가 아닌 사례**

- 경영 회의의 서무 등의 업무
- 인사기록의 작성 · 보관, 급여의 계산과 지급, 각종 보험의 가입과 탈퇴, 채용 · 연수의 실시 등의 업무
- 금전출납, 재무제표 · 회계장부의 작성 및 보관, 조세의 신고 · 납부, 예산 · 결산에 관계되는 계산 등의 업무
- 홍보지의 원고 교정 등의 업무
- 개별적인 영업활동의 업무
- 개별적인 제조 등의 작업
- 물품 구매 등의 업무

3 휴가 · 휴업

일본에서 법률상 인정되고 있는 휴가 · 휴업으로 연차유급휴가(노동기준법 제39조), 출산 전후의 휴업(같은 법 제65조), 생리일의 휴가(생리휴가)(같은 법 제68조),[51] 육아휴업(육아개호휴업법 제5조 이하), 아이의 간호(看護)휴가(같은 법 제16조의2 이하), 돌봄(介護)휴업(같은 법 제11조 이하), 돌봄(介護)휴가(같은 법 제16조의5 이하)가 있다.[52]

(1) 연차유급휴가

연차유급휴가(이른바 연차휴가, 연휴)는 다른 휴가 · 휴업과 달리 '**유급**'으로 휴가를 보장하고 있는 점에 큰 특징이 있다. 연차휴가의 취지는 근로자의 심신을 재충전하는 것에 있다.

근로자가 회사에 고용되어 '6개월' 이상 계속 근무하고, 모든 근로일의 80% 이상 출근한 경우에 '10일'의 연차휴가 권리가 발생한다. 그 후 근속연수가 길어지게 됨에 따라 연차휴가일은 가산되고, 근속연수가 6년 6개월이 되면 '**20일**'이 된다(<도표 10>. 노동기준법 제39조 제1항 · 제2항).[53][54] 또 주 3일 근무 등 소정 근로일수가 적은

---

51) <역자주> 한국의 경우 1953년 근로기준법 제정 당시 열악한 노동환경에서 여성 근로자를 보호하기 위하여 도입되었던 생리유급휴가는 2003년 사용자의 부담을 경감하기 위하여 무급화하였다.

52) <역자주> 한국의 휴업은 근로기준법에서는 근로계약 중간에 근로자는 근로제공 의무를 면하고, 사용자는 임금지급 의무를 면하는 근로계약의 휴지 상태에 관하여 명문 규정이 없다. 근로기준법상 '휴업'은 사용자의 귀책사유에 따라 근로자가 휴업하는 경우 사용자의 '휴업수당' 지급의무를 부여(제46조)와 근로자가 업무상 부상 또는 질병에 걸린 경우 사용자에게 요양기간 중 '휴업보상'(제79조)이 있다. 하지만 휴업이란 노동법상 휴가, 휴직, 휴업을 포함하는 근로제공과 임금지급 의무를 잠정적 면제기간을 의미한다.

53) <역자주> 한국에서는 근로자가 1년간 전체 근로일을 80% 이상 출근한 경우에는 15일의 연차유급휴가권이 발생한다(근로기준법 제60조 제1항).

근로자에게는 그 일수에 비례해 산정된 일수의 연차휴가가 부여된다(<도표 11>. 노동기준법 제39조 제3항, 노동기준법시행규칙 제24조의3).[55]

〈도표 10〉 일반 근로자(주의 소정근로일수가 5일 이상 또는 주의 소정근로시간이 30시간 이상)의 연차유급휴가의 부여 일수

계속근무연수	0.5	1.5	2.5	3.5	4.5	5.5	6.5－
부여일수(근로일)	10	11	12	14	16	18	20

또한 사용자는 3년 이상 계속 근로한 근로자에 대하여는 최초 1년을 초과하는 계속 근로연수 매 2년에 대하여 1일을 가산한 유급휴가를 주어야 한다. 이 경우 가산휴가를 포함한 총휴가일수는 25**일**을 한도로 한다(근로기준법 제60조 제4항). 다만, 일본과 달리 한국은 계속근로기간이 1년 미만인 근로자 또는 1년간 80% 미만 출근한 근로자에 대해서도 1개월 개근시 다음 달 첫날에 1일의 연차휴가가 발생한다(제60조 제2항).

54) <역자주> 일본에서는 연차휴가는 계속해 사용하거나 분할해 사용할 수도 있다(노동기준법 제39조 1항). 당초에는 연차휴가는 1일 단위로 이해되었지만, 고용주가 승인하면 '**반일**(半日) **연차휴가**'도 가능하다고 보았다. 그 후에 2008년 노동기준법을 개정해 5일 분을 한도가 있지만, 고용주와 과반수대표와 노사협정을 체결하면 **시간 단위**로 연차휴가를 사용할 수도 있게 하였다(제39조 제4항) ; 반면에 한국에서는 연차의 반일휴가제도는 법상 규정이 없다. 다만, 실무상 단체협약이나 취업규칙에 의한 '반일휴가제도'를 운용하는 사례는 있다.

55) <역자주> 또한 일본에서는 '단시간근로자'와 같이 소정의 근로일수가 짧은 자도 연차휴가권이 있다. 1주간의 소정 근로시간이 30**시간** 이상인 근로자에게는 통상의 근로자와 동일하게 연차휴가를 사용할 수 있다. ; 반면에 한국에서는 '초단시간근로자'(1주의 소정 근로시간이 15**시간** 미만인 근로자, 근로기준법 제18조 제3항)에 대해서는 연차휴가와 주휴일, 퇴직금이 적용되지 않는다. 실무에서 최저임금의 급상승에 따라 주휴수당 지급을 피하기 위한 시장의 대응으로 이른바 '근로시간 쪼개기'로 통계상 고용이 증가하는 아이러니가 나타난다.

〈도표 11〉 소정근로일수가 적은 근로자(주의 소정근로시간이 30시간 미만) 연차유급휴가의 부여 일수

주 소정 근로일수	연간 소정근로일수	계속근무연수						
		0.5	1.5	2.5	3.5	4.5	5.5	6.5
4일	169－216일	7	8	9	10	12	13	15
3일	121－168일	5	6	6	8	9	10	11
2일	73－120일	3	4	4	5	6	6	7
1일	48－72일	1	2	2	2	3	3	3

이와 같이 해서 발생한 연차휴가 권리는 다음의 세 가지 방법으로 실현된다.

첫째로, 사용자와 사업장의 과반수대표가 노사협정을 맺어서 각각의 근로자에 대해 연차휴가 시기를 특정하는 **'계획연차휴가'** 방법이다.[56] 다만, 각 근로자가 **5일** 동안 개인적 이용을 취하고 있기 때문에 계획연차휴가의 대상 외로 한다(노동기준법 제39조 제6항).[57]

둘째로, 근로자가 연차휴가의 '시기(時季)'를 지정해(**'시기지정권'**을 행사해) 연차휴가를 사용하는 방법이다(노동기준법 제39조 제5항 본문).[58] 그러나 그 시기에 연차휴가를 사용하여 사업의 **정상적인 운영**을 방해하는 경우에는 사용자는 시기의 변경을 요구할 수 있다

56) <역자주> 1987년 노동기준법을 개정해 연차휴가의 사용을 촉진하기 위해 둔 제도이다. 한국에서는 연차유급휴가제도를 개선하고 휴가사용을 활성화할 필요성으로 '사용촉진제도'를 두고 있다(근로기준법 제61조).

57) <역자주> 이러한 직접 시기지정할 수 있는 '자유연차휴가'는 한국에는 도입하고 있지 않다.

58) <역자주> 일본에서는 **시계지정권**(時季指定権, 한국에서는 '시기지정권')이라고 한다. '시계(時季)'로 되어 있기 때문에 사용하고 싶은 계절을 지정하는 것도 되지만, 통상적으로는 특정한 날을 지정한다. ; (일본과 같이) 한국에서도 연차휴가시기는 근로자가 청구한 시기에 주어야 한다(근로기준법 제60조 제5항 본문 전단).

('시기변경권', 노동기준법 제39조 제5항).[59] 이 사용자의 시기변경권 행사를 인정하는지 여부는 단순히 업무상 지장이 발생하는 것 뿐만 아니라, 근로자가 그 시기에 연차휴가를 사용할 수 있도록 회사가 대체요원을 확보하기 위하여 노력하는 등과 같이 상응하는 배려를 하였느냐는 점도 포함해 판단한다.[60] 또 근로자가 지정한 연차휴가를 2주를 초과하는 등 장기에 걸쳐 사용하는 경우에는 근로자 측은 사전에 조정할 것을 요구받고, 조정을 거치지 않은 경우에는 업무상 지장이 발생할지 여부의 판단 등에 대하여 사용자 측의 재량을 인정할 수밖에 없다고 해석하고 있다(시사통신사(時事通信社) 사건 · 최고재판소 1992년 6월 23일 판결).

셋째는, 사용자가 시기를 지정하여 근로자에게 연차휴가를 부여하는 방법이다. 2018년 근로방식 개혁 관련 법은 근로자의 시기지정에 의한 연차휴가가 제대로 이용되지 않아서, 연차휴가의 사용을 촉진하기 위하여 10일 이상의 연차휴가가 부여되는 근로자들에게 연차일수 중에 연 5일에 대해서는 회사가 시기를 지정해 부여하고 있다(노동기준법 제39조 제7항).[61] 사용자가 이 연차휴가의

---

59) <역자주> 이를 '**시계변경권**(時季變更權, 한국에서는 '시기변경권')'이라고 한다. 한국에서는 구체적인 시기지정에 대한 사용자의 변경권의 행사는 의사표시로서 행해지고, '사업운영에 막대한 지장이 있음'을 이유로 하는 것이 충분하며, 이때 사용자는 대체가능한 날을 제시할 필요는 없다(근로기준법 제60조 제5항 단서).

60) <역자주> 최고재판소의 판례는 고용주에게는 '가능한 한 근로자가 지정한 시기에 휴가를 사용할 수 있도록 상황에 따라 배려할 것'을 요청하고 있다. 예를 들어 고용주가 통상 배려하면 대체근무자를 배치할 수 있는 상황에 있는데, 그러한 배려를 하지 않고 대체근무자를 배치하지 않는 경우에는 이를테면 객관적으로 보면, 사업의 정상적인 운영을 방해하는 경우라도 시기변경권의 행사가 유효하다고 인정하지 않는다(電電公社弘前電報電話局 사건<最2小判 1987.7.10., 最重判 119>)

61) <역자주> 한국의 '사용촉진제도'의 특례를 통해 사용자가 월차형 휴가를 제외한 연차휴가의 사용을 촉진하기 위해 소정의 휴가사용 촉진조치에도 근로자가 휴가를 미사용해 휴가가 소멸한 경우에는 사용자는 그 사용하지 않은 휴가에 대하여 보상할 의무가 없고, 휴가 소멸을 저지하

부여 의무를 다하지 않은 경우에는 30만 엔 이하의 벌금에 처한다(제120조 제1호). 또한 근로자의 시기지정권의 행사 또는 계획연차휴가제도를 통해 연차휴가가 부여된 경우에는 이러한 일수분(5일을 초과한 경우에는 5일)은 회사의 5일 연차휴가의 부여의무 대상에서 제외해도 좋다(제39조 제8항). 예를 들어 근로자가 자신의 시기지정권을 행사해 3일 연차휴가를 사용한 경우, 회사는 5일에서 부족한 나머지 2일 분에 대하여 시기를 지정해 연차휴가를 부여할 의무가 있다.

연차휴가의 권리는 근로자가 연차휴가를 사용함으로써 소멸한다. 근로자가 사용하지 않은 연차휴가는 2년의 소멸시효에 걸리고(제115조), 1년에 한해 이월(移月)을 인정하고 있다(발생일로부터 2년이 지나면 소멸한다).[62]

일본에서 연차휴가제도의 최대 문제는 사용율(소화율(消火率))이 낮은 점에 있다. 근래에는 연차휴가의 이용율은 50% 전후에 그친다. 그 주된 원인은 근로자에게 연차휴가의 시기지정권을 부여하는 일본의 제도에 있다. 연차휴가 발상지인 프랑스, 독일 등의 유럽 국가에서는 연차휴가의 시기를 결정할 권리(의무)는 기본적으로 회사 측에 있다. 회사는 연초에 근로자의 희망을 들어서 연차휴가 달력을 작성하고, 근로자는 여기에 따라 연차휴가를 100%를 사용한다. 2018년 일하는 방식 개혁 관련 법은 이러한 상황을 근거로 근로자에게 시기지정권을 부여하고 있는(그 결과 근로자에게 연차휴가를 사용하지 않겠다는 선택을 인정하고 있다) 일본형의

는 사용자의 귀책사유에도 해당하지 않는 것으로 본다(근로기준법 제61조, 노동부 개정 근로기준법 시행지침 2003.12.23.－24 참조).

62) <역자주> 한국은 연차휴가 사용의 소멸시효는 '1년'이고(제60조 제7항), 소멸한 미사용한 휴가는 연차수당(연차미사용수당)을 받을 수 있을 뿐, '휴가의 매수(買受)'가 허용된다는 것은 아니다. 연차수당의 소멸시효는 4년이고(제49조), 사용자의 귀책사유로 사용 시한 1년 동안 휴가 미사용한 경우 휴가가 소멸하지 않는다(제60조 제7항 단서).

연차휴가제도를 회사의 책임으로 연차휴가 시기를 결정하는(이에 따라 100% 연차휴가를 사용하고 있다) 유럽형의 연차휴가제도로 부분적으로 이행하는 제도로 개정하였다. 향후에는 개정법의 시행 상황을 검증하면서 연차휴가제도의 전체를 유럽형으로 전환하는 것이 검토할 과제이다.

(2) 출산 전후 휴업 · 육아휴업 · 자녀의 간호휴가 등

노동기준법은 임신한 여성에게 출산 예정일 전의 **6주간**(다태 임신의 경우는 **14주간**), 출산 후의 **8주간**에 대하여 출산 전후 휴업을 사용할 권리를 보장하고 있다.[63] 이러한 것들 중에서 출산전 휴업

---

63) <역자주> 출산전후 휴가 : 한국은 출산전후휴가와 관련해, 1953년 제정법은 산전후휴가 기간 60일을 사용자의 부담하에 유급으로 하였지만, 2001년 법 개정 때 산전후휴가 기간을 90일로 늘리고, 남녀고용평등법을 통해 30일에 대하여는 고용보험에서 급여를 지급하도록 함으로써 모성보호가 개인과 기업의 책임에서 사회적 책임으로 전환되는 계기를 마련하였다. 이에 사용자는 임신 중인 여성(예술인 포함)에게 출산 전후를 통하여 90일(한 번에 둘 이상의 자녀를 임신한 경우 120일)의 출산 전후 휴가를 주어야 하고, 그 기간의 50% 이상이 출산 후로 배정되어야 한다(근로기준법 제74조 제1항 및 제2항, 벌칙 제110조). 유산 · 사산시 '유산 · 사산휴가'를 주어야 하며, 다만 인공 임신중절 수술(모자보건법상 적법한 수술은 제외)에 따른 유산의 경우는 그렇지 않다(제74조 제3항, 벌칙 제110조). 유산 · 사산휴가의 기간은 ① 임신기간이 11주 이내이면 유산 · 사산한 날부터 5일까지, ② 12－15주이면 10일, ③ 16－21주이면 30일, ④ 22－27주이면 60일까지, ⑤ 28주 이상이면 90일까지로 한다(근로기준법시행령 제43조 제3항). 최초 60일(다태 임신의 경우 75일)은 유급으로 한다(제74조 제4항, 벌칙 제110조). 고용보험법상 피보험 단위기간이 180일이며, 우선지원 대상기업이 아닌 경우에는 휴가기간 중 60일(다태 임신의 경우 75일)을 초과한 일수(30일 한도, 다태 임신의 경우 45일 한도)에 대해서만 지급한다(제75조, 제76조 제1항). 우선지원대상기업 및 대규모기업에 따른 최종 60일(다태아 75일) 및 마지막 30일(다태아 45일)의 지급액은 통상임금(일액)으로 하되, 상한액(200만원)과 하한액(160만원)의 범위를 초과할 수 없다(고용보험법 제76조 제1항, 제2항).

나아가 한국은 **'배우자 출산휴가'**로 유급으로 '10일'을 주어야 한다(남녀고용평등법 제18조의2 제1항, 벌칙 제39조 제2항). 배우자가 출산한 날부터 90일이 지나면 청구할 수 없고, 1회에 한정해 나누어 사용할 수 있

은 여성의 청구에 따라 인정되는 임의적 휴업이며 전원이 쉬어야 하는 것은 아니다. 출산후 휴업은 청구 유무에 관계없이 취업을 금지하는 강제적 휴업이다. 다만, 출산후 7주째 및 8주째는 **의사**(醫師)**가 지장이 없다고 인정한 경우**에는 여성의 청구에 따라 취업을 할 수 있다(제65조 제1항 · 제2항). 또 이 법은 여성이 생리일(生理日)에 **취업이 현저히 곤란한 경우**에 휴가를 사용할 권리를 인정하고 있다(제68조).[64]

「육아개호휴업법」은 **만 1세 미만**의 아이를 양육하는 근로자에 대해 남녀를 불문하고 아이가 만 1세에 이르기까지의 기간(1세의 시점에서 보육소로 입소를 할 수 없는 특별한 사정이 있는 경우에는 **1세 6개월**까지. 같은 사정이 있는 경우에는 추가해 6개월(만 2세까지) 연장 가능)의 **육아휴업**을 사용할 권리를 인정하고 있다(제5조 이하).[65] 또한 이 법은 회사에 **3세** 미만의 아이를 양육하는 근로자에게 **'단시간 근무제도'**를 마련하는 것(제23조 제1항)[66] 및 소정

다(제18조의2 제4항, 2019.10.1. 시행). 급여는 우선대상기업 근로자에 한해 유급 5일분, 상한액 382,770원.

64) <역자주> 생리휴가 : 한국에서는 사용자는 여성인 근로자가 청구하면 월 1일의 (무급) 생리휴가를 주어야 한다(제73조; 벌칙 제114조). 인권침해의 우려로 생리휴가를 받을 자격의 유모 또는 근로자가 지정하는 휴가일이 생리기간에 속하는지 여부는 '사용자'에게 증명책임이 있다. 생리일(生理日) : 월경(月經)이 있는 날.

65) <역자주> 육아휴직 : 한국에서 사업주는 근로자가 만 8세 이하 또는 초등학교 2학년 이하의 자녀(입양한 자녀 포함)를 양육하기 위해 육아휴직을 신청(1회, 1년 이내)하면 (고평법 제19조 제1항, 벌칙 제37조 제2항) 허용해야 한다(생계비 지원(고평법 제20조 제1항, 고용보험법(월 30만원)). 또한 '아빠육아휴직보너스'로 같은 자녀에 대해 부모가 모두 육아휴직을 하는 경우 두 번째 사용자(주로 아빠)의 첫 3개월 급여는 통상임금 100%(상한액 250만원) 지급.

66) <역자주> **육아기 근로시간단축** : 한국에서는 사업주는 근로자가 만 8세 이하 또는 초등학교 2학년 이하의 자녀를 양육하기 위해 이를 신청(1년 이내, 1회 3개월 이상, 주당 15시간 이상 35시간 이내)하면 허용해야 한다(고평법 제19조의2 제1항 본문 제2항, 제3항, 벌칙 제39조 제2항). 생계비 30만원, 대기업 10만원이다(고용보험법 제73조의2, 제3항).

'시간외 근로의 면제를 제도화하는 것'(제16조의8)을 의무화해, 근로자가 취업하면서 육아를 쉽게 하는 환경으로 정비하고 있다.

또 육아개호휴업법은 초등학교를 입학하기 전의 아이를 양육하는 근로자에 대하여 남녀를 불문하고 1년 한도에 **5근로일**(대상이 되는 자식이 둘 이상의 경우는 **10근로일**)을 한도로 하여, 상병에 걸린 아이를 돌보거나 질병을 예방하기 위해 필요한 아이를 돌보기 위하여 **간호휴가**를 사용할 권리를 인정하고 있다(제16조의2).

(3) 돌봄휴업 · 돌봄휴가

육아개호휴업법은 돌봄(介護)[67]이 필요한 상태의 가족을 가진 근로자에 대하여 남녀를 불문하고 대상가족의 한 사람에게 통산 93일의 범위 내에서 3회까지 돌봄휴업을 사용할 권리를 인정하고 있다(제11조 이하).[68] 또 이 법은 회사에서 돌봄이 필요한 상태의 가족을 돌보는 근로자에게 돌봄지원 조치(단시간 근무, 플렉스 타임제(선택적 근로시간제), 시업 · 종업시간을 앞당기거나 늦추기, 돌봄서비스 비용의 조성 중에서 적어도 한 가지)를 강구하는 것(제23조 제3항)[69] 및 소정 **시간외 근로의 면제를 제도화**(제6조의 9)하

67) <역자주> 개호(介護) : 환자나 노약자 등을 곁에서 돌보는 것을 말하며, 초고령사회인 일본(2005)에서는 핵심 화두로 손꼽힌다. 2017년 1억 2,686만명 중 65세 이상 3,514명(27.7%), 80세 이상 1,000만명, 90세 이상 100만명을 넘는다. 의료비, 연금 등 사회복지비의 급증, 노동력 부족으로 경제 성장률이 떨어진다.

68) <역자주> 가족돌봄휴직 : 한국은 사용자는 근로자가 가족(조부모/부모/배우자/배우자의 부모/자녀/손자녀)의 질병 · 사고 · 노령으로 그 가족을 돌보기 위하여 이를 신청(연간 최장 90일, 1회 30일 이상)하는 경우 허용해야 한다(고평법 제22조의1 제2항, 벌칙 제39조 제2항).

69) <역자주> **가족돌봄 등 목적의 근로시간단축** : 한국은 사업주는 근로자가 ① 가족의 질병 · 사고 · 노령으로 그 가족을 돌보기 위한 경우, ② 근로자 자신의 질병이나 사고로 인한 부상 등의 사유로 자신의 건강을 돌보기 위한 경우, ③ 55세 이상의 근로자로서 은퇴를 준비하기 위한 경우, ④ 근로자의 학업을 위한 경우 중 어느 하나에 해당하는 사유로 이

는 것을 의무화해, 돌봄과 일의 양립을 지원하고 있다.

또한 육아개호휴업법은 돌봄이 필요한 상태의 가족을 가진 근로자에 대해 남녀를 불문하고 1년에 5근로일(대상 가족이 2인 이상의 경우에는 10근로일)을 한도로 가족을 돌보기 위한 돌봄휴가를 사용할 권리를 인정하고 있다(제16조의5).[70]

(4) 휴가 · 휴업을 이유로 한 불이익 취급의 금지

육아개호휴업법은 근로자가 육아휴업 · 돌봄휴업 등의 신청과 사용을 하였다는 이유로 근로자를 해고 등의 불이익한 취급을 금지하고 있다(제10조, 제16조 등, 남녀고용기회균등법 제9조도 참조).[71] 예를 들어 육아휴업에서 돌아온 자가 이전과는 다른 직장에 배치

를 신청하면 허용해야 한다(주당 15시간 이상 35시간 이내, 1년 이내, ①②④ 추가로 2년)해야 한다(제22조의3 제1항 본문, 제3항, 제4항). 이의 시행시기는 2년 동안 3단계로 나눈다. ① 300인 이상 기업, 공공기관, 소정의 국가/지방자치단체 출자/출연 기관 · 단체 등에는 2020.1.1.부터, ② 30~300인 미만 기업에는 2021.1.1.부터, ③ 30인 미만 기업에는 2022.1.1. 적용한다(부칙 제2조).

70) <역자주> **가족 돌봄휴가** : 한국은 사용주는 근로자가 가족(조부모 또는 손자녀의 경우 근로자 본인 외에 직계비속 또는 직계존속이 있는 등 시행령으로 정하는 경우는 제외)의 질병 · 사고 · 노령 또는 자녀의 양육으로 인하여 긴급하게 그 가족을 돌보기 위해 이를 신청(연간 최장 10일, 일단위 사용)하는 경우 허용해야 한다(고평법 제22조의2 제2항, 제4항 2호, 벌칙 제39조 제2항). 이 기간은 가족돌봄휴직 기간에 포함된다(제22조의2 제4항). 가족돌봄휴가(무급)를 고평법상 종전 10일(2020.1)에서 코로나 바이러스 재확산으로 학교와 유치원 등의 등교가 연기됨에 따라 최장 20일까지로 연장되었다(2020. 9. 8). 특히 취약 계층과 한 부모 가정은 25일이다. 직장인에게 1인당 하루 5만원씩 지원된다.

71) <역자주> 육아휴업 · 돌봄휴업의 경우 한국의 경우도 일본과 마찬가지이다. 즉 이를 이유로 사용자는 해고나 그 밖의 불리한 처를 해서는 안되며, 이를 마친 후에는 이전과 같은 업무 또는 같은 수준의 임금을 지급하는 직무에 복귀시켜야 하며, 이의 기간은 근속기간에 포함하되 평균임금 산정기간에서는 제외한다(고평법 제19조 제2항, 제4항, 벌칙 제37조 제2항 ; 고평법 제22조의2 제5항, 제6항, 제37조 제2항).

되었을 경우에 이것이 업무상의 필요성 등 다른 정당한 이유로 행해진 것이 아니라, 육아휴업을 다녀온 것을 이유로 행해졌다면, 이 배치전환은 법규정을 위반해 위법 · 무효이다.

그러나 출산 전후 휴업, 육아 · 돌봄휴업 등에 대해서는 법률상 유급으로 의무화되어 있지 않고, 회사는 이 기간을 '무급'으로 할 수도 있다. 이에 이러한 휴가 · 휴업한 날을 임금의 지급 · 산정상 **'결근'**으로 취급하는 것은 반드시 법률이 금지하는 불이익한 취급에 해당되는 것은 아니다. 예를 들어 육아휴업의 사용 자체를 이유로 한 것이 아니라, 사상병(私傷病)[72]휴업의 경우와 마찬가지로, 일하지 않았던 것 일반을 이유로 한 결근(무급) 취급이라면, 육아휴업을 이유로 한 불이익 취급에는 해당하지 않는다.

그러나 법률이 금지하는 불이익한 취급이 아닌 경우에도 휴가 · 휴업기간을 결근으로 취급하는 것이 위법으로 판단되는 경우가 있다. 판례에서는, 예를 들어 90% 출근이라는 상여금의 지급요건이 있을 경우 출산 전후 휴업이나 육아휴업을 '결근'으로 취급하고, 그 결과로 상여금을 지급하지 않는 등 근로자에 대한 불이익이 크고 그 권리의 행사를 억제해 법이 권리를 보장한 취지를 실질적으로 상실하게 하는 조치는 공서(公序, 사회질서)에 반한 무효(민법 제90조)라고 판시하고 있다(토호학원(東明學園) 사건 · 최고재판소 2003년 12월 4일 판결). 그 밖의 판례에서는 3개월 이상의 육아휴업으로 다음 연도에 승급하지 못하게 하는 취급과 관련해, 육아개호휴업법이 금지하는 불이익한 취급에 해당되고, 동시에 같은 법의 취지를 실질적으로 상실하게 하는 것으로 공서(公序, 사회질서)에 반하는 무효라고 판단하였다(의료법인 도몬카이[이와쿠라 병원](医療法人稲門会[いわくら病院])사건 · 오사카고등법원 2014년 7월 18일 판결),[73] 육아를 위한 단시간의 근무를 선택한 근로자에 대해 승급을

---

72) <역자주> 사상(私傷) : 공무(公務) 중이 아닌 때의 부상(負傷). ↔공상(公傷).

억제하는(근로시간 수에 비례한 호봉분밖에 승급을 인정하지 않는다) 것에 대하여 같은 법에 위반하는 불법행위라고 하여 손해배상을 명령한 것(사회복지법인 전국중증심신 장애아[자]를 지키는 모임(社会福祉法人全国重症心身障害児[者]を守る会) 사건 · 도쿄지방법원 2015년 10월 12일 판결)[74] 등이 있다.

4 근로자의 안전 · 건강의 확보

노동법의 원점 중 하나는 근로자의 육체나 정신 등의 인간성을 보호하는 것에 있다. 그 중에서도 근로자의 안전 · 건강을 확보하는 것은 노동법의 중요한 존재 의미의 하나이다. 그 법정책으로는 우선 무엇보다도 근로자의 부상이나 질병의 발생을 미리 방지하는 **'노동안전위생'**(労働安全衛生)이 중요하다. 그리고 예방 조치를 다해도 불행히도 발생해버린 산업재해에 대하여 사후에 구제를 강구하는 **'산재보상'**(労災補償)이 다른 중요한 기둥이 된다.

(1) 노동안전위생

일본에서 **'노동안전위생법'**(労働安全衛生法, 한국의 '산업안전보건법'이다)이란 법률은 근로자의 안전과 건강을 확보함과 동시에, 쾌적한 직장환경의 형성을 촉진하기 위한 규정을 두고 있다. 구체적으로는 사업자, 그 밖의 관계자에게 ① 직장에서 안전위생 관리체제의 정비(근로자의 건강관리에 해당하는 **'산업의'**(産業醫) 선임, 안전위생위원회 설치 등), ② 위험 · 건강장애의 방지 조치의 실시(안전벨트, 방

73) 医療法人稲門会[いわくら病院] 事件 · 大阪高裁 2014년 7월 18일 판결
74) 社会福祉法人全国重症心身障害児[者]を守る会 事件 · 東京地裁 2015년 10월 12일 판결

진마스크 착용 등),[75] ③ 기계 · 유해물 등에 관한 규제(유해물의 사용 금지 등),[76] ④ 안전위생교육 · 건강진단 등의 실시(연 1회 이상의 일

---

75) <역자주> 일본의 경우 안전보건조치 위반시 사망사고의 사업주 처벌 수준은 6개월 이하 징역 또는 50만엔 이하 벌금이다. : **한국의 '중대재해기업처벌법' 논란과 관련해,** 한국에서는 위험의 외주화 노동문제와 관련해 2018년 충남 태안화력발전소에서 숨진 김용균씨의 이른바 '김용균법'(산업안전보건법)의 개정되었다. 하지만 도급작업이나 수은/납/카드뮴을 처리하는 작업 등 극히 일부로 제외되었고, 설비의 운전/점검 업무를 포함한 대부분의 위험 업무를 하청업체에 떠넘기는 것이 여전히 가능했다. 원청업체가 부담하는 책임도 대폭 줄었다. 2020년 9월 태안화력발전소에서 대형 스크류를 옮기며 화물차 위에서 묶는 작업을 외주받은 '화물차 기사' 혼자서 하다가 깔려 죽는 사고가 발생하였다. 그러자 다시 위험의 외주화가 사회문제화되었다. 제21대 국회에서 '중대재해기업처벌법안'(정의당 제1호)이 발의되었다(처벌조항 강화 : ①사업장에서 사망사고가 나면 사업주나 경영책임자를 징역 하한 설정(2년 또는 3년 이상 징역)이나 5억원 이하 벌금을 부과함, 상해 또는 사망 제외 중대 재해시 징역 또는 벌금형 부과, ② 법인 사상시 1억원 이상 20억원 이하 벌금부과, 매출액의 10% 벌금 가중, ③ 행정제재로서 법원이 영업허가 취소/정지 등 제재 병과 가능, 안전보건교육 수강 및 작업중지, ④ 징벌적 손해배상으로 피해자 손해액의 3배 또는 5배 이상 부과). 물론 경제계는 인과관계와 관계없이 원하청에 공동책임 또는 경영자의 형사처벌 내용은 과잉 보복입법이라며 반대하고 있다. 참고로 영국의 법인과실치사법에서는 법인처벌 규정으로 상한 없는 벌금형을 규정하고 있다.

76) <역자주> **한국의 화평법 및 화관법 논란** : 한국의 경우, 2011년 가습기살균제 사망 사건, 2012년 구미 불산 유출 사고로 인명 피해가 발생해 '화학물질' 관리가 사회문제화되었다. (ⅰ) '화학 물질의 등록 및 평가 등에 관한 법률(화평법, 2013년 제정, 2015년 시행)'은 생산 현장에서 화학물질의 체계적인 관리룰 위해 유해 화학물질의 취급 기준을 강화하는 법률이고, 사업장의 입지부터 원료 사용, 오염 물질 배출과 사후 관리 등 전반적인 생산 활동에 많은 규제가 적용된다. (ⅱ) '화학물질관리법(화관법, 2015년 유해화학물질관리법의 개정, 2019년 시행)'은 인체에 유해한 화학 물질 유출 사고를 내면 그 사업장 매출의 최대 5%의 과징금을 부과한다. 특히, 중소기업의 애로사항으로 법 준수조차 어려운데, 생산공장을 가동 중단, 관리자와 기술 인력 선임, 안전 교육 이수 등 각종 부담 등이 있다. 유해 화학물질 취급 시설을 변경함으로 1－6개월의 검사 결과까지 생산공장을 불가동하는 상황도 초래한다. 그리고, 양법은 화학물질의 정보를 관리하는 데만 집중해, 본래 취지인 산업현장의 안전 관리에는 소홀한 부분이 있다는 지적이 있다.

반 건강진단의 실시 등)[77]를 의무화하고 있다.

이러한 규제의 실효성을 확보하기 위하여 노동안정위생법은 벌칙이나 노동기준감독제도를 통한 감독 · 단속의 실시 이외에 행정이 산업재해의 방지 계획을 책정하거나 사업자에 의한 **'노동안전위생 매니지먼트시스템'**이라는 자주적 대응을 추진하는 등 종합적 · 다면적인 시책을 채택하고 있다. 2014년의 같은 법 개정은 근로자의 심리적 부담의 정도를 파악하기 위한 **'의사'**(醫師) · **'보건사'**(保健師) 등에 의한 검사(이른바 **'스트레스 체크'**)의 실시를 회사에 의무화하였다(제66조의10, 2015.12.1. 시행).[78] 또 2018년 일하는 방

---

77) <역자주> 일본의 원래 **근로자의 건강진단** 규정이 있다(제66조). 과중한 근로로 인한 뇌 · 심장질환을 업무상 질병·사망으로 인정해 산업재해보상의 대상이 되는 사건이 늘어나면서, 예방 면에서도 이 문제에 대응할 필요가 있다고 보았다. ; 반면에 한국의 산업안전보건법에서도 사업주는 건강진단기관에서 근로자에 대한 '건강진단'을 실시해야 하고, 근로자대표가 요구하면 건강진단에 근로자대표를 입회시켜야 한다(제43조 제1항, 제8항, 벌칙 제72조).

78) <역자주> **멘탈헬스 대책** : 일본의 '스트레스 체크시스템'은 장시간 근로에 따른 건강장애 문제를 직접적으로 목적하지는 않았지만, 장시간 근로는 정신 면에서 건강장애를 일으킬 수도 있다. 이에 이러한 스트레스의 체크도 근로자의 건강을 보호하는데 중요한 기능을 완수할 것으로 기대된다.

새로운 제도의 내용은 다음과 같다. 사업자는 근로자가 가진 심리적 부담의 정도를 파악하기 위한 검사를 해야 한다(같은 조 제1항). 사업자는 검사받은 근로자에게 검사한 의사 등이 그 검사의 결과를 통지하도록 해야 한다. 이러한 경우에 의사 등은 사전에 근로자의 동의가 없이 검사결과를 사업자에게 제출해서는 아니된다(제2항). 이것은 근로자의 프라이버시(사생활 보호)를 배려하기 때문이다.

또한, 사업자는 제2항에 의한 통지받은 근로자로 심리적 부담의 정도가 일정 요건에 해당하는 자가 의사의 면접지도를 받는 것을 희망하는 취지를 신고한 경우에는 의사의 면접지도를 실시해야 한다. 이 경우에 사업자는 근로자가 그 신고한 것을 이유로 그 근로자를 불이익하게 취급해서는 안된다(제3항).

사업자는 면접지도의 결과에 따라 그 근로자의 건강을 유지하기 위하여 필요한 조치에 대하여 의사의 의견을 청취해야 한다(제5항). 사업자는 그 의사의 의견을 고려해 필요가 있다고 인정할 경우에는 그 근로자

식 개혁 관련 법은 회사에 관리감독자 등을 포함한 모든 근로자에게 타임카드, 컴퓨터 기록 등의 객관적인 방법 등 적절한 방법으로 근로시간의 상황 파악을 의무화하였다(노동안정위생법 제66조의8 제3항). 이 실근로시간의 파악을 통하여 시간외 근무가 **월 80시간**이 초과하고 또한 피로 축적이 인정되면 회사는 근로자의 신청에 따라 **의사에 의한 면접지도**를 행해야 한다고 하였다(제66조의8, 2005년 법개정).[79]

(2) 산재보상 - 산재보험제도에 의한 급부

근로자가 일하면서 부상이나 질병 등이 걸린 경우 민법의 세계

의 실정을 고려해 취업장소의 변경, 작업의 전환, 근로시간의 단축, 야간업 횟수의 감소 등의 조치를 강구해야 한다. 또한 사업자는 그 의사의 의견을 위생위원회 혹은 안전위생위원회, 또는 근로시간 등 설정 개선위원회에 보고, 그 밖에 적절한 조치를 강구해야 한다(제6항).

79) <역자주> **의사의 면접제도** : 일본에서 '장시간근로'란 연장근로 · 휴일근로가 1개월마다 80시간을 초과하는 것을 말한다(행정통달). '의사의 면접지도'는 1개월의 연장근로 · 휴일근로가 80시간 이상이면 '노력의무'가 되고, 100시간 이상에서 '강제의무'가 된다. 여기서 '100시간'의 기준은 산업재해 인정기준에서 발증(發症, 발병)과 업무와의 관련성이 크다고 평가되는 시간수이다. 의사가 면접지도를 할 경우 확인 사항은, ① 근로자의 근무 상황, ② 근로자의 피로가 축적된 상황, ③ 근로자의 심신 상황이다(노동안전위생법 시행규칙 제52조의 4).

사업자는 면접지도의 결과에 따라 그 근로자의 건강을 유지하기 위하여 필요한 조치에 대하여 의사의 의견을 들어야 한다(노동안전위생법 제66조의8 제4항). 그리고 나서 그 의견을 고려해 필요하다고 인정할 경우에는 그 근로자의 실정을 고려하여 취업장소의 변경, 작업의 전환, 근로시간의 단축, 야간업의 횟수 감소 등의 조치를 강구해야 한다. 또한 의사의 의견을 위생위원회, 안전위생위원회, 근로시간 등 설정개선위원회에 보고하는 등 그 밖의 적절한 조치를 강구해야 한다(노동안전위생법 제66조의8 제5항).

또한 사업주는 근로시간수가 위의 한도까지 이르지 못한 장시간을 근로한 근로자에게도 피로의 축적을 인정하거나 건강상 불안을 가진 근로자에게 면접지도의 실시 또는 이에 준하는 조치를 강구하도록 노력해야 한다(동법 제66조의9, 노동안전위생법 시행규칙 제52조의 8 제1항, 2항).

에서는 불법행위(일본에서는 민법 제709조)[80]로서 회사에 손해배상의 지급을 요구하는 것을 생각할 수 있다. 그러나 ① 근로자가 회사측에 과실을 입증하는 것은 실제로는 어렵고, 또한 ② 회사에 충분한 재력이 없는 경우에는 손해배상을 지급받을 수 없는 우려도 있다. 그래서 각국은 ① 회사측의 과실 유무와 관계없이 산업재해를 구제하고, 또한 ② 회사에 돈이 없는 경우에도 구제할 수 있도록 정부가 사회보험으로 보험료를 징수 · 급부하는 '**근로자 재해보상보험제도**'(한국은 산업재해보상보험)를 발전시켰다.

일본에서는 1947년에 제정된 '**근로자 재해보상보험법**'이 그 역할을 맡고 있다. 이 법률에 근거한 산재보험제도는 근로자를 사용하는 모든 사업주에게 강제적으로 적용되어 그 보험료는 '**사업주**'가 부담한다. 산업재해를 입은 근로자나 유족은 산재보험의 급부 신청을 관할하는 '**노동기준감독서장**'에게 행하고, 서장은 이것에 대하여 지급 · 부지급의 결정을 내린다. 서장의 결정에 불복하면 '**산재보험심사관**'에게 심사를 청구하고, 그리고는 '**노동보험심사회**'에 재심사를 청구할 수 있다. 노동보험심사회의 결정에 불복이 있는 경우 또는 산재보험심사관에게 심사를 청구한 후 3개월을 경과해도 결정이 없는 경우에는 법원에 노동기준감독서장의 결정의 취소를 요구하는 **행정소송**을 제기할 수 있고, 법원에서는 서장의 부지급 결정이 취소되는 경우도 적지 않다.

산재보험 급부는 '**업무상재해**' 또는 '**출퇴근재해**'(통근재해)에 대하여 지급된다. '업무상재해'는 "근로자의 업무상 부상, 질병, 장애 또는 사망",[81] '출퇴근재해'는 "근로자의 출퇴근에 의한 부상, 질

80) <역자주> 일본 민법 제709조(불법행위에 의한 손해배상) 고의 또는 과실로 인한 타인의 권리 또는 법률상 보호되는 이익을 침해한 자는 이에 의하여 발생한 손해를 배상할 책임을 진다. : 한국 민법 제750조(불법행위의 내용) 고의 또는 과실로 인한 위법행위로 타인에게 손해를 가한 자는 그 손해를 배상할 책임이 있다.

81) <역자주> **업무상재해** : 한국에서도 업무상재해는 '업무상의 사유에 따

병, 장애 또는 사망"이라고 정의하고 있다(산재보험법 제7조 제1항 1호 · 2호).[82] ① **업무상 재해의 사례**로서는 일하는 중의 사고에 의한 부상, 송년회나 운동회 등 참가가 사실상 강제된 회합에서의 부상, 석면(아스베스토스)[83]에 노출됨으로써 폐암 · 중피종(中皮腫)[84] 등 직장환경에 기인하는 질병 등이 있다. ② **출퇴근 재해**의 사례로서는 출퇴근(통근) 도중의 교통사고, 역의 계단에서의 넘어짐 등을 들 수 있다. 또한, 일하는 중이나 출퇴근 중의 재해라도 지진 · 회오리 바람[85] 등의 자연현상이나 범죄행위 등의 외부의 힘에 기인해 발생한 경우에는 '업무상 재해나 출퇴근에 의한" 재해라고 할 수 없는 경우가 있다. 그러나 이러한 경우에도, 예를 들어 지진에 의한 피해를 받기 쉬운 장소에서 일하고 있거나 출퇴근을 하고 있

른' 근로자의 부상 · 질병 · 장해 또는 사망이라고 포괄적으로 정의하고 있다(산재법 제5조 1호).

82) <역자주> **출퇴근재해**(통근재해) : 한국에서는 출퇴근재해는 사업주가 제공한 교통수단(통근버스)이 아니라 대중교통수단 · 도보 · 자전거 · 자가용차 등을 이용하는 등 '통상적인 경로와 방법으로 출퇴근하는 중'에 발생한 사고이면 업무상재해로 본다(다만, 상당인과관계가 있어야 한다)(산재법 제37조 제1항 3호). 여기서 '출퇴근'이란 취업과 관련해 주거와 취업장소 사이의 이동, 한 취업장소에서 다른 취업장소로의 이동도 포함한다(산재법 제5조 8호)(2018.1.1. 시행). 이에 출장근무를 위한 출장지 황복이동과 출장근무에 필요한 숙박이나 회식을 위한 이동도 적용된다.

83) <역자주> 석면(石綿) : 사문석(蛇紋石) 또는 각섬석(角閃石)이 섬유질로 변한 규산염 광물《내화재 · 단열재 · 보온재 · 절연재 등으로 씀》. 석면은 건축자재 등으로 사용되는 광택성의 섬유모양 광물질로, 돌솜. 석융(石絨). 아스베스토스(asbestos, アスベスト)

84) <역자주> 중피종[mesothelioma, 中皮腫] : 주로 폐를 둘러싸고 있는 흉막, 위나 간 등을 보호하는 복막, 심장을 싸고 있는 심막 등의 표면을 덮고 있는 요양중피에서 많이 발생하는 종양. 대부분의 원인은 석면에서 영향을 받는다. 특히, 악성중피종은 보통 석면에 노출된 지 20년 이상 경과후 발병함으로, 석면에 대한 직업성 또는 환경성 노출을 피하는 것이 예방방법이다. 아울러 흡연도 큰 영향을 끼쳐 과거 석면에 노출되었던 자는 금연이 매우 중요하다.

85) <역자주> 竜巻[たつまき] : 회오리바람, 맹렬한 회오리, 토네이도(tornado)

었을 경우 등 원래 업무나 통근에 재해를 입을 위험이 내재하고 있어, 이것이 현실화되었다고 할 수 있으면 **'산업재해'**(노동재해)로 인정된다.

보론 58

- **산업재해보험제도**

일본의 산업재해보험제도란 업무재해(또는 출퇴근재해)로 근로자가 부상을 입은 경우, 질병에 걸린 경우, 장애가 남은 경우, 사망한 경우 등에서 피재근로자 또는 그 유족에게 **보험급부**를 지급하는 제도이다. 이것은 정부가 운영하는 강제보험으로 고용주가 보험료를 부담한다. 근로자를 1명이라도 사용하는 사업은 적용대상이다(개인 경영인 농업, 수산업에서 근로자수 5명 미만인 경우, 개인 경영인 임업에서 근로자를 상시적으로는 사용하지 않는 경우는 제외하고 있다).

노동기준법은 고용주에게 업무상재해에 대한 보상책임을 규정하고 있다(제75조 이하). 반면에 산업재해보험제도는 고용주가 자본력이 없을 위험이 있어 그 책임보험으로 마련하였다. 현재 노동기준법에는 규정이 없는 연금급부, 2차 건강진단 등 급부, 출퇴근재해에 대한 보상 등이 있고, 비(非)근로자에 대한 '특별가입제도'가 있는 등 노동기준법에서도 포함하는 범위를 확대하고 있다. 그 밖에 피재근로자의 사회복귀의 촉진, 유족 원호 등의 사업(사회복귀의 촉진 등 사업)도 산업재해보험제도의 범위 내에서 실시하고 있다. 산업재해 보험급부에 추가하는 '특별지급금'도 사회복귀의 촉진 등 사업의 범위 내에서 지급한다.

(3) 과로사와 과로자살

이른바 **'과로사'**,[86] 즉 과중근로로 뇌혈관·심장질환과 관련해

86) <역자주> **과로사** : '과로사'(Death From overwork, 過勞死, karoshi)'는 일본과 한국에서 주로 사용되는 용어이다. 과로사라는 신조어가 세계 공용어로 될 정도로 일본인의 직업윤리는 애사심이 강하고 정직하며 성실한다. 과로사도 일본인이 맡은 일에 지나치게 충실하고, 가정보다도 항

'고혈압'이나 '동맥경화' 등과 같이 기초질환을 가진 근로자에게 발병하는 경우가 많기 때문에 '업무(과로)'에 기인해 발병했는지, '기초질환'에 기인해 발병했는지가 문제되는 경우가 많다.[87] 이 점에 대하여 최고재판소는 업무의 과중한 부하(負荷, 스트레스)가 근로자의 기초질환을 그 자연의 경과를 넘어 악화시키고, 발병에 이르렀다고 인정될 경우에는 업무와 발병과의 관련성('업무기인성')을 인정할 수 있다고 판시하였다(요코하마 미나미노기서장(橫浜南労基署長) 사건·최고재판소 2000년 7월 17일 판결).[88] 이 최고재판소 판결에 따

상 회사를 우선할 정도로 회사에 대한 충성심이 강하다. 이에 대하여 유럽인들은 '경제동물'이니 '일벌레'의 닉네임을 붙이고, '경제대국 일본의 빈곤'이라는 부정적 시각이 있다. 일본에서의 발단은 1969년 29세의 신문발송부 사원이 뇌졸중으로 사망한 것을 '직장 돌연사'(occupational sudden death)라고 하였다. 과로사는 업무와 관련한 사망으로 주장한지 5년 후에야 업무상 질병으로 인정받고서, 최초의 과로사 사례가 되었다. 過労死(かろうし)는 1982년 3명의 의사가 출판한 책명으로 처음 사용되고, 1991년 국제적으로 통용, 1990년 국내 신문에서 사용되었다. 과로사는 과로가 직접적인 사망원인이 아니며 뇌혈관 · 심장질환을 유발해 진행 악화에 따른 사망만을 말한다. 산재보상법의 업무상 질병을 뇌혈관 · 심장질환으로 표현한다. 과로사는 뇌혈관 · 심장질환의 발병 요양 중인 상태는 배제하는 듯하여 적정한 용어인지 의문이 든다.

87) <역자주> 2010년에는 노동기준법 시행규칙의 <별표 제1의 2>에서 열거한 '업무상의 질병' 리스트(목록) 중에서 새롭게 '장기간에 걸친 장시간 업무, 그 밖의 혈관병변 등을 현저하게 악화시키는 업무에 따른 뇌출혈, 지주막하출혈, 뇌경색, 고혈압성 뇌증, 심근경색, 협심증, 심장 정지(심장성 돌연사를 포함) 혹은 해리성(解離性) 대동맥류 또는 이러한 질병에 부수하는 질병'(8호)을 추가하였다. 장시간 근로에 따른 뇌질환 · 심장질환을 의학적 지견(知見, 식견)에 따라 '직업병'으로 인정하였다.

88) <역자주> 2000년 최고재판소 판결(덴쓰(電通) 사건<2000.3.24. 最重判 131>)에서는 "근로자가 근로일에 장시간에 걸쳐 업무에 종사하는 상황이 계속되는 등으로 피로나 심리적 부하 등이 지나치게 축적되면, 근로자의 심신 건강을 저해할 위험이 있는 경우에는 주지하는 바와 같다"고 명언하였다. 이 사건에서 최고재판소는 '과로자살'(過労自殺)에 대하여 고용주가 건강배려의무를 위반하였다고 판시해 그 손해배상책임을 인정하였다. 사실 덴쓰는 1991년에도 24세의 사원이 과로자살에 대하여 "회사는 심신 건강에 유의할 의무를 진다"고 판결을 내렸고, 2013년에는

라, '**후생노동성**'[89]은 예를 들어 ① 발병 전 1개월 동안 시간외 휴일근로가 **100시간**을 넘거나, ② 발병 전 2개월부터 6개월 간의 평균으로 시간외 · 휴일근로가 **1개월당 80시간**을 넘는 기간('과로사라인')이 있는 경우에는 업무와 발병의 관련성이 강하다고 **행정상 인정기준**을 마련해두고 있다.[90]

이른바 '**과로자살**',[91] 즉 과중 근로에 의해 우울증에 걸린 근로자의 자살에 대해서도 '업무(과로)'와 '우울증' 사이에 인과관계가

30대 남성 사원이 '과로사' 판정이 나오기도 하였다.

89) <역자주> 우리나라의 고용노동부와 보건복지부를 합친 정부 부처

90) <역자주> 한국의 경우 고용노동부장관의 고시기준은 발병 전 12주간 업무시간이 1주 평균 60시간(발병 전 4주 동안 1주 평균 64시간)을 초과하면 업무와 발병과의 관련성이 크다고 본다. 한국에서 택배기사 사망사고와 관련해 택배기사 업무에 포함되었던 '택배분류작업'을 떼어내어 자동화하거나 전담인력을 배치해 시켜야 하며, 택배기사에게 그대로 맡길 경우에는 추가 비용을 지불해야 한다. 또 택배기사에게 주 60시간 이상, 1일 12시간 이상을 일을 시켜서는 안된다. 기본은 오후 9시 이후, 아무리 늦어도 오후 10시 이후에 '심야배송'을 금지하는 내용으로 2021년 1월 21일 '택배근로자 과로사 대책을 위한 사회적 합의기구'에서 합의문을 체결했다. 아울러 '각 택배사업자별로 분류 인력 투입, 자동화 설비투자를 감안해 택배 운임 현실화를 추진한다"고 명시했다.

91) <역자주> **과로자살의 덴쓰**(電通) **사례** : 도쿄대학 출신인 여성 다카하시 마츠리(高橋まつり)는 2014년 일본 최고의 광고회사 '덴쓰'에 입사해 두달동안 힘들었다는 트윗을 50개 이상 발신하는 등 크리스마스에 사원주택에서 뛰어내려 자살하였다. 새벽녘에 "일도 인생도 너무 힘들다. 지금까지 고마웠어"라는 메시지를 모친에게 송부, 모친이 황급히 전화를 걸어 "죽으면 안돼"라고 말을 건네자, "응, 응"이라고 힘없이 대답한지 불과 몇시간 후에 일어났다. 일본 후생노동성의 조사 결과에 따르면, 노동강도는 상상을 초월했다(과로사 기준 월 80시간을 초과해 10월 130시간, 11월 99시간 등). 그 후 지난한 법적 공방을 거친 후, 부정이 업무상 재해로 인정받으면서 일본 사회에 큰 문제가 되었다. 현실은 사원이 상황과 일에 치이도록 몰아붙이고, 회사에서 끝까지 버티다, 그 상황에서 벗어나기 위해 자살할 수밖에 없는 사회구조다. 일본 후생노동성의 「2018년도 과로사 등 방지대책백서」에 따르면, 근무 원인이 된 자살자 수는 2017년 1991명, 그 중 일의 피로(과로자살)가 566명(28.4%), 직장내 인간관계는 481명(24.2%)를 차지했다

있으며, 이에 기인해 사망(자살)이 인정되는 경우에는 업무상재해로 인정하고 있다. 또 성희롱(セクハラ), 직장 내 괴롭힘(パワハラ) 등 직장 내에서 '**따돌림**'(いじめ)이나 '**괴롭힘**'(いやがらせ)을 원인으로 발병한 '**우울증**'이나 이에 따른 '사망(자살)'에 대해서도 그러한 직장환경과 우울증 사이의 관련성을 인정해 업무상재해를 인정하는 사례가 늘어나고 있다.

(4) 안전배려의무 · 건강배려의무 – 회사에 대한 손해배상 청구

산재보험제도에 의한 급부는 정신적 손해(위자료)를 보전(cover)하는 것이 아닌 등과 같이 근로자가 입은 손해를 전부 보상하는 것은 아니다. 또 원래 산재보험 급부의 대상이 되지 않는 재해라도 민법상의 손해배상 청구를 인정하기도 한다. 그래서 일본에서는 정부에 대한 산재보험 급부의 청구와는 별도로 회사를 법원에 소송을 제기해 손해배상 청구를 인정하고 있다. 이 양쪽이 청구되는 경우에 산재보험 급부로 보상받은 손해에 대하여 회사는 그 한도로 민법상의 손해배상책임을 면한다고 되어 있다(노동기준법 제84조 제2항 참조).

근로자가 회사에 대해 손해배상을 청구하는 법적 근거는 우선 '**불법행위**'(민법 제709조 등)를 생각할 수 있다. 하지만 불법행위로 인한 손해배상 청구권의 소멸시효는 3년이다(개정 전 민법 제724조). 또 근로자 측이 사용자의 과실 존재를 입증할 책임을 진다는 어려운 점이 있다. 그래서 최고재판소는 불법행위 이외의 법적 근거를 제시하였다. 사용자는 근로계약상 신의칙에 의한 근로자의 생명이나 건강을 위험에서 보호하도록 배려할 '**안전배려의무**'를 지고(노동계약법 제5조), 그 의무를 제대로 이행하지 않은 사용자에게 '**채무불이행**'(민법 제415조)의 형태로 손해배상을 인정하는 것이다(채무불이행의 소멸시효는 10년이다[개정 전 민법 제167조]). **노동계약법**은 이를 "사용자는 근로계약에 따라 근로자가 그 생명, 신체 등의 안전을

확보하면서 근로할 수 있도록 필요한 배려를 해야 한다"는 형태로 법률에 규정하고 있다(제5조).[92]

또한 2017년 민법(채권법) 개정으로 사람의 생명, 신체의 침해에 대한 소멸시효는 권리를 행사할 수 있을 때 또는 손해 · 가해자를 알았을 때부터 5년, 권리행사를 할 수 있을 때 또는 불법행위시부터 20년으로, 채무불이행이나 불법행위에서도 동일하게 되어 있다(제166조 제1항, 제167조, 제724조, 제724조의2).

이 '**안전배려의무**'는 단순히 근로계약을 체결한 근로자와 사용자 사이뿐만 아니라, 사실상 지휘감독을 하여 일하게 하고 있는 "**특별한 사회적 접촉관계**"에 있는 당사자 사이라면 널리 여기에 발생하는 의무로 되어 있다. 따라서 예를 들어 원청기업과 하도급기업의 근로자, 사용기업과 파견근로자 등 직접적인 근로계약 관계가 없는 당사자 사이라도 근로자의 생명 · 건강에 관계되는 지휘명령이나 관리감독을 행하는 경우에는 안전배려의무 위반이 문제시될 수 있다.

안전배려의무 위반은 과로사나 과로자살 등의 사안에서도 인정되고 있다. 판례에서는 회사는 근로자가 과중 근로에 따라 심신의 건강을 해치지 않도록 주의해야 한다('**건강배려의무**'라고도 한다). 구체적으로는 건강진단 등을 실시해 근로자의 건강 상태를 파악한 후에, 이것에 따라 업무의 경감 등 적절한 조치를 강구하지 않았을 경우에는 안전배려의무 또는 건강배려의무 위반의 책임이 문제되고 있다. 또 직장에서 '따돌림'(いじめ) · '괴롭힘'(いやがらせ)

---

92) <역자주> 2007년 「노동계약법」을 제정할 때에 당시까지 판례의 룰에 불과한 '안전배려의무'('건강배려의무'를 포함한다고 해석됨)를 명문화하였다. 이와 같이 장시간 근로에 따른 건강 장애는 '산업재해의 보상'이나 '민사 사건의 손해배상' 사건에서 업무와의 관련성을 인정하고, 이에 따라 근로시간의 길이를 기준으로 하여 노동안전위생법 등에 따른 예방조치도 강구하였다. 아울러 '정신건강' 문제가 부상한 점도 오늘날의 특징이다

등을 원인으로 근로자가 자살한 경우에도 회사의 안전배려의무나 직장환경 배려의무 위반을 인정하고 있다. 근래에는 과로사나 과로자살 등의 사안으로 장시간의 근로실태를 인식하면서 피해의 발생을 막는 대책을 세우지 않은 것이 '**이사**'[93]의 악의·중과실에 따른 임무 해태(회사법 제429조 제1항)에 해당한다고 하여, 이사 개인에게 손해배상을 인정하는 판례도 늘어나고 있다.

5 근로자의 건강을 확보하기 위한 과제

일본의 근로조건에 대한 가장 큰 특징은 '**근로시간의 길이**'와 이것으로 인한 과로사·과로자살 등과 같은 '**건강 피해**'이다. 이 점에 대하여 법규제의 관점에서 두 가지만을 살펴본다.

(1) 근로시간의 길이의 규제방법

첫째로, 근로시간의 길이에 대한 규제방법이다.

유럽(EU)에서는 잔업시간(시간외)을 포함한 근로시간의 상한(최장 근로시간)을 주 48시간, 근무를 종료한 후 다음 날의 근무까지 근로가 해방된 시간(휴게시간)을 **11시간**으로 하는 등 근로시간의 길이에 대하여 '**직접 규제**'를 가하는 방법을 취하고 있다. 반면에 **미국**에서는 주 40시간이 초과한 시간에는 50% 할증임금을 지급한다는 '**간접 규제**'는 정하고 있으나, 근로시간의 길이에 직접 상한을 정하는 규제는 없고, 할증임금만 지급하면 몇 시간을 근무해도 좋다고 하고 있다. 원래 미국의 근로시간 규제는 근로자의 건강을

93) <역자주> 取締役(とりしまりやく) : 이사(理事) －법인(法人)의 사무를 처리하며, 이를 대표하여 권리를 행사하는 직위. 또는 그 직위에 있는 사람.

확보하기 위한 것이 아니라, **'워크쉐어링'**[94](실업대책)을 목적으로 해 설정한 것이다. 그러나 미국에서는 일본만큼 장시간 근로에 따른 건강의 피해가 심각하지는 않다. 그 큰 이유는 근로자가 회사로부터 가혹한 근로를 강요받는 경우에 그 회사를 그만두고 다른 것보다 제대로 된 회사를 찾는 행동을 취하는 점에 있다.

이에 대하여 일본, 특히 정규직은 장기 고용관행이나 기업 공동체의 의식에서 회사를 그만두는 것이 그렇게 간단치 않은 환경에 있다. 이로 인하여 미국과 같이 드라이하게 전직(轉職)을 해 자신의 건강을 지키는 선택을 근로자에게 기대하기란 현재로는 매우 어렵다. 이러한 배경의 차이와 건강 피해라는 결과의 중대성 · 심각함을 생각하면, 일본에서는 유럽과 같이 근로시간에 법적 브레이크를 설정하는 것이 중요하다고 할 수 있다. 2018년 일하는 방식 개혁 관련 법에 따른 **'시간외 근로의 상한 시간의 설정'**은 유럽형 규제를 향하여 첫발을 내딛는 것이라고 할 수 있다.

향후 과제로 (i) 시간외 근로의 상한 규제를 '관리감독자 등 예외자'와 '재량근로제 적용대상자'로 확대하는 것, (ii) 상한 시간을 일과 가정 양립(워라밸)을 실현할 수 있는 수준으로 축소하는 것, (iii) 휴게시간(근무간 인터벌)을 법적으로 제도화하는 것, (iv) 주휴 1일을 법적으로 예외 없이 보장하는 것 등을 생각할 수 있다.

보론 59

• 근로시간이 짧은 쪽이 건강에 좋은가?

짧은 근로시간이 좋다면 단시간을 근로하는 편이 좋다. 하지만,

---

94) <역자주> **워크 쉐어링**[work sharing] : 하나의 기업내 모든 또는 일부 근로자의 근로시간을 줄여 보다 많은 근로자가 일자리를 갖도록 하자는 것이다. 하나의 직무를 둘 이상의 파트타임 업무로 나누는 '직무분할'(Job Sharing)과는 구별되고, 근로자 해고 대신 근로시간을 줄이는 것이다. 예컨대 불황기에 일감이 줄어 기업이 직원의 10%를 감원해야하는 상황이라면 해고없이 근무시간 및 임금 부분 삭감, 감원요인을 줄이는 방식이다. '일자리 나누기', '시간분할제' 또는 '대체근로제'라고도 한다.

비정규직의 근로시간은 짧아서 수입은 적기 때문에 '**빈곤문제**'(워킹푸어 문제)가 발생한다. 한 가정에서 중요한 생계를 책임지는 근로자가 이러한 상황에 놓이게 되면 정신 건강을 해칠 가능성이 커진다. 실제로 최근 연구에 의하면, 비정규직으로 취업한 중고령자를 보면, 정규직과 비교해 남성 전체 및 여성 중 미혼층은 우울증 등 정신장애의 발병이 2배라는 결과가 나왔다(Kachi Y, Otsuka T, Kawada T(2014)).

물론 법률상 법정 근로시간 내이면 근로시간의 장단은 원칙적으로 건강에 영향을 미치지 않는다. 「**단시간**(파트타임)**노동법**」이 단시간 근로에서 정규직으로 전환 추진조치를 의무화하는 것(파트타임노동법 제12조. 2015.4. 제13조)도 이것이 전제일 것이다. 법률적인 규제는 어디까지나 법정근로시간을 초과한 부분만이기 때문이다.

하지만 근로가 수입을 가져온다는 관점에서는 정규직으로 근로할 수 있고, 또한 연장근로도 있는 정규직의 근무방식에는 장점이 있다. 법정근로시간의 기준은 건강을 즉시 해치는 수준은 아니기 때문에 어느 정도의 연장근로는 수입을 늘리고, 정신건강에도 플러스 영향을 미칠 수 있다.

보론 60

• **근로시간 단축과 워크쉐어링**

근로시간 단축은 '**고용의 창출**'이라는 고용정책의 목적으로 주장하는 경우도 있다. 2000년에 도입된 프랑스의 주 35시간 제도는 워크쉐어링(work sharing, 일자리 나누기)을 목표로 한 것이었다. 또한, 1970년대부터 높은 실업률을 고민하였던 네덜란드는 1982년에 '바세나르 합의'라는 노사정 3자간 협정을 체결하였다. 정부는 기업에 대하여 감세 등으로 고용을 촉진하기 위한 조치를 강구하고, 노동조합은 임금의 축소에 동의하고, 이와 대응한 기업은 근로시간을 단축하지만 고용은 유지한다는 내용으로 합의하였다. 이러한 네덜란드의 노력은 단시간(파트타임)근로자의 지위를 향상시킴으로써 근로시간의 단축과 이에 동반하는 '일의 분담'을 촉진하였다.

일본에서도 2000년대부터 종종 워크쉐어링을 논의해 왔다. 특히, 2002년 3월에 정부와 '**일본경영자단체연맹**'(닛케렌(日経連), 현재의 케이단렌(経団連))과 '**일본노동조합총연합회**'(렌고(連合))가 발표한 「**워크쉐어링에 관한 노사정**(政勞使) **합의**」에서는 '**워크쉐어링의 노력에 관한 5개 원칙**' 중의 첫번째 원칙은 "워크쉐어링이란 고용을 유지 · 창출하기 위하여 근로시간을 단축한다. 현재 일본의 상황에서는 다양한 취업형 워크쉐어링의 환경을 정비하기 위하여 조기에 노력하는 것이 적당하다. 또한 현재의 엄격한 고용 상황에서 현재 조치로서 **긴급대응형 워크쉐어링**에 긴급하게 노력하는 것이 하나의 선택이다." '**다양한 취업형 워크쉐어링**'의 모델은 네덜란드형이였다.

하지만 워크쉐어링의 정책목표는 "가능하면 많은 사람과 일을 분담하자"고 하면 비판하지 않지만, 근로시간을 단축해 임금을 삭감하여 고용을 창출하기 위한 구체적인 정책을 제시하는 경우에 반대하는 근로자는 많을 것이다.

물론 근로시간을 단축하면 결국 고용은 창출된다고 생각할 수 있다. 하지만 경제학자인 **카와구치 다이지**(川口大司) **교수**의 연구에 따르면, 1987년 노동기준법을 개정한 후 근로시간 단축정책은 "법정 근로시간의 감소는 확실히 실근로시간을 감소시켰지만, 신규 고용창출로는 연계되지 못하였다. 오히려, 실근로시간은 감소되면서 월급은 감소되지 않아서 시간당 임금은 상승했기 때문에 기업은 여하튼 고용량을 줄이고자 신규 졸업자를 억제해 대응하는 것으로 나타났다"고 한다.

그리고 법정 근로시간을 단축한 경우에 실근로시간은 감소하지만 월급의 감소를 동반하지 못하고, 시간당 임금이 상승하는 것은 많은 국가에서 일반적으로 나타나는 현상이다. 아울러 고용이 증가해도 복수로 분할하는 것은 쉬운 일이나, 고정비용이 들지 않는 일로 한정된 경우도 있어 근로시간 단축으로 **워크쉐어링이 제대로 기능한 국가는 거의 없다**(大内 · 川口 2014, 168면).

어느 경우이든 워크쉐어링은 근로시간 규제의 목적을 심각한 불경기에 실업자가 넘쳐나는 극한의 상황에서 '긴급대응형 워크쉐어링'만을 생각하는 것은 아닌가?

이상과 달리, 단시간 정사원의 증가 등 다양한 취업형태가 늘어나면, 이것이 워크쉐어링을 실현하는 것과 연계될 수 있을지도 모른다. 이것은 일과 생활의 조화를 촉진하는 정책이 워크쉐어링을 추진하는 효과가 있음을 시사하고 있다(小倉 2008도 참조).

(2) 건강문제에 대한 법적 접근

둘째로, '과로사'나 '정신건강문제'에 대한 법적 대응의 방향이다. 이 점에 대해서는 산재보험제도나 안전배려의무 위반으로서의 손해배상 등을 통한 사후 구제도 중요하지만, 더 중요한 일은 미리 예방하는 것이다. 구체적으로는 ① 각각의 기업 현장에서 노사가 아이디어를 내면서 시행을 반복해, 건강의 피해를 방지하는 결과로 연결해 나가는 것, ② 그 프로세스와 성과를 공표하고 외부에서도 쉽게 확인할 수 있도록 기업 밖에서의 체크나 사회적 평가로도 연결되도록 하는 것, ③ 이렇게 대응하는 기업에 대한 건강보험과 산재보험 보험료를 감액하는 등의 방법으로 각 기업 현장에서 자주적인 활동을 법적으로 촉구해 가는 것을 고려해 볼 수 있다.

일하는 방식 개혁에 따라 근로시간 단축이나 일 가정 양립을 실현하고 있는 기업의 사회적 평가가 높아지는 추세에 있고, 정부도 '**여성활약추진법**' 등에서 기업의 근무상황에 관한 정보 공표를 촉구하는 정책을 추진하고 있다. 향후에는 이러한 동향을 전체 사회로 확대해 정착시키기 위해 법정책의 방향과 노사 당사자의 자주적인 대처를 촉구하는 인센티브시스템을 종합적으로 구축해 가는 (그 중에서 ①~③을 연계해 진행하는) 일이 중요해질 것이다.

가혹한 근로조건에서 근로자 보호라는 노동법의 원점에 있어야 하는 것이 일본 노동법에서는 아직도 충분하게 보장하고 있지 않다. 이러한 일본 문제에 대해서는 (i) 건강 확보를 위한 최저기준을 법정하는 노동법의 원점으로 되돌릴 것, (ii) 현장 실태의 다양성에 따른 자주적인 노사 대응을 정책적으로 촉구할 것, (iii) 그 프로세스 내에서 '**기업공동체의 폐쇄성**'이라는 일본의 과제를 점차 해소해 나가는 것이 필요하다.

제6장 노동조합은 왜 필요한가

노사관계를 둘러싼 법

나는 근로자가 된 지 십여년 동안은 노동조합에 가입하지 않았다. 그러나 존경하는 선배가 권유해 현 직장에 있는 노동조합에 가입하였다. 그리고 그 노동조합의 임원을 맡기도 했다. 내가 가입한 노동조합은 조직률이 10% 정도의 소수 노동조합으로 아마도 일본 노동조합의 전형적인 모습(대기업의 다수 노동조합)과는 다를 것으로 생각한다. 하지만 그렇다고 해도 노동조합의 역할은 그리 작은 것은 아니다. 많은 비조합원 여러분에게도 경영자로서의 연구소나 대학에도 어느 정도 의미있는 존재가 되었다고 생각한다.

일본에서는 노동조합 조직률이 감소하는 추세이다. 하지만, 그 활동을 경시할 수는 없다. 노동조합은 왜 중요한가? 노동조합은 법적으로 어떻게 규정되고, 어떠한 역할과 권한을 가지고 있는 것일까?

1 노동조합은 왜 법적으로 보호하는가

'헌법'에서는 근로자가 노동조합을 만들어 단체교섭을 하거나 단체행동을 할 권리를 인정하고 있다(제28조).[1] 또한 **노동조합법**에서

1) <역자주> 일본 헌법 제28조는 "**근로자**(勤勞者)는 근로자가 단결할 권리

는 노동조합이 사용자와 체결한 단체협약에 규범적 효력이라는 특별한 효력을 인정하고(제6조), 사용자의 불공정한 행위(부당노동행위)를 금지해 원활한 단체교섭의 관계를 구축하도록 촉구하고 있다(제7조 등). 일반 시민이 조직하는 '**동아리**(서클)' 등의 '**단체**'와 달리 노동조합에 이러한 법적 보호를 하는 이유는 무엇일까?

(1) 노동조합의 존재 의의

노동조합의 첫 번째 존재 의의는 사용자와의 관계에서 **경제적으로 약한 입장에 있는 근로자**를 지키는 것에 있다. 개별 근로자는 약한 상황에 몰릴지도 모르는 근로자들이 집단을 조직해 교섭함으로써 사용자와 대등한 입장에 설 수 있다. 이것은 단체교섭에 의한 '**근로조건의 대등한 결정**'의 요청이라고도 한다(노동조합법 제1조 제1항).

그러나 노동조합은 근로자의 이익만을 위하여 존재하는 것은 아니다. 노동조합의 존재는 **사용자의 이익도 될 수 있는 것**을 지적하고 있다.

예를 들어 회사와 근로자 사이에 문제되는 사항에는 임금제도, 근로시간제도, 근로환경 등과 같이 많은 근로자에게 공통되는 성격(이른바 공공재성[公共財性])을 가지는 것이 많다. 이에 이것은 개별 근로자와 개별적인 교섭보다는 전체적으로 정리해 교섭하는 것이 회사의 입장에서도 효율적이다.

또한, 근로자의 발언이 가지는 의미도 주목받고 있다. 근로자가 직장에 불만(고충)을 가지는 경우에 불만을 해소하기 위해 '**발언**'(voice)하거나 아니면 말없이 그만둘 것(exit)이냐의 선택을 강요받을 수가 있다. 이 경우에 그만둔다는 선택을 계속하면, 경력이

및 단체교섭 그 밖의 단체행동을 할 권리는 이를 보장한다"고 규정한 반면에, 한국 **헌법 제33조 제1항은 "근로자'는 근로조건의 향상을 위하여** 자주적인 단결권, 단체교섭권, 단체행동권을 가진다"고 유사하면서도 약간 상이하게 규정하고 있다.

단절되는 근로자로서도 중요한 전력(戰力, 노동력)을 상실하는 회사로서도 손해를 거듭하게 된다. 반대로, 근로자가 소리내기 쉬운 환경을 만들어 근로자가 발언해 불만을 해소하게 되면, 근로자의 사기나 정착율이 높아지고, 그 기능이 향상됨으로 회사로서도 생산성이나 이익이 높아지는 것으로 연결된다. 그러나 근로자는 혼자서는 거의 목소리를 내지 못한다. 근로자가 노동조합 등과 같은 집단을 만들어 근로자가 불만이나 의견을 말하기 쉬운 환경을 정돈하는 것에서 근로자의 발언이 실질적으로 기능하게 되고, 노사 쌍방의 이익을 증대하게 된다.

미국의 유명한 노동경제학자인 「**리처드 B 프리먼**」과 「**제임스 L 메도프**」는 1970년대에 수행한 복수의 연구결과를 분석하여, 노동조합이 있는 사업장이 노동조합이 없는 사업장보다 '**생산성이 높다**'는 사실을 밝혔다. 그 이유로 ① 노동조합이 활동함으로 근로자의 이직률이 떨어지는 점, ② 노동조합이 발언해 인사관리를 합리화하고, 균형잡힌 경영을 할 수 있다는 점 등을 들고 있다.[2)]

---

2) R.B. Freeman/J.L. Medoff(박영기 옮김), 「노동조합의 참모습」(What Do Union Do?), 비봉출판사, 1992, 210－231면 참조. 유노조기업은 노동비용(인건비 증가)도 더 높기 때문에 생산성이 높다는 사실에 기초해 기업마다 노조가 결성되기를 열망한다는 추론은 아니된다. 또한 역사적으로 생산성 향승과 노조조직률 사이에는 본질적으로 아무런 관계가 없었다는 것도 사실이다. 하지만 노사관계가 원만한 경우 등 노사가 각기 기업에서 어떻게 상호작용하는냐에 따라 생산성이 좌우된다. 나아가 실제로 경쟁부문에서 노조의 임금인상을 상충하는 생산성 향상이 가능한 노사만이 장기적으로 생존할 수 있다(217면, 220면, 227－230면). ; 한편 이러한 분석에 대하여 T. Kochan은 학문 수준 제고에 크게 기여한 쾌거라고 높이 평가하면서도 "1970년－1980년의 역사적 사실에 대한 경제분석에 한정되어 있으며, 1980년대의 격동 속에서 노조는 무엇을 배웠고 또 어떻게 변했는지 역학관계(다이나믹스)가 파악되어 있지 않다. …단층적인 경제 분석만으로로는 노조변모의 총체적 내용은 정확하게 파악할 수 없다"고 비판한다. ; 그 후 리처드 프리먼/조엘 로저스(이동한 옮김), 「노동자가 원하는 것」(공존을 위한 설문 보고서), 후마니타스, 2018 참조.

보론 61

• 노조조직률의 하락 추세 및 노동조합의 생산성 효과

(1) 노조조직률의 하락 추세 : 21세기에 들어 세계 고용노사관계의 이슈는 노조조직률의 지속적인 하락 추세를 보였다. 장기적인 전망으로 노조의 세력이 시장경제사회의 중심세력으로 존속할 것인지를 예측하기란 어려운 문제이다. 그 원인은 탈산업화에 따른 경제와 고용의 구조적 변화, 통신과 수송수단의 발달로 인한 급속한 세계화 · 정보화와 기업간 무한 경쟁의 격화, 제4차 산업혁명의 급격한 진전에 따른 기술의 발달로 인한 새로운 고용형태의 증가(특수고용형태종사자, 플랫폼노동, 프리랜서형 근로자 등), 다양한 정체성 그룹의 등장(인권운동의 흐름 속에 이민자, 여성, 노동인구, 성소수자 등), 신자유주의적 풍조의 영향으로 정부의 정책이 노조에 대한 부정적인 여론(노조회피전략의 적극적인 활용, 탈법적인 행위, 노조의 서비스대체 제도 제공 등), 개별 근로관계법들의 노조 대체현상(모성보호법, 고용평등법, 장애인 · 연령차별금지법, 성희롱 · 괴롭힘 금지법, 차별금지법 등) 등을 들 수가 있다. 한편, 정부가 개별적 근로관계를 관련 법으로 보호하는 추세가 강화되면서 노조를 통해 해결하기 보다는 개별적으로 기업을 상대로 소송을 하는 방식을 선호한 경향이 나타나고 있다(김동원, 「고급 고용관계 이론」, 박영사, 2020, 77－80면).

(2) 노동조합은 '생산성'에 영향을 미친다. ① 긍정적인 효과 (ⅰ) 충격효과(보다 합리적 · 전문적인 인사정책과 한층 세밀한 작업감독 형태의 경영방식으로 전환(파수꾼 역할)), (ⅱ) 의견 개진(발언권＝발언과 대응의 상호작용) 효과(불만의 해소와 발언은 사기의 진작과 관리방법의 개선을 촉진해 이직보다는 직장 잔류를 선택함. 이직율의 감소로 교육훈련비와 충원비용을 감소시켜서 생산성을 제고함), ② 부정적 효과는 단체교섭에 의해 경직된 단체협약을 체결해 무노조기업보다 필요 이상의 과잉고용(featherbedding)의 경우에 발생한다. 평균적으로 노조의 존재가 생산성에 중립적인 효과를 나타낸다. 한국의 실증연구는 부정적 효과로 나타나고 있다(상대적으로 더 대립적인 노사관계에 기인함). 하지만, 노동조합의 생산성 효과는 기업 규모별, 생산성 지표별, 국가별로 다른 결과가 보고되고 있다. 결국 '노사관계가 좋은 기업＞무노조 기업＞유노조 기업'의 순이다. 다른 한편, 노조는 '기업의 이익'에 대체로

부정적 영향을 준다. 그러나 균형적인 관점에서 상호 협력하는 식의 '우호적인 노사관계의 개선'이나 '노조의 활성화'가 생산성을 제고하고 경제적 형평성을 개선하는 효과도 있다는 점을 유념해야 한다(김동원, 「고급 고용관계 이론」, 73-76면).

(2) 노동조합을 법제도화할 필요성

이와 같이 노동조합이 집단 교섭을 통해 노사 모두에게 이익이 된다고 해도, 이것을 왜 법으로 제도화해야 하는 것인가? 노사 모두에게 이익이 된다면, 법이 개입하지 않더라도 노사가 자주적으로 노력하여 보다 좋은 결과가 나오도록 행동하는 것은 아닌가? 그런데도 법이 개입해 집단 교섭을 제도화할 필요가 있는 이유는 다음의 두 가지 점을 들 수 있다.

첫째로, 개별 당사자는 반드시 만능은 아니라는 점이다. 회사의 입장에서도 근로자의 입장에서도 모든 정보를 인식하고 모든 능력을 구사하면서 중장기적인 예측을 포함해 합리적인 판단이나 행동을 할 수 없다. 특히, 정보나 능력에 한계를 가지는 당사자는 단기적으로 비용이 드는 선택을 피하고, 눈앞의 이익을 추구하는 행동을 하기 쉽다. 이와 같이 근시안적 행동에 나서기 쉬운 당사자에게 중장기 이익으로 연결되는 선택을 촉구하는 것은 중요하다. 집단적인 교섭의 기반을 만드는 것은 단기적으로는 부담일 수도 있지만, 중장기적으로 보면 노사 모두의 이익으로 연결될 수 있다.

둘째로, 당사자가 자기 이익을 추구하는 행동으로 전체의 이익을 해치는 사태를 막는 것이다. 예를 들어 노동조합은 '파업'에 돌입해 교섭을 우위로 이끌면서 더 많은 이익을 얻으려고 한다. 회사는 이에 맞서 '직장폐쇄'를 통하여 이익을 독차지하려 한다. 이러한 사례에서 노사가 자신의 이익만을 고집해 충분하게 논의하지 않고, 사태의 수습이 어렵게 되면 노사 쌍방이 큰 타격을 입을 만한 결과(이른바 '죄수의 딜레마'[3] 상황)가 된다. 이러한 당사자의 전략적인 행동으로 전체적인 손실을 피하려면, 양 당사자가 정보를 제시해 성실한 태도로 교섭하는 제도의 기반을 마련해 두는 것이 중요하다.

법이 노동조합이라는 집단의 존재를 승인하고, 이것을 통한 집단 교섭을 촉구하는 배경에는 이러한 복합적인 이유가 있다. 그리고 이러한 이유들은 결코 시대에 뒤떨어진 것이 아니다. 급격한 경쟁으로 근시안적 행동이나 전략적인 행동이 횡행하는 오늘날에 우리는 이러한 점을 보다 심각하게 받아들일 필요가 있다.

보론 62

• 노동조합의 미래 전망

노동운동의 역사에서 효율성(기업의 이해) 이념과 형평성(근로자의 이해) 이념이 상호 이동하는 '시계추(사이클론)이론'에 의하면, 현재의 노조 침체를 극복하기 위해서는 미래 환경에서 노조가 새로운 환경에 맞게 구조와 전략의 패러다임의 전환이 필요하다. 노조의 미래 전망 4가지 시나리오는 (i) 단기적으로 현재 노조가 계속 하락하는 추세, (ii) 노조가 일부 국가나 산업부분에서만 활성화(스웨덴 등 북유럽. 제조업 대기업, 공공부문), (iii) 경제위기로 정치사회적인 대변혁기에 급격한 성장(빈부 격차와 양극화 현상의 심화로 사회의 관심과 이념이 노조에 우호적인 방향으로 전환), (iv) 노동운동이 새로운 환경에 맞는 과감한 변신을 통해 새로운 전략을 전개(노조가 시민사회운동과의 네크워크의 적극 활용, 노동NGO와의 연계를 통해 풀뿌리 조직에 투자, 혁신적인 노동운영모델 도입 전략). 하지만 이러한 4가지 시나리오는 상호간 배타적이지 않고 조합을 고려하면, 위의 (iii)+(iv)가 조화로운 발전을 이룰 때 노조가 재반등할 가능성은 크다고 본다(김동원, 「고급 고용관계 이론」, 81－83면).

---

3) <역자주> 죄수의 딜레마(prisoner's dilemma) : 자신의 이익만을 고려한 선택이 결국에는 자신뿐만 아니라 상대방에게도 불리한 결과를 유발하는 상황을 말한다.

2 노동조합의 조직과 기반

(1) 노동조합의 보호 요건

노동조합법의 기본 목적은 단체교섭을 통하여 근로조건의 대등한 결정을 촉진하는 데에 있다(제1조 제1항 참조). 그 역할을 담당하는 노동조합에 이 노동조합법은 ① '**근로자**'[4]가 주체가 되어(주체),[5][6] ② 자주적으로(자주성),[7] ③ 근로조건의 유지 · 개선, 그 밖의 경제적 지위의 향상을 목적으로(목적), ④ 조직하는 단체 또는 그 연합단체(단체성)이다(제2조), ⑤ 그 민주적인 운영을 확보하기 위하여 균등한 취급과 민주적인 의사의 결정 절차 등의 일정한 사항을 기재한 '**규약**'(規約)[8]을 작성하는 것(민주성[제5조 제2항])

---

4) <역자주> 일본 노조법 제2조는 "노동자라 함은 직업의 종류를 불문하고 임금 · 급료 기타 이에 준하는 수입에 의하여 생활하는 자를 말한다" ; 한국 노조법 제2조 제1호은 "근로자라 함은 직업의 종류를 불문하고 임금 · 급료 기타 이에 준하는 수입에 의하여 생활하는 자를 말한다".

5) <역자주> 여기서 '**주체가 되어**'란 '**근로자**'가 노조의 구성원인 대부분을 차지함(양적 측면)과 함께 그러한 근로자가 **노조의 운영·활동을 주도하는 것** 내지 **그 활동의 중요한 부분을 주도하는 것**(질적 측면)이라고 해석된다.

6) <역자주> 한국의 경우 2020년 12월 개정 노조법에서 해고자 등 비종사 근로자도 기업별 노조에 가입할 수 있게 됨에 따라 노조 임원 등의 자격은 자체 규약으로 정할 수 있도록 하고, 다만, 기업별 노조의 임원(대의원 포함)은 그 회사에 소속된 종사 조합원 중에서 선출하도록 해야 한다(제17조 제3항, 제23조 제1항). 물론 산별노조의 기업별 지부, 지회의 경우에는 적용하지 않는다(2021.7.6. 시행).

7) <역자주> 여기서 '**노조의 자주성**'은 사용자나 기타 제3자의 지배 영향을 받지 않는 자주성(자발성)을 갖추고, 노조를 자유롭게 설립 및 가입(결성), 유지 · 운영할 수 있는 것이고(자유권적 기본권으로서의 단결권에 기초한다), 또한 실질적 독립성 그 자체보다는 **조직·기구상의 독립성**(**제도적 독립성**)을 의미한다.

8) <역자주> 노조의 규약(規約) : 노조의 조직과 운영 사항을 규율한 기본규범, 즉 노조내부의 자치규범이다. 이에 조합원의 권리의무를 정한 법

이 필요하다.[9)]

원(法源)이며, 조합원에 대해 내부통제권을 행사할 수 있는 근거가 된다. 다만, 자치법규이기에 강행법의 한계 내에서 효력을 가진다.

9) <역자주> (ⅰ) 한국의 노조의 실체적 요건과 관련해, ① **노조법 제2조 제4호 본문**에서는 '노조의 정의'로 ① **근로자 주체가 되어(주체성)**, ② 자주적으로(자주성), ③ 근로조건의 유지 · 개선 기타 근로자의 사회적 · 경제적 지위향상(목적성)을 규정하면서, **노조법 제2조 제4호 단서 각목**에서는 ① 주체성의 요건 : **'근로자 아닌 자'의 가입을 제한**(라목), ② 자주성의 요건 : '사용자 또는 항상 그의 이익을 대표하여 행동하는 자의 참가를 허용하는 경우'(가목), '경비의 주된 부분을 사용자로부터 원조받는 경우'(나목), ③ 목적성의 요건 : '공제 · 수양 기타 복리사업만을 목적으로 하는 경우'(다목), '주로 정치운동을 목적으로 하는 경우'(마목)를 제한하고 있다.

(ⅱ) 위의 요건 중 일본 노조법에 없는 규정은 **노조법 제2조 제4호 단서 각목**에서는 ① 주체성의 요건 : **'근로자 아닌 자'의 가입을 제한**(라목)이 없다. 구체적인 법조문은 "근로자가 아닌 자의 가입을 허용하는 경우. 다만, 해고된 자가 노동위원회에 부당노동행위의 구제신청을 한 경우에는 중앙노동위원회의 재심판정이 있을 때까지는 근로자가 아닌 자로 해석하여서는 아니된다"고 규정하고 있다.

(ⅲ) **특히, 노조법 제2조 제4호 단서(결격사유) 라목**(근로자가 아닌 자의 가입을 허용하는 경우, 본문+단서)은 ⓐ 일본 노동조합법 및 다른 외국(미국, 독일, 프랑스, 영국 등) 입법례에서 찾기가 힘든 법조문이다. ⓑ 지난 1998년 노사정위원회에서 특정 사업에서 해고되는 등 실직 상태에 있는 자가 산업별 단위노조 등 초기업 노조에 가입할 수 있도록 법률을 개정하기로 한 적이 있으나, ⓒ 정부내 견해 차이 등으로 아직 입법화되지 않았다. ⓓ 다만, 입법취지는 근로자가 주체가 되어 조직하더라도 근로자가 아닌 자가 1명이라도 가입하면 노조 내부관계 내지 기업내 노사관계를 혼란스럽게 만들 것을 우려하여 적극적 요건과 별개의 요건을 추가한 것이다(임종률, 노동법(제18판), 박영사, 2020, 57면). ⓔ 이와 관련하여 대법원은 구직 중인 자도 산별 단위노조 등 초기업별 노조에는 가입할 수 있다(조합원 자격 · 지위)고 판시하고 있다(대법원 2004. 2. 27. 선고 2001두8568 판결 등). ⓕ 이러한 대법원의 판결에 대하여, 대체로 학설은 이분설(기업별 노조의 경우에만 조합원 자격의 부인)로 이해하고 있다.

2020년 12월 개정 노조법에서 '해고자 등의 기업별 노조 가입 관련'해, 기업별 노조에 해고자 등의 노조 가입을 제한하는 것으로 해석되는 노조법 제2조 제4호 라목 '단서'를 '삭제'하여 기업별 노조에도 규약에서 정하는 방에 따라 해고자 등이 가입할 수 있도록 노조원 자격을 확대하

특히, 위의 ② '자주성'의 요건은 인사의 직접적인 권한을 가지거나 근로관계의 기밀사항을 다루는 감독적인 지위에 있는 근로자 등과 같이 '사용자의 이익을 대표하는 자'(이익대표자)의 참여를 허용해서는 안 된다(제2조 단서 제1호). 이에 따라 실무적으로는 '과장' 등의 일정한 직책(役職)이 되면 노동조합을 탈퇴하게 되는 경우가 많다. 하지만 법적으로 이 이익대표자에 해당하는지는 과장 이상의 직함(職銜)이 아니라, 회사로부터 독립성을 확보한다는 법의 취지에 비추어 실제로 사용자의 이익대표자라고 할 수 있는 구체적인 권한을 가지는가라는 **실질적인 관점**에서 판단해야 한다. 따라서 과장 등의 관리직과 같은 직함을 가진 자라도 법적으로는 '**이익대표자**'에 해당하지 않고, 노동조합에 가입할 수 있는 자인 경우도 많다.

보론 63

• 일본과 한국의 노조법상의 근로자 개념과 입법의 연역적 배경

① 일본의 경우에 일본 노동조합법(1945.12. 제정)은 제2차 세계대전 전의 여러 노조법안과 (그 배경인) 유럽 및 미국의 노동조합법제를 참조해 입법화하였다. 당시 점령국 미국이 전범이 된 관료체제의 극복수단으로써 노조를 염두에 두고서 비교적 자유롭게 설립, 활동/운영에 대해서도 행정관청이 개입하지 않는다는 원칙이 노조법에 관철되었다. 반면에 일본 노동기준법(1947.4. 제정)은 전전의 공장법, 전시중의 노동조건 통제법령, ILO의 국제노동기준 등 참조(후생성 노정국–노무법제심의위원회 심의에서 기초) 각각의 입법목적과 내용에 따라 완전히 독자적으로 검토하였다. 특히, 근로자의 정의 : 양 법간에 어떠한 통일이나 제휴가 의도적 형적은 인정되지 않았다. 그리고 노조법상의 근로자의 정의는 '노사대등화'를 위한 단체교섭을 보장해야 할 자는 어떠한 자인가라는 관점에서 노기법의 제정

였다. 나아가 공무원, 교원의 경우에도 노조가입 자격을 현직자에서 '현직 및 전직자'로 확대하였다(2021.7.6. 시행). 참고로 규약의 개정시 특별의결정족수(재적 조합원 과반수가 출석해 2/3 이상의 찬성 필요)(제16조 제2항)에 따라야 한다.

에 앞서 선제적으로 입법화하였다(정의의 문언, 입법의 목적, 경우, 배경을 고려해도 독자적인 개념으로 파악). 제2차 세계대전후 한동안은 독일 노동법학의 '종속노동론'의 영향으로 노조법=노기법 개념을 통일적으로 파악하려고 시도하였다. 하지만 결국에는 개념의 독자성을 인정하고 각각의 입법 목적에 상응하는 근로자 개념을 명확화하는 견해가 지배적이다. 또한, 〈실업자도 근로자〉인가와 관련해, 일본 노조법상 근로자 개념(임금, 급료, 그 밖의 이에 준하는 수입으로 생활하는 자)은 일본 노기법상 근로자 개념('사용되어 임금을 지급받는' 관계, 제9조)과 대조적이다. 현재에 "임금, 급료, 그밖의 이에 준하는 수입"을 얻고 있지 않아도, 이를 얻어 생활하는 직업에 있는 자, 즉 '실업자'도 포함. 이것은 노조법이 직업별 노동조합 등 노무공급자가 특정 기업과의 노무공급관계에 들어가기 전에 가입하고, 이러한 관계가 끊겨도 계속 가입하는 '초기업적 노조'의 존재를 기본적 전제 사실로서 입법된 점에 유래한 점을 유념할 필요가 있다(스게노 카즈오(이정 역), 노동법(제11판), 법문사, 2015, 614쪽).

② 그 후, 한국의 노조법(1953.3.8. 제정/공포)은 일본의 제정 노동조합법을 계수 모델로 공통점으로 노동조합법의 체계를 계수하였다(노조의 정의, 노조의 결격요건, 근로자의 정의 등). 다만, 차이점으로 당시 일본에는 없는 독자적인 규정— 노조설립신고, 설립신고증 교부 등 — 노조의 운영에 관한 행정관청의 규제 · 통제의 규정을 두었다. 그 이유는 입법 당시의 일본에 비해 당시 좌우익의 노선투쟁, 6.25 전쟁 등의 시대적 상황 하에서 정부의 내부 결정이 관철된 결과가 아닌가 생각된다. 참고로, 한국의 근기법은 1953.5.10. 제정—90일후 시행되었다.

(2) 복수노동조합주의와 노동조합의 형태

노동조합법은 노동조합의 규모나 조직 수준에 대하여 중립적인 태도를 취하고 있다(제2조, 제6조 참조). 다수 노동조합이고 소수 노동조합이고, 또 전국 수준이나 산업 수준의 노동조합이고 기업 차원의 노동조합이고, 위에서 말한 '5가지 요건'을 충족한다면 노동조합으로서 법적 보호를 받을 수 있다(복수노동조합주의).

보론 64

• **한국의 복수노조 허용 및 교섭창구단일화제도**

국가별로 일본형 노조(기업별노조)와 유럽형 노조(산업별노조), 미국형 노조(일본형+유럽형 노조의 중간 성격), 그리고 한국형 노조(기업별노조)에 따른 법이론이 상이하다. 특히, 노조법은 국가마다 노조 및 노사관계의 본연의 모습에 따라 법적 구조가 설정된다. 그런데 외국에서 법이론이 적용되는 대상이 달라서 법적용의 무리가 생겨서, 나름대로의 노조의 법이론을 형성할 것인지도 고민할 필요가 있다.

노동3권을 보장하기 위해 복수노조금지를 하지 않는 것이 일반적인 입법례이다. 단체교섭창구 및 단위는 자율교섭제(일본), 배타적 교섭대표제(미국/영국/캐나다), 비례적 교섭대표제(이탈리아, 구 프랑스) 등으로 다른 제도를 채택하고 있다. 특히, 프랑스의 경우 산업별/직종별로 전국 또는 지역을 범위로 하여 교섭하는 것이 일반적이었지만, 1970년대부터 기업별교섭이 활발해지면서, 노조난립에 따른 파행적 노사관계를 막기 위해 비례적 교섭대표를 도입하였던 것이다. 반면에, 독일은 기업별노조가 인정되지 않아 사업장단위에서 복수노조의 교섭창구단일화의 문제는 발생하지 않는다.

한편, 한국의 경우는 헌법상 노동3권을 근거로 노조의 자유설립주의 규정에도 불구하고, ILO는 복수노조금지는 ILO협약(제87호 및 제98호) 우반으로 지적하며, 13차례에 걸쳐 개선을 권고하고, OECD도 1966년 12월 가입시부터 결사의 자유 침해 등을 이유로 한국 노동법제에 대해 10년간 모니터링을 하였고, 2010년부터 복수노조를 허용하겠다는 약속에 따라 모니터링을 종료했다. 아울러 FTA협정(결사의 자유 등 기본 국제노동기준을 상호 이행하도록 규정)과 관련해 복수노조금지는 결사의 자유 위바으로 무역분쟁 등의 부정적 요인으로 작용했다. 드디어 1997년 3월 31일 노조법을 제정하였다.

이것은 복수노조금지조항을 삭제한 우여곡절 속에 13년간의 유예기간 후 2011년 7월까지 노조법은 단체교섭절차를 노사자치주의에 맡기고 별도의 규정이 없었다. 이러한 유예는 국제적 압력, 노조의 선택권 제한, 특정 노조의 독점적 지위로 노조서비스 기능의 약화, 산별노조지부와 기업별노조의 복수노조를 인정하는 판례법리, 복수노조의 지속적 증가 등이 제시되었다. 그후 개정 노조법은 복수노조를 허용하면서 교섭창구단일화를 위해 시간이 소요되는 점과 제도적 장치가 필요하다는 점을 고려해 단체교섭일반에 대한 법적 절차를 마련했다. 단체교섭절차는 교섭요구방법, 교섭대표기구 구성의무, 교섭창구 단일화방법, 교섭대표기구의 구성 예외 및 교섭단위 분리 등을 규정하면서 구체적 방안을 대통령령에 위임하고 있으며, 공정대표의무제를 도입하고 있다(제29조의4). 이러한 제도는 집단적 노사관계의 전체적인 구조를 변화시켰다.

이 중에서 일본의 많은 노동조합은 정규직의 장기고용관행을 중심으로 한 '**일본적 고용시스템**'과 결합하면서 기업 수준으로 조직되어 있다.[10] 일본의 노동조합운동의 기반도 **기업별 노동조합**에

---

10) <역자주> **일본의 경우**는 '자유설립신고제도'를 채택했지만, 노조가 노동위원회에 노동쟁의 조정을 신청이나 부당노동행위 구제신청, 노조가 법인격을 취득, 근로자 공급사업의 허가를 받을 할 때마다 노조의 실체적 요건 이외에 민주적인 내용의 노조규약도 갖추었음을 노동위원회에 증명해 노동위원회의 절차에 참여할 자격을 심사받도록 하는 제도('**자격심사제도**')로 **병용**하고 있다. 자격심사절차는 '**노동위원회규칙**'에서 상세하게 규정해 운용하고 있다(제22조－제27조). 자격심사에서도 실제로 노조규약, 임원명부, 직제조직도 등에 의한 서면심사로 규약의 기재검토(형식검사)만으로 충분하나, 노조의 정의(노동조합법 제2조)에 대해서는 본래 관련된 실질심사(경우에 따라 직권조사)를 필요로 하지만, **노동위원회 실무에서는** 제출서류 기재에 비추어 **서면상의 심사로 끝내야 하는 경우가 많다**. 물론 **노동조합**은 노동위원회에 증거를 제출하여 노조의 정의 및 규약의 필요기재사항의 규정(제5조 제2항)에 적합하다는 것을 '**입증**'하지 않으면, 노조법에 규정되는 절차에 참여할 자격을 가지지 못하며, 또한 노동조합법이 규정하는 구제를 받을 수 없다고 규정하고 있다(제5조 제1항). 그리고 노동위원회는 규약 등에 하자가 있으면 서면상의 '**보정**'을 지도하는 '**권고권**'을 가진다(노동위원회규칙 제27조). **대부분 노조는 이 지도에 따르고 있다**. 노동위원회는 이 자격을 인정해서 단체교섭명령(구제명령)을 명할 수 있다. 다만, 사용자가 노조를 인정하여 노사간의 현안을 모두 대화를 통하여 해결하고 있는 한, 단체교섭 거부에 대한 구제나 단체협약의 효력 등은 문제가 되지 않는다. 실무적인 자격심사는 부당노동위원회 신청과 구제에 관한한 제도 본래의 기능을 현저하게 감

있고, 그 정점에 **"연합"**(連合, 렌고) 등의 내셔널 센터가 있다.

이것에 더불어 기업별 노동조합에는 포함되지 않은 근로자를 구제하는 조직으로서 지역 일반노동조합,[11] 파트타임 유니언, 파견 유니언, 관리직 유니언 등의 이른바 **'지역합동노동조합'**[12]도 중요한 역할을 담당하고 있다.

축하고 있다고 할 수 있다(스게노카즈오(이정 편역), 고용사회와 노동법, 박영사, 2001, 274－276쪽 ; 스게노카즈오(이정 역), 일본노동법(전면개정), 법문사, 2015, 612쪽, 625－626쪽 ; 菅野和夫, 勞動法(제12판), 弘文堂, 2019, 842쪽).

11) <역자주> 한국의 경우 최대 규모의 여성 비정규직 조직화로 전국 단일 조직인 '한국여성노동조합'(1991)이 결성되어, 기업 · 업종 · 직종 · 지역에 관계없이 일하는 여성이라면 모두 조합원이 가능하고, '공제조합활동'을 시도하고 있다. 새로운 노조 개념이나 운동 원리를 모색하며, 지역을 단위로 노동과 복지를 연계시키는 전략을 고안해, 사회적 취약 계층 간의 상호부조에 기반을 두고 생활의 질 개선이나 복지 제공까지 활동 범위를 확대, 나아가 시민사회나 지방자치단체의 지원을 통해 복지 공동체를 기도할 수도 있다. 2010년 10개 지부와 7000명이 조합원이다.

12) <역자주> **합동노조/커뮤니티 유니온(지역노조)** : 일본에서는 중소기업의 근로자가 기업 내부가 아니라 일정 지역에서 기업, 산업에 상관없이 1950년대 중반부터 많은 '합동노조'가 전국 일반노동조합의 지방본부/지부로 있어 왔다. 개인 가입의 일반노조를 순수한 형태로 하는 것으로 파악할 수 있다. 최근에는 관리직 및 단시간근로자, 파견근로자 등 기업별 노조에 가입하기 어려운 근로자를 일정 지역에서 기업의 틀을 초월하여 조직하는 소규모의 '커뮤니티 유니온'도 생성되었다. 이들은 개별 근로자의 근로조건의 유지 및 향상, 해고와 고용관계상 문제를 개별 기업과 교섭해 그 조합원의 문제 해결이 중요한 활동이다. 1980년대 이후 이들은 집단적 노사분쟁에서 두드러지게 당사자가 된 사건, 특히 노동위원회에서 소수노조와 복수노조의 병존을 둘러싼 사건이 부당노동행위 신청이나 쟁의조정신청의 60－70%을 차지하고, 최근 급증하는 개별적 노사분쟁에 주로 관여하고 있다. 이들 노조의 특징은 긴급피난적 기능(대리 기능)을 하고, 기업별 노조에 의한 노사관계시스템을 '보완'하고 있다(菅野和夫, 勞動法, 776－777면).

보론 65

• 일본의 기업별 노동조합의 생성

(1) 근로자가 의지해야할 조직을 거의 갖지 못한 상황에서 '임금 인상'이나 '해고 반대라'는 동일한 경영자에게 절박한 요구를 할 때 근로자가 일상적으로 얼굴을 마주해 서로 알고 있는 직장을 단위로써 조직하는 것은 매우 당연한 것이다.

(2) 한국의 경우에도 권위주의적 노동체제 하에서 빈번히 노동이동을 하던 대기업의 중견(중핵) 근로자층도 기업에 정착함에 따라 87년 노동자 대투쟁의 체제 속에서 일상의 근로자 간에 처한 '열악한 근로조건'을 개선하려는 공감대가 형성되어 현저히 강력한 '기업별 노동조합'(조직력 · 단결력)의 조직화로 이어졌고, 또한 대기업 남성 생산 근로자의 내부 노동시장이 철저한 복리후생, 주택 확보, 고임금 보장을 통해 형성되었다. 또한 대기업 '임금 시스템'은 민주노조운동으로 평등주의 이념(평등화 · 동질화)이 확대되면서 단결력과 투쟁력을 더욱 강화한 결과로서 명확한 '연공임금제'(호봉제)의 확립과 기업내 내부 근로자간 근속에 따른 '임금격차(정액 인상)의 축소'와 '근로자의 일체화'를 지향하는 경향이 강해졌다.

그 후 전투적이고 강력한 대기업의 기업별 노동조합운동과 경영 주도에 의한 경영합리화와 근로자의 경영참가라는 슬로건 아래에 '신경영 전략'(고용관계의 개별화와 노동조합의 약체화)의 충돌과 상호 작용 속에서 심화되어 갔다(이것은 일본의 협조적 노사관계를 생각하면 큰 오류임). 다만, 1998년 IMF 경제위기까지는 노동력 수급현상은 고성과 생산 확대로 인한 생산 근로자의 만성적 부족이었다. 한편 대기업에서는 잔업시간 연장 등 근로조건의 악화 및 '노동 강도의 강화'와 함께 임금(상승)을 비롯해 근로조건을 크게 개선하면서 중소기업과의 격차를 크게 확대해 양노동시장의 분단을 한층더 심화했고, 급속히 기업 주도에 의한 폐쇄적인 내부 노동시장을 형성하고 심화시키면서, 근로자의 기업 정착화와 장기근속화 경향이 더욱 강해졌다. 반면에 중소기업 근로자는 여성이나 비정규직과 함께 주변 근로자로서 유동성이 높은 외부 노동시장을 구성하였다(요코다 노부코, 한국노동시장의 해부, 그린비, 2020, 67－115면, 127면, 136－143면).

(3) 유니언 숍과 체크오프

일본의 노동조합 운동의 중심에 있는 기업별 노동조합은 그 존립 기반으로서 회사와 '유니언 숍 협정'이나 '체크오프 협정'을 맺고 있는 것이 많다.

'유니언 숍 협정'[13)]이란 그 노동조합의 조합원이 아닌 자를 회사가 원칙적으로 해고하는 취지의 협정이고, **'체크오프 협정'**이란 회사가 조합원의 조합비 상당액을 임금에서 공제해 노동조합에 인도한다는 취지의 협정이다. 이 두 가지의 협정을 통하여 노동조합은 입사한 근로자를 조합원으로 확보해 조합비를 확실히 징수할 수 있게 된다. 일본 노동조합운동의 조직적 · 재정적인 기반은 이 두 가지의 협정을 통한 회사 측의 협력으로 성립하고 있다고 할 수 있다.

그러나 법적으로는 유니언 숍 협정은 다른 노동조합에 가입한 사람에게는 영향을 미치지 않는다(다른 조합원의 단결권을 침해하는 것으로 다른 조합원에게는 무효로 한다(미츠이소오쿠코오운(三井倉庫航運) 사건, 최고재판소 1989년 12월 14일 판결>). 또 체크오

13) <역자주> 유니언 숍(union shop) 협정은 기업과 노동조합 간에 그 노동조합의 조합원이 아니게 된 자(가입하지 않은 자, 탈퇴한 자, 제명된 자)를 기업이 해고하는 것을 의무화하는 협정을 말한다. 노동조합에 대한 가입을 강제하는 효과를 가지지만, 헌법 제28조가 보장하는 단결권(團結權)에는 '단결하지 않는 자유'를 포함하지 않기 때문에 합헌으로 해석하고 있다(이것은 헌법 제21조에서 보장하고 있는 **'결사의 자유'**와는 다르다). 판례는 유니언숍 협정에 근거로 한 해고는 해고권의 남용이 아니라고 판시하고 있다(**일본식염제조**(日本食塩製造)사건 · 最2小判 1975. 4. 25.). 다만, 근로자가 노동조합에서 제명 혹은 탈퇴 후에 다른 노동조합에 가입하거나, 노동조합을 새롭게 결성하는 경우에는 근로자가 노동조합을 선택하는 자유나 다른 노동조합의 단결권도 존중해야 하므로 유니언숍 협정의 효력은 미치지 않고, 해고는 인정되지 않는다(미츠이창고항운(三井倉庫港運)사건 · 最1小判 1989. 12. 14.). 하지만 학설에서는 유니언 숍 협정은 '노동조합의 가입에 관한 자기결정권을 침해하는 등'의 이유에서 위헌론도 유력하다.

프 협정에 대해서는 조합원이 체크오프의 중지를 신청하면 회사는 즉시 이것을 취소해야 한다(조합원은 조합비의 지급 위임을 언제라도 해제할 수 있다)고 해석하고 있다(엣츠석유(エッソ石油) 사건, 최고재판소 1993년 3월 25일 판결).

보론 66

• 일본의 유니언 숍

유니언 숍을 정하는 협약조항은 처음부터 유효한가? 유니언 숍은 조합조직의 유지를 강화하는 역할을 하는 반면, 비조합원이 ① 조합에 가입하지 않을 자유(또는 조합을 탈퇴할 자유), ② 조합 선택의 자유(스스로 원하는 조합을 결성하거나 또는 이에 가입하는 자유), ③고용 안정(보장)과 충돌한다. 이러한 이익과의 충돌 중 주로 문제된 것은 ②의 이익과의 충돌이다. 결국 근로자의 조합선택의 자유는 일본헌법 제28조의 '단결권'의 중요한 내용이고 이것과의 충돌이 유니언 숍 협정의 유효성을 의문시하는 최대 요인이었다. 하지만, 학설의 대세는 유니언 숍제가 한편에서 가지는 효용에서 이것을 전부 무효로 해버리는 것에 주저하고 조합선택의 자유(소수자의 단결권)와의 조정을 도모하면서 일정 한도(노동조합이 해당 사업(장)에 종사하는 근로자의 1/2(한국은 2/3, 노조법 제81조 제2항 단서) 이상 대표, 노동조합법 제7조 1호 단서)에서 이것을 유효라는 입장이었다. 근래의 근로자의 조합이탈의 진전과 함께 위의 ①의 시점에서의 '유니언 숍 무효론'이 학설상 유력하게 되었다. 이에 대하여 菅野和夫 명예교수는 "일본의 기업별 조합은 기업 · 사업장 수준에서 노사대항의 교섭단체의 기능만이 아니라 노사협력(경영참가)의 종업원 대표조직의 기능을 가지고, 근래에는 후자의 성격을 강화하고 있다. 더구나 기업의 틀을 넘어 산업 · 지역에 연합체와 협의회 등의 네트워크를 둘러싸고 있으며, 또한 전국적으로도 근로자의 대표조직을 결성하여 춘계교섭의 지도, 정책참가 등의 중요한 기능을 맡고 있다." 이상과 같은 기업별 조합의 다면적인 기능(사회적 역할)에 비추어 보아 유니언 숍 무효론에는 찬성하기 힘들다고 한다. 물론 조합이 시대 변화에 따른 활성화 노력을 요구받고 있다는 것도 부정하는 것은 아니다(菅野和夫, 勞動法, 799-804면). ; 독일의 통설은 유니언 숍 조항은 '무효'라고 한다. 한국의 경우, 헌법재판소는 '노동조합법상 유니언 숍 허용 규정이 근로자의 단결권을 침해하는 것은 아니다"라는 유효설을 입장이다(헌법재판소 2005. 11. 24. 2002헌바 95,96, 선고 2003헌바9 결정).

3 단체교섭과 단체협약

(1) 단체교섭 거부의 금지

노동조합법은 헌법 제28조[14]의 단체교섭권의 보장을 구체화하는 형태로 사용자가 노동조합과의 단체교섭을 '정당한 이유' 없이 거부하는 것을 부당노동행위의 한 유형으로 금지하고 있다(제7조 제2호). 사용자는 다수 노동조합이든 소수 노동조합이든, 기업내 노동조합이든 기업외 지역합동노조 등이든, 그 근로자가 가입한 노동조합으로부터 단체교섭을 제의받은 경우에는 원칙적으로 그것에 응해야 한다.

이 사용자의 단체교섭 의무는 오로지 형식적으로 교섭 테이블에 참석할 뿐만 아니라 합의의 달성을 모색해 성실하게 교섭할 것을 요구하는 것이다. 이 의무는 '**성실한 단체교섭의무**'(성실교섭의무)라고 한다. 구체적으로는 오로지 자신의 주장을 말할 뿐만 아니라, 자신이 주장하는 근거를 구체적으로 설명하거나 필요한 자료를 제시하는 등과 같이 성의있게 대응해야 한다.[15]

---

14) <역자주> 일본 헌법 제28조(근로자의 단결권) "근로자가 단결한 권리 및 단체교섭 그 밖의 단체행동을 할 권리는 이를 보장한다." 즉 노동3권(노동기본권)을 보장한다. ; 동일한 내용으로 한국 헌법 제33조 제1항 "근로자는 근로조건의 향상을 위하여 자주적인 단결권, 단체교섭권 및 단체행동권을 가진다."

단체교섭의 대상이 되는 **'의무적 단체교섭사항'**은 단체교섭으로 근로조건을 대등한 결정을 촉진한다는 노동조합법의 취지(제1조 제1항 참조)에 비추어, ① 근로조건, 그 밖의 근로자의 처우 및, ② 노사관계의 운영사항으로 사용자에게 결정권한이 있는 것으로 폭넓게 해석하고 있다.

(2) 단체협약

노동조합과 사용자는 단체교섭 등을 통하여 근로조건 등을 합의하게 되면 **'단체협약'**[16]을 체결하는 경우가 많다.[17] 이 단체협약

15) <역자주> 한국의 경우 2020년 12월 개정된 노조법에서 '단체교섭제도와 관련한 개편'에서 (i) 현행 단체교섭 체계는 교섭창구단일화가 원칙이나, 자율적 교섭대표노조 결정기간(14일) 내에 사용자의 동의로 개별교섭이 가능하다. 이러한 개별교섭제도는 유지하되, 사용자는 교섭을 요구한 모든 노조와 성실히 교섭하고 차별대우를 해서는 안된다는 원칙을 신설하였다(제29조의2 제2항). (ii) 현재 하나의 사업(장) 내에서 현격한 근로조건의 차이, 고용형태, 교섭관행 등을 고려해 교섭단위를 분리할 수 있다. 그런데 교섭단위 분리 후 사정변경 등으로 분리된 교섭단위를 통합할 필요가 있는 경우 노사 당사자 일방 또는 쌍방의 신청에 의하여 노동위원회가 '분리된 교섭단위를 통합'하는 결정을 할 수 있도록 개정하였다(제29조의3), (iii) 기업별교섭 외에도 업종별 교섭 등 교섭구조의 다양화를 위해 노사가 다양한 교섭방식을 자유롭게 선택할 수있도록 지원하고 활성화하는 국가 및 지방자치단체의 노력의무 조항을 신설하였다(제30조 제2항)(2021.7.6. 시행).

16) <역자주> 단체협약은 일본에서는 '노동협약(勞動協約)'이라고 한다.

17) <역자주> **단체협약의 유효기간** : 일본은 노동조합법상 3년이고(제15조 제1항), 그렇지 않은 경우 3년으로 한다(제15조 제2항). 그 취지의 규정을 두지 않아 기간의 정함이 없는 단체협약을 인정하되, 이에 대한 당사자 일방의 해약을 인정하고 있는 점(제15조 제3항 1문), 법정 효력연장 규정을 두지 않고 있는 점, 해약 방식가 관련해 당사자 일방이 '서명 또는 기명날인'을 행한 문서에 의해야 한다는 점을 명기하고 있는 점(제15조 제3항 제3항 2문), 해약 예고기간이 90일 전이라는 단기간인 점이다(제15조 제4항). ; 반면에 한국은 2년의 제한을 넘을 허용하거나 이를 전제로 한 규정을 두고 있다(제32조 제1항, 제2항). 다만, 2020년 12월 9일 단체협약 유효기간 상한이 '3년'으로 확대되었다(2021.7.6. 시행). 일정한 요건을 갖춘 경우 3개월의 법정효력연장을 허용하고 있다(제32조 제3항

에는 서면으로 작성하고, 노사 당사자가 **'서명 또는 기명날인'**하는 양식을 충족하는 것을 조건으로 근로계약을 규율하는 효력(이른바 '규범적 효력')을 인정하고 있다(노동조합법 제14조, 제16조). 예를 들어 상여금에 대하여 취업규칙과 근로계약에는 월급의 2개월분, 단체협약에는 월급의 2.5개월분이라고 적힌 경우 단체협약의 규범적 효력을 통하여 취업규칙과 근로계약의 월급의 2개월분이라는 규정은 무효로 하고, 근로계약의 내용은 월급의 2.5개월분으로 수정하는 것이 된다.

단체협약의 규범적 효력을 둘러싼 해석상의 중요한 문제는 단체협약을 통하여 근로조건을 불이익하게 변경할 수 있는가 하는 점에 있다. 회사가 일방적으로 변경할 수 있는 취업규칙과는 달리, 단체협약은 노동조합과의 '합의'라는 중요한 단계를 거치고 있다. 그러므로 취업규칙에 따라 불이익한 변경을 한 경우에는 원칙적으로 반대하는 근로자에게 변경을 강제할 수는 없다. 하지만 예외적으로 **'주지'**(周知)와 **'합리성'**이 있으면 구속력을 가진다(노동계약법 제9조, 제10조). 반면에, 단체협약은 불이익한 변경이 있어도 원칙적으로 규범적 효력을 가지고 근로자를 구속한다고 해석하고 있다(아사히 화재해상보험(이시도)(朝日火災海上保険[石堂]) 사건, 최고재판소 1997년 3월 27일 판결)[18].

그러나 여기에도 '한계'는 있다. ① 이미 구체적으로 발생한 개인의 권리의 처분 등 조합원 개인의 권리성이 강한 것을 처분하는 결정, ② 특정한 계층의 조합원을 특별하게 불이익하게 취급하는 등 노동조합의 본래 목적을 일탈하는 조치, ③ 노동조합대회에서

본문). 단체협약에 그 유효기간이 경과한 후에도 새로운 단체협약이 체결되지 아니한 때에는 새로운 단체협약이 체결될 때까지 종전 단체협약의 효력을 존속시키는 불확정기한부 자동연장협정에 대한 해지권을 규정하면서 해지하고자 하는 날의 6개월 전까지 통고하도록 하는 해지통고기간을 두고 있다(제32조 제3항 단서).

18) 朝日火災海上保険〔石堂〕 事件 · 最高裁 1997년 3월 27일 판결

승인 등 노동조합 규약에 규정한 민주적 절차를 밟지 않고, 단체협약을 체결한 경우에는 각각 예외적으로 규범적 효력이 부정되어, 이에 반대하는 조합원을 구속할 수 없다고 해석하고 있다.

단체협약의 규범적 효력은 원칙적으로 단체협약을 체결한 노동조합의 조합원에게만 미친다.[19] 그러나 노동조합법은 그 예외로서 단체협약이 하나의 공장사업장에 있는 **동종 근로자 '4분의 3 이상'**으로 적용되기에 이른 경우에는 다른 동종의 근로자에게도 단체협약을 확장해 적용한다고 하고 있다(제17조).[20] 예를 들어 하나의 사업장 근로자의 75% 이상을 조직하는 다수 노동조합과 회사 사이에 체결한 단체협약은 그 노동조합에 가입하지 못한 근로자에게도 확장 적용해 그 사업장의 근로조건을 통일적으로 정할 수 있다. 그러나 다른 노동조합(소수노동조합)에 소속된 근로자에게는 소수노동조합에게도 보장된 단체교섭권을 실질적으로 침해하게 되기 때문에 확장 적용은 미치지 못한다고 해석하고 있다. 또 노동조합에 속하지 않은 근로자에 대해서도 노동조합의 의사결정에 관여할 수

---

19) <역자주> **단체협약의 산재유족 '특별채용' 규정에 따른 고용계약 요구가 유효** : 한국의 대법원 전원합의체 판결(다수의견)은 업무상 재해로 사망 등의 경우 조합원의 직계가족 등의 단체협약상의 '산재유족 특별채용 조항'에 한정해, 사용자의 채용의 자유를 지나치게 제한하는 정도에 이르거나 채용 기회의 공정성을 크게 해하는 결과를 초래하면, 민법 제103조의 '무효'라고 보고, 이에 대한 판단기준을 제시했다. 이러한 판단기준에 따라 산재 유족 특별채용 단체협약 조항의 유효성을 인정했다. 향후 유사한 분쟁시 지침(가이드라인)이 될 것으로 판단된다(기아자동차/현대자동차 사건(대법원 2020. 8. 27. 선고 2016다248998 전원합의체 판결).

20) <역자주> 일본 노동조합법 제17조(일반적 구속력) 하나의 사업장에 상시 사용되는 동종 근로자의 4분의 3 이상의 수의 근로자가 하나의 단체협약의 적용을 받게 된 때에는 당해 사업장에 사용되는 다른 동종의 근로자에 대하여도 당해 단체협약이 적용되는 것으로 본다. : 한국 노조법 제35조(일반적 구속력) 하나의 사업 또는 사업장에 상시 사용되는 동종의 근로자 반수 이상이 하나의 단체협약의 적용을 받게 된 때에는 당해 사업 또는 사업장에 사용되는 다른 동종의 근로자에 대하여도 당해 단체협약이 적용된다.

있는 입장이 없는 것 등에서 단체협약의 적용이 현저하게 불합리하다고 인정받을 수 있는 특별한 사정이 있다면 예외적으로 확장 적용은 없다고 되어 있다(아사히 화재해상보험(타카다)(朝日火災海上保険高田〕 사건, 최고재판소 1996년 3월 26일 판결).[21]

보론 67

• 일본의 단체협약은 비정규직에도 적용 가능?

노동조합법 제17조는 단체협약으로 정한 근로조건은 그 공장 및 사업장 차원에서 **동종의 근로자의 4분의 3 이상**에 적용되는 경우에는 다른 동종의 근로자에 대하여 단체협약을 체결한 노동조합에 가입하고 있지 않은 경우에도 자동적으로 적용된다고 하는 **단체협약의 확장 적용**(**'일반적 구속력'**이라고도 한다)제도를 규정하고 있다. 규정에 따라 정규직이 조직한 노동조합이 체결한 단체협약이 정한 근로조건을 비정규직에게도 확장 적용하면 근로조건의 격차 해소로 이어질 수 있다.

노동조합법 제17조의 적용을 둘러싸고는 일찍이 '본공(本工)'이 조직한 노동조합이 체결한 단체협약을 '임시공'(臨時工)에게 적용되는지가 문제되었다. 여기서 본공이란 대기업 등에서 계약기간을 규정하지 않은 근로계약으로 고용된 상근근로자로 일반적ㅇ르ㅗ 정년까지 고용이 보장된다. 이 반대 개념이 임시공이다. 여기에서 특히 쟁점이 된 것이 본공과 임시공이 **'동종(동일한 종류)의 근로자'**라고 할 수 있는가에 있었다. 많은 판례는 동종성의 판단에는 작업 내용이나 작업 형태의 동일성이 필요하다고 했기 때문에 일반적 구속력의 혜택을 받은 것은 본공에 가까운 취업실태가 있는 '기간적(基幹的) 임시공'에 한정되었다.

그러나 단체협약의 확장 적용은 **인적 적용범위**(단체협약이 대상으로 하고 있는 근로자의 범위)에 포함되어 있다. 하지만 이것은 어떠한 이유로 노동조합에 가입하지 않은 근로자에게 적용하는 것을 목적으로 한 제도로, '동종의 근로자'는 단체협약의 인적 적용범위에 포함되어 있는 자를 가리킨다고 해석해야 한다. 따라서 노동조합이 비정규직에게 노동조합의 가입 자격을 인정하지 않고,

21) 朝日火災海上保険高田〕 事件 · 最高裁 1996년 3월 26일 판결

그러한 까닭에 단체협약의 인적 적용 범위에도 포함되어 있지 않는 경우에는 비정규직 근로자를 '동종의 근로자'라고 하여 정규직만을 조직하는 노동조합의 단체협약을 확장 적용하는 것은 인정되어서는 안된다.

4 단체행동권의 보장

(1) 정당한 단체행동에 대한 법적 보호

헌법 제28조는 근로자에게 노동조합을 만들 권리(단결권), 노동조합을 통하여 사용자와 교섭할 권리(단체교섭권)와 함께 근로자에게 집단으로 행동하는 권리(단체행동권)을 보장하고 있다.

이 단체행동권 보장의 효과로서 근로자의 정당한 단체행동은 크게 세 가지의 법적 보호를 하고 있다. ① 형법상 범죄로 규정되는 행위(예를 들어 '퇴거불응죄' 및 '재물손괴죄')라도 벌할 수 없다는 **'형사면책'**(노동조합법 제1조 제2항 참조), ② 민법상 채무불이행이나 불법행위로 손해배상의 대상이 되는 행위라도 손해배상책임을 지지 않는다는 **'민사면책'**(같은 법 제8조 참조), ③ 그 행동을 이유로 해고, 배치전환, 징계 등과 같이 불이익한 취급을 해서는 안 되는 불이익 취급의 금지(같은 법 제7조 제1호, 민법 제90조 참조)이다.

이 법적 보호가 가능한지의 열쇠가 되는 것이 단체행동의 "정당성"이다. 이 정당성의 판단기준은 '단체행동 중 파업 등의 쟁의행위'와 '그 밖의 일반적인 노동조합활동'으로 나누어 살펴볼 수 있다.

보론 68

• 공무원법은 노동법이 아니다?

(1) 일본에서는 공무원은 약 330만 명이 있다(인사원(人事院)의 조사). 하지만, 공무원의 근무관계는 계약관계가 아니라 공법(公法)의 규제에 있는 독특한 것이다. 이에 공무원은 노동법이 아니라 「**행정법**」의 대상이다(다만, **비상근직원 문제** 등은 노동법상 비정규직 문제와 가깝기 때문에 노동법으로 다루어야 한다는 견해도 있다).

그렇지만, 공무원도 법적으로 근로자라는 것은 변함이 없다. 그래서 공무원법 분야에서는 노동법규의 어느 부분이 적용 제외되는 지가 명시되어 있으며(예를들어 「**국가공무원법**」 부칙 제16조[비현업의 일반직 국가공무원에 대한 적용 제외]), 거기에서 적용 제외되지 않으면, 원칙으로 돌아가 노동법규가 적용된다.

또한 공무원에 대한 '**쟁의행위의 금지**'(국가공무원법 제98조 제2항 등)는 헌법 위반이 아닌지가 문제된다. 이것도 공무원도 근로자로서 헌법 제28조(우리나라 헌법 제33조 제1항)가 보장하는 단체행동권(쟁의권을 포함)이 보장되어 있기 때문에 발생하는 논점이다. 쟁의권이 헌법에서 보장되어 있다면 하위의 법률에서의 제약은 허용된다는 점이다. 쇼와(昭和) 1940년대(1965~1975년)에 판례는 크게 흔들렸다. 하지만, 현재 판례의 입장은 공무원의 쟁의행위를 금지하는 법률을 '**합헌**'(合憲)으로 보고 있다(**全農林警職法 사건** · 最大判 1963. 4. 25[最重判 161 事件]). 하지만, 판단에는 이론적인 문제점이 없는 것은 아니다.

(2) 한국의 경우 공무원도 근로자이지만, 헌법 제33조 제2항에서는 "공무원인 근로자는 법률이 정하는 자에 한하여 단결권, 단체교섭권 및 단체행동권을 가진다"고 하여, 노동3권이 보장되는 공무원의 범위를 법률로 한정할 수 있도록 유보하고 있다. 이에 대하여 국가공무원법 제66조 제1항에서는 '사실상 노무에 종사하는 공무원'(현업 공무원)을 제하고는 공무원에 대하여 노동운동을 금지해 왔다. 특히 이 규정과 관련해 헌법재판소는 '헌법이 제33조 제2항의 직접 유보조항을 둔 이상 국회가 입법재량을 가진다는 등'의 이유를 들어 합헌결정을 했다(헌재 1992.4.28. 98헌바27-34, 36-42, 44-46, 92헌바15). 종전 공무원노조법이 제정되어 6급 이하의 일반직 공무원 등에게 단결권과 단체교섭권을 행사할 수 있

도록 허용하고 있다.
최근 2020년 12월 제20대 국회에서는 개정 공무원노조법에서 노조가입 범위 중 공무원의 직급 제한(6급 이하 기준)을 삭제함으로써 직급에 따른 노조 가입 제한을 폐지했다. 다만 실제로 5급 이상 중 실무에 종사하는 공무원만 노조가입이 가입하도록 했다. 또한 '소방공무원' 및 '교육공무원'(조교, 교육전문직원(예, 장학관, 장학사, 교육연구관, 교육연구사(교육공무원법 제2조))의 노조 가입을 허용했다. 나아가 '퇴직공무원'(일반직공무원, 외무영사직렬, 외교정보기술직렬, 소방 · 교육공무원, 별정직 공무원)도 노조규약을 정해서 노조에 가입할 수 있다. 그리고 개정 교원노조법에서 '퇴직교원'도 규약으로 정해서 노조에 가입할 수 있다.

(2) 쟁의행위의 정당성

'쟁의행위'란 단체교섭에서 요구를 관철하기 위하여 사용자에게 압력을 가하는 노무 부제공을 중심으로 한 행위를 말한다.[22][23] 쟁

---

22) <역자주> **조합원 찬반투표** : 일본은 쟁의행위 찬반투표에 대해 노동조합법상 규정이 없고, 규약에 규정해야 할 사항으로 "파업은 조합원 또는 대의원에 의한 직접 무기명 투표에 의하여 개시할 것"을 규정하고(제5조 8호), 그 위반시 규약 위반 문제로 다룬다. ; 반면에 한국은 '조합원 찬반투표'와 관련해, 노조법상 조합원의 직접 · 비밀 · 무기명투표에 의한 조합원의 과반수의 찬성으로 결정하지 않으면 쟁의행위를 할 수 없다(제41조 제1항). 위반시 1년 이하의 징역 또는 1천만원 이하의 벌금에 처한다(제91조).
2020년 12월 개정 노조법에서 해고자 등 비종사 근로자가 기업별 노조에 가입할 수 있게 됨에 따라 다른 노조나 사용자에게 미치는 법적 의사결정에 대해서는 노조 조합원들의 진정한 의사에 왜곡이 없도록 예방할 필요가 있다. (ⅰ) 쟁의행위 찬반투표(제41조 제1항)뿐만 아니라, (ⅱ) 근로시간 면제 한도 결정(제24조 제2항), (ⅲ) 교섭대표노조 결정(제29조의2 제10항) 등 법적 의사결정은 사업(장) 조합원 수를 기준으로 결정해야 한다(2021.7.6. 시행).

23) <역자주> 한국의 경우 절차 규정의 위반으로 (ⅰ) 조정의 전치(제45조 제2항), 중재 시의 쟁의 금지(제63조), 긴급조정시의 쟁의중지(제77조)가 있다. 판례는 정당한 쟁의행위는 특별한 사정이 없는 이상 법령으로 정

의행위는 노무 제공을 그만두는 '**파업**'이나, 다른 근로자나 고객의 출입구를 저지하려는 '**피케팅**'[24]등과 같은 형태를 취하고 있다. 이것에 대하여 '단체교섭을 위한 압력행위'인지 여부를 큰 핵심으로 그 정당성을 판단한다. 예를 들어 (i) 단체교섭의 당사자가 아닌 일부 조합원이 전체 노동조합의 의사에 반하여 독자적으로 실시하는 '**살쾡이 파업**'[25]은 '주체'라는 점에서 정당성을 인정하지 않고(주체에 따른 제한), (ii) 의무적 단체교섭 사항에 해당하지 않는 '정치적인 주장'을 실시하기 위한 '**정치파업**'은 '목적'이라는 점에서 정당성을 인정하지 않고 있다(목적에 따른 제한).[26] 또 (iii) 원래 단체교섭을 거치지 않고 행하는 파업은 단체교섭을 위한 압력행위라고는 할 수 없고, 절차의 점에서 정당성이 부정된다(절차에 따른 제한).

한 절차를 거쳐야 한다고 판시한다. (ii) 쟁의행위 찬반투표(제41조 제1항)와 관련해, 판례는 그 취지는 자주적 · 민주적인 운영을 기하고 쟁의행위에 참가하는 근로자들이 사후에 혹시 어떤 불이익을 당하지 않도록 그 개시에 관한 결정을 신중하게 하도록 하려는데 있다. 이에 찬반투표를 거치지 않은 쟁위행위는 그 절차를 따를 수 없는 객관적인 사정이 없는 이상 정당성을 인정할 수 없다고 판시한다.

24) <역자주> 피케팅(picketing, 파업감시) : 노동조합이 파업, 태업의 효과를 높이기 위하여 사업장 입구 등 필요한 장소에 파업감시원을 배치하여 조합원의 이탈과 사용자 등의 방해를 막는 행위이다. 실무에서 유인물의 배포, 휴대용 간판의 사용, 구호 외치기 등의 언어적 피케팅이 있다.

25) <역자주> 산고양이(들고양이) 파업＝山猫罷業(wildcat strike), 비공식 파업(unofficial strike) ; 한국의 경우는 (교섭대표)노동조합이 주도하지 않는 쟁의행위는 금지된다(노조법 제37조 제2항, 제29조의2, 벌칙 제89조). 그밖에도 공무원노조 및 교원노조(조합원 포함)(공무원노조법 제11조, 교원노조법 제8조), 특수경비원(경비업법 제2조, 제15조 제3항) 파업금지, 방산물자 생산 종사자의 쟁의행위 금지(제41조 제2항, 벌칙 제88조).

26) <역자주> 한국의 경우 종전에는 쟁의기간 중 임금목적의 쟁의금지(노조법 제44조 제2항), 노조전임자 급여 목적 쟁의 금지(노조법 제24조 제5항, 벌칙 제91조) 등이 있다. 그 후 2020년 12월 개정 노조법에서 노조 전임자 급여지원 등을 요구하는 쟁의행위 금지 및 처벌규정(1천만원 이하 벌금)을 '삭제'하였다. 원칙적으로는 노조전임자 급여는 노조가 부담하는 것이 자주성 측면에서 바람직하다고 할 것이다. 노조전임자 명칭을 삭제하고 근로시간면제자로 일원화하였다고 해석할 수 있다(2021.7.6. 시행).

쟁의행위의 태양 면에서는 근로자의 권리(단체행동권)와 사용자의 권리(영업의 자유, 재산권)와의 조화를 요구받고, 언론에 의한 평화적인 설득을 넘는 태양의 것들, 예를 들어 실력행사를 수반한 '**피케팅**'이나 거절하거나 호소하는 '**보이콧**'(불매운동),[27] 직장에 주저앉아 다른 근로자의 출입을 방해하는 배타적인 '**직장점거**'[28] 등[29]은 정당성을 인정할 수 없다고 해석하고 있다(아사히 신문사(朝日新聞社) 사건 최고재판소 1952년 10월 22일 판결 등).

---

27) <역자주> 보이콧(boycott) : ① 어떤 일을 공동으로 받아들이지 않고 물리치는 일. ② 불매 동맹(不買同盟). 사용자 또는 그와 거래관계에 있는 제3자의 제품의 구입, 시설의 이용, 근로계약 체결 거절을 호소하는 투쟁행위이다.

28) <역자주> **직장점거** : 한국의 경우 생산시설(평소 작업하던 시설, 건물에 페인트를 칠하는 훼손행위), 주요 업무에 관련된 시설(사용자 및 관리자의 사무실, 회의실)은 점거가 금지되지만(노조법 제42조 제1항, 시행령 제21조), 주요생산시설 점거금지를 규정하고 있다(제42조 제1항 후단). 사업장 내 운동장, 정원, 대체수단이 있는 통로, 강당, 근로자용 식당, 휴게실, 노동조합 사무실 등은 점거가 가능하다. 바람직한 현상은 아니지만 기업별 조직 · 활동의 관행, 근로자의 단결력 부족, 사업장 외부에서의 집회/시위 어려움으로 한국은 점거파업(work－in strike), 농성파업(연좌파업, sit－in strike)이 일반화된 반면에, 선진국은 철수파업(work－out strike)이 일반화되어 있다. 대법원 판례는 (일본과 마찬가지로) 직장이나 사업장시설을 전면적 · 배타적으로 점거하지 않은 상태에서 조업을 방해하지 않는 부분적 · 병존적 직장체류는 정당성을 가진다(대법원 2007.12.28. 선고 2007도5204 판결 등). 최근 2020년 12월 제20대 국회에서 개정 노조법에서 기존의 행정해석과 대법원 판례를 법에 명확히 하기 위하여 쟁의행위 기본원칙에 "사용자의 점유를 배제하여 조업을 방해하는 형태의 쟁의행위"를 금지하는 원칙을 신설하였다(제37조 제3항)(2021.7.6. 시행).

29) <역자주> 한국에는 정치파업, 동정파업(同情罷業), 인사경영권의 부분적 쟁취를 위한 실력행사는 목적상 정당한 쟁의행위가 아니다., '긴급작업'(작업시설의 손상, 원료/제품의 변질 또는 부패를 방지하기 위한 작업)은 파업(직장폐쇄 포함)기간 중에 정상적으로 수행해야 한다(노조법 제38조 제2항, 벌칙 제91조). 또 '필수유지업무' 정지 등의 금지된다(노조법 제42조의2 제2항, 시행령 제22조의2).

보론 69

• **보이콧**

찰스 C. 보이콧(Charles C. Boycott, 1832~97)은 아일랜드 주둔 영국군 대위였다. 제대 후 복무지 아일랜드에서 영국인 대지주의 재산관리인으로 일하게 됐다. 19세기 아일랜드 농민의 삶은 피폐했다. 1840년대 감자 역병에 따른 대기근으로 굶어 죽는 이가 속출했다. 그 와중에도 대지주의 농지 임차료는 비쌌다. 보이콧도 횡포를 심하게 부렸다. 1880년 아일랜드토지연맹은 임차인 권리 운동을 벌였다. 공정한 임차료(Fair rent), 임차권 보장(Fixity of tenure), 농작물 자유 거래(Free sale) 등을 주장했다. 보이콧은 소작인 중 운동에 동참한 이들을 쫓아냈다.

일은 예상치 못한 쪽으로 전개됐다. 지역 주민이 일제히 보이콧에 등을 돌렸다. 농민은 소작을 거부했다. 상점은 생필품을 팔지 않았다. 심지어 하인, 하녀도 일을 그만뒀다. 보이콧은 같은 해 9월 영국 '더 타임스'에 일련의 상황을 알리는 글을 기고했다. 소식이 전해지자 반(反) 아일랜드 단체가 인부를 파견했다. 주둔군의 호위 속에 수확은 마쳤다. 하지만 '악덕 지주'라는 오명을 얻은 대지주는 그해 12월 보이콧을 해고했다. 보이콧을 배척한 주민의 행동은 훗날 그의 이름을 따 **'보이콧'**(boycotting)으로 명명됐다. **불매**, 배척, 제재 등이 그 수단이다.(출처 : 중앙일보 2020.6.30., 29면 -분수대)

(3) 노동조합 활동의 정당성

이른바 제2차 세계대전시(戰時)에 단체교섭을 행할 때의 쟁의행위와는 달리 통상시에 전단(傳單, 삐라[ビラ])의 배포, 노동조합 배지(badge, 휘장)의 착용 등 일반적인 노동조합 활동에 대해서는 '단체교섭을 위한 압력행위'라고 하는 제한이 없기 때문에 그 주체, 목적의 점에서는 보다 폭넓게 정당성을 인정하고 있다. 예를 들어 노동조합의 의사(다수파에 의한 승인)에 근거로 하지 않는 노동조합 내 소수파의 행동(예를 들어 노동조합의 집행부를 비판하는 전단의 배포

등)이라도 노동조합의 민주적인 의사형성에 필요한 것이 있다면, 정당성을 인정할 수 있다. 또한, 노동조합 활동의 목적은 의무적 단체교섭 사항에 한정되지 않고, 근로자의 지위를 향상시키기 위하여 실시하는 활동, 예를 들어 최저임금법 개정을 지원하는 전단의 배포 등이라면 정치나 행정에 대한 주장을 포함하는 활동이라도 폭넓게 정당성을 인정받을 수 있다.

그러나 노동조합 활동의 양태라는 점에서는 ① 성실한 근로의무 등과 같이 근로계약상의 의무에 위반하지 않고, ② 사용자의 시설관리권에 의한 규율에 복종하는 등 보다 엄격한 기준에서 정당성을 판단한다.[30] 예를 들어 (i) 근무시간 중 노동조합 활동은 위의 ①에서 원칙적으로 정당성이 없다고 하고 있다. (ii) 사용자가 허락하지 않은 기업 시설을 이용하는 노동조합 활동은 위의 ②에서 원칙적으로 정당성이 없다고 되어 있다(국철 삿포로 운전구(国鉄札幌運転区) 사건, 최고재판소 1979년 10월 30일 판결). 이 두 가지의 한정에 저촉되지 않는 형태로 행해지는 노동조합 활동, 즉 근무시간 외에 기업 시설 밖인 길거리에서 행해지는 선전활동 등에는 정당성을 폭넓게 인정한다. 그러나 경영자를 따라다니며 가까운 거리에서 '확성기'로 반복해 요구하는 등과 같이 사용자를 포함한 시민의 사적 자유·권리를 부당하게 침해하는 형태의 경우에는 정당성을 인정하지 않는다.

---

30) 한국의 경우 2020년 12월 개정 노조법에서 '비종사 조합원의 노조활동 원칙'과 관련해 해고자 등 비종사 근로자(회사에 소속되지 않은 조합원)가 기업별 노조에 가입할 수 있게 됨에 따라 사업장내 노조활동 원칙을 확립하는 보완입법 차원에서 "사용자의 효율적인 사업운영에 지장을 주지 않아야 한다"는 원칙적 규정을 신설하였다. 여기서 '사용자의 효율적인 사업운영에 지장을 주지 않는 범위'란 비종사 조합원의 사업장 내 노조활동의 목적, 시간, 장소, 행위, 절차 등을 종합적으로 고려해 판단해야 하며, 불필요한 갈등을 예방하기 위해 노사가 규칙(절차)을 정하는 것(사원증을 통한 신원확인 등)이 바람직하다. 또한 형법에 주거침입, 퇴거불응(제319조) 등의 규정이 있기에 사안에 따라 형법을 적용받을 수 있을 것이다(2021.7.6. 시행).

(4) 사용자의 쟁의대항행위(직장폐쇄)의 정당성

사용자에게는 근로자의 쟁의행위에 대항수단으로 대체할 근로자를 고용하는 등의 방법을 취하고, 조업을 계속할 자유가 인정된다(헌법 제22조[31] 참조). 그 밖에 사용자는 근로자의 노무제공을 집단적으로 거부하는 것, 즉 '**직장폐쇄**'를 함으로 조합원에게 임금을 부지급(不支給)하는 방법을 취할 수 있을까?

이 점과 관련해, 최고재판소는 노사를 대등한 입장에 서게 하는 '**공평**'의 원칙에서 보면, 역학 관계에서 우위에 서는 사용자에게 근로자와 마찬가지의 쟁의권을 인정할 필요가 없다. 하지만 노사 간의 균형을 유지하는 '**형평**'의 원칙에서 보면, 근로자의 쟁의행위에 따라 노사 간의 세력에 균형이 무너져 사용자가 현저하게 불리한 압력을 받고 있는 경우에는 노사 간의 세력 균형을 회복하기 위한 대항방위 수단으로써 사용자 측의 쟁의행위로서의 '**직장폐쇄**(로크아웃)'에도 정당성이 인정된다. 즉 조합원에 대한 임금의 지급의무를 면할 수 있다는 입장에 서 있게 된다[32](마루시마 수문(丸

31) <역자주> 일본 헌법 제22조 제1항(거주 · 이전 및 직업선택의 자유) 누구든지 공공의 복지에 반하지 아니하는 한 거주, 이전 및 직업선택의 자유를 가진다. ; 한국 헌법 제14조 모든 국민은 거주 · 이전의 자유를 가진다. 제15조 모든 국민은 직업선택의 자유를 가진다.

32) <역자주> **직장폐쇄**(lock－out) : 한국의 '사용자'가 직장폐쇄를 하는 이유는 근로자들에게 임금을 탈락시켜서 경제적 압력을 가하려는 것이다. 노사간 투쟁의 '형평 원리'(노사균형론)상 노동조합이 쟁의행위를 개시한 이후에만 사용자는 직장폐쇄를 할 수 있다(노조법 제46조 제1항). 직장폐쇄는 노무수령 거부의 통지 · 선언만으로 불충분하고, 현실적으로 공장의 출입구를 폐쇄해 출입과 노무제공 등이 불가능한 상태를 발생해야 한다. 독일의 경우에도 원칙상 정지적 효력을 가진다. 또한 판례는 "사용자의 직장폐쇄는 노사간의 교섭태도, 교섭과정, 근로자 측 쟁의행위의 목적과 방법 및 그로 인하여 사용자측이 받는 타격의 정도 등 구체적인 사정에 비추어 쟁의행위에 대한 방어수단으로서 상당성이 인정되는 경우에 한해 정당한 쟁의행위로 인정될 수 있다."(대법원 2010.1.28. 선고 2007다76566).

島水門) 사건, 최고재판소 1975년 4월 25일 판결).[33]

5 부당노동행위의 금지

(1) 부당노동행위의 기본유형

정상적인 노사관계 아래에서 공정하고 원활하게 단체교섭이 이뤄지도록 하려면 어떻게 해야 할까? 노동조합법은 이것을 위하여 노동조합이나 조합원에 대한 사용자의 불공정한 행위를 금지하는 **'부당노동행위제도'**를 규정하고 있다.

금지되는 부당노동행위의 기본 유형으로는, ① 조합원인 것과 정당한 조합활동을 행한 것을 이유로 불이익 취급하는 것(**'불이익 취급'**[노동조합법 제7조 제1호 · 제4호]), ② 단체교섭을 정당한 이유 없이 거부하는 것(**'단체교섭 거부'**[제7조 제2호]), ③ 노동조합의 결성 및 운영을 지배하고 이것에 개입하는 것(**'지배개입'**[제7조 제3호])의 세 가지가 있다.[34] [35]

---

33) <역자주) 한국의 쟁의행위 중의 **대체근로금지** : 노조법상 쟁의행위로 중단된 업무를 다른 근로자로 대체 또는 채용하는 것을 금지하고 있다(제43조 제1항). 쟁의행위로 중단된 업무를 도급 또는 하도급 주는 것도 금지하고 있다(제43조 제2항). '필수공익사업'에서 사용자가 당해 사업 또는 사업장 파업참가자의 100분의 50을 초과하지 않는 범위 안에서 채용 또는 대체하거나 도급 또는 하도급주는 것을 허용하고 있다(제43조 제4항). 파견법상 쟁의행위로 중단된 업무를 수행하기 위하여 근로자를 파견하는 것을 금지한다(제16조 제1항). 이러한 쟁의행위기간 중 대체근로를 제한하는 것은 노동조합의 단결권 및 단체행동권을 실질적으로 보장하기 위한 것이다. 위반시 벌칙(1년 이하 징역 또는 1천만원 이하 벌금형).

34) <역자주> 지배 · 개입 : 한국의 경우 2020년 12월 개정 노조법에서 부당노동행위 분야 중 '노조전임자 급여 및 근로시간면제제도 정비'와 관

예를 들어 근로자가 조합원으로 활동하였다는 이유로 해고, 배치전환, 낮은 인사고과 등을 실시하는 것은 '불이익 취급'(제1호)에 해당하고, 노동조합이 단체교섭을 신청한 것에 대하여 성실한 태도로 대응하지 않는 것은 '단체교섭 거부'(제2호)에 해당한다. 또 노동조합에서 탈퇴하도록 조합원에 압력을 가하거나 조합원을 위협하는 발언을 하는 것은 노동조합을 약체화(弱體化)하게 하는 행위로서 '**지배개입**'(제3호)에 해당한다.

사용자의 한 가지 행위가 여러 가지 유형의 부당노동행위에 동시에 해당하기도 한다. 예를 들어 노동조합이 복수로 존재하는 속에서 일방의 노동조합에 대한 차별적인 취급은 불이익 취급(제1호)에 해당하면서 노동조합을 약체화하게 하는 지배개입(제3호)에도

련해 (ⅰ) 노조 전임자 급여금지 규정과 형사처벌 규정 삭제(부당노동행위 사유에서 제외), (ⅱ) 사용자로부터 급여를 지급받으면서 노조 업무에 종사하는 자는 모두 근로시간면제자로 규율한다. 근로시간 면제 한도를 초과하는 사용자의 급여지급은 부당노동행위로 처벌(2년 이하의 징역 또는 2천만원 이하의 벌금)되며, 면제 한도를 초과하는 급여 지급을 정한 단체협약과 사용자 동의는 그 부분에 한해 무효로 규정하고 있다(제24조, 제81조). (ⅲ) 근로시간 면제심의원회는 기존 고용노동부 산하에서 경제사회노동위원회로 이관(정부의 공익위원 추천권 배제)(제24조의2)

35) <역자주> 한국의 경우 노조 운영비 원조의 구체적인 기준이 담긴 노조법 개정안이 통과되었다(2020. 6. 9. 공포·시행). 현행 노조법에서 노동조합의 운영비를 원조하는 행위에 대하여 (중략) 최소한의 규모의 노동조합사무소의 제공 및 그 밖에 이에 준하여 노동조합의 자주적인 운영 또는 활동을 침해할 위험이 없는 범위에서의 운영비 원조행위는 예외로 한다. 주된 내용은 운영비 원조 금지의 '예외'를 추가하였다. 즉 "그 밖에 이에 준하여 노조 활동의 자주적인 운영이나 활동을 침해할 위험이 없는 범위 내에서의 운영비 원조"라는 명시 규정을 두었다. 노조법 제81조 제2항에서 노동조합의 자주성 침해행위에 대한 판단 요소를 마련해 노동조합의 운영비 원조 요구를 제한할 수 있는 '최소한의 판단기준'을 좀 더 구체화해, "1. 운영비 원조의 목적과 경위, 2. 원조된 운영비 횟수와 기간, 3. 원조된 운영비 금액과 원조방법, 4. 원조된 운영비가 노동조합의 총수입에서 차지하는 비율, 5. 원조된 운영비의 관리방법 및 사용처 등"이다

해당하는 것이다.

(2) 부당노동행위의 법적 구제

부당노동행위의 법적 구제방법은 (ⅰ) **법원에 의한 구제**, (ⅱ) **노동위원회에 의한 구제**의 두 종류가 있다.

먼저, 부당노동행위를 받은 '노동조합'이나 '근로자'는 '**법원**'에 소송을 제기해 구제를 요구할 수 있다. 이에 대하여 법원은 당사자 사이의 권리의무관계에 따른 판결이나 결정을 내린다. 예를 들어 ① 정당한 조합활동에 대한 해고(불이익 취급)에 대해서는 '해고무효'와 근로계약상의 권리를 가진 '지위확인', '해고기간 중 임금지급', ② 정당한 이유 없는 단체교섭 거부에 대해서는 단체교섭할 권리를 가진 지위 확인, ③ 노동조합을 약체화하게 하는 행위(지배개입)에 대해서는 불법행위로서 손해배상 지급 등을 명령할 수 있다.

또한, 부당노동행위에 또 다른 구제기관인 '**노동위원회**'는 각 도도부현의 지사(知事) 소속인 '**도도부현 노동위원회**'와 후생노동대신 소속인 '**중앙노동위원회**'로 구성되어 있다. 부당노동행위에 대한 구제제기는 일반적인 경우에는 먼저 도도부현 노동위원회에 구제를 요구하고, 도도부현 노동위원회의 명령에 불복하는 당사자는 '**중앙노동위원회**'에 재심사를 제기할 수 있다. 이와 같이 노동위원회는 '**2심제**'를 취하고 있다.

노동위원회는 노사관계의 전문가로 구성된 '**독립행정위원회**'이며, 그 전문성으로 개별 사안에 따라 적절한 구제명령을 유연하게 내리는 재량권을 인정하고 있다. 예를 들어 ① 불이익 취급에 해당하는 해고에 대해서는 '**원직복귀 명령**'과 '**중간이익 공제**'(백페이, 해고기간 중 임금의 상당액의 지급)명령, ② 단체교섭 거부에 대해서는 '**성실교섭명령**', ③ 지배개입에 대해서는 지배개입 행위의 금지명령, 문서 게시명령 등이 내려지는 경우가 많다.[36] 또한 노동위

36) <역자주> 일본의 경우에는 부당노동행위에 대한 형사처벌 규정이 없

원회의 명령은 일종의 **'행정처분'**[37]이며, 이것에 불복하는 당사자는 명령의 취소를 요구해 **'행정소송'**[38]을 제기할 수 있다.

보론 70

• 한국의 기업에 부과된 부당노동행위 형사처벌 '삭제'해야

올해 6월 제21대 국회가 여대야소로 출범했다. 정부(고용노동부)는 국제노동기구(ILO) 핵심협약 중 결사의 자유(제87호, 제98호) 등에 대한 비준 동의안 및 노사가 반대해오던 노조법안, 공무원·교원노조법안 등을 재차 국회에 제출했다. 또한, 11월 정기국회에서는 노동법 개정을 추진할 것으로 전망된다.

노동법 개혁은 노사단체의 관점에 따라 지향점은 다르지만 오랜 염원이었다. 야당대표가 때마침 21대 국회에서 "지금까지 노동법은 건드릴 수 없는 성역(聖域)이었으나, 노사관계, 노동법도 개편해야 한다"라고 적절하게 제언했다. 따라서 현 국회에서 협력과 연대의 노사관계 전환을 위한 종합적인 '노사관계 선진화 플랜'이 검토되기를 희망한다.

우선, '기업규제 경제3법(상법·공정거래법·금융그룹감독법)' 개정을 검토하기에 앞서, 노동법의 근본적인 개혁이 우선돼야 한다고 생각된다. 독일의 경우, 전 총리인 게르하르트 슈뢰더가 경제 부흥을 위해 정권을 잃을 각오로 노동법 개혁에 나선 사례가 있다. 이외에 다른 해외국가들 또한 좌파 정부가 집권할 때에 노동법 개

다. 반면에 한국의 경우에는 형사처벌 규정이 있다(2년 이하의 징역 또는 2천만원 이하의 벌금, 제90조). 또한 2020년 5월 20일 제20대 국회의 마지막 본회의에서 환경노동위원회에서 병합심리해 '대안' 의결을 통해 '부당노동행위 양벌 규정'과 관련된 노조법 개정안이 통과되었다. 노조법 개정안으로 제94조의 양벌 규정에 '단서' 조항을 신설해, "법인·단체 또는 사용자가 종업원 등의 위반행위를 방지하기 위하여 '상당한 주의·감독의무를 다한 경우'에는 양벌규정의 처벌 대상에서 제외"하였다.

37) <역자주> 행정처분 (行政處分) : 법규에 따라 특정 사건에 대한 권리를 설정하고 의무를 명하며, 또 그 밖의 법률상의 효과 발생을 목적으로 하는 행정 행위이다.

38) <역자주> 행정소송(行政訴訟) : 행정관청의 위법한 처분에 따라 권리를 침해당한 사람이 관할 행정법원 및 고등법원에 대하여 그 처분의 취소 또는 변경을 요구하는 소송. 행소(行訴).

혁이 성공한 사례가 많이 있다. 따라서 당정은 선진 입법례를 벤치마킹하여, 지속가능한 노동법을 제시해 적절한 해답을 찾고, 현안 쟁점의 체계 변화를 추구하는 방향을 검토해야 할 것이다. 그리고 여당은 국가 장래와 국정과제로서 노동법의 개정을 위해 야당에 손을 뻗어야 할 것이다.

개별 현장의 사례를 살펴보면, 노사 간 실질적 대등성은 이미 기울어진 운동장과 다름없다. 실제로 노동조합은 회사에 투쟁적인 노동운동을 펼치고 있고, 불균형을 촉발한 노동법의 맹점을 활용한다. 예컨대 ▷교섭대상이 아닌 사항(인사·경영권의 쟁점)에 대한 교섭 요구 ▷사용자의 경영상 사정으로 인해 연기한 교섭에 대한 교섭해태 주장 등을 들 수 있다. 이처럼 노동조합이 교섭부터 타결까지 공세적인 압박도구로 부당노동행위를 남발하는 경우가 빈번하게 발생한다.

또한, 현행 노조법은 부당노동행위제도에 대해 사용자만을 규제하고 있으며, 사용자에게 원상회복의무뿐만 아니라, 원상회복의무를 위반할 경우 형사처벌(2년 이하 징역 또는 2000만원 이하 벌금)도 부과하는 이중처벌구조를 갖고 있다. 이러한 사용자 일방에 대한 지나친 규제는 노사 간 힘의 불균형을 초래하고, 노사갈등을 확대시키는 원인이 된다. 해외국가들과 비교했을 때에도 우리나라의 부당노동행위 법체계는 상당 부분 차이가 있다. 유럽의 경우, 부당노동행위제도에 대한 규정이 존재하지 않으며, 미국과 일본의 경우, 형사처벌이 적합하지 않다고 인식해 형사처벌 규정이 없다. 우리나라도 노사 간 힘의 균형을 이루기 위해서는 현행 사용자에게만 부과된 '부당노동행위 형사처벌 조항'은 '삭제'하는 것이 바람직하다.

현재 코로나 사태로 전 세계적으로 경기가 위축되어 있는 상황에서, 노사 간 실질적으로 상생할 수 있는 내용의 노동법의 미래상이 제시돼야 할 것이다. 즉 시대 변화에 알맞은 합리적·균형적인 노사관계의 선진화를 달성할 묘안을 찾아야 할 것이다. 따라서 국회에서는 현실을 반영하여 노동법을 개정해야 하며, 여야가 공론의 장을 열어 노사정의 요구 및 전문가의 권고를 '경청'하되, 성숙한 '협치'를 통한 입법이 통과되기를 소망해 본다(이승길, 헤럴드경제, 2020.10.19. 참조).

6 기업별 노동조합을 어떻게 생각하는가

(1) 기업별 노동조합과 그 강점

일본 노사관계의 가장 큰 특징은 노동조합의 주된 기반이 기업 내에 있다는 '**기업별 노동조합**'의 형태라는 점에 있다. 일본 노동법은 노동조합의 규모나 조직 수준에 대하여 중립적인 태도를 취하고 있고, 기업 외에 기반을 가진 '**산업별 노동조합**'이나 '**전국 수준의 노동조합**'을 만드는 것도 가능하다. 그러나 일본에서는 근로자 자신이 장기 고용관행을 중심으로 한 '**일본적 고용시스템**'이나 이것과 결합된 '**내부 노동시장**'과 아울러 '**기업별 노동조합**'을 형성해 왔다.

이 분권적인 노동조합 및 노사관계는 사회 상황이 다양해지고, 시장이나 기술이 급변하면서, 집권적인 산업별 · 전국적인 노사관계와 비교해 변화에 대한 유연 · 신속하게 대응할 수 있다는 강점이 있다. 전통적으로 집권적으로 조직된 '**유럽의 노사관계**'가 최근에는 점차 기업별 수준으로 분리되는 경향은 이 일본 노사관계의 강점이라고도 할 수 있다.

보론 71

• 국가별 노동조합 형태의 특징

일본이나 한국은 기업별 단위노조가 지배적인 조직형태이다. 국가마다 노사가 상호 불신의 장벽을 무너뜨리고 신뢰를 바탕으로 협력해 공존하는 운명공동체적 노동단체를 구상할 수 있다. 결국 노사문제는 기업내에서 노사가 교섭을 통해 자주적으로 협력적이고 온건한 기업별 노사관계를 구축해 정착시킬 수도 있다. 노사가 장기간의 시행착오와 축적한 노사관행, 경제 회복을 위한 노사 스스로가 한 최후의 선택의 산물인 셈이다. 이에 미국의 전통을 이어받아, 기업 수준에서 노조의 단체교섭을 통하여 근로조건의 유지 · 개선을 도모하는 일원적 구조를 가진 기업별 노조를 주된 형태로 발전시켰다. 하지만 시간이 지나면서 기업별 노조도 '종업원대표제'의 요소를 받아 들이고 있다. 이에 미국은 기업별로 '고충처리제도'를, 한국은 '노사협의제도'를 도입하고 있다. 반면에 유럽에서는 산업별 또는 직업별 단위의 노조가 지배적이고, 오히려 기업별 단위노조는 어용노조 내지 사이비노조라고 보는 경향까지 있다.

유럽은 노조에 대한 입법정책을 억압이나 방임에서 조성으로 전환하면서, 산업별노조를 발전시켰으며, 개별 기업에 종업원대표제를 의무하하는 이원적인 구조를 가지고 있다. 특히, 한국의 경우 제정 노조법(1953)에는 노조의 조직형태 규정이 없어 자유설립주의의 입장을 명확히 하였다. 그후 1963년에는 산업별노조를 의무화한 적이 있었다. 1973년에 산업별노조 규정을 '삭제'하였다. 1980년에는 기업별노조를 의무화하였다. 1987년에 기업별노조 의무규정을 '삭제'해 조직형태를 자유롭게 선택할 수 있었다. 한편, 유럽 및 미국에서는 산업별 내지 직업별 노동조합이 지배적이며 기업별 노동조합은 '어용 노동조합' 내지 '사이비 노동조합'으로 보는 경향도 있다.

(2) 기업별 노동조합의 약점

그러나 일본의 노사관계에는 근본적인 약점도 있다.

첫째, 기업이라는 좁은 범위로 조직되어 상대적으로 교섭력이 약하고, 특히, 격렬한 경쟁의 경우에는 기업에 협조적이 되어 기업의 조직방위나 기업공동체의 일부로서 근로자의 이익옹호에 치우치는 경향이 있다는 점이다. 유럽의 노동조합은 원래 기업을 초월한 수준으로 조직되어 기업간 경쟁에 대하여 '최저임금'이나 '최장 근로시간'의 설정 등 공정한 경쟁조건을 정하는 기능을 가지고서 탄생한 것과는 대조적인 상황이 일본에는 있다.

첫째, 기업이라는 좁은 범위로 조직되어 상대적으로 교섭력이 약하고, 특히, 격렬한 경쟁의 경우에는 기업에 협조적이 되어 기업의 조직방위나 기업공동체의 일부로서 근로자의 이익옹호에 치우치는 경향이 있다는 점이다. 유럽의 노동조합은 원래 기업을 초월한 수준으로 조직되어 기업간 경쟁에 대하여 '최저임금'이나 '최장 근로시간'의 설정 등 공정한 경쟁조건을 정하는 기능을 가지고서 탄생한 것과는 대조적인 상황이 일본에는 있다.

둘째, 일본의 기업별 노동조합은 그 기업의 정규직을 중심으로 조직하고, 정규직 이외의 근로자 이익을 충분하게 옹호하지 않는다는 문제는 아직도 내포하고 있다. 기업 간 경쟁이 치열해지면서 발생하는 '**과중 근로문제**'나 정규직과 비정규직 사이의 '**격차문제**'[39]는 일본의 노사관계 구조에 기인해 발생한 문제라고도 할 수 있다.

그러나 일본의 노동조합도 기업별 노동조합의 약점을 극복하려는 경향을 보이고 있다. 예를 들어 (ⅰ) '**춘투**'를 통해 기업 수준을 초월한 노동운동의 전개, (ⅱ) '**연합**'(連合, 렌고)을 통해 전국 수준의 정책 참가는 전국 수준이나 산업 수준에서의 근로조건의 조정 · 개선을 도모해 분권적인 노사관계에 내재하는 문제를 극복하려는 움직임이 있다.

그러나 기업 규모에 기반한 일본의 노동조합 및 노사관계의 약점은 해소되지 않고 있다. 기업별 노사관계의 강점을 살리면서, 이것과 병행해 산업별이나 전국 수준의 노사관계 기반을 구축하는 것, 특히 산업이나 지역 수준에서 노사 사이의 대화의 장을 마련하고, 산업이나 지역의 실태에 알맞은 '**공정한 경쟁조건**'을 설정

39) <역자주> 격차 사회(사회 양극화)와 관련해, 블랙기업 및 블랙바이트의 문제가 있다. '블랙기업'이란 주로 청년 근로자에게 비상식적인 불법근로를 강효하는 악덕 기업을 의미한다. '블랙바이트'는 아르바이트하는 사람들에게 블랙기업과 같이 불법, 편법 근로를 강요하는 것을 의미한다. 비정규직 근로자는 2020년 2,162만 명(40%), 제2차 아베 정권이 출범한 2012년 1,800만 명 정도에서 360만 명이 늘었다. 연봉 200만 엔 이하 근로자는 지난 12년간 1,000만 명을 넘는다.

하거나, '유연한 노동사회정책'을 펼치는데 노사가 참가하는 구조를 축적해 가는 것은 일본의 '노사'나 '정부'에 주어진 과제이다.

보론 72

- **일본 및 한국의 기업별 노동조합**

(1) 일 본

후생노동성이 발표한 「2018년 노동조합 기초조사」에 따르면, 노동조합의 추정조직율은 17.0%이며, 민영기업은 15.9%이다. 조합원은 근로자 6명 중 1명으로 계산된다.

추정조직률은 직원(고용주) 수가 1,000명 이상의 민영기업은 41.5%, 100명－999명에서 11.7%, 99명 이하에서는 0.9%이다. 노동조합은 '대기업'에 편중되어 있다. 또한 파트타임 근로자의 추정조직률은 8.1%로 매년 증가하는 추세이다.

일본의 '노동조합'도 구미(유럽＋미국)에서는 '산업'이나 '직종'을 기준으로 조직(산업별 노동조합, 직종별 노동조합)되는 반면, 일본에서는 기업별로 조직(기업별 노동조합)되는 점에 큰 차이가 있다. 구미의 노동조합은 동일한 산업이나 직종에 종사하는 근로자의 기업 횡단적인 이익을 보호하는 성격이 강하고, 단체협약은 기업의 구조를 넘어 임금, 그 밖의 근로조건을 결정한다. 반면에, 일본의 기업별 노동조합은 그 기업에서 일하는 근로자의 이익을 보호하는 성격이 강하고, 단체협약은 기업 단위에서 근로조건을 결정한다.

이러한 특징을 가진 일본의 노동조합은 구미의 사람들에게 '어용노동조합'으로 비칠 수도 있다. 하지만 조합원에게 가장 중요한 고용의 확보 면에서 강한 발언권을 가지고 있으며, 근로조건도 일상적으로 경영자와 긴밀한 커뮤니케이션(소통)을 통해 자신의 희망을 충분히 전달하는 것을 고려하면, 일본의 기업별 노동조합이 가진 힘을 경시할 수도 없을 것이다.

다만 일본의 기업별 노동조합이 보호를 해야할 조합원의 범위는 어디까지나 '정규직'이다. 물론 조합원의 범위는 기업별 노동조합이 독자적으로 결정할 수 있다('노동조합의 자치'). 하지만 일본의 기업별 노동조합이 앞에서 살펴본 기능에 비추어 보면, 주된 조직대상이 정규직인 것은 자연스러운 일이다. 이로 인하여 최근

에는 비정규직이 증가하면서 기업별 노동조합에 조직되지 않은 비정규직을 기업 횡단적으로 조직하려는 노동조합('일반 노동조합'과 '커뮤니티 유니언'(コミュニティユニオン, Community Union) 이라고 불리는 '지역합동노동조합'(地域合同勞動組合) 등)에 가입하는 근로자가 증가하고 있다. 구체적으로 살펴 보면, 일본에서는 중소기업의 근로자가 기업 내부가 아니라 일정 지역에서 기업, 산업에 상관없이 1950년대 중반부터 많은 '합동노동조합'이 전국 일반노동조합의 지방본부·지부로 있어 왔다. 개인이 가입하는 일반노동조합을 순수한 형태로 하는 것으로 파악할 수 있다. 최근에는 관리직 및 단시간근로자, 파견근로자 등 기업별 노동조합에 가입하기 어려운 근로자를 일정 지역에서 기업의 구조를 초월해 조직하는 소규모의 '커뮤니티 유니언'도 생성되고 있다. 이들은 개별 근로자의 근로조건의 유지 및 향상, 해고와 고용관계상의 문제를 개별 기업과 교섭해 그 조합원의 문제를 해결하는 것이 중요한 활동이다. 1980년대 이후 이들은 집단적 노사분쟁에서 두드러지게 당사자가 된 사건, 특히 노동위원회에서 소수노동조합과 복수노동조합의 병존을 둘러싼 사건이 부당노동행위의 신청이나 쟁의조정 신청의 60－70%를 차지하고 있다. 최근에는 급증하는 개별적 노사분쟁에 주로 관여하고 있다. 이들 노조의 특징은 긴급 피난의 기능(대리 기능)을 하고, 기업별 노동조합에 의한 노사관계시스템을 '보완'하고 있다(菅野和夫, 勞動法, 776－777쪽).

또한 정규직이라고 해도 중소기업에서는 노동조합의 조직률이 매우 낮기 때문에 이러한 노동조합이 그 수용처도 되고 있다. 즉 기업의 횡단적인 노동조합은 일본형 고용시스템의 핵심에 있는 기업별 노동조합의 '보완 역할'을 하고 있다.

(2) 한 국

한국의 경우 노동조합의 총연합단체로 '한국노동조합총연맹'(한국노총)과 '전국민주노동조합총연맹'(민주노총)이 대표적이다. 고용노동부의 '2019년 전국노동조합 조직 현황'(2020.12.29.)에 따르면, 총조합원수는 **253만 1000명**이다. 민주노총 조합원은 104만 5000명(41.3%)(←96만8000명(2018)←58만명(2010)), 한국노총 101만 8000명(40.2%)(←93만 3000명(2018)←72만 8000명(2010))보다 2만 7000명이 많은 것으로 집계되었다. 1995년 11월 민노총 출범 이후 조합원수에서 민노총이 촛불시위 및 친노동정책(전국공무원노조 합법화(2018년 3월), 공공부문 비정규직의 정규직화(제로), 최저임금의 급격한 인상, 주52시간 근무제 등의 영향으로 한노총(1946년 설립)을 앞지른 것은 이번이 처음이고, 노동계의 주류세력으로 등장하였다. 2019년 노동계 상황을 고려하면 격차는 더 벌어졌을 것이라고 전망된다. 이에 민노총은 각종 70여개 정부위원회(최저임금위원회, 국민건강보험공단 산하 재정운영위원회, 노동위원회, 건강보험의 근로자위원의 배분 등)에서 노동계의 참여 비율을 재조정해야 한다고 주장하는 계기가 되었다. 2019년 노조조직률(근로자가 노조에 가입한 비율)은 12.5%(11.8%(2018), 10.7%(2017))로 상승했고, 올랐다. 공공부문은 70.5%, 민간부문은 10% 수준이다. 한편 민주노총 소속인 전교조(5만 1000명)를 포함하면 110만명에 이른다. 양대 노총 소속 외에 공공노총은 4만 8000명(1.9%), 선진노총 1만 9000명(0.7%), 전국노총 1만 5000명(0.6%) 순이었다. 상급단체에 소속되지 않은 노조(미가맹) 조합원은 38만 6000명(15.8%)이었다. 조직형태별로는 초기업 노조 소속 조합원이 147만 3000명(58.2%)였다. 선진국의 노조조직률은 하향 추세와 대비된다(미국의 노조조직률은 11.9%(2008)→10.1%(2018), 프랑스, 네덜란드 등(고용노동부, 2020.12.29. 및 2019.12.25. 보도자료 참조).

제 7 장 노동력의 거래는 왜 자유롭게 맡기지 못할까

노동시장을 둘러싼 법

1985년 '한신 타이거스(阪神タイガス)'가 우승하였다. 바스(バース), 카케후(掛布), 오카다가(岡田が), 교진(巨人)의 마키하라(槇原)로부터 삼자 연속으로 '고시엔'(甲子園)[1]의 백 스크린(back+screen)에 홈런을 날렸다. '일본시리즈'에서는 히로오카(広岡) 감독이 이끄는 세이부(西武)를 4승 2패로 눌렀다. 월드시리즈에서도 던진 적이 있는 게일(ゲイル)이 무어라 할 수 없는 피칭을 하였다. 고등학교 3학년이었던 나는 수험공부를 멈추고 텔레비전을 시청하면서 환호하였다.

1) <역자주> **고시엔**(甲子園) **야구** : 1924년 8월 1일 완공한 일본 프로야구팀 한신 타이거스의 일본 야구의 성지라고 불리는 효고현[兵庫縣] 니시노미야시[西宮市]의 홈구장이다. 완공연도가 갑자년(甲子年)이기에 '고시엔'으로 명명, 오사카만[大阪灣]과 인접한 동네명도 고시엔으로 바뀌었다. 수용인원은 55,000명, 크기는 좌 · 우익 95m, 중앙 길이 118m, 운동장 면적 13,000㎡이다. 내야는 검은색 토양, 외야는 천연 잔디로 되어 있다. 매년 '마이니치신문[毎日新聞]'이 3－4월에 여는 '봄의 고시엔'은 선발고교야구대회, '아사히신문[朝日新聞]'이 8월에 여는 '여름 고시엔'은 전국고교야구선수권대회라고 부른다. 전국 4,000개 넘는 고교 야구팀에서 32개 팀이 고시엔 야구 대회에 진출해 경쟁한다. 고교야구의 상징이며, 프로야구 인기를 능가하는 초대형 행사이다. 전국에서 100만 명 이상이 몰려들고 한신 타이거스도 다른 구장에서 경기를 치른다. 최근인 2021년 3월에 한국계 학교인 '교토(京都)국제고'가 처음 진출해 양국에 주목을 받았다. 고시엔은 모든 출전 학교의 교가(校歌)를 시합 중 양쪽 팀의 교가를, 시합 종료 후엔 이긴 팀의 교가를 방송하는 전통에 따라 국제고의 한국어 교가가 TV생방송으로 일본 전역에 방송된다는데에 의미를 두었다('고시엔에 울려 퍼진 한국어 교가'). 첫 시합에서 역전승, 2회 전에 패했다. 전광판에 한글 자막이 떴다(중앙일보 2021.4.10.－ 11, 27면).

1985년 8월 12일 오스타카야마(御巣鷹山)에서 JAL(일본항공)기가 추락하는 사고가 발생했다.[2] 그 1개월 전인 7월에는 국회에서 '근로자파견법'을 제정하였다. 그 때 고등학생이었던 나는 근로자 파견에 대해서는 아무 것도 몰랐다. 그러나 어쩌면 그 때 '노동법의 판도라 상자'가 열렸는지도 몰랐다. 하지만, 열렸던 상자의 뚜껑이 서둘러 닫히는 일은 없었고, 희망도 밖으로 뛰쳐나갔다.

1 왜 노동시장에는 규제가 필요한가

계약자유의 원칙은 누가 어떠한 형태로 근로계약을 체결할 것인지, 이것을 중개하기 위하여 누가 어떠한 형태로 개입할 것인지는 기본적으로 당사자의 자유로 하였다. 그러나 근로계약의 체결에 타인이 개입하는 것, 특히 당사자 사이에 들어가 돈을 벌려는 것은 지금까지의 역사 속에서 사회적 폐해를 낳았기 때문에 법 규제의 대상으로 삼아왔다.

(1) 직업소개사업과 근로자 공급사업의 금지

일본 역사를 돌이켜 보면, **에도**(江戸)**시대**에는 중개인(口入れ屋),[3] 중개업자(人宿), **메이지**(明治)**시대**에는 **'모집인'**(募集人)으로 불리는 업자가 사람을 모아 '근로자'로 송출하는 직업(商売, 모집인)이 등장하였다. 이러한 중개업자는 '소개료'(紹介料)를 챙기고, 또 근로자에 대한 급료(給金)의 일부를 챙겨서 돈을 벌었다.

그러나 메이지(明治)부터 다이쇼(大正)까지 일본에서도 공장이

2) <역자주> 1985년 8월 12일 일본 항공 123편 하네다 출발 오사카행 B−747여객기가 이륙 12분 뒤 고도 7,200m에 달했다. 일본 군마현 우에노촌 오스타카산에 충돌하고 승무원 승객 524명 중 520명이 사망하는 항공기의 단독사고로는 세계 최대 규모다.

3) <역자주> 口入れ屋(くちいれや) : (일자리 따위를 알선하는) 중개인

급증해, 근로자를 획득하려는 경쟁이 격렬해지면서 이 직업의 폐해가 커지게 된다. 업자 중에는 '유괴'(誘拐)나 '**인신매매**'와 같은 방법으로 사람을 모아서 공장이나 기숙사에 가두어 강제로 일하게 하고, 그 임금의 일부를 착취하는 사람이 나온 것이다. 여기서 1921년 '**직업소개법**'이나, 1947년 '**직업안정법**'은 사람을 모아서 근로자를 송출해 돈을 버는 '**직업소개사업**'과 '**근로자 공급사업**'을 금지하였다.

〈직업소개사업〉 〈근로자 공급사업〉

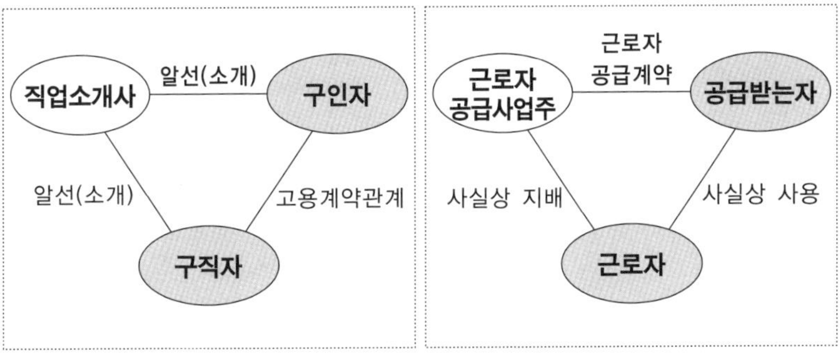

(2) 근로자파견사업과 직업소개사업의 해금

그러나 1970년대 후반 이후 이 직업의 모습이 바뀌어 부활한다. 미국의 '**맨 파워사**'가 일본 법인(맨 파워 재팬)을 설립해 '사무처리 업무'를 외부에서 위탁받는 사업을 일본에서도 확대하였다. 여기서 이 새로운 비즈니스는 '직업안정법'에서 금지하는 '근로자 공급사업'에 해당하는지가 문제되었다.

여기서는 중개업자인 파견회사가 사용사업주에게 받은 돈의 일부를 이익으로 손에 넣는 '**중간착취의 폐해**'는 그대로 남아 있었다. 그러나 인재파견업을 비즈니스로서 발전시켜서 필요한 사람을 필요한 장소에 원활하게 배치하는 니즈(욕구)도 커지고 있었다. 그래서 당시의 정부는 '**근로자공급**'사업의 일부를 "**근로자파견**'사업으로 규정하고, 일정한 전문적 업무로 한정해 그 금지를 해제하기로 하였다. 1985년에 통과된 「**근로자파견법**」이다.[4] 그 후 이 법률은 개

4) <역자주> 그 당시 일본 파견법의 실제 명칭은 "근로자파견사업의 적정한 운영의 확보 및 파견노동자의 보호 등에 관한 법률"이다. 파견법 제정의 주된 목적은 노동력 수급조정 시스템의 하나로서 근로자파견사업의 적정한 운영을 도모하는 이른바 '영업법(營業法)'(Gewerberecht)이라는 측면과 파견근로자의 보호 및 고용안정 그 밖에 복지증진에 기여하는 것이다. 즉 **근로자 파견사업을 합법화**하기 위한 것이고, 파견근로자를 대상으로 한 법률이라고 말하기 어렵다. 근로자파견은 파견사업주와 근로자의 단일한 고용관계를 토대로 근로자가 사용사업주에게 근로를 제공하기 위해 고용된 것이므로 복수의 근로계약관계가 존재하지 않는다. 즉, 처음부터 고용과 사용이 분리되어 있으므로 사용사업주에게는 파견사업주로부터 위임받은 지휘명령권, 즉 사용에 대한 권한만 존재한다. 일본 후생노동성이 작성 · 고시한 「근로자 파견사업 관계업무 취급 요령(労働者派遣事業関係業務取扱要領)」 제1－3－(2)에 따르면, '업으로 행한다(業として行う)'라 함은 일정한 목적을 가지고 동종 행위를 반복적 · 계속적으로 수행하는 것이다. 구체적으로는 일정한 목적과 계획에 기초하여 경영하는 경제적 활동인지 여부로 판단되고, 그 판단은 일반 사회통념에 따라 개별 사례가 영리를 목적의 여부와 사업의 독립성 유무가 반복 및 계속 의사의 판단에 중요한 요소이다. 예를 들어 (ⅰ) 근로자파견 취지의 선전이나 광고를 하는 경우, ② 사업장소를 갖추고 근로자파견 취지의 간판을 내거는 경우 등 원칙상 사업성을 인정할 수 있다.
참고로 독일 구 파견법(2011.4.28. 개정 이전의 법률) 제1조 제1항에 따르면 파견사업주로서 업으로 또는 영리를 목적으로(gewerbsmäßig) 제3자(사용사업주)에게 노무제공을 위하여 근로자를 양도하려는 자는 허가를 받아야 한다. 독일 정부가 제출한 파견법 제정 초안에 의하면, "업으로서의 파견은 사업 또는 사업일부의 주된 목적이 근로자파견에 의한 경제적 이익의 획득을 요건으로 한다"고 설명하였다. 이에 대하여 판례와 다수설은 영리성(영업성, Gewerbmäßigkeit)의 개념을 '업법(業法)' 또는 '영업법'(Gewerberecht)의 의미로 이해한다. 여기서 '영리성'이란 지속적(계속 · 반복적)으로 경제적 이익을 획득하기 위한 독립적 활동이다. 독일 파견법은 근로자파견사업이라는 특정 영업활동을 규제하는 영업법상의 특별법 관점에서 영업법적 의미에서 영리성을 이해하는 것이 일반적이다. 그 후 2011년 개정 파견법은 종전의 근로자파견사업 허가의 요건으로 '영리성'을 대신해 근로자파견이 파견사업주의 '경제적 활동'(wirtschaftliche Tätigkeit)의 범위 내로 변경하였다. 이 변경은 2008년 제정 유럽연합(EU)의 파견근로에 관한 입법지침(Richtlinie 2008/104/EG über Leiharbeit)을 반영한 것이다.

정을 거듭해 파견이 가능한 업무를 확대해 왔다. 1999년 개정에서는 파견이 가능한 업무를 원칙적으로 자유화하고, 열거된 일정한 업무만 파견을 금지하였다. 그리고 2003년 파견법 개정에서는 공장 등과 같이 '제조업무'에도 파견을 해금(解禁)하였다.

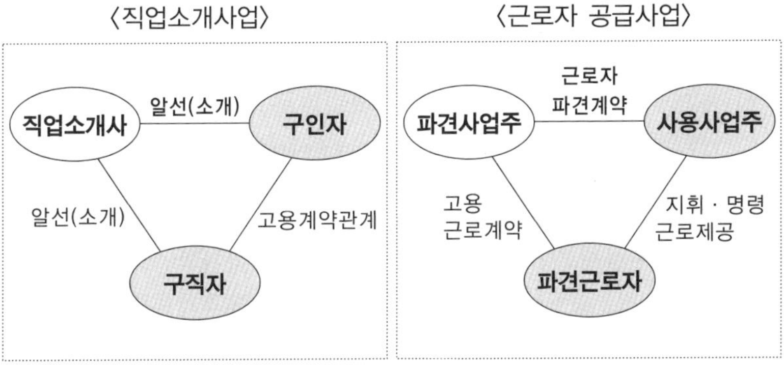

보론 73

• **한국의 파견법 제정**

파견근로자의 고용안정과 복지증진을 도모하고 인력수급을 원활하게 하기 위한 법률로 원명칭은 "파견근로자 보호 등에 관한 법률"(파견법)이다. 근로자 파견제도는 파견업체(파견사업주)가 근로자들을 고용한 다음에 고용관계를 유지하면서 인력을 필요로 하는 업체(사용사업주)에서 사용사업주의 명령을 받아 근로하도록 하는 제도를 말한다. 1998년 7월 파견법이 시행되면서 본격 도입됐다.

근로자파견이란 "파견사업주가 근로자를 고용한 후 그 고용관계를 유지하면서 근로자파견계약의 내용에 따라 사용사업주의 지휘 · 명령을 받아 사용사업주를 위한 근로에 종사하게 하는 것을 말한다"(제2조 제1호). 파견사업주가 고용한 근로자로서 근로자파견의 대상이 되는 사람을 '파견근로자'로 정의한다(제2조 제5호).

당시 노동계는 중간 착취, 정규직 근로자 감소로 인한 고용불안 · 노조활동 위축을 이유로 근로자 파견법을 반대해 왔다. 그러나 국제통화기금(IMF)이 구제금융 지원을 조건으로 '정리해고제

(경영상해고)'와 '파견법' 등 노동관련 법안 개정을 요구함에 따라 1998년 3월 노사정 합의를 거쳐 그해 7월 국회를 통과했다.

1998년 외환위기 당시 노동시장 유연화 차원에서 행정 · 서비스 등 32개 업종에 대한 파견이 허용됐다. 하지만 정작 인력 수요가 많은 '제조업'에 대해서는 파견이 금지되면서 실제 산업 현장에서는 사업주가 사법 처리의 위험을 감수하면서 불법적으로 고용을 하기도 하고 외주생산을 늘리는 등의 현상도 벌어지고 있다.

특히 근로자파견은 경기불황과 노동시장이 악화됨에 따라 기업이 활용 가능한 유연고용형태로 부각되면서 세계적으로 파견규제가 완화되었다. 1985년 한국 파견법(1998)과 유사한 규율방식(특정 업무에 한정하여 근로자파견을 허용하는 이른바 '포지티브 방식')으로 출발한 일본도 수 차례 규제완화를 위한 개정에서 '네거티브 방식'[5)]으로 전환해, 항만 · 건설 · 경비 등 근로자파견의 폐해가 우려되는 일정 업무를 제외하고 '제조업'을 포함한 대부분의 업무에 파견이 허용되고 있다. 물론 국가별로 파견의존도가 커지고 파견근로자가 증가하면서 그 고용안정과 근로조건 개선을 위해 재규제한 사례도 있다. 이러한 경향은 종전 근로자파견제도의 규제완화를 거쳐 이뤄졌다는 점에서 처음부터 엄격하게 규제하는 한국과는 상이하다.

그리고 근로자파견과 전출을 비교하면, 근로자파견에서는 근로자가 처음부터 사용사업주에 대한 파견을 목적으로 채용되어 파견사업주와 고용관계를 유지한다. 이에 '전출'에서는 원래 사용자가 자신이 사용하고 있는 근로자를 특정한 목적을 위하여 일정 기간 계열기업 또는 관계기업에서 노무를 제공하도록 하고 전출기간이 만료되면 다시 원사용자로의 복귀가 전제되어 있다. 또한 근로자파견은 영리를 목적으로 '사업'으로서 행해지고 그에 따라 법적 규제를 받는데 비하여, '전출'은 계열기업 또는 관계기업 간의 '인사이동'으로 행해진다는 점에서 구별된다.

---

5) <역자주> 네거티브 방식 및 포지티브 방식 : '네거티브 방식'은 수입을 자유화하지만 예외적으로 수입을 금지하는 품목만을 열거해 놓은 상품 목록이다. '포지티브 방식'은 수입을 금지하지만 수입이 자유화된 품목만을 열거해 놓은 목록이다(무역 용어).

또 이것과 병행해 1997년에는 '**직업안정법시행규칙**'을 개정하면서, 이전에는 일정한 직업만 예외로 인정한 직업소개사업을 '항만운송업무'와 '건설업무'를 제외하고, 원칙적으로 자유화하였다.[6)]

이와 같이 근로자파견사업과 직업소개사업은 다음에 기술하는 일정한 법규제 아래에서 '민간'에도 해금되었다. 민간 부문의 지혜(知惠)나 연구에서 필요한 근로자를 필요한 장소에 원활하게 배치 · 이동시키는 기능을 영위하는 것이 기대되었다. 그러나 이것, 특히 근로자 파견사업의 해금과 확대는 뒤 부분에서 살펴보는 것과 같이 심각한 사회문제도 초래하였다.

보론 74

• 일본의 비정규직과 사회보장

사회보장 면에서 비정규직과 정규직의 격차는 있는 것일까? 사회보장의 핵심에 있는 광의의 사회보험에는 '**노동보험**'[7)]과 '**사회보험**'[8)]이 있으며, 노동보험에는 '**산재보험**'과 '**고용보험**'이 있고, 사회보험에는 '**연금보험**'과 '**의료보험**'이 있다.

---

6) <역자주> 근로자공급사업 : 한국의 직업안정법상 근로자공급사업은 공급계약에 따라 근로자를 타인에게 사용하게 하는 사업을 말한다(제2조의 2 제7호), 정부의 허가를 받지 아니한 근로자공급사업을 금지하고 있다(제33조 제1항). 그 이유는 근로자공급사업자가 근로자를 사실상의 지배하에 두면서 근로자와 공급받으려는 자 사이에 개입해 중간착취하고, 강제근로의 폐단이 있기 때문이다. 그런데 파견법(1988)상 근로자파견사업은 직업안정법상 근로자공급사업에서 제외되었다. 이에 관한 세부 규정은 인력수급의 원활이라는 노동시장의 목적을 수행하면서 중간착취 및 강제근로의 문제를 해소하기 위한 것이다. 근로자공급계약에 기하여 근로자를 제3자의 지휘명령에 따라 근로에 종사시키는 경우 중에서 공급사업자와 근로자 사이에 고용계약관계가 없는 것은 모두 근로자공급에 해당한다. 이에 관해서는 국내 근로자공급사업 허가를 받아 근로자공급사업을 수행하는 '항운노조'와 '그 조합원의 관계'가 대표적 사례이다. 노동조합은 조합원과 고용관계에 있지 않기 때문이다. 구체적으로 허가자의 범위는 공급대상 근로자의 취업 장소를 기준으로 국내외 근로자공급사업으로 구분하며, 전자는 노조법상 노동조합, 후자는 제조업 · 건설업 · 용역업, 그 밖의 서비스업을 하는 자로 제한된다(제33조 제3항). 다만, 후자의 경우 연예인을 대상으로는 '비영리법인'으로 한다(민법 제32조).

우선 '**산재보험**'을 보면, 앞에서 서술한 것처럼 노동기준법상의 근로자가 대상이 되므로 비정규직에게도 적용된다.

또한 '**고용보험**'에 대해서는 가입자격과 수급자격이 있기 때문에, 이것을 충족시켜야 한다. 비정규직의 경우에는 이 자격 요건이 고용보험을 가입하는 장벽이 된다고 한다. 즉, 고용보험에 '가입자격'은 주의 소정 근로시간이 20시간 이상으로 31일 이상 계속 고용된다고 예상되는 사람이어야 한다(고용보험법 제6조 1호 및 2호).[9] '수급자격'은 이직일 이전 2년간 임금지급 기초일수가 11일 이상 있는 월(고용보험에 가입했던 월인 것)이 통산해 12개월 이상인 것이다(동법 제13조 및 제14조).[10] 다만, 이 유기 근로계약의 기간 만료로 이직한 경우(그 자가 해당 갱신을 희망했음에도 불구하고, 갱신 합의가 성립되지 않았을 경우에 한한다)에는 특정한 이유의 이직자가 되고, 이직일 이전 1년간 임금지급 기초일수가 11일 이상 있는 달이 6개월 이상 있으면 수급자격이 부여된다(동법 제13조 제2항 및 제3항).

한편, **사회보험**에 대해서는 '**연금보험**'은 모든 국민이 가입하는 '**국민연금**'(기초연금)에 더불어, 고용 근로자가 가입하는 '**후생연금보험**'의 피보험자가 되는지 여부는 주로 근로시간과 연봉에 따라 결정되고('**건강보험**'도 동일함), 이 요건이 비정규직이 사회보험에 가입하는데 장벽이 될 수 있다.

즉, 동일한 사업장의 통상 근로자의 1주간의 소정 근로시간의 4분의 3 이상이고, 동시에 1개월간 소정 근로일수가 통상의 근로자의 4분의 3 이상의 경우에, 계약기간이 2개월을 초과할 전망이 있는 경우에는 통상의 피보험자 자격이 인정된다.

한편, 소정 근로시간이 소정 근로일수의 4분의 3 요건 중 어느 하나, 또는 어느 것도 충족하지 않는 경우에는 주 소정 근로시간이 20시간 이상이고, 동시에 계약기간이 1년을 초과할 전망이 있는 경우에, 또한 임금월액 **8.8만 엔**(연수입 약 **106만 엔**) 이상이면 피보험자 자격이 인정된다('학생'은 제외). 이것은 2016년 10월의 개정에 따른 것으로 처음에는 상시 501명 이상 사업장이 대상이었지만, 2017년 4월부터는 상시 500명 이하의 법인에서도 노사가 합의하면 대상이 되었다(2019년 10월 이후 모든 사업장에 적용이 확대될 예정이다).

2 고용중개사업의 법규제

(1) 직업소개사업의 법규제

직업소개는 구인자와 구직자에게 각각 구인과 구직의 신청을 받아 양자 사이에 서서 근로계약의 성립을 알선하는 것을 말한다(직업안정법 제4조 제1항). 직업소개에는 (ⅰ) 기업(구인자)에 소개하기 위하여 구직자를 찾아 계약의 체결을 알선하는 **'헤드헌팅'**(head-hunting)이나, (ⅱ) 잉여 인원을 가진 기업으로부터 의뢰를 받아 이직을 알선하는 **'아웃플레이스먼트'**도 포함된다. '구인 정보지'나 '구인 정보의 웹사이트'에서 구인 정보를 단순하게 제공하는 행위는 근로계약의 체결을 알선한다고 할 수 없고, 직업소개에 해당하지 않는다.

이 직업소개를 사업으로써 영위하는 주체로서 '국가'가 관할하는 **'공공직업안정소'**(이른바 "헬로워크")와 '민간'의 **'직업소개사업'**이 있다. 직업안정법은 직업소개를 적절하게 실시하도록 ① 직업선택

---

7) <역자주> 노동보험(勞動保險) : 근로자가 질병 따위로 노동 능력을 잃거나 근로 기회를 잃었을 때를 대비한 보험《실업보험 · 산업재해보상보험 따위》.

8) <역자주> 사회보험(社會保險) : 사회정책상 질병 · 부상 · 폐질 · 노쇠 · 사망 등 재난을 입은 사람의 생활을 보장하기 위한 보험《의료보험 · 연금보험 따위》.

9) <역자주> 한국의 고용보험법시행령 제3조(적용 제외 근로자) ①법 제10조 제1항 제2호에서 "소정근로시간이 대통령령으로 정하는 시간 미만인 자"란 1개월간 소정근로시간이 60시간 미만인 자(1주간은 15시간 미만인 자 포함)를 말한다. 다만, 3개월 이상 계속해 근로 제공자와 일용근로자(1개월 미만 동안 고용되는 자)는 제외한다.<개정 2019.6.25>

10) <역자주> 한국의 구직급여는 이직한 피보험자가 이직일 이전 18개월간(기준기간) 피보험 단위기간이 통산해 180일 이상일 것(고용보험법 제40조 제1항 1호)

의 자유 존중(제2조), 차별적 취급의 금지(제3조), 근로조건 등의 명시(제5조의3), 개인정보 보호(제5조의4), 구직구인 수리[11]의 원칙(제5조의5, 제5조의6), 적직(適職) 소개의 원칙(제5조의7)으로 있었던 국가와 민간사업자에게 공통된 기본적인 룰과, ② 허가제(제30조 이하), 수수료 규제(제32조의3) 등의 민간사업자에 대한 일정한 규제를 규정하고 있다.

보론 75

• 헤드헌팅

전문인력 중개업. 기업의 최고경영자, 간부 중역, 고급기술인력 등을 소개해주는 것을 말한다. 고급인력 중개업이 가장 활발한 미국에서는 헤드헌팅을 '이그제큐티브 서치(executive search)'란 용어를 사용하고, 이러한 회사를 '서치 펌(search firm)'이라 한다. 1929년 미국에서 대공황의 여파로 실업이 사회문제로 대두된 시기에 처음 등장했으며, 점차 활동영역이 세분화되어 변호사 · 의사 · 회계사 심지어 공무원 채용까지 헤드헌터에게 의뢰하고 있다. 한국의 경우 1980년대 후반에 상륙, 초창기에는 활동이 뜸했으나 시장개방이 본격화된 1990년 이후 활발하였다. 과거에 국내의 유료직업소개요금 등 노동부 고시에는 직업의 소개 수수료 상한선이 규정되어, 보통 첫 해 연봉의 20~50%인 수수료는 불법행위였다. 하지만, 1997년 9월 노동부는 헤드헌팅 업체에 연봉의 20% 내의 수수료를 받고 합법 영업이 가능하다. 헤드헌팅업의 허용 직종은 ① 기관장 · 최고경영자 ② 생산부서 관리자 중 고위관리자 ③ 기타 부서 관리자 중 고위관리자 ④ 종합관리자 중 고위관리자 ⑤ 물리학자, 화학자 또는 관련전문가 ⑥ 수학자, 통계학자 또는 관련전문가 ⑦ 생명과학 전문가 ⑧ 보건전문가(간호 제외) ⑨ 사업전문가 ⑩ 법률전문가 ⑪ 사회과학자 또는 관련 전문가 ⑫ 작가와 창작 · 공연예술가 등 12개이다. 헤드헌터들이 가장 선호하는 인물은 기업의 특정분야에 대한 경험이 풍부한 사람, 외국어 능력과 국제적 감각의 소유자, 유연하고 능동적인 사고를 하며 리더십을 갖춘 사람, 인간관계가 원만한 사람 등이다. 현재 80여 개의 업체

11) <역자주> 수리(受理) : 서류를 받아서 처리함.

가 최대 10만 명까지 인력 데이터베이스를 확보하고 있다.[네이버 지식백과]

보론 76

- **근로자공급과 근로자파견, 도급 유형의 차이**
  - 근로자공급 : '근로자를 공급하는 자'와 근로자 사이에 계약관계가 형성되지 않음
  - 근로자파견과 도급에서는 근로자를 '공급하는 자'와 근로자 사이에 계약관계가 형성됨

〈근로자 공급〉

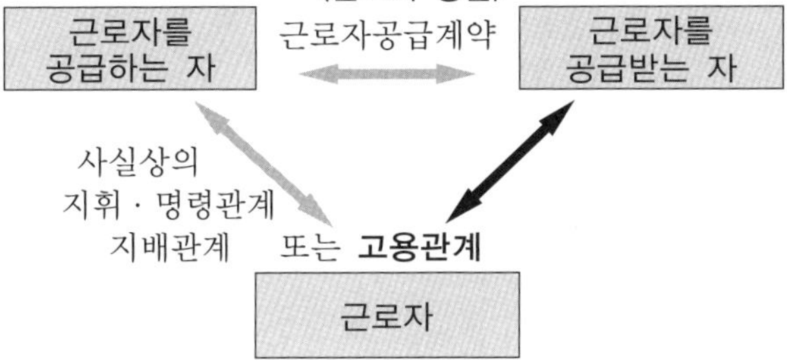

〈근로자파견〉

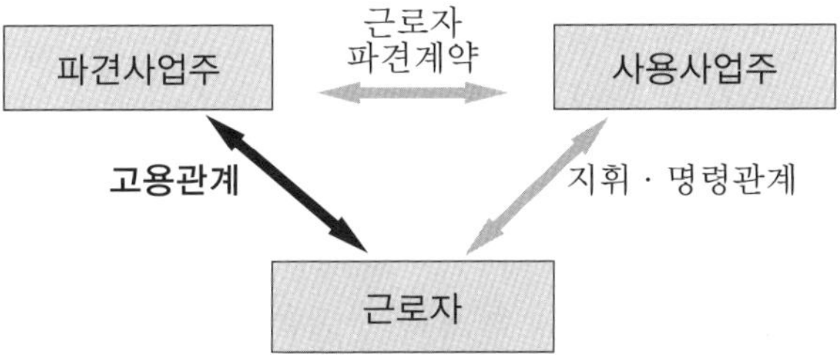

〈도급〉

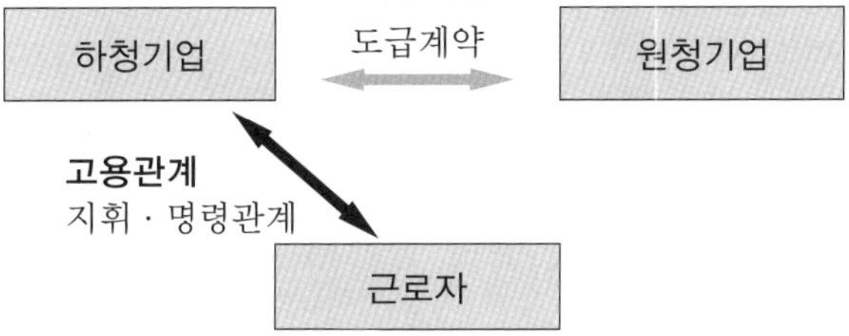

(2) 근로자 파견사업의 법규제

직업안정법은 현재에도 근로자 공급사업을 실시하는 경우는 징역 또는 벌금의 벌칙을 부과해 금지하고 있다(제44조, 제63조, 제64조). 자신이 데리고 있는 근로자를 타인에게 공급해 일하게 하는 것을 인정하면 우두머리(親方, 보스, 오야봉(親分))를 통한 '강제근로'나 '중간착취'의 위험이 발생하기 때문이다.

그러나 근로자파견법은 이 근로자공급 중에서 '근로자파견' 형태를 거론하여 이것을 사업으로 실시하는 것을 같은 법의 규제에서 적법하다고 하였다. 이 법은 근로자파견을 자신이 고용하는 근로자를 타인의 지휘명령을 받아서 그 타인을 위하여 일하게 하는 것이라고 정의하고 있다(제2조 제1호). 구체적으로는 파견회사가 (파견)근로자와 근로계약을 체결하고, 그 근로자가 사용사업주에게 파견해 사용사업주의 지휘명령을 받으면서 일하는 형태를 말한다.[12]

근로자파견사업은 법령상 열거된 업무(항만운송, 건설, 경비, 의료관련) 이외의 모든 업무에 대하여 후생노동대신의 허가를 받아 할 수 있다(제5조 이하). 예전에는 상시 고용하는 근로자를 파견한 파견회사('특정 근로자파견사업')는 '신고제', 등록형의 파견근로자를 파견한 파견회사('일반 근로자파견사업')는 '허가제'로 운영하였다. 하지만, 2015년 파견법을 개정해 양자의 구별을 폐지하고, 건전한 근로자 파견사업을 실시하기 위해 모든 근로자 파견사업을 보다 엄격

12) '파견사원'의 아키하바라 무차별 살상 사건 : 일본에는 토오리마(通り魔)사건이라는 '지나가던 악마가 저지른 사건'(묻지마 범행, 악마의 소행)은 2008년 전자상가로 유명한 도쿄 아키하바라 교차로에서 트럭이 보행자에게 돌진해 7명이 숨지고 10명이 다쳤다. 재판부는 법인은 '파견사원'으로 여러 회사를 전전하면서 쌓인 불만이 사회를 향해 폭발한 것으로 보인다고 지적하였다(동기 미상). 이러한 사건들은 일본의 '집단적 성향'이 강한 일본 사회에서 어려서부터 억압되어 왜곡된 개인의 감정이 어느 한 점에서 일방적으로 표출한 것으로 이해된다.

한 허가제로 운영하였다.

그 밖에 근로자파견법은 (ⅰ) 취업조건의 명확화(제26조 제1항, 제34조), (ⅱ) 유기고용 파견근로자에 대한 파견기간의 제한(제35조의3, 제40조의2, 제40조의 3), (ⅲ) 고용안정 조치(제30조 제1항 · 제2항), (ⅳ) 불법파견의 경우 사용사업주에 따른 **'근로계약의 신청 간주'**(근로자가 희망하면 사용사업주와의 근로계약이 성립함[제40조의6]), (ⅴ) 노동관계법상 책임 준수(제44조 이하) 등의 규제를 규정하였다. 또한 **'2018년 일하는 방식 개혁 관련 법'**에 따라 개정된 근로자파견법은 (ⅰ) 파견근로자와 정규직의 대우격차를 시정하기 위한 불합리한 대우 차이의 금지(제30조의3 제1항, 제30조의4), (ⅱ) 차별적 취급(불리한 취급)의 금지(제30의3 제2항), (ⅲ) 대우 차이의 내용과 이유의 설명의무(제31조의 2 제4항) 규정은 앞에서 살펴본 것과 같다.

보론 77

- **일본의 2015년 근로자파견법 개정**

2015년 개정 파견법은 본문에서 **'고용안정화 조치'**(제30조 부분)와 **'대우 결정에 관한 고려사항의 설명의무'**뿐만 아니라 중요한 개정 사항이 있다.

첫째, 근로자파견사업을 **'허가제'**로 **일원화**하였다. 신고제로 되어 있던 특정 근로자파견사업이 악질적인 인재파견업자를 만들었다는 반성에서 엄격한 허가기준을 마련해 모두 허가제로 하였다(특정 근로자파견사업의 '폐지').

둘째, 파견 가능기간의 제한을 재검토하였다. 종전의 전문업무 파견의 여부에 따라 상이한 기간을 제한했지만, 2015년 법개정시 파견 가능기간의 제한은 (ⅰ) 파견사용사업장 단위의 제한(3년. 사용사업장의 과반수대표의 의견청취를 거쳐서 연장은 가능), (ⅱ) 파견근로자 개인 단위에서 제한(조직마다 3년)의 방식을 두었다. 하지만 무기고용 파견기간 규제를 적용제외로 하였다. 결국 파견 가능기간의 제한이 없었던 전문업무 파견은 이것이 유기고용 파견이라면 다시 파견 가능기간의 제한에 따르도록 하였다.

또한 파견법 제정 후 근로자파견은 사용기업에서 **'상용대체'**를 방지하기 위해 **전문업무 파견**가 중심이라는 사고방식(원래는 파견허용 업무를 전문업무로 제한하고, 1999년 개정 후에는 파견 가능기간의 제한을 완화함)은 **완전히 폐기**하였다. 보호의 중심은 일본형 고용시스템상의 사용기업의 정규직보다도 파견근로자이라고 전환하였다. 또한 파견기업에 무기고용된 파견근로자는 보호할 필요성이 낮기에 파견 가능기간의 제한을 없애도 좋다고 생각하였다.

셋째, 파견기업의 파견근로자를 단계적 · 체계적인 **교육훈련**과 희망자에게 **커리어 컨설팅** 의무를 도입했다.

3 고용정책법

'노동시장법' 분야는 ① 지금까지 보아왔던 직업소개사업과 근로자파견사업 등 **'고용중개사업의 법규제'**와, ② 고용촉진 · 지원을 위한 이른바 **'고용정책법'**의 크게 두 가지가 중심이 된다.

이 중에서 정부가 추진하는 고용촉진 · 지원조치인 **'고용정책법'**은 두 유형으로 분류할 수 있다. 하나는 고용안전망을 정비해 일할 수 없게 되었을 경우에 생활보장을 지원하는 **'소극적인 노동시장정책'**이고, 다른 하나는 보다 적극적으로 고용을 창출 · 유지하려는 **'적극적인 노동시장정책'**이다.

(1) 소극적인 노동시장정책 – 실업수당

소극적인 노동시장정책은 국가가 관할하는 고용보험을 통한 **'실업수당'**(실업급여)인 **'구직자 급부'**(구직급여)가 있다. 이것은 국가가 노사에게 **'보험료'**를 징수해 실업상태에 있는 피보험자에게 일정기간 동안 급부를 실시하는 것이다. 구직자 급여의 중심이 되는 **'기본수당 일액'**은 이직하기 전의 임금 일액의 50−80%(임금 일액이 낮을수록 급부율은 높아진다)로 되어 있다. 급여 일수는 연령, 피보험자의 기간 및 이직 이유에 따라 아래의 ＜도표 12＞과 같이 규정하고 있다.

〈도표 12〉 구직자 급부(기본수당)의 급부일수

• 일반 이직자(정년퇴직, 자기 사정 퇴직 등)

이직일 현재 연령	피보험자 기간		
	10년 미만	10년 이상 20년 미만	20년 이상
65세 미만	90일	120일	150일

• 도산·해고 등에 따른 이직자

이직일 현재 연령	피보험자 기간				
	1년 미만	1년 이상 5년 미만	5년 이상 10년 미만	10년이상 20년미만	20년 이상
30세 미만		90일	120일	180일	—
30세 이상 35세 미만		120일	180일	210일	240일
35세 이상 45세 미만	90일	150일	180일	240일	270일
45세 이상 60세 미만		180일	240일	270일	330일
60세 이상 65세 미만		150일	180일	210일	240일

• 취직이 곤란한 자(장애인 등)

이직일에 있어 연령	피보험자 기간	
	1년 미만	1년 이상
45세 미만	150일	300일
45세 이상 65세 미만		360일

보론 78

• 한국의 고용보험(구직급여) 및 국민취업지원제도

한국의 경우는 고용보험제도로서 이직한 근로자가 근로의 의사와 능력이 있음에도 취업하지 못한 상태에서 재취업활동을 하는 기간에 생활안정 및 재취업 지원을 한다. '고용보험법'(1993년 제정, 1995년 시행)상 '실업급여' 및 '고용안정 및 직업능력개발', '육아휴직급여 및 육아기 근로시간 단축급여', '출산전후휴가 급여' 등이 있다. **'실업급여'**에는 '취업촉진수당'과 '구직급여'가 있다. (i) '취업촉진수당'은 다시 조기재취업수당, 직업능력개발수당, 광역구직활동비, 이주비가 있다. (ii) **'구직급여'**는 기본적인 생활보장을 위한 급여인데, '구직급여의 소정 급여일수'가 이직일 현재 연령과 피보험기간에 따라 120−270일로 지급하고 있다. 노사의 고용보험료 요율은 1.6%(0.8%+0.8%)이다. 구직급여는 일반적으로 급여의 산정기초가 되는 이직전 평균임금의 60%를 지급(예술인은 이직전 평균보수의 60%)하되, 임금일액인 기초일액의 60%(1일 상한 65,000원), 1일 하한은 최저임금의 80%(소정 근로시간 8시간 60,120원))이다. 수급자격과 관련해 자발적 이직, 중대한 귀책사유로 해고된 경우에는 제한이 된다. 최근에는 고용보험기금의 고갈 문제는 고용취약 계층에 대한 지원을 강화하고 코로나 사태로 실업급여 지출 등의 급증한 이유도 있지만, 정부가 쌈짓돈 삼아 각종 선심성 정책을 한 점도 있다(청년고용 추가장려금 등). 또한 '단기 일자리→구직급여 수급'을 반복하는 '실업급여 중독자'의 도덕적 해이를 우려(남용)하는 문제가 되고 있다. 이에 횟수 제한, 수급요건 강화 등을 고려해야 한다.

〈구직급여의 소정 급여일수〉

구 분		피보험기간				
		1년 미만	1년 이상 3년 미만	3년 이상 5년 미만	5년 이상 10년 미만	10년 이상
이직일 현재 연령	50세 미만	120	150	180	210	240
	50세이상, 장애인	120	180	210	240	270

* 비고 : 장애인이란 장애인고용촉진 및 직업재활법에 따른 장애인이다.

그리고 한국은 2021년부터 '국민취업지원제도'를 실시했다. 실업부조로 실직상태에 있는 저소득층, 청년 등에게 정부 예산으로 1인당 최대 300만원(매월 50만원×6개월)의 구직촉진수당을 지급하며 취업지원서비스를 제고하는 제도이다. 지원대상은 만 15－69세이면서 가구소득이 중위소득의 50% 이하이다(2020년 기준 1인 가구는 월소득 91만원, 4인 가구는 244만원 이하. 재산도 3억원 이하). 동 제도는 취업지원서비스 + 구직촉진수당(50만원×6개월)이 결합 제공하는Ⅰ유형과, 취업지원서비스를 중심*으로 제공하는 Ⅱ유형으로 운영된다(* 취업활동비용 일부 지급).

〈 유형별 지원대상 요건 비교 〉

필요 요건		연령	소득	재산	취업 경험
Ⅰ유형	요건 심사형	15~69 세·	중위소득 50% 이하	3억원 이하	최근 2년 이내 100일 또는 800시간 이상
	선발형		중위소득 50% 이하 (청년특례: 120%↓)	3억원 이하 (청년특례 별도규정)	×
Ⅱ유형			중위소득 100% 이하 (청년은 별도 정함)	×	×

(2) 적극적인 노동시장정책 – 고용보험 두 사업 등

정부는 적극적인 노동시장정책으로서 ① 고용보험 2사업(고용보험법 제62조 이하), ② 직업능력개발 지원(직업능력개발촉진법),[13] ③

13) <역자주> 일본의「직업능력개발촉진법」은 1985년에 '직업훈련법'의 대폭적인 개정에 의해 성립된 것이다. 동법은 노동이동을 지원하는 견지에서 2001년 고용대책법 등이 개정될 때에 근로자의 자발적인 직업능력개발을 촉진하기 위하여 근로자가 장기적으로 직업에 관한 목적을 정하고 직업선택 및 직업능력의 개발 · 향상을 계획적으로 행할 것('직업생활설계')에 대한 이념과 시책을 마련하였다. 이 개정은 '커리어권'을 지도이념으로 하고 있다고 볼 수 있다. : 한국은「직업능력개발법」(2004)은「직업훈련법」(1967)에서 출발해「직업훈련기본법」(1976),「근로자직업훈련 촉진법」(1997)을 거쳐서 제정된 법률이 있다.

고령자, 장애인 등의 고용촉진(고령자고용안정법, 장애인고용촉진법 등), ④ 고용보험에 의한 직업훈련급부 · 고용계속급부(고용보험법 제60조의2 이하) 등의 정책을 실시하고 있다.

특히, '고용보험 2사업'[14]은 (ⅰ) 정부가 회사(사업주)에게 징수한 보험료(근로자의 부담분은 없음)를 재원으로 고용안정을 도모하는 **'고용안정사업'**과, (ⅱ) 근로자의 능력개발을 지원하는 **'능력개발사업'**의 두 사업을 실시하고 있다.

첫째, '고용안정 사업'의 대표적인 사례는 **'고용조정조성금의 지급'**이다. 경기변동 등으로 사업활동을 부득이하게 축소해야 하게 된 사업주가 일시적인 휴업 등의 방법으로 근로자의 고용을 유지하기 위한 조치를 강구하는 경우에 '노사협정'의 체결을 조건으로 정부에서 지급하는 경우(예를들어 ⓐ 중소기업에는 휴업수당의 상당액의 3분의 2, ⓑ 중소기업 이외에는 2분의 1)이다.

둘째, '능력개발사업'의 대표적인 사례는 사업주가 실시하는 **직업훈련의 조성, 공공직업훈련시설의 설치 · 운영** 등이 있다.

노동시장은 때때로 근시안적으로 보기 쉽고, 또 노동시장에서 탈락한 자에게 사후 구제('**사회안전망**', safety net)를 제공하는 것만으로는 실업의 장기화 · 고정화를 초래하는 문제점도 있다. 이러한 문제점을 극복하려면 **'정부의 역할'**을 안이하게 **'소극적인 노동시장 정책'**만으로 한정하고자 하지 않고, 중장기적인 관점에서 근로능력을 향상시키려는 **'적극적인 노동시장정책'**의 기능과 역할을 재차 확인할 필요가 있다.

---

14) <역자주> 한국의 경우 고용보험법상 사업으로 '고용안정 및 직업능력개발사업'이 있다. 이에는 '고용창출지원 및 고용조정지원'이 있다. 고용조정지원에는 다시 '고용유지지원금'과 '이직예정자 등 재취업지원금'이 있다.

보론 79

• 일본의 산업구조의 전환에 따른 직업훈련

일본의 석탄산업은 1955년 「석탄광업합리화임시조치법」(石炭鑛業合理化臨時措置法)을 제정한 후에 정책적으로 추진한 에너지산업의 구조전환에 대한 영향으로 석탄을 산출하는데 종사하던 탄광근로자는 직업을 잃어버렸다. 그래서 석탄산업의 사양화와 합리화에 대처하고 이러한 근로자(탄광이직자)를 지원하기 위하여 1959년 「탄광이직자임시조치법」(炭鑛離職者臨時措置法)을 제정하였다.

같은 법은 노동대신(한국의 고용노동부장관)에 대하여 "탄광 이직자가 탄광근로자 이외의 직업을 쉽게 가질 수 있도록 필요한 직업훈련의 실시에 관하여 특별한 조치를 강구해야 한다"(제5조 제1항)고 하여 '특별한 직업훈련조치'의 규정을 두었다(그 밖에도 노동대신에 의한 주거지역 밖에서 취직을 촉진하기 위한 직업소개계획의 작성이나 탄광이직자 긴급취업대책사업에 관한 계획의 작성, '탄광 이직자 원호회'의 설립 등의 규정을 두었다).

어느 연구에 따르면, "탄광 이직자의 재취직은 대체로 사회의 큰 혼란 없이 행해졌다" 하지만 여기서 교훈은 "산업구조의 전환기에 산업의 전환을 요구받은 근로자에게 일시적이고 응급적인 실업대책이 아니라, '종합적인 지원'이 필수적이고, 또한 개별 사정에 따른 개인적인 지원·알선이 효과적이다"라고 한다(嶋崎 2013, 4면).

제4차 산업혁명에 따른 산업구조의 전환도 이 때의 경험을 살릴 필요가 있다. 하지만, 전환은 산업 전반에 대규모로 발생할 것이 예상됨으로 어디까지 정책적인 자원(사람, 자본, 아이디어, 정보 등)을 시의적절하고 전략적으로 투입할 수 있을 것인지가 중요한 과제이다.

4 일본의 노동시장법과 관련된 과제

일본 노동시장법의 과제를 두 가지만 언급하고자 한다.

(1) 근로자파견을 어떻게 생각하는가

하나의 과제는 **근로자파견사업**과 관련된다. 특히, '제조업'의 파견을 해금한 후 파견근로자의 '낮은 처우'와 '고용의 불안정성'이 심각한 사회문제가 되었다.

이 점에 대하여 '**역사**'(歷史)는 공장 등과 같이 대규모로 근로자를 필요로 하는 장소에 근로자를 송출해 돈을 버는 것을 허용하면 사회적 폐해가 발생한다는 것을 가르쳐 주고 있다. 하지만 그 폐해의 내용은 옛날과 지금과는 조금 다르다. 현재 근로자파견과 관련된 문제는 그만두고 싶은데 그만두지 못하는 옛날과 같은 '**강제근로의 폐해**'가 아니라, 일하고 싶은데 해고를 당해버린다는 '**고용의 불안정성**'과 열심히 일해도 충분한 생활을 할 수 없다는 '**낮은 처우**'에 있다.

이러한 문제는 최근의 개정 파견법으로 일정한 대응을 행하였다. 2015년 개정 근로자파견법에서는 (i) '무기고용파견'과 '유기고용파견'을 구별하고, (ii) 고용이 불안정한 유기고용 파견근로자에 대해서는 사용기업의 동일한 조직 단위에 계속적으로 파견할 수 있는 기간을 '**3년**'으로 하는 **기간제한**, (iii) 동일한 조직 단위의 업무에 3년 동안 종사했을 때 파견사업주가 취해야 할 '**고용안정 조치**'(ⓐ 사용기업의 직접고용, ⓑ 새로운 사용기업에 대한 합리적인 조건으로 파견, ⓒ 파견기업에서 무기고용 등의 중에서 하나를 강구하는 것) 등을 규정하였다.

또 2018년 일하는 방식 개혁 관련 법은 비정규직 처우 개선의 일환으로 정규직과의 불합리한 대우의 차이 금지 등과 같이 파견

근로자의 처우 개선을 도모하기 위한 여러 규정을 마련하였다. 이러한 개혁으로 파견근로자의 고용 안정이나 대우의 개선을 실제로 도모하는 것인지, 그 시행되는 상황을 주시하는 것이 중요하다. 게다가 정규직 자신의 고용과 처우의 방향이나, 향후 증가할 것으로 예상되는 업무도급 근로자 등과 같은 '**독립 자영적인 근로자**'의 상황도 시야에 넣으면서 폭넓게 근로자 전체의 밸런스(균형)를 잡는 방법을 생각할 필요도 있다. 경기의 후퇴기를 맞이해 고용상황의 악화 등과 같은 문제가 한꺼번에 표면화되기 전에 다양한 사회실태에 알맞는 '**사회안전망**'을 구축하는 것이 중요한 정책과제라고 할 수 있다.

(2) 근로자의 교육훈련을 어떻게 할 것인가

또 하나의 과제는 어떻게 근로자의 스킬 업(skill－up)을 도모해 일본 전체의 노동생산성이나 경제적 활력을 향상시킬 것인가이다. 원래 장기 고용관행이 중심인 일본 고용시스템에서는 개별 기업내 근로자(정규직)를 포섭해, 기업내 훈련(OJT)을 통해 근로자를 육성할 수 있는 경향이 강했다.

그러나 노동시장의 상황이 크게 변화해 기업내 교육훈련 시스템이 충분하게 기능하지 않거나, 기업내 훈련의 대상으로 보지 않았던 비정규직 수가 증가하면서, 지금까지와 동일한 시스템으로는 근로자의 능력을 충분하게 육성할 수 없게 되었다. 그래서 국가가 기업을 대신하여 근로자의 교육훈련을 직접 실시하더라도 전국적으로 공통적 · 획일적인 '**커리큘럼**'[15]이나 '**매뉴얼**'[16]에서는 다양하고 고속화하는 시장이나 기술 변화에 대응한 교육을 실천하기란 어렵다.

---

15) <역자주> 커리큘럼(curriculum) : 교과 과정(課程).

16) <역자주> 매뉴얼(manual) : 어떤 기계의 조작 방법을 설명해 놓은 사용 지침서. 사용서. 설명서. 편람. 안내서

이러한 상황에 비추어, 기업이나 지역 등 근로자나 산업현장에 가까운 곳에서 노사의 지혜나 연구를 살리면서 근로자의 교육훈련을 계획적으로 실시하고, 정부가 이것을 제도적으로 촉구하도록 하는 관점이 중요하다. 이러한 관점을 정책에 도입해 온 유럽과 미국의 대응(그 성공 사례 또는 실패 사례)을 참고하면서, 일본에서도 노동시장정책의 방향을 재검토하는 것이 앞으로의 중요한 과제이다.[17]

---

17) <역자주> 일본의 장기고용시스템은 학교를 졸업하면서 입사후 한 기업이나 그룹 내에서 정년까지 고용되어 커리어(경력)을 발전시켜 가는 관계를 전형으로 하고 있다. 실제로는 다양한 변화(variation)의 고용관계를 병용한다. 장기고용시스템에서 커리어는 교육훈련(인재교육) 및 인사이동을 수반해 전개된다. 특히 교육훈련은 커리어의 장기적인 전개과정에서 주로 사용자가 주도해 그 기업내 필요와 다양한 제도에 따라 행해진다. 구체적으로는 채용내정자 교육, 신입사원 교육(도입 교육, 실지 연수, 팔로우업 교육), 특정업무 연수(영업사원연수 등), 현장감독자 연수(안전관리, 작업수행방법 등), 관리직 연수(일정 관리직이 된 자에 대한 도입 연수, 장기 관리직의 매니지먼트 향상연수), 중고령자의 능력재개발연수, 정년준비교육(세미나) 등과 같이 다양하다. 이것은 기업의 인재육성(교육훈련) 및 활용('인사이동'=채용(시용 포함), 배치전환, 출향 · 전적, 승진 · 승격 · 강등)에서 사용자 주도로 결정하는 체제에서 운용해왔다. 즉 종업원의 직업훈련의 형성 · 발전, 인재의 조달 · 조정, 모럴의 유지 · 향상을 위한 인사이동이 중요한 수단으로 되며, 기업의 포괄적 권한('인사권')이 필요하다고 의식되기 때문이다. 이러한 교육훈련을 실시할 권리는 사용자가 근로계약을 통해 가지는 노동력의 이용권에서 파생한다. 나아가 교육훈련에 관한 정부의 행정시책도 공공 직업훈련 이외에는 기업이 일정한 기준을 충족하면 사업주가 교육훈련의 '조성금' 지원에 주안을 두어왔다.

한편, 기업이 명령할 수 없는 교육훈련의 사례로는 순전히 일반교양 · 문화 · 취미교육이나 사상 · 신조교육과 같이 업무수행과는 관계없는 것, 지나친 정신적 · 육체적 고통을 수반하는 등 그 형태나 방법이 부적절한 것, 반노동조합 교육이나 근로시간이 법적 한계를 넘는 등 법령에 저촉하는 것, 신규 해외유학 등 그 내용과 실시장소 등이 근로계약상 예정되지 않는 것으로 인정되면 근로자의 동의가 없는 것 등이다(菅野和夫, 「労働法」, 676−678면).

제8장 근로자·사용자는 누구인가

근로관계의 다양화·복잡화와 법

2011년 4월 12일 일본의 노동법을 뒤흔든 일이 있었다. '노동위원회'(이것을 이론적으로 지지하는 노동법학자)와 '법원'(일부 판사)의 다툼에서 하나의 결말이 내려졌다.

무대에 출현한 '오페라 가수'는 근로자인가? 업무위탁계약으로 제품을 유지·보수하는 '고객 엔지니어'에게 노동조합법을 적용할 수 있는가? 노동위원회는 모두 근로자라고 인정해 노동조합법을 적용할 수 있다고 결정하였다. 이것들과 관련해, '오페라 가수'에 대해서는 도쿄(東京)지방법원과 도쿄고등법원이, '고객 엔지니어'에 대해서는 도쿄고등법원이 근로자임을 부정하고, 회사(법인)는 이들이 가입한 노동조합과 단체교섭을 행할 의무가 없다고 판단하였다. 이 다툼은 근로 실태를 중시해 그 일하는 방식에서 보면 '근로자와 다름없다'고 주장하는 많은 노동법학자와, 계약의 형식을 중시해 계약상의 일정한 자유나 재량을 인정받은 '독립된 업무수탁자'라고 판단한 일부 판사와 해석 논쟁의 현상을 일으켰다.

2011년 3월 '동일본 대지진 재해'(東日本大震災)로부터 약 1개월이 경과한 이날 일본 최고재판소 제3소법정(小法廷)은 근로 실태를 중시해 근로자성을 인정하는 입장을 만장일치로 판시해 노동위원회를 지지하였다. 일본 노동법학을 견인해 온 중앙노동위원회 회장(한국은 '위원장'이라 한다)으로서 두 사건의 상고인이었던 스게노 카즈오(菅野和夫)[1]의 완승이었다. 일본 노동법학은 흔들림이 없었다.

---

1) 제10장 각주 5) 참조.

1 근로관계가 다양화 · 복잡화하는 중에서

(1) 노동법의 범위를 밝혀내다

원래 노동법이 탄생해 발전해 왔던 시대에는 공장에서 집단적으로 일하는 '**근로자**'가 전형적인 근로자의 모습이며, 이것을 모델로 노동법은 형성해 왔다. 하지만 오늘날에는 기존 공장근로자와 다른 재량근로자, 재택근로자 등과 같이 일하는 시간과 장소에 얽매이지 않는 근로자와, 파견근로자, **프리랜서**, **클라우드 워커**,[2] **노마드 워커**[3]라는 특정한 기업에 얽매이지 않는 근로자 등과 같이 다양한 형태의 근로자가 출현하고 있다. 또 회사 측에도 **분사화**(分社化)나 파견 · 도급기업 등의 외부 기업을 활용해 생산현장의 네트워크화를 진행시키거나 **지주회사화**[4]나 다른 회사와의 합병 · 업무제휴 등을 통하여 중추 부분의 집중화를 진행하는 등 기업 형태가 세분화하거나 복잡하게 얽히는 사태가 발생하고 있다.

---

2) <역자주> '**클라우드**'(Cloud) : 물리적 자산없이 IT인프라를 활용할 수 있는 기술이다. 개별 회사 전산실에 서버(중앙 컴퓨터)를 갖추는 대신 마이크로소프트(MS) 등이 설립한 대용량 데이터 센터 저장 공간을 빌려 쓰고, 인터넷에 접속하면 어디서나 업무가 가능하다. 구름(Cloud) 속에 데이터를 저장해두는 것과 비슷하다는 뜻에서 '클라우드'라고 한다.

3) <역자주> 노마드 워커(nomad worker) : 유목민이라는 노마드(nomad)에서 따온 신조어로, 핸드폰 · 태블릿 PC 등 휴대용 기기를 이용해 시간과 장소에 구애받지 않고 이동하며 일하는 프리랜서를 일컫는 말이다. 언제 어디서나 일할 수 있다는 장점 때문에 점차 하나의 트렌드로 되고 있다.[네이버 지식백과]

4) <역자주> 지주회사(持株會社) : 다른 회사의 주식을 보유함으로써 그 회사를 독점적으로 지배하는 회사. 지배하는 회사를 모회사(母會社), 지배를 받는 회사를 자회사(子會社)라고 함. 투자회사.

보론 80

• 프리랜서, 크라우드 워커

(1) 프리랜서(freelancer)

일정한 집단이나 기업에 전속되지 않은 자유기고가나 배우 또는 자유계약에 의하여 일을 하는 사람. 프리랜서는 어떤 영주에게도 소속되지 않은 자유로운(free) 창기병(槍騎兵: lance)이라는 뜻으로, 중세 서양의 용병단에서 유래한 말이다. 이들은 보수를 받고 이곳저곳의 영주와 계약을 맺고 그 고용주를 위하여 싸웠다. 이들은 대의명분이나 고용주가 어떤 사람이건 상관하지 않고 오로지 보수만을 위하여 여기저기로 옮겨 다녔다. 현재는 특정한 사항에 관하여 그때 그때 계약을 맺고 일을 하는 자유계약 기자나 방송사 작가, 배우, 가수, 연출가, 카피라이터, 디자이너, 무소속의 정치가 등 집단이나 조직의 구속을 받지 않고 자기 자신의 판단에 따라 독자적으로 일을 하는 사람을 말한다. 어떤 특정 조직에 명확하게 소속하지 않고 또한 봉급을 받는 정식 직원도 아닌 저널리스트, 음악가, 작가 등도 포함된다. 외부의 구속 없이 창의적 작업 수행을 원하는 사람들은 일부러 프리랜서를 자처하기도 한다. 세금은 연말에 정산을 하지 않고 그 다음 해 5월 31일 종합소득세를 내는 직종이다.

(2) 크라우드 워커

크라우드 워크(crowd work)는 비고용형의 텔레워크의 일종이다. 기업 측에서 본 '크라우드 소싱'(crowd sourcing)이라는 표현이 통상 자주 사용되고 있다. 크라우드 소싱은 인터넷을 통하여 불특정한 다수의 크라우드(대중)를 위하여 업무를 위탁하는 것이다. 크라우트 워커(crowd worker) 등의 개인 자영업자와 관련해 위장 자영업자 및 준종속근로자의 문제에 대한 대책이 필요하다. 하지만 이것과 진정한 자영적 취업자(독립 자영업자, independent contractor)를 지원하는 정책에 대응하는 것과 구별할 필요가 있다. 참고로 미국 또는 유럽의 대다수 견해는 크라우드 워커가 독립 자영업자이기에 노동법의 보호의 대상이 아니라고 본다. 또한, 한국에서도 최근에 플랫폼노동(주로 기계화에 의한 일자리의 대체 · 상실)에 대한 연구는 4차 산업혁명와 관련한 책자에 비교하면 미약한 수준이다.

이것의 특징은 특정한 사업자에 대한 외부위탁인 '아웃소싱'(out sourcing)과는 달리, 불특정한 다수에게 특정한 업무(직무)를 발주

하는 점에 있다. 기업이나 개인이 불특정한 다수의 대중에게 업무를 주문하고, 거기에서 조건이 합치된 자(크라우드 워커)와 '업무위탁계약'을 맺는 것이 크라우드 소싱의 전형적인 패턴이다. 크라우드 소싱을 거래하는 무대인 '인터넷'에는 국경이 없기 때문에 노동력을 글로벌하게 거래할 수 있다. 특히 인공지능은 멀지 않은 미래에 기계번역 기술을 가질 것으로 예상된다. 이러한 기술을 활용하면 언어 차이에 의한 장애물도 극복할 수 있다. 기업은 세계로 발주를 하고, 가장 좋은 조건을 제시하는 크라우드 워커와 계약을 체결하고, 개인도 크라우드 워커로서 세계 속의 동업자와 경쟁하는 것이다. 크라우드 소싱이나 아웃소싱 등의 외부 노동력을 이용하는 사례에서는 발주기업이 근로자파견과 같이 직접 지휘 · 명령할 수 없기 때문에 텔레워크에서도 지적한 것처럼 '모니터링 문제'가 있다고 보아 왔다. 하지만 크라우드 워크는 일의 결과(성과)에 따라 보수를 지급하는 계약이다. 이 때문에 지휘 · 감독에 의한 규율은 필요 없고, 보수로 성과를 엄격하게 점검하면 충분하다. 반대로 말하면, 이러한 성과를 점검할 수 없는 업무나 직무는 크라우드 소싱에는 맞지 않는 것이다.

이러한 근로관계의 다양화 · 복잡화 속에서 노동법은 어디까지 확대해 적용할 것인가? 그 경계는 어떠한 기준으로 경계선을 그을 것인가? 사회가 변화하면서 노동법의 근간에 관계된 중요한 문제를 제기하고 있다.

이 문제를 생각하면, 법률학에서 '개념의 상대성'이라는 점에 주의해야 한다. 예를 들어 동일한 '근로자'라는 단어를 사용해도 ① 노동기준법상 근로자, ② 노동계약(법)상의 근로자, ③ 노동조합법상의 근로자는 각각의 내용이 상이할 수 있다. 각각의 법률은 그 배경에 있는 '취지'나 '목적'이 다르기 때문에 그 적용대상인 '근로자'의 범위도 달라지게 된다(<도표 13> 참조). 법적으로 책임지울 수 있는 상대방이 누구인가를 결정하는 '사용자' 개념에 대해서도 마찬가지이다. 각각의 법 취지에서 보면, 오늘날 사회에서 '근로자'와 '사용자' 개념의 사정 범위에 대하여 구체적으로 살펴본다.

〈도표 13〉 노동법상의 근로자 개념

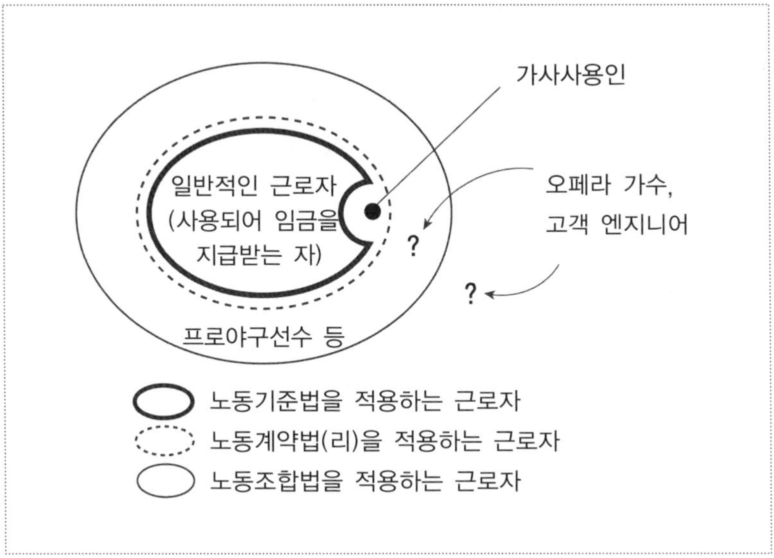

2 근로자 – 노동법의 적용범위

그 사람에게 노동법의 적용을 결정하기 위한 개념으로 '근로자' 개념이 있다. 여기에는 ① 노동기준법을 비롯한 근로관계 법규(남녀고용기회균등법, 최저임금법, 노동안정위생법, 근로자재해보상보험법, 육아개호휴업법, 근로자파견법, 고용보험법 등)의 적용범위를 정하는 노동기준법상 근로자, ② 근로계약을 둘러싼 판례법 및 이것을 명문화한 노동계약법의 적용대상을 결정하는 노동계약(법)상의 근로자, ③ 노동조합법의 적용대상을 정하는 노동조합법상의 근로자 세 가지가 있다.

(1) 노동기준법상의 근로자

노동기준법은 직업의 종류를 불문하고 사업에 "사용되는 자로 임금을 지급받는 자"를 근로자로 정의하고 있다(제9조). 다만, 이 근로자에 해당되는 경우에도 ① '동거친족'만 사용하는 사업의 근로자, 예를 들어 **'가족경영'**에서 동거의 가족만으로 행하고 있는 사업의 근로자, ② **'가사사용인'**(家事使用人)은 노동기준법을 적용하지 않는 것으로 하고 있다(적용제외[제116조 제2항]).

노동기준법상의 근로자성을 판단하는 데에 중요한 포인트는 (A) **'사용'**성, 즉 사용자의 지휘명령을 받아 일하고 있는 것과, (B) **'임금'**성, 즉 근로의 대가로서 보수를 얻고 있는 것(제11조 참조)의 두 가지다. 이 점을 구체적으로 판단하기 위하여 법원은 (A) '사용'성에 대하여 ① 일의 의뢰에 대하여 승낙 여부의 자유가 없는가, ② 업무수행상 지휘 · 감독을 받고 있는가, ③ 취업시간과 장소의 구속이 있는가, ④ 타인으로 대체할 수 없는가, (B) '임금'성에 대하여 ⑤ 보수가 노무를 제공하는 시간의 길이(잔업시간의 길이 등)에 대응해 결정하고 있는가, (C) 그 밖의 고려 요소로서 ⑥ 기계 · 기구 등을 회사로부터 제공받고, 보수가 고액이지 않는 등 사업자성이 희박한가, ⑦ 다른 회사에서 취업 금지 등 전속성이 강한가, ⑧ 급여소득의 원천 징수 및 사회보험료의 공제 등 조세(公租) 공과(公課)[5]의 부담 측면에서 근로자로 취급하고 있는가라는 점을 종합적으로 고려해 근로자에 해당하는지를 판단하고 있다.[6]

---

5) <역자주> 공과(公課) : 국가나 공공 단체가 국민에게 부과하는 금전상의 부담이나 육체적인 일.

6) <역자주> **근로자의 개념** : 일본에서는 근로자의 구체적인 판단기준은 없다. 최고재판소도 이를 명확화하고 있지 않지만(예를 들어, 横浜南労基署長[旭紙業 事件 · 最1小判 1996. 11. 28.[最重判 86 事件]), 하급심의 어떤 판례는 근로자성의 판단은 사용종속관계 하에서 노무제공이라고 할 수 있는지 여부라는 관점에서 행하고 있다. 그 판단은 고용과 도급 등의 법형식에 관계없이 그 실태에 기초로 행해져야 한다. 그 구체적인

예를 들어 최고재판소 판결에서는 (i) 트럭을 지입(持込)한 이른바 **'용차운전사'**(庸車運轉手)가 업무수행상 구체적인 지휘 · 감독을 받지 않고(②), 보수는 근로시간의 길이에 관계없는 매출액제에서(⑤), 자기 소유의 트럭을 사용하는데 필요 경비 등도 자기가 부담하고(⑥), 소득세의 원천징수 및 사회보험료의 공제도 없다(③)는 사정을 고려하여 근로자성을 부정한 사례(요코하마 미나미 노기서장[아사히 지업](橫浜南労基署長[朝日紙業]) 사건 · 최고재판소 1996년 2월 28일 판결),[7] (ii) 월 6만 엔의 장학금 등을 받고 대학병원에서

판단은 "업무수행상 지휘 · 감독관계의 존재 여부 및 내용, 지급되는 보수의 성격 및 금액, 사용자로 간주되는 자와 근로자로 간주되는 자 사이의 구체적인 일의 의뢰, 업무지시 등에 대한 승낙 여부의 자유 유무, 시간적 및 장소적 구속성의 유무 및 정도, 노무제공의 대체성의 유무, 업무용 기재 등 기계 및 기구의 부담관계, 전속성의 정도, 사용자의 복무규율의 적용 유무, 공조 등의 공적 부담관계, 그 밖의 제반 사정을 종합적으로 고려해 판단해야 한다"고 언급하고 있다(新宿労基署長[映画撮影技師] 事件 · 東京高判 2002. 7. 11. 등). 현재에는 이 판시 내용이 근로자의 **표준적인 판단기준**이라고 생각해도 좋다.

한편, 한국에서는 근로기준법상 근로자의 개념과 관련해 '대입학원 종합반강사의 부산학원 사건'(대법원 2006. 12. 7. 선고 2004다29736 판결, 퇴직금)에서 근기법상의 근로자 여부의 판단은 계약의 형식보다는 그 실질에 있어 종속관계 여부를 판단함이 기본원칙이다. 여기서 종속관계 여부는 ① 업무내용을 사용자가 정하고 취업규칙 또는 복무규정 등의 적용을 받으며 업무수행과정에서 사용자가 상당한 지휘 · 감독을 하는지, ② 사용자가 근무시간과 근무장소를 지정하고, 근로자가 이에 구속을 받는지(종속노동성), ③ 독립하여 자신의 계산으로 사업을 영위할 수 있는지, ④ 노무제공을 통한 이윤의 창출과 손실의 초래 등 위험을 스스로 안고 있는지(독립사업자성 : 기술적/조직적/경제적독립성), ⑤ 보수의 성격이 근로자체의 대상적 성격인지(보수의 근로대가성), ⑥ 계약관계의 계속성과 전속성의 유무와 그 정도(계약관계의 계속성과 전속성), ⑦ 사회보장제도에 관한 법령에서 근로자로서 지위를 인정받는지 등의 경제적/사회적 여러 조건(기타 요소)를 종합하여 판단한다. 다만, 기본급이나 고정급이 정하여졌는지, 근로소득세를 원천징수하였는지, 사회보장제도에 관하여 근로자로 인정받는지 등의 사정은 사용자가 경제적으로 우월한 지위를 이용해 임의로 정할 여지가 크기 때문에, 그러한 점들이 인정되지 않는다는 것만으로 근로자성을 쉽게 부정해서는 안된다.

임상 연수를 하고 있던 '**수련의**'(修鍊醫)[8]에 대해서는 지도의사의 지시나 취업시간 · 장소의 구속이 있고(② · ③), 병원에서 장학금 등이 지급된 급여소득으로 원천징수도 이뤄졌다(⑧)고 하는 점을 고려해 근로자성을 긍정한 사례(간사이 의과대학 연수의(체불임금)(関西医科大学研修医[未払賃金]) 사건 · 최고재판소 2005년 6월 30일 판결)가 있다.[9]

또한, 여기서 주의할 점은 이러한 사정의 판단은 계약상의 규정(형식)이 아니고, 실질적인 사정(실태)에 의해 행해야 하는 것이다. 원래 노동기준법을 포함한 노동관계 법규의 대부분은 당사자의 의사(합의)에 관계없이 지켜져야 한다는 강행적인 성격을 가지고 있다. 이 강행법규의 적용에서 당사자의 합의나 계약의 형식을 중시하는 것은 당사자의 의사나 조작에 따라 쉽게 강행법규의 적용을 빠져나갈 수 있는 것으로 이어지고, 법의 기본적인 성격에 반한다. 그러므로 예를 들어 일의 의뢰에 대한 승낙 여부의 자유 유무(①) 및 전속성의 강도(⑦)는 계약상의 문구가 아니고, **'실태'에 근거해 판단해야 한다**. 또한 조세공과에 대한 취급(⑧)이라는 당사자가 조작하기 쉬운 사정은 근로자성의 판단에서 본래는 중시할 필요가 없다.

(2) 노동계약(법)상의 근로자

제2장(노동법은 어떤 구조로 되어 있는가)에서 살펴보았듯이, 일본의 법원은 판결을 축적하면서 도출해낸 법리로 취업규칙 법리, 해고권 남용법리, 고용중지 법리, 채용내정 법리, 배치전환 · 출향(出向) 법리, 징계권 남용 법리 등의 '**판례 법리**'가 있다. 2007년 제정

---

7) 横浜南労基署長〔旭紙業〕事件 · 最高裁 1996년 2월 28일 판결.

8) <역자주> 수련의(修鍊醫) : 전문의의 자격을 얻기 위해 병원 등에서 일정한 기간 수련을 하는 인턴과 레지던트. 전공의.

9) 関西医科大学研修医〔来払賃金〕事件 · 最高裁 2005년 6월 30일 판결.

된 '**노동계약법**'은 이들 노동계약 법리의 일부를 법률로 명문화하고 있다.

이러한 법리가 적용되는 노동계약(법)상의 근로자를 노동계약법은 "사용자에게 사용되어 근로하고, 임금을 지급받는 자"로 정의하고 있다(제2조 제1항). 이 정의는 '사용'성과 '임금'성에 따라 근로자성을 정의한다는 점에서 노동기준법상의 근로자성과 기본적으로 동일한 것으로 생각한다. 따라서 위에서 말한 노동기준법상의 근로자성의 판단기준을 노동계약(법)상의 근로자성에 대해서도 그대로 적용하게 한다. 다만, 노동계약법은 '동거의 친족'만 사용하는 사용자의 근로계약에는 적용제외로 하고 있다. 하지만 '**가사사용인**'에 대해서는 적용제외로 하지 않고(제22조 제2항),[10] 노동기준법이 적용되지 않는 가사사용인에게도 노동계약법(리)을 적용할 수가 있다. 이로 인하여 예를 들어 해고 시에는 해고권의 남용법리를 적용할 수 있다.

(3) 노동조합법상의 근로자

노동조합법은 법의 적용대상이 되는 근로자를 직업의 종류를 불문하고 "임금, 급료, 기타 이에 준하는 수입으로 생활하는 자"로 정의하고 있다(제3조).[11]

이 노동조합법상의 근로자 개념은 ① 사용자에게 현재 사용되는 것('사용'성)을 묻지 않을 것, ② 보수적으로 엄밀한 의미에서 '임금'성은 묻지 않고, 임금 등에 준하는 수입으로 생활하는 자('급

10) <역자주> 일본 노동계약법 제22조(적용제외) ① 이 법은 '국가공무원' 및 '지방공무원'에게는 적용하지 아니한다. ② 이 법은 사용자가 '동거의 친족'만을 사용하는 경우의 근로계약에는 적용하지 아니한다.

11) <역자주> 한국의 노조법에서는 "노동조합이란 근로자가 주체가 되어 자주적으로 단결하여 근로조건의 유지·개선, 그 밖에 경제적·사회적 지위 향상을 도모할 것을 목적으로 조직하는 단체 또는 그 연합단체"로 넓게 규정하고 있다(제2조 4호).

료 등 생활자')라면 충분하다는 점에서 노동기준법보다 넓은 것으로 되어 있다. 이 차이는 노동기준법과 노동조합법의 취지의 차이에 기인한다. 즉 노동기준법은 인적 종속관계('사용'성) 아래에 놓여있는 근로자를 대상으로 사용자에게 임금의 통화 · 직접 · 전액 · 일정기일 지급 등의 구체적인 작위(作爲)나 법정 기준을 초과한 근로를 시키지 않는다고 하는 부작위를 명령하고 있다. 이것과는 달리 노동조합법은 경제적으로 약한 지위에 있는 근로자에게 단결활동이나 단체교섭을 실시하는 것을 인정해 대등한 입장에서 근로조건의 결정을 촉구하려는 것이다. 이 법의 취지(제1조 제1항 참조)에서 법이 적용되는 근로자인지 아닌지를 판단할 경우에는 주로 사용자보다 경제적으로 약한 지위라는 **'경제적 종속성'**을 요구하며, 노동기준법처럼 엄밀한 의미의 **'인적 종속성'**('사용'성)을 요구하지 않는다.

이 점을 고려해, 2011년 4월 12일 최고재판소의 판결은 ① 근로자가 사업조직에 편입되어 있는지, ② 사용자가 계약내용을 일방적으로 결정하고 있는지, ③ 보수가 노무의 대가(임금에 준하는 수입)로서의 성격을 가지는지라는 근로자의 **'경제적 종속성'**에 기초한 사정을 고려하면서, 여기에 ④ 업무 의뢰에 응해야 할 관계, ⑤ 지휘 · 감독관계의 존재라는 사정도 함께 고려해, 노동조합법상의 근로자성을 판단한다는 구조를 제시하였다. 그리고 이러한 점을 판단한 후에는 계약의 형식이 아니라, 근로의 실태를 바탕으로 판단해야 한다고 하고, 결론으로서 무대에 출현한 **'오페라 가수'** 및 제품 수리를 하는 **'고객 엔지니어'**의 **근로자성을 긍정**하였다(국가 · 중앙노동위원회[신국립극장 운영재단](国 · 中労委[新国立劇場運営財団]) 사건 판결 · [12] 국가 · 중앙노동위원회[INAX관리](国 · 中労委[INAXメインテナンス]) 사건 판결).[13][14]

---

12) 国 · 中労委〔新国立劇場運営財団〕事件判決,

13) 国 · 中労委〔INA Xメンテナンス〕事件 判決(INAXメンテナンス事

件 · 最3小判 2011. 4. 12. 회사의 물주기 기기의 수리보수 업무를 '위탁받은 기술자'에 대하여 (ⅰ) 회사가 해당 사업수행에 불가결한 노동력으로서 회사의 조직에 편입되어 있었던 점, (ⅱ) 계약내용은 회사가 정한 각서에 의하여 일방적으로 규율되어 있었던 점, (ⅲ) 보수는 수리보수의 대상 · 내용이나 필요로 하는 시간에 따라 회사가 정한 기준에 의하여 지급되고 있어 노무제공의 대가라고 보이는 점을 우선 판단하고 있다. 그리고 난 후에, (ⅳ) 계약당사자의 인식이나 계약운용의 실제에서는 개별의 수리보수의 의뢰에 응해야 하는 관계에 있었다고 보이는 점, (ⅴ) 회사가 지정하는 방법에 따라 그 지휘 · 감독 하에서 업무를 수행하고 있으며 또한 업무수행에 대하여 일정한 시간적 · 장소적 구속을 받고 있었다고 할 수 있는 것을 사실관계에 비추어 지적하고 있다).

14) 이러한 판례에서는 자영적 취업자와 관련해 그 기업의 업무수행에 불가결한 노동력으로서 그 조직에 편입되어 있는지 여부라는 사정을 중시하고 있다. 이 판례는 '준종속근로자'에 대하여 노동조합을 결성하고, 경제적 지위의 향상을 도모하는 것을 인정한 것으로 볼 수도 있다.

또한 외국을 살펴보면, **독일**에서는 **'유사근로자'**(arbeitnehmerähnliche Person)라는 개념이 있고, 유사근로자에게는 이 외에도 노동법원법, 연방휴가법 등의 적용이 있다. 한편, **이탈리아**에서도 인적 종속성은 없지만, 특정한 상대와 계속적으로 연계하여 협동하는 '자영적 취업자'에 대하여 종속근로자에 준하는 보호를 제공해 왔다. 유럽에서는 유사근로자(quassi-employee), 유사사용자(quassi-self employed), 외관자영업자(外觀自營業者, Scheinselbständige), 새로운 유형의 자영업자(neue Selbständige)의 법적 지위의 논란이 있다. 독일의 경우에 일정한 사용료를 지급하고 특정 상품 또는 서비스의 고유 명칭과 상표 내지 그 판매기법 등에 대하여 배타적 사용권을 획득하는 프랜차이즈에서 그 가맹계약자, 신문배달업무, 근로관계가 없으면서 정기적으로 일정 수의 사진 등을 제공하기로 한 카메라기자, 방송 등 미디어업종에서 프로그램의 제작 종사자, 근거리 운송, 택배업종 종사자로서 소형운송사업자로 등록하고 자기 차량을 지입해 업무 수행자, 자신이 선택한 장소나 사용자 또는 사업주에 의하여 장비가 갖추어진 장소에서 회사의 정보처리시설과 연결해 단순 또는 전문적인 업무를 수행하거나 통신시설을 통해 사업주의 경영과 연결되어 업무를 수행하는 이른바 '통신근로(Telearbeit)'에 종사하는 자, 종합적인 교양강좌를 개설하고 있는 학원이나 시민대학 그 밖에 음악학원의 교사나 강사, 보험분야에서 보험대리인, 그 밖에 유한회사의 출자사원이면서 일정한 업무 종사자 및 그 업무집행사원 또는 법인의 대표기관의 구성원, 단체구성원의 신분에 기하여 그 규약에 따라 노무를 제공하는 경우의 법적 지위문제이다. 독일상법 제84조에 의하여 대리상의 법률관계에 있는 자는 일반적으로 근로자가 아니다. 하지만 하

그 밖의 운송위탁계약에 의한 **운송업무 종사자**, **프로야구 선수**, NHK[15] **수신료의 수금** 등을 하는 **지역 스탭** 등에 대해서도 폭넓게 노동조합법상의 근로자성을 인정한 판례나 노동위원회의 명령이 있다. **편의점주**(프랜차이즈 계약의 가입자) 등에 대해서는 현재 계속 분쟁 중이다.

보론 81

• **일본의 노동법상의 근로자의 개념**

노동기준법의 전신인 「**공장법**」(工場法, 1911년 제정, 1916년 시행)[16]은 그 적용 범위를 상시 15명 이상의 직공(職工)을 사용하는 '공장'(工場)[17] 또는 사업의 성질이 위험 또는 위생상 유해할 우려가 있는 공장으로 한정하고 있었다. 한편, 노동기준법(勞動基準法, 1947)은 그 적용범위를 '사업'(事業)과 '근로자'(勤勞者, 노동자[勞動者])의 양면에서 획정하는 것이라고 한 후, '사업'의 범위는 매우 넓게 설정하고(구 제8조, 현재는 삭제되었다), '근로자'도 본문에서 언급한 것처럼, 사용되어 임금을 지급받은 자를 널리 포섭할 수 있도록 하였다.

이 노동기준법상의 근로자의 개념은 최저임금법(제2조 제1호), 노동안전위생법(제2조 2호), 공익통보자보호법(제2조 제1항) 등 다른 노동보호 법규에서 명문으로 참조하고, 판례에 따라 노재법(산업재해보상보험법)의 근로자 개념과도 동일한 것으로 규정하고 있다(요코하마 미나미(横浜南) 노동기준서장(労基署長) 사건). 또한 남녀고용기회균등법, 육아개호휴업법 등 그 밖의 개별적 근로관계법 분야의 법률에서도 근로자 개념은 동일한 것으로 해석되고 있다. 그리고 2007년에 제정된 「**노동계약법**」(勞動契約法)에서는 '근로자'는 "사용자에게 사용되어 노동하고, 임금을 지급받는 자"로 정의하고(제2조 제1항), 노동기준법 제9조와 거의 동일하지만, '사

급심 판례 중에는 사업상의 위험부담에 따른 경제적 기회가 보장되어 있지 않다는 이유로 근로자의 지위를 인정한 사례도 있다(김형배, 노동법, 박영사, 2017, 890－891면).

15) <역자주> NHK : 일본고유어 Nippon Hoso Kyokai, 일본방송협회. 1925년 설립.

업에서'라는 요건이 없는 만큼 더 넓게 정의하고 있다.[18] 어쨌든 비정규직이 개별적 근로관계법 분야의 여러 법의 적용을 받는 것에는 이론(異論)은 없다.

한편, 개별적 근로관계법과 함께 노동법의 또 하나의 중심 분야인 집단적 노사관계법 분야에서는 「**노동조합법**」이 근로자를 "직업의 종류를 불문하고, 임금, 급료, 그 밖의 이에 준하는 수입으로 생활하는 자"로 정의하고 있다(제3조). 여기에서는 '사용되는' 및 '임금을 지급받는'이라는 요건이 포함되어 있지 않을 뿐이고, 문언상 이미 노동기준법 제9조의 '근로자'보다 넓다. 게다가 해석상도 노동조합법상의 근로자 개념에는 근로계약관계에는 없는 '**실업자**'(失業者)가 포함되는 등 노동기준법의 근로자 개념보다 넓은 것에 이론은 없다. 또한 판례는 계약 형식이 근로계약이 아니라 통상적으로는 '**개인 자영업자**'로 보이는 자에게도 노동조합법상의 근로자성을 인정하고 있다(INAX관리 사건, 신국립극장 운영재단 사건, 빅터 서비스 엔지니어링 사건).

그렇다고는 해도 비정규직도 당연히 노동조합법상의 근로자에 포함된다. 비정규직 노동조합조직률은 현실에서는 높지 않다. 하지만, 이것은 법률상의 이유 때문이 아니다.

---

16) <역자주> 「공장법」은 공장근로자의 열악한 근로조건에 관심을 가진 정부는 1896년 '산업의 발달'과 '국방'의 견지에서 근로자를 보호할 필요가 있음을 깨닫고 이를 재계에 호소하여 1911년 탄생하게 되었다. 당초에 상시 15인 이상의 직공을 사용하는 공장(1923년에는 상시 10인 이상으로 개정) 및 사업의 성질이 위험한 공장 또는 위생상 유해 위험이 있는 공장을 적용대상으로 하였다. 주된 내용은 여자 · 연소자(보호직공)의 취업제한으로서 최저 위업연령의 설정, 최장근로시간의 법정, 심야업의 금지, 일정한 휴일 · 휴식의 의무화, 위험유해업무에 대한 취업제한 등을 규제하였다. 또한 일반직공의 보호로서 공장의 안전위생을 위한 행정관청의 임검 · 명령권, 업무상 상해 · 질병 · 사망에 대한 본인 또는 유족에 대한 부조제도, 직공의 채용 · 해고 · 알선에 관한 감독을 규정하였다. 1923년 공장법시행령 중에 해고예고 또는 예고수당지급(14일간의 예고기간 또는 그 기간에 해당하는 임금지급), 해고시의 고용증명서의 교부, 취업규칙의 제정 · 신고의무가 추가되었다.

17) <역자주> 공장 (工場) : 일정한 기계를 설치 · 사용하여 원료나 재료를 가공해서 물건을 만들어 내는 곳.

3 사용자 – 노동법상 책임추궁의 상대

노동법상 회사(사용자)가 부담할 의무나 책임에는 여러 가지가 있다. 예를 들어 임금 지급의무는 근로계약에 따라 기초화되고, 위법한 시간외 근로를 명령하지 않을 의무는 노동기준법에 부과하고 있다. 또 노동조합과 성실한 단체교섭을 할 의무는 노동조합법에 부과하고 있다. 이들 노동법상 다양한 의무와 책임을 부담하는 주체인 '사용자'는 누구인가? 이것을 분명히 하기 위하여 노동

---

18) <역자주> **사업**(노동기준법 제9조) : 노동기준법은 기업단위가 아니라 '사업단위별 적용'이 유지되고 있다. 즉 '사업 또는 사업소'('사업'이라 총칭)에 사용되는 근로자의 근로관계를 근로자 보호의 견지에서 규제하는 구조를 취해왔다. 이것은 국가의 노동주무관청의 지발출장기관으로서 전국에 배치된 노동기준감독서가 관할 구역 내의 사업소를 물리적으로 파악하여 노동기준법의 근로조건기준을 준수하게 하게 한다는 노동기준 감독행정의 체제에 대응한 구조이다. 어떤 규제를 받을 것인가는 노무관리상 매우 중요하기 때문에 '사업'이 무엇을 의미하는지는 중요한 문제이다.

여기서 '사업'이란 "공장, 광산, 사무소, 점포 등과 같이 일정한 장소에서 서로 관련되는 조직 하에서 업(業)으로서 계속적으로 행해지는 사업의 일체"를 말한다(1947. 9. 13. 發基 17호). 또한 어느 정도의 범위를 1개의 사업으로 볼 것인가는 동일한 장소에 있는 것은 원칙적으로 1개의 사업으로 보며, 장소가 다를 경우에는 원칙적으로 별개의 사업으로 본다. 하지만, 장소가 동일하더라도 업무 및 노무관리가 독립된 부분(공장 내 진료소 등)은 별개의 사업으로 본다. 다만, 사업규모가 매우 영세해 독립성이 없는 경우(출장소 등)에는 비록 분산되어 있더라도 가장 가까운 상부조직과 일괄해 1개의 사업으로 본다(1947. 9. 13. 發基 17호).

한편, 한국의 '사업'(근로기준법 제2조 제1항 1호)이란 사회생활상의 지위에서 하는 일('업'이라고 부르기도 함)로서 계속적으로 하는 작업조직(사업체)을 말한다. 판례는 하나의 사업이란 경영상의 일체를 이루는 하나의 작업조직(법인 또는 개인사업체)을 말한다(대법원 1993. 2. 9. 선고 91다21381 판결). 또한 '사업장'이란 사업의 일부분으로서 업무, 노무관리, 회계를 독자적으로 수행하는 것(공장내 진료소, 사업부 등) 또는 독자성은 없지만 장소적으로 분리되어 있는 것(본사와 분리된 공장, 공사장, 지점, 출장소 등)을 말한다(임종률, 노동법, 33–34면).

법상의 '**사용자**'의 개념을 이용하고 있다. 구체적으로는 ① 근로계약상의 의무를 부담하는 근로계약상의 사용자, ② 노동기준법상의 의무와 책임을 부담하는 노동기준법상의 사용자, ③ 노동조합법상의 의무를 부담하는 노동조합법상 사용자의 세 가지가 있다.

(1) 근로계약상의 사용자

근로계약상의 의무를 지는 근로계약상의 '사용자'는 근로자가 근로계약을 체결하고 있는 상대방인 회사이다. 그러나 계약을 체결하고 있는 회사가 '**페이퍼컴퍼니**'[19]로 실태가 없는 경우나 회사를 뒤에서 실질적으로 지배해 계약책임을 면하려고 하는 사람이 있는 경우 등과 같이 계약을 체결한 상대방 이외의 사람에게 사용자로서 책임을 추궁해야 하는 경우도 있다(이른바 '**사용자' 개념의 확장**). 이 사용자 개념의 확장을 인정하는 법기술로서 크게 두 가지의 법리가 있다.

하나는 '**법인격 부인의 법리**'가 있다.[20] 이것은 예를 들어 모자

---

19) <역자주> **페이퍼컴퍼니**[Paper company] : (ⅰ) 물리적 형태로는 없고 서류 형태로만 회사기능을 행하는 회사이다. 실질적인 영업활동은 자회사를 통해 하며 법상 엄연히 회사의 자격을 갖추어 '**유령회사**'와는 다르다. 주로 사업활동에서 나오는 소득과 기타 합산소득에 대한 세금을 절감하는 한편, 기업활동 유지에 필요한 제반경비를 절감하고자 설립된다. 세금 절감을 위해 라이베리아, 케이맨 제도, 버진아일랜드 등 조세회피지역에 주로 설립된다. (ⅱ) 회사의 존속기간은 설립기관에 따라 다르다. 예를들어 금융기관의 경우 계속 운용되는 경우가 많고 역외펀드 관리를 위해 설립하는 증권회사나 항공기 리스를 위해 설립하는 항공사와 관련해 그 프로젝트가 완료되면 자동 해체되는 일시적인 형태이다. (ⅲ) 한국의 경우는 대우증권이 1992년 버진아일랜드에 역외펀드 관리 페이퍼컴퍼니를 설립했고, 1995년 6월에는 은행권은 장기신용은행이 케이맨 군도에 페이퍼컴퍼니 형태의 무인지점을 설립했다. 페이퍼컴퍼니의 일종인 '금융지주회사'도 독자적인 사업을 수행하지 않고 자회사의 지분을 소유하기 위한 회사로 은행 · 증권 · 보험 · 종합금융 등 금융계열사를 자회사로 두고 있다.

20) <역자주> **법인격부인의 법리**(法人格否認法理) : 회사의 법인격을 부분

(親子)회사의 케이스에서 자회사와 근로계약을 체결하고 있는 근로자가 모회사의 책임을 추궁하는 경우 등에 이용된다. 구체적으로는 ① 모회사가 자회사의 주식을 소유하고 있을 뿐만 아니라, 사람(인사), 돈(재무), 일(업무집행) 등의 면에서도 자회사를 지배·관리해 자회사의 법인격이 완전히 형해(形骸)[21]에 지나지 않는 경우('**법인격 형해형**')이거나, ② 자회사를 배후에서 지배해 근로조건 등에 대하여 구체적으로 지배·결정하는 힘을 가지고, 그 법인격을 위법·부당한 목적에서(예를 들어 노동조합을 무너뜨리기 위해서나 해고규제의 적용을 피하기 위하여) 남용하였을 경우('**법인격 남용형**')에 자회사의 법인격을 부인하고, 근로자가 모회사에 직접 계약책임을 추궁하는 것을 인정하는 것이다. 법적으로 말하면, 모기업 등이 책임의 귀속을 부인하는 것을 '**신의칙**'(민법 제1조 제2항)상 허용하지 않는다는 점을 그 근거로 한다. '**회사법**'의 제정으로 회사를 쉽게 설립하는 만큼 이 법리에 근거해 법인격의 조작이나 남용을 체크할 필요성은 커지고 있다.

적으로 벗어나 회사와 그 배후에 있는 사원을 동일시하는 법리를 말한다. 회사는 법인이므로 이를 구성하는 사원과는 별개의 인격체이지만 회사의 법인격인정에 따른 형식적 독립성을 관철하는 것이 정의·형평에 반한다고 인정되는 경우 회사의 법인격을 부분적으로 박탈하여 회사와 사원은 별개의 인격이라는 대원칙을 부인하는 법리이다. 문제가 된 당해 구체적 사건에서나 또는 당해 특정한 당사자 간에서만은 회사의 법인격을 부정하여 회사와 주주를 법률상 동일시하는 법리를 말한다. 기업에는 쇠퇴 부문에서 성장 부문으로 사업 재편에 따라 필요 없는 인재를 방출하는 방법이 있다. 하지만, 사업양도를 한 후 회사 해산에 따른 해고 등의 사례에서는 이것이 노동계약법 제16조의 해고 규제를 잠탈(潛脫, 어떤 규제를 탈법적인 방법으로 회피하는 것)할 목적으로 행해진 사례로 판단되면, 다양한 법률론('**법인격 부인의 법리**' 등)을 구사해 근로계약의 계속을 인정할 수가 있다(예를 들어 新関西通信システム事件·大阪地決 1994. 5). 또한 회사를 해산한 회사의 경영자가 손해배상책임을 질 수도 있다(회사법 제429조 등을 참조).

21) <역자주> 형해(形骸) : 사람의 몸과 뼈. 앙상하게 남은 잔해(殘骸). 구조물의 뼈대.

또 하나는 '**묵시적인 근로계약 성립의 법리**'이다. 이것은 예를 들어 어느 회사에 고용된 근로자가 다른 회사에 파견되어 일하고 있는 경우에 근로자가 사용사업주의 회사에 임금 지급 등 계약상의 책임을 완수하는 것을 요구하는 법리로서 이용된다. 여기서는 근로계약의 정의(노동계약법 제6조 참조)에 따라 ① 그 회사에 '사용되고', 즉 지휘명령을 받고 일하고, ② 그 회사로부터 대가로서 '임금'을 지급받은 것에 대하여, ③ 양 당사자에게 공통된 인식(명시 또는 묵시의 합의)이 있음을 증명할 수 있으면, 근로계약의 상대방인 사용자로서 책임을 추궁할 수가 있다. 예를 들어 근로자파견의 경우, 지휘명령(①)은 사용사업주가 하고, 임금지급(②)은 파견사업주가 행함이 일반적이지만, 지휘명령(①)뿐만 아니라 실질임금의 액수 결정 및 임금의 지급행위(②)를 사용사업주가 하고 있고, 근로자와 사용사업주 사이에는 이러한 점에 대하여 공통된 인식(묵시적인 합의)이 있다고 할 수 있다면, 사용사업주를 근로계약상의 사용자로서 임금지급 등의 근로계약상의 의무의 이행을 요구할 수가 있다.

(2) 노동기준법상의 사용자

노동기준법상의 사용자 개념은 같은 법이 요구하는 책임의 유형에 따라 두 가지가 있다.

첫째 유형은 노동기준법이 정한 노동계약상의 책임(제13조 참조)을 지는 사용자이다. 이것은 노동기준법상의 기준이 근로계약의 내용이 되어 근로계약상의 의무로서 그 책임을 지는 사람이기에 위에서 말한 근로계약상의 사용자 개념과 일치한다.

둘째 유형은 노동기준법의 위반 벌칙(제117조 이하)의 적용이나 행정감독(제97조 이하) 대상이 되는 사용자이다. 이 사용자에 대하여 노동기준법은 '**사업주**' 또는 '**그 사업의 근로자에 관한 사항에 대하여 사업주를 위하여 행위를 하는 모든 자**'라는 정의 규정을 두고 있다(제10조). 이 '사업주를 위하여 행위를 하는 자'란 노동기준법이 규제하는 사항에 대하여 실질적인 권한을 가진 자를 말한다. 예를 들어 시간외근무를 명령하는 권한이 있는 과장이 같은 법 위반이 되는 잔업을 부하에게 명령한 경우에는 이 과장이 같은 법 위반을 실행하는 행위자로서 책임을 지게 된다('행위자 처벌'제도). 이것과 동시에 사업주에게도 벌금형을 부과할 수 있다('양벌규정',[22] 제121조).

(3) 노동조합법상의 사용자

노동조합법상의 책임을 지는 주체로서의 사용자는 원칙적으로 근로계약을 체결하고 있는 상대방인 회사, 즉 근로계약상의 사용자이다. 그러나 이 원칙에는 다음의 두 가지 예외가 있다.

첫째, 근로계약을 체결하는 사용자 이외에 근로조건 등에 대하여 "현실적이고 구체적으로 지배 · 결정할 수 있는 지위에 있는 자"가 있는 경우에는 그 근로조건 등에 대해서는 그 자가 부당노동행위의 주체인 사용자에 해당한다고 해석하고 있다(아사히방송(朝日放送) 사건 · 최고재판소 1995년 2월 28일 판결).[23] 실질적으로 지배하고 있는 사람이 근로계약상의 사용자 이외에 있는 경우에 실질적인 권한이 없는 근로계약상의 사용자로만 단체교섭을 실시해도 근로조건의 대등한 결정이라는 법의 취지는 실현되지 않기 때문이다. 예를 들어 파견근로자의 근로조건 중에 사용사업주가 현실적 · 구체적으로 지배 · 결정하고 있는 근로조건에 대해서는 사용회사도 사용자로서 단체교섭에 응할 의무를 져야 한다.

둘째, '가까운 과거에 사용자였던 자' 및 '가까운 장래에 사용자가

---

22) <역자주> 양벌규정(兩罰規定) : 범죄가 법인 또는 어떤 사람의 업무에 관련해 행하여진 경우에 실제로 범죄행위를 한 사람 외에 그 법인 또는 사람에 대해서도 같이 형벌을 지울 것을 정한 규정이다. 주로 행정적인 단속법규에서 채용되고 있다. 쌍벌규정.

23) 朝日放送事件 · 最高裁 1995년 2월 28일 판결

될 가능성이 있는 자'에 대해서는 부당노동행위의 주체인 사용자로 되는 경우가 있다. 구체적으로는 어느 근로자가 해고되었을 경우에 해고를 한 사용자가 해고된 근로자가 가입한 노동조합으로부터 단체교섭을 요구받아 이것에 응해야 하는 경우가 있다. 또한 채용거부 등 채용과 관련된 문제에 대하여 '사용자가 될 가능성이 있었던 사람'의 불공정한 행위가 부당노동행위로 되는 경우가 있다.

4 '근로자'의 개념을 재검토하기 위하여

– 어떻게 알기 쉽게 할 것인가?

이상과 같이 근로관계가 다양화 · 복잡화해지면서 노동법의 기본이 되는 '근로자' 또는 '사용자' 개념도 법의 취지에 따라 유연하게 해석하는 경향이 있다. 그 중에서도 노동법의 적용대상을 결정하는 근로자의 개념은 강행법규의 적용대상을 결정하는 개념이기 때문에, 계약의 형식이 아니라 근로의 실태에 따라 판단하는 것이 중요하다. 이것은 2011년 4월 12일 최고재판소 판결 등을 통하여 실무에서도 중시하게 되었다.

그러나 다양한 취지를 법의 적용범위에 대하여 각각의 법의 취지에 따라 근로의 실태로 나타내는 다양한 기준을 종합적으로 고려해야 한다. 그러면서 개별적으로 법의 적용의 유무를 판단해가는 종전의 방법은 당사자에게 알기 어려운 큰 난점을 가지고 있다. 노동기준법과 노동계약법, 노동조합법에서 적용범위가 당사자에게 미묘하게 다른 점에서도, 세세한 기준을 종합적으로 적용해야 비로소 결론이 난다는 점에서도 근로자성은 알기 어렵고, 미리 예측하기 어렵다. 그러한 까닭에 노동법의 가장 기본 문제임에도 불구하고, 법원에 소송을 제기해 법적으로 다투는 것이 어려운 일이 되었다.

이 폐해를 극복하려면, ① 판단기준을 더 단순한 것으로 한다. ② 판단의 구조를 더 예측하기 쉬운 것으로 한다. 예를 들어 원칙적으로 근로자성을 긍정하고, 사용자가 예외적으로 근로자성을 부정하려는 경우에는 부정하는 근거가 되는 사유를 계약서에 명시할 의무를 부과한다. ③ 근로자의 개념 자체를 단일화한다. 예를 들어 노동기준법상도 노동계약법상도 노동조합법상도 이러한 적용 대상인 근로자 개념을 동일한 것으로 한다는 등의 방법을 취하는 것을 생각할 수 있다. ①은 해석에서 대응할 수도 있지만, ②와 ③은 법률 개정을 필요로 하는 것이다. ②에 대해서는 미국 법의 동향, ③에 대해서는 독일법 등이 참고가 된다.

각각의 법의 취지와 당사자에 대한 알기 쉬움의 쌍방을 고려하면서 근로자성에 대하여 어떠한 개념, 어떠한 판단구조, 어떠한 판단기준으로 할 것인지에 대하여 여러 나라의 사례도 참고하면서 재차 검토할 때가 오고 있는 것 같다.

보론 82

• 노동법상 근로자의 개념

'근로자'는 단순히 임금근로자만이 아니라, 고용상 지위나 계약의 형식을 불문하고 근로하는 모든 사람의 일반 용어이다. 이러한 상황에서는 헌법 제33조의 '근로자'를 대체할 용어를 검토해야 한다. 예를 들어 영국은 노동법상 적용대상을 employee(근로자)와 더 넓은 의미의 worker(피용자)로 구분해 보호하고 있다. 양자에 추가해 "그가 수행하는 업무 또는 사업체의 의뢰인 내지 고객의 지위를 가지는 계약이 아닌 계약의 상대방에게 개인적으로 근로 및 용역을 수행하기로 하는 다른 계약을 체결하였거나 그 계약에 따라 근로하는 자"를 포함한다. worker는 1986년 임금법(Wages Act 1986)(제8조 2항), 1990년대 후반 노동당 정부의 여러 고용 규정에서 사용했다. 즉, worker는 종래의 employee에 포섭되지 못하는 노무제공자 집단에 노동법 보호 중의 일부를 주기 위해 새롭게 고안된 개념이다(김기선 외 4인, 「비공식 고용의 해결을 위한 법률시스템 국제비교-'탈법고용'을 중심으로」, 한국노동연구원, 2014, 74-82면).

〈도표 14〉 근로자의 개념도

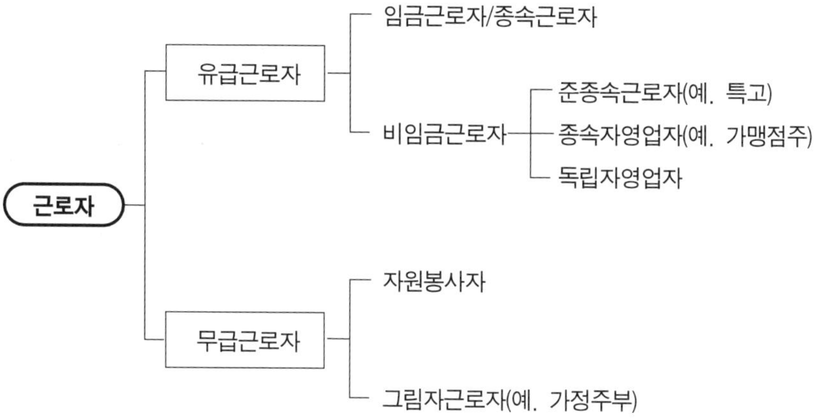

제9장 노동법은 어떻게 지켜지는가

노동분쟁해결을 위한 법

법의 중요한 기능은 국가권력을 통하여 그 실현을 담보하고 있는 것에 있었다. 특히, 법의 실현을 위한 중요한 역할을 맡고 있는 것이 '법원'이다.

나는 매년 한번 찾아뵙는 사람이 있다. 세계 노동법학을 대표하는 석학인 앙투안 리옹 칸 명예교수(파리서(西) 낭테르 대학)이다. 매년 책을 출판하는 또 다른 노동법학의 거성 알랭 슈피오[1](콜레주 드 프랑스 교수)와는 대조적으로 앙투안은 그다지 많은 책을 쓰지는 않았다. 하지만 그분, 앙투안의 말은 무겁다.

지난 2011년 3월에 만났을 때, 그는 다음과 같이 말하였다.

Le juge est le dernier mot(판사는 마지막 말이다.)

이 말의 의미를 살펴보면서, 일본 노동법을 실현할 방법의 특징과 과제에 대하여 생각해 보자.

---

1) <역자주> 알랭 쉬피오(Alain Supiot)는 1979년 프랑스 보르도대학에서 '판사와 노동법'이라는 주제로 국가박사학위를 받은 뒤, 푸아티에대학과 낭트대학을 거쳐 2012년부터 콜레주 드 프랑스 교수로 재직 중이다. '사회국가와 세계화 : 연대에 관한 법적 분석'이라는 강좌를 맡고 있다. 2008년에 낭트고등과학연구원을 설립하여 2013년까지 원장을 역임했다. 주요 저서로는 『노동법』 (Dalloz, 제17판(1994) – 제24판(2008) 공저자), 『고용을 넘어』(1999), 『법률적 인간의 출현』(2005), 『필라델피아 정신』(2010), 『숫자에 의한 협치』(2015), 『노동법비판』(Critique du droit du traviail, 1994)(2017. 오래. 박제성 역) 등이 있다.

1 법원에 가기 전의 근거

앙투안 리옹 칸의 말에는 두 가지 의미가 있다.

첫째 의미는 노동법에서는 법관의 말(판결)의 앞에 법을 실현할 근거가 있다는 뜻이다. 그가 상정하고 있던 것은 회사와 노동조합 사이의 집단적인 노사관계이다.

(1) 노사의 교섭에 의한 분쟁 해결

근로관계를 둘러싼 분쟁에 대해서는, 우선 노사가 '교섭'(話し合い)[2]해 해결하는 것이 바람직하다. 노동문제는 많은 근로자에게 공통된 성격을 가지는 경우가 많다. 이것은 예를 들어 어느 근로자의 배치전환이나 해고 등 개별적인 인사조치에 대해서도 해당된다. 어떠한 경우에, 어떠한 이유로, 어떠한 절차에 따라 그러한 조치를 취할 것인가, 근로자에게 개인적인 사정이 있는 경우에 여기에 어떻게 대응할 것인가라는 점은 다른 근로자에게 동일한 조치가 취해진 경우에도 공통되는 것이다. 그러한 까닭에 어떠한 근로자에 대한 개별적인 인사 조치를 실시하더라도 그 제도의 설계나 운용의 기본방향에 대하여 집단적으로 교섭하고 향후의 동일한 문제도 시야에 넣어 해결하는 것이 바람직하다.

또한 근로자는 개인적으로는 '본심'을 말하기 어려운 경우도 있다. 집단적인 기반을 가지면서 발언할 기회를 마련해 노사 모두 함께 본심으로 문제를 적극적으로 해결하려는 것이 중요하다.

게다가 근로관계에서는 한번 문제가 발생하면, 그 해결에 시간이나 돈 등과 같이 비용이 들어가고, 근로관계 자체에 지장이 발생할 수도 있다. 그래서 문제가 발생하기 전에 이를 예방할 수 있는 제도를 두는 것도 중요하다.

이러한 관점에서 회사와 노동조합 사이의 문제해결이나 예방제

2) <역자주> 話し合い[はなしあい] ; 교섭, 의논, 상담, 서로 이야기함.

도를 집단적으로 마련하는 것이 노동분쟁의 해결방법으로써 가장 중요한 단계이다.

근로자는 문제에 직면했을 경우에 우선 노동조합에 상담하자. 노동조합은 회사 내에 있는 경우도 있고, '지역합동노조'(地域合同勞組)와 같이 회사 밖에 있는 경우도 있다. 노동조합에 상담하면, 회사와 단체교섭을 통하여 문제해결의 실마리를 찾아줄 것이고, 또한 노동조합을 개입시켜서 다음에서 언급하는 노동위원회에 구제제기나 법원에 소송을 제기하기도 한다. 근로자는 노동조합을 친근한 동료로서, 회사는 노동조합을 함께 문제의 해결이나 예방을 하려는 파트너로서 인식하는 것이 중요하다.

(2) 행정에 의한 분쟁해결

법원에 가기 전의 또 하나의 단계로서 행정기관에 의한 상담·알선·구제 등이 있다. 이러한 '행정에 의한 분쟁해결제도'에는 크게 두 가지가 있다.

첫째, 각 '**도도부현 노동국**'에서 행해지는 개별 노동분쟁의 해결을 위한 상담 등이다. 여기서 '도도부현(都道府縣)[3] 노동국'은 현재로서는 근로기준감독서와 같이 국가의 기관이고, 근처의 근로기준감독서에 문의하면 이 상담의 장소나 방법 등을 안내해 준다. 구체적으로는 「**개별 노동분쟁해결촉진법**」이라는 법률에 따라 개별 근로자와 사용자 사이의 근로관계에 관한 개별 노동분쟁을 간단하고 신속한 해결을 촉구하는 것을 목적으로 해 다음과 같은 업무를 수행하고 있다. ① '**종합 노동상담 코너**'를 통한 원스톱 서비스의 제공(제3조), ② '**도도부현 노동국장**'의 조언·지도(제4조), ③ '**분쟁조정위원회**'에 따른 분쟁해결을 위한 알선(제5조) 등이다. 위의

3) <역자주> 도도부현(都道府縣) : 도(都)는 도쿄(東京都), 도(道)는 홋카이도(北海道), 부(府)는 교토부(京都府)와 오사카부(大阪府), 그리고 43개의 현(縣)을 말한다. 정확히 일치하지는 않지만 우리나라의 특별시, 광역시, 자치시, 도에 해당한다.

종합 노동상담 코너(①)에는 일본 전체에서 **연간 100만 건** 이상의 상담을 접수하고 있다. 노동법과 관련한 정보의 제공이나 분쟁해결을 위한 지원 등을 수행하고 있다.

둘째, 행정기관으로서 '**노동위원회**'[4]가 있다. 노동위원회는 앞에서 말한 것처럼, **공노사**(公勞使) 3자로 구성된 노동문제를 전문으로 하는 행정위원회인 '**도도부현 노동위원회**'와 '**중앙노동위원회**'로 구성하고 있다. 전자는 각 도도부현청 속에 마련된 도도부현의 기관이다. 여기서는 ① 부당노동행위의 심사 · 구제(노동조합법 제27조 이하) 이외에, ② 노동쟁의의 조정(노동관계조정법 제10조 이하)이나,[5] ③ 개별 근로관계 분쟁의 알선을 수행하고 있다(③은 도쿄(東京), 효고(兵庫), 후쿠오카(福岡)를 제외한 44개 도도부현 노동위원회에서 수행하고 있다). 도도부현청 안에 있는 노동위원회에 문의하면 어떠한 방법으로 상담하는지를 안내해준다. 또 각 도도부현에는 노동문제에 대한 상담을 접수하는 창구(노동상담센터 등)를 설치해 트러블 해결을 재촉하고 있는 경우도 있다.

이와 같이 노동분쟁에 직면했을 경우에는 노동국이나 노동위원회 등에 상담하는 방법도 있다. 변호사에게 상담하거나 법원에 가기 전에 싼 비용으로 이용할 수 있는 방법으로 이러한 행정기관을 유효하게 활용하는 것도 고려해 보자.

---

4) <역자주> 한국에서는 노동위원회는 노동문제를 중재 · 조절하는 것을 임무로 하는 행정위원회가 있다. 고용노동부에 '중앙노동위원회'가 있으며 각 시 · 도에 '지방노동위원회'가 있다.

5) <역자주> 조정전치주의 : 일본은 법률상 알선 · 조정 · 중재절차가 규정되어 있지만, 이는 필요적 전치절차로 규정된 것이 아니고 임의적인 절차에 지나지 않는다(위반시 벌칙 규정이 없다). 이에 알선 · 조정 · 중재절차를 거치지 않은 쟁의행위도 그 정당성에는 영향이 미치지 않는다. 또한 공익사업의 쟁의행위에 대하여 10일 전의 예고의무를 두고 있다(노동관계조정법 제17조). ; 한국은 쟁의행위는 노조법에 정한 사전조정절차를 거치지 아니하면 이를 행할 수 없다고 규정하고 있다('조정전치주의', 제45조 제1항 · 제2항). 조정기간은 일반사업 10일, 공익사업은 15일(제54조), 위반시 벌칙이 있다(1년 이하의 징역 또는 1천만 원 이하의 벌금(제91조)).

2 최후의 방법으로서 법원

(1) '정의의 파수꾼'으로서의 판사

앙투안 리옹 칸의 말에는 또 하나의 의미가 있다. 이것은 당사자 사이에 분쟁의 해결을 못하고, 또 노사의 교섭 중에 불공정함이 내재하고 있는 경우에 최후의 법의 파수꾼(番人)으로서 정의를 실현하기 위하여 발언하는 것이 '판사'라는 의미이다.

실제로 일본에서도 '노사'가 교섭으로 항상 분쟁을 해결하는 것은 아니다. 또한, '행정기관'은 문제를 종국적으로 해결할 권한이 없다. 예를 들어 노동위원회가 구제명령을 내리더라도, 여기에 불복하는 당사자는 법원에 '**취소**[6]**소송**'을 제기할 수 있다. 일본에서도 분쟁을 종국적으로 해결하는 최후의 방법은 '**법원**'[7]이다. 그 중에서도 최종적 판단을 내리는 것은 '**최고재판소**'(한국은 '대법원')이다.

(2) 법원 이용자의 적음

그러나 일본에서는 법원을 이용하는 인원 수는 그다지 많지 않다. 예를 들어 프랑스의 '**노동심판소**'(개별 노동분쟁을 다루는 제1심 법원)가 1년간 접수건수(통상소송)는 약 15만 건(2015년), 독일의 '**노동법원**'(노동분쟁을 다루는 법원)에서는 약 36만 건(2016년)인 반면에, 일본에서는 7,126건(근로관계민사 통상소송 사건 신청건수 3,496건(2018년)과 노동심판 사건의 신청건수 3,630건[2018년]의 합계)으로, 그리고 이용인원 수가 다르다.

---

6) <역자주> 취소(取消) : 일단 유효하게 성립한 법률 행위의 효력을 소급해 소멸하는 의사 표시.

7) <역자주> 법원(法院) : 사법권을 행사하는 국가 기관. 소송사건에 대하여 법률적 판단을 하는 권한을 가지며, 대법원 · 고등법원 · 지방법원 · 가정법원 등이 있다. 재판소.

노동문제에 대하여 일본에서 법원을 이용하는 인원 수가 적은 이유로서 법사회학자 다니엘 H 풋은 일본식 고용시스템의 중심적인 기둥인 '**장기고용관행의 존재**'를 들고 있다. 일본의 장기고용관행에서는 '**서비스잔업**'과 '**임금 인하**', '**배치전환**', '**성희롱**' 등으로 근로자가 불만을 가졌다고 해도 법원에 제소해 고충(불만)을 말하면, 회사 내에서 인간관계를 해친다. 이로 인하여 회사에 근무하는 것이 어려워지기 때문에 법원에 제소하는 것을 자제한다고 설명하고 있다(『재판과 사회』(타마루야 마사유키(溜箭将之) 번역 · NTT출판) 109쪽 이하).[8]

그러나 장기고용 관행의 범위 밖에 있는 경우가 많은 파트타임 근로자 등과 같은 비정규직도 분쟁을 표면화하거나 법원에 제소율이 두드러지게 높지는 않다. 이러한 점에서 보면, 일본의 근로자가 법원을 이용하는 낮은 비율은 장기 고용관행 이외의 점에도 이유가 있는 것 같다. 행정에 따른 종합노동상담코너(222쪽)에 **연간 100만 건** 이상의 상담이 접수된 것과 비교하면, 일본에서도 노동분쟁 자체는 잠재적으로 많이 존재하지만, 흑백을 분명하게 하지 않고 문제를 유연하게 해결하는 것을 선호하는 의식, 즉 서양적인 '**권리**'[9]의 **관념**이 희박함이 지금의 일본인에게도 남아 있거

---

8) 『裁判と社会』〔溜箭将之訳 · TT出版〕109쪽 이하.

9) <역자주> 권리(權利) : 특정한 이익을 주장하거나 누릴 수 있는 법률상의 능력. 권리는 개인에게 법질서에 의하여 그 이익의 보호수단으로 부여되는 법적 힘이다. 권리의 기능으로 법력으로서 관철가능성과 절차적 보장이고, 헌법상 기본권은 주관적 공권이고, 공법영역에서 가능하지만 사법질서 내에서 제3자적 효력, 일반조항 등을 통하여 간접 적용될 수 있다. 권리는 권리자의 인격과 관련된 자기주장과 방어능력, 원칙적으로 포기할 수 없다. 예링(R. Jehring)은 '권리를 위한 투쟁'에서 법의 목적은 '평화'이며 이를 위한 수단은 '투쟁'이라면서 권리 추구자의 권리주장은 그 자신의 '인격주장'이고, 권리주장은 '사회공동체에 대한 의무'라고 말하였다. 개인의 이기주의적 본성으로 개인이 사회에 이기적 계산은 불허하고, 사회와 개인의 상호보완관계 · 사회 · 공동체의 이익과 개인 이익의 공속성을 강조하였다. '권리의 사회성'은 신의칙과 권리남용 금지의

나, 법원보다 행정 쪽에 다가가기 쉽다는 측면 등이 합하여 일본 법원의 낮은 이용율로 연계되고 있을 것이다.

(3) 이용하기 쉬운 재판제도인 노동심판

확실히 법원을 이용하려면 변호사에게 상담 · 의뢰하는 비용이 들거나, 재판이 시작해도 판결이 내려질 때까지 시간이 걸리기 때문에, 일반 시민에게는 법원의 문턱은 그렇게 낮지는 않을지도 모른다. 또한, 근로관계는 집단성 · 계속성 · 인간성 등과 같이 복잡하게 얽힌 성격을 가지기 때문에 노동분쟁의 핵심을 이해하고 해결을 도모하기 위해서는 오로지 법률 조문을 읽을 수 있는 것만으로는 부족하기도 한다.

이러한 상황에 따라 노동문제, 특히 근년에 늘어나는 개별적 근로관계 분쟁에 대하여 법원을 통한 일반적인 분쟁해결절차(민사통상소송, 보전소송, 간이법원의 소액소송절차 · 민사조정)뿐만 아니라, 2004년의 「**노동심판법**」(勞動審判法)을 따른 '**노동심판**'이라는 특별한 절차를 마련해, 2006년 4월부터 시행하였다.[10]

이 노동심판절차는 당사자가 법원에 신청함으로써 개시된다. 그 심리는 판사('**노동심판관**') 1명과 노동관계의 전문적 지식을 가진 자('**노동심판원**') 2명의 합계 3명으로 구성된 '**노동심판위원회**'가 실시한다. 심리는 공개법정이 아닌 비공개의 회의실에서 진행된다.

원칙(민법 제2조), 재산권 행사의 공공복리 적합성(헌법 제23조 제2항)에 구현되어 있다.

10) <역자주> 노동심판의 목적은 (조정에 의한 해결에 이르지 않은 때에는) '당사자 사이의 권리 관계를 바탕으로 하면서 사안의 실정에 따라 해결을 하기 위한 심판을 내리는 것'이다(노동심판법 제1조). 또한, 일본 '노동심판제도'의 특징은 (ⅰ) 개별노동관계분쟁의 해결절차인 점, (ⅱ) 법원에서의 분쟁해결절차인 점, (ⅲ) 근로관계에 관한 전문적인 지식경험을 보유한 자가 참가하는 절차인 점, (ⅳ) 비송사건절차인 점, (ⅴ) 신속간이한 심리를 행하는 절차인 점, (ⅵ) 소송과의 연계가 고안되어 있는 점 등을 들 수가 있다.

심판관 · 심판원과 당사자 쌍방이 원탁을 둘러앉아 실시하는 경우가 많다. 노동심판위원회는 신속하게 심리를 진행해 원칙적으로 3회 이내의 기일로 심리를 종결해야 한다. 여기서는 '**조정**'(調停), 즉 양 당사자의 합의를 통하여 해결을 시도한다.[11] 하지만, 조정에 이르지 않는 경우에는 노동심판위원회의 합의에 따라 권리관계를 고려한 해결방안으로서 심판이 제시된다. 당사자 중 어느 일방 또는 쌍방이 이 심판에 불만을 가지고 이의를 제기한 경우에 노동심판의 신청시점으로 소급해 소송을 제기한 것으로 간주해(통상소송으로의 이행) 보다 본격적인 심리가 이루어지게 된다.

이 노동심판절차에 따라 법원 내에서 노동문제 전문가인 노동심판원의 의견을 수렴하면서 노동분쟁을 신속히 해결할 수 있게 되었다. 그동안의 실적에서는 대부분의 사건이 3번 이내의 기일로 만료하면서 평균 심리일수는 약 **2.6개월**이다. 또 사건의 70% 이상은 조정 성립으로 해결되고 있다. '도쿄대학 사회과학연구소'가 전국 법원의 협력을 얻어 2018년 실시한 "**제2회 노동심판제도 이용자**

---

11) <역자주> 실제로는 해고분쟁에서 부당한 해고를 확인한 후에 실정을 바탕으로 굳이 노동계약법 제16조에 의한 '**원직복귀**'(해고무효)를 명령하지 않고, '**금전해결**'을 명령하는 것이 대부분이다(동법 제20조 제2항). 노동심판법 제20조 제2항에서는 "노동심판을 내릴 때에는 당사자 간 권리관계를 확인하고, 금전의 지급, 물건의 인도 그 밖의 재산상 급부를 명하며, 그 밖에 개별노동관계 민사분쟁의 해결을 위해 상당하다고 인정되는 사항을 정할 수 있다"고 규정하고 있다. 예를 들어 근로자가 사용자의 해고처분 효력을 다투면서 '근로계약관계의 존재 및 임금 상당의 금원 지급'을 구하는 내용의 노동심판을 신청한 경우, 심리 결과 사용자의 해고가 실체법상 무효로 판단되는 경우라도 당사자 쌍방의 의사가 근로계약 존속을 원하지 않고 일정 금원의 지급으로써 분쟁을 해결하고자 하는 취지라면, 노동심판위원회로서는 상대방의 해고 철회 및 쌍방 합의하에 퇴직하였음을 확인하고, 신청인의 상대방에게 금전(이른바 해결금)의 지급을 명하는 내용의 노동심판을 내리게 된다. 물론 해고의 실체적 효력 유무는 해결금의 액수에 크게 영향을 미친다. 노동분쟁 처리의 최전선에서는 해고의 금전해결이 일반화되어 있다. 노동심판에서 금전해결을 행하고 있어 굳이 현행법을 개정할 필요가 없다는 유력한 견해도 있다. 하지만, 금전해결이 당사자의 니즈(욕구)라고 한다면, 이것을 법제도에 반영하는 것이 **정도**(正道)일 것이다.

조사”(속보치)에 따르면, 소요 시간에 대하여 이용자의 다수(근로자의 44.9% 사용자의 49.6%)가 ‘매우 짧다’ 또는 ‘다소 짧다’라고 응답했으며, 심리가 신속하게 진행되었다고 소감이 많았다. 또 심리를 담당한 심판관과 심판원의 만족도는 근로자 · 사용자 모두 ‘아주 만족한다’ 또는 ‘조금 만족하고 있다’라는 응답이 많았다(심판관에 대해서는 근로자의 63.9% 사용자의 58.5%. 심판원에 대해서는 근로자의 56.7%, 사용자의 47.2%). 원래 노동심판에 필요한 비용에 대해서는 근로자 · 사용자와 변호사에 지급한 금액이 “매우 높다” 또는 ‘다소 높다’라는 경우가 적지 않다(근로자의 38.7%, 사용자의 37.5%). 재판비용 면에서 아직 과제가 남아 있다.

이와 같이 법원이라고 해도 ‘노동분쟁’에 대해서는 ‘노동심판’이라는 신속하고 전문적인 해결절차를 마련하고 있다. 노동심판을 이용하면, ‘판사’와 ‘노사의 전문가’의 힘을 빌려서 조기에 분쟁을 해결할 수 있는 경우가 많다는 것을 보다 널리 여러분에게 알리는 것이 중요하다. 동시에 노동심판절차를 보다 싸게 이용하기 쉽게 하려면 프랑스의 노동심판소, 독일의 노동법원, 영국의 고용심판소 등과 같이 ‘변호사’뿐만이 아니라 ‘노동조합’이나 ‘**사용자단체**’[12] 도 보다 넓게 대리인이 되는 것을 생각할 수 있다.

---

12) <역자주> **사용자단체** : 일본의 경제단체협연합회(게이단렌)(1946.8－)은 초대 사쿠라타 다케시(櫻田武, 닛신보(日清紡) 사장)는 정상적인 노사관계를 형성하기 위해 경영인들도 단결해야 한다(‘경영자들이여! 바르고 강하게!’)고 역설한 후 탄생하였다. 대표기업 1,441개, 업종별 전국단체 109개, 지역별 47개 경제단체로 구성, 나카니시 히로아키 회장(14대, 히타치 회장), 재계의 총리, 정치자금으로 보수 자민당의 장기 집권을 후원하며, 정책제언 책정과 그 실현을 위해 힘쓰고 있다. 일본 자유주의 경제체계를 유지하는 기본 측이 정치가, 관료와 재계 리더들이다. 회원에게 ‘기업행동헌장’의 준수를 요청, 기업에 대한 신뢰 회복에 힘쓰고 있다. ; 한국의 사용자단체인 ‘한국경영자총협회(한국경총)’는 노사문제를 맡기 위해 1970년 전국조직으로 설립해 활동하고 있다. 참고로 ‘경제5단체’로 전국경제인연합회, 한국경영자총협회(임의단체), 대한상공회의소, 한국무역협회, 중소기업중앙회(법정단체)가 있다. 해당 분야의 이익을 대변하고 정부에 대한 압력단체 역할을 위하기 위해 만들어진 단체들이다.

3 분쟁해결의 첫걸음

(1) 권리를 지키고, 공정한 사회를 구축하기 위하여

일본의 노동분쟁해결제도가 가진 최대의 특징은 이미 앞에서 말한 것과 같이, 법원을 이용하는 인원 수가 유럽과 미국에 비교해 압도적으로 적은 것이다. 이에 대한 종합노동상담 코너라는 행정서비스는 상담건 수가 연간 100만 건을 초과할 정도로 많이 이용하고 있다. 그러나 행정상담만으로는 분쟁을 종국적으로 해결하지 못하는 한계가 있다.

이러한 상황 속에서 실제로 노동의 현장에서는 노동법의 교과서에 쓰여져 있는 것과는 거리가 먼 심한 사건이 많이 발생하고 있다. '노동정책연구연수 기구'의 하마구치 케이이치로(濱口桂一郎) 씨 등이 출간한『개별 근로관계 분쟁처리 사안의 내용 분석－고용종료, 따돌림, 괴롭힘, 근로조건의 인하 및 3자 간 노무제공관계』(노동정책연구보고서 제123호)는 실제의 노동분쟁 실상을 꼼꼼히 분석하고 있다. 법과 실태의 괴리가 일본 노동법의 큰 특징이다.

부조리한 사태에 직면했을 경우에 울며 겨자 먹기로 행한 것은 자신의 권리나 신념을 지킬 수 없다. 이것뿐만이 아니라, 법과 괴리된 실태를 용인하는 것은 회사 측에 법은 준수하지 않아도 되고, 또 법을 준수하면서는 격렬한 경쟁에 생존할 수 없다는 의식을 심어주고, 공정한 경쟁의 전제 자체가 손상되는 사태를 초래한다. 예를 들어 위법한 서비스 잔업을 하지 않으면, 마찬가지로 위법한 일을 하는 다른 회사와 대등하게 경쟁할 수 없는 상황을 발생하게 된다. 이것은 현장에서 일하는 사람의 인간성을 해치고, 결국 이러한 조직이나 사회는 오래가지 않는다는 결과에 빠진다. 이대로라면 대부분의 일본 회사나 일본 사회 자체가 그러한 상태가 될 수도 있다.

어려운 일이 있으면 우선은 누군가에게 상담해보자. **노동법**에 대하여 상담할 수 있는 창구는 사내 노동조합과 사외 노동조합 및 **근로기준감독서**, 도도부현 노동국, 도도부현 노동위원회, 변호사나 지방자치단체의 법률상담, 법 테라스(terrace) 등과 같이 많이 있다(<도표 15> 참조).[13] 이러한 상담창구나 법원 등과 같이 분쟁해결 제도를 보다 쉽게 이용하도록 개정하는 것도 중요하다. 하지만 이러한 창구나 제도의 존재를 보다 많은 국민에게 알려주는 것이 무엇보다 우선 중요하다.

근로자 자신이 문제에 직면하거나 친구로부터 상담을 받았을 때는 인터넷으로 홈페이지를 살펴보거나 전화로 문의하는 등과 같이 자신이나 친구에게 알맞은 상담창구를 찾아가서, 이러한 것을 스스럼없이 이용하면서 자신의 권리나 이익을 하나하나 지켜 나갔으면 한다. 이것은 자신이나 친구는 물론이고, 회사 및 사회 전체를 위한 것이기도 하다.

---

13) <역자주> **최저임금** : 한국에서 근로자가 최저임금액보다 적게 지급하는 경우 차액을 사용자에게 청구하는 방법에 대하여, (1) 지방고용노동청에 '진정서'를 제출하는 방법이 있다. 제출물은 ① 근로계약서, ② 근로시간을 할 수 있는 자료, ③ 실제 지급받은 임금에 대한 자료를 준비한 후, 고용노동부 홈페이지를 방문해 '임금체불 진정서'를 검색한 후 서식파일을 내려받아 작성하고, 앞의 제출물과 함께 홈페이지 온라인으로 제출하거나 관할 지방고용노동청을 직접방문해 제출할 수도 있다. (2) 사업자를 상대로 민형사 소송을 제기하는 방법이 있다. 최저임금법을 위반한 사업자는 3년 이하의 징역 또는 2,000만원 이하의 벌금을 부과한다. 또한 '고용노동부'나 '관할 경찰서'를 방문해 '사업자를 최저임금법 위반으로 처벌해달라'고 고소를 할 수 있다. 최저임금을 돌려받을 수 있는 시간은 최대 '3년'이다(=임금채권의 소멸시효). 최저임금 위반시 사업자가 최저임금 인상을 이유로 근로자를 해고하거나 불이익을 줄 경우에 '부당해고'라는 판례가 있다.

〈도표 15〉 근로자 문제를 직면할 경우

① 노동조합(사내 · 사외)에 상담한다.

② 도도부현 노동국(종합 노동상담 코너 등)과 상의한다.
➡ 노동국장에 의한 조언 · 지도
분쟁조정위원회의 알선 등

③ 도도부현 노동위원회에 상담한다.
➡ 부당노동행위 심사 · 구제
노동쟁의의 조정
개별 근로관계 분쟁의 알선 등

④ 법 테라스나 변호사에게 상담한다.
➡ ② ③ ⑤ 등으로

⑤ 법원으로
➡ 노동심판
통상소송 등

제 10 장 노동법은 어디로 가는 것인가

노동법의 배경에 있는 변화와 향후 개혁을 향하여

내가 노동법의 연구를 시작하였던 1990년에는 벌써 노동법 변혁의 시대가 시작하고 있었다. 당시의 노동법의 핵심어는 '유연성'(柔軟性, flexibility). 공업화 시대의 경직된 노동법, 특히 근로시간 규제를 시대의 변화에 따른 유연화가 세계의 과제였다.

그리고 지금 약 30년이란 세월이 흘러서, 세계 노동법학에서는 '내성'(內省 reflexivity)과 '잠재능력'(capability)에 관심을 집중하고 있다. 복잡해진 사태 속에서 문제에 직면한 노사가 주체적으로 문제를 해결 · 예방하는 것은 그 한계나 폐해도 고려하면서 법 안에서 수용하는 것, 그리고 다양한 환경에 놓여진 여러 개인이 그 잠재능력을 발휘할 수 있는 제도적 기반을 제공하는 것이 '노동법학'이나 '노동법제'의 큰 과제이다. 이러한 가운데에 일본의 상황은 어떻게 진척하고 있는 것인가?

1 일본 노동법의 방향성

(1) 두 가지 언설

일본 노동법의 방향성과 관련해 다음과 같은 언설(言說)이 있다.

사회경제가 성장 · 성숙해지면서 노동법의 대상인 '근로자상(像)'

> 이 획일적 · 단속적 · 강행적으로 규제하는 대상에 익숙한 '집단의 근로자'에서 당사자의 의사를 존중하면서 개별적 · 보완적인 방법으로 임의적 규제를 실시하는 것이 적절한 '개인의 근로자'로 전환하는 것처럼 생각한다. 근로의 세계에서 이러한 '개인의 근로자'의 등장은 종래의 노동법 규제의 전제를 크게 바꾸고 있다. … 현재는 노동법이 노동시장에서의 거래로 근로자에게 불가결한 다종다양하게 지원하는 시장경제의 하부(서브)시스템이라는 것을 재확인하고, 그 재편성해야 할 때이다(스게노 카즈오/스와 야스오, "노동시장의 변화와 노동법의 과제-새로운 지원 시스템을 요구하며", 일본노동연구잡지 제418호 7쪽, 9쪽).[1)]

이것은 오늘의 근로자상이 '집단의 근로자'에서 '개인의 근로자'로 전환하고 있는 상황을 바탕으로, 이것을 규제하는 노동법도 '개인의 근로자'의 거래행위(개별 근로계약)를 지원하는 시스템으로 전환해야 한다고 한다. 노동계약법에 따라 근로계약을 둘러싼 '룰의 명확화'나 '분쟁해결'을 행정과 사법의 양면에서 촉진하려는 '개별노동분쟁해결촉진법'과 '노동심판법'의 제정은 이 견해에 따라 진행된 개혁이다.

그러나 위와는 다른 방향성을 보여주는 논고도 있다.

> 사용자와의 관계에서 종속적 지위에 놓인 근로자에 대하여 그 자기결정을 현실에서 보장하기 위해서는 이러한 국가법의 효과적인 조력이 불가결하다. … 근로자의 자기결정을 위한 사용자에 대한 규제는 결코 배리(背理, 사리에 맞지 않음) 등이 아니라, 오히려 '인간다운 근로조건의 실현'이라는 노동법의 기본 목적에서 불가결한 요청이라고 해야 한다. 근로자의 자기결정을 위하여 사용자의 자기결정을 제한하기 위한 제도로는 물론 노동조합이 존재하지만, 그 기능이 취약한 일본에서는 유럽 국가보다도 더욱더 '국가법'이 중요한 역할을 담당해야 한다(니시타니 사토시 『규제가 뒷받침하는

---

1) 菅野和夫 · 諏訪康雄 「労働市場の変化と労働法の課題—新たなサポート · システムを求めて」, 日本労働研究雑誌 418호 7쪽, 9쪽.

자기 결정－노동법적 규제시스템의 재구축』(법률문화사), 399쪽 이하).[2]

이것은 근로자의 자기결정을 현실에서 보장하려면 국가를 통한 법규제가 불가결하다. 특히, 노동조합의 기능이 취약한 일본에서는 유럽 국가보다 '**국가법의 역할**'이 중요하다고 주장한다. 최근에 노동법 동향 중에는 예를 들어 '**일하는 방식 개혁 관련법**'에 따라 시간외 근로의 상한 시간을 벌칙으로 설정하거나 정규직과 비정규직의 불합리한 대우 격차를 법률로 금지하여, 강행적으로 시정하는 등 국가가 규제를 강화해 **일본적 고용시스템**에 내재하는 폐해를 해소하려는 동향이 있다. 이것은 여기서의 논고와 동일한 방향성에 선 개혁이라고 할 수 있다.

이와 같이 (i) 일본의 노동법과 관련해 '**개인**'의 근로자라는 관점을 이동해 개별 근로계약을 지원하는 방향으로 가야 한다는 견해와, (ii) 인간다운 근로조건을 실현하려면 '**국가**'를 통한 법규제가 중요하다는 견해가 있다. 그리고 현실에서 노동법의 동향을 보면, 이러한 두 방향을 향한 개혁이 병행하여 진행되고 있는 상황이다. 이러한 방향성을 어떻게 생각해야 할 것인가?

2 '개인'인가 '국가'인가－그 중간에 있는 '집단'의 관점

(1) 개혁의 배경

한편, 확실히 '국가'가 인간의 기본 가치와 관련된 생명 · 신체, 평등대우, 인격권 등과 같은 기본적 권리를 보장하는 룰을 규정하고, 국가를 통한 규제 · 관리로 이것을 보호할 필요성은 매우 크

2) 西谷敏『規制が支える自己決定―労働法的規制システムの再構築』〔法律文化社〕399쪽 이하.

다. 세계화의 급속한 진전으로 인간의 기본적 가치를 침해하는 사태가 표면화·심각화되고 있다면, 국가가 개입해 필요한 조치를 강구할 필요성이 커진다고 할 수 있다.

다른 한편, 원래 사회가 다양화·복잡화되면서 국가가 획일적인 룰을 규정해 강제하는 것이 아니라, 다양한 상황에 놓여진 '개인'의 선택·결정을 중시할 필요성도 커지고 있다. 이 중에 '**자율적인 개인**'이 개별적 거래(근로계약)를 지원하는 시스템으로써 근로계약과 관련한 룰을 명확화하거나, 개별 분쟁해결제도를 정비하고 있다.

(2) 유의점 – "국가"와 "개인"에 내재하는 문제점

그러나 이러한 동향에는 일정한 유보가 필요하다.

첫째로, 사회가 다양·복잡해지면서 '**현장의 실태**'에서 멀어진 국가에는 다양한 문제를 치밀하게 파악·인식해 실태에 따라 적절하게 해결해 가는 능력이나 자원의 점에서 한계가 있다. 사건은 회의실이 아니라, 현장에서 발생하고 있다. 국회나 관공서가 상세한 룰을 법령으로 규정했더라도 이것이 노동 현장의 실태나 그 급속한 변화에 적응하지 못하고, 법은 준수되지 않고, 법과 실태가 괴리된 채로 마칠 수가 있다.

그러나 둘째로, 개인의 거래를 중시하는 사회는 개인의 능력이나 정보의 한계에 따른 폐해가 표면화할 우려가 있다. 예를 들어 미국에서는 1970년대 이후 개인의 자유를 기반으로 한 **글로벌 자본주의**가 확산되면서 '**사회적 불평등**'이 급속히 확대되었다. 이 사례는 개인을 중심으로 한 사회의 폐해에 대하여 중요한 시사점을 준다고 할 수 있다.

또한 집단적인 성격(공공재성[公共財性])을 가진 근로조건에 대하여 개인에 의한 개별적인 거래로 나누어 교섭하면 거래비용이 커지거나, 어떤 사람의 이기적인 행동으로 다른 사람의 행동에도 악영향을 미치게 한다. 예를 들어 어떤 근로자가 장시간 일을 하면,

다른 근로자도 그렇게 하지 않으면 경쟁에 진다고 생각해 더욱 일하게 된다. 이와 같이 개별적인 거래는 경제에서도 비효율적일 수가 있다.

(3) '집단'의 관점

그래서 국가를 통한 규제를 다양한 현장의 실태에 적응하기 위해서도, 또한 개별적인 거래에서 개인의 능력 또는 정보의 한계를 보충하기 위해서도 '국가'와 '개인'의 중간에 있는 '**집단**'의 조직이나 네트워크를 통하여 문제의 인식과 해결 · 예방을 도모하는 것, 이것을 위하여 제도의 기반을 구축하는 것이 향후 노동법의 중요한 과제이다. 여기서 '**집단**'이란 '**노동조합**', '**근로자대표조직**' 또는 노동문제를 전문적으로 노사를 지원하는 '**사회적인 네트워크**(비영리단체)' 등을 말한다.

예를 들어 구체적으로는 다음의 세 가지 과제가 있다. **첫째**, 근로자 건강의 확보나 남녀 차별의 시정이라는 정책 목적을 달성하기 위하여 각 기업이나 사업장에서 '**집단적인 대화**'를 기초로 각각의 실태에 맞는 문제의 인식과 해결을 도모하는 사이클을 실현하는 것, 그리고 이것을 법적으로 재촉해 가는 것이다. **둘째**, 근로조건의 내용이나 변경에 대하여 다양한 관점이나 의견을 편성한 집단적인 대화를 실시해 다양한 의견이나 이익의 종합적인 조정을 도모하는 결정을 실시하는 것이다. 이 때 공정한 절차를 통한 복안적인 조정을 거친 결정은 법적으로 유효(합리적)한 추정이라고 생각할 수 있다. **셋째**, 이러한 집단의 대화를 행하는 공론의 장을 확대하는 것이다.

다만, 이 '집단'을 만들 때에도 유의점이 있다. 이 '집단'이 일본의 옛날 '**기업공동체**'의 성격을 가지고, 이것이 폐쇄적 · 내성적인 것이 되어버린 경우에 '집단'을 통하여 '개인'을 억압될 위험성이 있다. 예를 들어 조직의 논리가 우선되어 과중한 근로를 피할 수 없어 자기 자신을 상실하는 일이 있다. 또한 집단의 내부자나 다수자에 의해 외부인이나 소수자가 배제 · 차별되는, 예를 들어 정규직의 집단을 통하여 파트타임 근로자나 파견근로자 등이 외부인으로 취급받는 사태가 발생한 우려도 있다. 이러한 폐해가 발생하지 않도록 하려면 집단을 조직할 경우에는 그 투명성이나 개방성을 확보하고, 공정한 형태로 커뮤니케이션(의사소통)을 하도록 충분히 주의해야 한다.

3 향후 노동법의 모습 – '국가' · '개인' · '집단'의 적절한 조합

향후 노동법은 '국가'와 '개인', 이들을 보완하는 '집단'을 적절하게 조합한 형태로 구성될 것이다.

(1) '국가'의 역할

첫째, 국가가 떠안아야 할 중요한 역할로서 ① 개인 간의 계약이나 집단적인 결정을 통하여 침해하지 말아야 할 생명 · 신체, 평등 취급, 인격권과 같은 인간의 기본 가치를 정하고, 이것들을 보장하는 것, ② 국가로서의 기본 정책, 예를 들어 워크 · 라이프 · 밸런스(일 가정 양립, 워라밸)의 추진, 비정규직 근로자의 능력개발 추진 등의 방향을 정하고, 그 실현을 위하여 당사자를 유도하는 것, ③ 이들의 권리보장 및 정책적인 유도시스템과 프로세스 모델을 정하는 것을 생각할 수 있다.

예를 들어 ①에 대해서는, 근로자의 생명 · 신체가 저해되는 일하는 방식을 금지하기 위하여 근로시간의 상한 시간이나 휴게시간의 보장을 규정하고, 이것을 벌칙과 함께 준수하는 것을 생각할 수 있다. ②에 대해서는 비정규직 근로자의 능력개발에 따라 근로자가 직업능력을 향상시키는 정책의 목적을 실현하기 위하여 각 기업에서 노사 간의 논의를 바탕으로 행동계획을 작성 · 실시시키는 것, 그리고 비정규직 근로자의 이직률이 떨어지는 등 일정한 성과가 나타나면 고용보험의 보험료를 감액하는 정책은 하나의 사례이다. ③에 대해서는 노사가 논의하고, 행동계획을 작성해 실현하기 위한 프로세스 모델, 예를 들어 plan-do-check-act(계획-실행-평가-개선)를 순환시킴으로 지속적으로 사태를 개선하려는 PDCA[3] 사이클 등을 나타내는 것이다.

글로벌 경쟁이 치열해지면서 인간의 기본적 가치가 침해되는 사태가 심화될수록 인간의 기본적 가치를 보장하기 위한 **'국가의 역할'**(①)은 중요해진다. 또한 뒤에서 설명하는 것처럼, 사회가 다양화 · 복잡화되면서 현장의 실태에 놓여 있던 노사의 활동을 존중할 필요성이 커질수록 노사의 자율적인 대처를 지원하는 역할은 커진다(② · ③). 이러한 국가의 역할은 민주주의의 프로세스에 따라 정해져야 한다.

(2) '개인'의 역할

둘째, 사회가 다양화 · 복잡화되면서 다양한 상황에 놓여 있는 개인의 선택 · 결정을 중시해야 한다는 요청도 커지고 있다. 여기서 '개인'의 역할은 다음의 두 가지 측면을 가지고 있다.

---

3) <역자주> PDCA : 사업활동에서 생산 및 품질 등을 관리하는 방법이다. 'Plan(계획)-Do(실행)-Check(평가)-Act(개선)'의 4단계를 반복해 업무를 지속적으로 개선한다. 그 핵심원리는 행동과 행동의 결과인 피드백을 통해 이를 수정해 나감으로서 목표에 접근하는 방식이다. 이는 Do(실행)과 Check(확인)라는 시행착오를 통한 업무개선 과정에 과학적 방법을 적용한 사례의 기반을 제공하였다. 대표적인 사례로는 ISO 9000 인증절차가 있다. ISO 9000계열인 ISO 9001은 품질경영시스템으로 해당 조직이 재화나 용역을 고객의 요구에 응하는 품질로 제공할 수 있는 능력이 지속 가능함을 보여준다. 월터 슈하트(Walter A. Shewhart), 에드워즈 데밍(W. Edwards Deming) 등에 의해 유명해졌다.

하나는 위에서 말한 '국가의 규제'와 다음에서 언급할 '집단적인 결정에 반하지 않는 범위 내에서 자신의 의사에 따라 자유롭게 행동하는 것'이다. 일하는 것에 대한 사람의 사고방식은 다양하다. 이 책의 '저자 서문'에서 나카무라(中村)씨와 같이 열심히 일하는 것을 좋아하는 사람도 있고, 스에히로(末広)씨처럼 자신의 자유로운 시간을 보다 소중하게 여기는 사람도 있다. 사람마다 각자의 생각이 있음을 서로 존중하면서 자신의 신념이나 선택에 따라 살아갈 수 있는 자유가 각각의 개인에게 있다. 이 개인의 자유를 존중하는 것이 일본의 기업사회나 노동법에서 향후 하나의 중요한 과제가 된다. 독일법 학자인 무라카미 쥰이치(村上淳一)의 말을 빌리면, "다른 사람인 타인을 인정한다는 것", "각자가 개성적인 삶을 선택하라는 의미에서의 개인(을) 존중(하는 것)"을 일본 사회에서 어떻게 실현할 것인지는 과제이다(『＜법＞의 역사』(도쿄대학출판회) 181쪽 이하 참조).[4]

또 하나는 '국가'를 통하여 보장된 권리를 향수하는 주체로서, 또 다음에 말하는 '집단'을 구성하는 구성원으로서, 보다 적극적으로 행동하는 것이다. 국가가 권리나 자유를 보장했다고 해도, 이것을 침해받고 있는 자신의 상태를 묵인해 버리는 것은 간접적으로 타인의 권리나 자유가 침해되는 것이다. 즉 타인을 같은 상황으로 몰아넣어 버리게 된다. 자신의 권리가 손상되었을 경우에는 누군가(어딘가)와 상담하고 적절한 행동을 취해야 한다. 또 자신을 위해서도, 자신이 속한 조직이나 사회를 위해서도, 다음에서 언급하는 집단의 구성원으로서 적극적으로 발언 · 활동하고, 집단적인 네트워크를 통하여 국가나 개인의 능력이나 정보의 한계를 보완하는 역할을 맡을 것을 기대한다.

---

4) 村上淳一,『＜法＞ の歴史』〔東京大学出版会〕 181쪽 이하

(3) '집단'의 역할

사회가 다양화 · 복잡화되면서, 또 글로벌 경쟁이 치열해지면서 국가나 개인의 능력이나 정보의 한계가 부각되고 있다. 앞에서도 살펴본 것처럼, 국가가 법률을 통하여 상세한 규제를 정했더라도 다양화 · 복잡화된 현장의 실태에 맞지 않고, 법이 효과적으로 기능하지 않는 경우가 많다. 또 격렬한 경쟁에서 개별 근로자가 가진 약한 교섭력이 표면화되거나, 근로자도 기업도 눈앞의 이익에 사로잡힌 근시안적인 행동으로 나서는 경향이 있다.

여기서 국가가 규정한 룰을 현장의 다양한 실태에 알맞은 형태로 구체적으로 실현하기 위해서도, 규정한 룰을 다양한 현장의 실태에 있던 형태를 구체적으로 실현하기 위해서도, 또 개별 계약에서 개인이 가진 교섭력의 약함이나 판단능력의 한계를 보완하기 위해서도, 제3의 주체로서 '집단'의 역할이 중요하게 된다. '국가'와 '개인'의 중간에 있는 주체로서 노동조합 등의 '집단'의 조직이나 네트워크를 만들고, 이 집단의 자주적인 대응 또는 국가의 유도나 지원을 받으면서 각각의 현장 실태나 인식에 따른 형태로 중장기적인 관점도 고려한 문제의 인식과 해결 · 예방시스템을 조성해 갈 것을 기대한다.

전통적인 노동법에서는 이 집단적 관계는 노동조합과 회사 사이의 노사관계 속에서 형성해 왔다. 그리고 향후에도 노동조합이 있는 곳에서는 이것이 근로자의 집단적인 대화에 중요한 기반이 될 것이다. 그러나 이것이 **'정규직'**(正社員, 정사원)을 중심으로 한 내향성을 가지고 있다면, 여기에 외부로부터 바람을 불어넣어 바깥으로도 눈을 돌려서 대화할 수 있는 조직으로 전환할 필요가 있다. 또 **노동조합이 없는 곳**에서는 노사가 자주적으로 노력해 이 집단적인 대화의 기반을 마련하는 것이 바람직하다. 하지만, 당사자의 자주적인 노력만으로 이것을 확대하는 것이 어렵다면, 이것을 정책적으로 촉구할 필요도 있다. 예를 들어 근로자가 회사나 직장에서 자신의 대표를 비례대표선거를 통하여 선출해 사용자와 대화를 실시하는 '근로자대표제도'를 법률로 규정하고, 여기서 '공정한 대화'의 실행을 정책적으로 촉구하는 것을 생각할 수 있다. 또 노동문제를 전문으로 하는 외부의 비영리단체가 각 기업의 노사에게 전문적인 정보를 제공해 정책의 목적을 실현하거나, 건전한 노사관계를 형성하기 위한 지원을 정책적으로 촉구하는 것도 생각할 수 있다.

이와 같이 새로운 사회 상황에서 종래의 '집단'적인 노사관계의 경우에 따라서는 '투명성'과 '개방성'이라는 새로운 바람을 불어넣어 그 숨을 되돌리는 것, 또는 법률에 따라 새로운 '집단'적인 제도를 마련하는 것, 또 외부의 전문적인 비영리단체가 각각의 노사를 지원하는 것을 정책적으로 촉구함으로써 국가와 개인의 사이에서 양자의 능력을 보완하는 '집단'적인 기반을 만들어는 것이 또 하나의 향후 일본 노동법의 중요한 과제가 된다.

이러한 '일본의 노동법이나 노동법학의 방향성'은 '내성'(內省)을 법적으로 받아들여서 제도화하고, 다양한 환경에 놓여 있는 다양한 개인의 '잠재능력'을 발휘하도록 촉진하기 위한 '세계의 노동법이나 노동법학의 조류'와 기본적으로 동일한 방향성을 지향하고 있다.

4 노동법의 미래의 열쇠

사람들은 옛날부터 '일'을 하고 있었다. 그리고 일을 하는 것에 대한 인식이나 룰은 역사 속에서 사람의 의식이나 사회의 본연의 모습에 따라 바뀌어왔다. 그리고 지금에 사회의 큰 변화로 노동법도 '대변혁기'를 맞이하고 있다.

여기서 변혁의 관건은 현장에서 일하는 '근로자의 소리'와 이것을 받아들이는 '회사의 자세'이다. 사람마다 '개인'으로서 자신의 생활방법이나 일하는 방식을 결정해 '집단' 중에서 자신의 의견이나 생각을 발언함으로써 회사나 사회의 발전에 지속해 공헌하고, 또한 민주주의 프로세스를 통하여 '국가"의 본연의 모습에도 관여한다. 노동법은 사람의 의식이나 사회의 본연의 모습과 깊숙하게 결합하면서 동태적으로 변화해 왔다.

향후 노동법의 본연의 모습을 결정하는 사람은 '여러분'이다.

여기서 변혁의 관건은 현장에서 일하는 '근로자의 소리'와 이것을 받아들이는 '회사의 태도'이다. 사람마다 '개인'으로서 자신의 생활방법이나 일하는 방식을 결정해 '집단' 중에서 자신의 의견이나 생각을 발언함으로써 회사나 사회의 발전에 지속해 공헌하고, 또한 민주주의 프로세스를 통하여 '국가"의 방향에도 관여한다. 노동법은 사람의 의식이나 사회의 방향과 깊숙하게 결합하면서 동태적으로 변화해 왔다.

향후 노동법의 방향을 결정하는 사람은 '여러분'이다.

※ 추 신

이 책은 대학에서 노동법을 공부하지 않은 '일반 시민'을 위해서 노동법의 전체상을 알기 쉬운 설명을 시도한 것이다. 그러나 오직 알기 쉽게 노동법의 전체를 살펴본 것만으로는 여러분에게 별다른 흥미를 끌지 못할지도 모른다. 그래서 단순히 노동법의 모습을 표면적으로 살펴본 것이 아니라,

그 배경이나 기반에 있는 사상이나 사회의 본연의 모습에서 노동법의 구조나 골격을 발굴하고, 여기서 일본의 노동법의 특징이나 향후 과제를 가능하면 일관적인 논리로 해명하는 것을 이 책의 특징으로 생각하였다. 이 목적이 성공했는지의 여부는 독자 여러분의 판단에 달려 있다.

이 책에서는 그 성격상 노동법의 자세한 부분에 걸친 설명은 생략하고, 노동법의 골격 부분을 그려내는 것에 노력하였다. 또한, 필요 최소한으로 참고문헌 등을 제시하였다. 노동법의 보다 구체적인 내용이나 참고문헌 등을 알고 싶은 분들은 다음의 교과서 등을 참조하길 바란다.

스게노 카즈오,[5] 노동법(홍문당)

니시타니 사토시,[6] 노동법(일본평론사)

---

5) <역자주> **스게노 카즈오**(菅野和夫) : 1943년 도쿄(東京) 출생, 1966년 도쿄대학 법학부 졸업, 1968년 사법연수생 완료, 도쿄대학 법학부 조수/조교수/교수, 중앙노동위원회 회장(위원장), 현재－도쿄대학 명예교수, 일본 학사원(학술원) 회원, 일본노동정책연수기구 이사장(재임), 일본 칸토(關東)지방 등 일본 노동법학계를 대표하는 학자이다. 주요 저서로는 쟁의행위와 손해배상, 도쿄대출판부(1978) ; 연습노동법, 유비각(1983) ; 세미나－노동시간법의 초점, 유비각(공저)(1983) ; 고용사회의 법, 유비각(1997, 2002, 2004, 2007)(이정(번역), 고용사회와 법, 박영사, 2001) ; 판례로 배우는 고용관계의 법리, 총합노동연구소(1994) ; 게이스북 노동법, 홍문당(감수, 7판 2012) ; 노동심판제도, 홍문당(공저)(2007) ; 상세 노동계약법, 홍문당(공저)(2008) 등 다수 논문이 있다. 대표적인 노동법 교과서로 勞働法(제11판 補正版), 弘文堂, 2017.2(菅野和夫(이정 번역), 일본 노동법, 박영사, 2015(제10판 번역, 943면)). 勞働法(제12판), 弘文堂, 2019.11(1,179면). ; 반면에, 한국의 대표적인 노동법 교과서로 김형배, 노동법(제26판), 박영사, 2018(1,440면) ; 임종률, 노동법(제19판), 박영사, 2021(701면)이 있다.

6) <역자주> **니시타니 사토시**(西谷敏) : 1943년 고베(新戸)시 출생, 1966년 교토(京都)대학 법학부 졸업, 1971년 교토대학 대학원 법학연구과 박사과정 단위 취득 만기 퇴학, 1971－2007년 오사카(大阪)시립대학 법학부(법학연구과) 근무, 2007－2010년 긴키(近畿)대학 법과대학원 근무, 현재－오사카(大阪)시립대학 명예교수, 법학박사, 독일 프라이부르크대학 명예박사, 주요 저서로는 독일노동법 사상사론－집단적 노동법에 있어 개인·단체·국가, 일본평론사(1987) ; 노동법에 있어 개인과 집단, 유비각(1992) ; 여유 있는 사회의 조건－일본과 독일노동자권, 노동순보사(1992) ; 노동조합법, 유비각(1998(1판), 2006(2판), 2012(3판)) ; 「規制

아라키 타카시,[7] 노동법(유비각)

미즈마치 유이치로, 상해 노동법(도쿄대학출판회, 2020)[8]

약 8년 전에 노동법 입문의 초판(2011년)을 집필했을 때에는 이와나미 서점(岩波書店) 신서 편집부의 **오다노 코우메이**(小田野耕明)씨에게 신세를 졌다.

그리고 이번 노동법 입문의 신판(新版)을 집필하는 데는 같은 편집부에 있는 **이토 코타로**(伊藤耕太郎)씨가 지원해 주었다. 위의 두 분의 도움이 없었다면 이러한 형태로 이 책을 다시 세상에 출판할 수 없었을 것이다.

오다노씨, 이토씨. 그리고 이 책을 끝까지 읽어주신 여러분. 고맙습니다.

'후기'부터 읽고 계신 분은 '저자 서문'으로 되돌아가 반드시 내용도 읽어 보시길 바랍니다. 여러 분의 생활방식이나 생각에 참고할 만한 것이 이 책에서 조금이라도 찾는다면 기쁘겠습니다.

2019년 5월

미즈마치 유우이치로(水町勇一郎)

が支える自己決定－労働法的規制システムの再構築」, 法律文化社(2004) ; 西谷敏, 『労働法』(日本評論社)(2008(초판), 2013(재판), 2020(제3판)) ; 인권으로서의 좋은 일자리－일한 보람이 있는 인간다운 일, 노순사(2011) ; 노동법의 기초구조, 법률문화사(2016)(번역서－한국노동법학회/한국비교노동법학회 편역, 「노동법의 기초연구」, 박영사, 2016.10) 외 다수 논문이 있다.

7) 아라키 타카시(荒木尚志) : 1959년 구마모토(熊本)현 출생, 1983년 도쿄(東京)대학 법학부 졸업, 1985년 도쿄대학대학원 법정치학연구과 석사과정 수료, 1985년 도쿄대학 법학부 조수, 1988년 조교수/ 도쿄대학대학원 법정치학연구과 교수(현재). 주요 저서로는 노동시간의 법적구조(유비각, 1991), 고용시스템과 노동조건 변경법리(유비각, 2001), 제외국의 노동계약법제(공편저, 노동정책연구연수기구, 2006), 고용사회의 법과 경제(공편저, 유비각, 2008), 상설 노동계약법(제2판)(공저, 홍문당, 2014), 유기고용법제페북스(편저, 유비각, 2014), 암파강좌 현대법의 동태3 사회변화와 법(책임편집, 암파서점, 2014), 게이스북 노동법(제4판)(공편저, 유비각, 2015). 『労働法(3판)』(有斐閣, 2016)

8) 水町勇一郎, 『詳解労働法(초판)』(東京大学出版会, 2020)

부 록

〈부록 1〉 일본의 노동법 개혁과 관련된 이론의 전개

〈부록 2〉 일본의 4차 산업혁명과 노동법의 역할 단상

〈부록 3〉「일하는 방식 개혁」의 도달점과 과제

〈부록 4〉 좌담회 : 일하는 방식 개혁법과 인사관리

〈부록 5〉 36협정 지침

〈부록 1〉 일본의 노동법 개혁과 관련된 이론의 전개

○ 근로자가 자유로운 노동시장에서 만족할 만한 일을 찾는 것이 쉽지 않았던 것은 역사가 증명하고 있는 부분이다. 또한 구직자에게 일자리를 제공하기 위한 대책은 노동법의 출발점의 하나라고 할 수 있다. 노동력의 수급을 기본적으로 시장에 맡기고, 실업대책의 실시와 직업소개의 규제에 그쳤던 정책을 넘어서서 국가가 완전 고용을 실현하려는 적극적인 정책을 고용정책으로 개념화하였다. 이에 '**고용정책**'이란 국가가 생산적인 고용을 통한 완전고용을 실현하기 위해 노동시장에 적극적으로 나서는 정책체계라고 할 수 있다.[1] 이는 '**적극적인 노동력 정책**'이라고도 한다. 최근에 고용정책은 노동행정의 구조를 넘어서서 정부의 기본방침에 있어 중요한 시책으로 거론하게 되었다. 이러한 고용정책의 전개에서 **노동법학**은 그 규범적 근거를 제시하는 '**기초이론의 역할**'과 고용정책에서 구체적으로 책정하는 데에 전문적인 지식을 드러내는 '**응용연구**'라는 두 가지의 역할을 하고 있다.[2]

○ 최근에 일본에서의 노동법 개혁과 관련된 이론을 전개하는 데에는 새로운 노동법의 형성과 관련된 '**주체론**', 노동법 개혁의 법적 기반과 관련된 '**권리론**', 다양한 정책 목적을 실현하기 위한 방법과 관련된 '**방법론**'으로 3가지 관점에서 정리해 볼 수가 있다.

(1) 노동법을 담당하는 '주체'의 논란

○ 먼저, 노동법을 담당하는 '주체'와 관련해 논란이 있었다. 노동법학에

---

1) 이 의미에서 고용정책은 고용문제에 관련된 노동정책의 일부를 규정하고 있다.

2) 노동법학의 연구를 '기초이론'과 '응용연구'로 나눈 것은 諏訪康雄, "労働法学におけるキャリアの位置付け", 「日本労働研究雑誌」 600号, 2010, 59면. 또한 각각의 고용정책에 대한 비판적 검토가 포함되고, 응용연구에서 노동법은 향후 **학제간의 연구**를 진전시킬 필요가 있다. 이 점은 鶴光太郎, "労働法政策の検討－経済学の立場から", 野川忍/山川隆一/荒木尚志/波遺絹子, 『変貌する雇用就労モデルと労働法の課題』, 商事法務, 2015, 81면 참조.

서는 외부 노동시장에서 법 규정이 가진 존재의 의미와 관련해 치열한 논란이 있다. 그 쟁점은 외부 노동시장에서 시장의 기능에 자리매김을 하는 것이다. 이것은 지금까지의 노동법학에서 고용정책의 평가와 관련한 논의가 중심이 되고 있다. 종전에는 일본형 고용관행의 변화를 주어진 사실로 삼아 외부 노동시장을 통한 노동력 수급을 조정하는 것이 적정한 방향성이라고 찬성하는 계보의 흐름에는 노동시장의 '시장'성을 매우 신뢰하고 소극적인 노동시장정책을 주장하는 입장도 있었다.[3)]

○ **菅野和夫**[4)]**/諏訪康雄** 교수는 일찍이 1994년에 "사회 경제의 성장 · 성숙에 따라 노동법의 대상인 근로자상이 획일적 · 단속적 · 강행적인 규제를 하는 대상을 확대해 '집단의 근로자'에서 당사자 의사를 존중하면서 개별적 · 보완적인 방법으로 임의 규제를 하는 편이 적절한 '개인의 근로자'로 전환하고 있고, 이를 규제하는 노동법도 '개인의 근로자'의 거래행위(개별적인 근로계약)를 지원하는 시스템으로 전환해야 한다고 제시하였다.[5)] 이에 노동시장에 대한 적극적인 개입 정책을 전제하면서도 노동법의 큰 전환점으로 포착한 새로운 구상을 하는 것이다. 이러한 노동법은 노동시장에서 근로자의 거래행위를 지원하는 시스템이라는 기본적인 관점에서 근로계약법제, 상담 조언 · 불만처리에 대한 분쟁처리제도의 정비, 외부 노동시장의 정비가 필요하다는 것이다.[6)]

○ 그런데, 2004년 **西谷敏** 교수[7)]는 개별적인 노동분쟁을 해결하는 제도의

---

3) 小鳥典明,"労働市場をめぐる法政策の現状と課題,"「労働法学会誌」 87号,1996, 25쪽.

4) **스게노 가쯔오**(菅野和夫)는 일본 칸토(關東)지방 등 일본 노동법학계를 대표하는 학자이다.

5) 菅野和夫/諏訪康雄, "労働市場の変化と労働法の課題一新たなサポート · システムを求めて",「日本労働研究雑誌」, 418号, 1994, 2쪽 이하.

6) 菅野和夫/諏訪康雄, "労働市場の変化と労働法の課題", 13－14면. 또한 반대 입장에서 이러한 문제제기에 대해 노동법을 근로자의 노동시장에서 거래행위를 지원하는 시스템으로 파악하고, 근로자 개인에 대한 주목이 협상력 있는 강한 근로자를 상정한다고 이해하는 경우도 있다. 노동기본권의 체계로서 노동법에서의 일탈, 노동법의 규제완화론 등을 비판하고 있다(脇田滋, "派遣 · 職業紹介と雇用保障法制の緩和", 萬井隆令/伍賀一道/脇田滋編,「規制緩和と労働者·労働法制」, 旬報社, 2001, 153쪽 이하 등. 이 비판은 소극적인 노동시장정책을 전제한 규제완화론을 주장하는 것은 아니다).

7) **니시타니 사토시**(西谷敏), 일본 간사이(關西)지방 등 일본 노동법학계를

정비(2001년 「개별 노동분쟁해결촉진법」 제정, 2004년 「노동심판법」 제정)나 근로계약에 관련된 규정의 명확화(2007년 「노동계약법」 제정 등)와 연계되는 논조에 대하여 다음과 같이 입장을 밝히면서 국가를 통한 법 규제의 중요성을 주장하였다. 즉, "사용자와의 관계에서 종속적인 지위에 놓여진 근로자에게 자기 결정을 현실에서 보장하려면 국가법의 효과적인 지원이 필수적이다. … 근로자가 자기결정을 하기 위해 사용자의 자기결정을 제한하기 위한 제도로서 노동조합이 존재한다. 하지만, 노동조합의 기능이 취약한 일본에서는 유럽보다 한층더 국가를 통한 법이 중요한 역할을 맡을 수밖에 없다."[8)]

❍ 이와 같이 1990년대부터 2000년대 초반에 일본의 노동법은 근로자에서 '개인'으로 초점을 옮겨서 개별적인 근로계약을 지원하는 방향으로 가야 한다는 입장과, 인간다운 근로조건을 실현하려면 '국가'를 통한 법 규제가 중요하다고 하는 견해가 대립하고 있었다.

❍ 이에 水町勇一郎 교수는 '개인'과 '국가'의 중간에 위치한 '집단'을 통한 조정 · 결정의 중요성을 강조하였다. 그 이유로는 사회의 다양화 · 복잡화나 글로벌화되면서 국가의 인식론적 능력의 한계와 그 획일적 · 경직적인 규제의 기능에 불완전성이 표면화되고 있다. 또한 개인의 능력과 정보에도 한계가 있기 때문에 근로자 개인이 가진 교섭력의 약함과 사용자가 가진 근시안적인 행동으로 위험을 표면화하는 현실에 처해 있다. 이러한 문제와 관련해 당사자의 집단적인 협상 · 조정 과정을 중시하는 법 제도를 형성해갈 필요가 있다.[9)]

❍ 그 후 水町勇一郎 교수는 이러한 논의의 상황을 총괄하고, 향후에 노동법은 인간의 기본 가치를 보장하면서 국가의 기본 정책의 방향성을 설정하는 '국가', 자신의 신념이나 선택에 따라 살면서 국가로부터 보장된 권리를 향유하는 주체인 집단을 구성하는 구성원으로서 적극적으로 행동하는 '개인', 그리고 국가가 정한 규칙을 현장의 다양한 실태에 따른 형태로 구체적으로 실현하고, 개별적인 계약에서 개인의 협상

대표하는 학자이다.

8) 西谷敏, 「規制が支える自己決定－労働法的規制システムの再構築」, 法律文化社, 2004, 399면 이하. ; 니시타니 사토시(西谷敏) 저(한국노동법학회/한국비교노동법학회 편역), 「노동법의 기초구조」, 참조

9) 水町勇一郎, 「労働社会の変容と再生一フランス労働法制の歴史と理論」, 有斐閣, 2001, 260면 이하, 水町勇一郎, 「集団の再生－アメリカ労働法制の歴史と理論」, 有斐閣, 2005, 212면 이하 등.

력의 약함과 판단 능력의 한계를 보완할 '집단'을 상호 적절하게 조합하는 형태로 구성해야 한다고 주장하였다.[10)]

(2) 노동법의 기반을 둔 '권리'의 논란

○ 근래에는 '기본 인권'이나 '근로권'(right to work, 근로의 권리)[11)]과 같은 권리론에서 일본에 노동법 개혁의 기본계획을 제시하려는 동향도 활발하게 논의하고 있다.

○ **和田肇 교수**[12)]는 위의 (1) (노동법을 담당하는 '주체'의 논란)과 같은 형태로 노동법의 패러다임에 전환을 논의하면서 현실에서 나타나는 고

---

10) 水町勇一郎, 「労働法入門」, 岩波書店, 2011, 211면 이하.

11) 고용정책의 규범적 근거에 관한 기초이론 연구에서 일본헌법 제27조 제1항에서의 '근로권'의 규범적 내용을 탐구하는 것이 출발점이다. 헌법의 근로권이 "완전고용을 국정의 중요한 목표로 선언한 규정"이며, 근로자가 자신의 능력과 적성을 살린 근로의 기회를 얻을 수 있도록 노동시장 체제를 갖출 의무 및 그렇지 못한 근로자에게 생활보장 의무라는 2개의 적극적인 정책의무를 부과하고, 규범적인 내용은 초기부터 노동법학의 공통된 이해였다.

이러한 의미로 일본에서는 고용정책의 기초인 규범적 근거를 무엇보다 헌법 제27조 제1항에서 찾는다. 하지만 이 두 가지 정책의무의 구체적인 내용은 헌법 제27조 제1항에서 "모든 국민은 근로의 권리를 가지고 의무를 가진다"는 추상적인 규정에서 명확하지 않다. 이에 고용정책의 규범적 내용을 보다 구체적으로 찾기 위하여 ILO 및 UN(유엔)의 고용정책의 기본 이념, 특히 일본이 비준한 고용정책에 관련한 협약을 주목하고 있다.

12) **와다 하지메**(和田肇)는 1954년 나가노현(長野縣) 출생, 1978년 도쿄대학 법학부 졸업, 1980년 도쿄대학 대학원 법학정치학연구과 석사과정 수료, 1982년 나고야(名古屋)대학 법학부 조교수/교수, 1999년 대학원 법학연구과 교수, 일본 칸사이(關西)지방의 중진학자이다. <주요 저서>로는 노동계약의 법리, 유비각, 1990 ; 쉬는 방법의 지혜(공저), 유비각, 1991; 노동법의 세계(공저), 유비각, 1994 ; 독일의 근로시간과 법 –노동법의 규제와 탄력화, 일본평론사, 1998 ; 일하는 방법의 지혜(공저), 유비각, 1999 ; 인권보장과 노동법, 일본평론사, 2008 ; 신판 노동법 중요판례를 읽기 Ⅰ,Ⅱ(공저), 일본평론사, 2013 ; 근로자파견과 법(공편저), 일본평론사, 2013 ; 일한비교노동법 Ⅰ,Ⅱ(공편저), 2014 ; 노동법(공저), 일본평론사, 2015 ; 노동법의 복권(고용 위기에 대항하여), 일본평론사, 2016(와다 하지메(和田肇) 저(한일노동법포럼/한국사회법학회 편역), 「노동법의 복권(고용 위기에 대항하여)」, 중앙경제, 2017 참조.

용 현장의 붕괴현상에 대응하는데 적절한 대책안으로 **헌법의 가치에 기초한 노동법의 개편을 구상**하고 있다. 특히, 생존권(헌법 제25조)과 근로권(제27조), 평등권(제14조), 인간의 존엄(제13조)에 근거해 건전한 고용과 노동시장 자체를 유지하기 위한 사회안전망(safety net)[일과 생활의 균형(work life balance), 건강을 유지할 수 있는 근무방식, 일자리나누기(Job sharing), 유연화 · 다양화와 보장 · 안정, 균등처우]의 적극적인 법정책의 중요성을 지적하고 있다.[13)]

○ **島田陽一** 교수는 근로권(헌법 제27조 제1항) 보장의 시야를 넓혀서 적정한 취업환경에서 근로하고 능력의 발휘를 보장하면서, 근로자의 주체성(자기 생애형태의 선택)을 중요시한 보다 넓게 일하는 생애를 펼치도록 보장하려면 **노동법과 사회보장법을 연계한 법정책 · 법 영역**(생활보장법)**을 구축할 필요가 있다**고 한다.[14)]

---

13) 和田肇, 「人権保障と労働法」, 日本評論社, 2008, 248면 이하.

14) 島田陽一, "これからの生活保障と労働法学の課題－生活保障法の提唱", 「西谷敏先生古稀記念論文(上)」, 日本評論社, 2013, 55면 이하, 三井正信,"労働権の再検討と労働法システム", 「西谷敏先生古稀記念論文(上)」, 日本評論社, 2013, 105쪽 이하. ; **현재의 노동법과 사회보장법을 연계한 고용정책에서** 향후 빈곤층의 등장은 일자리와 사회보장의 공존이라는 기존의 생활보장의 방식을 변경시킬 것이다. 신규 대졸자의 채용과 정년제를 세트로 장기고용의 관행만을 모델로 하는 생활보장은 끝날 것이다.

비정규직의 수입이 주된 수입인 근로자층을 단기에 안정된 수입이 보장된 고용으로 유인하지 못하면 고용으로 수입을 보완하는 소득보장을 통한 생활보장의 실현이 정책 과제가 될 것이다. 기존의 노동법 및 사회보장법의 대상자가 교착(交着)되는 상황이다. 독신자의 빈곤층, 모자(母子) 가정의 어머니 등의 비정규직은 저임금 근로자이면서 빈곤자의 성격을 갖고 있기 때문이다. 사회보장정책도 빈곤에 대한 소득보장과 구직자 지원제도와 같이 자립 지원, 사회적 포섭이라는 방향을 유지해야 한다. 이러한 상황을 고려해 고용정책 · 사회보장정책을 제휴하도록 요청하고, 학제간 연구를 촉진해야 한다. 이에 본질상 근로조건이나 능력개발 등에 걸쳐서 고용정책 또는 노동시장정책의 과제이지만, 사회보장정책으로 대응하도록 검토 과제를 연계해야 한다. 아직은 노동법학과 사회보장법학의 연계는 '초기 단계'로 출발하고 있다.

향후 현재의 경제와 고용과 관련된 상황에서 근로자가 고용으로 경제적 독립을 하고, 인격적 성장도 하려면 필요한 현실적인 고용정책과 이것을 지지하는 기초이론이 필요하다고 볼 수 있다. 구체적으로는 기존의

○ **有田謙司** 교수는 넓은 의미에서 일하는 가치(취업 가치)의 다양성 · 복합성(인격적 가치, 경제적 가치, 사회적 가치)을 고려해 단결권, 취업의 장에서 평등권, 인격권 등을 포함한 기본권으로 '**노동권**'의 개념을 실현하려는 법 정책(괜찮은 일자리(Decent work)의 보장, 취업을 통한 사회적 포섭의 지원 등)의 중요성을 지적하고 있다.[15] 이 '노동권'론은 영국 등에서의 '**잠재능력 접근**'의 영향을 받은 것으로 보여진다.

○ **両角道代** 교수는 파트타임노동법 제8조(불합리한 대우 격차의 금지)에 관한 논고에서 그 배후에 있는 규범적인 요청으로 아마르티아 센(Amartya K. Sen)의 '**잠재능력 접근**'에서 착안한 것이다. 両角道代 교수는 노동시장의 잠재능력의 보장은 헌법상의 근로권(제27조 제1항)이나 직업선택의 자유(제22조 제1항)에 근거해 논의하고 있다. 이러한 규범적인 요청에 의한 파트타임노동법 제8조의 구체적인 해석(변화를 촉진하는 입법의 성격)을 전개하고 있다.[16]

(3) 노동법의 정책 목적을 실현하는 '방법'의 논란

○ 사회가 다양화 · 복잡화되면서 노동법의 정책 목적을 실현하는 방법을 두고, 종래의 방법과는 다른 접근방법에 주목하는 논의도 있다.

○ **荒木尚志** 교수는 고용시스템의 변화, 특히 근로자의 다양화 · 개별화에 대한 적절하고 타당한 법적 접근 방식으로 ① 기존의 강행규정 이외에 일탈할 수 있는 강행규정, 임의규정의 활용, ② 국가에 의한 실체적인 규제와 현장과 가까운 노사에 의한 절차적인 규제와의 **적절한 조합**(하이브리드(hybrid)형 규제), ③ **노력의무 규정 등의 소프트로우**(soft law, 연성법)**에 따른 점진적인 접근**[17]과 함께, ④ 법을 위반하는 기업명

정규직과 같은 비교적 안정된 고용을 신규 대졸자에게 충분히 제공할 수 없는 고용 상황에서 한 동안 안정된 캐리어를 형성하게끔 근로자의 직업생활 및 생활보장을 지원하는 기초이론을 구축하는 것이 과제이다.

15) 有田謙司, "労働法における『就労価値』の意義と課題—労働法における労働権の再構成", 「労働法律旬報」 1827号, 2014, 33쪽 이하.

16) 両角道代, "パート処遇格差の法規制をめぐる一考察 －『潜在能力アプローチ』を参考に』", 野川忍ほか編, 「変貌する雇用 · 就労モデルと労働法の課題」, 商事法務, 2015, 343쪽 이하.

17) 荒木尚志, "労働立法における努力義務規定の機能－日本型ソフトロー · アプローチ?", 土田道夫ほか編, 「労働関係法の現代的展開」, 信

의 공표, 우량 기업의 표창, 기업정보의 공개 등에 의한 시장 기능(평판 메커니즘)을 이용한 실효성을 확보하는 것도 유용한 수단이 된다고 지적하고 있다.[18)]

○ **山川隆一** 교수는 미국 법의 시사점을 근거로 노동법의 실현 방법을 ① 공적 권한의 행사를 통한 실현, ② 사인 간의 분쟁 해결을 통한 실현, ③ 자발적인 법 준수의 촉진에 의한 법 위반의 예방이라는 3가지 유형으로 정리 · 분석하고 있다.[19)] 특히, 법 위반의 사전방지(③)라는 관점에서는 포스터나 인터넷 등에 의한 법률의 주지, 노동조합이나 종업원 대표에 따른 법 위반의 모니터링, 예방조치를 강구한 기업의 인센티브의 부여 등의 방법을 생각할 수 있다고 한다.[20)]

○ 게다가 **水町勇一郎** 교수는 기존의 '명령과 제재에 의한 강제시스템'으로서 노동법은 당사자의 법에 대한 회피행동이나 탈법행동 등의 기회주의적 행동을 초래한다는 폐해를 발생시키고 있음을 지적하고 있다. 향후 노동법의 한 방식으로 다양한 실태에 적합한 형태로 정책 목적에 적절한 대응(행동계획의 책정 · 실시와 성과의 공표 등)을 추진하는 당사자에게 이익을 제공(또는 그러한 행동을 하지 않는 당사자에게 불이익을 부과)하는 '인센티브 시스템'으로서의 노동법에 중심을 이동하는 방향성을 전망하고 있다.[21)]

山社, 2004, 19쪽 이하.

18) 荒木尚志, "雇用社会の変化と法の役割", 荒木尚志編, 「岩波講座現代法の動態3－社会変化と法」, 岩波書店, 2014, 3쪽 이하.

19) 山川隆一,"労働法の実現手法に関する覚書", 西谷古稀(上), 75쪽 이하.

20) 山川隆一, "『違法労働』と労働政策", 「日本労働研究雑誌」 654号, 2015, 74쪽 이하.

21) 水町勇一郎,"世界の労働法理論の潮流と日本の労働法改革の位相", 74쪽 이하.

〈부록 2〉 일본의 4차 산업혁명과 노동법의 역할 단상

일본에서 정보통신기술 및 인공지능의 발달은 외부 인재의 활용을 좀더 촉진하게 한다. 인공지능의 발달은 로봇과 기술을 발달시켜서 인간의 일자리를 기계로 점차 대체할 것이다. 그 대체 과정은 다음과 같다.

먼저 기업내 정규직의 작업 중에서 정형성이 높은 작업은 컴퓨터 등과 같은 기계로 대체하도록 촉진하고, 이러한 작업이 정규직 직무의 대부분이라면 그 직무를 정규직으로 해야 할 필요성이 적어진다. 최근 비정규직이 증가한 요인은 기업내 업무를 기계로 대체해 단순화하고, 이에 정규직이 그 직무를 맡을 경제적 합리성이 적어지는 상황도 관련성이 크다.

아울러 정규직의 직무도 기계로 대체하는 것이 효율성이 높은 직무로 분류될 것이다. 이러한 직무를 재편성해 정규직은 사람이 종사해야 효율적인 직무(예를 들어 인공지능을 활용해 기존 작업의 효율성을 높이거나 신설할 직무, 인공지능이 어려워하는 작업으로 구성된 직무)에 한정하려는 경향이 클 것이다.

또한 디지털화(Digitalaization)되면서 그 정보를 처리하는 작업이 증가하고, 비즈니스 자체가 디지털 정보 등의 활용으로 전환할 것이다. 이것이 근로자의 직무에서 핵심이 된다면, ICT(정보통신기술)의 큰 발달로 근로자는 근무 장소에 제약이 없는 '재택근무'가 활성화할 것이다.[22] 또한 일을 재편성해 모듈화함으로 근로자의 직무도 특정해 그 성과를 평가한다면 '노무의 외주화'(外注化)도 좀 더 쉬워질 것이다.

어떠한 일을 기계로 하고, 인간의 일은 어디까지 고용관계를 맺은 근로자 또는 외부 인재에게 위임하고, 또 외부 인재라도 파견형태 또는 개인 도급형태 등은 개별 기업의 경영전략에 따라 달라질 것이다. 전체로 보면 디지털화와 ICT의 발달에 따라 기업은 슬림화되고, 외부 인재의 활용은 확대될 상황이다. 플랫폼에 기반한 크라우드워크(크라우드소서, 플랫폼, 크라우드워커의 3자 구성)가 노동법에 미치는 영향에 대한 연구가 적지 않고, 논의도 다양하다. 하지만 이미 일본에서도 크라우드워커(crowdworker)의

---

22) ICT를 활용한 근로방식과 관련한 법적 과제의 분석은 大内伸哉, "ITからの挑戦－技術革新に労働法はどう立ち向かうべきか", 「日本労働研究雑誌」 663号, 2015, 79쪽 이하.

활용이 늘어나고 있다. 하지만 노동법학의 분야에서는 대체로 크라우드 워커는 노동법의 보호(해고의 제한, 최저임금, 근로시간, 차별금지) 및 근로자임을 전제로 하는 사회보장(실업급여, 산업안전보건 등)을 혜택받지 못하고 있다.

일본의 경우 제4차 산업혁명이 초래할 위협에 아직은 명확한 형태로 문제가 제기되지 않았다. 이것은 적용력이 높은 일본형 고용시스템과 이를 지탱하는 노동법이 건재하기 때문이다. 특히, 심각한 고용문제는 없을 것이라는 확신이 연구자들이 공감하고 있기 때문이다. 만일 고용안정을 위협하는 '규제완화론'이 경제학 등에서 제기해도 이것에 대한 억제는 노동법학의 사명이라고 믿는 견해도 있다. 즉 諏訪康雄 교수는 노동법이 경제학에 대한 위화감을 다음과 같이 정리하였다. 경제학은 "인간행동을 간단한 이론 모델로 단순화해 그 가정을 현실에 떠넘길 것을 제창하지만, 이론이기에 다양하고 복잡한 요소를 추상화하고 최대한 단순하고 명쾌한 모델을 만드는 것이 당연히 필요하다. 하지만, 이것은 이른바 '원리론' 내지 정책적으로 타당하려면 다른 요소를 넣는 구체성을 높인 '단계론'이 있어야 한다. 또한 이것이 현실에서 정책으로 기능하려면 제약의 조건이 검토된 '상황 분석'이 필요하다. 이 점에서 경제학자가 의욕을 가진 정책론이 언제나 매우 '원리론'이라는 것이 아쉽다."[23]

다만, 일본형 고용시스템은 법으로 구축되지 않고 산업계의 요구에 맞추면서 노사 자치로 구축된 측면도 있다. 즉 石田眞 교수는 노동계약법리(판례 법리)는 일본의 고용시스템의 일부에 불과한 일본형 고용시스템을 보편화하는 힘이 있다고 지적하였다.[24]

그래서 '규범'을 다루는 노동법이 건재해도 일본형 고용시스템은 안전하지 않다. 오히려 제4차 산업혁명시대에 예상되는 산업사회의 변화에 일본형 고용시스템이 그대로 건재할 수 있는지를 검토해야 한다. 한편 노동은 유동성(양의성, ambivalence) 요소를 포함하고 있다. 이에 노동가치는 객관적인 결정이 아니라 개인의 자기결정에 맡겨야 할 필요가 있다. 오늘날 개인이 선택하는 범위에는 '개인의 근로방식'을 거의 포함하고 있지

---

23) 諏訪康雄, "労働をめぐる『法と経済学』組織と市場の交錯", 「日本労働研究雑誌」 500号, 2002, 16면. 규제완화에 대한 구체적인 반론을 제기한 최근 문헌은 西谷敏 外, 「日本の雇用が危ない－安倍政権「労働規制緩和」批判」, 旬報社, 2014.

24) 石田眞, "高度成長と労働法－日本的雇用システムと労働法の相互構築", 「日本労働研究雑誌」 634号, 2013, 78쪽 이하.

않다. 만약 이것이 개인의 근로방식이라는 선택지에 포함된다면 노동의 유동성은 해소할 수가 있다. 개인적인 근로는 노동법학이 오랫동안 규제 대상이었던 인적 종속성에서 해방된 자유로운 근로방식이기 때문이다. 물론 인적 종속성이 없으면 사회적 보호의 필요성이 전혀 없다고는 할 수 없다. 오히려 개인적인 근로방식은 자신의 능력이 없으면 경제적인 약자로 된다는 점에서 위험이 큰 근로방식이기도 하다.[25] 그래서 지금까지 노동법학은 개인의 근로방식이라는 이상을 요구하는 것은 유토피아에 불과해 처음부터 포기하였던 것이다. 그리고 많은 근로자에게 현실적인 선택은 종속근로로 보고, 거기에 있는 산업사회의 '그림자'에 대처하기 위해 보호로 규제한 후 여하튼 좋은 근로방식을 실현한다는 다른 유토피아를 추구해 왔던 것이다.

물론 이러한 노동법학의 태도에는 충분한 이유가 있다. 제1차 산업혁명 당시 생산에는 막대한 자본이 필요하며 많은 근로자는 기계화가 진행된 공장에서 단순한 근로를 제공하면서 생활을 해야만 하였다. 많은 국민에게 생활을 위한 일은 '인적 종속성'과 '경제적 종속성'이 부착된 고용노동과 거의 같은 의미를 가졌다. 하지만 이러한 상황에서의 탈피는 원래 노동법의 보호만으로는 어려웠다. 종속근로는 어차피 종속근로인 것이다. 지금까지 종속근로에서 계속 문제되는 현실을 노동법학이 유토피아를 몽상하고 있었음을 증명하고 있다. 하지만 현재에서 과거에는 멀다고 생각했던 다른 유토피아가 '기술의 발달'로 실현할 수 있는 것으로 다가오고 있다. 디지털화는 신사업에 대한 장벽을 낮추고 높은 가격의 생산수단이 없어도 지적 창조성의 여부에 따라 모두가 산업사회에 참여할 수 있다. 종속근로가 많은 근로자에게 필연이었던 시대를 마치고 산업사회의 새로운 '빛'을 볼 수 있게 된 것이다.

노동법학은 지금까지 기술혁신 및 사회 · 경제 환경이 진전하면서 발생한 사회 문제, 특히 기업내 인적 종속성에 따른 다양한 문제를 해결하고자 하였다. 이러한 작업의 필요성은 계속될 것이다. 하지만 노동법학의 핵심은 미래의 산업사회를 위해 개인의 자립적이고 자유로운 근로방식이 현실적으로 선택하는 지원시스템을 구축해야 한다. 이것이야말로 '노동법의 재생'을 위해 노동법학의 과제로 볼 수 있다.

---

25) 고용근로자의 자립을 위한 지원시스템을 검토한 논문으로 菅野和夫/諏訪康雄,"労働市場の変化と労働法の課題－新たなサポートシステムを求めて",「日本労働研究雑誌」418号, 1994, 2쪽 이하.

〈부록 3〉 「일하는 방식 개혁」의 도달점과 과제

미치마치 유우이치로(水町勇一郎)
(도쿄대학 사회과학연구소 교수)

1. 들어가며 – 지금 왜 「일하는 방식 개혁」인가?

2017년 3월 28일 아베 수상이 의장을 맡고 있고, 노사의 대표격인 일본노동조합총연합회 회장, 일본경제단체연합회 회장도 위원으로서 참가했던 「일하는 방식 개혁 실현회의」에서 「일하는 방식 개혁 실행 계획」이 결정되었다. 동 계획에서는 「일하는 방식 개혁」의 기본적인 생각에 대해서 다음과 같이 말하고 있다.

> 일본경제 재생을 위한 최대의 도전은 일하는 방식 개혁이다. … 일하는 방식 개혁은 일본의 기업문화, 일본인의 생활방식, 일본의 근로에 대한 사고방식에 손을 대는 개혁이다. 아베 내각은 한 사람 한 사람의 의사와 능력, 그리고 직면한 개개의 사정에 따라 다양하고 유연한 일하는 방식을 선택할 수 있는 사회를 추구한다. 일하는 사람의 관점에서 노동제도를 근본적으로 개혁해 기업문화와 풍토를 변화시키는 것이다. …
>
> 일하는 방식 개혁이야 말로, 노동생산성을 개선하기 위한 최선의 수단이다. 생산성 향상의 성과를 일하는 사람에게 분배해 임금의 상승, 수요의 확대를 통한 성장을 도모하는 '성장과 분배의 선순환'을 구축한다. 개인의 소득 확대, 기업의 생산성과 수익성의 향상, 국가의 경제성장이 함께 달성된다. 즉 일하는 방식 개혁은 사회문제이면서, 경제문제이기도 한 일본경제의 잠재 성장력을 인상시키기 위한 세 번째 화살[26]인 구조개혁을 핵심으로 하는 개혁이다.

이와 같이 일하는 방식 개혁은 '사회문제'이자 '경제문제'인 두 가지의 측면을 갖는 "노동제도를 근본적으로 개혁해, (일본의) 기업문화와 풍토를 전환하는 것"이라고 이해된다. '일하는 방식 개혁'의 취지와 배경을 정확하게

---

26) 아베 내각의 세 가지 화살은 '재정정책', '통화정책', '구조개혁'이 된다. 이 중에 재정정책과 통화정책은 이미 달성하였고, 당시 세 번째 '구조개혁'만 남아 있었던 상태였다.

이해하려면 먼저 이 두 가지 측면을 좀 더 상세하게 살펴보아야 한다.

(1) 일하는 방식 개혁의 사회적 측면

일하는 방식 개혁의 첫 번째 측면은 '사회적 측면'이다. 이것은 장기고용관행, 연공적 처우, 기업별 노동조합을 기본 특징으로 하는 정규직(정사원) 중심의 '일본적 고용시스템'이 가져온 큰 사회적 폐해를 일하는 사람의 관점에서 해소해 가려는 측면이다. 여기서 '폐해'란 과로사 · 과로자살에도 연결되는 장시간 노동문제와 일본 사회를 불안정하게 하는 정규직 · 비정규직 근로자 사이의 격차 문제이다.

(a) 장시간 노동문제

일본의 노동문제 중에서도 가장 심각한 문제 중 하나로서 '**장시간 노동문제**'가 있다. 특히, 최근에 근로시간의 양극화 경향이 진행되어, 정사원의 근로시간이 길어지고 있는 점(특히, 평일의 근로시간이 늘어나면서 수면시간이 감소하는 경향에 있다)을 지적하고 있고, 이러한 극한 상황에서는 **과로사 · 과로자살**에 이르는 등과 같이 일본에서 '**과중근로의 문제**'는 구미 제국과 비교해 매우 심각하다는 점을 지적하고 있다.[27] 이러한 요인

---

27) <역자주> **플라자 합의**(1985)와 **엔고 불황** : 제1차 석유위기 후 1974년의 불황 속에서 기업의 합리화 정책의 효과가 나타나기 시작하고, 자동차나 컬러 TV 등 기계류가 수출증가의 주력이 되면서 1975년부터 일본의 수출은 다시 급증하기 시작하였다. 그러나 1977－1978년에 걸쳐 엔고가 진행되고, 1979년 제2차 석유위기까지 겹쳐 일본의 수출은 다시 침체상태에 빠졌다. 일본 경제 성장률은 고도성장기의 10%에서 4%로 떨어졌다. 그런데 미국의 지미 카터 대통령이 계속되는 달러화 약세(엔화강세)를 막기 위해 1980년 4월 달러화 방위조치를 내놓자 환율은 1982년 10월 274.70엔까지 떨어지게 되고, 이에 일본의 수출도 1984년 이후 크게 회복하였다.

하지만 엔저로 일본의 무역수지 흑자가 지나치게 늘어나자 1985년 9월 뉴욕의 플라자호텔에서 선진 5**개국**(미국, 프랑스, 독일, 일본, 영국) 재무장관 · 중앙은행 총재회의(G5)에서 플라자 합의에 따라 외환시장에 개입했다(미국 달러의 절하와, 일본 엔과 독일 마르크의 절상). 이러한 엔고(엔고강세)로 엔화 가치가 급등했다. 1986년 후반 수출산업의 불황으로 일본 경제는 침체되기 시작했다('엔고불황').

경기가 자율 회복은, (ⅰ) 수입물가 저하의 영향이 널리 확산된 것이다. 엔고불황이라도 수출산업이 불황이었지 비수출산업은 호황으로 비수출형 산업의 이익률은 1986년부터 상승하였다. (ⅱ) 엔고에 의한 수출

으로는 ① 일본적 고용시스템의 최대 특징인 장기고용 관행 아래에서 외부 노동시장을 이용한 고용의 유연화(외적 유연성)를 확보하는 것이 어려웠기 때문에, 기업 내부에서 유연성(내적 유연성)을 확보하는 방법의 하나로서 일상적으로 장시간의 시간외 근로가 행해져 온 점(경기 불황으로 업무량이 감소할 경우에 시간외 근로를 감소하는 것으로 일종의 '고용조정'을 실시해 왔다) 및 ② 일본적 노동시장의 이중구조(정규직과 비정규직 근로자 사이의 큰 격차 · 괴리)가 잔존하는 중에 1990년대 이후 글로벌 경쟁의 격화, 경기침체의 장기화, 기업내 인원구성의 고령화 등을 배경으로 비용을 삭감하려는 압력이 급격히 커졌기 때문에, 비용을 삭감하는 수단으로 비정규직 근로자가 증가하고, 양적으로 감소한 정규직 근로자의 과중근로가 심각한 문제로 되었다는 점을 들 수 있다. 일본의 장시간 노동문제는 일본의 고용시스템과 노동시장의 구조와 밀접하게 관련된 심각한 문제로 되고 있다.

이러한 현상에 대하여 일하는 방식 개혁(관련법)은 노동기준법상 벌칙을 부과한 시간외 근로의 상한 시간의 설정 등을 통하여 일본의 장시간근로의 실태 · 문화를 근본적으로 개혁하려고 하였다.

(b) 정규직 · 비정규직의 격차문제

일본에서는 이른바 정규직을 중심으로 하는 '일본적 고용시스템'이 존재하는 중에 비정규직은 그 권외에 놓어져 정규직을 대상으로 하는 '내부 노동시장'과 비정규직을 대상으로 하는 '외부 노동시장' 사이의 벽이 잔존

가격 인상을 회피하기 위한 '기업 측의 합리화 노력'이다. 낮은 가격수준에서도 채산이 맞고 기업이 이윤을 낳을 만큼 합리화에 성공해 1985－1991년에 수출가격의 인상은 20% 이하로 억제되었다. (iii) 제1차 석유위기 이래 침체해온 건설부문의 호황이다. 기업의 설비투자의 활기, 자동차, 일렉트로닉스 등 성장산업에서도 설비의 신설 확장이 많았다. 그 이유는 1960년대 말까지 설비투자 갱신의 시기가 도래와 1986－1987년의 '저금리'였다.

이러한 1970년대 두 번의 석유위기, 1985년 엔고불황을 경험하면서도 일본 경제는 생산성 향상, 과감한 구조조정인 '감량 경영'과 '합리화 정책'으로 불황을 극복했다. 1970－80년대 말까지 20년간 약 4%의 고성장을 지속해, 세계 제2위의 경제대국을 실현하였고, 1인당 국민소득도 1987년에는 미국을 앞지르게 되었다. 일본경제 1987년부터 급속도로 회복되면서 주가와 지가 급상승으로 '버블(거품)경제'가 만들어졌다. 1987－1989년 주가 상승은 연간 20~30%, 수도권의 상업지와 주택지 가격 상승은 50－70%에 이르렀다.[네이버 지식백과]

한 채, 1990년대 후반 이후 글로벌 경쟁에 돌입하였다. 그 결과로 상대적으로 고용이 불안정하고, 임금 등에서 정규직보다도 낮은 대우를 받고, 노동조합에도 가입하지 않은 경우가 많은 비정규직 근로자가 급증하였고, 2017년의 비정규직의 직원 · 종업원의 비율은 전체 고용자(임원을 제외)의 38.2%을 차지하고 있다(총무성 「취업구조 기본조사」).

또한, 문제가 더 심각해지는 현상도 일어나고 있다. 예를 들어 후생노동성의 「취업형태의 다양화에 관한 종합실태조사」에 따르면, 정규직으로 일할 기회가 없이 비정규직 고용으로 일하고 있는 이른바 '비자발적 비정규직'의 비율이 1999년에 14.0%에서 2010년에는 22.5%로 늘어났다. 최근의 연구에서는 비자발적 비정규직의 주관적인 행복도는 낮고, 정규직보다도 스트레스가 많은 점도 나타나고 있다. 후생노동성의 「21세기 성년자 조사」에 따르면, 첫 직장에 취업한 정규직 · 비정규직별로 결혼 경험의 상황을 살펴보면, 결혼 경험이 '있다'는 남성 정규직은 72.9%, 여성 정규직은 80.2%를 차지하는데, 반면에 남성 비정규직은 50.0%, 여성 비정규직은 67.1%로 차지한다. 정규직과 비정규직의 격차 문제는 결혼 기회의 격차에도 연계되고 있다. 이와 같이 일본에서 정규직 · 비정규직의 격차문제는 '사회적 격차'를 재생산하는 원인이다.

일하는 방식 개혁(관련법)은 이 정규직 · 비정규직의 격차문제에 대하여 균등 · 균형대우의 실현(불합리한 대우의 금지)을 도모하는 것 등에 따라 일본의 정규직을 중심으로 한 고용시스템을 근본적으로 개혁하려는 것이다.

(2) 일하는 방식 개혁의 경제적 측면

이렇게 일하는 방식 개혁은 일본적 고용시스템이 불러왔던 사회적 폐해를 '일하는 사람의 관점'에서 근본적으로 개혁하려는 '사회적 개혁'의 측면이 있다. 이러한 사회적 측면에 추가해 이번에 일하는 방식 개혁의 특징을 부각시키는 것은 '경제적 측면'이다.

(a) 장시간 노동문제

일본에 폭넓게 퍼져있는 장시간 노동문제는 장시간 근로에 따른 '노동생산성의 저하' 이외에도 근로자의 '정신건강문제', '과로사 · 과로자살' 등과 같은 요인이 있다. 또한 장시간 근로는 일과 가정생활 양립(워라밸)을 방해하고, 출산율을 떨어뜨리는 원인이 됨과 아울러, 가정생활과 건강 부분 등에서 제약을 받는 여성과 고령자 등의 노동시장에 대한 참가 · 활용과 경력 형성을 떨어뜨리는 요인이다.

이러한 사항에 대하여 장시간 근로를 시정하면 일가정의 양립이 개선되고, 여성과 고령자도 일하는 것이 쉬워지고, 노동참가율도 향상하게 한다. 기업 경영자의 관심은 근로시간의 제약 속에서 어떻게 효율적인 근무를 하게 하고, 시간당 노동생산성을 향상시키는 것에 연결한다.

이렇게 시간외 근로에 상한 시간 등을 설정해 노동참가율 및 노동생산성의 향상을 통해 일본 경제의 잠재적 성장률이 향상할 것을 기대하고 있다.

(b) 정규직 · 비정규직의 격차문제

정규직 · 비정규직의 대우격차는 비정규직이 저비용의 노동력으로 인식되면서 능력을 개발할 기회가 희박한 비정규직이 늘어나면서, 노동력 인구가 감소하는 현상 속에서 노동생산성의 향상을 저해하는 요인이 될 수밖에 없다. 또한 저임금 · 저비용인 비정규직의 존재는 경제성장의 성과를 임금 인상으로 근로자에게 분배하는 것으로 임금 상승, 수요 확대를 통해 새로운 경제성장을 도모한다는 '성장과 분배의 선순환'을 저해하는 요인도 되고 있다. 이와 같이 정규직 · 비정규직의 격차문제는 임금의 상승, 디플레이션을 벗어남으로 일본 경제의 잠재성장력을 높이려는 구조개혁의 핵심에 있는 중요한 경제문제라고도 할 수 있다.

이른바 '동일근로 동일임금' 개혁은 정규직 근로자(무기고용 전일제근로자)와 비정규직 근로자(유기고용 · 시간제 · 파견 근로자) 사이에 불합리한 대우차를 해소하여 ① 어떠한 고용형태이든지 근무태도나 능력 등에 따른 공정한 대우를 받을 수 있는 사회(다양한 일하는 방식을 선택할 수 있는 사회)를 실현하고, 이것에서 받을 수 있는 만족감이 근로자를 일하게 하는 동기와 노동생산성을 향상시킨다. ② 생산성의 향상과 경제성장의 성과를 비정규직 근로자의 대우 개선을 포함한 임금 전체의 인상(노동분배율의 상승)으로 연계함으로 일본 경제에 '성장과 분배의 선순환'을 실현하는 아베 정권의 경제정책(이른바 '아베노믹스')에서 중추적인 역할을 수행하고 있다.

2. 개요 -「일하는 방식 개혁 실행계획」과「일하는 방식 개혁관련법」 등

(1) 개혁의 2가지 주된 내용

일하는 방식 개혁의 핵심정책은 위에서 다룬 '장시간근로의 시정'과

'비정규직 근로자의 대우개선'이라는 두 가지이다.

(a) 장시간 근로의 시정

지금까지의 노동기준법에서는 법정 근로시간(현행 주 40시간, 1일 8시간)을 초과한 시간외 근로에 대하여 절대적인 상한 시간을 규정하지 않았고, '**36협정**'(및 이것에 따른 '특별조항')을 체결하면, 노사가 정한 범위 내에서 시간외 · 휴일근로를 할 수 있었다. 이것에 대하여, 일하는 방식 개혁 관련법은 근로자의 건강 확보, 노동생산성의 향상, 일생활의 균형의 개선을 목적으로 노동기준법 제36조를 개정하고, 벌칙을 부과해 시간외 근로의 상한 시간을 설정하였다. 구체적으로는 ① 법정 근로시간을 초과한 시간외 근로의 한도 시간을 원칙적으로 월 45시간, 연 360시간으로 하고, ② 특례로서 임시적인 특별한 사정이 있는 경우에 노사협정(특별조항)으로 이 한도시간(①)을 초과한 시간을 정한 경우에도 ⓐ 1년에 720시간을 초과하지 않는 시간을 정하고, ⓑ 월 45시간을 초과한 월수를 1년에 대하여 6개월 이내로 정하며, ⓒ 실제로 시간외 · 휴일근로를 실시한 시간이 1개월 100시간 미만이면서, 2개월－6개월 평균으로 어쨌든 80시간 이내로 하고 있다.[28]

이러한 시간외 근로에 상한 시간을 설정한 노동기준법 개정은 법정 근로시간을 주 48시간에서 40시간으로 개정했던 1987년에 노동기준법을 개정할 당시에도 실현하지 못했고,[29] 1947년에 노동기준법을 제정한 이후 최초로 실현된 개혁이었다. 근대 노동법의 큰 임무는 비교법으로 살펴보면, '**최저임금의 설정**'과 '**근로시간의 상한 시간의 설정**'과 비교해 보면, '근로시간(시간외 근로)의 상한 시간'을 설정한 이번 노동기준법 개정은 1959년의 '최저임금법의 제정'과 마찬가지로 일본의 제2차 세계대전 후에 노동법의 중대한 고비라고 할 정도의 개혁이라고 할 수 있다.

그 밖에 일하는 방식 개혁은 '근로자의 건강 확보'와 '휴가사용 촉진'의 관점에서 사용자의 연차휴가의 부여 의무(연간 5일)의 설정(노동기준법

---

28) ⓒ의 1개월 100시간, 2개월에서 6개월 평균으로 월 80시간이라는 기준에 대해서는 '뇌 · 심장질환의 산업재해의 인정기준'에서 유래한다. 이것으로 그 시간수의 산정방법으로 동 기준에서 산정방법에 포함시켜서 휴일근로를 포함해 산정하도록 하였다.

29) 이러한 결과 1986년 노동기준법을 개정한 후에는 주휴 2일제를 보급하는 등과 같이 소정 근로시간을 단축하였다. 하지만, 이것을 초과한 시간외 근로(특히 평일의 잔업시간)가 늘어나면서, 일본의 정규직근로자의 수면시간은 감소하게 되었다.

제39조 제7항), 근로시간의 적정한 파악의 법률상의 의무화(노동안전위생법 제66조의8의3), 노무간 간격(interval) 제도의 도입 촉진(근로시간 등 설정 개선법 제2조에 의한 노력의무의 설정), 다양하면서 유연한 일하는 방식의 실현이라는 관점에서 유연시간제의 재검토(노동기준법 제32조의3), 고도 프로페셔널제도의 창설(노동기준법 제41조의2) 등을 병행해 달성하였다.

(b) 비정규직 근로자의 대우개선

일하는 방식 개혁에서는 정규직 · 비정규직의 대우격차를 시정하기 위하여, 유기고용 근로자에 관한 노동계약법, 시간제(단시간) 근로자에 관한 파트타임노동법, 파견근로자에 관한 근로자파견법 등 3개의 법률을 한꺼번에 개정하였다. 구체적으로는 유기고용 근로자에 대하여 불합리한 근로조건을 금지하고 있는 현행 노동계약법 제20조를 '삭제'하고, 파트타임노동법의 이름을 단시간 · 유기고용노동법(정식명칭은 「단시간 근로자 및 유기고용근로자의 고용관리의 개선 등에 관한 법률」)으로 개정하고, 파트타임 근로자와 유기고용 근로자를 동일한 법안에서 동일한 규제를 설정하였다. 또한 파견근로자의 대우에 대해서는 근로자파견법을 개정하여 단시간 · 유기고용노동법과 원칙적으로 동일한 규제(불합리한 대우의 금지 등)를 설정하였다.

이러한 개혁의 포인트는 불합리한 대우의 차이를 금지한 단시간 · 유기고용노동법 제8조에 있다. 법 제8조에서는 ① 기본급, 상여금, 그 밖의 대우 각각에 대하여 개별적으로 불합리성을 판단할 것, ② 그 불합리성 판단에 그 대우의 성질 · 목적에 비추어 적절하다고 인정할 수 있는 사정을 고려할 것을 법문상 명확하게 규정하였다. 또한, 그 개혁에서는 이 조문을 개정하고, 추가해 그 불합리성의 판단기준과 사례를 구체적으로 제시한 '가이드라인(지침)안'을 작성하고, 이것을 같은 조를 해석하기 위한 「지침」(단시간 · 유기고용노동법 제15조 참조)으로 하여, 기업 현장에서 노사가 구체적인 대응을 촉진하였다. 또한, 대우 차이의 내용과 이유를 '사업주의 설명의무'의 대상으로 하는 것(제14조 제2항)에 따라 대우 격차의 시정에 대한 사용자의 설명책임을 법률상 명확하게 규정하고, 근로자가 소송을 제기할 수 있도록 정보 부분에서 기반을 정비하였다.

파견근로자에 대해서도 근로자파견법을 개정해 불합리한 대우의 차이 금지(근로자파견법 제30조의3 제1항), 사업주의 설명의무(제31조의2 제4항) 등 단시간 · 유기고용노동법의 개정과 동일한 법규정을 근로자파견법에 규정하였다. 또한 파견근로자에 대해서는 불합리한 대우의 차이 금지는 원칙적으로 사용사업주에게 고용된 통상 근로자와의 사이에서 균등 · 균등대우를 실현하는 것을 요구하였다(제30조의3 제1항). 하지만 이 원칙(이른바 '사용사업주 균등 · 균형방식')을 관철하면, 파견근로자가 경력을 축적하여 사업장을 이동하더라도, 사용사업주가 직접 고용한 근로자의 임금이 떨어지는 경우에 파견근로자의 임금이 떨어져서, 파견근로자의 단계적 · 체계적인 경력형성의 지원과 적합하지 않는 사태를 초래할 수밖에 없다. 그래서 파견근로자에 대해서는 노사협정으로 동종 업무의 일반 근로자의 평균적인 임금액(후생노동성령에서 정함) 이상의 임금액 등 일정한 규모의 대우를 결정하여 그것을 실제로 준수하도록 하는 방법(노사협정 방식)을 채택하는 것을 예외적으로 인정하였다(제30조의4).

이와 같이 일하는 방식 개혁은 일본적 고용시스템과 밀접하게 연결해, 1993년에 파트타임노동법을 제정한 이래 25년 동안 해결할 수 없었던 정규직 · 비정규직 근로자의 격차문제에 대하여 근본적인 해결을 지향하는 개혁이라고 볼 수 있다.

(2) 그 밖의 내용에 대하여

「일하는 방식 개혁 실행계획」은 이 두 가지의 핵심 내용에 추가해, ① 임금인상과 노동생산성의 향상, ② 유연한 일하는 방식을 위한 환경정비, ③ 여성 · 연소자가 일하기 쉬운 환경정비, ④ 질병의 치료와 일의 양립, ⑤ 자녀교육 · 간병 등과 일의 양립, ⑥ 고용 흡수력이 높은 산업으로의 전직 · 재취업 지원, ⑦ 누구라도 기회가 있는 교육환경의 정비, ⑧ 고령자의 취업 촉진, ⑨ 외국인재의 활용이라는 내용을 담고 있다.

이러한 내용에 대해서는 ① 전국평균 1,000엔이 되기까지 최저임금을 연간 3% 인상한다. ② 고용형 · 비고용형의 텔레워크(telework, 원격근무)에 대해서 각각 가이드라인을 쇄신해 주지시킨다. ③ 전문실천 교육훈련의 급부의 확충 등을 통한 경력교육 · 직업교육의 충실, ④ 양립지원 코디네이터 · 의료기관 · 기업의 삼면 관계를 통한 치료와 일의 양립 지원, ⑤ 자녀교육 안심계획의 전도 실시, 장애인의 취로지원사업의 추진, ⑥ 노동이동 지원조성금(지원금)에 중도채용 지원코스를 신설, ⑦ 급부형 장학금의 창설, 유아교육의 무상화, ⑧ 65세를 초과한 계속고용연장, 65세 이상 정년연장을 위한 환경 정비, ⑨ 일정한 전문성 및 기능을 갖춘 외국인 인재에 대하여 취업을 목적으로 한 새로운 체류자격을 창설하기 위한 출입국관리법 개정(2018년 12월 성립) 등의 노력을 진행하고 있다. 무엇보다도 ② 고용과 유사한 일하는 방식, 겸업, 부업[30)]의 추진, ⑧ 생애 현역사회의 출현을 위한 법 정비 등에 대해서는 장기적인 검토 과제로 남겨서, 법 정비 등을 위하여 계속적으로 검토하고 있다.

3. 의의 – 개혁의 도달점과 남겨진 과제

(1) 2개의 핵심과제에 대하여

(a) 장시간근로의 시정

일하는 방식 개혁의 첫째 성과는 노동기준법상 최초로 시간외 근로의 상한 시간을 설정하였다는 점이다. 일본에서 근로시간의 절대적 상한을 설정하지 않았다는 점은 일본의 실태로서 장시간 근로와 밀접한 관련이 있다(근로시간이 길기 때문에 상한 시간을 설정하기가 어렵고, 상한 시간이 없었기 때문에 장시간 근로가 해소되지 않았던 모순). 이번 개정은 이러한

---

30) <역자주> 부업(副業) : 일반적으로 근로자가 소득에 종사하는 본업(주업) 이외에 일, 한 기업에 재직하면서 다른 사업을 영위하거나 다른 기업에 취업하는 것을 말한다. 우리 근로기준법에 근로자의 부업을 명시적으로 금지하는 규정은 없지만, 근로계약법리에 따라 자유롭게 허용되는 것은 아니다. 부업은 근로자의 직업선택 자유나 사생활 자유에 대한 제한이지만, 사실상 사용자의 결정에 달려있다. 이를 투잡(two job), 겸직, 이중취업, 겸업, 경업(競業), 멀티잡, N잡러 등이라고 부른다.

최근 정보통신기술의 발달이나 플랫폼 노동이 늘어나면서 노동환경이 변화함에 따라 부업을 희망하는 근로자가 점점 증가할 것이다. 다른 한편, 일본에서 '부업 인재'가 유행하는데, 현재 회사에 다니면서 시간을 쪼개서 다른 기업의 업무를 하는 사람을 말한다. 부업인재는 장기고용제, 정규직 채용 등을 고집해온 일본 산업계에서 이례적인 고용방식이다. 인력난 심화로 고급 인력을 구하기 어려운 기업들이 다른 회사 직원에게 부업처럼 일을 주는 형태의 고용을 늘리는 것인데, 코로나19 사태 이후 재택근무와 맞물리면서 확산하는 분위기이다. 일본 취업사이트에 따르면, 부업인재로 지원한 사람은 2020년 6월 기준 400만명에 육박한 것으로 알려졌다. 일본 야후재팬(소프트뱅크그룹 계열사)이 2020년 9월까지 100명 이상의 부업인재를 채용하기로 했다(조선경제 2020.7.17. B2 참조). ; 한국은 최근 통계청의 자료에 의하면, 부업자가 40만 9000명(2016), 41만 9000명(2017), 43만 3000명(2018), 47만 3000명(2019), 44만 7000명(2020)이었다. 코로나발 경기침체로 투잡시장까지 감소한 것으로 나타났다.

점에서 일본의 장시간 노동문제에 한 단계를 끝맺었다. 다만 이것에도 남은 문제가 있다.

첫째, 설정한 상한 시간이 월 100시간 미만, 2개월－6개월 평균으로 월 80시간 이하로 이른바 '과로사 라인'에 상당하는 수준으로 한 점이다. 이것은 원칙상 한도 시간은 월 45시간, 연간 360시간이고, 특별조항에 따라 이것을 초과한 시간외 근로를 하게 하는 경우라도 그 시간을 한도 시간에 가능하면 가깝게 노력하는 것을 노사의 의무로 하고, 행정관청이 필요한 조언 · 지도를 실시하도록 하였다(노동기준법 제36조 제7항 · 제8항 · 제9항, 시간외 휴일근로 지침 제5조 제2항). 이 상한 시간의 수준은 이후 실제의 36협정 및 특별조항의 기재 시간의 추이 등을 보면서, 근로자의 건강 확보, 노동생산성의 향상, 일과 생활의 양립을 실현하는 법의 취지에 적합한 수준으로 인하해 가는 것을 계속해 검토해야 한다.

둘째, 이번 상한 시간은 일반 근로자를 적용대상으로 했기 때문에 관리감독자 등의 근로시간 규제의 적용제외자(노동기준법 제41조), 재량근로제의 적용자(노동기준법 제38조의3, 제38조의4)의 실근로시간에는 적용하지 않는다. 하지만 이러한 근로자들도 근로자의 건강 확보 등이 중요한 것에는 마찬가지이다. 이번 개혁 중에는 이러한 근로자들도 포함해 근로시간의 적용을 파악하는 것을 법률상 의무로 하고 있고(노동안전위생법 제66조의8의3), 이것은 이 근로자들의 건강을 확보하는 정책의 첫걸음이라고 할 수 있다. 이후에는 관리감독자 등의 적용제외자, 재량근로제의 적용자에 대하여 임금과 실근로시간을 분리하는 정책을 유지하더라도, 건강 확보 등의 관점에서 시간외 근로의 상한 시간을 설정해 적용하는 검토는 중요한 정책적 과제이다.

(b) 비정규직 근로자의 대우개선

일하는 방식 개혁의 두번째 성과는 비정규직 중심의 일본적 고용시스템에서 기인하는 '정규직 · 비정규직'의 격차문제를 해소하기 위한 개혁을 진행하였다는 점이다. 이것에서는 기본급, 상여금를 포함한 모든 대우에 대하여 이른바 정규직과의 불합리한 대우의 차이를 금지하는 방향으로 법률을 개정했을 뿐만이 아니라, 그 구체적인 내용이 포함된 가이드라인을 작성하고, 사업주에게 대우 차이의 내용과 이유에 대한 설명의무를 부담시키는 등과 같이 그 실효성을 높이기 위한 정책적인 방법을 도입하였다. 또한, 전제조건이 동일한 경우의 '**균등**'대우 이외에도, 전제조건이 다른 경우에도 차이에 따른 균형을 요구하는 '**균형**'대우를 법상 요구한 점이다. 이것은 고용관리 구분과 직무분리 등의 형식적인 대응에 따라 법의 적용을 회피하려는 행동을 방지하는 관점에서 다른 국가에서 사례를 찾을 수 없는 형태로 채택한 일본의 독자적이고 선도적인 법적 노력이다. 이것과 관련해 이후의 주된 과제로는 다음과 같은 두 가지 점을 들 수 있다.

첫째, 정규직 및 비정규직의 대우격차를 시정하는 착실한 실행이다. 실제로 인사노무 관리자로서는 ① 최고재판소「하마교렉스 사건」판결에서도 쟁점이 되었던 제수당 · 복리후생을 비정규직 근로자에게 지급하는 것을 제1단계로 하고, 개정법을 시행(대기업은 2020년 4월, 중소기업은 2021년 4월)하기 위해서 ② 비정규직 근로자에의 균등 또는 균형이 이루어진 수준으로의 상여금의 지급, 및 ③ 정규직 근로자의 기본급 제도의 비정규직 근로자에의 도입 또는 균등 · 균형이 이루어진 기본급의 지급이라는 단계를 참고하면서, 취업규칙 개정 등과 같이 제도의 준비를 생각해 볼 수 있다. 이러한 절차에서 중요한 것은 비정규직 근로자의 의견을 반영하는 노사간 교섭 · 협의를 진행하는 것이다. 특히, 일본의 이번 개혁에서는 전제가 다른 경우에 전제의 차이에 따른 균형 잡힌 취급을 한다는 '균형' 대우를 법적으로 요구하고, 이 양적 수준의 결정(그 '불합리성'의 판단)은 노사간 회의를 통해 이해관계인의 의견과 이익을 조정해 결정한다는 절차의 공정성이 중요한 의미를 가질 수 있다.[31]

둘째, '비고용형'(非雇用形) 근로자의 증가에 대한 법적 대응이다. 노동법과 사회보험법이 적용제외(최저임금의 적용과 사회보험료의 기업부담 등이 없는)인 업무위탁 · 프리랜스 등의 형태를 가진 '자영업자의 근로자'('비고용'근로자)가 세계적으로 늘어나고 있다. 이러한 동향은 우버(Uber)로 상징되는 플랫폼[32] 경제가 급속하게 확대되고, 법상 '근로자' · '근로계약' 개념의 재검토를 촉구하는 상황이 일어나고 있다. 또한 이번 개혁으로 비정규직 근로자의 대우를 개선하는 것은 비용 삭감을 요구하는 기업행동으로써 '비고용' 근로자를 늘어나게 하는 동향을 한층더 가속

---

31)「하마교렉스」사건 판결도 "같은 조(노동계약법 제20조)는 직무의 내용 등이 다른 경우라 해도 그 차이를 고려해 양자의 근로조건이 균형 잡힐 것을 요구하는 규정인 바, 양자의 근로조건이 균형이 잡힌 것인지 여부에 대한 판단은 노사 사이의 교섭과 사용자의 경영판단을 존중해야 하는 면이 있다는 점도 부정하기 어렵다"고 판단하고, '균형'대우의 판단에는 노사 교섭이라는 절차가 중요하다는 취지를 설명하고 있다.

32) <역자주> 플랫폼(platfom) : 사람들이 열차를 타고 내리는 승강장처럼 온라인에서 상품 · 콘텍츠를 사고파는 장터. 구글 · 유튜브 · 페이스북은 각각 검색 · 동영상 · 소셜미디어의 플랫폼이다.

화할 수가 있다. 이러한 시장의 동향 중에서 '비고용' 근로자를 포함한 공정한 경쟁조건을 확립하면서, 이러한 다양한 근로형태를 매력적인 취업기회로 건전하게 발전하게 한다는 관점에서 '비고용' 근로자를 사회적 보호라는 방법으로 검토하는 것은 매우 중요한 정책과제라고 할 수 있다.

(2) 그 밖의 과제에 대하여

이들 두 가지의 핵심과제 이외의 과제도 '계속과제' 또는 '검토'와 '실효적인 규제'가 불충분한 점이 많다. 예를 들어 (ⅰ) 기업을 초월한 고용보장 및 능력 활용을 실현하기 위한 적절한 노동이동에 대한 정책적인 지원제도, (ⅱ) 고령자의 능력 활용을 위한 고용정책과 연금정책을 혼합한 제도의 설계, (ⅲ) 외국인을 적정하게 수용하는 법정책의 방법(개정 출입국관리법의 구체적인 내용, 외국인의 '기능실습제도'의 문제점에 대한 정책적 대응의 방법), (ⅳ) '비고용'형 근로자에 대한 사회적 보호의 방법, 겸업 · 부업을 촉진하는 법정책의 방법 등이다. 이러한 사항에 대한 '검토'와 '개혁의 실행'도 이후에 남겨진 중요한 정책과제이다.

4. 결론 – 미래의 방향

사회경제의 글로벌화, 인공지능(AI)화 및 사물인터넷(Iot)화가 진전되면서 일하는 방식과 관련한 환경은 급변하고 있다. 이번 '일하는 방식 개혁'은 '70년만의 대개혁'이라고 부르고, 제2차 세계대전 후 일본적 고용시스템이 초래했던 장시간 근로와 정규직 · 비정규직의 격차라는 큰 폐해를 해소하기 위한 시도였다. 하지만 이러한 것들은 노동법 개혁의 목적이 안되거나, 또한 계속과제로 남겨나, 이번 개혁과 병행해 새로운 문제도 많이 남아 있다. 미래에는 이번 '일하는 방식 개혁'을 검증하면서, 제2의 '일하는 방식 개혁'이 있는지 여부와 관계없이 사회경제의 변화에 대응하기 위한 끊임없는 검토와 개혁을 실천해 가는 것이 중요하다.

〈부록 4〉 좌담회 : 일하는 방식 개혁법과 인사관리

• 중앙대학 교수(사회) : 사토우 히로시
• 중앙대학 객원교수 : 오기노 카츠히코
• 동경대학(사회과학연구소) 교수 : 미즈마치 유이치로[33]

■ 사토우(사회) : 2019년 4월부터 일하는 방식의 개혁 관련법이 순차적으로 시행되었습니다. 오늘은 '기업의 인사관리'에 정통한 오기노 교수와 '인사관리의 전문가'인 저, '노동법의 전문가'이신 미즈마치 교수와 이번 법 개정에 관한 이해를 제대로 하려는 취지에서 모였습니다. 기업이 법 개정에 어떻게 대응하면 좋은가를 논의하면 좋겠습니다. 좌담회 전반부는 근로시간 관계를, 후반부는 파트 · 유기계약고용법을 논의하겠습니다. 이번 법을 개정한 취지는 '1억 총 활약'이 상징하는 것처럼, 예를 들어 풀타임 노무를 하면서 잔업이 불가능한 사람, 구체적으로 육아 중인 단시간근로자, 돌봄(개호) 문제가 있는 중고령층 등의 다양한 인재가 그 능력을 발휘하고 활약할 수 있는 일하는 방식을 정비하려는 것으로 생각합니다. 이를 위하여 기존의 '잔업이 있는 풀타임 근무'를 전제한 일하는 방식을 전환하고, 다양한 인재가 일하기 쉬운 환경을 만드는 것이 법 개정의 하나의 목표입니다. 또 다른 목표는 유기계약의 근로방식을 택해도 그 공헌이나 능력에 맞은 처우가 유기계약으로 일하는 사람의 처우를 합리적으로 개선하기 위한 것입니다. 기업의 입장에서도 이러한 법 개정의 취지를 이해하고, 이후의 인재 활용이나 인재관리 방식을 재검토하는 것이 중요하다고 생각합니다. 단순히 잔업의 삭감이나 유기계약 근로자의 처우개선 외에 유기계약 근로자도 포함한 다양한 인재가 의욕적으로 일할 수 있고, 활약할 수 있는 직장을 목표로 하는 것이 법 개정 취지의 토대로 해야 합니다.

33) 일본 (계간노동법) 2019년 봄호

Ⅰ. 근로시간

1. 상한 규제와 연차휴가의 부여

■ 사토우 : 그렇다면 근로시간부터 논의해 보겠습니다. 기업 실무에서 볼 때 어디에 과제나 문제점이 있는지 오기노 교수부터 부탁드립니다.

● 오기노 : 상한 규제는 법률상 획기적인 개정이라고 생각합니다. 하지만 실무적으로 어디까지 영향이 있는가 하면 한정적이라고 생각합니다. 2013년 근로시간 등 종합실태조사의 결과를 보면, 특별조항의 36협정을 체결한 기업도 거의 월 80시간이나 100시간 이하였습니다. 거의 실태 추인적인 규제이기에 이러한 기업에서는 크게 대응할 필요는 없을 것 같습니다. 같은 조사를 보아도 실제로는 월 80시간이나 100시간의 근로자가 정말 있는가라고 하면, 그것도 아닌 것 같습니다. 오히려 걱정은 이 조사에서 36협정을 체결하지 않은 사업장이 40% 이상인 점입니다. 36협정이 없기에 "시간외 근로가 없다"는 이유가 약 40%, 이 점도 괜찮은지는 모르겠습니다. 하지만 "몰랐다", "잊어버렸다"는 기업도 반수 이상으로 이러한 기업은 이번 상한도 미준수할 가능성이 크다고 생각합니다. 법 시행 후에 근로기준감독서의 감독으로 실태가 드러나게 되겠지요. 36협정을 체결할 때에는 종업원대표가 필요합니다만, 그 절차를 확실하게 준수한다면 그 부분은 더욱 우려된다고 생각합니다. 이것을 적정한 방향으로 유도하는 것은 환영할 만한 일이고, 집단적인 의사소통을 개선해 나간 다음으로 매우 좋은 일이라고 생각합니다.

■ 사토우 : 특별 조항을 넣은 36협정의 경우 노동조합이 조직된 기업에서는 이와 별도로 노사협정, 또는 노사협정은 아니라도 노사에 의한 잔업시간의 규제 목표를 하고 있는 곳이 반수이고, 그 목표가 36협정의 상한을 엄격하게 한 조사['근로시간제도에 따른 노사의 관여에 관한 조사연구(노동성 1995년도 위탁조사 · 렌고 총연)']가 있습니다. 이는 운용상 상한이 있기 때문입니다.

◇ 미즈마치 : 대응 방식은 3 레벨 정도 있습니다.

첫째, 월 100시간을 초과하거나, 2~6개월 평균 80시간을 초과한 경우가 많고, 특별 조항이 있어도 100시간을 넘거나 80시간을 초과하는 경우가 있어서, 이 부분을 개선해야만 하는 기업이 많습니다. 모두 예외 없이 100시간 미만, 평균 80시간 이하로 조정해야 합니다.

둘째, 확실하게 승낙받은 기업도 1개월에 45시간 초과는 연간 6회까지

가능하다는 점을 쉽게 잊어버린다는데, 여기에 대해서는 지금까지는 거의 감독이 없었다. 하지만, 이번에 노동기준법에 명확하게 기재했습니다. 이에 월 45시간이면 주휴 2일을 하는 경우에 평균 2시간을 잔업할 수 있습니다. 월 45시간 정도 잔업하는 사람이 있다는 사업장도 많습니다. 이 점은 36협정의 유효기간인 1년간 계획적인 잔업계획을 수립해야만 연초부터 점점 45시간을 초과하면, 연말에 바쁜 기간에는 45시간을 초과한 잔업은 불가능해집니다. 어떠한 시기가 성수기로 특별조항을 사용할 것인지 계획적으로 대응할 필요가 있습니다.

셋째, 사업장의 종업원이 10명 미만인 경우에는 취업규칙이 없는 경우도 적지 않고, 인사노무관리를 정확하게 실시하지 않습니다. 36협정이 없는 경우도 매우 많습니다. 이번 개정에서는 36협정을 명확하게 규제함으로 36협정이 없는 사업장에는 정부가 매우 열심히 36협정을 체결하라고 권유하고 있습니다. 하지만 이에 대한 대응은 매우 어렵습니다.

중소기업은 아직 시행까지 1년 2개월이 남아있지만, 이것을 어떻게 할지는 실무상 매우 어려운 문제입니다.

■ 사토우 : 저도 일하는 방식의 개혁을 강연할 때 자주 받는 질문이 상한 규제보다 '연차휴가 5일 부여'가 어렵다고 합니다. '사용해야 한다'는 방향 전환은 매우 큰 변화로 생각합니다. 연차휴가는 관리직도 그 대상이므로 필요 없는 것 같습니다. 부장이나 과장급이라면 1년에 5일 간의 연차휴가를 사용하지 않는 사람이 많습니다. 이 규제는 1명이라도 사용하지 않는다면 법 위반에 해당함으로 의식의 전환이 큰 일이라고 생각합니다. 특별휴가를 5일 이상 사용했다면 연차휴가 5일의 규제는 관계없다는 사람도 많습니다. 또 사용하라고 해도 사용하지 않는 사람에게 어떻게 대응할 것인지도 문제라고 생각합니다.

◇ 미즈마치 : 월 45시간의 문제와 연차휴가 5일 사용의 문제는 정말 어려운 문제입니다. 쉬고 싶지 않은 사람에게도 휴일을 사용하도록 하는 '의식의 개혁'이 중요합니다. 관리직이 정확하게 관리하지 않으면 이번 4월부터는 대응이 많이 어려워질 것입니다.

● 오기노 : 일제 연차휴가라는 것이 비교적 쉬운 대책입니다.

■ 사토우 : '후지쯔'에서는 관리감독자가 5일의 연차휴가와 그 전후의 토요일, 일요일을 포함해 '9일의 연차휴가'의 사용이 의무로 되어 있습니다. 관리감독자의 일하는 방식 개혁으로 바람직한 사례라고 생각합니다. 지금까지 연차휴가는 '사용하고 싶지 않으면 사용하지 않아도 된다'는 방식으로 운용되는 곳이 많았기 때문에 연차휴가 5일의 사용에 대한 장벽이 높은 것도 사실입니다.

2. 법정휴일의 특정

■ 사토우 : 상한 규제, 연차휴가5일 부여 외에는 다른 문제는 없습니까?

● 오기노 : 좀 더 세밀한 이야기지만, 연간 360시간은 시간외 근로의 규제로 절대 상한인 80시간과 100시간은 휴일 근로를 포함합니다. 법정 휴일과 소정 휴일을 특정함으로 시간외 근로과 휴일의 산정시간이 달라지게 됩니다. 시간외 근로와 휴일근로의 할증률을 달리하고 있는 기업이 많은 것 같습니다. 하지만 이러한 기업에서는 시간이 많은 쪽을 휴일근로로 실시하고, 높은 할증임금을 지급하면 괜찮다고 생각하는 곳도 있을 것입니다. 그러나 법개정 후에는 휴일근로를 더 많이 계산하면, 더 장시간 근로를 실시해 버린다는 문제가 발생할 수 있습니다.

◇ 미즈마치 : 이 80시간, 100시간은 '과로사라인에서 가지고 온 것입니다. 이에 이것과 똑같이 하고자, 여기서만 휴일근로를 포함하게 되었습니다. 그래서 법정휴일을 특정하는 것이 좋지 않을까라는 의견도 있었습니다. 특별조항에서 법정휴일을 특정하는 방법도 고려했습니다. 그러나 이렇게 하지는 않았습니다. 현행 노동기준법에서 휴일의 특정은 필요하지 않습니다. 실무상으로는 '휴일의 대체'도 있습니다. 특별조항에서 법정휴일을 특정하게 되면, 이것을 이동시킬 때 어떻게 할 것인지 등과 같이 어려운 문제가 발생합니다. 주휴 2일의 경우에 토 · 일의 어느 쪽이 법정휴일인지 특정하지 못한 채 시행해 버려서 해석상 어려움이 남아 있습니다. 실무상주휴 2일인 경우 토 · 일 중 어느 쪽을 법정휴일로 할 것인지 특정한 것은 아니지만, 모두 35% 이상의 비율로 하는 경우가 많습니다. 따라서 할증은 그렇게 문제가 되지 않겠지만, 월 100시간이나 80시간이라는 산정에서는 어느 쪽인지에 따라 숫자는 달라지게 됩니다.

● 오기노 : 주 40시간이 초과해 주휴 2일 모두를 법정휴일로 생각하는 실무가도 있을 수 있습니다. 특히, 할증률이 동일한 경우에도 이것을 착각해 법위반을 해버리는 사례를 걱정해야 할지도 모르겠습니다. 취업규칙에 정한 사항은 알기 쉽게 하면 되지만, 4주간 4일의 휴일[34]을 확보한다고 해도 법정휴일과 특정한 날에 휴일근로를 하면 35% 이상인지 문제가 남고, 취업규칙에 정하면 35% 이상이 되는 것인가요. 실무가는 이것을 이해하기 어렵습니다. 후생노동성의 통달에서는 혼란이 없도록 특정하는

---

34) <역자주> 일본은 주휴일제와 변형휴일제(4주 4휴일제)가 있다(노동기준법 제35조 제1항, 제2항). 하지만, 한국에는 변형휴일제가 없다.

것이 바람직합니다. 하지만, 이 후생노동성이 제공하는 취업규칙의 모델에는 이러한 조항은 발견할 수 없는 것이 현실입니다.

■ 사토우 : 메니지먼트의 관점에서는 확실히 복잡해진 것은 틀림없어 보입니다.

3. 플렉스타임제

■ 사토우 : 그 밖의 문제는 어떻습니까?

● 오기노 : 지금까지 플렉스타임제(선택적 근로시간제)에서는 1개월에 8일밖에 주휴일이 없다면, 1개월 단위의 정산이 불가능하다는 문제가 실무상의 고민이었습니다. 이것을 해결한 것은 기업 측에서는 기쁜 소식입니다. 경축일이 있으면 휴일이 월 9일 이상이 되기 때문입니다. 1년에 한번인가 아닌가의 얘기이지만….

■ 사토우 : 이번 법 개정으로 플렉스타임의 정산기간이 3개월간으로 연장되었습니다.[35] 예를 들면 육아 중인 근로자가 3개월 단위의 플렉스타임으로 8월은 근로시간을 단축하고, 자녀와의 시간을 늘릴 수 있게 되었습니다. 다양한 인재가 활약할 수 있는 일하는 방식 개혁의 취지에 맞는 개정이라고 생각됩니다. 이번 법 개정으로 유연한 근로방식이 가능해지고, 근로자에게 도움이 되는 점도 많다는 것을 조금 주지해도 괜찮지 않을까하고 생각합니다.

● 오기노 : 플렉스타임의 정산기간이 늘어난 것은 잘 활용하면 굉장히 좋은 제도일 것 같지만, 실무상으로는 굉장히 복잡합니다.

◇ 미즈마치 : 주 평균 50시간을 초과한 부분을 매월 정산해야 하는 점이 귀찮아서 실무상 도입한 기업은 많지 않습니다.

4. 텔레워크, 재량근로

● 오기노 : 텔레워크에 대하여 새로운 가이드라인을 제정해 중간에 근로시간에서 제외한 시간을 자기 신고로 휴식시간 등으로 취급할 수 있는 것은

---

35) <역자주> 한국의 경우도 2020.12.9. 근로기준법 개정시 선택적 근로시간제와 관련해 '신상품 또는 신기술의 연구개발 업무의 경우' 그 정산기간을 현행 1개월에서 최대 3개월로 확대하면서, 근로자의 건강권 보호를 위해 근로일 간 11시간 연속휴식제를 의무화하고, 임금손실 방지를 위해 정산기간 매 1개월마다 1주 평균 40시간을 초과하는 경우 가산임금을 지급하도록 하였다.

텔레워크를 도입한 후 크게 지지할 수 있을 것 같습니다. 또한, 이 가이드라인의 제정으로 간주제를 활용하기가 매우 쉬워졌습니다. 종전에는 '휴대용 무선호출기를 지참해서는 안된다'고 할 정도로 실무상 운용해왔지만, 즉응의무가 없으면 가능하다는 점이 명확해진다면 매우 안심하고 재택근무 등을 활용할 수 있다고 생각합니다.

◇ 미즈마치 : 재택근무에 관한 해석이 있습니다. 이것을 정보통신기구에 그대로 적용해 해석하고 있습니다. 지금까지 정말 휴대전화에는 적용할 수 없는 해석이었냐고 하면 이것은 의문입니다. 정말로 지금까지는 그렇게 좁게 해석해 왔는지는 잘 모르겠지만, 재택근무의 해석을 휴대전화에 적용해 보면 두 가지 요건을 충족하면 사업장 외 근로에만 사용할 수 있다고 충분히 해석할 수 있고, 이러한 해석이 괜찮지 않을까 합니다.

● 오기노 : 지금까지 '간주(看做)는 거의 사용할 수 없다'는 것이 실무가들의 공통된 의식이었기 때문에 충분히 좋은 소식인 것 같습니다.

◇ 미즈마치 : 휴대전화를 상시 통신할 수 있는 상태로 해두지 않았고, 수시로 구체적인 지휘를 하지 않았다는 점을 휴대전화를 지참하게 한 다음에 어떻게 확보할 수 있을지가 문제입니다. 프랑스와 같이 휴대전화의 전원을 끄도록 하는 규칙을 만들어 둘 필요가 있을지도 모르겠습니다.

■ 사토우 : 저는 재량근로도, 간주도, 재택근무도 과로 등의 문제가 발생하는 것은 기본적으로 제도 자체의 문제라기보다는 관리직의 매니지먼트와 제도 대상자 자신의 일과 시간관리의 문제라고 생각합니다. 관리직의 매니지먼트로는 업무량이나 납기 설정 등 업무의 할당이나 업무평가 등의 문제입니다. 재택근무도 대상자가 정확하게 휴식을 취하지 않으면 과로 등이 발생하게 됩니다. 관리직과 제도의 대상자 모두 매니지먼트의 문제를 논의하지 않고, 재택근무는 안 좋다. 재량근로는 안 좋다고 해서는 안 될 것입니다. 업무의 진행방식이나 근로시간을 제도의 대상자 자신이 관리할 수 없다면 재량근무도 재택근무도 제대로 기능할 수 없습니다. 재량근무 얘기를 하자면, 제도 자체의 방식은 논의하더라도 매니지먼트에 관한 논의는 없습니다. 대상자의 범위도 자기관리 능력이 아니라, 임금수준 등에 관한 논의가 되어버립니다.

◇ 미즈마치 : 회사가 자기관리를 할 수 없는 상황의 근로자를 어떻게 매니지먼트할 것인지를 확실하게 해두지 않으면 제도의 운용이 불가능하겠지요.

■ 사토우 : 법률상 적용할 수 있는 종업원 층이 있더라도 기업의 인재활용

의 관점에서는 기본적으로 업무의 진척이나 시간 분배를 자기관리할 수 있는 사람에게만 재량근로를 적용해서는 안된다고 생각합니다.

● 오기노 : 재량근무에서 연봉을 요건으로 하자는 견해도 있는데, 그 나름의 연봉을 받고 있는 사람이라면 자기관리를 할 수 있다는 의미가 있다고 생각합니다.

■ 사토우 : 제도는 중립적이어야 하고, 이것을 어떻게 사용할 것인지는 본인이나 관리직의 문제입니다. 이러한 논의가 없다는 것이 이상합니다. 단순한 말이지만 재량근로도 기본적으로 과중한 업무를 부여한다면 장시간 근로가 됩니다.

● 오기노 : 재량근무로 근로시간이 단축되었다는 사람도 있다. 하지만 상식적으로 생각해 보면, 제약이 줄어들기 때문에 근로시간이 길어지기 쉽습니다. 많은 업무를 세분하고, 많은 성과를 내서 높은 평가를 받고 싶어하는 사람이라면 더욱 그렇겠지요.

■ 사토우 : 일하는 시간과 장소의 유연화는 워라밸을 실현하는 관점에서는 중요합니다. 하지만, '언제 어디서든 업무가 가능해졌다'는 점은 업무를 하지 않고, 메일을 보지 않는다는 업무와 업무외 영역에 자기관리, 다시 말하면 **영역의 관리**가 중요해질 것입니다. 룰도 필요하지만, 업무시간과 업무외 시간을 자기 관리할 수 있는 사원을 어떻게 육성할 것인지도 중요하다고 생각합니다.

● 오기노 : 재택근무는 정보관리 등의 관점에서 회사가 단말기를 대여하는 경우가 많습니다. 이러한 경우에는 예를 들어 토 · 일요일에는 통신이 불가능하게 설정해 두는 것이 기술상 그다지 어렵지는 않을 것 같습니다. 이런 사례들을 어떻게 보급할 것인가는 향후의 과제라고 생각합니다.

◇ 미즈마치 : 유럽의 근로시간 상한이 주 48시간이고, 근무 사이의 인터벌(연속휴식)이 11시간이라는 것은 건강을 확보하는 것보다는 **사생활의 확보, 일과 가정 조화**(워라밸)**의 확보**라는 목적이 큽니다. 일본은 사생활, 일과 가정 조화의 확보를 법률로 규정하는 것이 좋을 것인지, 인사노무관리의 하나로 하는 것이 좋을 것인지 생각해야 합니다.

■ 사토우 : 근무 사이의 인터벌이 11시간이더라도, 밤 9시나 10시까지 업무는 가능합니다. 이 점에서 볼 때, 건강관리를 위하여 최저한의 조건을 확보하는 정책이라고 생각합니다. 예를 들면 **일정한 수면시간의 확보**입니다. 저는 역시 이번 개정에서 **연차휴가 5일의 사용을 의무화**한 것이 '휴식'을 중요시하는 방향으로 전환했다는데 의의가 있다고 생각합니다. 자신

의 생활을 소중하게 한다는 의미에서 굉장히 중대한 법 개정입니다.

◇ 미즈마치 : 이번 개정은 '5일'까지만입니다. 그 이상의 부분은 근로자 본인의 시기지정권을 중시하고 있습니다. 이것을 5일에서 10일로, 최종적으로는 20일까지 회사가 모든 연차휴가를 책임지고 지정하도록 하는 것이 향후 방향성인데, 실무상 가능한 것인지요?

■ 사토우 : 직장에서 사전에 조정해 사용하는 방향으로 흘러갈 것이라고 생각합니다.

● 오기노 : 지금과 같이 '기업은 연차유급휴가를 주면 충분하다'는 제도로는 사용을 활성화하지 않을 것이라고 생각합니다. 일본 대기업은 커리어(경력) 경쟁을 하고 있기에 계속 성과를 올려서 높은 평가를 받고 싶어하는 사람들도 있어서, 많이 일하고 싶다는 인센티브로 작용하고 있습니다. 구미 제국과 같이 고등학교를 졸업하고 워커(근로자)가 된다면, 동안 워커로, 매니저는 되지 않는다면 장시간 근로를 하고 싶어하는 인센티브는 작용하지 않을 것입니다. 이러한 방식이 세계 표준이지만 일본의 실태는 많이 다릅니다.

■ 사토우 : 휴식을 취하는 것이 양질의 업를 할 수 있다고 경영자의 인식이 바뀌지 않으면 어렵겠지요.

● 오기노 : "우수한 사람이 8시간 일하면, 평범한 나는 16시간 일해서 따라잡는 모습을 보여주겠다"는 것을 미덕으로 여겼던 풍조가 아직 남아있는 것이 아닐까요? 회사로서도 "당신은 평범함으로 경쟁은 포기하고, 쓸데없이 노력하지 말고 8시간 되면 퇴근하라'고 할 것인가의 문제이겠지요. 이것을 얼마나 많은 사람들이 희망할까요.

◇ 미즈마치 : 상한은 아직 길지만, 쇼크를 준다는 의미에서 실무상 임팩트가 있다고 생각합니다.

● 오기노 : 그렇습니다. 적어도 시간외 · 휴일에 200시간씩 일해서 커리어 경쟁을 금지한다는 것이지요. 100시간을 초과한 잔업을 하고, 몸을 망치고, 주변에 폐를 끼칠 정도로 경쟁에서 이긴다는 것은 공정한 경쟁이 아니라는 정도는 된 것 같네요.

◇ 미즈마치 : 이번 개정에서 고도 프로페셔널 제도가 어떻게 도입할지는 모르겠지만, 도입으로 근로시간을 실제로 어떻게 할 것인지, 건강관리를 잘 할 수 있을지. 이런 면에서 제대로 기능할 수 있다면 재량근로제의 논의도 진전할 것입니다. 관리감독자의 적용제외를 어떻게 할 것인지 신중하게 생각해야 할 것입니다.

■ 사토우 : 재량근로제는 임금액이 아니라, 예를 들어 과거 2년 동안 연차

휴가를 90% 이상 사용하고, 잔업은 월 10시간 이하 등의 조건에서 적용하는 것으로 하면 좋지 않나 생각합니다.

◇ 미즈마치 : 이번 개정에서는 건강관리를 위한 선택지는 '4가지 중 1가지'로 하는 부분에서 논쟁이 꽤 있었습니다.

5. 겸업 · 부업

■ 사토우 : 겸업 · 부업에 관한 부분입니다만, 법률상 부업금지가 취업규칙에 규정하고 있어도, 이것은 강제력이 없는 조항일 뿐입니다. 부업에 관하여 언론 등에서 지금까지 "부업을 금지하고 있었다"는 인식을 유포하고 있습니다. 이제부터는 부업을 허용하겠다고 오도(誤導)하고 있습니다. 지금까지 부업을 금지하고 있었지만, 이것은 좋지 않기 때문에 향후 취업규칙을 개정해 부업을 인정해야만 한다는 논조가 눈에 띕니다. 부업이 문제되는 사례는 일요일에 부업을 해서, 월요일에 지각이 빈번한 경우입니다. 부업 자체는 문제가 아니라고 생각합니다. 아직도 부업은 금지할 수 없다고 해야 하지만, 장시간 근로를 감소하고 싶다면서 부업을 인정하는 것은 맥락이 다르다고 생각합니다.

● 오기노 : 기업도 절대 금지하는 것이 아니라, '회사의 허가 없이' 겸업하는 것을 금지하고 있을 뿐입니다. 실제로도 지금까지 '겸업 농가'나 '아파트 경영' 등은 거의 문제없이 인정해 왔을 것입니다. 역시 현실에서는 파트타임을 겸하고 있는 경우는 많이 있을 것으로 생각합니다. 다만, 풀타임 정규직이 겸업을 하고 있다면, 이것은 본래 업무에 큰 영향을 주기 때문에 기업도 문제시하는 경우가 많습니다.

■ 사토우 : 풀타임 정규직이 '자원봉사 활동'의 경우도 본업 외의 시간을 가지는 의미에서는 마찬가지입니다.

● 오기노 : 이 점은 의무를 수반한 계약인지 여부라고 생각합니다. 자영업이면 괜찮지만, 고용된 경우에는 의무가 발생하지요.

■ 사토우 : 그렇지만 근로시간이 아닌 시간은 개인의 시간이지 않나요.

● 오기노 : 물론 그렇지만, 기업 실무에서는 다른 회사에 고용되어 있는 것은 굉장히 신경 쓰이는 일입니다.

■ 사토우 : 정보유출 문제로 회사가 싫어하는 것은 이해하지만, 부업은 원칙적으로 자유라고 해야 하지 않을까요.

● 오기노 : 문제는 근로시간의 통산 규정입니다. 실무적인 대응이 굉장히 어렵습니다. 파트타임의 겸업은 매우 많지만, 근로시간을 통산 · 관리하는

가라고 하면, 이 점은 정말 의문입니다. 이로 인하여 실태를 방치하고 있는 것이 현재 상황입니다.

■ 사토우 : 독일은 입사 시에 다른 곳에서의 취업을 신고하지 않으면, 근로자 본인이 책임지는 것 같습니다. 이런 식으로 하지 않으면 통산할 수 없다고 생각합니다.

● 오기노 : 가이드라인에서도 "신청 · 신고하는 것이 바람직하다"고 하지만, 충분한 관리는 어렵다고 생각합니다. 가이드라인에서는 건강관리나 안전배려의무에 관해서도 기재하고 있지만, 확실하게 하려면, 각각의 회사 매니저가 다른 한 쪽의 취업 상태를 정확하게 인식할 필요가 있어서 그 대응은 매우 어렵습니다.

■ 사토우 : 사회보험도 통산하는 과제가 있지요.

● 오기노 : 사회보험에서는 두 회사에서 모두 가입 요건을 충족한다면 근로자가 어느 쪽에 가입할 것인지를 결정하기 때문입니다. 여기서 실무적인 문제를 얘기해 보자면, 한 회사는 먼저 다른 쪽의 회사에서 급료를 얼마나 받는지 파악해 보험료를 산정하고, 그 금액을 청구해 두 회사가 서로 주고받은 후 자기 회사 분과 한꺼번에 납부해야 합니다. 이것은 매우 복잡하지요.

◇ 미즈마치 : 마이 넘버(주민번호)가 보급된다면 해결될지도 모르겠지만, 이 마이 넘버가 거의 확산하고 있지 않습니다.

● 오기노 : 복수로 고용되어 일할 수 있는 조건이 갖춰지지 않았다고 생각합니다.

◇ 미즈마치 : 19시간과 19시간 중에 어느 쪽도 보험에 가입해 있지 않다면 문제라고 생각합니다.

■ 사토우 : 이 문제는 좀 더 논의해야 합니다.

● 오기노 : 근로시간의 통산은 "사업주를 달리할 경우도 포함한다"는 것은 1948년에 나온 통달에 불과하고, 오늘에 와서는 **동일한 사업주의 범위에서만 통산하는 것이 유력설**이라고 생각하고, 2005년의 후생노동성 '노동계약법제의 바람직한 방향에 관한 연구회의 보고서'에서도 같은 취지로 기술하고 있습니다. 겸업 · 부업을 보급시키려면 재검토해야 한다고 생각합니다.

Ⅱ. 동일근로 동일임금

1. 통상의 근로자

■ 사토우 : 이른바 '동일근로 동일임금'의 이야기를 해보겠습니다. 파트타임 노동법을 개정해 그 대상을 풀타임 유기계약까지 확대한 법 개정입니다. 상한 규제와 같이 파트(단시간) 사원을 고용하고, 이미 파트노동법의 취지에 맞게 대응하는 기업에서는 그렇게까지 큰 문제는 아니라고 생각합니다. 파트노동법의 대응을 이번 법 개정에도 살릴 수 있기 때문입니다. 파트타임 노동법은 풀타임 근무의 근로자와 단시간 근무의 근로자 사이의 '**처우의 균형**'입니다. 따라서 단시간 근무의 무기계약 근로자도 법의 대상으로 하였고, 이번 법 개정에서 풀타임 유기계약까지 적용범위를 확대한 것입니다. 법의 대상범위로 파트와 풀타임의 유기계약 근로자에 추가해, 무기계약의 단시간근로자도 포함했습니다. 한편, 풀타임 무기계약 근로자는 법의 대상자입니다.
다만, 실무 현장에서는 법 개정에 대한 대응뿐만 아니라, 이것을 초월한 대응까지 필요합니다. 예를 들어 법률상 풀타임 무기계약에게는 처우에 관한 설명의무가 없지만, 파트타임 무기계약에게는 '**설명의무**'가 있습니다. 다만, 직장에서 유기계약의 단시간과 풀타임의 사원, 무기계약의 단시간과 풀타임 사원이 있는 경우 법률상 처우에 관한 설명책임이 있는 대상의 층에게만 설명하면 되지 않는다고 생각합니다. 이것은 법률의 범위와 인사관리의 문제를 달리 생각해야만 합니다. 이런 의미에서 '법률적 대응'뿐만 아니라 '인재활용'의 관점에서 대응하는 것도 필요합니다.
그리고 '통상의 근로자'도 문제입니다. 파트 노동법에서 '**통상의 근로자**'에 대한 행정해석은 정규직 근로자라고 하고, 상여금이나 퇴직금이 있는 등이라고 해석하고 있습니다. 법률에는 '통상의 근로자'라고만 쓰여 있기에 풀타임의 무기계약 근로자도 아닙니다.

◇ 미즈마치 : 원칙적으로 풀타임 무기계약 중에서 '**정규직의 대우를 받고 있는 사람**'이 통상의 근로자입니다.

■ 사토우 : 이러한 이른바 정규직의 대우를 받는 사람이란 설명이 막연하다는 것입니다.

◇ 미즈마치 : 기본적으로는 같지만, 이번에는 특히 재판규범의 의미가 강해졌기 때문에 행정단속 법규로서 통달 등에서 정한 것과 법원에서 통상의 근로자로 비교대상이 되는 사람은 약간 차이가 있고, 재판규범 쪽

이 조금 더 유연하게 실태에 따라 판단하고 있습니다.

■ 사토우 : 그러면 어떤 회사에는 상여금도 퇴직금도 없는 '통상의 근로자' 라는 것도 있을 수 있겠네요.

◇ 미즈마치 : 그렇습니다. 예를 들어 풀타임 무기계약 근로자들 중에서도 고용관리 구분이 복수인 경우에는 모든 고용관리 구분이 통상의 근로자로 비교대상이 된다고 후생노동성이 설명하고 있습니다.

■ 사토우 : 유기계약 근로자가 가장 가까운 것은 무기로 전환된 근로자겠네요.

◇ 미즈마치 : 그 사람들이 비교대상이 된다는 오해를 피하기 위하여, 이번에는 이른바 정규직(정사원)이라는 용어를 사용하고 있습니다. 정규직 중에는 이른바 단시간무기, 처우도 그대로, 무기계약의 풀타임으로 변경된 사람과 비교해 이러한 새로운 고용관리 구분을 만들고, 이것과 비교하면 된다고 오해하고 있는 사람들이 많기 때문에 이것은 금지하는 것이 이번 지침에서 명확해졌습니다.

■ 사토우 : 풀타임 무기계약으로 전환한 후에도 커리어를 지원하는 처우 개선으로 이어지는 것이 중요하다는 것은 잘 알겠습니다. 그러나 정규직으로 한 것이 정규직이라는 정의가 있어서 그런 것이 아니기 때문에 기업에서는 대응할 수가 없습니다. 무기로 전환한 후에도 커리어(경력) 형성을 지원하거나 처우를 개선하라는 것은 이해할 수 있습니다. 다만, 어떻게 하면 정규직이 되었다는 것 등을 설명할 수가 없기 때문입니다. 정규직이 무엇을 의미하는지, 그것이 저의 의문입니다.

● 오기노 : 예를 들어 이른바 '종합직'이라고 할 때, '일반직'이 있고, 그 중에 5년 유기계약에서 전환된 사원이 있는 경우를 생각해 볼 수 있겠습니다.

■ 사토우 : 일반직은 정규직이 아닌가? 하는 말이 되는 것은 아닙니까?

● 오기노 : 종합직도, 일반직도, 5년 무기화된 근로자도 통상의 근로자, 즉, 비교대상이 되기 때문에 그 차이를 어디에 둘 것인지를 설명해 달라는 것으로 이해할 수 있습니다. 그 중에서 5년 무기로 전환된 사람도, 극단적으로 다르면 이상한 것으로 생각합니다.

◇ 미즈마치 : '무기계약 풀타임' 외에는 형식적으로 명확한 정의가 없습니다. 무기계약의 풀타임 중에도 여러 종류가 있습니다.

■ 사토우 : 무기계약 풀타임의 다양한 고용구분과 비교하라는 것으로 이해하면 좋을 것 같네요.

◇ 미즈마치 : 이것을 총칭해 '통상의 근로자'라고 부르고 있습니다.

■ 사토우 : 기존의 행정해석에는 상여금이나 퇴직금이 있는 경우만을 추출해서, 이러한 고용구분의 근로자만 '통상의 근로자'로 설명했습니다.

● 오기노 : 가이드라인에는 사례가 많겠지만, 임금제도가 동일하다는 전제에서 만들어졌습니다. 그러나 실제로는 대부분의 임금제도가 다릅니다.

■ 사토우 : 파트노동법에서는 균형처우와 그 적용관계에 대하여 파트 노동법의 가이드라인의 첫 부분에서 먼저 '통상의 근로자'와 파트 사원 사이에 임금제도를 달리할 합리성이 있는지의 판단기준을 설명하고 있었습니다. 그렇지만, 파트노동법을 개정한 이번 개정법 가이드라인에는 그런 설명이 없고, 기본급 부분의 주해만 적혀 있습니다. 때문에 **가이드라인의 '기본급의 임금제도'**는 실무상 거의 도움이 안되는 그런 사례만 많은 상황입니다. 실태에서는 무기계약 사원과 유기계약 사원의 인재활용 방식이 달라서, 양자의 임금제도를 달리 할 합리성이 있다고 하는 사례들이 많기 때문에, 주해보다는 이러한 것에 대한 설명이 가이드라인의 서두에 있기를 기대했다고 생각합니다. 예를 들어 레지(register), 출하 등과 같이 직무를 한정해 고용하기 때문에, 직무급 임금제도의 사원은 업무나 배치전환이 있다는 점에서 '**직능급 임금제도**'로 하는 경우가 있습니다. 이는 인재활용의 차이와 임금제도상의 차이로 대응하여 임금제도를 달리할 합리성이 있습니다. 임금제도를 달리할 합리성이 있다고 해도, 정규직이 2, 3년의 파트타이머와 같은 업무를 하고 있는 경우에는 이러한 관점에서 양자의 임금수준을 시간으로 환산한 다음, 예를 들어 5배의 임금 차이는 이상하다는 등, 여기서 균형을 고려하게 됩니다. 이러한 설명이 파트노동법의 매뉴얼 종류에는 있었지만, 이에 관한 부분을 삭제하였고, 기업이 알고 싶어 하는 부분이 없기 때문입니다.

◇ 미즈마치 : 이해하는 것이 어려울지 모르겠지만, '**기본급**'을 동일한 제도로 하라고는 적혀 있지 않습니다. 정규직제도가 이러한 방식으로 되어 있으면 정규직의 성질이나 목적에 비추어, 같은 것은 같게, 다른 것은 다르게 지급하라고 하고 있을 뿐, 제도를 동일하게 할 것인지, 다르게 할 것인지는 적혀 있지 않습니다. 주해에서 제도가 다른 경우에는 실태에 따라 달리 해 주라고 보충·설명하고 있습니다.

■ 사토우 : 기본급이 어떤 제도인가를 비교하는 것이 출발점입니다. 이게 우선이기 때문입니다. 이러한 논의는 없습니다.

◇ 미즈마치 : 예를 들어 정규직은 직능급, 경력급으로, 단시간 유기계약은 직무급으로, 이러한 두 가지 제도가 있는 경우를 들 수 있겠습니다. 다른 제도로 하는 것이 실무상 차이에서 온 것인지, 예를 들어 정규직에

대하여 폭넓은 전근 의무가 있고, 폭넓은 경력을 전개하고 있습니다. 이것이 취업규칙에 규정되어 있기 때문만이 아니라 실태에서 그렇습니다. 그런데, 단시간 유기계약에는 이것이 없습니다. 이러한 경우라면 제도를 달리해도 좋습니다. 다른 제도로 해도 괜찮다고 하고 있지만, 이걸로 끝은 아닙니다. 이 실태상의 차이에 따라 발생한 차이인지 여부, 다른 제도로 해도 괜찮다고 해도 다른 제도에 적용되는 사람이 우연히 같은 일을 하고 있는 사람과 비교해 전근이나 경력의 폭의 차이에서 볼 때, 기본급의 차이, 예를 들어 '10~20%차 정도라면 균형이 맞는다'고 하고 있습니다. 이렇게 이중으로 체크하라는 의도가 담겨 있습니다.

■ 사토우 : 실무가 입장에서는 가이드라인에는 임금제도를 달리할 필요성이 있는 경우에 대하여 '균형'에 관한 사례가 없습니다.

◇ 미즈마치 : 주해는 기본급 전체에 관한 설명입니다.

■ 사토우 : 무기계약 사원과 유기계약 사원의 임금제도를 달리할 합리성의 판단기준에 관한 사례도 없습니다.

◇ 미즈마치 : 달리할 경우에는 실태에 따라 불합리하지 않게 하라는 것입니다.실무상 대응으로는 일련의 봉급표에 한 가지로 하거나, 예를 들어 이온 방식처럼, 또는 실태상 차이가 있다면, 다른 테이블로 만들어서, 다른 제도 중에 가까운 사람과 밸런스를 맞추는 식으로 설계할 수 있습니다.

■ 사토우 : 저는 기본급에 관해 가이드라인이 그렇게까지 설명이 이해되지 않습니다. 그에 관한 설명이 좀 더 알기 쉬웠으면 좋았을 텐데 라는 생각이 듭니다.

● 오기노 : 가능하면 한 가지로 통일하는 편이 좋다는 의도가 들어 있어, 이런 표현방식을 쓴 것이 아닌가라고 추측하면서 읽었습니다.

■ 사토우 : 임금제도를 정비한다는 논의 자체는 인재활용 방식을 똑같이 하라는 주장을 해 버립니다. 이것은 기업의 인재활용 실태를 무시하는 것이라고 생각합니다. 이번 가이드라인은 파트노동법상 다양한 기업 대응의 경험을 바탕으로 한 것 같지 않습니다. 파트노동법으로 '균등'이나 '균형'에 관한 여러 다양한 사례를 모아서 논의하였지만, 이번 법개정 가이드라인에서는 이런 것을 활용하지 않아 거리감이 있습니다.

◇ 미즈마치 : 종전 파트노동법의 경우에는 실무는 거의 변화가 없습니다. 그런데 이번에는 깊이 파고들면 내용상 종전보다 한층 더 새로워졌습니다. 제도를 하나로 하건, 실태에 따라 다른 제도로 하건, 이것은 기업이나 노사의 선택이 되었습니다.

2. 수 당

■ 사토우 : 이번 법 개정 내용 중 수당은 도입할 당시 합리적이었던 수당에 관해 재차 합리적인지를 검토하게 된 계기가 된 점에서 의미가 있다고 생각합니다.

◇ 미즈마치 : 정규직이나 비정규직을 불문하고 생활 관련 수당을 기본급 안에 포함시켜서 원자를 낮추지 않고 임금제도의 개편을 충분하게 고려할 수 있을 것입니다.

■ 사토우 : 그렇습니다. 이런 의미에서 임금제도를 재편하는 좋은 계기가 되었습니다.

● 오기노 : 실무상 아마도 기업을 이끌게 될 것 같습니다. 일본 우정사업부의 사례에서도 10년은 조정급이 나오는 것 같습니다. 이것은 필요한 비용이라고 생각합니다. 통근수당은 전근이 일반적이라면 필요하겠지만, 그렇지 않다면 원거리 통근에 대한 보상이기 때문에, 일과 가정 조화의 관점에서는 통근수당을 없애고, 기본급에 편입하는 것이 좋다는 견해가 있을 수도 있습니다. 기본급에 편입시킨 다음, 가깝고 비싸고 좁은 곳에서 살지, 멀고 싸고 넓은 곳에 살지, 이것은 각자가 선택하면 되겠지만, 이것도 변하는 것은 큰 일입니다.

◇ 미즈마치 : 기본급에 편입시킨 경우, 증액된 기본급을 균등 혹은 균형에 맞게 정확한 배분은 필수입니다.

3. 상 여

● 오기노 : '상여금'은 노사간 견해의 차이가 있어, 노동조합은 상여금도 생계비의 일부, 연간 임금의 중요한 일부로 생각한다고 이해합니다. 반면, 기업은 상여금을 이익배분으로 생각하지만, 이번 가이드라인에는 '회사의 업적 등에 관한 근로자의 공헌에 따라 지급하는 것'이라고 표현하고 있습니다. 그렇다면, 생계비의 부분은 고려하지 않는 것처럼 보이기도 할 것입니다. 기업의 업적에 대한 공헌을 요구하는 것도 분명히 일본 정규직의 특징이라고 할 수 있습니다. 미국이나 유럽에서는 경영 간부의 일부를 제외하면 근로자에게 기업 업적에 대한 공헌을 요구해서는 안 됩니다.

■ 사토우 : 단지 상여금도 정액으로 나오는 부분이 있습니다. 업적이 나쁘다고 해도 상여금이 없는 경우는 거의 없습니다. 그렇다면 파트 근로자에게 상여금을 주지 않는 것은 이상한 이야기가 되어 버립니다.

● 오기노 : 상여금은 이익배분이면서 생계비입니다. 이것을 확실하게 구분하는 것은 간단하지 않습니다.

■ 사토우 : 더욱이 임금제도란 시스템이기 때문에 상여금이나 수당을 개별적으로 도출해 개별적으로 비교하는 것이 아니라 전체적인 시스템으로 평가하는 것이 중요합니다.

● 오기노 : 예를 들어 60세 이상인 근로자의 처우는 정년을 연장 · 재고용하는 일과 함께 묶어서 파악해야 실무적으로는 성립할 수 있습니다.

◇ 미즈마치 : 상여금에 관한 요점은 계산식입니다. 어떤 계산식, 어떤 기준으로 지급했는가에 따라 성질이나 목적을 결정하였습니다. 퇴직금을 법적으로 판단하는 경우도 같습니다. 가이드라인에서 염두에 두었던 것은 기업 업적 등에의 공헌에 대한 상여금은 상여금을 평가하는 기간을 결정한 다음, 평가를 해서 상여금을 재분배하는 방식으로 계산한 상여금입니다. 예를 들어 10월에서 3월까지 기업의 사정, 공헌 태도에 따라 여름 보너스를 결정한다면, 그 해 10월부터 3월까지 업무 태도와 기업에의 공헌도를 합계하여 보너스를 지급하는 계산식이 되겠지요.
만일 이와 같은 종류의 장려금이라면, 같은 해 10월부터 3월까지 같은 기업에서 똑같이 일하고, 일정한 공헌을 하였다면, 그에 상응하는 액수의 보너스를 유기계약, 단시간 근로자에게도 지급하라는 것입니다. 다만, 보너스는 여러 계산식으로 존재하기 때문에, 생활보장의 정액 지급 부분도 있고, 평가를 통한 부분도 있습니다. 각각의 부분은 그 성질이나 목적에 따라 확실하게 지급하라는 것입니다.

● 오기노 : 정사원은 상여금에 관한 인사고과를 하지만, 비정규직은 대부분 하지 않고 있다고 생각되는 데요.

◇ 미즈마치 : 지금까지는 기본급의 직능급 부분의 어떤 급의 어떤 호봉과 같게 평가한 다음 평가에 맞는 지급을 해야 합니다. 그렇지 않으면 평가를 거친 정사원 급여를 평가하지 않은 유기나 단시간에게는 지급하지 않는 것이 되어 버립니다. 이제는 평가하여 그에 맞게 지급해야 할 필요가 있습니다.

■ 사토우 : 평가하고 있어도 정액을 지급하는 부분이 있습니다.

◇ 미즈마치 : 이것을 어떠한 이유로 정액을 지급하는지 그 목적이 같아야 합니다.

■ 사토우 : 정액 지급 부분이 유기계약에게는 왜 없는지가 문제될 가능성이 높겠네요.

◇ 미즈마치 : 정규직에게는 공헌 유무에 관계없이 보너스를 일정액 지급하

고, 유기나 단시간계약은 왜 그 계산식에 따르지 않는지 문제될 것입니다.

● 오기노 : 일본의 정규직은 과장 이상에 한정되지 않고, 경영방침에 따라 업무가 할당되는 PDCA[36]를 돌리는 것이 책임이 되고, 수익 계획에 연계하고 있습니다. 이것이 기업 업적에 공헌하는 것이라고 생각합니다. 이러한 업무를 하는 사람과 수익 계획과는 뗄 수 없는 업무를 하는 사람은 당연히 다르기 때문입니다. 다만, 현황은 이런 차이가 불명확한 기업도 있기 때문에, 이런 기업은 확실한 방침관리, 수익 계획을 재고할 필요가 있습니다.

■ 사토우 : 주임(主任)과 같은 업무를 하는 파트가 있다면 설명이 가능하겠네요.

◇ 미즈마치 : 실제 지급방법, 산정, 지급액이 정규직에게 설명하고, 단시간 유기계약에게도 실태에 따라 지급하고 있다면, 이것은 불합리하지 않은 것입니다. 그러나 이것을 제대로 설명할 수 없다면 불합리한 것이 됩니다. 따라서 파트 유기법 제8조는 강행법규이기 때문에, 형식이나 명칭에 구속되지 않고, 실태로 판단합니다. 무언가의 수당이라는 수당의 명칭이나 형식으로 제각기 따로 보라는 것이 아니라, 예를 들어 ㅇㅇ수당을 정규직에게 지급하고 있더라도, 그 ㅇㅇ수당을 균분하여 단시간 유기계약 근로자에게 수당, 기본급으로 포함하고 있어서 실태는 그 균형을 맞추고 있다면 이것으로 합리적입니다. 가이드라인에도 특수근무수당의 사례 중에서 정규직에게는 특수근무수당을 지급하지만, 파트타임 근로자에게는 거기에 상응하는 높은 액수의 기본급을 지급한다면, 불합리하지 않다고 합니다. 따라서 전부 기본급에 포함하고 있더라도 기본급 자체가 낮게 설정해 있으면 설명이 안 되지만, 정규직에게 지급하는 수당분의 기본급을 높게 지급했다면 명칭과 관계없이 실태로 판단합니다.

4. 정년 후의 처우

■ 사토우 : 정년 후 재고용이나 근무 연장은 유기근로계약인지 하는 질문입니다. 현행 고령법상 근로자가 고용계속을 희망하는 경우 65세까지 고용계약을 사용신할 의무가 있는 유기계약이 되어 통상의 유기계약과

36) PDCA : 사업활동에서 생산 및 품질 등을 관리하는 방법이다. ‘Plan(계획)－Do(실행)－Check(평가)－Act(개선)’의 4단계를 반복해 업무를 지속적으로 개선한다.

다르다고 할 수 있을지, 정년 후의 처우가 정년연장과 재고용 시에는 동일하다고 해도, 정년연장을 선택한 경우 단시간 · 유기고용자법의 대상이 되고(노동계약법의 불이익 변경법리의 대상이 되지만), 재고용 등을 선택한 경우는 법의 대상('통상의 근로자'와의 균등 · 균형)이 되는 등과 같이 거리감이 있습니다. 기업은 정년연장을 선택하도록 촉진하는 계기가 될 가능성도 있습니다.

● 오기노 : 정년 후 재고용은 종전과 다른 새로운 계약이 되기 때문에, 기본적인 근로조건은 임의로 변경할 수 있다는 점을 견지하지 않으면 기업실무는 어려울 것으로 생각합니다. 종합적 요소가 된다는 것이 나가사키 운송 사건의 최고법원 판결을 수용한 가이드라인에 포함되었습니다. 그것은 바로 유연하게 고려하라는 점입니다.

◇ 미즈마치 : 정년연장의 경우에도 취업규칙에 따라 임금액을 어느 정도 낮추는 것을 고려할 수도 있습니다.

■ 사토우 : 정년연장도 재고용과 같은 제도로 만들기 때문입니다. 근로계약의 불이익변경 문제가 있지만, 이번의 파트 유기법의 대상자는 되지 않습니다. 그 점이 저로써는 확실하지 않네요.

◇ 미즈마치 : 정년후 재고용이라면 유기계약이기에 파트 유기법을 적용하되, 일반적인 유기계약과 달리 60세까지 무기계약의 정규직으로 고용하고, 퇴직금을 받는 사람이라면 일반적인 유기계약 사원과 다르기 때문에 이것을 특별히 고려하라는 것이 나가사키 운송 사건입니다. 가이드라인에도 있습니다. 유기계약의 재고용이건, 무기계약의 정년연장이건 적정한 수준에서 처우하라고….

● 오기노 : 55세부터 60세를 정년으로 한 경우에도 비슷한 상황이라고 생각합니다. 정년연장과 세트로 55세에서 급료를 인하하는 사례는 있습니다.

■ 사토우 : 정년 후의 처우를 그 밖의 사정으로 고려하는 것입니다.

◇ 미즈마치 : 일시적으로는 이런 대응을, 최종적으로는 정년연장의 무기계약이 된다면, 점점 격차가 사라질 것으로 생각됩니다.

● 오기노 : 급속한 확산은 원하지 않는다는 것입니다.

◇ 미즈마치 : 이번 유기계약에서 재고용으로 한 것도 그 일환입니다.

5. 퇴직금

■ 사토우 : 퇴직금 부분은 어떻습니까?

● 오기노 : 유기고용은 퇴직금과 같은 것을 지급하는데 의문의 여지가 없

고, 고용을 중지할 수 있다는 '고용중지의 잔금 해결'과 같은 것을 고려해야 합니다. 퇴직시에 청산할 금액을 지급하는 유기근로는 매우 많습니다.

◇ 미즈마치 : 가이드라인(안)에서는 퇴직수당과 가족수당, 재택수당이 없습니다. 그렇지만 이미 관련된 재판도 있었고, 노사가 대화로 실시하라며, 가족수당과 주택수당은 판례도 나오기 시작했습니다. 판례를 따라야 하지만, 퇴직금은 노동계약법 제20조[37]에 관한 재판은 아직 없습니다(좌담회 후에 메트로 커머스 사건 · 동경고등법원 판결에서 퇴직금의 일부에 상당하는 액수를 지급하라고 명령했습니다). 사실은 파견법에서 이것을 논의했는데, 파견근로자로 노사협정 방식을 선택한 경우 퇴직금은 3가지 선택지를 준비했습니다. 정규직처럼 표준적인 퇴직금제도를 따를 것인지, 퇴직금의 6%를 임금에 추가해 선지급할 것인지, 중간퇴직 공제에 가입해 6%를 월납할 것인지 중에서 선택하는 것입니다. 파견근로자의 예외로 노사협정 방식으로 이것을 법령상 의무로 해버리면, 단시간 유기계약에서는 이것을 하지 않을 수단이 없어지지 않을까라는 이야기가 될 것인지도 모르겠네요. 적어도 파견에 관해서는 원칙상 파견지의 균등 · 균형방식을 선택하는 경우는 거의 없습니다. 요는 파견근로자에게 6%에 상당한 금액을 포함한 임금이 되거나, 파견요금이 그 부분만큼 상승하게 됩니다. 그렇다면 직접고용의 유기계약, 단시간 계약에도 퇴직금에 해당하는 부분을 어떻게 할 것인지, 경우에 따라 6%의 금액에 맞춰 퇴직금에 상당한 임금을 상승시킬 것인지 말 것인지… 프랑스는 '10%의 불안정 고용수당'을 지급하도록 규정하고 있는데, 이러한 기능을 할 수 있을지 모르겠습니다.

● 오기노 : 유기계약의 경우, 퇴직금이 없는 부분을 포함해 시급을 설정하는 방식도 있습니다. 다만, 최저임금과의 관계에서 최저임금에 가깝다고 해도, 이것이 퇴직금 부분까지 포함한 금액으로 할 수 있을지 여부는 문제이네요.

◇ 미즈마치 : 기본급, 상여금, 제수당에 관한 가이드라인과 같은 수준을 표시하고, 그 다음으로 오히려 거기서 6%에 "지금 시급 1,200엔을 지급했

37) <역자주> 노동계약법 제20조(유기에 의한 불합리한 근로조건의 금지) 유기 근로계약을 체결하고 있는 근로자의 근로계약의 내용인 근로조건이 유기라는 것에 의해 동일한 사용자와 무기근로계약을 체결하고 있는 근로자의 근로계약 내용인 근로조건과 서로 다른 경우에는 그 근로조건의 차이는 근로자의 업무 내용 및 업무에 따른 책임의 정도('직무의 내용'), 직무내용 및 배치의 변경의 범위, 그 밖의 사정을 고려해 불합리하다고 인정해서는 안된다.

습니다. 여기는 이러이러한 수당도 포함하고 있습니다"고 하고, 1,200엔 안에 전부 포함이라는 것은 시스템상으로도 어렵습니다. 각각의 부분에 대하여 사용자로서는 확실하게 설명해야 합니다. **사업주의 설명의무**(제14조 제2항)에 해당하기 때문입니다.

■ 사토우 : 제가 보면 많은 기업은 우선 처우를 전환하지 않고, 무기로 전환한 후에 종래 정규직으로 전환하는 제도로 운용하고 있습니다.

● 오기노 : 정규직 전환제도가 있고, 이것에 도전할 수 있는 기업은 많은 것 같습니다.

■ 사토우 : 무기 전환하면 지금보다 더 종래의 정규직과의 처우 격차를 의식해야 됩니다. 그러면 상여금도 퇴직금도 전환 전과 같은 상태를 지속하기란 어려울 것으로 생각합니다.

● 오기노 : 무기로의 전환은 기업은 정년까지 계속 고용하기에 직업훈련 등에 대한 인센티브도 가능합니다. 훈련으로 생산성을 높이고, 그 일부를 상여금이나 처우에 반영할 수 있다고 생각합니다.

■ 사토우 : 기본적으로 이번 일하는 방식 개혁과 관련된 법은 유기계약 근로자의 현재 업무에 관한 불합리한 처우를 문제시하고 있습니다. 중요한 것은 그 다음 단계의 커리어에서 이것이 종래의 정규직의 커리어로 이어지기 때문입니다. 유기계약근로자의 처우개선은 이것을 위한 출발점이라고 생각합니다.

● 오기노 : 5년으로 무기 전환된 사람은 워라밸의 확보 등을 요구하며 일하고 있기에, 반드시 종합직의 정규직과 같이 높은 커리어를 목표로 하는지 하면 그렇지는 않은 것 같습니다.

■ 사토우 : **근로시간의 일하는 방식개혁**이 순조롭게 행해지면 장시간 근로의 풍토는 변화할 것이고, 무기 전환도 행해지면서 워라밸을 확보할 수 있는 일하는 방식도 정착합니다. 근로시간의 개선과 처우개선을 세트로 추진하는 것은 바로 **1억 총 활약**으로 이어질 것입니다.

● 오기노 : 그렇다고 해도, 지금 이 사회의 남성들을 보면, 이런 커리어라도 좋은 사람은 아쉽지만 많지는 않습니다. 다만, 워라밸이 중요하기에 경쟁에서 물러나지만, 물러났다고 해도 잃어버린 것은 그 전의 커리어일 뿐입니다. 해고가 되었어도 임금이 감소해서도 아닙니다. 담담히 자신의 진천 상황대로 일을 합니다. 급료도 현상유지만 하면 되니까, 워라밸을 우선하는 일하는 방식이 가능하기 때문입니다. 이것은 뜻밖에도 거의 의식하지 못한 일본 인사관리의 좋은 부분일지 모르겠습니다.

◇ 미즈마치 : 밤 11시, 12시까지 일하고 경쟁하던 시대는 지금 7시, 8시까

지의 경쟁으로 바뀌었습니다. 근로시간이 줄어드면서 효율적으로 일하는 의식은 높아지면 좋겠습니다.

Ⅲ. 마치며

■ 사토우 : 마지막으로 기업 인사담당자에게 메시지를 부탁합니다.

● 오기노 : 일하는 방식의 개혁 관련법은 여러 가지를 포함하고 있습니다. 현장에서 혼란스런 부분은 피할 수 없는 일이라고 생각합니다. 그렇지만 중요한 것은 급격한 변화는 피하자는 것입니다. 종전과 매우 달라진 것을 급하게 적용한다면, 대부분의 기업은 충분하게 대응하는 것이 어렵습니다. 또한 숨 쉬는 인간인 근로자는 더욱 더 쫓아가기가 힘들 것입니다. 이렇게 된다면, 누구에게도 이익이 되지는 않겠지요. 금방 확 전환할 수 있는 우수한 사람도 있지만, 많은 사람은 그렇지 않습니다.

◇ 미즈마치 : 일하는 인간의 의식으로 법률을 준수하는 것도 물론 중요하지만, 법률을 준수하는 것 이상으로 '현장 의식이 바뀌지 않으면' 그 기업은 유지할 수 없게 전환하고 있는 것이라고 생각합니다. 효율적으로 전환해 경쟁에서 이길 수 있는 기업이 되지 않으면…. 지금은 20대만 전직하는 것이 아니라, 40대 및 50대가 되어도 전직으로 급료가 상승하기도 하는 시대입니다. 우리 회사가 굉장히 잔업이 많고, 휴식시간도 없고, 임금도 인상하지 않고 그대로인 회사가 된다면 젊은 사람뿐만 아니라 중견층도 사라지고 인재가 고갈된다는 위기감을 가지고, 일하는 방식의 개혁에 임할 수 있는 것인지…. 이러한 의식을 사장을 비롯한 기업의 관리직과 현장의 근로자가 지니고 있는지 매우 중요하다고 생각합니다.

■ 사토우 : 풀타임으로 잔업을 할 수 있는 사람들의 일하는 방식도 바뀌고, 정규직과 유기계약의 처우 격차도 개선하는 것이 일하는 방식의 개혁이라면, 지금까지 기업이 바람직하다고 생각했던 사람뿐만 아니라, 전원이 기업에 공헌할 수 있는 구성원이 되는 것입니다.

● 오기노 : 질의 문제가 아니라 양의 문제라고 생각합니다. 지금까지 경영간부나 상급 감독직을 목표로 경쟁자들이 많았지만, 지금은 점차 감소하고 있습니다. 그렇지 않은 사람이 증가하는 점에서 일하는 방식의 개혁은 실현할 것으로 생각합니다. 자신의 의욕이나 능력 등에 맞는 적절한 일하는 방식이 가능해지고, 그 나름대로 처우가 있다면, 이런 일하는 방식을 선택하는 사람들도 증가할 것입니다.

◇ 미즈마치 : 향후에 4시 내지 5시에 퇴근하는 사람이 사장이 되는 회사 쪽이 오래 유지할 지도 모르겠습니다.

● 오기노 : 4시 내지 5시에 퇴근해도 사장이 되는 사람은 있겠지요. 이런 사람이 사장이 되는 것은 중요합니다. 다만, 이러한 초인적인 사람은 0.1% 정도라는 것을 기억해야 합니다.

■ 사토우 : 감사합니다.

〈부록 5〉 36협정 지침

노동기준법 제36조 제1항의 협정에서 정하는 근로시간의 연장 및 휴일의 근로에 대하여 유의해야 하는 사항 등에 관한 지침[38](2018년 9월 7일, 厚生労働省 告示 第323号)

노동기준법(1947년 법률 제49호) 제36조 제7항의 규정에 근거로 하여, 노동기준법 제36조 제1항의 협정에서 정하는 근로시간의 연장 및 휴일의 근로에 대하여 유의해야 하는 사항 등에 관한 지침을 다음과 같이 정한다.

노동기준법 제36조 제1항의 협정에서 정하는 근로시간의 연장 및 휴일의 근로에 대하여 유의해야 하는 사항 등에 관한 지침

(목적)

제1조 이 지침은 노동기준법(1947년 법률 제49호. 이하 "법"이라고 함) 제36조 제1항의 협정(이하 "연장(시간외) · 휴일근로협정"이라고 함)에서 정하는 근로시간의 연장 및 휴일근로에 대하여 유의해야 하는 사항, 해당 근로시간의 연장에 관계되는 할증임금의 비율, 기타 필요한 사항을 정함에 따라, 근로시간의 연장 및 휴일근로를 적정한 것으로 하는 것을 목적으로 한다.

(노사당사자의 책무)

제2조 법 제36조 제1항의 규정에 따라, 사용자는 연장 · 휴일근로협정을 하고, 이를 행정관청에 신고하는 것을 요건으로 하여 근로시간을 연장하거나 또는 휴일에 근로시킬 수 있는 것으로 되어 있지만, 근로시간의 연장 및 휴일근로는 필요 최소한으로 그쳐야 하고, 또한 근로시간의 연장은 원칙적으로 동조 제3항의 한도시간(제5조, 제7조 및 제9조에서

38) 労働基準法第三十六条第一項の協定で定める労働時間の延長及び休日の労働について留意すべき事項等に関する指針（平成30年9月7日）(厚生労働省告示第323号)

"한도시간"이라고 함)을 초과하지 않는 것으로 되어 있기 때문에, 연장 · 휴일근로협정을 하는 사용자 및 해당 사업장의 근로자의 과반수로 조직되는 노동조합이 있는 경우에는 그 노동조합, 근로자의 과반수로 조직되는 노동조합이 없는 경우에는 근로자의 과반수를 대표하는 자(이하 "노사당사자"라고 함)는 이러한 점에 충분히 유의한 후 연장 · 휴일근로협정을 하도록 노력해야 한다.

(사용자의 책무)

제3조 사용자는 연장·휴일근로협정에서 정한 근로시간을 연장하여 근로시키고, 및 휴일에 근로시킬 수 있는 시간의 범위 내에서 근로시킨 경우라고 해도, 노동계약법(2007년 법률 제28호) 제5조의 규정에 근거로 하는 안전배려의무를 가지는 점에 유의해야 한다.

② 사용자는 "뇌혈관질환 및 허혈성 심질환 등(부상에 기인하는 것을 제외)의 인정기준에 대하여"(2001년 12월 12일자 기발 제1063호 후생노동성 노동기준국장 통달)에서, 1주간 당 40시간을 초과하여 근로한 시간이 1개월에 대략 45시간을 초과하여 길어질수록 업무와 뇌혈관질환 및 허혈성 심질환(부상에 기인하는 것을 제외. 이하 이 항에서 "뇌 · 심장질환"이라고 함)의 발병과의 관련성이 서서히 강화된다고 평가할 수 있다고 되어 있는 것과 발병전 1개월간에 대략 100시간 또는 발병전 2개월부터 6개월까지에 1개월 당 대략 80시간을 초과하는 경우에는 업무와 뇌 · 심장질환의 발병과의 관련성이 강하다고 평가할 수 있다고 되어 있는 것에 유의해야 한다.

(업무구분의 세분화)

제4조 노사당사자는 연장·휴일근로협정에서 근로시간을 연장하거나 또는 휴일에 근로시킬 수 있는 업무의 종류에 대하여 정하는데 있어서는 업무의 구분을 세분화함으로써 해당 업무의 범위를 명확하게 해야 한다.

(한도시간을 초과하여 연장근로를 정하는데 있어서의 유의사항)

제5조 노사당사자는 연장·휴일근로협정에서 한도시간을 초과하여 근로시킬 수 있는 경우를 정하는데 있어서는 해당 사업장에서의 통상 예견할 수 없는 업무량의 대폭적인 증가 등에 따라 임시적으로 한도시간을 초과하여 근로시킬 필요가 잇는 경우를 가능한 한 구체적으로 정해야 하고, "업무의 사정상 필요한 경우", "업무상 부득이한 경우" 등, 항상적인 장시간 근로를 초래할 우려가 있는 것을 정하는 것은 인정되지 않는 것에 유의해야 한다.

② 노사당사자는 연장 · 휴일근로협정에서 다음에 열거하는 시간을 정

하는데 있어서는 근로시간의 연장은 원칙적으로 한도시간을 초과하지 않는 것으로 되어 있는 것에 충분히 유의하고, 해당 시간을 한도시간에 가능한 한 가까워지도록 노력해야 한다.

1. 법 제36조 제5항에서 규정하는 1개월에 대하여 근로시간을 연장하여 근로시키고 및 휴일에 근로시킬 수 있는 시간
2. 법 제36조 제5항에서 규정하는 1년에 대하여 근로시간을 연장하여 근로시킬 수 있는 시간

③ 노사당사자는 연장·휴일근로협정에서 한도시간을 초과하여 근로시간을 연장하여 근로시킬 수 있는 시간에 관계되는 할증임금의 비율을 정하는데 있어서는 해당 할증임금의 비율을, 법 제36조 제1항의 규정에 따라 연장한 근로시간의 근로에 대하여 법 제37조 제1항의 정령에서 정하는 비율을 초과하는 비율로 하도록 노력해야 한다.

(1개월에 미치지 못하는 기간에 근로하는 근로자에 대한 연장시간의 목표)

제6조 노사당사자는 기간의 정함이 있는 근로계약으로 근로하는 근로자, 기타 1개월에 미치지 못하는 기간에 근로하는 근로자에 대하여, 연장 · 휴일근로협정에서 근로시간을 연장하여 근로시킬 수 있는 시간을 정하는데 있어서는 별표 상란에 열거하는 기간의 구분에 따라 각각 동표 하란에 열거하는 목표시간을 초과하지 않는 것으로 하도록 노력해야 한다.

(휴일의 근로를 정하는데 있어서의 유의사항)

제7조 노사당사자는 연장 · 휴일근로협정에서 휴일의 근로를 정하는데 있어서는 근로시킬 수 있는 휴일의 일수를 가능한 한 적게 하고, 및 휴일에 근로시킬 수 있는 시간을 가능한 한 짧게 하도록 노력해야 한다.

(건강복지확보조치)

제8조 노사당사자는 한도시간을 초과하여 근로시킨 근로자에 대한 건강 및 복지를 확보하기 위한 조치에 대하여 다음에 열거하는 것 중에서 협정하는 것이 바람직한 것에 유의해야 한다.

1. 근로시간이 일정 시간을 초과한 근로자에게 의사에 의한 면접지도를 실시할 것
2. 법 제37조 제4항에서 규정하는 시각 사이에 근로시킨 횟수를 1개월에 대하여 일정횟수 이내로 할 것
3. 종업에서 시업까지 일정 시간 이상 계속된 휴식시간을 확보할 것
4. 근로자의 근무상황 및 그 건강상태에 따라 대상휴일 또는 특별한 휴가를 부여할 것

5. 근로자의 근무상황 및 그 건강상태에 따라 건강진단을 실시할 것
6. 연차유급휴가에 대하여 정해진 일수 연속하여 취득하는 것을 포함하여 그 취득을 촉진할 것
7. 마음과 몸의 건강문제에 대한 상담창구를 설치할 것
8. 근로자의 근무상황 및 그 건강상태에 배려하여 필요한 경우에는 적절한 부서로 배치전환을 할 것
9. 필요에 따라서 산업의 등에 의한 조언·지도를 받거나 또는 근로자에게 산업의 등에 의한 보건지도를 받게 할 것

(적용제외 등)

제9조 법 제36조 제11항에서 규정하는 업무에 관계되는 연장·휴일근로협정에 대해서는 제5조, 제6조 및 전조의 규정은 적용하지 않는다.

② 전항의 연장·휴일근로협정을 하는 노사당사자는 근로시간을 연장하여 근로시킬 수 있는 시간을 정하는데 있어서는 한도시간을 감안하는 것이 바람직한 것에 유의해야 한다.

③ 제1항의 연장·휴일근로협정을 하는 노사당사자는 1개월에 대하여 45시간 또는 1년에 대하여 360시간(법 제32조의 4 제1항 제2호의 대상기간으로서 3개월을 초과하는 기간을 정하여 동조의 규정에 따라 근로시킨 경우에는, 1개월에 대하여 42시간 또는 1년에 대하여 320시간)을 초과하여 근로시간을 연장하여 근로시킬 수 있는 것으로 하는 경우에는 해당 연장·휴일근로협정에서 해당 시간을 초과하여 근로시킨 근로자에 대한 건강 및 복지를 확보하기 위한 조치를 정하도록 노력해야 하고, 해당 조치에 대해서는 전조 각호에서 열거하는 것 중에서 정하는 것이 바람직한 것에 유의해야 한다.

(부칙)

1. 이 고시는 2019년 4월 1일부터 적용한다.
2. 노동기준법 제36조 제1항의 협정에서 정하는 근로시간 연장의 한도 등에 관한 기준(1998년 노동성 고시 제154호)는 폐지한다.
3. 법 제139조 제2항, 제140조 제2항, 제141조 제4항 또는 제142조의 규정의 적용을 받는 연장·휴일근로협정에 대한 제9조의 규정의 적용에 대해서는 2024년 3월 31일까지 동 노동기준법 제36조 제1항의 협정에서 정하는 근로시간의 연장 및 휴일의 근로에 대하여 유의해야 하는 사항 등에 관한 지침 안에, 동조 제1항 중 "법 제36조 제1항에서 규정하는 업무에 관계되는 연장·휴일근로협정"으로 되어 있는 것은 "법

제139조 제2항, 제140조 제2항, 제141조 제4항 및 제142조의 규정의 적용을 받는 연장 · 휴일근로협정”으로 하고, 동조 제3항의 규정은 적용하지 않는다.

별표(제6조 관계)

기간	목표시간
1주간	15시간
2주간	27시간
4주간	43시간

<비고> : 기간이 다음의 어느 하나에 해당되는 경우에는 목표시간은 해당기간의 구분에 따라, 각각 정하는 시간(그 시간에 1시간 미만의 단수가 있는 때에는 이를 1시간으로 절상한다)으로 한다.

1. 1일을 초과하고 1주간 미만의 일수를 단위로 하는 기간: 15시간에 해당 일수를 7로 나누어 얻은 수를 곱하여 얻은 시간
2. 1주간을 초과하여 2주간 미만의 일수를 단위로 하는 기간: 27시간에 해당 일수를 14로 나누어 얻은 수를 곱하여 얻은 시간
3. 2주간을 초과하여 4주간 미만의 일수를 단위로 하는 기간: 43시간에 해당 일수를 28로 나누어 얻은 수를 곱하여 얻은 시간(그 시간이 27시간을 하회하는 때에는 27시간)

사항 색인

[ㅇ]

[ㅈ]

[ㅊ]

저 자
미즈마치 유우이치로(水町勇一郎)

1967년 사가현(佐賀県) 태생
1990년 도쿄(東京)대학 법학부 졸업
현재 – 도쿄대학 사회과학연구소 교수
전공 – 노동법학

〈저 서〉

『パートタイム労働の法律政策』.
『労働社会の変容と再生―フランス労働法制の歴史と理論』
『集団の再生―アメリカ労働法制の歴史と理論』
『「同一労働同一賃金」のすべて』
『労働法(第8版)』(以上, 有斐閣)

〈편 저〉

『個人か集団か?変わる労働と法』(勁草書房)
『差別禁止法の新展開―ダイヴァーシティの実現を目指して』
『労働市場制度改革―日本の働き方をいかに変えるか』
『労働時間改革日本の働き方をいかに変えるか』
『非正規雇用改革―日本の働き方をいかに変えるか』(以上, 共編著, 日本評論社)
『労働法改革―参加による公正・効率社会の実現』(共編著, 日本経済新聞出版社) 외 다수
『詳解労働法(第2版)』(東京大学出版会)

역 자
이승길(李承吉, sglee79@ajou.ac.kr)

아주대학교 법학전문대학원 교수(노동법)
성균관대학교 법학과, 대학원 석사과정, 박사과정 졸업(법학박사)
숭실대학교 노사관계대학원 졸업(법학석사)
경기지방노동위원회 공익위원(심판)(전)
고용보험심사위원회 위원(전)
서울중앙지방법원 조정위원(전)
산업재해보상위원회 공익위원(전)
국가인권위원회 사회분야 전문위원(전)
중소기업중앙회 인력위원회 위원
동경대학 사회과학연구소 객원연구원
동경대학 법정치학부 객원연구원
산업연구원 연구위원
한국노동법학회 회장(2016)
한국사회법학회 회장(2017-2018.5)
한국비교노동법학회 회장(2019-2020.3)
한국고용복지학회 회장(2018-현재)
소셜아시아포럼(SAF) 한국 대표(2016-현재)

〈저서 및 논문〉

근로계약법제에 관한 연구(1999)
성과주의인사와 임금법제(법문사, 2004)
노동법의 제문제(세창출판사, 2007)
병원산업의 단체협약의 실태분석연구(청목출판사, 2010)
노동법의 기초연구(공동번역)(박영사, 2016)
노동법의 복권(공동번역)(중앙경제, 2017)
근로시간제도개혁(화이트칼라 이그젬션은 왜 필요한가)(번역)(박영사, 2017)
인공지능(AI)의 근무방법과 법(번역)(박영사, 2019)
비정규직의 개혁(번역)(박영사, 2020. 4)
노동법상의 부당노동행위제도 개선방안(관악사, 2021. 2)
일본 노동법입문(번역)(박영사, 2021. 4)

RODOHO NYUMON SHINPAN
by Yuichiro Mizumachi
© 2019 by Yuichiro Mizumachi
Originally published in 2019 by Iwanami Shoten, Publishers, Tokyo.
This Korean edition published 2021
by Parkyoung Publishing Company, Seoul
by arrangement with Iwanami Shoten, Publishers, Tokyo
through HonnoKizuna, Inc., Tokyo

일본 노동법 입문 (신판)

초판발행 2021년 10월 1일

지은이 미즈마치 유우이치로(水町勇一郎)
옮긴이 이승길
펴낸이 안종만 · 안상준

편 집 김상인
기획/마케팅 정연환
표지디자인 BEN STORY
제 작 고철민 · 조영환

펴낸곳 (주) 박영사
서울특별시 금천구 가산디지털2로 53, 210호(가산동, 한라시그마밸리)
등록 1959. 3. 11. 제300-1959-1호(倫)
전 화 02)733-6771
f a x 02)736-4818
e-mail pys@pybook.co.kr
homepage www.pybook.co.kr
ISBN 979-11-303-3993-1 93360

* 파본은 구입하신 곳에서 교환해 드립니다. 본서의 무단복제행위를 금합니다.
* 역자와 협의하여 인지첩부를 생략합니다.

정 가 43,000원